顺义教育年鉴

2015

北京市顺义区教育宣传中心 编

SHUNYI EDUCATION YEARBOOK

北京联合出版公司
Beijing United Publishing Co.,Ltd.

图书在版编目 (CIP) 数据

顺义教育年鉴 . 2015 / 北京市顺义区教育宣传中心编 . —北京：北京联合出版公司， 2019. 9

ISBN 978-7-5596-3374-3

Ⅰ . ①顺… Ⅱ . ①北… Ⅲ . ①教育工作 – 顺义区 – 2015– 年鉴 Ⅳ . ① G527.13–54

中国版本图书馆 CIP 数据核字 (2019) 第 129451 号

顺义教育年鉴 2015
编　　者：北京市顺义区教育宣传中心
责任编辑：宋延涛
封面设计：李金环

北京联合出版公司出版
（北京市西城区德外大街 83 号楼 9 层　100088）
北京市飞龙印刷厂印刷　　新华书店经销
字数 737 千字　787 毫米 ×1092 毫米　1/16　31.75 印张
2019 年 9 月第 1 版　　2019 年 9 月第 1 次印刷
ISBN 978-7-5596-3374-3
定价：500.00 元

顺义教育年鉴编纂委员会

（2015）

《顺义教育年鉴》2015卷
工作人员名录

主　　编　李士文

副 主 编　周君姝

责任编辑　杨海红　刘　峣

编 辑 说 明

一、《顺义教育年鉴》是一部专业性资料工具书。在中共顺义区委教育工委、顺义区教委领导下，由顺义区教育宣传中心编纂。

二、本册年鉴以文章和条目为基本体裁，条目为主，使用规范的语体文、记述体、直陈其事，文字力求言简意赅。文前配有彩色图片专页，文内配有彩色随文图片。

三、《顺义教育年鉴》从1995年开始编纂，已经出版1995—2005年和2006—2010年两卷合刊，从2011年起《顺义教育年鉴》开始每年集结一卷。记述当年顺义区教育事业各个方面发生的情况，为领导决策提供依据，为各教育部门规划发展提供资料，为各方面人士了解、研究顺义区教育事业提供信息。

四、本册年鉴所载各级各类教育采用分类编纂法，顺义教育总述、学前教育、中小学教育、办学条件、组织团体、干部教师、职成教育、民办教育、教育督导、教育行政、其他工作、附录等12个类目，各类目下的条目以事件发生时间为序排列。

五、本册年鉴的附录收录教育机构名录、集体获奖情况、统计表等，便于读者查询相关信息。

六、本册年鉴收录的单位在收录时限内更名的，以新名称为正名，原名用括号附在正名后。

七、本册年鉴收入的文章和条目，均由教育行政部门及所属单位确定专人负责提供，并经领导审核。有些条目内容摘自教委文书档案中的有关资料。

八、本册年鉴涉及的统计资料和数据均以业务主管部门的统计口径为准。

九、本册年鉴反映2015年1月1日至12月31日期间情况（部分内容依据实际情况时限向前略有延伸）。

十、由于收集资料有限，本册年鉴难免会有疏漏之处，敬请读者批评指正。

领导关怀

1 2015 年 1 月 14 日，北京市委常委、市委教工委书记苟仲文到顺义区杨镇中小调研

2 2015 年 4 月 28 日，北京市政府教育督导室副主任刘莉率全国义务教育均衡发展督导评估检查组到顺义区就义务教育均衡发展情况进行督导检查

1 2015 年 5 月 28 日，北京市教育考试院书记张泉利到顺义区高考远程巡查指挥中心调研

2 2015 年 12 月 21 日，区委书记王刚到中央美院城市设计学院调研

3 2015 年 5 月 26 日，区委副书记、区长卢映川到西辛小学慰问

1 2015 年 5 月 27 日，区人大主任胡尚云到裕达隆小学慰问

2 2015 年 9 月 7 日，区政协主席杨宝华到赵全营中学慰问

3 2015 年 5 月 26 日，区委副书记、区政法委书记周颖博到木林中小慰问

4 2015 年 9 月 10 日，区委组织部长车克欣到东风教育集团裕龙校区慰问

1 2015 年 5 月 26 日，区政协副主席闫志广到赵全营中心幼儿园慰问

2 2015 年 5 月 25 日，区委组织部副部长张洁到后沙峪第一幼儿园慰问师生

1 2015年3月19日，区委教工委书记、区教委主任刘克祥到南法信中小调研

2 2015年4月29日，区政府教育督导室主任李卫国参加国家义务教育均衡发展现场观摩活动

党团建设

1 2015 年 3 至 4 月，顺义区教育系统印发《顺义区教育系统领导干部廉政新规手册》，制作廉政桌牌

2 2015 年 4 月 10 日，顺义区教育系统党风廉政建设工作总结表彰会召开

3 2015 年 5 月 9 日，顺义区教育系统“亮才艺 秀风采”教职工个人才艺比赛举行

4 2015 年 5 月 16 至 17 日，顺义区第九届全民健身体育节系列活动暨顺义区教育系统中小学教职工乒乓球团体赛在仁和中学举行

1 2015 年 5 月 26 日，北京市第二批党建示范中期检查工作汇报会在牛栏山一中召开

2 2015 年 5 月 26 日至 6 月 3 日，顺义区教育系统组织开展参观“廉政文化进学校联系示范点”活动

3 2015 年 5 月 29 日，金汉绿港幼儿园参加顺义区第九届全民健身体育节“南法信杯”按摩球操获一等奖

1 2015 年 6 月 3 日，教育先锋党代表工作室接待群众，帮助群众解决困难

2 2015 年 6 月 13 日，顺义区教育系统“五月的鲜花”文艺汇演举行

3 2015 年 6 月 17 日，顺义区教育系统“三严三实”专题教育大会在牛栏山一中召开

1 2015年7月1日，顺义区区教育系统庆祝建党94周年大会在牛栏山一中召开

2 2015年9月30日，顺义区少先队员代表参加在烈士陵园举行的第二个国家烈士公祭日活动

3 2015年10月9日，区委教工委书记驻教育先锋党代表工作室约谈活动举行

1 2015 年 10 月 10 日，顺义区少工委举办少先队小干部技能展示活动

2 2015 年 10 月 12 日，顺义区教育系统开展领导干部警示教育活动

3 2015 年 10 月 24 至 25 日，顺义区教育系统第六届教职工运动会举行

1 2015 年 10 至 11 月，顺义区少工委举办红领巾传媒大赛

2 2015 年 11 月 10 日，顺义区教育系统党风廉政建设工作会召开

3 2015 年 12 月 14 日，区教委机关组织开展廉政法规知识测试

教育教学

1 2015 年 1 月 6 日，顺义区“学前科研北京市规划办立项课题研讨交流活动”在宏城幼儿园举行

2 2015 年 1 月 8 日，北京市作家协会小作家分会授牌仪式在杨镇中小举行

3 2015 年 3 月 16 日，北京市“国学诵读”寒假活动总结表彰会在顺义区召开

1 2015年4月14至17日，顺义区开展全区小学课间操检查

2 2015年5月6至15日，顺义区小学开展“临空杯”生命课堂实践与探索学科骨干教师示范课展示活动

3 2015年5月9日，北师大－顺义区教育综合改革项目总结交流会在仁和中学召开

4 2015年5至6月，顺义区开展幼儿教师音乐教育活动展示

1 2015年6月2日，顺义区义务教育阶段推进中小学生课外活动计划现场会在后沙峪中小召开

2 2015年6月5日，市区保密局领导检查高考保密工作

3 2015年6月5日，顺义区开展小学教学干部听评课能力专项检测活动

4 2015年6月7日，顺义区高考试卷回收工作有序进行

1 2015 年 6 月 26 日，顺义区第九届特教专职教师评优课表彰会召开

2 2015 年 6 月 27 日，顺义区幼升小学位电脑派位活动举行

3 2015 年 7 月 8 日，北京市教育科学研究院专家朱传世为小学教学干部作课程设置培训

4 2015 年 9 月 16 日，“顺义区师生互评促进师生共同成长专项研讨会”在该区东竹园会议中心举行

1 2015 年 9 月 24 日，顺义区落实语文学科改进意见提升学生语文素养现场会暨中秋诗会活动举行

2 2015 年 9 至 11 月，顺义区名师大讲堂活动暨李桥中小与黄城根小学同课异构活动举行

3 2015 年 10 月 15 日，全国真语文系列活动北京顺义站暨“贾老师杯”全国小学语文（华北赛区）微课大赛在东风教育集团东风校区举行

4 2015 年 10 月 15 日，语文出版社社长王旭明在全国真语文“贾老师杯”小学语文华北赛区微课大赛课堂进行学生现场测评

1 2015 年 10 月 21 日，攀登英语学习实验区域学校代表赴京培训学习活动在东风教育集团裕龙校区举行

2 2015 年 10 月 29 日，顺义区“互联网 + ENGLISH”项目在东风教育集团裕龙校区启动

3 2015 年 11 月，后沙峪中小探索认知民族实践课程，创建《走进民族博物馆，孕育大美民族情》实践课程

1 2015 年 11 月上旬，西辛教育集团高年级部开展“爱我家乡、情系潮白”专题系列活动

2 2015 年 12 月 1 日，顺义区传统文化教育现场会在李各庄学校召开

3 2015 年 12 月初，顺义区《指南》走进教育现场活动启动

4 2015 年 12 月 25 日，顺义区小学中华优秀传统文化“行知”计划项目启动仪式举行

1 2015 年 12 月 29 日，顺义区开展推进落实《指南》现场活动之走进幸福幼儿园活动

2 2015 年 12 月，顺义区幼儿园创新室内游戏活动应对雾霾天气

3 2015 年内，顺义区召开《21 世纪能力培养与评价专项研究》项目方案解读会

4 2015 年内，顺义区学前教育开展常态化教研

学生活动

1 2015年1月20日，顺义区“爱眼护眼，健康成长”征文获奖作品展演暨颁奖活动在少年宫举行

2 2015年3月29日，北京市第十八届学生节集体项目展演《顺义专场》在牛栏山一中举行

3 2015年4月25日，北京市中小学全国武术健身操比赛在地坛体育馆举行，空港小学获比赛一二等奖

4 2015年4月，区内各单位多种活动丰富校园生活

1 2015 年 4 月 23 日，在北京市第十八届学生艺术节展演中牛栏山一中舞蹈《鼓舞青春》获银奖

2 2015 年 5 月 8 日，顺义区中小学生科技英语创意团体表演赛在少年宫举行

3 2015 年 5 月 16 日，顺义区航模赛在杨镇一中举行

4 2015 年 5 月 17 日，顺义区彩虹读书总结表彰展示活动在牛栏山一中举行

1 2015年5月22日，顺义区首届青少年机器人巡回赛第一站比赛在北石槽中小举行

2 2015年5月26日，顺义区中学生中华传统文化知识大赛在顺义一中落下帷幕。

3 2015年5月29日，顺义区庆祝“六一”国际儿童节游园活动在北京国际鲜花港举行

4 2015年6月1日，顺义区中学生第四届“魅力社团 · 缤纷梦想”社团风采展示大赛在仁和中学举行

1 2015 年 6 月 12 至 14 日，顺义区中小学生春季田径运动会在牛栏山一中举行

2 2015 年 7 月 10 至 18 日，顺义区教委、顺义区体育局联合举办学生球类比赛

3 2015 年 9 月 25 日，顺义区首届青少年机器人巡回赛决赛在顺义一中举行

4 2015 年 10 月 9 至 11 日，北京市第 53 届中学生田径运动会在牛栏山一中举行，顺义区代表队喜获佳绩

1 2015年10月16至18日，顺义区中小学生秋季田径运动会在牛栏山一中举行

2 2015年10月30日，木林中小科技校园行暨科技嘉年华活动举行

3 2015年10月31日，顺义区小学生航空模型竞赛“放飞梦想”波音航空科普系列教育活动在顺义一中附小举行

4 2015年11月，牛栏山三小组织多种活动丰富学生课余生活

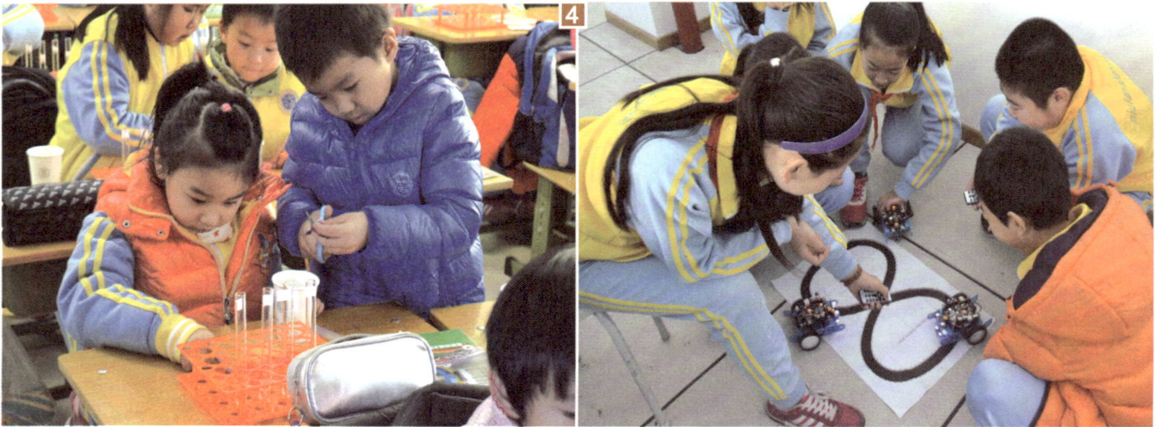

1 2015 年 11 月 1 日，顺义区首届中小学生跆拳道比赛在区体育局跆拳道馆举行

2 2015 年 11 月 7 日，顺义区“培育价值观，共筑家乡梦”中小学生建筑模型大赛举行

3 2015 年 11 月 21 日，在全国啦啦操联赛（北京站）比赛中，顺义区石园小学获自选动作第一名

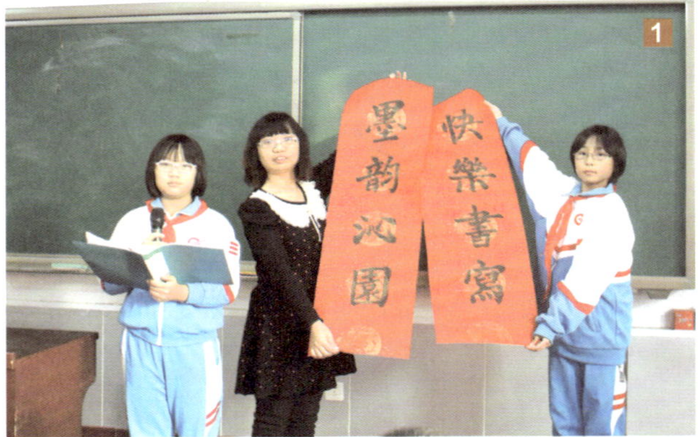

1 2015年11月23日，石园小学“快乐书写，墨韵沁园”首届书法艺术节启动

2 2015年12月5日，顺义区中小学旱地冰球嘉年华活动在顺义一中附小举行

3 2015年12月12日，顺义区组织学生参加北京市语委举办的京津冀中小学生诵读演讲比赛喜获佳绩

4 2015年12月23日，顺义区第十一届中小学生健康知识与技能竞赛在牛栏山一中举行

队伍建设

1 2015 年 2 月 6 日，顺义区教育系统第三期后备干部挂职动员会召开

2 2015 年 3 月起，杨镇中小“分享好经验，共绘好蓝图”校本研修工作坊系列活动举行

3 2015 年 4 月 10 日，顺义区教育系统党风廉政建设及校长考评总结大会召开，并在会上签订《党风廉政责任书》

4 2015 年 4 月 11 日，顺义区“2015 年中小学新任班主任专业素养培训”开班典礼在区教育研究考试中心举行

1 2015 年 5 月 8 日，顺义区教研中心学前教研室组织"学习故事"交流研讨系列活动

2 2015 年 5 月 9 日，顺义区教育系统退休教师趣味运动会在东风教育集团裕龙校区举行

3 2015 年 5 月 16 日，顺义区第四期名师工作室启动大会召开

1 2015 年 6 月 19 日，顺义区教育系统开展基层工会主席拓展活动

2 2015 年 7 月 4 日，顺义区体育教师参加北京市中小学体育教师专业技能展示比赛

3 2015 年 9 月 17 日，顺义区第十八届推广普通话宣传周展示活动在南彩二小举行

1 2015年9月18日，顺义区“园长专业领导力与新教师专业成长”北师大项目交流活动举行

2 2015年9月25日，顺义区初中教师心理研讨活动在顺义三中举行

3 2015年10月30日，顺义区语委办邀请首都师范大学教授徐健顺为全区骨干教师作“北京市国学教育师资培训项目——吟诵培训”

校外教育

1 2015 年 1 月 30 日，顺义区少年宫举办“童心同梦”少儿艺术班新年汇报演出

2 2015 年 2 月 4 至 14 日，顺义区少年宫“小天使”合唱团赴欧洲交流演出

1 2015 年 3 月 11 至 17 日，顺义区少年宫举办全区中小学科技辅导教师系列培训活动

2 2015 年 3 月 27 至 29 日，顺义区少年宫代表队参加第 35 届北京青少年科技创新大赛总决赛

3 2015 年 4 月 17 日，顺义区少年宫“小天使”民乐团学生走进中国音乐学院参观学习

4 2015 年 4 月 30 日，顺义区少年宫举办“EV3”机器人辅导教师培训

1 2015 年 5 月 10 日，顺义区少年宫大合唱团赴天津观摩“巳赫男童合唱团”演出

2 2015 年 5 月 10 日，顺义区少年宫小合唱团走进北京音乐厅参观

3 2015 年 5 月 23 日，顺义区少年宫举办第十届婴幼儿亲子游戏大赛

1 2015 年 5 月 24 日，顺义区少年宫举办首届合唱公开课活动

2 2015 年 5 月 27 日，顺义区中小学生航海模型竞赛举行

3 2015 年 7 月 31 日至 8 月 4 日，顺义区参加第十六届“我爱祖国海疆”全国青少年航海模型教育竞赛总决赛

4 2015 年 8 月 17 日，顺义区代表队参加全国青少年航空模型教育竞赛，喜获佳绩

1 2015 年 10 月 14 日，顺义区少年宫和北京国际鲜花港共同举办“顺义区中学生赏菊·咏菊”诗会活动

2 2015 年 11 月 17 至 25 日，顺义区少年宫选送的小合唱《蓝树叶》获北京市阳光少年艺术节展演活动三等奖

3 2015 年 11 月 18 日，顺义区中小学生创客秀教育活动在少年宫举行

1 2015 年 12 月 7 日，“第十三届北京市郊区校外教育活动案例展评交流评审培训会”在顺义区少年宫举行

2 2015 年 12 月 12 日，首届顺义区中小学生才艺展示活动在少年宫举行

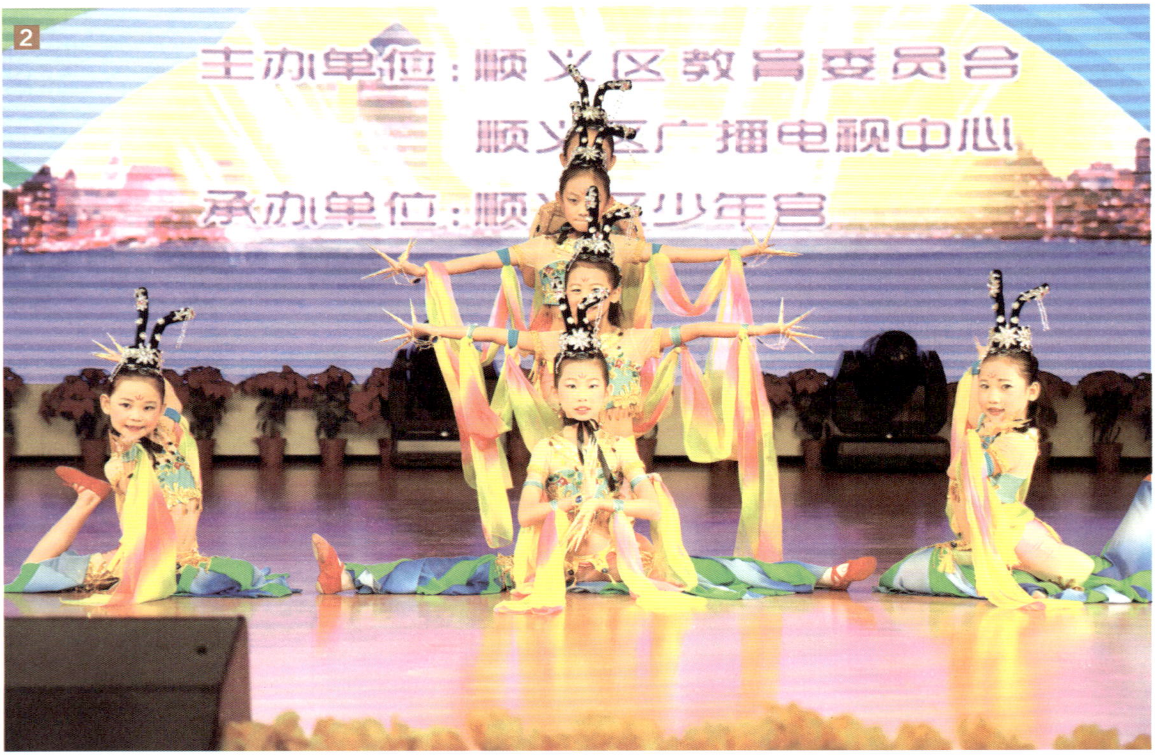

教育督导

1 2015 年 3 月 27 日，顺义区推进义务教育均衡发展工作会召开

2 2015 年 4 月 28 日，顺义区接受国家义务教育均衡发展情况督导汇报会召开

1 2015 年 4 月 29 日，顺义区中小学迎接国家义务教育均衡发展督导的现场观摩活动

2 2015 年 6 月，顺义区开展“防止和纠正小学化现象”专项督导

1 2015 年 9 月 22 日， 国务院教育督导委员会秋季开学暨“护校安园”行动检查组先后到后沙峪中小、牛栏山二幼督导检查

1 2015年11月10日，顺义区义务教育均衡发展总结暨督学换届大会召开

2 2015年11月12日，北京市政府教育督导室副主任刘莉率队到顺义区检查校外教育工作

合作交流

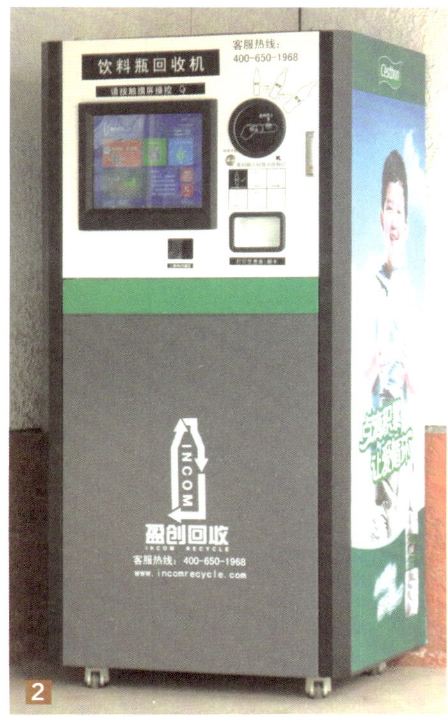

1 2015 年 3 月 15 日，顺义区少年宫体育舞蹈班学生到北京音乐舞蹈学校学习交流

2 2015 年 3 月起，东风教育集团与环保企业“盈创环保公司”合作，该企业无偿在教育集团各校区安装饮料瓶回收机

3 2015 年 4 月 22 日，顺义区少年之家赴大兴区少年宫、东城区天坛青少年活动中心参观交流

1 2015 年 5 月 19 日，顺义区退休教师京剧国粹宣讲团到赵全营中学举办专场交流演出

2 2015 年 8 月 27 至 28 日，顺义区邀请西班牙青训专家豪斯特文先生为校园足球教练员作理论和技术指导

3 2015 年 9 月 17 日，仇家店中小家校合作的深层构建暨签约仪式举行

4 2015 年 9 月 28 日，顺义区少年宫教师应怀柔学生活动管理中心邀请作微视频制作培训

5 2015 年 10 月 11 日，顺义区 3 名园长应邀参加北京师范大学与河南洛阳市政府联合举办的“美丽园丁”北师大学前项目启动仪式

学校建设

1 2015 年 1 月 26 日，顺义区开展园所文化建设参观活动

2 2015 年 3 月 20 日，澜西园二区幼儿园迎接北京市级类验收

3 2015 年 3 月，顺义区开展一级二类园验收工作

1 2015年5月7日，顺义区“弘扬优秀传统文化，培育当代雅正少年”中华优秀文化教育现场会在双兴小学召开

2 2015年5月20日，顺义区教研中心学前教研室组织幼儿园年度考核验收工作

3 2015年5月21日，“首师大—顺义区小学学校自主发展共同体建设合作项目”启动会在牛栏山三小举行

4 2015年5月26日，区教委组织联合检查组到赵全营中心幼儿园开展后续审计工作

5 2015年5月27日，顺义区践行社会主义核心价值观教育现场会在光明小学召开

1

2

3

4

5

1 2015年9月2日，北京城市学院工程整体竣工并投入使月

2 2015年9月22日，顺义区护校安全小组到后沙峪中小检查工作

3 2015年9月23日，南法信中小被顺义区人民政府授予“中国结传承单位”称号

4 2015年9月30日，顺义区开展学校食堂检查工作

1 2015年9月起，顺义五中深化课程改革建设开展学科综合实践活动

2 2015年9月，裕龙小学现代校区迎接国家教育部义务教育均衡化督导检查设备配备工作完成

3 2015年10月19日，顺义区舞蹈活动基地授牌仪式在板桥中小举行

4 2015年11月17日，北京市语委到双兴小学、杨镇一中进行第九批市级语言文字规范化示

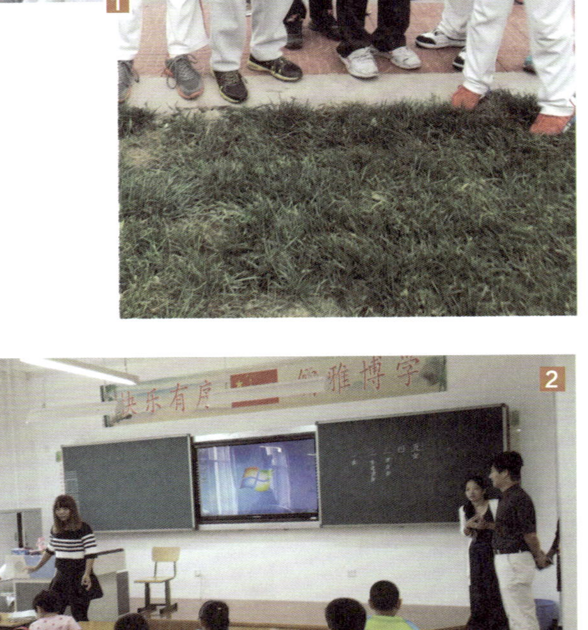

1 2015 年 12 月 2 日，北京城市学院空乘专业模拟仓投入使用

2 2015 年，顺义区为民办学校配备物资并进一步支持民办教育发展

3 2015 年，北小营第二幼儿园开工建设

4 2015 年，高丽营第二幼儿园开工建设

1 2015 年，李桥中心幼儿园翻扩建工程建设完成并投入使用

2 2015 年，区教委接收仁和花园一区幼儿园并对其进行装修改造

3 2015 年，区教委接收裕龙二区幼儿园并对其进行装修改造

4 2015 年，沿河中心小学校建设工程完成并投入使用

目　录

北京市顺义区第二中学

北京市顺义区第三中学

北京市顺义区第五中学

北京市顺义区第八中学

调研与报告

附 录

教育事业统计资料

顺义教育总述

顺义区教育委员会“十二五”时期工作总结

“十二五”以来，顺义区全面落实党的教育方针，认真落实国家和北京市中长期教育改革和发展规划纲要，依托区域经济社会的良好发展态势，以人民满意为前提，以教育质量为核心，以队伍建设为抓手，以文化建设为引领，坚持教育优先发展，大力推进了顺义教育现代化进程，推动了城乡教育一体化发展，使得学前教育更加普惠应需、义务教育更加均衡优质、高中教育更加特色多样、职业教育与区域经济发展更加协调、社区教育更加普及、特殊教育更加有保障、民办教育更加规范、教育设施设备更加先进、信息化应用更加有效、国际视野更加开阔，为教育事业全面、优质、均衡、可持续发展奠定了更加坚实的基础。同时，教育服务区域经济社会发展的效能更加显著，人民对教育工作的满意度持续提高。

一、顺义“十二五”时期教育事业发展环境

（一）国家教育发展战略明确，教育事业发展要求不断提高

党的“十四大”提出“必须把教育摆在优先发展的战略地位”，“十五大”“十六大”“十六届六中全会”连续强调了这一方针。2010 年，国家颁布实施的《国家中长期教育改革和发展规划纲要（2010—2020）》提出“到 2020 年，基本实现教育现代化，基本形成学习型社会，进入人力资源强国行列”的战略设想，就各学段、各级各类教育发展目标提出了具体要求，并确立了“优先发展、育人为本、改革创新、促进公平、提高质量”的工作方针。北京市颁布实施的《北京市中长期教育改革和发展规划纲要（2010—2020）》提出“到 2020 年实现教育现代化，建成公平、优质、创新、开放的首都教育和先进的学习型城市，进入以教育和人才培养为优势的现代化国际城市行列”，确立了“优先发展、统筹协调、优质育人、改革创新”的战略方针，对北京市教育事业发展目标提出了更高、更快的要求。

（二）区域经济社会发展进入新阶段

顺义区区域经济社会发展处于转型升级阶段——“经济发展进入提水平、上档次的新阶段，城市发展进入完善功能、提升品质的新阶段，社会建设进入深化服务、创新管理的新阶段”，为此，顺义区“以全面深化改革为根本动力，加快推动‘四个转型升级’——加快推动临空经济区向首都国际航空中心核心区转型升级；加快推动现代制造业向创新创造转型升级；加快推动经济发展向投资、消费协调拉动转型升级；加快推动城乡发展向城乡一体化转型升级”。区域经济社会发展面临的这些新变化以及相对的新举措对作为民生部门、基础部门、支撑部门的教育事业提出了新需求与新要求。

（三）城乡一体化进程快速推进

“十二五”时期是顺义区城乡一体化进程快速推进期，城乡一体化进程综合实现程度预期于 2015 年达标。城乡教育事业一体化是城乡一体化进程的重要内容，也是衡量城乡一体化程度的重要指标，还是促进城乡一体化发展的基础力量和根本要素。

顺义区城乡一体化进程存在着两个显著不足：一是城镇化发展水平不足以支撑经济社会发展目标；二是农村人口素质不足以支撑城镇化发展目标。随着城乡一体化进程的加快，农村人口素质与经济

社会发展之间的矛盾将日益凸显，同时，外来人口教育需求也将不断增强。因而，顺义区城乡一体化进程既为顺义区教育事业发展提供了机遇和动力，也提出了更高更好的发展要求。因此，“十二五”时期，顺义区教育事业在城乡一体化进程中承担着自身发展与促进全面发展的双重任务。

（四）区域经济实力不断提升，公共事务获得财政保障

顺义区经济持续高速发展，2014年国内生产总值达到1339.7亿元，比2011年提高了31.99%；2014年度财政收入达到110.6亿元，与2011年基本持平；2014年度教育支出达到24.5亿元，比2011年增长了53.1%。区域经济的持续快速增长为教育事业优先发展提供了坚实的经济基础。

二、“十二五”时期教育事业发展状况及主要成就

（一）教育事业发展基本现状

1. 教育事业优先发展

“十二五”以来，顺义区全面贯彻党的教育方针，切实落实教育优先发展战略：区域经济社会决策优先安排教育发展，财政资金优先保障教育投入，公共资源优先满足教育需求。

区域经济社会决策优先安排教育发展。顺义区政府从经济社会发展最需要的、人民反映最强烈的、发展水平最薄弱的三个环节入手寻求重大突破，围绕教育事业发展的重点、难点问题确立工作任务，优先提交会议日程，优先形成相关决策，并通过政府工作报告、政府折子工程加以部署，保障落实。“十二五”以来，顺义区政府就全面推进素质教育、学前教育、职业教育、特殊教育等建立了联席会议制度，形成了《顺义区2010年—2020年中小学校布局调整规划》《顺义区学前教育三年行动计划》《顺义区中小学建设三年行动计划》《顺义区来京务工人员随迁子女教育三年行动计划（2012—2014）》等重大决策并通过政府办公会、现场办公会、教育督导等方式推进落实。

财政资金优先保障教育投入。教育事业财政投入逐年大幅增长，“两个比例，三个增长”总体落实，教育费附加、地方教育附加、土地收益计提的教育资金足额计提，依法支出。干部、师资培训专项投入快速增长，2014年度教师人均培训经费比2010年度增长了175%；各类专项资金包括进城务工随迁子女入学资助、困难人群助学基金、校园文化建设基金、校外大课堂补助资金等悉数到位；积极申请国家、北京市各类支持资金，使教育经费保障更加坚实。

表一：顺义区GDP、财政收入与教育支出

	2011年	2012年	2013年	2014年
GDP	1015亿	1103亿	1232亿	1339.7亿
公共财政预算收入	80.9亿	86.2亿	98亿	110.6亿
公共财政预算支出	124.5亿	130.3亿	146.7亿	167.8亿
教育事业经费支出	17.9亿	18.8亿	21亿	24.5亿

表二：两个比率三个增长表

	2011年	2012年	2013年	2014年
国家财政性教育经费占GDP的比例增减变化情况（%）	1.76	-0.05	0.37	0.13
公共财政预算教育经费占公共财政预算支出的比例增减变化情况（%）	0.04	0.09	0.05	0.12
预算内教育拨款增长高于财政经常性收入增长（%）	12.46	0.77	1.64	7.97

公共资源优先满足教育需求。“十二五”以来，在推动学前教育发展、中小学规划布局调整、职业教育资源整合过程中，城市规划优先考虑教育事业发展，土地资源优先满足教育事业需求。集合区镇两级政府、多个部门之力，调动各种社会力量，全力推进“学前教育三年行动计划”“中小学建设三年行动计划”等重大任务，深入推进素质教育实施，加强校园综合治理，保证校园安全。

明确责任，强化考核，科学评价，保障落实。为切实推进落实教育事业发展各项任务，制定实施了《顺义区镇政府（街道办事处）教育工作目标考核办法》，将教育工作纳入镇（街道）主要经济发展指标与社会调控目标考核；依照《北京市区县义务教育均衡发展督导评价方案》，强化对区镇两级政府承担的

教育事业发展责任的督导检查，实施评价。

2. 结构布局不断优化

截至2014年末，顺义区教育机构总数达到140个，其中，公办教育机构119个，民办教育机构21个，形成了以公益性、普惠式公办教育为主，以优质高端、规范运营的民办教育为补充的教育结构布局。

学前教育方面，着力解决“入园贵”“入园难”等群众呼声强烈的问题，建立联席会议制度，实施《顺义区学前教育三年行动计划》，通过新建、改扩建公办幼儿园，使其总数达到50所，比“十二五”之初增加14所，实现乡镇有1～2所中心园，各村有1所村办园（农村托幼服务站11个）的区、镇、村三级网络覆盖，学位总数增加13000个。维持较低收费标准，严格收费管理，很好地满足了民众的需求，常驻人口入园率达到98.1%。

中小学教育方面，制定落实《顺义区2010—2020年中小学校布局调整规划》，实施《中小学办学条件达标建设规划》《中小学三年行动计划》《顺义区来京务工人员随迁子女教育三年行动计划（2012—2014）》，全区改扩建中小学20余所，占地面积达到220000平方米，建筑面积达到386797平方米，新增小学学位8160个，中学学位6360个，全面实现“保障入学，就近入学，平等入学”。

校外教育方面，设立了19个校外活动站，建立起一批校外、课外教育基地。

职业教育方面，推进落实现代学院资源重组，建设顺义职业教育园区，初步建立与顺义区域经济社会发展相适应的职业教育体系，职教中心建成投入使用。

社区教育成立了4个分中心，建立了辐射区镇村三级的社区教育网络。

3. 教育资源更加优良

依据教育优先发展战略、区域经济社会发展水平以及教育事业发展要求，着手研制高于市颁标准的顺义区中小学办学条件标准，为师生提供数量更多、性能更优、安全更有保障的设施设备。全面提升干部师资队伍职业能力和综合素养，大力引进人才，深入实施“三名工程”，提升教育软实力。引进区外优质教育资源，成功引入北京四中举办顺义分校，与北师大、首师大、华东师大、东北师大、四川大学、北京科技大学、中国农大继续教育学院等高校开展合作，加强教育信息化资源建设，加强教师培训与培养，初步实现优质教育资源及时共享，基础教育阶段多媒体教学经常使用率达到82.6%。广泛动员政府各类行政资源，全面推进素质教育，加强校园安全与周边环境综合治理，加强卫生保健、疾病防治与食品安全服务保障。

4. 人民满意度持续、显著提高

“十二五”以来，在北京市教委组织实施的人民满意度年度评价中，顺义区教育工作满意度总体水平始终位于各区前列，总体得分持续上升，排序逐年递增。2013年度综合得分达到88.2分，比2010年提高了4.8分，在全市各区中排名第一，比2010年提高了2个位次。这一结果表明了顺义区教育工作质量呈逐年上升态势，并已达到北京市的最好水平。

（二）推进义务教育均衡和城乡教育一体化

1. 义务教育全面均衡发展

严格落实《中小学达标建设规划》和《北京市中小学办学条件标准》的各项要求，城乡学校办学条件无差别化全面提升，所有中小学专用教室、教学实验设施、信息技术设备、音体美器材、图书资料和心理咨询室等均达到或超过市颁标准。加快数字校园建设，实施“中小学数字化教育资源共享工程”，为学生提供全学科优质同步课程资源。

区域校际联盟内，初中、小学组团协同发展，通过名校引领、帮扶，利用差异资源，实现横向融通、纵向衔接、多向交流、整体优化，带动联盟整体教育质量提高。同时，以优质校为核心，组成管理紧密型、业务统合型教育集团，形成教育资源深度共享，干部、师资交流力度极大增强，整体教育教学水平迅速提高。

关注进城务工随迁子女入学需求，对于符合北京市公办学校和政府扶持的民办学校入读条件的儿童按照“相对就近，免试入学，统筹安排，一视同仁”的原则给予安排，学位保障到位。

积极推进三类残疾儿童在普通学校随班就读，建立特教资源教室，加强相关师资特殊教育技能培训，逐步完善随班就读教育体系建设。三类残疾儿童义务教育阶段入学率达到98.1%。

为义务教育阶段学生提供寄宿生活费补助，为低保和困难家庭学生提供助学金，让所有适龄儿童做到不因贫困而失学。

严格禁止初中、小学择校行为，改革“小升初”入学办法；逐步完善高中示范校部分招生计划分配到初中校工作的实施方案，招生名额分配比例从2011年的5%扩大到2014年的30%，努力实现优质教育机会均衡。

2．城乡教育一体化取得显著成就

启动城乡联动教育改革实验，制定了《城乡联动教育改革实验方案》，确立“以高中校带动义务教育学校，以城区学校带动农村地区学校”的城乡联动策略，组建城乡教育联盟，联盟内依学段形成组团，实现城乡学校共谋发展，共享资源，共同开展教研、科研、培训、论坛等教育教学活动，带动提高农村学校的管理水平和教育质量。调查表明，有50%的乡镇教育机构认为联盟组团发展策略效果显著。

（三）人事体制改革、创新队伍建设与发展模式

1．积极探索人事体制改革

改善农村校、薄弱校师资队伍结构，促进优秀师资向农村校、薄弱校流动。提高区级以上骨干教师比例，提高高级职称比例，骨干教师、高级职称名额向农村学校倾斜并实行与城区有差别的评定标准；晋升高级专业技术职务优先考虑具有农村或薄弱学校工作经历的教师；对到农村学校工作的教师给予交通补贴。

制定出台了《教育系统事业单位干部选拔、任用、管理办法》，健全民主监督机制，干部选拔、任用坚持公开、公正、公平原则，在学校副职和中层干部选用上，公推公选已成为主要方式；干部任用推行聘用制；建立常态化的城乡、校际、学校与机关之间的干部交流机制，推动干部合理流动和异地交流。

2．创新队伍建设与发展模式

将师德教育、法制教育放在首位。进一步落实教育部《中小学教师职业道德规范》，开展师德报告团巡回演讲活动、“践行规范强师德，以生为本树形象”主题活动、“师德标兵”“优秀师德群体”评比等活动，实施专项的师德培训计划，教学管理关注教师教态、师生关系，推行“以生为本”的教育理念。

重视干部、教师的法律法规教育，倡导依法执教、依法治教。聘请法律专业人士开展讲座，做到有计划、有记录、有总结、有反馈。

师资培训精心谋划，高效实施，成效显著。分层分类制定了针对性强、效用度高的七大培训计划，包括面向全体教师开展师德教育的“铸魂计划”，面向新任教师的“伴飞计划”，面向学科教师的“专业成长计划”，面向骨干教师的“骨干培养计划”，面向市特级教师、市级学科带头人、区级首席教师、特别优秀的市级骨干教师的“教育家成长计划”等等。

建设融合区级教研基地、干部教师培训基地、教育科研基地、数字校园基地于一体的基地校3所（小学、初中、高中各1所），建成U-D-S优质校建设基地10所。

干部培训以任务为纽带，以胜任力为重点。推进落实《顺义区“十二五”教育系统干部培训规划》，按照“以人为本、按需施训，面向全员、突出骨干，促进均衡、倾斜农村，改革机制、创新模式，完善保障、提高质量”的工作思路，全面落实“以任务为纽带的研训一体”工作策略，举办“胜任力提升”、“新岗位胜任力”等主题培训，面向全区中小学干部推出主题模块式选修课程，初步建立菜单式干部培训课程体系。继续开展“名校之旅”活动，安排干部到名校、优质校挂职、考察；选派干部到国内外高校培训、学习，提升干部素养，拓宽干部管理思路。

加强教师基本功。推动落实《顺义区小学教师基本功培训与展示三年规划》，完成《顺义区初中教师基本功通识培训内容汇编》；组织中小学教师开展学科竞赛，参加市级以上学科竞赛，举办区级各种评比活动，促进学科教师成长。开展教学反思、课例评比等活动，推动青年教师成长。开展国际交流提升英语教师素养，利用国际学校资源，组织中学英语教师参加国际语言教学研讨会；开展中小学教师实验技能培训与展示活动。

科研引领，提高研究能力与理论水平。建设科研基地校，鼓励干部、教师积极申报、参与课题研究，以研促学习，以研促思考，以研促发展。各级各类教育机构承接“十二五”科研课题137项，参加课题干部教师人数达到60%以上，个别学校甚至达到95%。

（四）明确责任，强化落实，全面实施素质教育

1. 明确区、镇两级政府及教育机构实施素质教育的责任

贯彻落实《教育法》《关于深化教育改革全面推进素质教育的决定》，制定并实施了《顺义区镇政府、学校（教育机构）全面实施素质教育评价方案实施细则》，建立全面实施素质教育联席会议制度，将区镇两级政府承担的实施素质教育的相关责任明确落实到各个部门。

2. 推动校园文化建设，以文化促素质提升

以社会主义核心价值观为基础，结合学校区位特点、历史传承、教育理念、教学特色等，形成各有特点、各有侧重的价值理念，推进学校特色建设和内涵式发展。同时，组织开展形式多样、积极向上的文化活动，让价值理念与文化素养深入人心。

3. 改革德育教育模式，创新法制教育活动

制定并实施《中小学德育工作行动计划》，组织开展十二年一体化德育工作研究，充分利用《国学动漫城》节目及各类活动，加强中华传统美德教育、开展社会主义价值观教育。

完善法制宣传和教育工作，完成“六五”普法任务；组织校园流动法庭和青少年模拟法庭等活动，举办北京市中小学生模拟法庭活动走进顺义现场会，让法制教育变得生动有趣，让学生亲身感受法制的社会作用。

4. 重视心理健康教育

通过开展心理健康教育示范校等活动，推动中小学生心理健康促进工程，引导学校、家庭对学生心理健康的重视；为各学校配备心理咨询室和心理咨询师，关注学生心理健康，对个案开展心理辅导；聘请心理专家就青春期心理、网络游戏、与人沟通等问题开展讲座，引导学生建立积极的心理观。

5. 重视学生身体素质，推行阳光一小时工程

制定、落实《中小学体育卫生工作三年行动计划》《关于加强青少年体育，增强青少年体质的实施意见》，中小学生《国家学生体质健康标准》达标率显著提高——小学生《国家学生体质健康标准》达标率从2011年的86.38%提高到2014年的93.30%，初中生《国家学生体质健康标准》达标率从2011年的83.41%提高到2014年的93.80%。

6. 深化课程改革，加强特色建设，满足个性化需求

成立课程室负责全区课程规划与建设，各校组建课程建设领导小组，专人负责学校的课程建设；制定《关于加强中小学课程建设的指导意见》，开展课程整合培训、研究活动；初步实现国家、地方和校本三级课程的互补和融合，并着手推动国家课程班本化、个体化，进一步满足课程体系的个性化需求。

7. 推动教学改革，加强教学管理，强化质量监督

推动教学改革，构建自主、高效课堂。积极推动教学模式变革，鼓励引入、试验新型教学模式，提高课堂效率；同时，培养学生自主学习、合作学习、评价反思能力，让学生成为课堂的主人。初中、小学教育尝试开展翻转课堂，高中教育立足学生个性化发展，积极尝试走班制、分层制等先进的教学模式，取得了良好的效果。

加强教学管理，强化质量监控。制定、实施了《关于进一步规范小学教学管理的意见》《顺义区中学教育教学规范管理项目指南》《顺义区中学教学管理常规》《关于加强中小学实验教学和实验室建设工作的意见》等，对课堂教学、指导实验、学业考核与评价等各项教学常规给予进一步的规范，使教学过程管理得以加强。同时，开展多个角度、多种形式的教学视导工作，推行常态课视导全覆盖，提高教学视导工作的针对性。坚持常规视导与专题视导相结合，集中视导和分散视导相结合，探索主题式、协商式、菜单式视导模式。此外，在各联盟内开展学业水平质量监控、学科实践能力展示等活动，组织教学干部进行试卷分析交流，科学诊断、改进学校课堂教学，进一步加强学科建设，提高教学质量。

8. 重视开展校外教育

引导学生积极参加校外活动，建立社会大课堂活动机制及活动基地，广泛开展生命教育、自然生态教育、科学教育、爱国主义教育；发挥少年宫校外教育中的重要作用，重视师资队伍建设，提高课外教育服务与活动组织能力．加强少年宫艺术团对外交流展示，组织学校艺术团参加国际交流演出，举办文艺、科技类竞赛20余项。加强与高校合作，充分利用高校资源扩大课外教育能力，开阔学生视

野，激发学习兴趣。“十二五”以来，已建成4所乡村学校少年宫、15所市级乡镇校外活动站；并有9所学校被评为北京市科技示范校。

9. 开展综合素质评价

建立多维、立体式学生素质评价标准，以教师、学生、同学、家长为评价主体，涵盖学生身体素质、道德认知与行为习惯、学业成就、个性特长等四个方面；每学年下发学生综合素质评价报告单，采取等级评定方式，真正实现以评价促进学生全面而富有个性的发展的教育目标。

10. 切实落实中小学生“减负”工作

制定《顺义区落实＜市教委切实减轻中小学生过重课业负担＞的实施方案》并且严格推进落实。顺义区教委与义务教育学校签订“减负”责任书，教育督导室针对“减负”问题开展专项督导，出具专门监测报告，总结成果，发现问题，督促整改落实。

在推动落实“减负”的同时，积极推进高效课堂建设，通过促使教师改进教学手段、扩大教学资源、加强三维目标设计与落实等，实现“减负不减效”，保障正常的教学进程和更好的教学效果、学习效果。

11. 注重家长委员会的作用

推动各级各类学校成立家长委员会，建立了多种形式的家校沟通机制。其中，全部幼儿园、94%的初中和小学、75%的高中成立了家长委员会。此外，推动开展家长课堂，传播先进的教育理念、教育方法和技巧，宣传、讲解学校开展的各类教育、教学实践活动，增进学校与家庭、老师与家长之间的相互了解和理解，实现家校共育；让家长委员会参与学校的各项事务，提出意见和建议，改进学校的各项工作，为学生营造优良的教育环境。

（五）教育信息化取得新进展

完成教育网升级改造工程，启动中小学无线网络覆盖项目，推进北京市数字化校园实验校建设工作。完成教育视频综合服务平台建设，实现视频直播与点播系统有效融合，启动教育视频监控设备整合项目；启动、推进网络办公平台建设，教委机关正式启用综合应用办公系统，实现考试网络阅卷。推动市级数字教育资源在教育教学中的应用，市级资源卡和电子图书平台受众范围不断扩大；加强区内资源建设与应用，启动顺义区教师研修平台建设与应用、顺义区中小学教学服务系统建设与应用。面向主管领导、学科教师举办信息化相关知识、多媒体课件制作、系统平台应用、培训，面向新任网管教师开展基本功培训，部分教师课堂多媒体教学使用率已达90%，顺义区连续3年获得北京市中小学教育资源建设与应用先进区。

（六）终身教育体系更加完善

1. 职业教育与区域经济社会协调发展

建立联席会议制度，明确政府各部门的职责，保证教育附加收入中不少于30%用于支持职业教育；确立“构建现代职业教育体系；完善办学模式和人才培养模式；加强基础能力建设；增强职业教育对社会的贡献力”四大目标，实施“基础能力建设工程，内涵发展提升工程；走出校园服务社会工程”三大工程，建设完成职业教育中心并投入使用。

重点发展与国际接轨、与区域产业发展适应、与市场需求对接的职业教育体系；专业设置不断优化，现代学院开设汽车电子技术、电气自动化和报关与国际货代3个新专业；与北京科技大学、北京航空航天大学等高校搭建“高起专、专升本、本读硕”一体化学历教育模式，开设工商管理、汽车服务工程、电气工程与自动化、机械设计与制造、行政管理等专业。加大招生宣传力度，扩大职教影响力；招生模式有所创新，现代学院首次招收“五年一贯制”学生，实现“统招、自主招生、五年一贯制”多途径招生。

推进以就业为导向，以岗位需求为目标的教学改革，拓展办学形式，深化校企合作，开展“订单式培养”就业率达到100%；实训基地建设得到加强；技能鉴定工作稳步发展。

2. 成人教育对外合作发展

“十二五”期间，成教中心与北京科技大学、四川大学2所高校合作开设工商管理特许经营、金融与会计、机械设计、战略管理与信息化等四个专业，与中国农大继续教育学院等高校合作，提供各种学历教育，培养农村基层管理人才；面向农村劳动人口开设“学历＋技能”中专班、“高等学历＋中高级技能”培训班，探索农民培训新模式；不断发展完善“兴农讲堂”学习品牌，全年共培训农民6370人次，有效地促进了农业技术应用和农业管理的现代化。

3. 特殊教育坚持人文发展

依法保障残疾儿童的受教育权，建立联系会议制度，制定实施《顺义区关于加强特殊教育管理工作的意见》《顺义区残疾儿童少年随班就读工作管理意见》，建立了规范、科学、高效的特殊教育支持保障体系，特殊教育经费不断增加，基础设施建设投入不断加强。重视师资队伍专业发展，编写了顺义区特殊教育学校《教师专业发展评估手册》《特教教师专业发展研修手册——常用英语、常用手语、现代信息技术、简笔画》，对全体教师进行五项基本功的培训与考核；成立特教学校“名师工作室”，加大人才培养力度；将特教纳入中小教科日常工作计划，推动特殊教育课程改革；成立区特殊支持教育中心，着力推进融合教育，推行随班就读教育模式，实行特教学生双学籍制度，在中小学、幼儿园建立14个特殊儿童康复资源中心，入学率达到98.1%。针对严重残疾儿童，实行免费送教上门教育服务，结合学生身心特点制定个性化教学计划，开展一对一教育。

4. 社区教育示范发展

探索社区教育发展模式，形成以区社区教育中心为龙头、25所镇（街道）成人学校为骨干，502所村（居）社区学校为基础的三级纵向社区教育网络；筹建市民学习体验中心、网络学习体验中心，启动社区公益早教项目，设立艺术、西点制作体验学习室；“学习超市”运行步入正轨。开通“顺义区学习网”，完成两套社区教育教材的编写，形成具有区域特色的社区教育课程体系；开展顺义区情教育，加强区域经济社会发展政策解读，助推城镇化建设；启动“绿港书香”全民读书活动；创建各类学习品牌，其中“学助三农”等品牌被评为北京首都市民学习品牌。“十二五”期间，顺义区社区教育继续取得重大成就，被评为“全国社区教育示范区”“全国数字化学习先进区”。

（七）加强对外交流展示，提高顺义教育知名度和影响力

1. 承办全国性的会议、论坛

举办中美基础教育校长论坛，探索全球化、信息化背景下的基础教育改革、自我教育与拔尖创新人才培养等问题；承办首届全国小学名师表彰会；召开四届“牛栏山一中杯”全国不同风格与流派课改名家论坛，邀请外省市教育专家、校长、名优教师分享教育教学管理经验；召开四届“杨镇一中杯”班主任全国论坛；举办小学名师大课堂，30名市级名师做示范观摩课、交流教学经验，6400余人次参与；召开邱学华尝试教育报告观摩会。

2. 整合媒体资源，加大宣传力度

充分发挥顺义教育网、《顺义教育信息》、《顺义教育》、《教育动态》等媒介的阵地作用，加强先进典型与教育亮点的宣传报道；在《中国教育报》《中国教师报》《现代教育报》等国家级报刊刊发专版；与顺义电视台合作开办“教育e站”教育栏目，宣传学校特色，制作播出专题片；拍摄制作《丰碑铸就绿港魂——顺义教育发展30年掠影》教育宣传片；围绕义务教育均衡发展、城乡教育一体化等制作专版图册3000册。

（八）高效履行督政、督学职责，为教育事业保驾护航

1. 完善相关制度建设

修订和完善了《北京市顺义区镇政府全面实施素质教育评价指标体系实施细则》《北京市顺义区普通中小学校全面实施素质教育评价指标体系实施细则》《北京市顺义区幼儿园全面实施素质教育评价指标体系实施细则》和《北京市顺义区职业学校全面实施素质教育评价指标体系实施细则》，研制了《北京市顺义区校外教育机构全面实施素质教育评价指标体系实施细则》和《北京市顺义区特殊教育学校全面实施素质教育评价指标体系实施细则》，使督导实施体系更加系统，更加科学，更具有可操作性；制定和实施《关于建立和完善督学责任区制度工作方案》，进一步明确督导责任，提高督导实效。

2. 依法督政

依照《北京市区县政府全面实施素质教育评价指标体系》《北京市区县教委全面实施素质教育评价指标体系》和《北京市顺义区镇政府全面实施素质教育评价指标体系》，对区政府各职能部门、镇政府和街道办事处实施教育责任督导，坚持实事求是、求真务实，不走过场，不搞形式主义，督导过程与结果做到公平、公正、公开。

3. 严格督学

坚持科学性和客观性，推动教育督导评价全面

覆盖，对全区各级各类教育机构全面实施素质教育进行了综合督导；创新督导工作模式，将定量评价与定性评价相结合、自我评价与督导评价相结合，运用发展性评价策略，实施合作督导机制，有效推动素质教育全面实施；围绕重点问题开展专项督导，纠正学前教育小学化倾向，严查教育乱收费与小升初择校问题，督查“减负”工程落实情况和高效课堂建设情况，督查阳光一小时体育活动落实情况，督查学生课外活动情况，督查社会主义核心价值观教育开展情况；加大督导意见反馈和后续督导力度，有效促进教育能力和教育质量的提高。

（九）教育事业促进区域经济社会发展

教育事业作为经济社会发展的基础部门、支撑部门和引导部门，直接和间接地推动着区域经济发展和社会进步。顺义区教育事业发展对区域经济社会发展的直接作用主要包括教育投入及其乘数效应对经济增长的直接推动作用以及教育均衡发展提高当地人口的受教育机会和教育程度；间接作用则包括优良的教育环境对产业和人口迁移的拉动作用，人口知识技能储备对经济发展、产业效率的支撑作用，以及人口素质提高带来的人文环境的持续改善，等等。按照中国东部地区教育事业投入对经济增长的贡献率计算（刘伟，2007），2011 至 2014 年间，顺义区教育事业投入对区域经济增长的贡献度约为 32.9%，达 1541.3 亿元。

三、顺义区教育事业改革与发展中存在的主要问题

（一）人民群众对教育工作仍不尽满意

“十二五”以来的教育工作满意度调查表明，顺义区民众对教育工作仍有不尽满意之处，主要集中在校园周边环境治理、课外活动质量、寒暑假补课、义务教育学校间师资差距、美术音乐等艺术教育水平等方面；另外，体罚和变相体罚的也被多次提及，必须引起高度关注。

在家长认为急需解决的问题方面，唯一被半数以上的家长所提及的是“提高教师队伍水平”。这一方面说明了目前的教师队伍的总体水平离家长的期待还有差距，另一方面也说明教育教学质量是家长关心的首要问题。家长对该问题的重视指明了顺义区未来一个时期教育工作的重心所在。

（二）“教育优先发展”缺乏决策评价机制

顺义区坚决落实教育优先发展战略，但在如何确认优先、如何把握优先、如何协调优先以及如何评价优先方面还缺乏与区域经济社会发展特点、发展水平、发展目标、发展战略具有清晰的逻辑一致性的决策评价机制。甚至，也缺乏一些定量和定性的评价标准。比如，在国家层面，对教育事业的年度财政性投入要达到 GDP 的 4% 就是教育优先发展的一个评价标准。相应地，顺义区也应该制定一套基于区域经济社会发展状况及教育事业未来发展要求的定量和定性指标以用于决策支持和决策评价。此外，顺义区教育事业与区域经济社会发展的内在关系也未予以前瞻性、战略性、科学性、系统性的揭示。以上两个方面的问题导致顺义区教育事业发展无法在更高的层面上、更深的层次上进行长远规划和决策评价。

（三）教育体制改革未能触动某些根本问题

1. 干部管理体制改革力度不足

顺义区作为教育综合改革试验区，教育行业干部管理体制改革应依照国家行政体制改革、教育体制改革、事业体制改革的主导方向大胆推进。目前，公招公聘主要局限在教育机构副职和“空岗”上，比例不到 20%；一把手选任仍实行组织选拔任命制；选人用人范围主要局限在区内，任职资格中行政级别资历仍然是应聘的约束性条件。干部评价具有典型的行政色彩，干部退出机制缺乏实施力度。这些问题都制约着建设职业教育家队伍的发展目标。

2. 人事管理体制改革未能深入

人事管理体制受制于国家现行体制和政策，一些改革设想未能有效推进。队伍建设方面，现行人事编制政策和薪酬体制导致人事调节手段、力度不足，结构优化、人才流动、人才储备等方面的规划目标难以推进：人事超编、缺编同时存在，师资年龄结构、专业结构局部失衡，后备人才无法及时储备。据本课题调查，顺义区 76% 的基础教育机构认为人事体制制约了师资队伍建设和发展。职称改革方面，中小学教师职称序列统一工作未能推行，职称评定标准缺乏一致性，职称评聘分开未能全面落实，职称仍是岗位、薪酬的主要决定因素；专业技术岗位实行职级比例制也制约了人才评价的客观性和公正性。“三名工程”配套的人事政策力度明显

不足。干部、教师跨校流动应符合《教师法》《劳动法》相关规定。

3. 一些改革举措缺乏合理性和长效性

干部师资队伍的不均衡已成为制约义务教育均衡发展、城乡教育一体化发展的关键因素。为解决此问题，“十二五”以来实施各种举措，取得了一些效果，但有的举措不尽合理，难以形成长效机制。比如，为促进教师城乡之间流动而实行的将农村支教经历作为评定高级职称的参考条件具有明显的不合理性。另外，通过降低农村教师参评高级职称、骨干教师等的评价标准而提高农村学校高级职称教师、骨干教师比例也无法实质上实现城乡学校之间师资结构、教育教学水平的均衡。

（四）队伍总体素质与教育事业发展存在差距

干部队伍总体素质不断提高，但离塑造职业教育家群体的要求还有较大差距，主要体现在现代教育理念应用创新不够、现代教育管理能力未能有效脱离行政管理模式、专业引领能力不足、社会知名度不高等方面。“十二五”以来，“三名工程”中“名校（园）长”培养目标未能有效落实，策略与举措不够明确，评价、认定标准也不够清晰。

师资队伍总体上符合顺义区教育事业发展要求，但局部问题依然存在，中小学师资队伍结构还不够均衡，有的学校年龄结构过于集中，形成梯队层次空白；学前段师资队伍仍未达标，“十二五”规划制定的干部师资队伍发展目标“园长100%、教师90%达到学前专业大专及以上；全部持证上岗”未能实现。新型教学模式应用以及教学模式自主创新能力不足，科研能力急需提高。

（五）终身教育体系建设仍需加强

1. 基础教育服务仍有提高的空间

亲子早教规划目标未能有效落实；50%的学前教育机构没有儿童心理危机干预预案，58%的学前机构未对食堂实施监控。中小学素质教育课程品类繁多，但有高度、有深度的不多，校本课程建设的科学性、系统性、规范性还有待加强；教学理念与教学行为存在脱节，教学模式、方式难以满足个性化教育要求；科研工作存在泛化现象，部分课题立意缺乏科研内涵，科研能力配置无法支撑高质量的课题实施，成果水平不高，教学实践转化效率不足；34%的义务教育机构认为“减负”工作效果不够显著。“高中立足学生个性化”教育目标难以落实。

2. 校外教育功能发挥不够

校外教育场所规划目标未能落实，致使部分高质量的校外教育活动未能广泛普及和深度实施，一定程度上影响了校外教育的普及性及普惠性目标的落实。此外，课外大讲堂活动的趣味性、教育内涵、教育效果还有待增强，个性化需求满足度也有待提高，这些不仅影响了学生的参与热情，还使得家长对学生的课外教育活动不尽满意（在北京市教委组织的家长满意度调查中有清晰的体现）。另外，对校外教育的科研、教研也略显不足。还有，校外教育缺乏科学、系统的评价机制和评价办法，难以开展有效的教育质量监控和客观的督导评价，也不利于施教者更有针对性地组织教研科研、师资培训等活动。

3. 教育资源引优应重在实效

在引进区外优质教育资源方面，缺乏系统性的教育资源移植保障机制，对如何承接、消化、复现这些优质的教育资源重视不足。此外，还缺乏对优质资源引入后的实际教育教学效果的跟踪评价以及与源头的对比评价，缺乏对优质教育资源对区域教育水平引领带动作用的评价。另外，引进名校还涉及区域教育服务均衡等问题，因此，名校学位资源分配体制也需要进一步合理设计以符合教育均衡发展的要求以及更好地满足区域民众的教育服务需求。

4. 教育质量管理体系还不够完善

教育督导、常规视导、专项训导、校内教学质量监控等多层次、多形式教育质量管理活动还未能有效整合、有机融合，还未能形成各有侧重，相互配合的立体、多维教育质量管理体系。同时，教育质量管理与专业评价、职称评定、绩效考核、教研、科研、培训等工作也未能有效融通。

5. 校园文化建设任务化倾向明显

校园文化建设是个长期的、水到渠成的过程，应该以师生共同、共通的价值观塑造为根本，广泛研讨、情感引导、规制推进、自然养成。目前开展的校园文化建设具有较强的任务色彩和明显的主观性。其中，中国传统文化如何与社会主义核心价值观相协调，如何与现代教育理念相融合还缺乏系统的研究，甚至某些方面还存在着冲突；另外，在校园文化与校本特色课程衔接方面也缺乏内涵上的逻辑证明和深度体现。

6. 对特教师资的关注有待加强

顺义区“十二五”以来特殊教育工作相关统计信息表明，2012 至 2013 年度，特教中心集体和个人荣誉数量、发表的作品、信息数量均呈下降趋势，这一情况与特殊教育事业日益受到重视以及人文化发展要求似乎不太相符，应该予以关注。此外，由于特教受教人群的特殊性，特教队伍干部师资的心理健康也应给予更多的重视。另外，随着随班就读以及普通学校资源支持中心建设的逐步推进，也应重视特教学校与普通学校之间的教师交流。

（六）教育信息化管理、应用效率与潜在价值仍有较大提升空间

1. 教育信息化仍处于初级阶段

顺义区教育信息化取得的成就主要体现在物理网络建设与升级、设施设备配置水平不断提高以及以信息获取、分享、传送与存储、在线沟通与讨论、远程视频通信以及少量教案、课件制作等相关的应用平台开发与整合方面，还未能真正成为推动教育管理模式、教学模式、学习模式、教科研训模式变革的依据以及提升顺义区教育事业相关公共服务能力和服务质量的主要手段。

2. 缺乏整体规划

顺义区目前开展的电子政务、电子校务、电子教务等方面的信息化建设缺乏科学定义、统筹规划、协同推进，需求设计缺乏整体性，系统开发缺乏总体性，应用缺乏融通性。另外，现代教育理念、管理模式、教学模式、学习方式对信息化建设的引领性不明显，植入性不强。

3. 信息化建设管理有待改进

纵观顺义区教育信息化建设历程，可以发现存在着一些指令性、偶发性的建设需求，这些信息化项目如何与区内主导的信息化建设规划、计划和项目实施相协调、相融合还缺乏一套完善的应对机制。此外，信息化建设相关的预算管理、项目管理、采购管理、资产管理之间的钩稽关系也需要进一步理清，相关制度也有待建立和完善。

4. 缺乏教育信息化应用效率效果评价体系

信息化的重心在于“用”，教育信息化也要在“用”字上下功夫。为此，就需要对教育信息化应用的效率、效果进行科学评价。而且，教育信息化应用的效率、效果的评价也是信息化建设总体评价的核心内容和主要依据。目前，顺义区的教育信息化还缺乏这样一个评价体系，因而，无法对已经完成的信息化建设做一个科学、全面、系统、有效的评价，也就无法对未来信息化建设给予客观、准确、具有前瞻性的指导。

（七）教育国际化未能有效推进

教育国际化是教育现代化的必然要求，也是衡量区域教育事业发展水平乃至区域经济社会发展水平的重要标志。顺义区“打造世界空港城”的宏伟目标需要世界水平的教育体系作支撑。

尽管顺义区的民办教育机构具有一定的教育国际化发展经验，“十二五”以来也取得了一些新进展，但顺义区教育事业“十二五”规划确立的教育国际化发展要求没有得到切实推进，相关的目标、任务不够明确，教育部门承担的相关职责不够清晰，策略和举措也不够具体。另外，对于公办、民办教育机构在教育国际化方面的角色、方向、目标和策略也应该有区别性的界定。

（八）教育统计分析工作有待加强

教育统计分析工作是教育工作的一项重要内容，是教育事业发展决策、规划、监督、评价的基础依据。无论是找出教育事业发展中存在的问题，还是挖掘教育事业发展的潜能以及制定教育事业发展规划都需要详实、准确、及时的基础数据和科学、系统的统计分析方法做支撑。目前来看，顺义区教育统计分析工作还有待完善，相关基础数据采集、统计分析方法还需研究，相关管理职责还需进一步明确，数据管理与信息发布还需统一。

中共顺义区委教育工作委员会
北京市顺义区教育委员会
北京市顺义区人民政府教育督导室
2015年教育工作意见

顺教工发〔2015〕1号

一、指导思想

全面贯彻党的十八大、十八届三中全会、四中全会精神，深入贯彻落实国家和北京市中长期教育改革和发展规划纲要，按照顺义区委四届九次全会部署，解放思想、凝心聚力、狠抓落实、争先创优，提升依法治教水平，不断深化教育综合改革，努力推进教育科学发展，促进教育转型升级，为“十三五”时期教育发展奠定坚实基础，推动顺义教育迈上新台阶。

二、工作目标

以办人民满意教育为工作目标，以立德树人为根本任务，以促进学生健康、全面、个性化发展为出发点，切实树立责任意识，增强质量意识。深化教育改革，增强教育活力；夯实教育基础，促进各级各类教育和谐发展；推进素质教育，提高教育质量；加强队伍建设，增强教育软实力；提升服务水平，创建良好教育环境；坚持依法治教，促进教育持续健康发展。

三、工作任务和措施

（一）深化教育改革，增强教育活力

1. 继续推进教育综合改革。出台《关于进一步推进顺义教育综合改革的实施意见》，明确教育改革的目标任务和工作重心，协调各方力量，全面推动教育综合改革。广泛征求意见，深入探讨校长职级制改革，营造教育家办学氛围，促进校长由“职务”向“职业”转变。进一步探索符合实际的管、办、评分离的教育管理体制。完成市教委国家级教育体制改革重点项目结题验收工作。（责任部门：教改办）

2. 制定“十三五”时期教育发展规划。从区域经济社会以及教育发展现状和趋势出发，全面分析全区教育事业发展存在的问题，科学规划“十三五”时期教育发展的目标任务和具体举措。（责任部门：教改办）

3. 加强现代学校制度建设。制定《关于进一步推进现代学校制度建设的意见》，研究确定学校权力清单。围绕建立现代学校制度，在全区校（园）长中开展办学思想大讨论活动。引导学校从制定章程入手，深入研究现代学校管理体系建设，逐步扩大和落实学校办学自主权，推进依法治校。（责任部门：教改办）

4. 深化人事制度改革。建立城乡学校校长、教师工作任期制度和定期交流轮换制度，推动城乡学校之间校长、教师有序流动、科学流动、合理流动。（责任科室和部门：教改办、人事科、组织科）

5. 推进课程改革。进一步强化机制建设，规范课程管理，推动区域课程特色化发展。引进高校和教科研机构力量，优化课程体系。加强学校学科内课程整合力度，树立先进典型，逐渐形成规范多样的课程体系。学习贯彻北京市《课程设置方案》，引导学校做好国家课程校本化和校本课程开发工作。（责任科室和部门：学前科、小教科、中教科、职成科、教研中心）

6. 深化课堂教学改革。发挥教师主导作用，突出学生课堂主体地位，优化教学方式和评价方式，提高课堂教学效率。广泛开展调研和讨论，出台《顺义区走班选课实施指导意见》，在部分中小学的部分年级、部分学科开展走班选课试验。贯彻落实《北京市学科教学改革意见》，出台《顺义区提高中小学语文、英语学科教育质量实施意见》。开展“一课一名师，一师一优课”晒课评优活动。（责任科室和部门：小教科、中教科、教研中心）

7. 尝试购买社会服务。吸纳民办学校、国际学校等社会资源为教育服务，在体育、艺术、英语教育等方面开展购买服务试点，引进高端教练人才培训运动员，引进艺术协会名家、新东方教师、国际学校外籍教师培训学生。聘请第三方社会专业组织机构参与教育发展状况的评价。（责任科室：计财科、审计科、体卫艺科、人事科、民办科）

（二）夯实教育基础，促进各级各类教育和谐发展

8. 力促学前教育质量提升。编制《顺义区第二期学前教育三年行动计划》，统筹规划，合理布局。贯彻《幼儿园教育指导纲要》和《3—6 岁儿童学习与发展指南》，开展学前教育教学研究，推进课程改革，引导幼儿园走“科研兴园、质量强园、特色名园”之路。深入园所开展“需求视导”工作，规范办园行为，防止幼儿教育出现“小学化”“保姆化”现象。推进村办园建设，充分发挥现有村办园作用。做好北京市示范幼儿园创建和幼儿园级类验收工作。（责任科室和部门：学前科、教研中心）

9. 力促义务教育更加优质均衡。通过学区化办学、合理划片招生等举措，控制城乡学校招生规模；进一步加强组团校间在教师交流、学科建设、教研科研等领域的合作，促进优质教育资源共享。提升义务教育学校管理水平，进一步加快学校内涵发展，提升人民群众对教育的满意度。（责任科室和部门：小教科、中教科、招考办、教研中心、人事科、教育资产管理服务中心）

10. 力促高中教育更具特色。研究制定我区高中新一轮课程改革方案，探索创建具有各校特色的课程体系，为广大学生提供门类丰富的课程，满足学生个性化学习需求。做好拔尖创新人才培养工作，逐步形成阶梯式拔尖创新人才培养模式。帮助学校明确目标定位，选择科学发展方向，打造学校特色优势项目，推动高中多样化发展。（责任科室和部门：中教科、教研中心）

11. 力促职业教育更加优化。贯彻落实全国职业教育工作会议精神，以服务为宗旨，以就业为导向，着力提高学生职业道德水平、职业技能水平和就业创业能力。进一步整合职业教育资源，充分发挥职教中心资源优势。深化校企合作，促进学校和企业资源共享；加大学生专业技能训练强度，强化生产性实训和顶岗实习，增强服务地方经济能力。（责任科室：职成科）

12. 力促成人教育更加惠民。坚持理论与实践相结合，提高培训质量。深化与首都高校联合办学，加强专业开发和建设。继续加强“慧企讲堂”“兴农讲堂”“创意设计大讲堂”等教育品牌建设，发挥品牌优势，面向全区农民、企业职工和文化创意产业人员开展培训。加强新型职业农民培训，促进农民增收致富。（责任科室和部门：职成科、社区教育中心）

13. 力促特殊教育更加专业。发挥特殊教育支持中心辐射作用，促进随班就读教师培训、家长咨询、专业指导、教研科研等工作。以特殊教育工作室为载体，开展研讨、展示活动，培养特教名师。继续高标准建设、使用资源教室。贯彻落实特教学生双学籍工作，组织特教学生到普通学校参加教育活动。（责任科室：小教科）

14. 力促民办教育更加规范。完善年检制度，从招生、办学条件、教育教学管理等方面进行综合考核评估，规范民办学校办学行为。依法对民办学校进行行政审批，建立联合会签制。搭建民办学校与公办学校交流平台，促进民办教育与公办教育交流互补。引进高质量民办学校，丰富优质教育资源。（责任科室：民办科）

15. 力促学习型顺义建设更加深入。总结创建北京市学习型城市示范区工作经验，进一步推进学习型顺义建设。加强学习型组织建设，开展学习型组织示范单位评估工作。继续开展社区教育工作，服务城镇化发展。完善学习服务载体，加强顺义学习网建设，丰富学习资源，推进市民终身学习认证体系建设。加大市民学习服务基地建设力度，改善市民学习条件。举办全民终身学习活动周和全民读书活动，开展“阅读点亮人生”网络知识竞赛。评选学习型家庭、学习之星和“网络学习百星”。推动社会教育资源向社区居民开放。（责任部门：社区教育中心）

（三）推进素质教育，提高教育质量

16. 加强青少年思想道德教育。坚持立德树人，将教育引导、尊重理解与唤醒激励相结合，推广参与互动、体验感悟等德育模式，广泛开展培育和践行社会主义核心价值观主题征文、演讲等活动，形

成理解、弘扬并践行社会主义核心价值观长效机制。实施“一十百千”工程，建立志愿服务制度，将志愿服务过程性材料录入综合素质评价电子平台。召开中小学社会主义核心价值观教育现场会和中小学德育内容衔接课题研究现场推进会。推进少先队活动课程实施，做好“红领巾相约中国梦”等主题系列活动。开展文明学生评选、文明风采竞赛活动，构建积极向上、团结奋进的校风学风。继续举办“魅力社团，缤纷梦想”“彩虹假日炫”“七彩童年七彩梦”等学生社团展演活动，挖掘活动的育人价值。（责任科室和部门：小教科、中教科、职成科、体卫艺科、综治科、少年宫）

17．关注学生心理健康。推动学校心理咨询室建设和心理课程建设，建立心理健康教师成长工作坊，加强心理健康教师培训力度，提高专业水平和辅导能力。合理安排教育内容、时间，加强学生团队心理辅导和个案分析，建立特殊学生心理档案，促进心理健康教育指导工作的科学化。加强生命教育、青春期教育和生涯规划指导工作，促进学生身心和谐发展。（责任科室和部门：小教科、中教科、教研中心）

18．加强体育、艺术、科技、卫生工作。着力推进《顺义区学校体育卫生工作三年推进计划》和《顺义区学校课外活动实施计划》，强化体育课和课外锻炼，广泛开展“阳光体育运动”，推进校园足球发展，开展课外活动专项督导检查，确保学生每天锻炼一小时。加强学生体质健康情况的监测与分析。落实《顺义区关于开展农村学校艺术教育实验区工作方案》，做好农村地区器乐进课堂工作，抓好北京高校、社会力量参与小学体育、美育工作。以学生艺术节为平台，开展合唱、器乐、舞蹈、戏剧等展示活动，提高学生审美素养。以学生科技节等相关活动为抓手，开展科技创新大赛、金鹏科技论坛、航海（航空）锦标赛、建筑模型竞赛、电脑作品评选等活动，做好科普剧、模型体验、机器人科技项目进校园等活动，提高学生科学素养和创新能力。广泛开展联盟间的文体活动，促进学习交流。加强传染病、常见病预防教育和防治工作。（责任科室和部门：体卫艺科、学前科、小教科、中教科、少年宫、保健所）

19．深化彩虹读书行动。落实彩虹读书年度工作方案，加强学生阅读指导，以“我阅读、我快乐”为主题，开设阅读鉴赏课。全体师生利用摘抄、演讲、读后感、戏剧排演、专题讲座等多种形式开展阅读交流，促进彩虹读书行动走向深入。引导教师养成阅读习惯，争做读书榜样人物。（责任科室和部门：小教科、中教科、教研中心）

20．发挥教科研先导作用。加强课程研究，推进国家课程校本化、班本化整合与实施，凸显学校课程特色。充分发挥教师研修平台的作用，进一步拓宽教研活动形式和内容，为各学校搭建合作、沟通、互助平台，促进队伍专业素养提升。全面把握中考、高考改革动向，加强命题研究，整体构建应对策略。加强生本教育研究和实践，确定一批生本教育项目学校，组建生本教育研究共同体。扎实开展市规划办课题“不同层次幼儿教师的研修策略”研究，深入开展幼儿园“区域活动的有效性”和“科学有效的过渡环节”专题研究。深化中小学生综合素质评价、学习方式变革、家长教师协会等项目研究，推进课程教学改革。促进教科研成果转化，提升应用效率。（责任科室和部门：学前科、小教科、中教科、教研中心）

（四）加强队伍建设，增强教育软实力

21．深化师德师风建设。紧紧围绕“师德高尚、业务精湛”的目标，以教书育人、严谨治学为核心，强化师德教育，培养满足教育教学要求、适应社会发展、健康向上的教师队伍。以“学生最喜爱的教师”“紫禁杯优秀班主任”等评选活动为契机，结合教师节庆祝活动、师德事迹交流会、“我的教育故事”征文、30年教龄联谊等活动，引导广大教育工作者做有理想信念、有道德情操、有扎实学识、有仁爱之心的“四有”教师。严格执行教师职业道德“一票否决制”，把师德表现作为教师工作业绩考核、职务评聘和评优评先的重要依据。（责任科室和部门：学前科、小教科、中教科、职成科、教育工会、人事科、教研中心）

22．提升干部业务水平。推进干部队伍专业化建设进程，制定《顺义区教育系统事业单位领导干部选拔任用管理工作条例》，加强干部选拔、任用改革。继续深化名校长工作室工作，启动名园长工作室。利用北京师范大学等高校资源，加强校（园）长教育理念、研究能力、领导智慧等方面的培训。

组织干部到名校挂职培训。积极开展后备干部专题和专项培训。做好“十二五”干部培训的收尾和总结验收工作。（责任科室和部门：组织科、教研中心）

23. 提高教师综合素养。加大教师专业培训和校本培训，引领教师专业成长，做好“十二五”教师培训的收尾和总结验收工作。继续做好名师培养工作，提高骨干教师整体素质。与北京师范大学、北京教育学院等高校合作，实施有效教学方式研究、班主任专业素养提升、幼儿园新教师专业成长等合作项目，为教育改革和学校发展助力。发挥名师引领作用，每位学科骨干教师每年至少开展一次大型讲座。开展区级青年教师说课、基本功大赛活动，为青年教师成长搭建平台。（责任科室和部门：学前科、小教科、中教科、职成科、人事科、教研中心）

（五）提升服务水平，创建良好教育环境

24. 推进教育工程建设。编制《顺义区基础教育设施专项规划（2014—2020）》，推进校舍安全工程、学前教育三年行动计划、城乡中小学建设三年行动计划、职业教育中心等重点工程建设。指导各级各类修缮工作，修订配套教育资源接收、基建、修缮等工作的规章制度，做好数据统计工作。（责任部门：教育资产管理服务中心）

25. 加强教育资产管理与服务。修订、完善资产管理制度，编制资产管理员入职实操手册，规范资产管理流程，培养高素质资产管理员队伍。开展教育系统资产评估检查，研发资产管理服务平台，做到实时监控、动态管理。根据《北京市中小学校办学条件标准》，秉承“科学装备，适度超前”的理念，装备前进行充分调研，采购过程中严格流程管理。加强基层单位设备的使用、维护、管理工作，发挥设备最大使用效益。（责任部门：教育资产管理服务中心）

26. 发挥信息化服务功能。完成北京市“三通两平台”达标任务，实现中小学宽带网络校校通、教室无线全覆盖。启动“数字教委公共服务平台”建设。提升数字校园实验校建设与应用水平，整合教育视频监控设备，将视频信号统一接入到教育视频综合服务系统中，为安全管理、视频教研、教学评估等应用提供信息化手段。加强信息技术培训，提升师生信息技术应用能力，促进信息技术与教育教学深度融合。（责任部门：信息中心）

27. 精心组织招生考试工作。采取多种方式，应对中高考改革，寻求妥善解决方案。强化考务管理，提升考试组织水平，高质量完成中高考、初高中会考及成人高考、自考、社会化考试工作。利用网站、电视台等媒体宣传招生政策，指导考生科学填报志愿，为家长答疑解惑。准确把握招生政策，深入调查研究，完善中小学入学工作。严格规范招生程序、确保招生工作公平、公正、公开。（责任部门：招考办、社区教育中心）

28. 提升工会服务水平。开展“送温暖”活动，建立困难教师职工档案，及时慰问困难教职工。组织教职工参加体检。开展教职工运动会、个人才艺展示等文体活动，搭建展示舞台，丰富教师精神文化生活，促进教师身心健康，提高教师生命质量。（责任科室和部门：教育工会、保健所）

29. 加强教育宣传工作。编辑刊发《教育动态》《顺义教育》《顺义教育信息》《顺义教育简报》，及时更新顺义教育网“教育动态”“图片新闻”“视频新闻”等栏目，继续办好“教育 e 站”教育专栏节目，充分发挥宣传的服务作用。密切与各级媒体合作，大力宣传教育改革新动态、学校教育教学新举措、优秀教师的新理念和先进事迹。办好《当春》杂志，搭建师生展示平台。高标准编制《顺义教育年鉴》，做到全面、系统、准确。（责任科室和部门：教育宣传中心、办公室）

（六）坚持依法治教，促进教育持续健康发展

30. 加强党风廉政建设。大力宣传和贯彻党的十八大、十八届三中全会、四中全会精神，切实加强党的思想建设、组织建设、作风建设。坚持、巩固和深化中央八项规定精神和市区实施意见，持之以恒纠正“四风”问题，建立健全改进作风常态化制度。深化廉政风险防控“三个体系”建设，加强对领导干部行使权力的制约和监督。坚持惩防并举，深化重点事项专项治理工作。组织开展反腐倡廉宣传教育活动，充分发挥廉政文化进校园示范校的辐射引领作用，深入推进廉政文化进校园活动，教育党员领导干部带头践行“三严三实”。（责任科室：纪检监察科）

31. 推进依法治校。大力推进普法教育，以法制教育课、模拟法庭多种形式推进学校法治文化建设。加强教育系统领导干部法制教育，提高依法决

策能力和执行能力。依托“3·18”和“9·18”民主日活动，推进校务公开的深度和广度，强化民主管理。做好教师和学生申诉、行政复议等工作。着力做好“六五”普法工作总结及“七五”普法规划工作。进一步推进政务公开、校务公开，接受社会监督，营造风清气正的育人环境。（责任科室和部门：纪检监察科、综治科、教育工会）

32. 维护校园安全。继续深入推进“平安校园”创建工作，切实做好重大活动、重点时段、重点领域的安保维稳工作。加强学校安全工作预警机制建设，完善各项预案，提高防范水平。重点抓好车辆、食堂、消防、校园周边的安全工作，开展防踩踏、防火灾、防地震、防溺水等安全教育，组织应急逃生演练。加强学校内部安全管理，加强师生安全教育，提升广大师生安全意识，提高自我保护能力。与公安、工商、卫生、城管等职能部门及属地政府加强沟通合作，开展综合治理，确保校园及周边安全稳定。（责任科室：综治科）

33. 加强预算管理。以财政国库改革为契机，继续研发“教育预算管理系统”，充分发挥其功能，加强预算管理，规范资金使用。严格执行财政批复预算，完成项目绩效目标。及时总结预算管理中出现的问题，落实新预算法要求；针对新的资金投入方向和投入方式，配套改革管理模式，研究制定新的管理规范，整体提高教育经费使用效益。利用“教育预算管理系统”及《顺义区教育系统财务工作使用手册》，加大对校（园）长和财会人员的培训力度。（责任科室：计财科）

34. 加强学生资助工作。严格执行国家及北京市学生资助政策。利用“全国学生资助管理信息系统”及“北京市资助管理系统”，加强学生资助管理工作。深入研究符合我区经济发展的义务教育学校学生减免内容和范围。进一步加大学生资助宣传力度，确保贫困家庭学生享有受教育的平等权利。（责任科室：计财科）

35. 加大审计力度。聘请会计师事务所参与审计工作，大力拓展审计工作的广度和深度。开展领导干部经济责任审计。加强后续审计，对审计发现问题的整改落实情况进行跟踪检查。积极探索内部审计信息化，创新内部审计方法。不断完善合同审核备案管理工作，提高风险防范意识。（责任科室：审计科）

36. 加强教育督导。贯彻落实《教育督导条例》，健全教育督导结果通报与公示、限期整改与回访等制度，初步形成教育督导、决策、执行衔接顺畅，统筹有力的工作机制。做好兼职督学换届工作，健立督学选拔聘任、培训制度，推进督学队伍专业化建设。进一步加强督导机构建设，设立督政科、督学科和综合科。实施学前教育开放式督导、义务教育均衡督导、高中教育诊断性督导、特殊教育和校外教育借力式督导，促进素质教育全面实施。健全有关委办局自查机制，对镇政府、街道办事处依法履行教育职责情况进行综合督导。完善中小学责任督学挂牌督导机制，形成专业督学引领、行政督学护航、“双轮驱动”、优势互补的格局，争创国家级挂牌督导示范区。高标准迎接教育部义务教育均衡发展评估验收。（责任部门：督导室）

名词解释

1.“一十百千”工程：《北京市中小学培育和践行社会主义核心价值观实施意见》（京政办发〔2014〕52号）中提出实施“一十百千工程”，即每个学生在中小学学习期间至少参加一次天安门广场升旗仪式，分别走进一次国家博物馆、首都博物馆、抗日战争纪念馆；至少参加十次集体组织的社会公益活动；观看百部优秀影视作品、阅读百本优秀图书，学习了解百位中外英雄人物、先进人物的典型事迹和优秀品格；市、区县教育主管部门和有关单位要共同完善社会大课堂建设机制，通过政府购买服务等方式在图书馆、博物馆等千余个具备相应社会资源的单位培养和聘用千名课外辅导教师。（第16条）

2.教育e站：“教育e站”是一档教育宣传专栏节目，每期节目时长10分钟，月播形式，由区教委和区广电中心联合设立，在顺义电视台开办（具体工作由区教育宣传中心负责）。该栏目以专题形式宣传顺义教育改革发展的重大举措、成绩，特别是加大宣传各基层单位在学校管理、学生培养、教师发展等方面的特色和亮点，为各学校、幼儿园搭建展示平台。该栏目自2013年4月播出第一期，至今已播出21期，宣传了20多所学校和幼儿园。每月最后一周的周三顺义电视台一套19:53首播，周三顺义电视台二套20:53、周六顺义电视台一套19:53、顺义电视台二套20:53重播。首播后，节目推送到“顺广传媒”网站(http://www.bjsytv.com)“教育e站”栏目中，可以随时在线回看。（第29条）

3. 廉政风险防控“三个体系”建设：一是权力结构科学化配置体系，二是权力运行规范化监督体系，三是廉政风险信息化防控体系。（第30条）

4.“三严三实”：2014年3月9日，习近平总书记在十二届全国人大二次会议安徽代表团参加审议时，关于推进作风建设的讲话中，提到“既严以修身、严以用权、严以律己，又谋事要实、创业要实、做人要实”的重要论述，称为“三严三实”讲话。（第30条）

中共顺义区委教育工作委员会
北京市顺义区教育委员会
北京市顺义区教育督导室
2015年1月29日

2015年教育工作月安排

月份	序号	主要工作	负责科室（部门）
1月	1	学校党风廉政建设责任制考核和校园长述职述廉、考评	组织科、纪检监察科
	2	区级示范园视导	学前科、教研中心
	3	教育教学大检查	小教科、中教科
	4	顺义区“临空杯”中学教师基本功“教学设计及课堂实施”光盘评选及说课展示与答辩比赛	中教科、教研中心
	5	期末质量检测及阅卷	教研中心
	6	启动兼职科研员高研班项目、师生互评促师生共同成长项目	教研中心
	7	2015年高考艺术考生专业统一考试、春季高中会考、初三会考	招考办
	8	工会工作先进集体、个人评选	教育工会
	9	制作“教育e站”电视专题栏目	教育宣传中心
	10	北京市青少年机器人竞赛和中小学生金鹏科技论坛	少年宫
	11	论证、确定新一轮北师大、首师大和市教育学院等部门合作项目学校	教改办
	12	城区学校千兆网升级改造	信息中心
	13	启动中小学教育网视频监控设备融合项目二期工程	信息中心
	14	启动中小学微课程录制系统建设项目	信息中心
	15	2014年度基层单位治安综合治理工作考核及评优评先	综治科
	16	土地确权	教育资产管理服务中心
	17	教育系统培训大会	组织科
2月	1	生本教育项目培训	教科室
	2	2015届高三期末统练考试阅卷及登统分析	中教科、教研中心
	3	对2014年审计中发现的问题实施后续审计	审计科
	4	鲜花港大课堂科技实践活动基地研讨会	少年宫
	5	研究制定《关于进一步推进现代学校制度建设的意见》	教改办
	6	编制2015年职业院校招生计划	职成科
	7	做好假期学校安全管理工作	综治科
	8	“二月新春”文化活动	教育工会
	9	办理学前教育三年行动计划、城乡中小学建设三年行动计划工程手续	教育资产管理服务中心

月份	序号	主要工作	负责科室（部门）
3月	1	开学初检查	各科室
	2	区级示范园评审	学前科
	3	启动北师大“园长领导力与新教师专业成长”项目	学前科
	4	德育常态化视导	小教科
	5	小学班主任校本培训观摩活动	小教科
	6	教学视导	中小教科、教研中心
	7	名师大讲堂——同课异构活动（每月）	小教科、教研中心
	8	市级“三好学生”“优秀学生干部”及“优秀班集体”评选上报工作	中小教科、职成科
	9	高三第一次统练	中教科、教研中心
	10	高考、中考考生体检	招考办、保健所
	11	高职院校自主招生报名、确认、录取	招考办
	12	英语教师口语培训	教研中心
	13	首师大、北京教育学院各种培训班启动培训（3—12月）	教研中心
	14	启动“顺义区学生21世纪能力培养与评价”项目	教科室
	15	生本教育专题征文	教科室
	16	组织申报市规划办课题	教科室
	17	联盟校间足球、篮球比赛，小学课间操评比	体卫艺科
	18	北京市第18届学生艺术节（顺义赛区）比赛	体卫艺科、少年宫
	19	组织区代表队参加第35届北京青少年科技创新大赛	体卫艺科、少年宫
	20	中考报名	招考办
	21	兼职督学换届	督导室
	22	迎接国家义务教育均衡发展验收	督导室
	23	基层工会主席工作会；“三八”庆祝活动	教育工会
	24	“合理化建议月”活动、“民主日”活动	教育工会
	25	民办幼儿园考核总结、表彰会	民办科
	26	春季收费检查	纪检监察科
	27	北师大教改合作项目校成果展示月	教改办
	28	启动教育城域网数据中心虚拟化建设项目和数字教委公共服务平台建设项目	信息中心
	29	全国文明风采大赛动员与工作经验交流会	职成科
	30	全国中小学安全教育日活动	综治科
	31	消防安全专项整治工作	综治科
	32	自制教具工作培训	教育资产管理服务中心

月份	序号	主要工作	负责科室（部门）
4月	1	幼儿园一级一类验收视导	学前科
	2	少先队大队辅导员实训	小教科
	3	“临空杯”骨干教师示范课活动	小教科、教研中心
	4	落实学科教学指导意见推进会	小教科、教研中心
	5	攀登英语教学视导	小教科、教研中心
	6	社会大课堂活动	小教科、中教科
	7	社会大课堂经验交流现场会	小教科、中教科
	8	启动走班试点工作	中教科
	9	高三第二次模拟考试	中教科
	10	全国高二物理竞赛和市级高一、高二化学竞赛	中教科、教研中心
	11	中华传统文化知识大赛活动	中教科、教研中心
	12	“彩虹读书”活动	中、小、学前、职成科
	13	组织“十二五”继续教育公共必修课扫尾培训（3—7月）	教研中心
	14	新教师培训（4—6月）	教研中心
	15	市教育学会“十二五”立项课题成果征集评选	教科室
	16	心理教师成长工作坊活动	教科室
	17	中小学生春季田径运动会	体卫艺科
	18	中小学生“勇敢小伙伴”比赛	体卫艺科
	19	市艺术团体进校园活动	体卫艺科
	20	科普剧、模型体验、机器人科技项目校园行活动	体卫艺科、少年宫
	21	2015年初三年级会考（语文、数学、英语、物理、化学、政治）	招考办
	22	夏季高中会考报名、报考	招考办
	23	成人自学考试	招考办
	24	中小学、幼儿园全面实施素质教育综合督导试点	督导室
	25	廉政文化进校园活动、组织开展廉政警示教育活动	纪检监察科
	26	教职工乒乓球团体赛	教育工会
	27	教育系统教育宣传工作会	教育宣传中心
	28	民办教育机构年审工作	民办科
	29	制定随迁子女专项资金分配方案	民办科
	30	经济责任审计	审计科
	31	“黄胄杯”北京市中小学生绘画大赛	少年宫
	32	研制《顺义区关于健全教育管理体制促进教育健康发展的若干规定（试行）》	教改办
	33	联盟内校长办学思想交流研讨	教改办、组织科
	34	第二批数字校园实验学校项目市级验收	信息中心
	35	全民读书活动	社区教育中心
	36	“阅读点亮人生”网络知识竞赛	社区教育中心
	37	全国职业院校技能大赛北京市初赛	职成科
	38	第五届“书香燕京——北京市中小学阅读指导活动”	教育资产管理服务中心

月份	序号	主要工作	负责科室（部门）
5月	1	教师音乐教育活动展评	学前科
	2	市级升级升类年度验收	学前科
	3	“专题研修项目”专家诊断	学前科、教研中心
	4	红领巾传媒大赛	小教科
	5	学生综合素质展示活动	小教科、教研中心
	6	市学校文化建设示范校验收，申报第三批示范校	小教科、中教科
	7	社会主义核心价值观教育现场会	小教科、中教科
	8	“心理健康教育月”活动	中小教科、教研中心
	9	区校本课程总结表彰会	中小教科、教研中心
	10	高三第三次模拟考试	中教科
	11	“魅力社团，缤纷梦想”中学生社团展示活动	中教科
	12	初中学生综合素质评价推进会	中教科
	13	市校章建设示范校验收	中教科
	14	市数学、物理竞赛和全国生物竞赛	中教科、教研中心
	15	市中小学生“勇敢小伙伴”比赛	体卫艺科
	16	中考体育考试	招考办
	17	中考考生填报志愿	招考办
	18	幼升小网上信息采集	招考办
	19	中小学、幼儿园综合督导	督导室
	20	中小学减负监测	督导室
	21	“五月鲜花”文化活动	教育工会
	22	教职工个人才艺展示活动	教育工会
	23	中小学生优秀作文评选活动	教育宣传中心
	24	筹备民办中小学、幼儿园与公办校共建活动	民办科
	25	教师资格认定评审	人事科
	26	审计抽查基层单位预算执行和财务收支情况	审计科
	27	青少年未来工程师博览与竞赛、航海模型竞赛	少年宫
	28	中小学生科技英语创意大赛团体表演赛	少年宫
	29	首师大合作项目校课堂教学展示	教改办
	30	市机器人竞赛、中国中小学校园影视奖评选	信息中心
	31	食堂安全专项整治活动	综治科
	32	结合“5·12”防灾减灾日，开展应急疏散演练	综治科
	33	退休教师趣味运动会	组织科
	34	小学实验教师培训	教育资产管理服务中心
	35	防水修缮工作	教育资产管理服务中心

月份	序号	主要工作	负责科室（部门）
6月	1	庆祝“六一”国际儿童节游园活动	少年宫
	2	家校协同教育现场会	教研中心
	3	高中生涯规划现场会	教研中心
	4	市2015年度课改征文	教科室
	5	高考、中考	招考办
	6	高考填报志愿工作	招考办
	7	幼升小工作	招考办
	8	研发教育督导网络平台	督导室
	9	校外教育综合督导、职业教育综合督导	督导室
	10	高考试题分析	中教科、教研中心
	11	修订《中小学自主学习丛书》	中教科
	12	幼儿园级类年度考核	学前科
	13	初中课改现场会	中教科
	14	评选“紫禁杯”班主任、优秀师德群体、师德标兵	中小教科、教育工会
	15	民办中小学、幼儿园校长（园长）经验交流	民办科
	16	对上半年审计中发现的问题实施后续审计	审计科
	17	北京市中小学生自然知识竞赛、航空模型竞赛	少年宫
	18	中小学生仿生动物模型创意设计大赛	少年宫
	19	北师大、首师大合作项目校交流	教改办
	20	职业院校教育教学工作考核	职成科
	21	中职毕业生审核与上报	职成科
	22	组织开展“安全生产月”和“6·26”禁毒日宣传教育活动	综治科
	23	大宗食品原材料招投标工作	综治科
7月	1	建党94周年庆祝活动	组织科
	2	高中会考	招考办
	3	高考录取、中考录取	招考办
	4	初二年级会考（历史、地理、生物）	招考办
	5	幼升小电脑派位、网上审批	招考办
	6	幼儿园文化建设培训	学前科
	7	期末教学质量检测	小教科、中教科
	8	高三教学工作研讨会	中教科、教研中心
	9	体育教师技能展示	体卫艺科
	10	市中小学生“动漫嘉年华”绘画大赛	少年宫
	11	职业院校德育干部工作经验交流会	职成科
	12	安全检查	综治科
	13	普教系统人事工作会	人事科
	14	高校教育改革合作项目年度中期绩效评估	教改办
	15	全国中小学电脑作品制作面试活动	信息中心
	16	教育视频评选工作	信息中心
	17	防汛工作	教育资产管理服务中心

月份	序号	主要工作	负责科室（部门）
8月	1	课标及新教材培训	教研中心
	2	责任督学交流会	督导室
	3	业务园长保教工作计划交流	学前科
	4	初三、高三研讨会	中教科
	5	岗位聘任工作	人事科
	6	全国青少年航空模型大赛	少年宫
	7	“北师大中小学骨干校长高级研修班”集中研修	教改办
9月	1	生本课堂展示活动	教科室
	2	兼职科研员研修成果交流活动	教科室
	3	北师大“园长领导力与新教师专业成长”项目阶段小结	学前科
	4	“幼儿成长故事”交流	学前科
	5	“专题研修项目”专家诊断	学前科
	6	“彩虹假日炫”活动	小教科
	7	推广普通话宣传周	小教科
	8	高三教学研讨会	中教科
	9	全国物理竞赛初赛（高三）、化学联赛（高三）	中教科
	10	高三尖子生报告会	中教科
	11	初一新生综合素养考查	中教科
	12	市学校文化建设示范校申报	中教科
	13	“走班制”观摩现场会	中教科
	14	高考总结大会	中教科、招考办
	15	教学视导	中教科、教研中心
	16	迎接北京市中小学教师“十二五”继续教育结业及基地评估验收（9—12月）	教研中心
	17	中小学生秋季田径运动会	体卫艺科
	18	筹备“京沪浙”三地名优校长办学思想交流研讨会	教改办
	19	经济责任审计调查工作	审计科
	20	市信息技术应用技能竞赛	职成科
	21	教师节庆祝活动	人事科
	22	“民主日”活动	教育工会
	23	30年教龄联谊活动	教育工会
	24	民主评议政风行风自查整改工作	纪检监察科
	25	联合开展收费自查整改工作	纪检监察科
	26	迎接挂牌督导示范区检查	督导室
	27	专兼职督学培训、考核	督导室

月份	序号	主要工作	负责科室（部门）
10月	1	《幼儿教师专业标准》培训交流	学前科
	2	小学传统文化教育现场会	小教科
	3	攀登英语教学视导	小教科
	4	语言文化竞赛活动	小教科
	5	少先队建队66周年庆祝活动	小教科
	6	社会大课堂活动	小教科、中教科
	7	高考评价报告讲座	中教科
	8	市心理健康教育特色校验收	中教科
	9	社会主义核心价值观教育交流推进会	中教科
	10	推荐选拔“翱翔”学员	中教科
	11	全国数学联赛（高三）	教研中心
	12	“十二五”继教结业工作（10—12月）	教研中心
	13	第五届中小学生《国家学生体质健康标准》测试赛	体卫艺科
	14	市中学生运动会	体卫艺科
	15	中小学卫生与健康知识竞赛（初赛）	体卫艺科
	16	进城务工人员子女在京报考高职报名及资格审查	招考办
	17	成人高考、自学考试	招考办
	18	小学生航空模型竞赛、建筑模型竞赛、电子技术竞赛	少年宫
	19	顺义区第33届学生科技节开幕	少年宫
	20	统计分析职业教育毕业生就业情况	职成科
	21	检查驻顺高校安全工作	民办科
	22	审计抽查市拨专项经费使用情况	审计科
	23	市教委国家级教育体制改革重点项目结题验收	教改办
	24	中小学、幼儿园综合督导	督导室
	25	贯彻党风廉政建设责任制主体责任、监督责任自查工作	纪检监察科
	26	“十月金秋”书法绘画摄影比赛	教育工会
	27	第六届教职工运动会	教育工会
	28	法制宣传教育	综治科
	29	“重阳节”敬老月活动	组织科、退休教师服务中心
11月	1	“专题研修项目”专家诊断	学前科
	2	幼儿教师基本功展评活动	学前科
	3	课堂教学论坛活动	小教科
	4	全国英语竞赛初赛（高一、高二），市英语竞赛预赛（高三）	中教科
	5	中学德育课程化现场观摩活动	中教科
	6	八、九年级及高二学生综合素质展示活动	中教科
	7	初中学生综合素质评价推进会	中教科
	8	高中德育常态评估	中教科
	9	高中学生成语大赛	中教科
	10	初三中考科目教师解题能力展示	中教科、教研中心

月份	序号	主要工作	负责科室（部门）
11月	11	“十二五”市、区级课题优秀成果征集	教科室
	12	生本教育优秀课评选	教科室
	13	2016年春季高中会考报名报考（高二、高三年级）	招考办
	14	2016年高考报名、资格确认工作	招考办
	15	中学课间操检查评比活动	体卫艺科
	16	市中小学生低碳知识竞赛	少年宫
	17	青少年科技创新大赛（科技论文、创造发明、科幻画、机器人创意）	少年宫
	18	市中小学生智能控制（单片机）比赛	少年宫
	19	干部党性教育培训	组织科
	20	检查全区民办教育机构办学情况	民办科
	21	做好政府购买“枢纽型”社会组织管理项目考评活动	民办科
	22	北师大、首师大合作项目交流展示	教改办
	23	冬季安全教育、检查工作	综治科
	24	摄影作品赏析研讨活动	信息中心
	25	第二批数字校园实验校评估工作	信息中心
	26	高中借力式诊断性督导、幼儿园开放式督导	督导室
	27	迎接北京市教育收费专项检查	纪检监察科
	28	廉政警示教育活动	纪检监察科
	29	师德建设研讨会	教育工会
12月	1	少先队系统评优工作	小教科
	2	少先队研究成果评选工作	小教科
	3	英语 show 展演活动	小教科、教研中心
	4	家校协作经验交流会	中教科
	5	高中特色校成果总结	中教科
	6	“彩虹诵读”活动	中、小、学前科
	7	“中小学德育工作衔接”课题现场推进会	教研中心
	8	市第三届“成均杯”优课大赛决赛	教研中心
	9	第十届科研月	教科室
	10	2016年高考艺术特长生统一测试	招考办
	11	中小学卫生与健康知识竞赛（复赛及决赛）	体卫艺科
	12	第33届学生科技节闭幕式（科技教育成果展）	少年宫
	13	全国中小学生建筑模型大赛	少年宫
	14	民办幼儿园年度考核	民办科
	15	“高校教育改革合作项目”年度绩效评估	教改办
	16	评选“网络学习百星”	社区教育中心
	17	督导镇政府、街道办	督导室
	18	“12·4”全国法制宣传日的宣传教育工作	综治科
	19	第五届“书香燕京——北京市中小学阅读指导活动”总结表彰工作	教育资产管理服务中心
	20	基建及修缮项目的招标控制价及决算评审	教育资产管理服务中心

北京市顺义区教育工作委员会 2015年教育工作总结

一年来，顺义区教育系统深入贯彻党的十八大和十八届四中、五中全会精神，认真落实《北京市中长期教育改革和发展规划纲要》，执行《2015年教育工作意见》，各项工作稳步推进。

一、改革深化，教育活力得到激发

教育综合改革深入推进。全面谋划顺义教育综合改革，从制约教育事业科学发展的热点、难点问题出发，加快转变教育发展方式，转变政府职能，简政放权、开拓创新、攻坚克难。初步理顺管、办、评分离工作思路，推进全系统扁平化管理，为学校提供便捷、优质服务，创造良好的发展环境。相继与北师大、首师大等高校合作，开展优质学校建设、课程领导力提升和干部教师培训等项目，提升内涵发展水平。制定《顺义区第二期学前教育三年行动计划（2015—2017年）》，明确未来三年学前教育发展目标。制定《关于进一步落实向社会购买服务的工作意见》，创建购买服务评价机制，实行服务机构末位淘汰机制。

教育管理资源进一步优化。在资产管理服务中心加挂教育财务管理中心牌子，资产管理工作得到规范。成立学生活动管理中心领导机构，促进学生活动管理专业化发展。教育督导室设立综合科、督学科、督政科，强化了督导职能。教育研究考试中心、招生办、学生活动管理中心、教育宣传中心、教育信息中心实现集约化办公。积极稳妥推进职教资源整合，完成现代职业技术学院（含一职、职教中心校、汽职高）划转北京城市学院工作，教职工分流安置圆满完成。

课程改革扎实推进。制定《顺义区义务教育三级课程整体建设一体化方案（试行）》《顺义区提高语文英语学科质量指导意见》。开展“校长讲课程”活动，所有初中校长均在本校进行课程建设讲座，明确了课程建设目标。小学建立了课程改革微信圈，编发了《小学课程改革ING》刊物。完成义务教育阶段课程调整。搭建区域交流平台，结合个案研究交流10%学科实践活动经验。70%初一、初二学生走进高校实验室，开阔了视野；初一开展开放性科学实验达到100%，提高了学生动手能力，增加了学习兴趣。贯彻落实《3-6岁儿童学习与发展指南》，借助专家资源，开展合作项目，具有区域特点的学前教育课程体系初步形成。

课堂教学改革研究得到深化。先后组织高中走班教学、初中分层教学现场会。承办全国“真语文”活动、第六届“牛栏山杯”不同风格与流派课改名家论坛活动。与皇城根小学合作开展了“名师大讲堂”活动。启动“互联网+ENGLISH”项目。召开“落实英语学科改进意见”现场会。开展“生命课堂”研究。全面完成“十二五”区级课题研究，完成北京市规划办2015年度16项立项课题的开题工作。42所学校加入生本教育研究与实践活动，举办现场会、研讨会40余次，组织研究课100余节，征集生本教育论文1100篇，组织160人次赴广州参加生本教育骨干培训。

二、队伍优化，教育软实力得到提升

党建工作进一步加强。深入开展“三严三实”专题教育活动，处级班子召开民主生活会，梳理出3个方面8项突出问题。深入贯彻落实党代表工作室制度，党代表共驻室8次，接待校（园）长、机关科长、教师代表等百余人次，了解基层现状解决实际问题。发展新党员55名，为党组织注入新鲜血液。开展在职党员回社区、庆祝建党94周年系列活动和党员献爱心活动，切实提升了党组织的凝聚力和战斗力。

师德师风建设逐步深化。落实《严禁教师收受学生及家长礼品礼金的规定》和《严禁在职公办教师有偿家教和违规办班补课的意见》，治理教师校外兼课、有偿家教、收受礼品礼金等违规违纪行为。开展“聚焦学生发展，与时俱进育人”师德教育活动，表彰60个优秀师德群体、165名师德标兵。1人获得全国先进工作者称号，3人获得北京市先进工作者称号，1个集体获得北京市模范集体称号，开展“劳模进校园”活动，营造了学习先进、争当先进的良好氛围。在北京市“紫禁杯”优秀班主任评选中，1人获得特等奖，9人分获一二等奖。在北京市“学生喜爱的班主任”评选中，6人获奖。

干部成长机制不断健全。形成干部培训、使用、管理一体化机制。组建干部培训班，进行分层、分岗培训。组织全区中小学校长及主管教学干部到北京十一学校参观学习，并分批次跟岗培训。组织幼儿园园长赴东北师大进行深度研修、中小学德育干部赴南京师大进行专业培训，5位骨干校长结束新加坡南洋理工大学留学，参加培训干部整体满意度达98%以上。开展小学教学干部听评课能力专项检测活动，促进领导干部业务能力的提升。创新干部聘用机制，公开招聘幼儿园副园长12名，组织合并校重新竞聘干部32名。城乡之间交流干部72名，其中“一把手”20名。

教师综合素养稳步提升。组建第四期名师工作室23个，覆盖15个学科，成员达300余人。组织“一师一优课、一课一名师”晒课活动，晒课2000余节，名列全市第三。全覆盖式视导全区26所中学，“协商式”视导20余所小学，听、评课2000余节，编辑完成两个学期的视导报告。开展幼儿教师音乐教学基本功展评、小学“临空杯”骨干教师示范课展示、首届心理教师基本功培训暨展示等活动23个，1800余人次参加，参加者专业素养得到有效提升。参加全国及北京市评优课、教学设计比赛，40人次获一等奖，60余人次获二等奖。特殊支持教育中心走进普通学校，进行教师专业培训，指导多动症、学习障碍、自闭症学生的康复训练。

三、育人细化，百姓实际获得感增强

实践育人成效显著。组织5600余名初中生参加天安门广场升旗仪式，100余名少先队员代表参加第二个国家烈士公祭日活动，近5000人次六年级学生到中国人民抗日战争纪念馆和卢沟桥接受爱国教育。召开“弘扬优秀传统文化，培育当代雅正少年”现场会。开展家庭教育儿童剧自编、自演，“图书漂流·爱心捐献”活动。编辑出版《顺义区社会大课堂课程方案荟萃》。征集62节学科德育精品课程，并建立精品课例资源库。在第34届北京市中学生“瞭望杯”时事知识竞赛中，1名同学获得TOP10奖，2名同学获得时事评论优秀奖，25名同学获得“时事观察员”称号。组织开展第四届“魅力社团，缤纷梦想”品牌社团展示活动，9个社团获一等奖，35个社团分获二、三等奖。

彩虹读书行动深入开展。在不同学段开展“彩虹诵读大赛”“健康源于好习惯、习惯源于读好书”等系列活动。召开“喜迎国庆献大礼”彩虹读书成果展示及表彰大会，展示了国学诵读、诗朗诵、童话剧、情景剧、成语相声、古诗歌伴舞等内容，表彰“书香校园”31个、“书香教研组”42个。举办第二届中学生古诗文成语大赛，近千名高二学生现场观赛。

体育、卫生工作扎实有效。开展中小学课间操评比、大课间展示活动。举办中小学生中长跑比赛、田径运动会和勇敢小伙伴比赛。首次举办排球、游泳、跆拳道、触式橄榄球、旱地冰球比赛。承办北京市第五十三届中学生田径运动会，第25次获得郊区组高中、初中及团体总分第一名。参加全国中学生田径锦标赛、北京市奥林匹克基地校田径比赛、北京市传统项目学校比赛等二十余项赛事，均取得优异成绩。参加北京市中小学体育教师技能展示比赛，17人次获一等奖、8人次获二等奖。开展第28个“世界无烟日”主题教育活动，促进社会禁烟舆论的形成。举办顺义区第十一届中小学健康知识与技能竞赛。迎接北京市学校卫生防病工作检查。

艺术、科技工作蓬勃开展。落实《顺义区关于开展农村学校艺术教育实验区工作方案》，“高参小”有效推动了小学艺术工作的开展。8所学校参加北京市第十八届学生艺术节展演，获得3金、4银、1铜的历史最好成绩，40名学生获“艺术之星”、3名学生获“最佳艺术之星”称号。举办“绿港达人”首届中小学生个人才艺展演，全区35所中小学校110个节目参加。近1000名中小学生参与国家级和市级科技竞赛活动，获得国家级奖励30余项，市级二等奖以上奖励120余项。举办第十四届学生艺术节，5600余人参赛，1158人获奖。承办第三十三届北京市学生科技节开幕式暨科技教育成果展，开展科技创新大赛、金鹏科技论坛、航海（航空）锦标赛、建筑模型竞赛、电脑作品评选、首届“绿港少年”夏令营等系列科技活动。科普剧、模型体验、机器人科技项目进校园活动蓬勃开展。

语言文字工作进一步规范。组织汉字听写大赛，5000余名学生参加校级预赛和联盟复赛，我区代表队在市决赛中获得冠军，并参加全国比赛。积极开发与语言文字有关的地方课程和特色校本课程。举办第十八届推广普通话宣传周活动。举办中学生演讲比赛，推荐选手参加市级比赛，并获一等奖。1所学校被评为“北京市语言文字规范化示范校”。

学习型顺义建设持续推进。在创建北京市学习型城市工作示范区基础上，广泛开展社区教育，不断深化学习型组织建设，努力打造品牌数字化学习平台，积极开展“绿港书香”全民读书活动。新增建设12个市民体验教室，25个街镇共开展社区教育培训1058次，培训79102人次。通报表彰2014年学习型社会工作先进单位和个人。截至12月底，顺义学习网拥有注册用户5万人，点击总量突破850万。

成人学历教育和社会培训更加惠民。成人学历教育全年招生3428人，中高等学历教育在校生13930人。充分发挥品牌优势和作用，深化品牌培训模式，完善培训机制，加大宣传力度，提升培训品质。“慧企讲堂”、“兴农讲堂”、“创意设计大讲堂”等非学历教育全年培训14700人次。

四、管理到位，教育行为得到规范

财务管理更加规范。组织财务人员培训，定期召开全区中、小、幼资金使用情况通报会。完成教育预算管理系统升级、学生资助中期评估报告、2016年区级基本预算等工作。做好预算资金监督管理及全系统三公经费的统计、报送工作。做好全区财务软件、账务处理等业务的咨询及指导工作。筹划、协调、组织现代学院、职教中心、顺义一职、汽车职高的清产核资工作。

工会服务更加人文。民主管理成效显著，校务公开满意率达93.37%。教职工提出合理化建议4578条，采纳2032条，实施1105条。投入资金101万元，对困难教职工进行帮扶。为6385名女教职工上“六病保险”，入保率达到99%。举办文体、才艺展示等活动，3000多名教职工参与。开展岗位培训和基本功竞赛活动，参与教职工达40000多人次。

招生考试更加精细。深入开展入园入学调研，依据采集信息、区域发展规划和教育承载能力，制定入园入学工作意见和各项具体规定。开发和使用微信公众平台，及时发布招考政策，为家长答疑解惑。规范入学资格审核，义务教育阶段外来务工人员子女入学，采用电脑随机派位方式，最大限度地满足非京籍儿童就近入学需求。稳步贯彻落实考试招生制度改革。组织中考、高考、会考、自考、成考和社考等共30多项，考生达到60000多人次。中高考成绩喜人，中考560分以上137人，全市排名第三；高考650分以上人数124人，比2014年翻了一番。本科录取率为88.2%，比2014年提高11.3个百分点。

民办教育管理更加科学。加强民办教育网站建设，充分利用网站宣传民办教育法律法规及办学信息，展示民办校的办学成果。组织办学经验交流汇报会，15所学校、14所幼儿园参与。完成2所民办校（园）聘请外教、2所民办学校招收外国学生资质审查等工作。成功组织5家单位的14个项目申报社会组织公益行活动，3所学校参加“枢纽型”社会组织展示活动。1所学校获得北京市优秀民办学校称号，1所学校获得北京市优秀社会组织荣誉称号，2人获得北京民办教育园丁奖。

五、保障有力，教育服务能力得到提升

资产管理与服务改善办学条件。制定《校舍安全长效机制》，为实现全区校（园）高水平达到北京市安全标准提供保障。以国家义务教育均衡发展验收工作为契机，开展全区义务教育学校拉网式排查，更换补充一批硬件设施设备，促进城乡中小学办学条件全面提升。基础建设工作合理规划、稳步推进，改造工程26项，校（园）翻扩建并投入使用2所，接收配套幼儿园4所，修缮项目362个。技术装备工作做到合法依规、科学实用，采购教育教学设备84.2万件（套），采购资金3.2亿元。合理简化流程，提高处置效率，优化资产配置，完成了3.34万件（套）资产的核销、转移，300余人次资产管理员和专室管理员培训，14名校（园）长离任资产审计，3个教育单位搬迁易址。增强创新意识，首次向社会力量购买服务。对11个燃煤取暖单位的锅炉进行了清洁能源改造。

信息服务功能发挥有效。数字校园建设与应用稳步推进，完成全区中小学校无线网络建设，提升各校互联网出口带宽，为72所学校配备服务器、存储设备。完成教育数据中心虚拟化建设及视频监控融合二期工程，推进教育视频综合服务平台应用，成功直播各种大型培训、教研活动11次。开展新任网管教师、电教教师、学科骨干教师等各类培训班8个，培训学员300余人。两所学校分别被评为北京市数字校园五星级、四星级学校。在全国电脑作品评选、交互式电子白板学科教学大赛、创新与实践活动决赛等比赛中，11人获得一等奖，30人获得二等奖，13人获得三等奖。

校园安全确保稳定。结合全国中小学生安全教育日、防灾减灾日、安全生产月、法治宣传月、消防月等开展主题教育活动，增强了广大师生的安全意识、法治意识及自护自救能力。完成了对主管安全领导及食堂管理人员160余人的专项培训。完成保安公司招标工作，四家公司中标，700余名保安员上岗，提升了校园安保质量。

信访接待解决百姓诉求。实行“领导包片，科室包镇”制度，深入基层排查、解决矛盾纠纷。落实首问负责、领导包案和风险评估等制度，认真回应群众利益诉求；实行教委领导、校长接待日制度，教工委书记、教委主任及时批阅、协调处理重大信访件。全年接待群众来电、来信、来访共计661件次，协调解决实际问题553件。

六、监督有效，依法治教行为得到促进

党风廉政监督责任落实到位。全面落实党风廉政建设责任制，形成了“一把手”负总责、一级抓一级、层层抓落实的良好工作格局。开展“从严从实，遵规守纪”主题教育季活动，编印《廉政新规手册》，集中学习《准则》和《条例》。开展警示教育，廉政文化进机关、进校园活动。组织开展教育收费检查，节假日“四风”问题督查，开展“为官不为、为官乱为”专项治理。严肃查处违纪行为，处理信访举报8件，查处1名领导干部廉洁自律问题、3所学校收费问题、1名教师校外兼课问题，及时制止了一些苗头性问题。

督导促进作用体现充分。高标准通过国家义务教育均衡发展验收评估；迎接国务院教育督导委员会秋季开学暨护校安园督导检查；健全和完善督学责任区制度，获评北京市中小学挂牌督导创新区。顺利迎接北京市校外教育工作督导检查；完成了49所幼儿园调研式督导；开展了24所中小学新课程和减负情况专项督导。督导19个乡镇、6个街道，有效促进了依法行政，依法治教的进程。

审计监督促进依法治教。强化源头治理，制定《教育系统内部审计人员工作职责》。规范委托审计管理，制定《委托审计工作质量评价方案》，对聘请会计师事务所建立择优使用机制。落实集中经济责任审计18家，提出审计建议57条。对基层17家单位开展部门联合后续审计，杜绝“屡审屡犯”现象发生。对10所幼儿园、18所中小学，开展秋季教育收费抽查。接收各单位、部门送审合同1900份，备案合同1857份。

2015 年顺义教育大事记

1 月

1 月 14 日，市委常委、教育工委书记苟仲文到顺义调研。他鼓励教师要积极思考，认真总结，培养学生良好的学习习惯，激发学生的学习兴趣。他希望领导干部多下基层，感受基层学校的文化和变化，走进课堂、走近师生，切实从基层单位实际出发，创造符合基层的良好教学环境。市教委委员李奕，区委常委、副区长于庆丰参加。区委教育工委书记冯义国，区教育工委副书记、教委主任刘克祥等领导陪同。

3 月

3 月 11 日，顺义区教育系统 2015 年综治工作暨食品安全培训会在顺义八中报告厅召开。会议总结 2014 年工作，部署 2015 年综治工作重点；表彰综治工作先进集体 54 个，先进个人 64 人，部分学校做经验交流。全区 150 余名主管综治工作的领导参会。

3 月 11 日，高招办通过“视频”方式召开“2015 年高校、高职自主招生工作会”。会议解读新颁《教育部关于进一步完善和规范高校自主招生》文件，结合高校自主招生工作改革后的特点，重点介绍基本流程、强调重点工作时间节点、分析报考、审核、录取方式与往年不同点，在传达市考试院精神的基础上，提出顺义区实施报考工作的建议与要求。各报名单位主管领导、年级主任、考务工作人员和部分班主任参加会议。

3 月 16 日，北京市国学诵读寒假活动总结表彰会在顺义区召开。该活动由北京市教委联合市委宣传部、北京广播电视台将数字电视、移动互联网等新媒体传播辅助传统文化教育，共同推出的“国学诵读”活动。顺义教委积极动员总计约 3 万名教师学生家长参加此项活动，截止活动结束网络点击量全市排名第一。表彰会上，“诵读小达人”向全市中小学生发起“读国学、看国学、谈国学、用国学”的倡议。区委教工委副书记、教委主任刘克祥致辞。顺义区、石景山区等 6 个区县获“国学诵读区县组织奖”，50 所学校和 45 名教师获得“国学诵读学校组织奖”和“优秀指导教师奖”。103 名“诵读小达人”和 10 个“最佳亲子诵读家庭”受到表彰。市教委委员李奕，区委常委、副区长朱家亮等领导出席。

3 月 24 日，顺义区教育资产管理服务中心对全区小学科学实验教师进行了系统的账务管理的培训。内容包括实验室账务管理和实验仪器的摆放。培训采取集中讲座、交流两种培训方式，讲解与操作相结合。全区小学近百名教师参加。

3 月 26 日，顺义区举办中国汉字听写大赛决赛。全区 26 所初中校初二年级 5000 余名学生以集体听写的方式参加听写预赛，经联盟内复赛选拔，牛栏山一中实验学校初二年级 5 名学生代表顺义区参加北京市决赛，最终有 1 名选手获得北京市冠军并代表北京市参加全国汉字听写大赛。经过区级推荐牛栏山一中被评为北京市语言文字规范化示范校。

3 月 27 日，顺义区“城乡联动”教育改革重点课题《顺义区青少年科技、艺术拔尖创新人才早期培养的机制与模式研究》成果论坛活动在少年宫举行。北京市教委体卫艺处调研员崔向红、顺义区教委副主任张军堂出席论坛并讲话。顺义、密云、怀柔、通州、燕山、大兴、平谷等校外教育机构领导及专业教师共计 120 余人参加。

4 月

4 月 10 日，顺义区教育系统党风廉政建设工作会在顺义开放大学报告厅召开。区委教工委书记、教委主任刘克祥出席会议并讲话。区教育纪工委书记隋美荣作题为《聚焦中心任务 强化执纪问责 深入推进我区教育系统党风廉政建设和反腐败工作》的报告，总结2014年度党风廉政建设工作，部署2015年度主要任务。会议表彰被区纪委评为“廉政文化进学校联系示范点”的9家单位，50名师生创作的廉政文化作品分别获得一、二、三等奖。会上，区内所有学校与教委签订党风廉政建设责任书，牛山一中、顺义五中、杨镇中小和建南幼儿园等单位作为代表上台签字。区委教工委、教委、教育督导室、教育工会有关领导，教委机关各科科长，各基层单位主要负责人、专职书记、副书记、工会主席、纪检委员和信访干部，各镇（街道）教育助理，以及在教委机关挂职的三期后备干部共300余人参加。

4月10日，顺义区发放《顺义区教育系统领导干部廉政新规手册》。《手册》包括公务外出、公务接待、公务用车、会议活动、办公用房、个人自律、文件规定七个章节，对党的十八大以来，中央和市区出台关于党员领导干部廉洁自律的各项规定进行梳理、归纳和提炼，力求简洁明了。教育系统100多家基层单位领导人手一册。

4月中旬，北京市特级教师评审工作结束。经顺义区评议推荐，北京市评选委员会评审通过，正式批准教育研究考试中心穆双龙、茹春华、孔凡艳、张秋爽四位老师为北京市特级教师。

4月22日，顺义区少工委组织全区大队辅导员到平谷区大华山校区参加实训活动。与会人员听取大华山校区总队辅导员介绍少先队工作经验，并与大华山校区的辅导员围绕如何开展少先队活动课进行交流研讨，参观大华山校区的校园文化建设和少先队特色社团活动。全区40余名大队辅导员参加。

4月28日，顺义区接受义务教育均衡发展国家级验收。国家督学、上海市教委原巡视员尹后庆，国家督学、重庆市政协科教文卫体委副主任钟燕，国家督学、河南省基础教育教学研究室主任邵水潮，国家督学、云南省民族中学校长、教授李暾，中小学教育督导评估专家、河南省第二实验中学校长、特级教师李涵，教育部督导办领导陈磊一行六人在北京市政府教育督导室副主任刘莉、市教委基教处副处长冷传才等陪同下来到顺义，进行义务教育国家级验收工作。区委书记王刚致辞；验收组听取区长卢映川作《区域统筹、城乡联动，全面推进义务教育优质均衡发展》工作汇报。观看顺义区义务教育均衡发展专题片《百花齐放春满园》；查阅相关档案资料；分四组进行人大代表政协委员、校长代表、教师代表、家长代表座谈会。分三组实地考察第十三中学、后沙峪中小等十五所学校，听取各校校长办学理念介绍、查看各校办学达标、特色建设情况，查阅部分相关档案资料，观看部分学校师生课外活动展示，对顺义区“校校有特色、生生有特长”的办学情况予以充分肯定。顺义区委书记王刚，区委副书记、顺义区人民政府区长卢映川，区委副书记、政法委书记、统战部部长周颖博，区委常委、区政府副区长朱家亮，区人大常委会副主任董占云，区政协副主席闫志广及政府办、发改委、财政局、人保局、编办、规划局、住建委、教委、教育督导室等相关部门的领导参加评估。

5月

5月4日，顺义区百余名学生团员代表参加北京国际青年营顺鑫营地开营拓展实践活动。共青团中央书记处书记徐晓，区委常委、组织部部长车克欣出席活动。

5月8日，顺义区考研中心孔凡艳荣获全国先进工作者（全国劳模）；东风小学刘金广、仁和中学陈水连、石园小学陈春芳荣获北京市先进工作者（北京市劳模）；杨镇一中新疆班荣获北京市模范集体。孔凡艳代表顺义区在人民大会堂出席全国劳动模范和先进工作者表彰大会。

5月9日，北师大、顺义区教育综合改革项目总结交流会召开。区委教工委书记、教委主任刘克祥出席并讲话。区政府教育督导室主任李卫国，北京师范大学教育管理学院院长鲍传友分别代表顺义区和校方做项目工作总结，2011 年 11 月，区教委与北京师范大学教育管理学院签署合作协议，开展教育改革实验，确定每 3 年为一个周期。经过自愿申报、教委确定的方式，20 所学校参与到项目研究实践中。三年来，在高校专家的指导下，项目学校干部教师共同努力，分别在文化建设、特色发展、课程体系建设、课堂教学改革以及德育课程建设等方面，取得阶段性突破，达到预期目标。全区 80 多所中小学校 300 余人参加了本次交流会。

5 月 9 日，顺义区第二届退休教职工趣味运动会在裕龙小学举行。退休教师腰鼓队进行开幕式表演，老教协会长樊尽义致开幕辞。比赛主题为“我参与、我快乐”，共设托乒乓球跑、定点投篮、击保龄球、沙包掷准、踢毽子、钓瓶六个项目。全区共有 500 余位退休教职工报名参赛，市老教总会、顺义区教委、区老教协等领导出席。

5 月 9 日，顺义区举办教职工个人才艺决赛。在初赛中脱颖而出的 28 名教职工，分器乐、舞蹈、声乐三个板块进行了角逐，评委现场打分。基层工会主席及教职工代表共计 300 多人观赛。

5 月 13 至 15 日，顺义区教育系统举办综治干部培训会。会议采取全封闭培训形式，内容涉及校园保卫、交通、消防、食品、突发事件处置、法律事务、校方责任保险等内容。全系统综治工作主管领导 160 余人参加。

5 月 16 日，顺义区第四期名师工作室启动大会在牛栏山一中举行。北京教育学院副院长钟祖荣、北京市中小学教师培训中心主任汤丰林、区委教工委书记、教委主任刘克祥等领导出席。各中小学校长、幼儿园园长和新老名师工作室主持人及其成员、中小学教师代表约 500 人参加会议。会上为第四期 23 个名师工作室授牌。上半年共启动第三、第四期 44 个名师工作室，参训学员 564 人。

5 月 17 日，顺义区彩虹读书总结表彰展示交流会在牛栏山一中举行。会议表彰书香校园 31 个、书香教研组 42 个、书香教师 350 名、书香学生 200 名。全国先进工作者孔凡艳向全系统干部教师和学生发出读书倡议。区委教工委书记、教委主任刘克祥，区政府教育督导室主任李卫国出席会议。区教委、区社区教育中心、区教育研究考试中心有关领导，各中小学、幼儿园、职业学校干部教师代表和学生代表参加。

5 月 19 日，顺义区退休教师京剧国粹宣讲团到赵全营中学举办专场演出。宣讲团团长张怀鹏为师生介绍京剧相关知识。宣讲团为师生奉献《三娘教子》《霸王别姬》《钓金龟》《沙家浜》等经典剧目，演员的精湛演技赢得师生的称赞。

5 月 21 日，“首师大—顺义区小学学校自主发展共同体建设合作项目”启动会在牛山三小举行。会议由干训科科长刘艳茹主持。会上，首都师范大学基础教育发展研究院项目负责人杨朝晖教授介绍“UDS 学校自主发展行动计划”项目。牛山三小校长刘春波作《项目促学校全面发展》报告。区委教工委副书记张海东出席并鼓励学校坚定不移地继续前进，期待学校取得更丰硕的成果。UDS 项目负责人、顺义区教委及区教研中心考研中心相关人员及项目学校干部教师参加。

5 月 26 日，北京市委教工委党建示范点检查专家团由市教工委办公室主任方怀率队一行 9 人，走进牛栏山第一中学和杨镇第一中学，对两家党委的党建示范点建设情况进行检查。专家团分别听取区委教工委和两家示范点的工作汇报，查阅相关档案资料，进行座谈和党员活动场所的实地考察，并走进党员教师的课堂听课，全面了解区委教工委的党建示范点建设和作用发挥情况。专家团对区委教工委及两家党建示范点给予了高度评价。专家团肯定了区委教工委党建示范点建设工作取得的成效，认为在工作中各级领导重视，指导到位，要求明确，特色鲜明，通过市区两级的党建示范点建设，带动全区教育系统基层党组织党建水平的整体提高。

5 月 26 至 28 日和 6 月 3 日，顺义区教育系统分四批，组织开展参观“廉政文化进学校联系示范点”活动。顺义十一中、顺义十三中、木林中小、西辛小学、港馨幼儿园和宏城幼儿园 6 家单位，作为示范校充分展示廉政文化创建成果。全系统各单位廉政文化宣教工作负责人120余人参加活动。

5月29日，顺义区庆祝“六一”国际儿童节游园活动在北京国际鲜花港举行。来自区内小学、幼儿园、少年宫的近万名师生代表和家长代表参加本次活动。区委教工委书记、教委主任刘克祥，区政府教育督导室主任李卫国等领导参加。

5月起，顺义区教委邀公众参与“十三五”教育事业规划编制。在官网发布“十三五”教育事业发展规划编制公众参与活动公告，广开言路、问计于民。活动于9月底截止，历时5个月。公众可以实名或不记名方式，通过电话、传真、邮箱、信件等方式提出意见或建议。其间活动共收到建议40余条。

6月

6月5日，顺义区教委联合区卫计委举行的“爱眼周”宣传活动在马坡中小举行。与会人员观看石园小学、张镇中小、裕龙小学、大孙各庄中小和马坡中小师生表演的情景剧、演讲、舞台剧、手语表演等节目，参会家长代表现场咨询区医院眼科专家青少年眼保健知识。区教委、区卫计委有关领导出席，各中小学主管干部和马坡中小学生及家长代表300余人参加活动。

6月12至14日，顺义区中小学生春季田径运动会召开。全区各中小学2800多名运动员分别参加了6个组别共94个项目的角逐。石园小学教育集团石园校区、南彩学校小学部、牛栏山一中实验校、南彩学校初中部、杨镇一中、顺义九中共6所学校列小学传统校组、小学普通校组、初中传统校组、初中普通校组、高中重点校组和高中普通校组团体总分第一名。运动会上，共有小学女子400米、初中男子100米、高中女子100米等12项17人次打破区中小学生运动会记录。

6月17日，顺义区教育系统“三严三实”专题教育会议在牛栏山一中召开。区委教工委书记、教委主任刘克祥以《深入学习践行“三严三实” 推动顺义教育事业优质均衡发展》为题，为全区教育系统领导干部讲专题党课。区政府教育督导室主任李卫国主持，区委教工委、教委、教育督导室、教育工会领导出席，各中小学、幼儿园及其它教育单位一把手，教委机关科长近150人参加。

6月26日，顺义区举办第九届特教专职教师评优课表彰活动。该活动历时一个月，特教学校全体任课教师及全区随班就读学校资源教师参加活动。最终9名教师分获一等奖，20余名教师分获二、三等奖。

6月27日，顺义区将城区和新城地区剩余学位采取现场“电脑派位”形式确定。区教委委托北京市龙诚公证机关进行活动公证，区人大代表和政协委员具体操作，区电视台、电台、报社及纪检等部门人员现场监督，实施“阳光招生”。将城区和新城地区3所学校剩余的51个学位，通过电脑派位招录租住在城区符合条件的非京籍学生；未获得派位学生由乡镇地区11所有剩余学位学校安排接收。并将派位结果在区教委官网发布。

6月30日，顺义区2015年小学新生入学招生工作结束。全区公办小学一年级共招生6676人，其中京籍学生4760人，符合条件的非京籍学生1916人。7月3日起，各小学发放纸质入学通知书。

7月

7月1日，顺义区教育系统庆祝建党94周年大会在牛栏山一中召开。会议表彰优秀共产党员297人、优秀党务工作者173人和先进基层党组织76家。区政府教育督导室主任李卫国带领全体与会人员重温入党誓词。区委教工委书记、教委主任刘克祥发表讲话：全体党员及各基层组织要充分发挥先锋模范作用，不断提升自身素养，服务学生、服务群众，传递正能量、弘扬正风气，凝心聚力谋发展，努力创新，进一步办好人民满意的教育。区委教工委、教委、教育督导室、教育工会领导出席，中小幼职及其他教育单位一把手、专职书记、党员代表，教委机关全体党员共计600余人在主会场参会。各镇、街道办事处教育助理及各基层单位全体教职员工共8000余人在分会场收看视频直播。

7月25日，教育研究考试中心面向全区进行教研员公开招聘工作正式结束。通过资料审查、专家面试等环节评议后最终确定鲁静华、李宝艳、李秀华、王红超四位教师进入考核试用期。

8月

8月27至28日，顺义区校园足球教练员培训活动在南彩二小举行。应教育部体卫艺司和国家体育总局青少司的邀请，欧洲足球青训专家霍斯特文先生为全区校园足球教练员进行为期两天的培训。来自全区74所中小学校的校园足球教练近百人参加培训，南彩二小学生足球队员也参加了培训。

9月

9月17日，顺义区第十八届推普周展示活动在南彩第二小学举行。活动的主题为“依法推广普通话，提升国家软实力”。区语委办主任张海东致辞。南彩二小师生用诗朗诵、相声、演讲等形式展示了学校开展推普工作成效。全区语委办、教委、各委办局、各镇街道领导出席，各中小学幼儿园主管干部、学生和家长代表共计1500余人参加。

9月22日，顺义区接受国务院教育督导委员会2015年秋季开学暨“护校安园”行动督导检查组督导检查。检查组首先听取区委教工委书记、教委主任刘克祥同志的工作汇报，深入到牛栏山第二幼儿园、后沙峪中心小学、顺义区第十三中学实地进行督导检查，辽宁省政府教育督导室主任王燕玲组长对顺义区高标准、高质量、高水平完成2015年秋季开学暨“护校安园”行动给予充分肯定，尤其对顺义区、镇两级政府依法履行教育职责、大力发展教育事业和各中小学、幼儿园加强校园文化建设、加快信息化建设步伐等举措大加赞赏。区委常委、副区长朱家亮，区政府教育督导室主任李卫国等陪同检查。

9月30日，区少工委组织少先队员代表参加在烈士陵园举行第二个国家烈士公祭日活动。与会人员在奏唱《中华人民共和国国歌》后，向烈士默哀；随后，武警士兵代表向烈士敬献花篮，区领导整理扶正挽联；50名少先队员代表现场演唱《中国少年先锋队队歌》。区领导、老战士、军烈属代表、驻军部队及机关单位代表等，共260余人参加活动。

10月

10月9至11日，北京市第53届中学生田径运动会在牛栏山一中举行。全市16个区县组队参赛，顺义区派出48名运动员参加。经过角逐，运动员共获金牌21枚，银牌20枚，铜牌14枚，金牌、奖牌总数均居全市第一。同时，顺义区以641.5分获团体总分第一名，并分别以359分和282.5分获高中组、初中组团体总分第一名，获得优秀组织奖和体育道德风尚奖；牛栏山一中获突出贡献奖。另有1人打破高中女子组100米市运会纪录，4人打破高中男子4x100米接力市运会纪录。

10月10日，顺义区少工委开展少先队小干部技能展示活动。展示活动分为基础知识测验、风采展示和活动策划三部分。全区130名少先队小干部参加展示活动。

10月12至16日，顺义区教育系统举办财务人员培训班。区委教工委书记、教委主任刘克祥出席并讲话。市教委财务处处长李艳春、区教育督导室主任李卫国等领导出席，教育系统150家预算单位的财务人员参加。

10月16至18日，顺义区中小学生秋季田径运动会在牛山一中举行。区内各中小学2000多名运动员分别参加6个组别96个项目的角逐。裕达隆小学、东风小学、顺义三中、牛栏山一中实验学校、顺义九中和杨镇一中6所学校分列小学普通校组、小学传统校组、初中普通校组、初中传统校组、高中普通校组和高中示范校组团体总分第一名。

10月22日，北京市政府教育督导室主任唐立军带领市挂牌督导创新区评估专家组一行11人来到顺义，进行挂牌督导创新区验收。专家组听取顺义区挂牌督导工作汇报，查阅相关档案资料，分组进行中小学校长座谈、责任督学座谈，同时分两组分别深入到责任督学办公区及南彩学校、马坡中小进行实地检查。唐立军对顺义区挂牌督导工作领导重视、制度健全、队伍精干、工作规范、保障有力、挂牌督导网上办公平台建设等工作给予充分肯定；专家组对全区进一步规范档案管理、选拔专业结构合理督学、加大督学培训力度，争创全国挂牌督导创新区工作提出具体改进建议。区委教工委书记、教委主任刘克祥，区政府教育督导室主任李卫国等领导陪同检查。

10 月 27 日，顺义区教委联合食药局召开食品安全培训会。区食药局、烹饪协会相关领导对新《食品安全法》和食堂操作规范进行讲解、培训。80 余家寄宿制学校、开办小饭桌的学校和幼儿园主管领导、食堂管理员及承包经理近百人参加。

10 月，区委教工委书记驻教育先锋党代表工作室约谈活动举行。区四次党代会代表、教工委书记、教委主任刘克祥就学校和机关科室的发展方向及工作思路提出要求。顺义九中、顺义五中、光明小学、张镇中小、西辛幼儿园的校（园）长，以及教委人事科、组织科、信息室负责人参加。

10 月至 11 月，顺义区少工委举办红领巾传媒大赛。比赛活跃了校园红领巾宣传引导阵地，扎实推进了全区红领巾传媒体系建设，提高了校园红领巾文化宣传阵地的整体质量和水平。最终 10 个单位分获一二等奖。

10 至 12 月，教育纪工委开展主题纪律教育季系列活动。一是制定活动方案并召开动员大会。区委教工委、教委和教育督导室、教育工会领导，各中小学校、幼儿园和其它教育单位一把手及教委机关科长等共计 400 余人参加。二是组织集中学习。统一购买《中国共产党廉洁自律准则》、《中国共产党纪律处分条例》和《习近平关于党风廉政建设和反腐败斗争论述摘编》共 500 余本，发至各基层单位，组织全系统领导干部 400 余人集中学习。三是召开专题学习报告会。邀请区检察院预防职务犯罪处处长张霞同志以“永保清廉本色”为题，从职务犯罪的危害，职务犯罪易发、多发类型，如何避免和预防职务犯罪三方面，为教委机关全体干部教师及五所高中校长讲授预防职务犯罪有关知识，进一步强化了党员干部廉洁从业的意识。四是开展自查自纠活动。以“从严从实　规范办学”为主题，对学校财务、基建、后勤管理和师德师风四个方面 25 项内容进行自查自纠，对检查出的问题，不掩盖、不隐瞒、不漏项，彻底整改，以此达到促进学校规范、长效发展的目的。

11 月

11 月 7 日，北京市小学劳技教师基本技能培训与展示活动在海淀区教育教学辅助中心举行。顺义区 8 名教师参加基本技能展示活动，5 人次获市一等奖，获奖比例全市第一，区教研员高东梅在全市表彰会上做典型发言。

11 月 10 日，顺义区教育系统召开党风廉政教育工作会。区委教工委书记、教委主任刘克祥出席并讲话。教育纪工委书记隋美荣通报了近期信访举报事项、“十一”节日期间“四风”治理情况和秋季教育收费检查情况，动员部署“从严从实　遵规守纪”主题纪律教育季活动。区委教工委、教委、教育督导室、教育工会领导出席，各中小学校、幼儿园和其它教育单位一把手及教委机关科长共计 400 余人参加。

11 月 10 日，顺义区召开“义务教育均衡发展督导验收总结表彰暨督学换届大会”。会上，区委教工委委员、教委副主任张写堂宣读对顺义十三中、顺义八中、李桥中小、牛山二小等 16 所在督导验收工作中表现突出的中小学校的表彰决定。教育督导室主任李卫国回顾全区教育人以优异成绩顺利圆满完成迎检任务的经历，对迎检工作进行细致深刻的总结。区委教工委书记、教委主任刘克祥参加会议并讲话。大会宣布聘任张华礼、李长海、朱元兆、杨海君、张晓宪、谢爱君、李明伟等 66 人为顺义区政府第八届兼职督学；聘任高学通、刘峰、韩瑞军等 7 人为顺义区政府第八届特约教育督导员。新一届兼职督学、特约教育督导员任期三年（2015 年 11 月至 2018 年年 11 月），兼职督学和特约督导员参与教育督导工作，具有与专职督学同等职权。并向兼职督学、特约教育督导员颁发聘书。区教委各科科长、各基层单位一把手和评价代表及全体新聘督学 400 余人参加会议。

11 月 12 日，北京市政府教育督导室副主任刘莉率专家组一行 20 人到顺义区进行校外教育工作督导检查。市督导组查阅校外教育工作相关档案资料，听取顺义区委副书记周颖博同志《科学谋划促发展，深度融合树品牌，全面推进校外教育优质发展》校外教育工作情况汇报。区委教工委书记、教委主任刘克祥，区政府教育督导室主任李卫国等领导陪同检查。

11 月 17 日，首届顺义区中小学生橄榄球嘉年华在顺义八中举行。赛事由顺义区教育委员会主办，北京天维十方国际体育文化传播有限公司协办，顺义区第八中学和双兴小学承办。全区共有近 200 多名学生参加本次活动。

11 月 17 日，北京市语委对双兴小学和杨镇第一中学进行第九批市级语言文字规范化示范校创建调研。通过区级汇报、学校座谈、现场观摩活动等方式，全面呈现出语言文字工作与深化素质教育紧密结合，与学校的中心工作、重点工作紧密结合。

11 月 18 日，首届“绿港小创客”顺义区中小学生创客秀教育活动在少年宫举行。活动以学生为主体，以生活为背景，以展示校园文化为宗旨。近年来，顺义区在逐步进行创客教育的探索，本次“绿港小创客”教育活动的开展将起到推动作用，师生的热情也助推首届比赛圆满成功。全区 20 所中小学校 180 余名学生参加了比赛。

11 月 18 日至 25 日，顺义区教委、区妇幼保健院、区民政局等部门组成考核小组，对全区 17 所民办幼儿园进行年度考核。

11 月 20 日“第二次全国小学语文名师工作室联盟大会暨‘读写课程资源的有效开发高峰论坛’”在江苏无锡召开，来自全国各地的 50 余个名师工作室参与了大会。顺义区小学语文名师工作室主持人、特级教师孔凡艳老师带领她的工作室成员一行共 10 人参加了此次活动。

11 月 26 日，顺义区教育资产管理服务中心组织开展新入职的资产管理员业务培训。培训要求各单位从实际出发建立健全固定资产使用管理制度，规范固定资产使用行为，充分发挥固定资产的使用效益。全区 53 名新入职人员参加。

11 月下旬，经过多方协调，精心筹划，教育研究考试中心迁址工作顺利完成。新址位于裕龙花园三街，占地 19.8 亩，地上建筑面积 20000 平方米，建筑内部结构规划合理，着眼于时代发展，优化基础条件，能同时满足我区各类教师 2000 余人参加培训。

12 月

12 月 8 日，顺义区接受北京市“十二五”区县教师培训机构建设评估验收。专家组一行 10 人，听取顺义区作《加强基地建设，发挥培训功能，促进区域教师队伍发展》的基地自评和“十二五”总结。顺义区委教工委、区教委及教育研究考试中心领导 20 余人参加。

12 月 12 日，顺义区组织学生参加北京市语委举办京津冀中小学生诵读演讲比赛获佳绩。顺义区牛一实验学校学生刘恩彤代表区语委参加比赛，以《中国梦与民族精神》的精彩演讲，获得北京市一等奖的好成绩。

12 月 14 日，顺义区教委组织廉政法规知识测试。全体党员干部在集中学习和自学的基础上，通过测试，进一步加深对党纪条规的认识和掌握，有效促进教委机关反腐倡廉建设。机关全体党员干部 110 余人参加。

12 月 17 日至 18 日，顺义区中小学课程与课堂改革研讨培训会召开。会议解读区课程改革方案，邀请市课程中心主任杨德军分享关于课程改革方面的思考。区教育研究考试中心主任张海，教研中心高中、初中、小学教研室负责人分别就下一阶段课程改革具体要求和做法发言。区委教工委书记、教委主任刘克祥出席并发表讲话。区委教工委、教委、教育研究考试中心相关领导出席，机关有关科室干部，各中小学校长及区教研中心教研员200余人参加。

12月21日，区委书记王刚到中央美院城市设计学院调研。参观首饰设计工作室和陶瓷设计工作室，并与师生代表座谈。区委常委、副区长朱家亮介绍顺义区经济社会发展情况和“十三五”规划，区委教工委书记、教委主任刘克祥介绍顺义区教育发展情况和“十三五”教育规划。城市设计学院院长王中汇报城市设计学院办学成果，院党委书记高洪就校地对接、深化校地合作提出建议。区委常委、区委组织部部长车克欣，区委常委、区委办主任肖承继，区委常委、宣传部部长霍光峰出席，相关委办局领导和中央美院城市设计学院领导、师生代表共计40余人参加。

年内，顺义区教育系统全面开展“四风”问题监督检查工作。节假日期间，顺义区教育系统共抽查28所学校，检查了“四风”问题、治理收费工作、单位值班和节假日期间公车封存等情况。5月，教育纪工委组织审计和财务基建科人员开展联合检查。对16家基层单位进行抽查。重点检查学校账簿，特别是对公款餐费、公务外出、教师津补贴等重点项目进行检查和问询；同时，就公车使用、大操大办婚丧嫁娶、发放奖金实物、教育乱收费、教师有偿家教等与干部教师进行座谈。

年内，顺义教育系统加强合同审核和备案管理。重新梳理教育系统合同审核备案工作流程，制定《关于进一步加强合同审核备案管理的补充意见》，并附《合同审核备案工作问答（20问）》《合同审核备案工作流程图（机关版和基层单位版）》。截至6月，收到所属基层单位送审合同611份，律师出具法律意见书579份，修改后进行备案的金额在50万以下的一般合同423份，重大合同112份。重大合同均已在区法制办办理了备案手续。

年内，顺义区采取措施进一步支持民办教育发展。根据相关政策，积极争取市区两级资金，为民办学校下拨随迁子女义务教育阶段专项金356.8万元，义务教育阶段学生杂费补贴160.1万元，课本费补贴140.48万元；投资15万元奖励考核优秀的民办园、民办校，用于购买玩教具、图书、改善教学环境；为民办校优秀班主任、骨干教师下拨1.8万元奖励津贴，用于鼓励民办校优秀教师；为引导民办学校做好卫生防疫工作，有效地避免食源性及其他传染病的发生，投资4千余元为各校配2000瓶“8•4”消毒液。

年内，顺义区与高校联合开展教师培训。一是绿色耕耘培训项目。组织教师参加北京教育学院举办的绿色耕耘专项培训，培训学员263人。二是新教师培训项目。与北京教育学院合作，对2015年新参加工作的中小幼教师进行为期一年的新教师培训，培训学员319人。同时与北京教育学院合作开展中小学新任班主任培训，全区新任班主任进行为期一年的培训，培训学员72人。三是与首师大联合培训项目。首都师大合作举办小学信息技术教师专项培训班1个；启动中小学以校组班专题培训项目6个；培训学员625人。

年内，完成52所中小学部分年级课桌椅的款式更新工作。新小学二年级、初中二年级以及部分高中二年级学生的课桌椅，共计10000套。

学前教育

概述

2015年，顺义区幼儿园有教育部门办园50所。在园幼儿15235人。教职工1746人，其中专任教师1011人，专任教师学历合格率100%，有市级骨干教师6人，区级学科带头人11人，区级骨干教师213人，区级“园丁新星”13人。一级一类幼儿园33所，其中北京市示范园7所，市级早教基地24所。幼儿园图书馆藏书37.39万册，校舍总占地面积288550平方米，总建筑面积146922平方米。教育部门办园固定资产总值15117.58万元，全年教育经费投入39958.31万元，其中国家拨款39918.31万元，事业收入及其他收入40万元。全区3至6岁幼儿入园率为95.8%，0至3岁幼儿家庭受教育率为95%，学前三年教育普及率100%。

一、顶层设计、超前谋划，为区域学前教育可持续发展提供保障。

1. 区教委学前科深入学习教育部、北京市《第二期学前教育三年行动计划》，总结梳理顺义区一期计划实施过程中的成绩与问题，积极与相关委办局、科室沟通协调，制定《顺义区第二期学前三年行动计划》。明确了未来三年学前教育的发展目标、重大项目、重点政策。为顺义区学前教育的发展规划“路线图”。

2. 学前科配合相关科室，做好学前教育资源扩充工作，新增学位2220个。接收裕龙二区、仁和花园一区、香悦四季西区、金宝城、浅山香邑配套幼儿园，增加学位1440个；改造原西辛小学宿舍区为西辛幼儿园分园，增加学位300个；改造原光明小学旧址为东兴幼儿园，增加学位180个；建北幼儿园、杨镇中心幼儿园扩班4个，增加学位120个；另有南彩一幼等6所园扩班6个，增加学位180个。

3. 学前科依照北京市村办园建设意见，继续推进村办园建设工程，本年度有7所村办园顺利开园，增加学位1440个。为进一步规范村办幼儿园的管理工作，实施一级一类园所与村办园拉手工程，将村办园教师纳入区级培训计划，不断提升村办幼儿园的管理水平和保教质量。

4. 学前科结合顺义区学前教育招生形势，继续推进“顺义区学前儿童信息采集系统”的使用。配合区招生考试办公室做好适龄儿童信息统计、招生工作意见制定、服务片划分和家长咨询接待等工作。

二、文化引领、管理创新，不断提升区域学前教育品质。

1. 通过引领幼儿园文化建设工作，鼓励幼儿园自主发展。邀请市级专家为全区园长开展幼儿园文化建设讲座，组织园长到蓝天宇翔、润丰学校、工艺美院附中等文化建设独具特色的优秀学校进行现场参观。举办“顺义区幼儿园文化建设现场会”，走进大孙各庄幼儿园和顺和花园幼儿园，通过系列培训有效增强了顺义区幼儿园文化建设的能力和水平。

2. 引导“优质园所”发挥示范引领作用，扩大学前教育品牌效应。积极创造条件，鼓励条件成熟的园所升级升类，不断提高幼儿园办园水平和保教质量。张镇中心幼儿园、澜西园二区幼儿园、牛栏山第二幼儿园、顺和花园幼儿园和高丽营第三幼儿园先后通过北京市一级二类验收。旺泉幼儿园、高丽营第二幼儿园通过北京市一级一类验收。西辛幼儿园顺利通过北京市示范幼儿园验收。建北、双兴、石园、金汉、南法信五所幼儿园顺利通过区级示范幼儿园验收。

3. 打造品牌，积淀成果。在

区域学前教育快速发展、规范管理的同时，学前科更加关注园所管理水平和保教质量的提升。借用优质专家资源对幼儿园进行跟踪式指导；继续做好与北师大教育学部“园长专业领导力和新教师专业成长”合作项目，适时推出研究成果；与北京教育学院签订协议对四所薄弱园进行定点扶持；与北京教育学会奥尔夫音乐研究会合作，确定三所幼儿园为奥尔夫教学法实验基地，开展奥尔夫教学法的教育实践研究；与美国海森高教育基金会、《学前教育》杂志洽谈合作，拟于明年开始在顺义区建立六所美国海森高课程本土化研究的实验基地。

三、师德为先、分层培训，为学前教育内涵发展保驾护航。

1. 崇尚师德——加强教师职业道德建设。顺义区高度重视师德建设工作，要求各基层幼儿园广泛宣传和组织学习《幼儿园教师专业标准》中对教师师德与专业态度提出的要求，以“职业认同”为主线，开展教师职业道德培训，增强幼儿教师责任感和依法执教的意识。

2. 依需分层——加强师资队伍培养。精心打造一支懂教育、精管理、善创新的园长队伍。组织全体园长到东北师范大学开展浸润式学习；11 名园长参加北师大霍力岩教师的项目组接受跟踪式指导。

6 月，迎接了北京市“防止小学化”专项督导；9 月，迎接了国务院“护校安园”行动督导检查，专家组对区教委全面、扎实的工作给予高度评价。

总类

【开展首届“我为妈妈献才艺”活动】3 至 5 月，顺义区教委与顺义区妇联、顺义区广电中心合作开展首届“我为妈妈献才艺”活动。3 月起，全区 50 所公办幼儿园百余名幼儿进行现场展演录制，幼儿通过绘画、讲故事、说相声、乐曲独奏、歌舞和童话剧等多种形式表现自己的才艺，为妈妈献上一份各具特色的爱心礼物。5 月母亲节进行节目汇演并在电视台和顺广传媒播出。

（单小红）

【开展庆“六一”活动】5 月 26 日，后沙峪第二幼儿园庆祝“六一”儿童节活动拉开帷幕。庆祝方式打破以往的文艺汇演方式，开展“小手拉大手，父母宝贝并肩走”大型亲子拓展活动。活动由园长及园内相关负责人和拓展公司专业人员经过反复交流研讨，最终制定出合理的活动实施方案。此次活动让幼儿大胆突破自我，树立团队意识以及集体荣誉感，加强彼此之间的认识与协作。家长在本次活动中能够积极配合教师以及教练对幼儿进行有效指导，对本次活动满意度极高。活动结束后，幼儿园为每个家庭赠送活动光盘一张。

（王建兴）

【落实防止和纠正小学化现象有实效】3 至 6 月，顺义区深入落实幼儿园防止和纠正“小学化”现象有实效。一是制定《顺义区“防止和纠正小学化现象”实施方案》，并下发工作通知，各级各类幼儿园认真学习文件精神。二是加强组织领导，完善相关制度，组织干部教师针对“小学化现象”展开大讨论。三是开展幼儿园落实科学保教措施自查工作，并制定切实可行整改方案。四是 6 月区督导室牵头开展全区幼儿园“防止和纠正小学化现象”专项督导工作。同月在北京市“防止小学化”专项督导工作中，市级专家组先后到张镇幼儿园、牛栏山第二幼儿园、顺和幼儿园和龙湖幼儿园进行督查，通过现场看环境、查资料、教师座谈等形式，了解全区落实“防止小学化”工作情况，并给予高度评价。

（单小红）

3 至 5 月，顺义区教委与顺义区妇联、顺义区广电中心合作开展“我为妈妈献才艺”活动

【举办第一届儿童绘本大赛】6月，顺义区教委与区妇联联合举办“我家的故事画给你看”暨顺义区第一届儿童绘本大赛。鼓励幼儿用自己的眼睛发现生活，用自己的心灵体会亲情，用自己的双手绘制家庭幸福。活动体现出顺义区学前教育办园特色，为幼儿提供展示自己个性、才能和风采的舞台。

（单小红）

【积累整理学前教育经验成果】6至12月，顺义区组织积累整理学前教育经验成果。一是6月份汇编顺义区幼儿教师CN文集《星火集》，内容涉及学前工作者实践研究中的点滴思考、积淀实践研究的成果等。二是12月份编印顺义区学习贯彻指南案例集《我们在路上》，编印“学习贯彻《指南》、关注幼儿成长”征文集《守望》，向全区各级各类幼儿园发放，引导干部教师学习、思考和借鉴。

（单小红）

【东兴幼儿园成立】9月1日，北京市顺义区东兴幼儿园正式成立。该园原为金汉绿港分园小班部，经区教委批准正式宣布独立，成为东兴幼儿园，耿兵任园长。

（陈树环）

【举办首届“幼儿快乐淘宝集市”活动】10月23日，后沙峪二幼举办首届“幼儿快乐淘宝集市”活动。本次活动旨在让幼儿充分感受真实社会中买卖交易规则，促进其社会性认知的发展，让幼儿学会合理分配钱财，培养理财能力。在活动中幼儿能大胆表达想法并认真倾听别人的意见，能和他人商量解决问题，活动效果良好。

10月23日，后沙峪二幼举办首届“幼儿快乐淘宝集市”活动

（王建兴）

【推行新的园所考核办法】年内，顺义区推行新的园所考核办法。改革幼儿园级类考核方式方法，旨在鼓励幼儿园以幼儿发展为本，遵循幼儿发展规律，不断优化幼儿一日生活。形式上将原有的半日活动的检查，调整为“两小时教育活动展示”，评价标准上将“大一统”半日活动质量评价调整为“以尊重幼儿年龄特点和学习方式”为原则的活动创新评价，鼓励和引导各个幼儿园积极开展《指南》精神下的教育实践探索，打破传统的活动常规要求，使幼儿在自然化、生活化、游戏化教育环境中获得有益发展。此次考核共评选出优秀两小时教育活动一、二、三等奖共19名，贯彻《指南》优秀园所12个。

（单小红）

保育教育

【义宾幼儿园多举措加强幼儿体能训练】3月起，义宾幼儿园多举措加强幼儿体能训练。一是开展晨间锻炼半小时活动。教师利用早晨来园时间，组织幼儿跳“小苹果”等舞蹈，激发幼儿锻炼兴趣。二是利用楼梯进行协调性训练。各年龄段开展“走楼梯”“蹦楼梯”“拍球上楼梯”比赛。三是开发鼓乐游戏，在户外活动中加入鼓乐操。四是创新家园联系模式。将幼儿户外游戏活动以小视频的形式在微信平台上分享，鼓励家长带领幼儿进行体能锻炼。

（李　楠）

【采取多种措施缓解新生入园焦虑】9月上旬，顺义区幼儿园采取多种措施缓解新生入园焦虑。一是召开新生家长会，向家长介绍卫生保健、安全保障等多方面注意事项。二是通过微信家园平台，向家长推送育儿知识，引导家长正确帮助幼儿度过焦虑期。三是向家长发放调查问卷，帮助教师尽快了解幼儿生活习惯、特殊需求等相关问题。四是组织小班教师为家长建立QQ群，通过群组传送幼儿在园活动情况照片，让家长及时了解幼儿在园状态。五是小班幼儿下午提前离园，让幼儿逐渐适应在园生活。六是大班幼儿自愿报名，每班选出三名能力较强的幼儿扮演卡通动物，在门口迎接小班幼儿。

（张婷婷　魏海东）

【旺泉幼儿园加强冬季保育工作】 11月起，旺泉幼儿园加强冬季保育工作。一是开展主题活动。小班为“冬天的变化”，中班为“冬天的秘密”，探讨风和太阳的关系，大班为“冬天的节日”，设计制作窗花、拉花等新年联欢物品。二是创编冬季体育游戏。模仿游戏《小企鹅过桥》，主题情节游戏《乌龟搬家乐翻天》，竞赛游戏《插红旗》，躲闪游戏《羊圈里的狼》等。三是制作冬季玩具。利用皱纹纸、花瓣、彩球、小碗、纸杯等材料制作冰花；利用卡纸、牙签、剪刀、油画棒等物品制作陀螺；利用报纸、毛线、棉花等编织手套。四是制定冬季食谱。根据雾霾天较多的情况，师幼共同制定出羊肉炖萝卜、双色菜花、冰糖银耳汤等增强体质的食谱。

（程金甫　尉　静）

【多举措应对雾霾天气】 12月，区内幼儿园多举措应对雾霾天气。一是注重宣传引导。利用家园信息平台发送预防雾霾常识。利用早来园晚接园时间，提醒家长接送途中为孩子佩戴口罩。二是调整常规活动。雾霾严重时，停止开窗通风，取消幼儿户外活动，开展丰富有趣的室内活动及楼道体育锻炼活动。三是加强主题教育。各年龄班开展“防雾霾”主题安全教育活动，让幼儿了解雾霾的形成、危害及应对措施等。

（王　帅）

【创新室内游戏活动应对雾霾】 12月，区内幼儿园创新室内游戏活动应对雾霾。一是利用桌、椅、积木等材料，设置室内循环活动体系，锻炼幼儿钻、跨、跳等技能。二是在室内有限空间内，组织集体游戏，如找朋友、捉迷藏、跳房子等。三是扩大建构区活动空间，利用积木及各种辅材设置路障，让幼儿设法通行。四是开展帮小动物运粮食活动，在往返跑的过程中达到运动效果。

（张婷婷）

园所建设

【开展园所文化建设观摩活动】 1月26日，顺义区开展园所文化建设观摩活动。园长们先后参观了顺和花园幼儿园和大孙各庄幼儿园园所环境，观看幼儿生态体验区活动，倾听园长作园所基本情况和环境建设的经验汇报。该活动帮助园长们明确了幼儿园文化建设的“理念引领、顶层设计、超前规划、有效落实”的工作思路。全区公办、民办、村办幼儿园园长近30人参加活动。

（单小红）

【民主管理促园所发展】 3月16日，后沙峪第二幼儿园开展“3.18”民主日活动。活动旨在增强教师参与民主管理的意识。活动程序一是由工会为每位教职工提供一分合理化建议登记表；二是由工会组织教职工开展献计献策活动；三是由园长就教职工提出的问题进行解答和分析。

（王建兴）

【完成七所幼儿园级类验收工作】 3至6月，顺义区完成7所幼儿园级类验收工作。一是3月份完成澜西园二区幼儿园、顺和花园幼儿园、高丽营三幼、张镇中心园和牛栏山二幼共5所幼儿园一级二类验收工作；二是6月份完成旺泉幼儿园、高丽营二幼一级一类验收工作。验收过程中，区资产管理服务中心结合幼儿园办园条件需求充实了设备、玩具

1月26日，顺义区开展园所文化建设观摩活动

和图书，对环境进行改造，保障硬件达标。学前科、学前教研室多次到这些园所进行视导，对园所的管理工作、环境创设、教育教学活动、档案资料收集整理等方面进行实地视导，提高园所的管理水平和保教质量。

（单小红）

【出台制度方案保稳定】 4月17日，后沙峪第二幼儿园召开教职工大会，出台《师德考核细则》《教师职业道德考核方案》《园务公开制度》《教师行为规范》《伙委会制度》《坚持勤俭节约》《反对浪费制度》《民主生活会制度》《日常总结交流制度》《外出学习培训制度》《电热水器使用制度》《饮水机使用制度》《关于落实“三重一大”制度实施办法》等。这些制度将为幼儿园工作正常运转并纳入良性循环产生积极作用。

（王建兴）

【西辛幼儿园通过市级示范性幼儿园验收】 4月，西辛幼儿园通过“北京市示范幼儿园”验收。顺义区在开展幼儿园升级升类的同时，将创建“市级示范性幼儿园”作为评判学前教育品牌效应的有效手段，借力市级专家、区级行政教研和姊妹园资源，多角度、多层面分析园所发展中的瓶颈问题，深度思考解决途径、措施和自身发展定位，从而使“创建和评审示范园”工作过程成为幼儿园自我诊断、自我完善、自我革新和自我提高的过程。

（单小红）

【加强幼儿园信息化建设】 4至6月，顺义区多举措加强幼儿园信息化建设。一是与土星教育科技有限公司建立合作关系，启用“土星网——幼儿园家园共育网络服务平台”电子安全门禁系统、家园互动短信平台、交互式园所网站、幼儿园职能办公系统和多媒体教学资源五大功能模块进行信息化管理。二是推进顺义区学前教育数字图书馆安装工作，做到数字图书馆在公办幼儿园全覆盖，为一线教师提供丰富多彩的图书、期刊、音频、视频、儿童绘本、图片和教学实践等七大类数字信息资源，进而有效促进了园所信息化建设。

（单小红）

【开展《指南》走进教育现场活动】 5至12月，顺义区学前教育系统开展《指南》走进教育现场活动。5至6月，借助年度级类考核工作，组织顺义区优秀教育活动展评，鼓励各个幼儿园以幼儿发展需要为工作核心，不断优化幼儿一日生活。共评选出12家“学贯《指南》优秀园所”。12月，顺义区《指南》走进教育现场活动，分别走进金汉绿港幼儿园、幸福幼儿园，通过经验介绍、活动展示、案例交流、专家引领等形式，展示幼儿园在管理、保教、教研等方面的研究成果和特色。

（单小红）

【金汉绿港幼儿园举行毕业典礼】 6月26日，金汉绿港幼儿园“打开希望之门，放飞童年梦想”大班毕业典礼之前，在顺义区影剧院举行。典礼依据《指南》精神，大班幼儿自主参与毕业典礼的策划与组织，教师根据孩子的需求给予支持帮助。一是制定计划。每班选四至五名小代表参与讨论，用思维导图在公共区呈现毕业典礼时间、环节等内容。二是任务选择。各班代表领取任务并按计划实施，包括选择演出地点、确定主题、编排节目、确定主持人，制作道具、毕业证及节目单等。三是分工合作。筹备组联系厂家印刷节目单，服务组负责典礼入场检票，化妆组为演员化妆，剧务组负责演员备场。四是同台献艺。大班幼儿、家长和老师展演舞蹈、童话剧、相声、小合唱、

5至12月，顺义区开展《指南》走进教育现场活动

9月起，裕龙二区幼儿园多举措加强新建园管理

诗朗诵和打击乐等自创节目。

（陈树环）

【裕龙二区幼儿园多举措加强新建园管理】 9月起，裕龙二区幼儿园多举措加强新建园管理。一是精准定位。通过谈话、查档案等方式，了解全体员工年龄、学历、工作年限、专业等信息，据此安排教师岗位，提高岗位匹配度，发挥每位教师优势。二是增强凝聚力。针对新入职教师多、不同园所教师汇聚新园的特点，开展集体过生日、包饺子等活动，加强职工间合作与沟通。三是业务提升。组织集体备课、观摩指导、分组研讨和多种培训。艺术方面，外聘资深舞蹈老师培训现代舞；语言方面，举行讲故事比赛；技能方面，组织面点培训，举办保育员技能比赛。

（田玲玲）

【消除隐患保平安】 国庆节期间，后沙峪二幼对液化气进行改造。原有的液化气罐属于易爆易燃品，在气温降低时还容易冰冻，存在不安全因素。此次改造主要是接通天然气管道，安装报警装置，因而消除了安全隐患。

【新园开园增加学位】 本年度截至10月底，顺义区又新建4所公办幼儿园和7所村办新开园，共增加1710个学位。其中裕龙二区幼儿园、香悦四季幼儿园、东兴幼儿园、北小营第二幼儿园为新成立公办园；前俸伯幼儿园、木林镇贾山幼儿园、木林镇马坊幼儿园、李桥镇李桥村园、李桥镇头二营村园、北小营镇大胡营幼儿园和赵全营燕华营幼儿园是新开村办园。新园的成立缓解了部分幼儿入园难的问题。

（李美麒）

【馨港幼儿园精心记录幼儿成长】 年内，馨港幼儿园精心记录幼儿成长片断。一是将幼儿诗歌朗诵、故事表演等视频发放到校园电视平台上，利用来离园时间向家长和幼儿播放；二是每月举办幼儿作品展，展示优秀幼儿作品；分班制作幼儿作品集，发放给每名幼儿，记录幼儿每一次进步；三是随时用相机、录像机记录幼儿园内外表演以及在园生活，保留幼儿精彩瞬间，刻录成光盘发给家长。

（李　娜）

【高丽营二幼促幼儿阅读能力发展】 年内，高丽营二幼以所承担的《探索绘本阅读教学策略，促进幼儿阅读能力发展的研究》课题为抓手多措施促幼儿阅读能力发展。一是提炼绘本阅读情境策略及教学流程，包括问题情境、幼儿表演情境、游戏情境、生活情境等。二是形成幼儿绘本剧表演指导策略，即创设良好表演环境策略、表演排练游戏化策略、表演排练适时介入策略和表演后及时交流与分享策略。三是指导家长亲子阅读策略，专家引领，感受阅读魅力；环境支持，体验阅读乐趣；携手共进，共享研究成果。四是发掘乡土资源，师幼及家长共同参与，创编园本绘本10册。

（孙旗帜）

队伍建设

【港馨东区幼儿园多举措开展读书活动】 3月起，港馨东区幼儿园多举措开展读书活动。一是丰富图书资源。每年定期更新图书，增加图书种类，建立个人书架、班级读书角等方便阅读。二是开展教师阅读活动。每周举行一次经典诵读，每月开展一次读书交流活动。三是组织轮班阅读。全园幼儿按班轮流到图书室看书，并可以将感兴趣的图书借到班级。四是开展家园共建阅读。通过短信、电子屏等形式向家长宣传早期阅读的重要性，提出亲子阅读建议。

（王　慧）

【聘请市级骨干教师来园指导】 4月18日，后沙峪二幼聘请北京市骨干教师张亚静来园进行指导。

指导重点为幼儿养成教育方法及策略。她从班级管理，常规培养、环境创设作用以及幼儿喜欢的餐前小游戏，分环节进行细致讲解，内容丰富且实用性较强。教师们在培训中安静倾听，认真记录，积极与张老师进行互动，收获很多。通过此次活动，教师们明确了幼儿一日生活各环节的有效性、开展的重要性。北石槽幼儿园和本园共计 40 名教师参加培训。

（王建兴）

【参加奥尔夫音乐活动培训】4 月 25 至 27 日，后沙峪二幼三位教师参加学前科组织的奥尔夫教学法国际大师班培训。在为期三天的培训中，教师们通过与国际大师 ELFA 近距离接触，感受到大师在音乐教学中的风采，同时也体会到奥尔夫教学法的音乐教学理念，从音乐理论、实操、形式等方面丰富了知识，开阔了眼界，对音乐教学有了更深一层认识，对教师今后工作具有很大的借鉴意义。

（王建兴）

【开展全区音乐教学基本功展评活动】5 至 6 月，顺义区开展幼儿教师音乐教学基本功展评活动。活动分为音乐教学活动展示、教师自我反思和与专家互动三个环节。展评活动注重考评教师对艺术领域幼儿学习特点的掌握，对幼儿发展现状和发展需要的观察，对教学内容分析和自身音乐素养水平。推选出的优秀音乐教育活动在全区进行了展示观摩。全区共有 49 名骨干教师参与活动。

（单小红）

【聘请关毅来园指导】8 月 24 日，后沙峪二幼聘请幼教专家关毅老师来园指导操节活动。在培训中，关老师首先观摩了大、中、小三个年龄班两个规定操节和一个自编操节，针对操节的性质和速度进行具体分析，为每个年龄班选出一个最适合本年龄段的幼儿操。之后，关老师为每位教师纠正操节动作，讲明体育锻炼对幼儿的作用，使教师明确操节编排的计划和步骤，编操过程有了明确的方向。

（王建兴）

【参加市幼儿教师教育活动展评取得佳绩】11 月 3 至 5 日，顺义区 5 名教师参加“北京市幼儿教师教育活动展评”。此前，全区共有 50 所幼儿园积极参与，经过基层推荐、区级筛选、市级专家指导等多个环节，最终推选出 5 名教师参加北京市展评。市级专家通过观看教师组织的半日活动，与教师就活动组织与活动反思进行交流。专家对顺义区各园所为幼儿提供的丰富、适宜的教育环境、教师和幼儿良好的师幼关系、活动的创新性给予高度评价。最终 1 名教师获北京市一等奖、1 名教师获二等奖、3 名教师获三等奖。

（单小红）

【开展“科研月”活动】12 月 16 日，后沙峪二幼开展“科研月”活动，内容结合绘本《我妈妈》组织“同书异年龄段阅读”教学活动。活动聘请石园幼儿园园长杨宝琴、牛山一幼园长康伶华、东兴幼儿园园长耿冰进行点评。大班孙川老师、中班赵阳老师、小班张怡然老师分别根据大、中、小三个年龄班语言领域教学目标，制定适合本班幼儿阅读的内容及形式，分层次对绘本进行教学讲解。三位园长对本次活动给予肯定，同时也提出一些合理化建议。园内全体教师参与活动。

（王建兴）

【开展学前教师分层培训】年内，顺义区开展学前教师分层培训。一是依托“农村幼儿园园长培训项目”加强干部培训。严把教研工作计划和总结质量关，及时解决业务园长教学指导中存在的问题，开展幼儿园教研活动展评，推动干部水平提高。二是结合区“冯军名师工作室”“五大领域中心组”活动，加强骨干教师培养。开展“幼儿园区域活动的有效性”“科学有效的过渡环节”专题研究，开展绘画与手工、教育故事演讲、优秀玩教具展评活动，引领助推骨干教师成长。三是以北京市学前教育学会的重点研究课题《非专业教师素养培养的研究》为引领，举办新教师、3 至 5 年成长期教师“我的研究故

8 月 24 日，后沙峪二幼聘请关毅老师来园指导

事”演讲活动。

（冯　军）

【学前教研呈现“六化”特点】年内，顺义区学前教研呈现“六化”特点。一是领域中心教研常态化；二是园本教研活动深入化；三是园所需求视导合理化；四是专题研究项目系统化；五是片区联盟教研互助化；六是项目教研活动持续化。以五段式教学法为具体抓手，以大学、区域行政教研、幼儿园三个层次构建专业学习共同体，对 90 名项目参与人员（包括教研员、业务园长、教师）进行课程二级培训。全区组织实验教师集体备课 20 次，实地观摩教师现场课 40 次，指导观摩新教师活动 20 余次。

（冯　军）

幼儿园

·北京市顺义区建南幼儿园·

【概况】2015 年，北京市顺义区建南幼儿园为教育部门办园，日托制。园所占地面积 6370 平方米、校舍建筑面积 2956 平方米。全年教育经费投入 516 万元，全部为国家拨款。固定资产 93 万元。图书室藏书总数 1.51 万册，包括电子图书 0.01 万册，拥有音体等专用教室 1 个，普通教室 9 个。拥有计算机 20 台。学校信息化经费投入 2 万元，数字资源量 80GB。教职工 47 人，其中教师 38 人，专科以上 37 人，中级职称以上 17 人；保健员 2 人，其中专科以上 2 人，中级职称以上 2 人。开设 9 个教学班，其中小班 3 个、中班 3 个、大班 3 个。幼儿入园 144 人、离园 129 人、在园 381 人。

单位名称：北京市顺义区建南幼儿园

地址：北京市顺义区站前街 8 号院 12 楼

电话：52945217

邮政编码：101300

（耿　波）

【家长助学活跃课堂】3 月 27 日，中三班屈冬琳小朋友的家长接受“助教”邀请，到幼儿园为孩子们上课。屈妈妈根据自己的特长从专业医生角度为幼儿讲解如何保护牙齿。1. 选用软毛牙刷和儿童专用牙膏，每三个月更换一次牙刷；2. 使用正确刷牙方法，按照儿歌的要求上下左右都刷到；3. 平时注意忌食过冷或过硬食物，少吃甜食。家长助教活动不仅调动了家长这一重要的教育资源，而且也为孩子们的学习输入了新的内容，具有专业知识的家长不仅帮助老师更好地完成教学任务和目标，而且真正做到家园之间的有效互动。

（耿　波）

【召开园务家委会】4 月 1 日，建南幼儿园召开园务家委会。会议有三项内容：一是由张宝兰园长宣读本学期工作计划；二是倾听家长代表所收集的意见和建议；三是共同商讨如何做好家园共育的保教工作。园务家委会由每班选派的两名家长代表组成，会上家长代表积极发言，对学期各项工作的安排给予肯定，同时也提出家园进一步沟通的几点建议，希望园所利用网络平台、微信等形式上传幼儿活动的课件和照片。此次活动充分体现了家长参与幼儿园管理的知情权、决策权、评价权、质询权和监督权。

（耿　波）

【组织教职工参加登山活动】4 月 11 日，建南幼儿园工会组织全体教职工到浅山香邑参加登山活动。工会主席陈娅杰宣布登山时间、地点、路线和注意事项，之后教职工自由分组进行登山比赛，比赛不分名次和奖项，旨在亲近自然放松身心。本次登山活动大大丰富了教职工的文体生活，增强了教职工的健康意识和团结协作精神。

（耿　波）

【举办“幼小衔接”家长讲座】4 月 16 日，建南幼儿园聘请东风小学西校区的武宁主任为大班幼儿家长进行“幼小衔接”讲座。武宁主任从四个方面指导家长做好衔接工作：一是正确认识幼儿

4 月 16 日，建南幼儿园举办“幼小衔接”家长讲座

园与小学之间的差异，幼儿园以游戏活动为主，小学以课上活动为主；二是培养孩子的自理能力，让幼儿养成自己的事情自己做的良好习惯，尽快学会整理自己的书包；三是为孩子提前准备好家庭学习环境，配备适合的桌椅、台灯，营造出良好家庭学习气氛；四是激发孩子对新校园的向往之情，以积极的心态迎接新学期的挑战。

（耿　波）

【举办《如何与家长沟通》讲座】 4月17日，建南幼儿园邀请北京市特级教师卢德芹为全体教师举办《如何与家长沟通》讲座。卢老师指出做好家长工作应注意以下几点：一是克服互相埋怨情绪。在谈孩子的缺点时，教师要主动、坦诚地检视自身在工作中的失误，防止“揭短”“告状”的现象；二是避免伤害家长的感情。在与家长交往中，教师要客观对待幼儿的错误，以商量的口气与家长商讨教育方法。三是站在家长的角度考虑问题。尊重家长的观点，倾听家长的心声，为沟通打下良好的基础。四是把家长工作和教育工作放在同等重要的地位。教师是连结家园关系的纽带，应学会与家长交流沟通，才能共同教育好幼儿。

（耿　波）

【召开幼儿春季运动会】 4月28日，建南幼儿园召开幼儿春季运动会。运动会按照大、中、小不同年龄班进行，采用集体表演、合作比赛、单项竞技、游戏接力、亲子竞赛等形式。此次运动会达到以下目标：一是培养幼儿对体育活动的兴趣，增强各年龄段幼儿动作的协调性和灵活性，提高幼儿的身体素质；二是帮助幼儿懂得在活动中要合作、谦让、遵守规则；三是培养幼儿初步的团队和竞争意识，体现团结协作的竞赛风格。四是家长的参与增进亲子间的关系，加深家长与幼儿的情感交流。

（耿　波）

【普及消防知识】 5月19日，建南幼儿园组织一次别开生面的消防疏散演练活动。活动开始一辆消防车开进建南幼儿园，消防员和幼儿一起现场开展消防疏散演练。演练过程中，消防员指导幼儿听到哨声后捂住口鼻迅速站好，讲解弯腰前行的要点，并按照教师指引的路线有序撤离到安全地点。演练结束，组织幼儿参观消防车，消防员为幼儿详细介绍火灾的类型、火场逃生的方法及火灾报警的电话和注意事项。此次活动，激发了幼儿参加消防疏散演练的兴趣，也获得了相关的消防知识。

（耿　波）

【庆“六一”艺术节开幕】 5月26日，建南幼儿园2015年“开心‘六一’快乐做主”艺术节拉开帷幕。艺术节为期一天半，分别按照大、中、小年龄班开展庆祝活动。活动分为节目表演和智力游戏两个部分，节目有幼儿舞蹈、打击乐、相声、歌唱、讲故事等多种演出形式，活动中家长助演进一步活跃了节日的气氛。演出后，每个年龄班还开展丰富多彩的亲子智力游戏活动。此次艺术节之前，制定出庆祝“六一”的活动方案，幼儿自愿选择参与的活动内容和喜欢的庆祝方式，充分体现了幼儿的自主性。

（耿　波）

【举行大班毕业典礼】 6月26日，建南幼儿园为大班的孩子举办隆重的毕业典礼。园长致辞、家长寄语之后，孩子们表演的《感恩的心》《毕业诗》《老师，再见了》等节目，表达对老师三年来谆谆教导的浓浓谢意，老师也用一首诗《永远的守巢人》倾诉对孩子们的不舍之情。接下来，在老师的带领下回到各班制作礼物，放置于幼儿园三楼展示墙作为纪

4月28日，建南幼儿园召开幼儿春季运动会

6月26日，建南幼儿园举行大班毕业典礼

念。此次活动让幼儿体验了人生的第一次毕业的喜悦，增强幼儿之间，幼儿与老师之间的依恋和感恩之情。

（耿　波）

【开学季“缅怀英烈立誓言”】

9月6日，建南幼儿园在庆祝抗战胜利70周年的开学季，组织全体教职工到“地道战”抗战遗址举行庄严的宣誓活动。党员们重温入党誓词，表示一定秉承先烈的革命精神，切实履行教师义务，党员干部表示更要起到模范作用，不忘初心努力做好本职工作，为幼儿服务、为家长服务。宣誓后，教职工依次参观了展览和地道。此次活动极大地增强教职工的责任感和使命感。

（耿　波）

【开展廉政文化进校园活动】10月16日，建南幼儿园开展“廉政文化进校园，书香伴我成长”为主题的系列活动。内容有观看廉政警示教育片，制作廉政文化展板，通过读书交流活动畅谈读书体会，以赠送图书推进廉政文化进校园活动。此次活动做到了“三结合”：1. 把廉政文化建设与幼儿园整体形象建设相结合；2. 把廉政文化建设与师德师风建设相结合；3. 把廉政文化建设与教育教学工作实际相结合。该活动促使广大教师切实转变作风，做到勤廉从教、正气兴教，和谐发展。

（耿　波）

【召开科研课题研讨会】11月11日，建南幼儿园召开科研课题《教师支持幼儿自发艺术活动的策略研究》研讨会。课题以答疑解惑的形式进行研讨。一是关于课题的核心概念，教师提出疑义由园长进行解答；二是关于怎样理解“指导和支持”“自发和自主”引发的讨论；三是关于“音乐活动对儿童发展的意义，自发活动对儿童发展的意义”的讨论。此次课题研讨旨在转变教师的教育观念，改变课程的教学导向，明确园所下一步的工作重点。参加现场会有教科室周靖彦、干训科安贵增、音乐联盟教研组成员和本园领导、教师代表。

（耿　波）

【联盟教研促教师专业成长】11月12日，以音乐为特色的区域幼儿园联盟，在建南幼儿园开展联合教研活动。与会者首先观摩了郝红娜老师的社会活动《神奇的手势》和刘爱华老师的歌唱活动《萤火虫》，然后组织集体研讨。此次教研活动打破原有的园内小范围模式，达到区域间资源共享的目的，对提升教师自身的业务水平和不断提高教学质量起到积极作用。参加联盟教研活动的有义宾幼儿园、高丽营幼儿园、澜西园二幼、木林幼儿园和后沙峪二幼的领导和部分教师。

（耿　波）

【举办科研月活动】12月28日，建南幼儿园举办第十届科研月活动。活动以案例交流和研讨的形式进行，首先由业务园长应建美介绍活动课题及本次活动内容，然后分别由魏星、王一、王艳琪三位教师进行课堂观察案例交流，最后进行分组研讨，总结提升出幼儿自发艺术活动发生的场合、典型表现、具体特征及教师应给予的支持策略。与会专家对此次课题的设计和活动过程给予高度评价。参加活动的有北京市早教所何孝香、区教科室周靖彦、干训科安贵增、姐妹园和本园园长、教师共计29人。

（耿　波）

【开展幼儿“庆元旦、迎新年”活动】12月31日，建南幼儿园开展“庆元旦、迎新年”活动。大班幼儿以动手操作为主，包饺子、做沙拉，与家长一起品尝劳动成果；中班幼儿以节目表演为主，歌唱、舞蹈、打击乐等节目展示幼儿的风采；小班幼儿以亲子活动为主，和爸爸妈妈一起演节目、做游戏。庆祝活动让幼儿感受到传统节日的气氛，共同分享传统节日的快乐，同时也感受到幼儿园大家庭的温暖，加深幼儿与教师、幼儿与家长、幼儿与幼儿之间的情意。

（耿　波）

·北京市顺义区仁和中心幼儿园·

【概况】2015 年，北京市顺义区仁和中心幼儿园为公办园，日托制。园所占地面积 3989 平方米、校舍建筑面积 2373 平方米。全年教育经费投入 507 万元，全部为国家拨款。固定资产 69.2 万元。图书室藏书 0.97 万册。拥有音体室、教科研室和阅览室等专用教室 3 个，普通教室 8 个。拥有计算机53 台。多媒体教室座位90 个。校园网出口总带宽 100Mbps，数字资源量 728GB。教职工 36 人，其中教师 36 人，专科以上 36 人，中级职称以上 17 人。开设 8 个教学班，其中小班 3 个、中班 3 个、大班 2 个。幼儿入园 134 人、离园 89 人、在园 365 人。

单位名称：北京市顺义区仁和中心幼儿园

地址：北京市顺义区石园南区仁和中心幼儿园

电话：89446064

邮政编码：101300

网址：http://shunyirenheyey.ankang06.org/space/

（屈依蕾）

【开展“永葆花样容颜享受甜蜜生活”主题活动】3 月 6 日，仁和中心幼儿园在第 105 个“三八”国际劳动妇女节到来之际，全体教职工欢聚一堂，举办“永葆花样容颜享受甜蜜生活”三八节庆祝活动。活动开始，首先由工会主席致辞，代表幼儿园向全体女教职工致以节日的祝福。随后，园领导向教师代表赠送鲜花、蜂蜜。活动的高潮部分是由教师代表谈感受，代表由新婚主妇、漂亮妈妈、完美儿媳组成，从为人妻、为人母、为人儿媳三方面说出了当代女性的心声。整个活动在一片欢笑声中结束。

（屈依蕾）

【家园合力促幼儿体能发展】4 月 13 日，仁和中心幼儿园开展“合理利用室内空间，开展适宜的体育游戏，促进幼儿体能发展”活动。清晨来园，孩子们小心翼翼拿着与家长一起精心制作的梅花桩、篮球筐、哑铃、拉力器、跨栏、多形跳格等。这些作品都是孩子们在家长的指导和帮助下，利用废旧布料、饮料瓶、月饼盒等可回收材料做成的。教师们将利用这些自制玩教具开展适宜室内的体育游戏活动，促进各年龄阶段幼儿平衡、动作协调、灵敏性、力量和耐力等能力的发展。

（屈依蕾）

【开展户外玩具一物多玩展示活动】4 月 30 日，仁和中心幼儿园开展本学期第一次户外玩具一物多玩展示活动。本次一物多玩意在提高幼儿的锻炼兴趣，丰富幼儿的运动经验。活动共展示沙包、皮球、跳绳、轮胎、飞盘五种玩具，每种玩具最少开发五种玩法。其中，沙包打怪兽、轮胎内打地鼠、飞盘转转转等得到了幼儿的青睐。通过此次活动，小中大班幼儿分别在平稳控制身体、较灵活地控制身体运动方向等方面得到了发展。同时，教师们也得到除了在“多玩”上花心思，也可在“一物”上下功夫的反思。

（屈依蕾）

【亲子长卷绘画共庆“六一”】5 月 29 日，仁和中心幼儿园举办主题为“美好童年，快乐成长”的“六一”庆祝活动。该活动是以亲子百米长卷现场绘画展开，让孩子们用自己的双手与家长一起精心绘制美丽的图画。孩子们在家长的帮助下，各显身手，绘画内容丰富多彩，画风多样。此次活动为孩子和家长搭建平台，打

4 月 30 日，仁和中心幼儿园开展户外玩具一物多玩展示活动

10月，仁和中心幼儿园积极为幼儿创设阅读环境

下亲子互动的基础，同时也使家长走进孩子的内心世界，受到家长的一致好评。

（屈依蕾）

【开展健康知识传播活动】 6月8日，仁和中心幼儿园以“我健康、我快乐，我是运动小超人”运动健康知识走进每个家庭为主题，围绕健康知识丛书开展三个活动：一是健康宣教活动。由王祎老师带领幼儿从书中小朋友以前不爱运动，经过循循善诱知道了通过开展丰富的体育活动，变成爱运动的小超人的变化全过程，认识运动与健康的关系。二是赠书仪式。为小朋友颁发《影响孩子一生的健康书》。三是亲子绘制长画卷。幼儿与家长积极参与，大胆展示，内容丰富，彰显本次活动的主题内容。最后，保健部和疾控中心领导对小朋友提出“愿丛书伴幼儿快乐成长每一天！”的厚望。参加此次活动近一百余人。

（屈依蕾）

【积极为幼儿创设阅读环境】 10月，仁和中心幼儿园积极为幼儿创设阅读环境。主要有：分楼层创设。结合小、中、大不同年龄班幼儿的年龄特点和学习特点，分别在三个楼层放置与之相符合的书架，投放不同内容的绘本，孩子们随处都可以看到琳琅满目的图书，随手能翻阅自己喜欢的图书。窗台创设。幼儿园组织教师和幼儿一起进行“故事大迁移”活动，将图书搬移到楼道走廊的窗台上，孩子们随时随地可以谈论、重温图书内容，再次激发孩子们的阅读兴趣。班级重置阅读区。将各班的阅读区搬到楼道，不仅扩大孩子们在图书区的活动空间和活动内容，位置的改变，也激发了孩子们的阅读兴趣。

（屈依蕾）

【开展早教进社区活动】 12月3日，仁和中心幼儿园与石园南社区携手举办“社区共建亲子乐园”早教进社区活动。根据宝宝的阶段成长需求，仁和中心幼儿园为辖区0至3岁婴幼儿及家长看护人免费提供早教指导咨询服务和开展形式多样的亲子活动。活动中，家长和孩子们在老师的带领下做了钻山洞、按摩操、彩虹伞等游戏。早教进社区活动旨在通过亲子互动塑造幼儿健康开朗的性格，锻炼幼儿社交及表现能力，体验亲子合作游戏的乐趣，提高辖区内家长的育儿理念。四十余人参加此次活动。

（屈依蕾）

·北京市顺义区石园北区幼儿园·

【概况】 2015年，北京市顺义区石园北区幼儿园为公办园，日托制。园所占地面积6300平方米、校舍建筑面积3243平方米。全年教育经费投入1100.452665万元，全部为国家拨款。固定资产824.455559万元。图书室藏书1.1195万册。拥有多功能室、美术室、星星剧场、图书室等专用教室4个，普通教室11个。拥有计算机72台。学校信息化经费投入8万元，校园网出口总带宽100Mbps，数字资源量400GB。教职工50人，其中教师33人，专科以上33人，中级职称以上17人；保健员2人，其中专科以上2人，中级职称以上1人。开设11个教学班，其中小班4个、中班3个、大班4个。幼儿入园174人、离园149人、在园482人。

单位名称：北京市顺义区石园北区幼儿园

地址：北京市顺义区石园北区20号楼前

电话：69443353

邮政编码：101300

http://www.3088.tuxing2010.com

（李　斌）

【开展“乐在沟通，凝聚团队”为主题的拓展训练】 在“三八”节之际，石园北区幼儿园50多名教职工汇聚在星星剧场，开展“乐

3 月 11 日，石北幼儿园组织音乐游戏培训活动

在沟通，凝聚团队”为主题的拓展训练。在王教练的指令下，教职工按照最快的速度均分成两组，推选出队长，在队长的带领下进行红与黑与摇铃完成指令的团队游戏，让大家在亲身体验中感受到积极回应、有效沟通、群策群力、团队合作和高度的责任心的重要。大家在1个多小时的拓展活动中，放松身心，增强沟通与合作的意识，凝聚了团队精神。

（孙海英）

【组织音乐游戏培训活动】 3 月 11 日，石园北区幼儿园 5 名骨干教师在参加许卓娅教授的《幼儿园音乐游戏教学》培训基础上，结合本园师资情况精心准备，开展对全体带班教师的音乐游戏的二次培训。教师们在一个个生动具体的音乐游戏案例的体验培训中感受着幼儿音乐教育的魅力，理解音乐教学如何做到游戏化，日常如何组织音乐游戏教学，如何循序渐进，如何培养幼儿的学习品质等。

（孙海英）

【召开教职工运动会】 4 月 2 日，石园北区幼儿园举办教职工运动会。运动会共设爆米花、木头人、贴认、足球对抗、空竹展示等项目。全体教职员工分成四个小组，每组负责策划组织本组节目，小组内参加比赛。赛场上教师们团结协作、奋力拼搏；赛场边孩子们欢呼雀跃、摇旗呐喊，充分展示了石园北区幼儿园师幼良好的精神风貌。

（史利成）

【绘本剧“玩”起来】 4 月 17 日，石园北区幼儿园邀请最受中国孩子喜爱的儿童网站“红泥巴村”的资深专业阅读推广人——萝卜探长和刘铮老师来园培训“和我一起玩——如何玩绘本剧”。“小蚂蚁剧团”的家长们和各班级阅读推广老师 40 余人参加活动。本次活动分三个环节：一是萝卜探长结合大量生动的绘本讲解绘本剧表演的目的，常用的绘本表演书目及特点，如何挖掘绘本元素玩转绘本剧。二是当场分组进行选剧本，准备道具，剧本演练。三是两组展示 PK 点评优势、上升空间、各种可能性……大家学会了绘本阅读的具体策略和示范性玩法，知道了怎样让图画书变得更有趣、怎样才能让阅读过程更精彩，知道了原来读书如此好玩。

（孙海英）

【举办读书节启动仪式】 4 月 17 日，石园北区幼儿园举办读书节启动仪式。本次读书节的活动共三项：一、号召全园教师开展好书推荐活动，比谁读得多，读得深，学期末进行评比颁奖。二、以班级为单位，开展好图书漂流活动，班级作好记录，收集好照片等过程性资料。三、在已开展的绘本剧表演培训的基础上，五月初艺术节进行全园展演培训。启动仪式的最后一项，园长为教师授书，并鼓励教师们好好读书滋养心灵，成为一个响当当的读书人和名副其实的教师！

（孙海英）

【家长“玩嗨”绘本剧】 5 月 15 日，石园北区幼儿园家长组成的小蚂蚁剧团和班级图书推广的教师们共同为全园的孩子们献上一场别开生面的绘本剧演出。家长和老师们绘声绘色、惟妙惟肖地表演了天不怕地不怕的“我是最厉害的大野狼”、敢想敢做的“鸭子骑车记”、乐于助人的“彩虹色的花”、趣味横生的“池塘真的会变魔术吗”等幼儿喜闻乐见的绘本故事。孩子们时而静静欣赏，时而发出阵阵笑声和掌声。大孩子们精彩的表演更激发了小孩子表演的兴趣，拉开了幼儿“绘本玩起来”六一展演的序幕。

（孙海英）

【创设自由天地，开展户外游戏】 10 月 12 日，石园北区幼儿园邀请亿童教育装备研究院的盖姗姗老师来园作“创设自由天地，开展户外游戏”的专题培训。园长和各班级教师共同参加培训。首先，盖老师从户外游戏的定义、

10月12日，石北幼儿园组织“创设自由天地，开展户外游戏”专题培训

类型、游戏材料的分类和经验价值影响方面进行理论培训。然后，大家分两组到户外进行小动物的家、迷宫、快乐野炊、划龙舟四个游戏主题的实践演练。大家在实际操作体验和共享游戏经验价值影响中深刻感悟到户外游戏的价值，开拓了户外游戏开展的思路，提升了游戏指导的策略。

（孙海英）

【让户外自主游戏点亮幼儿的生命】10月15日，顺义学前科研室副主任周靖彦、王瑞军老师及部分兼职科研员和健康领域联盟园的业务园长一行30余人参加石园北区幼儿园的科研视导活动。本次活动共分三部分。首先，科研负责人进行“让户外自主游戏点亮幼儿的生命”的专题介绍，然后各位领导和园长观看三节户外集体游戏和中大班混龄分散游戏，最后组织活动教师和参与活动的领导、园长一起进行互动交流。大家各抒己见，对石北幼儿园的课题、课例和户外游戏给予充分的肯定，并提出中肯的建议。活动在共研共享的氛围中结束。

（孙海英）

【组织科研月开放活动】12月15日，石园北区幼儿园开展主题为“让自主建构游戏点亮幼儿的生命”的科研月开放活动。首先，科研负责人进行关于建构游戏的专题介绍，并邀请观摩教师全程参与教研活动。然后大家利用观察量表分别观看了小、中、大建构游戏，分组进行研讨，在此基础上进行全园分享。最后进行互动交流，活动在共研共享的氛围中结束。顺和、建北等姊妹园40人参加观摩活动。

（孙海英）

·北京市顺义区宏城幼儿园·

【概况】2015年，北京市顺义区宏城幼儿园为教育部门办园，日托制。园所占地面积4726平方米，校舍建筑面积3687平方米。固定资产1956万元。全年教育经费投入1016万元，全部为国家拨款。设有电子监控系统、烟感报警装置，有幼儿图书室、图书资料室和亲子阅览室，图书室藏书1.76万册。配有计算机、正投、摄录像机等现代化教学设备，拥有计算机35台。学校信息化经费投入9.7万元。教室内设有电子琴、录音机和图书架等教学设施。室外设有攀岩墙，大、中、小型活动器械。教职工66人，其中教师48人，包括大学本科以上学历37人，大学专科学历11人；高级职称1人，中级职称28人；北京市骨干教师1名，顺义区学科带头人2名；专兼职保健员4人，均为大学本科学历，中级职称2人。开设教学班12个，其中小班4个、中班4个、大班4个。幼儿入园162人、离园135人、在园481人。

单位名称：北京市顺义区宏城幼儿园

地址：北京市顺义区前进花园石门苑22号

电话：89423320—8105

邮政编码：101300

（李金平）

【组织“骨干讲堂”活动助力教师成长】1月12至16日，宏城幼儿园组织“骨干讲堂”活动。一是园内市区级骨干中一线教师5人分别开放半日活动一周，其他教师在开放周前根据课程安排表的内容，选择符合自身需求的内容进行申报听课；二是组织课后研讨，骨干教师与听课人员一起进行交流。三是举办骨干教师业务讲座，围绕自身优势科目，结合日常教学工作，理论联系实际梳理经验，由园领导把关后在教师中开展讲座。

（李金平）

【参加社区“孝享夕阳”新春联欢活动】1月28日，宏城幼儿园参与宏城社区“孝享夕阳”感恩新春联欢活动，二十多名幼儿参加演出，表演的《三字经》，以诵读、舞蹈等形式展示其内容。该节目曾获得2015年度顺义区校园彩虹诵读活动一等奖，节目受到社区居民好评。

（李金平）

【加强春季传染病预防工作】3月，宏城幼儿园加强春季传染病预防工作。一是加大宣传力度。在园门口滚动宣传栏、卫生保健栏增加“春季传染病预防”相关内容，让家长了解常见的传染病及其防控措施。二是强化预防培训。由保健医为教职工进行春季传染病预防的培训，向大家介绍春季多发传染病的类型、症状、传播途径等。三是加强落实管理。1. 消毒工作，幼儿园提供消毒器材和药品，要求严格执行消毒液配比，规范消毒方法，切实进行各班级、公共活动区消毒，不留安全隐患；2. 严格落实每日晨、午检制度，及时观察、掌握幼儿的身体状况，做到早发现、早报告、早治疗；3. 进一步完善缺勤幼儿的登记及追访；4. 积极开展体育锻炼，确保每天上下午都有户外活动时间，增强幼儿体质。

（李金平）

【组织清明节主题教育活动】4月1日起，宏城幼儿园各班分别开展以“清明节”为主题的系列活动。一是了解清明节的来历和民风民俗。幼儿通过访谈、和父母共同查阅资料，获得相关知识并与其他小朋友分享。二是开展缅怀先烈祭奠活动。组织幼儿讲先烈故事、观看抗战影片，在班级开展制作祭奠花束活动，孩子们将亲手制作的花束祭奠先烈。

（李金平）

【专家团队诊断助力幼儿园发展】4月2日，首都师范大学学前教育学院副书记郭亚新、培训中心副主任周梅琳、德威学校专家Kate以及高研班成员——来自本市各区县示范园园长20余人来到宏城幼儿园参观诊断。大家在观摩幼儿园区域游戏活动后进行研讨交流，赞扬幼儿参与公共活动区游戏自主性强、材料丰富，非常利于社会性发展，落实了以“幼儿为本”的教育理念，同时对幼儿园浓郁的文化气息，特别是注重传统的继承与现代艺术的融合给予充分肯定。交流中大家也提出一些建议。顺义区学前教育中心单小红副科长等参与活动。

（李金平）

【组织教师开展幼儿学习故事交流活动】4月7至8日，宏城幼儿园组织教师分组进行幼儿学习故事交流活动。交流中，要求教师认真观察一人或一组人在活动时的表现，有的以儿童画形式带大家走进孩子的世界，有的跟踪记载幼儿在某一区域的表现，观察孩子的细微变化和发展。交流使大家进一步掌握了如何读懂孩子、采用怎样的策略支持孩子的发展等相关知识，此举是本学期园所探索如何将“学习故事”理念融入到幼儿园教育教学实践新的尝试。

（李金平）

【组织联合教研】5月18日，宏城幼儿园和港馨、幸福、馨港、杨镇幼儿园的近60名干部教师进行“学习故事”交流研讨联合教研活动。活动特聘请北京幼师的周兢老师和区教研室副主任王晓红参加。活动中，周老师首先让每组讨论今天的教师观是什么？如何体现？希望在此次活动中分享的内容是什么？最后对《挑战大麻绳》等三个教育案例进行交流研讨。研讨中大家明确了教师要鼓励支持幼儿活动中的自主探究，要做一名观察者；活动前要做好安全风险评估、预案活动后，要围绕目标对幼儿自主学习过程中的精彩言语、表现进行记录。

（李金平）

4月2日，首都师范大学学前教育学院领导以及高研班成员20余人来到宏城幼儿园参观诊断

【组织家长讲座】5月21日，宏城幼儿园组织家长讲座。该讲座特别聘请北京师范大学教育管理学院心理学博士姚记海主讲，他以《家长与孩子一起成长——实现双赢人生》为题，以树立积极的教育理念为核心，从家长关注的孩子成长中的教育困惑切入，讨论如何正确看待“不要让孩子输在起跑线上”等观点，引导家长关注孩子兴趣、良好习惯的培养和意志品质的发展，将关注孩子知识掌握的热度转变到兴趣、能力、品格的培养，形成与幼儿园一致的教育理念。

（李金平）

【和中国木偶艺术团演员互动乐翻天】5月22日，宏城幼儿园请中国木偶艺术团的演员为孩子们演出。随着音乐响起，叔叔阿姨可爱的装束、形象的动作和生动的表演不断赢得孩子们的掌声和欢呼声。《咕咚来了》《三只老虎》等木偶故事，对小朋友富有教育意义，且寓教于乐。令大家更感兴趣的是和演员们的台上互动，因为平时孩子们在活动区有“皮影戏”“小剧场”的表演经验，纷纷争相上台。这次演出让孩子们直观地感觉到中国传统艺术的魅力，从生动的故事表演中了解到什么是真善美。全园约400名幼儿参与活动。

（李金平）

5月20至6月1日，宏城幼儿园开展“中国梦·我的梦”大型庆典活动

【开展“中国梦·我的梦”主题庆典活动】5月20至6月1日，宏城幼儿园开展庆“六一”大型庆典活动，活动主题为“中国梦·我的梦——放飞童心梦想起航”。活动分为三部分：一是“中国梦孩子梦”幸福童年照及个人绘画展，幼儿画出自己的梦想，并将他们每个人的照片、绘画悬挂在幼儿园内并讲给老师、小伙伴和家长听；二是圆孩子们的走进童话梦想——把中国木偶剧团请进幼儿园演出并和孩子们进行互动；三是“六一”亲子游园活动，组织家长和幼儿自主参加各项游戏活动，观看幸福童年照及个人绘画。约有420个幼儿家庭参加活动。

（李金平）

【幼儿学包粽子感受传统文化】6月19日，宏城幼儿园各班幼儿在教师的指导下自己动手包粽子过端午节。活动中孩子们兴致浓浓，合作完成了用苇叶卷筒、装上红枣和泡好的糯米、再包严实、用线绳系牢等一系列流程。中午大家吃到自己包的粽子都非常开心。午饭后，各班还开展了端午节的主题活动，幼儿们从中了解到端午节是每年的农历五月初五，又称午日节、五月节等，是中国汉族人民纪念屈原的传统节日。这一天，中国人有吃粽子，赛龙舟，挂菖蒲、蒿草、艾叶，薰苍术、白芷，喝雄黄酒的习俗。全园幼儿420人参加活动。

（李金平）

【承办区幼儿健康知识传播行动现场会】10月27日，由顺义区计生委组织的“健康源于好习惯，习惯始于读好书”2015年幼儿健康知识传播行动现场会在宏城幼儿园举办。区疾控中心主任李长青、健康教育所所长何朝、妇幼保健院主任王亚玲以及全区各幼儿园保健医、宏城幼儿园部分家长代表60余人参加活动。活动中，宏城幼儿园通过展示宣教短片《细节滋养健康花》、健康教育课《你会洗手吗》和情景剧《小兔乖乖和泡泡仙子》等形式汇报“正确洗手守护健康”主题健康教育活动成果。园所保健医和大家分享了日常健康教育经验。最后与会领导向幼儿赠送40套《影响孩子一生的健康书》，圆满结束现场会。

（李金平）

【开展消防安全教育活动】11月2至13日，宏城幼儿园组织各班开展消防安全主题教育活动。

12 月 15 日，宏城幼儿园组织科研月开放活动

一是通过观看火警案例让幼儿了解火灾的严重危害性，教育幼儿不能玩火和远离生活中的易燃物品；二是记住火警电话“119”，学会报警；三是认识公共场所的应急灯、安全出口、紧急疏散标志，老师带领幼儿认识园内消防设施、以及应急灯等标志，由家长带领幼儿在商场、影院等公共场所找到、认清安全疏散标志；四是了解正确灭火方法，知道幼儿园的灭火设施位置，把了解到的灭火知识讲述给爸爸妈妈听；五是掌握逃生方法，熟悉幼儿园逃生路线，知道正确逃生方法，组织幼儿火灾逃生疏散演练。

（李金平）

【开展专家培训助力幼儿园特色发展】11 月 24 日，宏城幼儿园特聘请首都师范大学学前教育学院副教授刘丽新来园对全体教师就幼儿综合美术教学材料的运用进行培训和指导。刘老师先从理论上讲解美术的色彩、以怎样的方法和途径实现幼儿美术综合教学目标，最后带领全体教师现场体验油画棒、水彩不同材料的使用及效果。40 名教师参与培训活动。

（李金平）

【组织科研月开放活动】12 月 15 日，宏城幼儿园组织科研月展示与开放活动。与会者观摩了美术活动，并结合活动重点研讨了美术活动与其他领域的综合教育策略、运用价值、幼儿获得的发展；此外，园所教师还围绕《幼儿园综合美术教育活动的实施策略研究》课题开展的研究活动过程及成果向大家做了展示。活动聘请首都师范大学学前教育学院副教授刘丽新和区教科室周靖彦、学前教研室冯东芳老师参加，几位专家对宏城幼儿园科研活动的开展情况给予高度评价并予以指导。活动邀请了美术领域联盟的幼儿园园长、业务园长和骨干教师 50 余人参加。

（李金平）

·北京市顺义区幸福幼儿园·

【概况】2015 年，北京市顺义区幸福幼儿园为教育部门办园，日托制。占地面积 3007 平方米、校舍建筑面积 2240.5 平方米。全年教育经费投入 807.88 万元，全部为国家拨款。固定资产 357.25 万元。图书室藏书 0.8 万册。拥有科学活动专用教室 1 个，普通教室 11 个。拥有计算机 40 台。校园网出口总带宽 100Mbps，数字资源量 110GB。教职工 40 人，其中教师 39 人，专科以上 39 人，中级职称以上 22 人；保健员 2 人，其中专科以上 2 人，中级职称以上 2 人。开设 10 个教学班，其中小班 3 个、中班 4 个、大班 3 个。幼儿入园 115 人、离园 120 人、在园 380 人。

单位名称：北京市顺义区幸福幼儿园

地址：北京市顺义区幸福西街六号

电话：69424380

邮政编码：101300

（刘小红）

【开展踏青活动】3 月 17 日，幸福幼儿园小班幼儿和家长欢聚在顺义区和谐广场，开展了一场健康、快乐、向上的踏青活动。本次活动主要分三部分：一是赛诗会：活动内容主要以春天为主题的亲子诗歌朗诵。二是亲子趣味运动会：家长和孩子们一起玩亲子游戏我抛你接、赶小猪、亲子二人行、袋鼠跳、揪尾巴等。三是踏青活动：春天是个生机勃勃的季节，花草树木都开始萌发新芽，家长带着孩子去公园里感受春天美丽的气息，开拓视野，增长知识。此次踏青活动，不仅增进了亲子感情，而且，增进了孩子对大自然的热爱之情和对美好生活的向往。

（刘小红）

【开设幼儿美厨体验馆】3 月 31 日，幸福幼儿园“美厨体验馆”作为践行《指南》课程之一正式开设。体验馆以亲身体验、实际操作的方式让孩子们体验制作美食的过程，以孩子的动手能力为主，锻炼幼儿的手部精细运动，培养幼儿不挑食，饭后整理收拾的好习惯。体验馆让孩子们得以尽情地体验、探索、感知和创造。为保证课程材料丰富安全，体验馆为幼儿提供了真实的微波炉、电磁炉、面包机、打浆机、烤箱、石磨等厨具及多种食物制作原材料，并针对大、中、小班幼儿的年龄特点，开展了不同内容的活动，如磨豆浆、制作面包、汉堡、水果沙拉、榨果汁、水果拼盘、做披萨等。活动中孩子们俨然一个个“小厨师”，忙得不亦乐乎，从中掌握更多的生活技能，体验到生活的乐趣。

（刘小红）

【多举措防止和纠正小学化倾向】4月8日，根据北京市教委关于“防止和纠正幼儿园小学化倾向”专题会议精神，幸福幼儿园采取多种措施防止和纠正幼儿小学化倾向。一是尊重幼儿认知发展规律，杜绝小学化的活动内容，不提前教授汉语拼音、加减法等。二是尊重幼儿身心发展规律，以游戏为基本活动形式，严格执行幼儿园一日作息时间制度，合理安排和组织幼儿的一日活动，保证幼儿每天两小时的户外活动时间。三是尊重幼儿的学习方式，重视幼儿的体验活动，创设“美厨体验馆”，开展赛诗会、亲子种植等活动。四是转变家长的教育理念，通过家长沙龙、踏青、运动会等活动引导家长理解幼儿园课程，明确《指南》精神，在活动中逐步改变育儿理念，形成正确的育儿观，力求防止小学化倾向。

（刘小红）

【开展科学讲座活动】4月22日，幸福幼儿园邀请中科院科普宣讲团成员、北京麋鹿苑生态实验中心副主任郭耕为教师们作题为《生态生命生活》的讲座。郭主任从生命共同体——家园中的成员；警钟——面临着濒危、灭绝的物种；携手——爱护生物、保护地球三个方面阐述“生态、生命、生活”之间的关系，唤起在场人员环保意识和责任感。郭主任的讲座，语言生动形象，能结合丰富的案例和图片，把深奥的科技知识讲得妙趣横生。讲座之后，教师们都对自己日常在保护自然环境方面的表现进行了反思，也明白了人类只有保护生态平衡才能更好地生存和发展的道理。顺义区科学领域联盟幼儿园的园长和教师60余人参加。

（刘小红）

4月28日，幸福幼儿园组织大班幼儿开展踏青活动

【组织大班幼儿开展踏青活动】4月28日，幸福幼儿园组织大班组幼儿去和谐广场进行踏青活动。活动以任务为引领，孩子们经历了自由组队、绘制队旗、设计口号、寻找汇合地点、花下赛诗、野外聚餐、河水污染调查、寻找相同树木和记录不同颜色的郁金香花等一系列活动。这次踏青活动，既锻炼了孩子们的意志和毅力，又实现了与大自然的亲密接触，给大班的孩子和教师留下了美好的回忆。

（冯　静　刘小红）

【开展幼儿体能测试】5月11至12日，幸福幼儿园开展一年一次的幼儿体能测试。按照北京市教委颁布的幼儿园体能测试项目与标准进行考核，保健医全程测评。此次测试项目有：10米往返跑、网球掷远、双脚持续跳、走平衡木、立定跳远和座位体前屈。体能测试能全面、真实地反映幼儿体质状况，从而可进一步了解孩子的身体与动作发展水平。同时，为幼儿园更有针对性地制定幼儿健康活动的内容、方法和目标提供科学依据。

（刘小红）

【大班举行毕业典礼】6月6日，幸福幼儿园大班举行2015年“毕业成长季，感恩师幼情”毕业典礼活动。毕业典礼分为“感恩篇”“欢乐篇”和“展望篇”。“感恩篇”中，幼儿、家长、教师回忆三年来幼儿的在园生活，幼儿抒发心中成长的喜悦，表达对老师教育的感恩，抒发对家长养育的感恩。“欢乐篇”中，幼儿、家长、教师纷纷上场，载歌载舞，大胆地表现着独一无二的自己。笛子独奏《我是有一头小毛驴》、独舞《划船》、发自肺腑的《感恩的心》、欢快整齐的《自己的事情自己做》无不抒发着对幼儿园生活的留恋。“展望篇”中，幼儿进行了和小学相关的游戏，如赛诗会、破译电话号码、整理书包等，让幼儿感受到学习的快乐，激发了他们渴望上小学的愿望。“毕业成长季，感恩师幼情”，不再是简单的一场毕业典礼，她将成为孩子们生命中最难忘的时刻。

（刘小红）

【开展端午节包粽子活动】6月19日，幸福幼儿园邀请部分小朋友的妈妈和奶奶，来园为孩子们包粽子。包粽子活动开始，一时间粽叶舞动、棉绳穿梭，家长、老师双手将粽子叶卷成漏斗状后，包上糯米、红枣然后压紧，再用细绳打个结，动作麻利优美，转眼间一个个棱角分明的粽子便诞生了。孩子们饶有兴致地观看家长们包粽子的过程，家长们娴熟的包粽子技术，令孩子们不停地拍手叫好，孩子们跃跃欲试，也动手参与到包粽子的活动中，体验了包粽子的乐趣。

（刘小红）

【组织大班幼儿参观小学活动】6月23日，幸福幼儿园组织全体大班幼儿参观光明小学。孩子们带着疑问和好奇心，走进了光明小学的大门，在韩校长的带领下，小朋友们参观了学校的操场、教室、图书室、微机房、宣传栏、厕所等各处，其中最让孩子们激动的是亲自坐在一年级的教室里，体验小学生的坐姿、举手回答问题的情景。感触最深的是观看哥哥姐姐们上课，课堂上哥哥姐姐们认真听讲、积极举手、专心学习的模样给孩子们留下了深刻的印象。孩子们亲身体验到小学生活与幼儿园生活的不同，激发了孩子们争做一名光荣小学生的向往之情。此举为幼小衔接工作的顺利开展奠定了坚实基础。

（冯　静　刘小红）

【开展读书交流活动】9月6日，幸福幼儿园组织“纪念抗战胜利70周年”读书体会及观看抗战影视作品谈观后感的专题交流活动。集体交流唤起了教师们对历史的回忆。一些教师的深情讲述，使在场的教师们感动得留下了热泪。大家表示，今天的和平环境与幸福生活来之不易，作为幼儿教师，一定要将中国人民不屈不挠的民族精神传承下去，要担负起对孩子进行爱国主义教育的义务。

（刘小红）

【确保小班幼儿顺利入园】9月7日，幸福幼儿园提出“5天适应计划”缓解幼儿分离焦虑，确保小班幼儿顺利入园。第一天、第二天，家长陪同幼儿入园半日；第三天、第四天，幼儿单独入园半日；第五天，幼儿单独来园全天。“5天适应计划”使幼儿逐步适应了幼儿园生活，减少了分离焦虑的产生，是幼儿顺利踏进社会的第一步。

（冯　静　刘小红）

【组织党员参观焦庄户地道遗址活动】9月16日，幸福幼儿园组织党员干部赴龙湾屯焦庄户地道战遗址纪念馆，开展“党员意识提升行动”专题教育活动。党员干部在展馆内观看了详实的历史资料，大量的图片和文物生动展现了抗战时期，根据地人民利用地道与敌人进行英勇顽强斗争的历史画面。随后，大家进入地道参观，地道内有翻板、陷阱、暗堡等，使大家身临其境地感受到抗日前辈的艰苦奋斗精神。此次活动有10名党员参加。通过活动，党员干部深刻认识到现在的幸福生活来之不易，要学习革命先辈的抗战精神，继承和发扬革命先

9月16日，幸福幼儿园组织党员参观焦庄户地道贵遗址活动

辈们爱国主义光荣传统和奉献精神，立足岗位，更好地为孩子和家长服务。

（刘小红）

【组织幼儿走进顺义消防支队马坡中队】 11月10日，幸福幼儿园组织幼儿走进顺义区消防支队马坡中队，开展综合实践活动。孩子们在消防战士的带领下，首先参观了消防员寝室，学习整理内务。当孩子们现场观看消防战士叠的“豆腐块”被子时，都惊叹不已。接着消防员叔叔给大家讲解消防车上的消防器材名称和用途，还讲解常见的消防用品及有关的救火时的各种材料的服装，让孩子们大开眼界。消防员叔叔还介绍了有关防火知识及火灾发生时基本的自救方法，小朋友们在消防队叔叔的指导下也戴上防毒面具，穿上防火服装，亲身体验到消防员叔叔的辛苦。

（刘小红）

【开展“预防龋齿”家长讲座活动】 10月15日，幸福幼儿园保健室结合本学期重点工作，请区妇幼保健院儿保科主任医师毛景霞大夫为全园家长作“预防龋齿·关爱牙齿健康”主题讲座。讲座内容主要围绕“牙齿的成份与结构”“龋齿的危害”“口腔健康是儿童正常生长发育的基础”“儿童口腔发育特点”“儿童口腔护理四阶段”“刷牙的时间、如何使用牙膏、刷牙的正确方法”和“饮食与牙齿健康”等多方面内容。此次讲座全园二百多名家长参与。在讲座过程中家长们积极与毛医生进行互动，获益匪浅。

（于　芬　刘小红）

11月10日，幸福幼儿园组织幼儿走进顺义消防支队马坡中队

【接待贵州省农村骨干教师培训班学员来园观摩】 12月14日，幸福幼儿园迎来北京师范大学贵州省农村骨干教师培训班一百多名老师观摩交流。此次观摩研讨活动包括三个内容：首先，参观园所环境，各种科学类互动玩具引起老师们的兴趣，纷纷动手操作体验，通过教研组长的讲解进一步感受环境对于幼儿发展的支持作用。其次，听取园长关于园所基本情况和园本课程建设的介绍。最后观摩了《圣诞礼物》和《神奇的铃鼓》两节集体教育活动。观摩结束后与会教师进行交流，在北师大专家的引领下大家既有对活动进行充分的剖析和肯定，也有对困惑问题的追根寻底，氛围宽松而严谨。

（刘小红）

【承办区贯彻《指南》精神展示交流活动】 12月29日，顺义区贯彻《指南》精神展示交流活动在幸福幼儿园举行。会上，与会者首先听取了该园业务园长古雪飞作题为《点燃火焰，启迪自主成长》的贯彻《指南》精神的汇报；之后，由小中大班的三位教师分别从不同角度交流本班以低结构材料为载体落实《指南》精神的案例；接着，观摩小中大班的幼儿自主游戏活动。观摩后参会专家、老师围绕幼儿自主学习进行专题研讨和点评，北师大专家对园所开展的幼儿自主游戏活动给予高度评价，并对下一步工作的开展给予了方向性引领。区学前科、学前教研室教研员、北京师范大学专家、科学联盟的园长、全区业务园长、教师八十多人参加活动。

（刘小红）

·北京市顺义区怡馨幼儿园·

【概况】 2015年，北京市顺义区怡馨幼儿园为教育部门办园，日托制。园所占地面积3213平方米、校舍建筑面积3228平方米。全年教育经费投入111.69万元，全部为国家拨款。固定资产184.06万元。图书室藏书23.286万册，包括电子图书0.023万册。拥有音体室、美术室、幼儿图书室3个专用教室及泥工活动区和家长阅览等候区，有普通教室10个。拥有计算机37台。学校信息化经费投入1万元，校园网出口总带宽100Mbps，数字资源量260GB。教职工50人，其中教师43人，专科以上42人，中级职称以上18人；保健员2人，其中专科以上2人，中级职称以上2人。开设10个教学班，其中小班4个、中班3个、大班3个。幼儿入园192人、离园117人、在园450人。

单位名称：北京市顺义区怡馨幼儿园
地址：北京市顺义区怡馨家园27号楼
电话：69421015
邮政编码：101300
网址：http://shunyiyixin0609.ankang06.org/

（何四芳）

【举行明星宝贝选拔赛活动】3月17日，怡馨幼儿园“我为妈妈献才艺——明星宝贝选拔赛”拉开帷幕。通过前期幼儿自主申报、班级海选，最终有18个节目共25名幼儿参加此次园级选拔赛。比赛评委由教师代表、园领导担任。通过激烈的才艺展示，最终评选出三等奖10名、二等奖6名、一等奖2名。两名一等奖小选手将代表幼儿园参加由顺义广电中心等多家单位联合举办的“我为妈妈献才艺”大型活动。此次活动的开展，既为幼儿提供一个展示风采的舞台，也为幼儿与母亲搭建一个心灵沟通、传递温暖的平台。

（何四芳）

【召开“3·18”民主日大会】3月20日，怡馨幼儿园召开“3·18”民主日大会，全体教职工参会。会前，幼儿园向各班级和办公室下发了“3·18”献计献策问卷，通过分析、归纳、整理，有代表性的建议共计30条。在民主日大会上，由三位园长分别对大家提出的建议进行一一解答，其中有12条建议被采纳。会上，主管会计还公布了2014年幼儿园经费收支情况。最后，李桂芹园长作大会总结并提出殷切希望，希望每一位教职工在日常工作中能随时发现问题并提出好的建议，群策群力推进幼儿园的更好发展。

（何四芳）

【召开第四届生活运动会】4月15日，怡馨幼儿园召开第四届“我爱运动，做健康宝宝”生活运动会。此次运动会力求达到运动趣味化、教育生活化，所有项目都是师幼一起精心设计的，并与生活技能相联系，符合幼儿的年龄特点。小班以“鞋子对对碰”等趣味性项目为主；中大班则以“刷牙小能手”“快乐跳跳跳”等合作、竞赛类项目为主。运动场上到处洋溢着欢笑、渗透着教育、充满着阳光。这次生活运动会，不但锻炼了孩子们的身体，同时也提高了他们的生活技能。

（何四芳）

【区教育督导室主任来园调研】4月17日，区人民政府教育督导室主任李卫国来到怡馨幼儿园调研。他首先与干部座谈，认真听取李桂芹园长的工作汇报。接着，他深入班级亲切地与教师和幼儿交流，询问教师的工作情况，并鼓励大家认真钻研业务，关爱幼儿，做称职教师。最后，他在园领导的带领下巡视了楼内外环境。李主任对幼儿园的现状给予高度评价，并希望大家再接再厉，打造怡幼品牌。

（何四芳）

【读书日系列活动正式启动】4月23日，怡馨幼儿园党支部、工会、共青团联合举办的“共诵中华经典，聆听诗文书韵”2015年怡幼读书日系列活动正式启动。在开幕式上，李桂芹园长致开幕词，并向新教师、青年教师和骨干教师分别赠书。开幕式后，各班都开展了相应的活动：小班“诵经典，亲子共读经典”；中班：

4月17日，区政府教育督导室主任李卫国到怡馨幼儿园调研

读经典，分享经典”；大班“讲经典，绘经典”。浓浓的读书氛围，激发着师幼和家长的读书兴趣，让大家真正体验到读书的快乐！

（何四芳）

【参加北京市少儿武术比赛喜获佳绩】6月13日，由北京市武术运动协会少儿武术研究会主办的“2015北京市第十二届少儿武术比赛”在丰台区体育馆举行。怡馨幼儿园武术队幼儿参加了此次比赛并喜获佳绩。为弘扬中华武术精神，增强幼儿体魄，学期初怡馨幼儿园特开设了武术班教学，聘请专业武术教练，每周训练一次。此次经过选拔，共有10名幼儿参加比赛。比赛中，小选手们动作刚劲有力，英气十足，最终获得国学武术操比赛一等奖的好成绩。

（何四芳）

【承办区幼儿园健康联盟活动】

7月2日，顺义区幼儿园健康联盟活动在怡馨幼儿园举行。来自石园北区、南法信、木林等11所健康特色幼儿园园长、业务园长和骨干教师等53人参加本次联盟活动。教师们观摩了怡馨幼儿园中班幼儿展示的室内分散游戏活动，聆听了学前教育理事会理事王瑜元老师作的题为《观察、解读、回应——师幼互动的三个关键词》的专题讲座。最后，健康联盟园园长、业务园长及教师代表进行了研讨活动，制定下学期联盟活动计划。健康联盟活动的开展，为幼儿园之间提供了交流展示的机会，也促进了联盟园之间的互帮互助。

（何四芳）

【承办幼儿健康知识传播行动】

7月3日，由顺义区卫计委主办，区疾控中心、北京儿童医院顺义妇儿医院、怡馨幼儿园承办的“健康源于好习惯，习惯始于读好书”暨2015年幼儿健康知识传播行动在怡馨幼儿园举行。区疾控中心副主任李玉堂、妇儿医院副院长蒙占松、健康教研所所长何朝、妇儿医院王亚伶主任以及来自全区50余所幼儿园园长、保健医、家长代表130余人参加此次活动。活动共分三大部分：一是领导为幼儿赠送《影响孩子一生的健康书》；二是怡馨幼儿园保健医殷红艳就幼儿园健康教育开展情况与大家进行分享交流；三是幼儿和家长表演宣教小节目。此次活动的成功举行，让在场的每一位教师和家长都深深地体会到健康是人类永恒的话题，我们要关注孩子健康，关注孩子健康行为的养成。

（何四芳）

【进行消防灭火器使用演练培训】9月23日，怡馨幼儿园组织保安、后勤人员、部分教师及食堂人员参加消防灭火器使用实战演练培训。后勤副园长赵伟首先示范讲解正确使用灭火器灭火的方法，之后在场人员依次实践操作灭火器。整个培训过程秩序井然，参与人员都认真地投入演练。通过这次演练，全体教职工掌握了灭火器的使用方法，积累了灭火的实战经验，为创建平安校园增加一道安全之锁。

（何四芳）

【聘请专家进行家庭教育讲座】

10月22日，怡馨幼儿园与胜利街道办事处联合聘请资深家庭教育专家——中国家庭教育指导中心高级讲师刘秀华老师为家长进行了主题为“有效沟通，科学育儿”的家庭教育知识讲座。全园中大班家长和教师近200人聆听了专家的讲座。刘老师从家庭教育观念、家长与孩子沟通的窍门及如何制定合理的教育计划和目标等几方面进行生动的讲解，为家长进行家庭教育进行指导。会后，刘老师还与家长进行互动，对家长提出的育儿问题一一进行解答。家长和老师都纷纷表示在教育孩子时更加有方向有目标。

（何四芳）

【举办2015年家委会活动】11月3日，怡馨幼儿园组织了2015家委会活动。业务园长高军荣主持此次活动。高园长向家长介绍

7月2日，顺义区幼儿园健康联盟活动在怡馨幼儿园举行

幼儿园上学期和本学期的工作重点，并针对孩子的特点及共性与家长进行互动与探讨，家长们为幼儿园留下了宝贵的建议。最后，家长们参观了小一班，由班组长高伟楠老师介绍班级环境创设以及环境对幼儿成长的教育意义。保育员还向家长现场演示每日消毒的程序。家长们对于幼儿园的各项工作给予充分的肯定，并表示今后会一如继往地支持并配合幼儿园及老师的工作，积极发挥家园共育的桥梁纽带作用。

（何四芳）

【与姐妹园开展拉手结对活动】 11月5日，怡馨幼儿园与高丽营三幼、木林中心幼儿园辖下的两所村办大韩庄幼儿园、王泮庄幼儿园在怡幼举行了手拉手结对启动仪式。四园园长分别在《手拉手工作协议书》上签字。大家一起共同商讨制定手拉手工作计划，明确各自的职责。此次结对活动推动怡馨幼儿园与农村园所手拉手工作的深入开展，为实现四园共赢奠定了基础。

（何四芳）

【开展防恐防暴培训活动】 11月12日，怡馨幼儿园邀请北京首卫保安公司的肖支队长和邢支队长对幼儿园保安和教职工进行反恐防暴知识培训。培训过程中，肖支队长介绍了警棍、警用钢叉、防护盾牌等防御器材的正确使用方法，讲解攻击、两人配合、徒手反击等要领，并做示范演练。通过此次培训，进一步增强幼儿园教职员工反恐防暴的安全意识，提升了他们应对和处置突发事件的能力，为幼儿园的平安发展提供了保障。

（何四芳）

【成功组织第十届科研月展示活动】 12月3日，怡馨幼儿园向全区十四所姐妹园的近40位教师和园长进行科研月现场展示活动。活动中展示了怡馨幼儿园“十二五”科研课题的丰硕成果，也展现了教师们善于反思与创新的精神。通过现场点评和交流研讨，教师们在理论层面和实践层面上都有所提高。区教委副主任王彪对此次活动给予很高的评价，肯定幼儿园科研课题从生活中来，到生活中去的务实做法，并鼓励在座教师认真踏实做好本职工作，在实践中成长，学前科科长陈民强、教科室王瑞军老师参加此次活动。

（何四芳）

【召开十八届五中全会精神学习会】 12月11日，怡馨幼儿园组织全体教职工进行党的十八届五中全会精神的学习。园长兼党支部书记李桂芹同志主持此次会议。会上，李园长带领大家学习了十八届五中全会的主要内容，着重对“全会概况”“‘十三五’规划的建议”及“习总书记治国理政新思想”等几方面内容作了深入讲解和阐述。李园长强调，共产党员及教职工要深刻认识、准确把握这次全会的重大意义和深远影响，坚持集中学习与自学紧密结合，与幼儿园实际工作紧密结合，切实学习好、领会好、贯彻好全会精神。

（何四芳）

11月5日，“携手共进，拉手成长”怡幼与姐妹园开展拉手结对活动

·北京市顺义区港馨幼儿园·

【概况】 2015年，北京市顺义区港馨幼儿园为教育部门办园，日托制。园所占地面积3790平方米、校舍建筑面积2772.8平方米。全年教育经费投入763.2482万元，全部为国家拨款。固定资产182.904401万元。图书室藏书0.8799万册。拥有社会体验馆、玩具图书馆和音体室等专用教室4个，普通教室9个。拥有计算机30台。学校信息化经费投入3.287万元，校园网出口总带宽100Mbps，数字资源量348GB。教

职工 35 人，其中教师 25 人，专科以上 25 人，中级职称以上 10 人；保健员 2 人，其中专科以上 2 人，中级职称以上 1 人。开设 9 个教学班，其中小班 3 个、中班 3 个、大班 3 个。幼儿入园 116 人、离园 103 人、在园 335 人。

单位名称：北京市顺义区港馨幼儿园

地址：北京市顺义区港馨家园小区（西区）港馨幼儿园

电话：89448913

邮政编码：101300

http://gxyey2008.ankang06.org/

（魏海东）

【夯实验收成果促园所内涵发展】1 月 28 日，港馨幼儿园举行 2014 年园长考评述职述廉报告会，区教委纪检书记隋美荣莅临会议现场。冯永建园长通过现场播放短片、ppt 等形式，从夯实、带动、引领、教育四个层面，介绍了园所以低头抓质量、抬头做项目的科学态度带动专业引领管理模式，帮助不同层次的教师夯实专业发展，并充分发挥党员带头作用，注重党风廉政文化建设，积极发挥示范园引领示范作用，与姊妹园结为“拉手园”“联盟园”促进共发展等情况。会议结束时，隋美荣对园所发展给予肯定与鼓励。

（李 曼）

【做智慧女性展职业新风】港馨幼儿园工会于 3 月 5 日举行主题为“做智慧女性展职业新风”读书分享会活动。这一活动是彩虹读书系列活动的延续。教师们在假期中阅读《淡定》《人生需要新高度》两本书籍，结合自己的工作写出读书感受，交流会上将自己的读书感受与大家分享。活动的开展缓解了紧张繁忙的工作压力，放松了心情，分享到工作的智慧妙招，增强了教师团队的凝聚力和向心力。

（李 曼）

【多举措建设廉政校园文化】5 月，港馨幼儿园多举措建设廉政校园文化。首先，坚持“三个到位”，即做到领导到位、认识到位、管理到位，保证廉洁教育活动有序开展。其次，构建“四个载体”，一是以博客平台为载体，将政治学习和支部博客有机结合起来，组织教师开展廉政教育、法律法规学习等。二是以课堂、亲子活动为载体，借助各种大型活动契机，如：六一儿童节，发动孩子们捐出自己闲置的玩具、图书、衣服进行大型义卖，将义卖所得捐给太阳村的孩子们，将廉政文化教育润物无声渗透到幼儿及家长心中。三是以环境氛围创设为载体，开辟《廉洁教育宣传专栏》，利用廉政漫画引导教师理解廉政内涵。四是以多种宣教形式为载体，组织“清正廉洁”警句格言收集、“廉政故事”分享会、“有偿家教”自查自纠活动、“廉政书法”比赛等活动，使廉政文化真正走进幼儿园。

（李 曼）

【开展庆“六一”活动】5 月 29 日，港馨幼儿园开展丰富多彩的庆“六一”大型亲子活动。促幼儿更加自由、自主、自信地发展。一是搭建展示平台。创设集体广播操展示、讲故事展示、才艺展示、亲子制作展示、户外精彩体育展示等展示平台，引导幼儿与同伴、家长自主选择活动内容，感受节日的喜悦。二是组织“图书漂流”。幼儿将自己家中的旧书带到幼儿园，通过“图书漂流”活动平台，向同伴介绍或讲述自己书中的内容，并以拟定好的价格卖给同伴，也可与同伴相互交换，感受其中自主“推销”、自主选择的乐趣。三是开展足球比赛。两组的队员分别由大一班、大二班幼儿组成，比赛中，小队员们奋力地奔跑在赛场上，传球、抢球，赛场上激烈的气氛感染着在场的每一名大观众、小观众，还有家长自发地为观赛的家

5 月 29 日，港馨幼儿园开展庆六一大型亲子活动

长、幼儿进行比赛解说。

（李　曼）

【迎接教育综合督导和年度级类考核】6月11日，区教育督导室、学前科教研室组成的考核组对港馨幼儿园办园质量进行综合检查。冯永建园长作题为《启用新视角突破旧模式建立新常态》园所落实《指南》课程实践汇报，将各个阶段重点任务、实施情况进行详细介绍。根据上级下发“微创新”文件精神，由大二班邓贺老师展示了两小时创新观摩活动，该活动充分给予幼儿自由、自主的活动时间，打通教育环节、整合活动时间，使幼儿的“自主生成活动”成为一个整体。之后是音乐教育观摩活动，由小班张可老师献课《快乐的彩虹伞》，根据幼儿已有的生活经验，利用幼儿身边感兴趣材料作为游戏辅材，大大地提高了幼儿活动兴趣。活动反馈环节，考核组对园所落实《指南》精神及“微创新”形式给予高度肯定，希望继续深入开展常态化的“微创新”活动。

（李　曼）

【举行大班毕业典礼】6月25日，港馨幼儿园为大班幼儿举办主题为“快乐放飞成就梦想”毕业典礼。在这三年里，孩子们在幼儿园里游戏、收获、成长，与教师、同伴建立了深厚的感情，在这即将分别的日子里，孩子与家长对老师辛勤的付出表达了真挚的感谢。大班幼儿为中班弟弟妹妹带来了精彩的节目表演，为弟弟妹妹送上自己祝福；中班幼儿也为即将毕业的哥哥姐姐送去自己祝福，希望哥哥姐姐能够做一名优秀的小学生，早日成为少先队员，在未来的小学生活中健康、快乐地成长。

6月25日，港馨幼儿园举行“快乐放飞成就梦想”大班毕业典礼

（李　曼）

【组织幼儿游戏创设相关培训】8月26日，港馨幼儿园特邀北京幼师学前教育专家崔雪艳老师，就幼儿游戏的创设与开展问题对教师进行专题培训。在培训中，教师通过举例说明、事例分析、现场操作等方式讲述了幼儿游戏创设的基本要素及幼儿游戏操作的多元性，重点指导教师发掘身边有限资源，开展特色游戏教育。通过此次培训使教师对游戏的多元性有了进一步的了解。

（李　曼）

【多举措缓解幼儿入园焦虑】9月初，港馨幼儿园通过多种形式帮助新入园幼儿及家长缓解入园焦虑，顺利渡过分离焦虑期。一是电话回访。开学前班级教师通过电话回访，逐一了解本班幼儿健康情况、饮食习惯及性格特点，根据回访制定符合本班幼儿特点的教学计划。二是举办家长讲座。开学前特邀《当代家庭教育报》记者、国家二级心理咨询师胡雪瑛老师作《家长如何帮助幼儿顺利渡过入园焦虑期及家长如何渡过焦虑期》专题讲座。讲座中胡老师以“赞美”“关注”等八个转换为核心内容，通过真实案例、情景模拟等方式，向家长介绍幼儿性格特点、依恋类型以及应该怎样支持和引导幼儿顺利渡过分离焦虑期。三是安排家长陪读。开学第一周，将班级幼儿分为A、B两组，让家长陪伴幼儿熟悉幼儿在园活动内容，较快地帮助幼儿适应在园集体生活，减少分离焦虑。四是创建班级APP亲子育儿平台。针对家长提出问题进行解答，为家长提供先进的育儿理念。

（李　曼）

【开展教育实践中的反思与分享培训】9月6日，港馨幼儿园特邀市督导验收组成员、幼教专家邹静华老师，为教师举办《教育实践中的反思与分享》主题培训。邹老师通过举例说明、事例分析等方式，重点剖析、讲解了幼儿学习与发展的整体性、如何尊重幼儿个体差异、怎样关注幼儿最近发展区等方面的内容。该培训使教师们对尊重幼儿个体差异、建立灵活的教育机制有了新的理解，对植物角、种植园的创设有了深入的认识。

（李　曼）

【全国园长专业领导力与新教师专业成长项目组来园参观】9月18日，港馨幼儿园作为顺义区示范园代表接待了全国园长专业领导力与新教师专业成长项目组领导及学员、顺义区实验园园长等共计60余人来园参观。活动分为现场观摩、环境参观、现场研讨、专家点评四个环节。园所骨干教师金建南、申佳丽老师为参观教师献课：大班《我是中国人》、中班《画我自己的幼儿园》，两节内容均由幼儿活动自主形成，极大地满足了幼儿的各种心理、知识、技能上的需求。活动中的幼儿表现得到园长教师及专家的一致好评。顺义区学前科教科室领导陪同参观。

（李　曼）

【开展重阳节庆祝活动】10月15日，港馨幼儿园开展“敬老爱老，传递正能量”活动。主要内容有：一是班级开展相应主题活动。如帮助幼儿了解重阳节的由来及意义，开展“成长路上伴我行”活动，通过制作电子相册、亲子成长档案等形式，请家长参与幼儿活动，感受在成长历程中老人的辛勤付出，并由幼儿向家长代表送上礼物表达爱意。二是走进社区。组织中大班幼儿参加社区“重阳节”敬老活动，请幼儿代表发言送祝福，为社区老人送上自制的小礼物，并表演诗朗诵《我为爷爷奶奶送祝福》、广播操《世界真美好》等节目。

（李　曼）

【开展每月一课观摩活动】11月17至25日，港馨幼儿园组织开展科学领域“每月一课”观摩研讨活动。活动前，每位老师都用心做好课前准备工作，精心备课、细心研课。活动中，能运用多种教学手段，有效地调动幼儿的学习兴趣，让幼儿在轻松、愉悦的氛围里学习、体验，充分发挥幼儿的探究兴趣。新老师虽然在教学经验上较为欠缺，但是他们虚心、认真的教学态度以及充沛的教学热情都让参与听课的老师们为之称赞。教师“每月一课”是港馨幼儿园的常规教研活动。骨干教师能为新教师提供观摩的机会，而对于新教师而言，这只是一次展示自我、锻炼自我的良好契机。魏园长在每次活动后都会针对每一节课展开评析，为教师的教学找到不足，与教师共同审视、回顾，反思自己的教学策略，从而为教师搭建了成长平台。

11月27日，港馨幼儿园接待吉祥、怡馨、牛栏山二幼等参观该园一直开展的“快乐星期五”共享区活动

（魏海东）

【迎接姐妹园参观社会共享区】11月27日，港馨幼儿园接待吉祥、怡馨、牛栏山二幼等姐妹园的领导和部分教师来园参观园所一直开展的“快乐星期五”共享区活动。冯园长向各位同行们介绍了幼儿园的办园理念；业务园长对共享区进行介绍并请大家观看园所“快乐星期五”视频短片。随后，大家实地参观了幼儿正在进行的快乐厨房、超市一条街和打通班级的共享区域活动。参观者认为园所给孩子营造快乐、舒适的育人环境，特色鲜明，互动性强。

（魏海东）

【拉开第十届科研月序幕】12月10日，港馨幼儿园特邀考研中心安贵增老师来园为教师作《园本教研书籍编写培训》专题讲座，园所第十届科研月由此拉开序幕。安老师从教学故事、案例的书写到园所编写丛书的构建及小题目如何撰写等方面，为教师做了深入、细致的介绍。对教师在故事观察和撰写中容易出现的问题进行梳理，采用对比的方式帮助教师明确教学故事的调整；通过用自己写的案例真实生动地讲述，帮助教师了解观察记录的方法和书写的方法。此次培训的开展，为教师故事教学、案例的编写指明方向。

（魏海东）

【迎接贵州省乡村幼儿园专家团队考察】12月14日，港馨幼儿园接待了国培计划“贵州省乡村幼儿园骨干教师专项技能提升培训项目”专家团队110人来园参观考察。考察内容分为三部分：一是观摩两节集体教育活动，分别为中班邓贺老师《漂亮礼花吹出来》，小班张可老师《欢乐的彩虹伞》；二是针对这两节活动进行现场教研；三是参观园内环境。代表团对教师组织的集体教学、开展的教研活动及园所环境给予较高评价。项目组的专家对教师表现出来的较强的专业性予以肯定。顺义区学前教育研究室副主任王晓鸿陪同。

（魏海东）

·北京市顺义区北石槽中心幼儿园·

【概况】2015年，北京市顺义区北石槽中心幼儿园为教育部门办园，日托制。园所占地面积11531平方米、校舍建筑面积2052平方米。全年教育经费投入6996866万元，全部为国家拨款。固定资产3584115万元。图书室藏书6761万册。拥有音体室2个，普通教室9个。拥有计算机30台。校园网出口总带宽100Mbps，数字资源量196GB。教职工48人，其中教师39人，专科以上39人，中级职称以上6人；保健员3人，其中专科以上3人，中级职称以上2人。开设9个教学班，其中小班3个、中班3个、大班3个。幼儿入园94人、离园57人、在园251人。

单位名称：北京市顺义区北石槽中心幼儿园

地址：北京市顺义区北石槽镇府前西街2号

电话：60422127

邮政编码：101300

（贺丽萍）

【开展集体饮水环节常规教研活动】3月27日，北石槽中心幼儿园开展集体饮水环节常规教研活动。活动中，首先对教师进行集体饮水环节理论知识的培训，使教师了解幼儿一天需要的饮水量，从而知道每次集体饮水的饮水量。教师们通过实验探究出“水壶中多少水更适宜”。根据幼儿的年龄特点，小班保育员为幼儿服务，为幼儿准备好水壶，教师可与幼儿共同饮水。中大班培养幼儿的服务意识，幼儿可为班级老师倒水，与幼儿共同饮水，活动结束后，值日生可以帮助老师收水壶并简单清洗。此次研讨，选出试点班级，针对试点班级集体饮水环节实践出现的问题进一步研讨并完善本环节的常规细则并推行到全园。

（贺丽萍）

【开展社会领域教育活动展示与交流活动】5月13日，社会领域联盟组六所幼儿园在北石槽中心幼儿园开展联盟园社会领域教育活动展示与交流活动。活动中，分别由北石槽幼儿园中、大班组教师进行社会领域教学活动展示，之后联盟园的老师们对活动进行点评，大家对社会领域活动环节设计如何紧扣目标，进行深入的研讨，最后由教研室主任王小鸿对活动进行总结和提升。此次活动为教师们提供了一个学习、交流的平台，通过现场观摩以及教师集体评课反思，拓宽了教师的教育思路，提高了教师的教学水平。

（贺丽萍）

【区委书记王刚到北石槽中心幼儿园慰问】5月26日，“六一”儿童节来临之际，顺义区委书记王刚，在区教委主任刘克祥、副主任张海东的陪同下来到北石槽中心幼儿园为小朋友送上温馨的节日祝福。镇党委书记王鉴远、镇长胡小刚、主管教育的副镇长岳阳参加此次慰问活动。在侯海芹园长的陪同下，领导们观看了幼儿园整体环境，并了解园所的发展情况。王书记走进班级，与孩子们亲切交流，并品尝中三班小朋友在“糖果厨房”亲手制作的牛奶蛋糕。之后，他来到美工教室，与孩子们一起体验丰富多彩的美工活动。最后，领导们欣赏了大班幼儿武术操《千字文》和教师舞蹈《康定的溜溜康定的

5月26日，顺义区委书记王刚到北石槽中心幼儿园慰问

情》表演，领导们对老师和孩子们的精彩表演一致称赞。演出结束后，领导们与小演员们合影留念，并给小朋友们送上“六一”儿童节礼物。

（贺丽萍）

【开展“迎端午包粽子”亲子活动】6月16日，北石槽中心幼儿园开展“迎端午包粽子”亲子活动。活动在“端午民俗知多少”知识问答中开始，家长和孩子们都积极参与到活动中去。之后家长们与小朋友一起折粽叶、填糯米、裹叶子、扎线……一道道工序有条不紊地进行着，忙得不亦乐乎，最终吃到亲手包的粽子，品尝到粽子的美味。本次活动的开展，不仅使孩子感受到了传统节日带来的乐趣，锻炼了动手能力和相互合作的能力，又增进幼儿对中国传统文化的了解，让孩子充分体验到包粽子的快乐。

（贺丽萍）

【开展亲子庆国庆活动】9月30日，北石槽中心幼儿园举行家长开放日活动，家长和孩子共同体验在园的快乐生活。本次开放日以传统节日为主题，教师围绕国庆节，向家长展示丰富多彩的集体教育活动，设计了形式多样的亲子活动，如：制作国旗、搭建天安门、制作生日蛋糕等。活动结束后，家长们认真的填写反馈表。全园200余名家长参加活动。

（贺丽萍）

【开展消防安全讲座】10月30日，北石槽中心幼儿园邀请北京市永安宏泰防火中心吕天明老师，为全园教师作消防安全讲座。讲座主要从消防知识宣传和自救技巧两方面展开。吕老师用强烈震撼的火灾现场图片并结合近年来全国典型火灾案例，剖析消防事故产生的原因和惨痛的教训，警示大家要高度重视消防安全。吕老师还就灭火工具、预警工具、逃生工具的正确使用方法等为大家进行演示与讲解。此次讲座，使老师们深刻认识到消防安全的重要性和预防火灾的必要性，特别是对紧急突发安全事故知道如何有效的进行现场处置，对幼儿园的安全工作起到积极促进作用。

（贺丽萍）

11月27日，北石槽中心幼儿园开展区域环境创设评比活动

【开展区域环境创设评比活动】11月27日，北石槽中心幼儿园组织全体教师开展区域环境创设评比活动。评比内容包括：区域环境创设是否符合班级幼儿的年龄特点，功能墙创设是否具有操作性，区域材料投放是否合理。评委由各班教师和园领导组成。活动中，大家边观摩学习边认真倾听每班教师的讲解。教师们根据不同的主题及幼儿的发展水平，使区域环境创设各具特色。最后，各班组间根据观摩情况进行研讨，评出区域环境创设一、二、三等奖各一名。

（贺丽萍）

【迎接级类视导】12月25日，由区教委学前科一行7人组成的检查组到北石槽中心幼儿园进行级类视导。检查组观看三个年龄班半日教学活动和室内活动玩具配备，并检查幼儿园资料。检查组以《北京市幼儿园所分级分类验收标准及细则》为标准，对园所管理工作、保教工作、卫生保健工作提出指导性意见，为北石槽中心幼儿园进一步做好迎接级类验收工作指明方向。

（贺丽萍）

·北京市顺义区北务中心幼儿园·

【概况】2015年，北京市顺义区北务中心幼儿园为教育部门办园，日托制。园所占地面积7526.73平方米、校舍建筑面积4249平方米。全年教育经费投入624.04万元，其中国家拨款607.54万元、自筹经费16.5万元。固定资产168.8万元。图书室藏书1.0698万册。拥有音体专用教室1个，普通教室12个。拥有计算机36台。校园网出口总带宽100Mbps，数字资源量100GB。教职工48人，其中教师28人，专科以上28人，中级职称以上7人；保健员2人，其中专科以上2人，中级职称以上2人。开设9个教学班，其中小班3个、中班3个、大班3个。幼儿入园108人、离园96人、在园269人。

单位名称：北京市顺义区北务中心幼儿园

地址：北京市顺义区北务镇政府街4号

电话：61421717

邮政编码：101300

（刘　爽）

5月，北务幼儿园创新活动形式，有效开展好幼小衔接工作

【召开园长述职会议】1月29日，北务幼儿园召开园长述职述廉会议。区教育工会主席王玉英，北务镇教育助理胡建合参加。会上，园长苏金华就2014年度幼儿园管理和教育教学与廉洁从政工作进行全面总结，对不足也进行了反思，表示要在今后的工作中，加强学习，以创新目标更加严格要求自己，努力成为政治思想上和业务管理上日渐成熟的学习型、研究型领导。述职结束后，参加测评的教职工本着实事求是、认真负责的态度，客观公正地对测评对象进行了评议，由区委教育工委对园长的测评反馈表进行统计。述职述廉活动在领导与全园教职工高度重视的基础上圆满落幕。

（孙雪兰）

【开展教师拓展活动】4月18日，北务幼儿园组织全体教职员工到怀柔“天池峡谷”进行拓展训练。在为时一天的活动中，教师们共同完成了驿站传书、信任背摔、急速60秒、拉火车、提线毛笔字等训练项目。活动中，专业人员认真指导，大家忘记了年龄、职位，全身心投入。虽然每个项目都具有很强的困难度和挑战性，但大家都表现出较强的个人素质和良好的团队精神，依靠群体智慧与个人毅力，出色地完成了全部拓展训练项目。艰苦的训练让大家充分开发了自身的潜能，增强了克服困难的信心和勇气，重新认识了自我。

（孙雪兰）

【接受年度考核】5月20日，区教育督导室、教委学前科领导及部分园长对北务幼儿园的年度各项工作进行系统考核。首先，考核领导小组听取苏金华园长《多彩教育促幼儿快乐发展》的工作汇报，查看幼儿园相关工作资料；其次，观看小班幼儿的集体教育活动和户外活动，感受到教师和幼儿积极向上的精神风貌；接着，检查幼儿园整体环境，包括幼儿食堂、教师宿舍、户外设施等，并提出宝贵的建议；最后，考核组针对本年度的教育教学工作找部分教师进行座谈并及时进行反馈。这次考核活动，将促进北务幼儿园的各项工作更加规范化、系统化、合理化。

（孙雪兰）

【有效开展幼小衔接工作】5月，北务幼儿园创新活动形式，有效开展好幼小衔接工作。首先，组织大班的孩子和家长代表共同走进北务中心小学，参观学校室内外环境及多功能教室，了解小学的课程及教学理念；其次，邀请北务中心小学教师与幼儿园教师开展沙龙交流活动，相互了解各自的教学模式，讨论衔接点；第三，邀请幼教专家就“幼小衔接，我们要做哪些准备”召开家长培训会；第四，继续开展“我要上小学了”主题教育活动，并在每周二、四两天组织小学课座形式模拟上课，以体验小学生的学习生活，促进幼儿尽快做好入学准备。

（孙雪兰）

【举行大班毕业典礼】6月26日，北务幼儿园大班幼儿毕业典礼隆重举行。大班百余名幼儿和全体老师、保育员以及部分家长代表参加此次活动。毕业典礼在孩子们活泼欢快的舞蹈中拉开序幕，苏金华园长发表热情洋溢的致辞，幼儿代表朗诵诗歌《丝丝情意感恩无边》，并献上了自己制作的花束，表达对幼儿园和老师的深情谢意。全体大班教师也以献词形式道出了对孩子们的声声祝福与不舍。

（孙雪兰）

6月26日，北务幼儿园大班举行毕业典礼

【举办家教大讲堂】 9月11日，北务镇妇联联合北务幼儿园举办家教大讲堂，邀请东城区妇联家庭教育特聘专家果海霞老师以《如何当一个助力孩子人生发展的妈妈》为题作家教讲座。讲座主要有三方面内容：第一如何当一个助力孩子人生发展的妈妈；第二用自身行为培养孩子的优良习惯；第三培养孩子学会和不喜欢的人相处。讲座中，果老师针对家长们在家庭教育中存在诸如溺爱、放纵等问题，从生活的角度进行解析，引领家长运用科学、正确的方法实施家庭教育，现场的积极互动，使家长感受到幼儿园教育与家庭教育相互配合的重要性，同时也为家园共育工作提供了理论指导。近270名家长参加此次大讲堂活动。

（孙雪兰）

【开展科研课题结题视导】 9月28日，北务幼儿园邀请区教委教科室副主任周靖彦及部分幼儿园业务园长、科研负责人来园参加“十二五”科研课题结题视导活动。视导组一行，听取园长关于科研课题工作的汇报，查阅了相关档案资料。周靖彦首先对幼儿园科研课题报告的规范撰写方面给予重点指导；其次，视导组就科研课题活动资料的准备给予充分肯定，对教师文本资料书写的严谨性给予指导，并对资料的修改与完善提出了建设性意见；最后，视导组对北务幼儿园教科研工作的发展前景提出厚望。

（孙雪兰）

【举行科研课题结题会】 11月6日，北务幼儿园“十二五”科研课题《充分利用民间体育游戏资源，促进幼儿健康发展的研究》结题会举行。区委教工委副书记张海东、学前科科长陈民强、区教科室副主任周靖彦及部分幼儿园园长、教师参加结题会。会上，幼儿园保教主任进行课题结题汇报，重点介绍课题研究的操作程序、研究成果；教师代表就科研课题的研究过程、研究心得作汇报；现场示范了舞狮操的基本动作，参会者还观摩了幼儿舞狮操、霸王鞭操。课题组专家在认真听取汇报，细致查阅研究过程资料的基础上，对课题开展情况进行了反馈，一致认为，该课题定位准确、理念先进、过程扎实、方法恰当，同意结题。

（孙雪兰）

【早教活动进社区】 11月25日，北务幼儿园干部、教师走进社区开展早教宣传活动。活动中，老师们向路上、大集上的准妈妈、手牵孩子的父母、怀抱孩子的老人分发早教宣传材料，并细心地为每一位家长宣讲早期教养的必要性。很多家长闻讯而来，主动加入到咨询的队伍当中。本次活动，不仅向家长宣传了幼儿不同时期的生活自理能力标准，也通知了家长早教活动的具体时间，从而让早教成为群众口中的热门话题，为今后顺利开展早教活动打下良好的基础。

（孙雪兰）

【举办肥胖儿家长讲座】 11月26日，北务幼儿园举办肥胖儿保健知识家长讲座。本着认识到位、指导为先、控制为主的目的，幼儿园保健医结合鲜活的案例，针对肥胖对幼儿造成的危害、家长的理解误区、怎样减肥不减力以及防治措施等几个方面进行详细

11 月 26 日，北务幼儿园举办肥胖儿保健知识家长讲座

的讲解，并为家长提供了日常控制幼儿体重的亲子游戏方法和部分营养菜谱。肥胖儿的管理是一项持之以恒的工作，家长配合程度是控制肥胖儿童的关键，因此，幼儿园将继续与家长携手共同做好这项工作。

（孙雪兰）

【启动第十届科研月活动】 12 月 4 日，北务幼儿园第十届科研月启动。保教主任根据科研月实施方案，预先详细安排了科研周及科研日的各项活动。在科研周中，首先全体教师观摩了中、大班的两节舞龙、舞狮活动，并进行课后研讨；之后幼儿园邀请北务镇舞龙、舞狮专业人员及体育特色园领导来园进行舞龙舞狮的动作要领指导。在科研日活动中，组织开展了舞龙舞狮的活动案例分析交流活动，参会教师充分发表了自己的看法，最后，全体教师通过观看光盘的形式，观摩了一节体育特色园的户外体育活动。本次科研月活动不仅为教师的日常舞龙舞狮教学提供了依据和参考，同时也大大促进幼儿园教科研工作扎实有序的开展。

（孙雪兰）

·北京市顺义区北小营中心幼儿园·

【概况】 2015 年，北京市顺义区北小营中心幼儿园为顺义区教育部门办园，日托制。园所占地面积 6000.6 平方米、校舍建筑面积 2731.15 平方米。全年教育经费投入 970.17 万元，全部为国家拨款。固定资产 526.51 万元。图书室藏书 0.9 万册。拥有音体专用教室 2 个，普通教室 8 个。拥有计算机 42 台。数字资源量 205GB。教职工 41 人，其中教师 29 人，专科以上 28 人，中级职称以上 13 人；保健员 2 人，其中专科以上 2 人，中级职称以上 2 人。开设 8 个教学班，其中小班 3 个、中班 3 个、大班 2 个。幼儿入园 103 人、离园 66 人、在园 280 人。

单位名称：北京市顺义区北小营中心幼儿园

地址：北京市顺义区北小营镇

电话：60483603

邮政编码：101300

（杨　宁）

【召开家长会】 3 月 13 日，北小营中心幼儿园以班为单位召开全园新学期家长会。在家长会上，各班教师均介绍了幼儿在园一日生活的各环节，让家长了解老师在做什么，老师为什么这么做，使家长与幼儿园达成共识，形成教育合力；第二、教师介绍本班幼儿的年龄特点和发展水平情况，提高家长科学育儿的水平；第三、教师与家长沟通，进一步了解幼儿在家的喜好、兴趣以及家长在教育幼儿中的困惑、需求。通过这次活动，促进了教师与家长之间的联系和沟通，使家长更好地与幼儿园同步教育好孩子。

（杨　宁）

【举办庆“六一”系列活动】 5 月 31 日，北小营幼儿园举办庆“六一”系列活动。活动在欢快热烈的音乐中拉开序幕，在持续近两个小时的演出中，独唱、合唱、朗诵、舞蹈等精彩纷呈，展示了孩子们的活泼天性。表演过程中，还穿插了富有童趣的游戏活动。庆“六一”活动，充分体现了以幼儿为中心，把快乐真正地还给孩子的活动理念，从而增强了幼儿的自信心，并提高了幼儿的交往能力。

（杨　宁）

【组织进餐评比活动】 6 月 10 日，北小营中心幼儿园开展幼儿进餐评比活动。此次活动主旨是合理安排幼儿进餐环节，重视幼儿行为习惯的养成，全面提升幼儿园保教质量。园领导作为评委全程观看。评比项目包括餐前活动、洗手、进餐、餐后儿部分内容，其标准为：餐前组织幼儿进行安静的有序活动；洗手认真、干净；进餐气氛轻松，师幼融洽，饭菜搭配，干稀搭配，爱惜粮食；餐后擦嘴、漱口。活动以年龄组为单位，每组分别评比出一等奖、二等奖、三等奖。教师们以评比为契机，提高为目的，在评比活动中相互学习，共同提高。

（杨　宁）

【开展迎秋收采摘活动】 9月18日，北小营幼儿园举办师幼喜迎秋收采摘活动。活动开始后，小小的种植园地里到处可见孩子们快乐的身影。老师还在种植园现场告诉他们这是什么果实，果实的结构是怎样的，怎么做成好吃的美食。充分利用身边的优势资源让孩子们边玩边学习，引导孩子们通过种植、管理、采摘，了解植物生长、成熟的过程，从中体验收获的快乐。

（杨　宁）

【召开“十二五”课题结题会议】 10月19日，北小营幼儿园组织开展“十二五”规划课题《幼儿园体育区域活动指导策略的研究》结题活动。活动分为三部分：一是业务园长董玉芳进行课题结题汇报，对课题研究的背景、意义、研究目标、研究内容与重点等进行具体阐述。二是与会专家查阅资料，进行交流评议。三是幼儿园进行反思、总结。专家们充分肯定幼儿园扎实开展课题研究的钻研态度及丰富的课题研究成果，并对后续课题的研究内容及形式提出了指导性建议。课题组成员表示，在日后工作中，继续保持扎实研究的科学态度，在实践中不断进行总结、反思，在课题研究中不断推进幼儿园发展，实现自身成长。结题活动邀请教科室副主任周靖彦、部分幼儿园园长和幼儿园课题组成员参加。

（杨　宁）

【组织新教师新风采展示活动】 10月29日，北小营幼儿园开展“新教师新风采”——新教师汇报课展示活动。新教师精心准备，课型丰富，在课堂教学中，教态亲切大方，教学设计富有创意，教学风格个性鲜明，展示了他们扎实的教学基本功。展示活动为老师们营造了一个相互学习、交流，不断探索、反思的良好氛围，促进了大家的共同进步。

（杨　宁）

9月18日，北小营幼儿园组织幼儿采摘活动

【园长进课堂指导】 10月29日，北小营幼儿园园长魏淑芳、业务园长董玉芳积极参与“园长进课堂”活动。两位园长来到班级进行指导，对教师给予肯定的同时也从多方面提出了改进的意见。园长进课堂活动，有力促进了老师们的成长和发展，调动了教师们的工作热情，有效提高了幼儿园的教育教学水平。

（杨　宁）

【启动消防安全宣传月活动】 11月9日，北小营幼儿园消防安全宣传月活动正式启动。活动包括：1. 以安全教育为主题的国旗下讲话；2. 上一堂安全主题教育课；3. 开展一次消防疏散演练；4. 召开一次教职工安全专题会议；5. 利用家园栏，进行安全知识宣传。一系列的活动使老师和幼儿对消防安全有了更加深刻的认识，在应对危险时，能够做到不慌不乱、有序撤离。

（杨　宁）

【开展舞蹈培训】 12月2日，北小营幼儿园开展教师舞蹈培训。此次培训特别邀请专业舞蹈教师担任指导，培训重点是学习少儿成品舞。舞蹈教师运用现场教学，通过动作分解练习，让教师们初步掌握舞蹈的一些基础动作，并激发大家学习舞蹈的兴趣。培训期间教师们还自创了舞蹈动作，根据旋律进行舞蹈创编。通过培训，教师们学会《嘀嘀嗒》《小跳蛙》《马兰谣》《我的身体》等儿童舞蹈，从而提升了教师整体舞蹈专业水平。

（杨　宁）

【组织优质课观摩活动】 12月16日，北小营幼儿园开展骨干教师优质课观摩活动。骨干教师孟迎雪、李庆新根据孩子的年龄特点，精心准备了不同类型的教学活动，为年轻教师提供了一次丰盛的教学“大餐”。观摩教学活动后，执教老师进行了详细的说课和自评，让观摩的老师进一步了解教学环节的设计意图和教学理念。观摩教师也在互动研讨中大胆提出自己对教学活动组织的创新意见。通过本次活动，给年轻教师提供一个观摩、研讨、交流、学习的平台。

（杨　宁）

·北京市顺义区滨河幼儿园·

【概况】 2015年，北京市顺义区滨河幼儿园为教育部门办园，日托制。园所占地面积2674平方米、校舍建筑面积1763平方米。全年教育经费投入875万元，全部为国家拨款。固定资产312.9万元。图书室藏书0.6万册，包括电子图书0.2万册。拥有普通教室9个。拥有计算机27台。学校信息化经费投入12万元，校园网出口总带宽100Mbps，数字资源量1000GB。教职工46人，其中教师36人，专科以上35人，中级职称以上16人；保健员1人，其中专科以上1人，中级职称以上1人。开设9个教学班，其中小班3个、中班4个、大班2个。幼儿入园119人、离园74人、在园333人。

单位名称：北京市顺义区滨河幼儿园

地址：北京市顺义区滨河小区

电话：69426048

邮政编码：101300

（杜全星）

【开展“四个一”彩虹读书活动】 3月5日，滨河幼儿园开展“四个一”彩虹读书活动。1. 读一本好书，要求老师们认认真真读一本书。2. 写一篇读后感。3. 畅所欲言，进行一次园内读书交流，从不同的视角阐述自己的阅读体会，分享读书的乐趣。4. 向同事推荐一本好书。

（杜全星）

【组织教职工开展拓展训练】 4月7日，滨河幼儿园聘请北京博纳拓展培训中心的教练组，对全体教师进行为期半天的拓展训练。活动在教练讲解拓展的意义以及2个小游戏热身中拉开帷幕。经过分小组、起队名、设计队旗、商讨队训的系列准备活动后进入实践训练，每位教师都全身心地融入到自己的团队。训练共有四个项目：口香糖、蛟龙出海、超音速和人椅。训练活动在大家的积极参与下圆满完成，参训教师在体验的过程中看到自身的盲点和团队的盲点，有效地挖掘出自身和团队的潜能，加强了老师们的团队协作意识，增强了凝聚力和战斗力，展现了滨幼教师的青春活力与风采。

（杜全星）

【发挥骨干教师引领作用，促进教师互动成长】 4月20日，滨河幼儿园开展骨干教师示范课观摩、骨干教师讲座、骨干教师才艺展示和公开研究成果等系列活动。骨干教师精心设计，认真备课，并在活动后就教案分析、课堂自评与其他教师进行互相交流，并运用工作中的大量案例深入浅出地剖析教师存在的困惑。

（杜全星）

【滨河幼儿园多项措施防控春季传染病】 4月23日，滨河幼儿园采取多项措施防控春季传染病。1. 保健医针对春季常见传染病对全体教师进行相关知识的培训，开展传染病知识竞答活动，强化教师防控意识；2. 勤开窗通风，加强对幼儿晨午检检查，认真做好晨午检记录；3. 教育幼儿养成良好的生活卫生习惯，保证幼儿

4月20日，滨河幼儿园发挥骨干教师示范引领作用，促进教师互动成长

户外活动时间，提高活动质量；4. 加强班级卫生、消毒工作，并加大检查力度；5. 利用各班的“家园联系栏”和橱窗向家长宣传卫生保健及预防传染病的相关知识，做到家园配合，重视预防工作，做好自查工作，发现不适，及时就医，做到早发现、早隔离、早诊断、早治疗，有效地防止传染病的流行。

（杜金星）

【滨河幼儿园开展幼儿体能测试活动】5月12日，滨河幼儿园开展幼儿综合体能测试活动。内容包括：双脚连跳、立定跳远、平衡木、10米往返跑、投掷网球、坐位体前屈等。测试前对教师严格培训，按照测试标准，尽量做到客观、公正、准确地了解每个孩子的体能情况，以便进一步了解孩子的身体与动作发展水平。教师还对每个幼儿的测试结果进行整理、填写。

（杜金星）

【做好幼小衔接工作】5月18日，为让孩子们顺利完成幼儿园到小学的过渡，滨河幼儿园开展了丰富的活动，做好幼小衔接。1. 环境营造，开展《我要入小学》主题活动，了解小学的环境以及小学生学习和生活的一些情况。2. 走进小学，参观课堂教学，和哥哥姐姐们升国旗，减少对小学的陌生感。3. 召开幼小衔接家长会，向家长宣传幼小衔接重要性，引导家长有针对性地为自己的孩子进行各种训练和培养。4. 通过宣传橱窗，向家长们宣传幼小衔接方面所开展的每一项工作，使家长们能够及时了解和掌握自己的孩子在幼小衔接方面所存在的问题，使幼小衔接工作真正落到实处。

（杜金星）

5月12日，滨河幼儿园开展幼儿体能测试活动

【举办庆“六一”活动】6月1日，滨河幼儿园举办“童心飞扬梦想启航”庆“六一”大型文艺活动。小中大三个年龄班幼儿通过歌曲、舞蹈、诗朗诵、时装表演、故事表演、京剧表演等节目展现自己的多才多艺，家长和孩子还一同表演节目，使在场的幼儿、家长过了一个快乐的“六一”儿童节。

（杜金星）

【请专家为家长指导孩子早期阅读】10月27日，滨河幼儿园邀请北师大奕阳教育“分享阅读”课题组主任龚亚东来园作《阅读，被忽视的大事》专题讲座。讲座中，龚老师指出早期阅读对儿童情商及语言发展具有重要作用，学校和家长都应该高度重视孩子的早期阅读。并以绘本《上床睡觉》《狐狸的大餐》为例，挖掘读本教育内容，就如何科学指导孩子阅读进行讲解，同时，龚老师就如何为孩子挑选图画书及如何开展家教等方面给家长提出了建议。活动后，该园还为每个家庭准备一本指导阅读的专业书籍《阅读的力量》。

（杜金星）

【开展教师礼仪教育培训活动】10月30日，滨河幼儿园邀请北京“六加一”教育咨询中心的郭老师为全体教职工进行礼仪品格教育专题讲座。郭老师结合幼儿的年龄特点，通过有趣的小游戏，简洁、活泼的语言让老师们了解为什么在幼儿园开展礼仪教育及如何实施礼仪教育。郭老师还通过鲜明的图片对比，阐述教师礼仪，如：教师的行为举止——大方、得体、自然；教师的服饰——端庄、大方、简单、整洁。此次礼仪培训活动中，进一步提高了教师们的整体素质，老师们通过提高自身的行为规范来以身作则、言传身教，渗透到幼儿的生活点滴中。

（杜金星）

【开展国画自培活动】11月19日，滨河幼儿园组织教师国画基本技能和欣赏的培训活动。1. 骨干引领。由该园具有美术特长的周雅芹老师带领大家开展国画常规培养和欣赏两部分的理论与实操培训，包括理论、材料工具的使用和实际操作等内容。2. 教师内化。教师开展集中练习、自主练习，将培训内容内化于心，切实提高教师专业能力。3. 展评交流。面向全体教师组织作品展评，在锻炼提升的同时，展现自我。

（杜金星）

【开展亲子阅读系列活动】 12月7日，滨河幼儿园开始组织亲子阅读系列活动。一是请专家讲座：开展“品味书香，伴随成长”儿童早期阅读家长培训活动；二是发出“彩虹读书”活动倡议书，倡议家长、幼儿积极参与读书活动；三是组织家长沙龙，开展图书漂流活动，每个班级的图书区一角，由家长推荐好书，认真填写好书名称、好书价值取向、好书推荐理由，便于家长分享选书的经验；四是大带小，大班幼儿开展故事墙，为弟弟妹妹讲故事；五是好环境，齐分享，家长用照片的方式记录下家庭中的亲子阅读环境创设及阅读的温馨瞬间。

（杜金星）

·北京市顺义区港馨东区幼儿园·

【概况】 2015年，北京市顺义区港馨东区幼儿园为教育部门办园，日托制。园所占地面积2900平方米、建筑面积3030平方米。固定资产总值204.5万元。全年教育经费投入67万元，全部为国家拨款。全年幼儿园信息化经费投入1万元，拥有计算机21台，校园网出口总带宽150Mbps。拥有幼儿图书馆、图书资料室，图书室藏书8051册，配有移动图书架4个。多媒体教室1个，拥有座位数50个，普通教室9个，教室内设有电视机、照相机和录音机等教学设施。教职工46人，其中教师36人，专科以上33人，中级职称以上8人；保健员2人，其中专职1人，医学学历1人，专科以上1人。开设9个教学班，其中小班3个、中班3个、大班3个，在园幼儿314人。

单位名称：北京市顺义区港馨东区幼儿园

地址：港馨东区小区内

电话：89457897

邮政编码：101300

（王　慧）

【开展首届家园互动厨艺交流活动】 3月20日，港馨东区幼儿园举办首届家园互动厨艺交流活动。参加本次活动的有幼儿园三位园长、主管幼儿饮食的保健医老师、园内炊事员和园伙委会全体家长。美食提供者为园内炊事员及伙委会家长。首先，进行品尝活动：参加活动的全体人员对炊事员及家长提供的美食进行品尝；其次，开展推选活动：品尝者针对营养、味道、色彩等方面推选出最受欢迎的美食；最后，组织交流活动：由制作者们就食品的制作方法向大家进行介绍。

（王　慧）

【多举措打造校园文化】 4月初，港馨东区幼儿园多举措打造校园文化。一是标识文化。一楼大厅呈现幼儿园办园宗旨和目标，楼道内呈现介绍和指引性标识，班级内呈现各物品标识，便于幼儿了解使用。二是环境文化。环境的创设班班具有主色调，注意色彩的和谐与美，办公区域增加绿植，设置休闲区域。三是人文文化。依托“心馨教育”，打造十心文化（“十”取“实”的音。涵义：实心实意，脚踏实地），利用“心馨剧社”进行视频采集和宣传。四是课程文化。在基础课程的基础上，以舞为媒，引领发展，开展音乐律动特色课程。

（王　慧）

【召开“奔跑吧，女汉子”教师春季运动会】 4月27日，港馨东区幼儿园操场上热火朝天，以“奔跑吧，女汉子”为主题的教师春

12月7日，滨河幼儿园开展亲子阅读系列活动

季运动会正在隆重举行。本次比赛的游戏项目是正在热映的撕名牌活动。园内教职工被分为红、黄、蓝、绿，四个队，每队的老师们都摩拳擦掌，跃跃欲试，充分做好准备工作，待裁判员发出“开始”口令，四个队的选手个个鼓足了劲，相互协作，竭尽全力，大有“群雄争霸”之势。呐喊声、加油声此起彼伏，活动现场妙趣横生，操场上传出一阵阵欢笑声。通过紧张的角逐，最后产生了一、二、三、四等奖。

（王　慧）

【开展肥胖儿远足活动】4月28日，港馨东区幼儿园组织全园肥胖儿到仁和公园进行远足踏春活动。在老师的指挥下按照靠右走的规则行进，孩子们规则意识和安全意识得到强化，边走边观赏着周围景色。经过45分钟的艰苦跋涉，大家终于到达了目的地。孩子们一起欣赏着公园的美景，听着老师的讲解，沐浴着春日暖暖的阳光，看着桃红柳绿，闻着花儿阵阵芳香。远足活动，拉近了孩子们与大自然的距离，体现以“心馨育人”为理念的办园宗旨，更在他们的童年生活中留下了最美好的记忆！

（王　慧）

【开展防震安全演习】5月11日，港馨东区幼儿园进行了一次紧张的防震演习活动。随着三声短促的哨声响起，幼儿们放下手上玩具、图书，迅速用胳膊抱住头部，有的钻到桌子下，有的蹲在墙角或墙边等狭窄地方，幼儿们镇定自若，没有一个大喊大叫到处乱跑的。两分钟后两声长哨响起，幼儿在老师的指挥下迅速到就近楼梯口集合，以手掩头沿楼梯墙边迅速向操场撤离，并在远离高大建筑物的空旷地方抱头蹲下，整个撤离过程仅用时二分零三十秒。演练中，教师镇定自若、恪尽职守，幼儿临危不惧，整个演练过程既紧张，又有条不紊，本次演练取得圆满成功。

（王　慧）

【队伍建设师德为先】6月，港馨东区幼儿园以师德建设为重点，采取多种措施加强教师队伍建设。一是完善幼儿园师德制度，制定幼儿园师德评价方案，教师签署师德承诺书。二是加强学习，通过学习“儿童心理学”、优秀教师事迹等，树立良好的职业理想。三是用“故事分析法”“案例解析法”“对比感悟法”帮助教师解读理论和实践中的问题，诠释“尊重”二字。四是利用“非正规交流法”开展教师谈心和交流活动，帮助教师建立自信。五是依托评价手段，对教师的师德进行综合评价，起到约束和监督的作用。六是通过开展“我心目中的好老师访谈”“师德评比”、“师德论文征集和演讲”和“身边的师德故事典型交流会”等活动，让教师们广泛听取家长、幼儿、以及教师自身对师德的理解，反思不足，树立典型。

（王　慧）

【多举措开展彩虹读书活动】10月，港馨东区幼儿园多举措开展彩虹读书活动。一是丰富图书资源，开展教师阅读活动。每年定期进行图书室图书的丰富，增加图书种类，丰富阅读资料，每周开展一次经典诵读、课外阅读等活动，每月进行一篇专业文章的学习交流活动。二是让图书“走出”图书室。全园幼儿按班轮流到图书室看书，教师可将幼儿感兴趣的图书借到班级开展各种阅读活动。三是精心构建多元化的读书网络。建立“个人书架”“班级读书角”“学校图书室”，每学期末，进行亲子故事表演比赛。四是家园携手共建。向家长宣传早期阅读家长参与的重要性，并提出四点建议：一是从自己做起，

4月28日，港馨东区幼儿园开展肥胖儿远足活动

为孩子做出榜样；二是每天给孩子读一个故事；三是为孩子营造一个家庭书香环境；四是经常带孩子去书店，看书、买书。

（王　慧）

【多举措确保校园安全】11月中旬，港馨东区幼儿园多举措确保校园安全。一是请保安公司专职培训人员对全体教师进行防爆常识培训并进行操作演示；二是培训老师对教师进行消防栓和灭火器的使用培训，并进行实际演习确保人人会用；三是对全体幼儿进行防火演习训练，演习过程中，各岗位教职员工分工明确，各尽职守，全体幼儿防火逃生方法正确，逃离现场迅速，从演习开始到结束用时1分19秒；四是为进一步提高全体教职员工的安全责任意识，港东幼儿园与教职员工签订消防安全责任书。

（王　慧）

【举办幼儿故事大赛活动】11月17日，港馨东区幼儿园举办第二届“故事伴我成长”——幼儿故事大赛活动。此活动，为幼儿营造了一个学说话、敢说话、会说话、勇于表达的语言氛围，为幼儿提供自我展示的舞台，提高了幼儿的综合素质和教师的指导能力，推进幼儿语言教学的健康良性发展。此次幼儿故事大赛，共邀请50多位家长参与，评委团由家长、幼儿、教师三部分组成，共评出一等奖二名、二等奖三名、三等奖三名。

（王　慧）

【开展半日跟进诊断研讨活动】11月23至27日，港馨东区幼儿园开展为期一周的班级半日跟进诊断研讨活动。本次活动主要围绕三个方面进行深入研讨。一、教学主题和班级环境有机结合。老师能否把教学主题和班级环境有机结合，实现幼儿和环境的良好互动。在各个主题教学中，老师们利用主题墙、幼儿展示平台，展现幼儿在主题教学中的收获和孩子们个性化的作品。二、从孩子的生活习惯和遵守常规全面考量班级管理。生活活动是孩子一日生活的重要环节，本次观摩从孩子们的日常生活开始，如：入厕、喝水、洗手、挂毛巾、进餐等进行细致地跟踪观察，帮助带班老师及时发现问题，提供切实可行的解决方法。三、从孩子的自主性体现《指南》的落实。教师关注孩子们的自主活动，从晨间户外活动的多种器械的提供和孩子们的自主选择，到区域的投放和孩子们的自主进区活动均应体现幼儿的自主。通过开展不同班级的半日跟进式的诊断研讨活动，给全体教师建立一个取长补短，实现经验共享的平台。

11月23至27日，港馨东区幼儿园开展半日跟进诊断研讨活动

（王　慧）

【开展玩教具制作评比活动】11月25日，港馨东区幼儿园举办幼儿教师自制玩教具比赛。具体评比标准为：一、科学性。作品适合幼儿的年龄特点和认知规律，能激发幼儿的活动兴趣，操作过程有趣，有利于幼儿想象和创造。二、教育性。（1）符合《幼儿园教育指导纲要（试行）》的基本精神；（2）有利于幼儿积极参加活动，促进幼儿身心健康发展；（3）符合幼儿身心发展的特点和水平。三、安全性。作品选择的材料符合安全标准和卫生要求，确保幼儿的安全和健康。四、实用性。好用、耐用、教育效果明显。五、创新性。设计的作品能体现出设计者独特的创意、巧妙的构思，具有推广和普及的价值。

（王　慧）

·北京市顺义区高丽营第一幼儿园·

【概况】2015年，北京市顺义区高丽营第一幼儿园为教育部门办园，日托制。占地面积7262平方米、校舍建筑面积3532平方米。

全年教育经费投入675万元，全部为国家拨款。固定资产441万元。图书室藏书0.37万册。拥有音体室、玩具图书馆、美术教室等专用教室3个，普通教室11个。拥有计算机18台。学校信息化经费投入5万元，校园网出口总带宽100Mbps，数字资源量100GB。教职工56人，其中教师53人，专科以上40人，中级职称以上9人；保健员1人，其中专科以上1人，中级职称以上1人。开设7个教学班，其中，小班3个、中班2个、大班2个。幼儿入园112人、离园120人、在园291人。

单位名称：北京市顺义区高丽营第一幼儿园。
地址：北京市顺义区高丽营镇张喜庄村北环村路西南侧
电话：69492195
邮政编码 101300

（魏　飞）

【“花艺”庆“三八”】 3月6日，高丽营一幼的全体女职工参加“最美女人花——制作最美的花束”女人节庆祝活动。在花店专业人员的指导下，每位教师精心选择自己喜爱的花朵，用心制作出精美花束，并在活动最后互赠花束，每位教师都收到了鲜花和满满的祝福。本次活动释放了女职工工作与生活中的压力，增进了同事间的友谊，提升了女职工的工作幸福感。

（魏　飞）

【开展班级常规评比】 4月1至3日，高丽营一幼开展班级常规评比活动。评比内容为早来园、进餐和午睡三个环节，各班抽签决定评比项目。幼儿园三位园长、保健医和教研组长全程参与观摩、评分。该活动推广了骨干教师的优秀教学经验，帮助青年教师发现并解决教学中的问题，有效促进了新老教师交流。

（魏　飞）

【带班教师举行儿童歌曲弹唱比赛】 4月29日，高丽营一幼组织全体带班教师开展儿童歌曲弹唱比赛。活动之前：聘请专业钢琴和声乐教师，为全园教师进行3个月的乐理知识、钢琴弹奏、儿童歌曲演唱三方面的培训。比赛中，每位老师根据抽签决定弹奏的歌曲，评委逐次打分后，园长进行点评。活动最终评出动听奖、努力奖和进步奖。本次活动的开展显著提升了教师乐理知识和儿歌弹唱的能力。

（魏　飞）

【青年教师“专家”办讲座】 4月1日至7月1日，根据青年教师普遍学历高而多为非幼教专业的特点，为充分发挥每位教师的优势，高丽营一幼举办了“人人是专家”系列讲座活动。青年教师根据各自的专业和特长，为全体教职工准备一场场兼具实用性和趣味性的专题讲座。内容包括：电脑办公软件应用、国画绘画入门、营养饮食、色彩搭配、穿衣搭配技巧等。讲座后，根据教师们的需求，再进行个别指导或集体培训。系列讲座活动给每位教师搭建了展示自我的平台，也开阔了广大教职工的知识视野。

（魏　飞）

【进行室外拓展活动】 4月30日，高丽营一幼的全体教师在室外进行拓展活动。拓展活动打破班级限制，对教师随机分组，各组自行设计队旗、队歌，体现创意，通过比赛锻炼意志力与合作精神，并在中间穿插趣味游戏。该活动大大增强了园所凝聚力。

（魏　飞）

【举行亲子趣味运动会】 4月30日，高丽营一幼举行以“充分发挥家长志愿者作用、让幼儿快乐

4月30日，高丽营一幼教师进行室外拓展活动

比赛”为目的亲子趣味运动会。运动会召开前，各班召开家长会，选定家长志愿者担任引导员、裁判员、计时员，并进行培训。活动当日，运动会在热情的《咚巴拉》开场舞中拉开帷幕；随后小运动员们进行障碍飞车、过独木桥、网球投掷、套圈、大鞋快跑、立定跳远等项目的比赛。比赛结束后，由三位园长为每个项目的前三名颁发奖牌。

（魏　飞）

【举行“走进小学”系列活动】 5月1日至7月1日，高丽营一幼举行“走进小学”系列活动。1. 参观小学：全体大班幼儿到高丽营第二小学，对小学的操场、教室、专用活动室等进行参观，感受小学校园氛围。2. 与小学生一起参加升旗仪式：升旗后老师讲解红领巾的意义，增加了幼儿对小学的向往。3. 体验小学课堂：大班幼儿与小学生一起上一节语文课，感受小学课堂的不同，增加对小学学习内容的了解。4. 与小学生交朋友：小学生和幼儿园小朋友互赠礼物，通过聊天、玩耍增进感情。

（魏　飞）

【游七彩蝶园庆“六一”】 6月1日，高丽营一幼的全体师幼走进七彩蝶园，开展“我与蝴蝶共成长”科学探索暨“六一”儿童节庆祝活动。幼儿在导游的带领下，参观蝴蝶园，了解蝴蝶的整个生长过程；在展览馆中观看蝴蝶标本，认识了各种各样的蝴蝶；并在温室中与蝴蝶玩耍，度过欢乐的六一儿童节。

（魏　飞）

【举行《指南》知识竞答活动】 7月3日，高丽营一幼全体带班教师进行《3—6岁儿童学习与发展指南》艺术领域知识竞答活动。活动之前，各年龄班根据幼儿年龄特点自行出题，由业务园长审核汇总，题目分为必答和抢答两部分。竞答活动在轻松愉快的氛围中展开，各年龄班组成一队计算总分。答题过程中，教师均能够准确作答，最终大班组获胜。本次活动使教师们更深刻地领悟了《指南》精髓。

（魏　飞）

9月起，高丽营一幼开办教师兴趣班

【开设“周五兴趣班”】 9月起，高丽营一幼开办教师兴趣班。兴趣班活动时间为每周五下午。内容包括：国画班、羽毛球班、瑜伽班、英语班，其中英语、国画、羽毛球辅导老师由幼儿园中具有该项特长的教工担任，瑜伽班辅导老师则由专业教练担任。教师自由选择兴趣班参加活动。

（魏　飞）

【区领导慰问全体教师】 9月9日，在教师节来临之际，区人大副主任董占云在高丽营镇镇委书记范学智、区教育督导室副主任李卫国的陪同下到高丽营第一幼儿园，为老师们带来了教师节祝福。园长高艳春首先代表幼儿园全体教师对领导的光临表示热烈欢迎，并就幼儿园近年来的工作情况进行汇报。在和教师代表进行亲切的交流后，董主任称赞高丽营一幼为最美幼儿园。同时，他强调幼儿园教师应不断学习先进的教育理念和方法，要结合自身优势，为幼儿创造更好的环境，提供更优质的教育；希望教师们把幼儿园当成家，互相帮助、互相支持。随后领导们深入到班级和孩子们亲切互动，并观看老师的才艺表演。最后各位领导给老师赠送礼物，并与幼儿园的老师和孩子们合影留念。

（魏　飞）

【迎接纪检组视察廉政文化进校园活动】 10月13日，区教委纪检科、中教科、小教科等领导到高丽营一幼视察“廉政文化进校园”活动开展情况。领导们首先听取了李娜副园长关于该项工作汇报，汇报内容包括领导班子建设、党风廉政建设、师德队伍建设、幼儿品德养成等；接着，领导们观看并亲身参与了幼儿的品德教育活动，查阅了相关资料，并进行实地考察。纪检组对园所“廉政文化进校园”工作情况给予了高度肯定，并希望园所将廉政文化渗透到幼儿的生活学习中去，确保幼教事业的健康发展。

（魏　飞）

【召开“教育格言警句创编分享会”】10月20日，高丽营一幼开展教育格言警句创编分享活动。之前，教师利用业余时间围绕工作中的现象和小哲理进行格言警句创作。在分享会上教师朗诵自己创编的格言警句，并介绍创作体会，最终投票选出20条优秀作品。优秀格言警句将分批次在园内展出，供教师、家长学习。

（魏　飞）

【开展园所环境创意征集活动】11月，高丽营一幼开展“我的地盘我做主”园所环境建设创意征集活动。1. 启动仪式：教师分为四大组，组内商议确定组名、口号和人员分工。2. 环境设计：组员按照分工各司其职，用一周的时间对楼道及户外平衡区、攀爬区、种植园等进行设计。3. 创意PK：各组教师派出两名汇报人员，运用PPT、设计图等形式对自己的创意进行汇报，最后由评委选出最佳创意。4. 建设实施：聘请专业设计、施工团队和教师一起进行环境建设。

（魏　飞）

11月，高丽营一幼开展园所环境建设创意征集活动

【举行民俗作品创意大赛】11月29日，高丽营一幼举行民俗作品创意大赛。赛前，邀请本地区民俗艺人对教职工进行民俗艺术培训，培训后老师们利用一周的时间制作民俗作品。作品类型包括：创意脸谱、民俗剪纸和泥人造型。评选阶段，将老师们上交的民俗艺术作品集中展示，并投票选出优秀作品。作品将分批展示在楼道中，用于美化环境、供大家学习欣赏。

（魏　飞）

【开设特色课程“艺术畅想”】年内，高丽营一幼开设“艺术畅想”课程。该课程由专职美术教师负责指导授课，并收集不同的自然物，废旧物，准备各种美术创作工具材料。课程形式为全园统一安排课表和幼儿自主选择相结合，保证每班做到一周一课，同时给予幼儿更多自由选择的机会。课程安排为：每天上午开办“艺术创想”课程，教师根据幼儿年龄特点设计课程，内容包括国画、水粉画、彩笔画、彩泥、手工制作等。下午是幼儿自由创作时间，幼儿自主创作，必要时教师提供帮助。

（魏　飞）

【开设“家长讲堂”】年内，高丽营一幼在各班开设“家长讲堂”，使家长走进课堂，帮助幼儿学习和成长。1. 建立家长资源库。各班教师及时了解各位家长的特长及职业，采取家长自愿报名和教师邀请相结合的方式，建立各自班级的家长资源库。2. 制订家长讲堂时间表。教师根据本班幼儿情况和近期教学内容，制订家长进课堂时间表，家长和教师一起准备讲堂内容。3. 讲堂内容丰富多彩。家长根据自己的特长选择内容，如：医生家长告诉幼儿预防疾病的小常识，警察家长教给幼儿自我保护的方法，喜欢篮球的家长教幼儿运球等。4. 及时反馈，做好总结。活动后家长填写反馈表，教师及时对活动进行总结，班级间进行经验分享。

（魏　飞）

·北京市顺义区高丽营第二幼儿园·

【概况】2015年，北京市顺义区高丽营第二幼儿园为教育部门办园，全日制。占地面积4518.1平方米、校舍建筑面积2948.6平方米。全年教育经费投入47.432万元，全部为国家拨款。固定资产433.5031万元。图书室藏书5035万册。拥有计算机教室、音体室、图书资料室和会议室等专用教室4个，有普通教室7个。拥有计算机23台。多媒体教室座位40个。教职工35人，其中教师25人，专科以上25人，中级职称以上8人；保健员1人，其中专科以上1人，中级职称以上1人。开设7个教学班，其中亲子班1个、小班2个、中班2个、大班2个。幼儿入园93人、离园86人、在园244人。

单位名称：北京市顺义区高丽营第二幼儿园

地址：顺义区高丽营镇高泗路13号

电话：69455943

邮政编码：101303

（陈思宇）

【多措施提高服务质量】 1月7日，高丽营二幼采取多措施提升幼儿园服务质量：一是组织学习《幼儿园教育指导纲要》《幼儿园工作规程》《幼托机构卫生保健工作手册》等，在学习的同时，认真对照工作职责和要求，提升教师服务意识。二是每天幼儿入园前检查班级温度，教师带领锅炉工人一同检查，发现问题及时处理。三是细化亲子阅览室服务质量，责任教师除了负责指导阅读方法外，每次活动要选择不同的绘本进行分角色、分声调朗读，请家长和幼儿进行互动讲演。四是为了避免拥挤，制定分时段离园时间，值班教师做好晚离园、无卡登记记录，确保幼儿园无幼儿后教师方可离园的制度落实。

（郭雯雯）

【开展践行社会主义核心价值观系列活动】 1月12日，高丽营二幼开展践行社会主义核心价值观系列活动。1. 将社会主义核心价值观教育与教学活动相结合，设定年龄班目标课程，培养幼儿文明礼貌、勤俭节约、爱护公物等品德；2. 以“文明、礼让”为主题，开展亲子活动：利用亲子阅读，使家长与幼儿一同阅读与礼貌相关的绘本；组织家长开放日活动，巧设《过马路》《捡“垃圾”》等游戏。3. 利用校园广播、园报、QQ群等手段，向家长宣传社会主义核心价值观，发挥校园传媒的育人功能。4. 围绕社会主义核心价值观内容，开展幼儿诗朗诵比赛。

（郭雯雯）

【检查组来园检查考评】 1月23日，区校（园）长考评检查组到高丽营二幼检查考评。检查组就民主管理、党风廉政建设、校园文化建设、队伍建设、保教教学、安全维稳等方面对园所相关软硬件材料进行细致检查，并对校园文化创设进行实地查看，对园务组成员的德、能、勤、绩、廉等方面进行评价；随机抽取教师进行座谈；查看各项档案资料；进行园长问卷调查等。通过考评，检查组成员对园所一年来的各项工作给予充分肯定；对检查中发现的个别问题，提出整改意见。

（郭雯雯）

【区教育工会主席来园调研】 3月4日，区教育工会主席王玉英到高丽营二幼调研。王主席察看了幼儿园的环境、房屋建筑、锅炉房、教师食堂等设施，并针对园所周边环境提出建议；之后深入到各班查看教育教学设备和班级环境；最后听取了园长王长红就办园理念、师资建设、特色工作、活动实效性、教职工生活等方面工作的详细汇报；王主席对园所工作给予肯定，并强调一定要把安全工作放在首位，保教并重，为教职工和幼儿创造良好的工作和生活空间。

3月4日，区教育工会主席王玉英来高丽营二幼调研

（郭雯雯）

【开展“三八同乐”活动】 3月6日，高丽营二幼开展“三八同乐”活动。活动内容形式多样：首先是教师才艺展示：形式包括小品、舞蹈、演唱等，如：教师自编舞蹈《大姑娘美》，舞姿优美、感情激昂，展现了在新时期下教师们的靓丽风采；歌曲独唱《光阴的故事》、钢琴独奏《梦中的婚礼》等，彰显了教师们扎实的基本功；其次，互动联欢游戏：包括《谁是卧底》《猜词》《识歌卡拉OK》等游戏。最后，王园长向全体教师们致以节日的问候和美好的祝愿；会后，园所组织教职工学习《妇女权益保障法》。

（郭雯雯）

【开展首届绘本故事创编大赛】 3月13日，高丽营二幼开展首届绘本故事创编大赛。除幼儿代表担任评委外，园所还邀请了市学前教育专家崔雪燕、原进校副校长刘振兴、区语言联盟盟主康伶华及金汉绿港、义宾、旺泉幼儿园的园长担任本次大赛评委。区语言联盟教师也参加了此次活动。活动分三个环节进行：1. 评委评分。2. 评委对自编故事进行点评。3. 专家作《我们爱图画书》讲座。讲座对教师策略、教师角色、故事活动创编要点等方面进行了讲解。

（郭雯雯）

【组织幼儿紧急疏散演练】 3月23日，高丽营二幼组织幼儿进行紧急疏散演练，以提高师幼安全防范意识，及对地震、火灾等突发事件的应变、逃生技能。下午3点，哨声响起，各班教师立即组织幼儿从指定路线撤离；各楼层负责人迅速到达指定地点进行疏导，避免幼儿在楼梯和大门的拥挤；2分钟内，教学楼内所有人员快捷有序地疏散到安全地带；随后，各班教师清点人数，无一人滞留。紧急疏散演练取得圆满成功。

3月23日，高丽营二幼组织幼儿进行紧急疏散演练

（郭雯雯）

【召开退休教师欢送会】 3月27日，高丽营二幼为退休教师闫文安举行隆重的欢送会。会上，园长王长红首先致辞，充分肯定闫老师多年来为幼儿园做出的贡献，对她光荣退休表示衷心祝贺。会上，教师们表演自编歌舞、小品、游戏等节目，表达对闫老师的不舍之情。最后，闫老师发表退休感言，由衷地抒发了对幼儿园的深厚感情，同时表达了对幼儿园未来发展的美好祝愿，并表示要继续为幼儿园的发展发挥余热。

（郭雯雯）

【开展爱牙护牙教育活动】 4月1日，高丽营二幼开展爱牙护牙宣传教育系列活动。1. 召开家长会，举办幼儿口腔保健知识讲座；2. 保健医分年龄班进行“儿童口腔知识保健”教育活动，向小朋友们介绍如何保护自己的牙齿，预防蛀牙等知识；3. 各班开展爱牙护牙主题教育活动：小班创设爱牙互动墙式《给小鳄鱼刷牙》；中班开展《小熊拔牙》健康游戏活动；大班创设《我的牙齿》综合活动及律动《刷牙歌》等。这些操作性，互动性较强的主题活动达到了很好的宣教效果，使孩子们懂得了更多关于口腔和牙齿的健康知识。

（郭雯雯）

【区教委基建科科长来园调研】 4月13日，区教委基建科科长高云、高丽营镇土地科张海江到高丽营二幼调研，重点商讨该园绿化施工事项。根据施工设计图，高云科长等相关人员在园长王长红的带领下进行实地勘察，仔细核对布局、数据，并提出建议。

（郭雯雯）

【开展“春风送暖”捐款活动】 4月17日，高丽营二幼开展“春风送暖社会捐助”活动。园党支部高度重视此项活动，号召全园教师大力发扬助人为乐精神，为救灾、助老、助学、助困等贡献一份力量。该活动得到全园教师的积极响应，纷纷在现场献出自己的一份爱心。

（郭雯雯）

【进行印度舞蹈基本功培训】4月20日，高丽营二幼特邀舞蹈教师任伟男来园进行印度舞基本功培训。培训内容包括：幼儿教师应有的舞蹈素养、乐感，印度舞蹈的基本手型、脚型、手位及脚位等，并以舞蹈《天竺之韵》对教师进行考核。考核中教师们随着音乐，尽情地展现自我。

（郭雯雯）

【举办大班春季运动会】4月24日，高丽营二幼家园联手，举办第一届大班春季运动会。大班组教师负责设计此次运动会的比赛项目，大班家长自愿报名担任比赛项目裁判，部分幼儿成为拉拉队成员。运动会分五个环节进行：1. 入场式：伴随着《运动员进行曲》，小运动员们踏着整齐的步伐走进运动场，举行庄严的升国旗仪式。2. 各方代表讲话：园长王长红、家长代表王永刚、幼儿代表赵园春雪分别发言。3. 拉拉队表演：赛前，为鼓舞士气，小拉拉队员们表演花穗操《阳光下的花朵》，拉开比赛的序幕。4. 运动会比赛：比赛项目有往返跑、射击、沙包投掷、立定跳远、足球射门、快乐踏脚等。赛场上小运动员们个个奋勇争先，家长们和孩子一起享受着每项活动带来的激情与快乐。5. 颁奖：根据各项比赛结果，家长裁判们为优胜者进行颁奖。奖品均为幼儿自制，包括奖牌、花朵。

（郭雯雯）

【组织大班幼儿参观小学】6月5日，高丽营二幼大班全体幼儿在老师们的带领下参观高丽营学校小学部，亲身体验小学生生活。孩子们怀着强烈的好奇心参观了学校教室、操场、校园文化墙、会议室、功能教室等场所，观看了一年级哥哥姐姐们的上课状况，随后坐进了小学明亮的教室里，仔细聆听老师关于如何成为一名合格的小学生的讲解，并请小学生为他们佩戴红领巾；课间铃声响起，孩子们跑到操场上，无比兴奋地模仿起哥哥姐姐们参加跳皮筋、打篮球、跑步、跳绳等各项活动。

（郭雯雯）

【迎接级类年度考核督导工作】6月29日，由区督导室、学前科、区妇幼保健院组成的专家组到高丽营二幼进行级类年度考核、素质教育综合督导。领导们听取了园长王长红就落实《指南》情况所作汇报，观摩了两位教师的音乐教学与户外活动，考察园所环境，查阅了各项档案资料。其间，保健院领导查看了园所内各处的卫生情况，查阅了各项保健资料。专家组在反馈中，一致认为园所管理工作扎实有效、保教活动科学规范、教师队伍培养措施得力、书香氛围浓厚、家长工作满意度高。

（郭雯雯）

【教师队伍建设有妙招】7月上旬，高丽营二幼采取一系列举措加强教师队伍建设。1. 召开竞聘教研组长、班组长大会。园所邀请义宾、石园、港馨等姐妹园园长担当评委。参加竞聘的教师结合工作实际，进行认真总结，并分别阐述了各自竞聘优势及竞聘后的工作设想。评委们结合竞聘演说、工作印象及综合素质等几方面进行公平、公开、公正的现场打分，最终有8名教师成功应聘。2. 进行《3—6岁儿童学习与发展指南》测试。测试题采用闭卷考试，包括《指南》理论知识和教学中的实际问题。由业务园长、骨干教师进行打分，找出存在问题，并组织教师进行集中交流。3. 新教师考核。组织新教师试讲，业务园长对她们试讲进行评议，对新教师在教学环节的把握、教学案例的选择、重难点的讲解等方面提出指导性建议。

（郭雯雯）

【举办教师节拜师会】9月11日，高丽营二幼举办“感念恩师——

6月5日，高丽营第二幼儿园组织大班幼儿参观小学

教师节拜师会”活动。活动分五部分进行：一、“拜师傅”。在各年龄班、年级组、保育员组中分别拜师。二、新教师发言。将各自一学期的成长进步、心理历程、突出成绩做简要汇报。三、“师傅”讲话。对徒弟表达殷切希望，希望师徒一道用持之以恒的作风精进专业，并提出敬师、勤学、善思三点要求。四、师徒共乐，组织猜字迷游戏。五、园长王长红做总结发言，并送上节日的祝愿。

（郭雯雯）

【“十二五”科研课题顺利结题】10月30日，高丽营二幼召开“十二五”科研课题《探索绘本阅读教学策略，促进幼儿阅读能力发展的研究》成果汇报会。首师大学前教育学院李军、崔雪雁教授、区教委副书记张海东、高丽营镇副镇长高俊岭、区教研考试中心主任李树栋及学前科科长、副科长、教科室主任、学前教研室主任、区姐妹园园长、教师、部分家长参与了结题活动。会前专家组观看了幼儿绘本剧表演，参观了园所环境及课题活动展板。随后，副园长孙旗帜做课题成果报告，详细阐述了问题的提出、研究的目的与意义，研究的方法与过程及课题实施以来取得的成果。课题负责人王长红园长结合课题管理做补充。专家组对园所三年来的课题研究工作给予充分肯定，对课题研究的价值、严谨踏实的研究过程及高质量的研究成果均予以好评，同时也提出了建设性的指导意见。张海东对课题的进一步挖掘与推广使用寄予厚望。

（刘立娟）

【邀请专家做绘本剧指导讲座】11月5日，高丽营二幼邀请内蒙古师大李淑章教授进行绘本剧表演指导讲座。该讲座还邀请区语言联盟园、姐妹园园长、教师共同参与。讲座中，李教授针对绘本教学中教师语言运用存在的问题，结合实例从语速、重音、停顿、语调四方面对教师给予指导。她以幽默浅显的语言为大家普及了语言教育教学理论知识，对幼儿园教师专业成长起到积极的促进作用。

（刘立娟）

【开展教师绘本创编大赛】12月4日，高丽营二幼开展第三届教师绘本创编大赛。大赛邀请北京市学前教育专家崔雪雁、原进校副校长刘振兴及义宾、赵全营和东兴幼儿园几位园长担任本次大赛评委。园所绘本主要以高丽营地区周边资源为题材，结合本园幼儿年龄特点和生活经验，教师采用不同的文体创编出自己的作品。会上，参赛教师诵读了自己的作品，讲述了创编的来源、绘本的制作方式以及可开展的延伸活动。专家对自编绘本给予了充分肯定，同时指出绘本创编要与幼儿实际紧密结合。区语言联盟教师也参加了此次活动。

（陈思宇）

【举办“书韵飘香童乐和韵”元旦联欢会】12月30日，高丽营二幼成功举办“书韵飘香童乐和韵”元旦联欢会。活动突出体现幼儿自主和园所的绘本阅读特色。教师大胆放手，幼儿自主确定演出的内容与形式、自主排练节目、自主制作表演服装道具、自己主持。特色活动绘本剧表演贯穿联欢活动始终。在孩子精彩表演的背后是教师和家长在材料提供、服装制作、音响配合等方面给予的大力支持。活动借用高丽营中学的表演活动室。活动中幼儿诙谐的表演让现场笑声不断，不时引来家长们热烈的掌声，幼儿切实感受到了节日的欢悦。

（陈思宇）

·北京市顺义区高丽营第三幼儿园·

【概况】2015年，北京市顺义区高丽营第三幼儿园为教育部门办

11月5日，高丽营二幼邀请专家作绘本剧指导讲座

园，日托制。占地面积 4204 平方米、校舍建筑面积 3363 平方米。全年教育经费投入 381.88 万元，全部为国家拨款。固定资产 237.39 万元。图书室藏书 0.12 万册。拥有音体室、美工坊和教研室等专用教室 4 个，普通教室 9 个。拥有计算机 23 台。多媒体教室座位 70 个。校园网出口总带宽 100Mbps。教职工 33 人，其中教师 13 人，专科以上 13 人，中级职称以上 3 人；保健员 2 人，其中专科以上 2 人，中级职称以上 1 人。开设 6 个教学班，其中亲子班 1 个、小班 2 个、中班 2 个、大班 1 个。幼儿入园 158 人、离园 2 人、在园 156 人。

单位名称：北京市顺义区高丽营第三幼儿园

地址：北京市顺义区高丽营镇新于庄园 17 栋

电话：69451968

邮政编码：101300

网址：gaoliyingsanyou@163.com

（邢树森）

【通过北京市级类验收】 3 月 21 日，高丽营三幼通过北京市教委托幼园所专家的一级二类园验收。验收中，专家们根据级类验收标准，对高丽营三幼的园所环境、设施设备、档案资料等进行检查，对园所的工作给予肯定，同时也提出了相应的改进意见。根据专家建议，园所将结合本园实际，对活动室内环境、墙围高度、各区域位置、区域中材料投放等进行新的调整。

（邢树森）

·北京市顺义区后沙峪第一幼儿园·

【概况】 2015 年，北京市顺义区后沙峪第一幼儿园为教育部门办园，日托制。占地面积 7651 平方米、校舍建筑面积 3959 平方米。全年教育经费投入 834 万元，其中国家拨款 737 万元、自筹经费 97 万元。固定资产 188.41 万元。图书室藏书 4697 册，包括电子图书 1256 册。拥有音体室、美术教室等专用教室 2 个，普通教室 12 个。拥有计算机 23 台。学校信息化经费投入 3.5 万元，校园网出口总带宽 100Mbps，数字资源量 50GB。教职工 47 人，其中教师 29 人，专科以上 28 人，中级职称以上 5 人；保健员 1 人，其中专科以上 1 人。开设 9 个教学班，其中小班 3 个、中班 3 个、大班 3 个。幼儿入园 138 人、离园 78 人、在园 389 人。

单位名称：北京市顺义区后沙峪第一幼儿园

地址：北京市顺义区后沙峪镇双裕街 31 号

电话：61438058 转 810、811

邮政编码：101318

（刘　洋）

【开展民主日活动】 3 月 18 日，后沙峪一幼组织开展“科学发展合理创设园所环境”合理化建议月活动。活动中，全园教职工为科学发展建言，为创设环境献策。活动前，园工会精心组织，畅通渠道，通过深入调研、发放问卷、召开座谈会及 QQ 群讨论等多渠道了解教师需求，广泛听取大家意见。

（刘　洋）

【多举措保障幼儿安全】 3 月，后沙峪一幼开展多项活动保障幼儿安全。一是安全教育常态化，每周利用国旗下讲话对幼儿进行安全教育；二是不定期举行安全疏散演练，让师生熟练掌握逃生技巧；三是各班开展安全游戏活动，让幼儿掌握安全技能；四是利用 QQ 群、宣传栏向家长宣讲安全小常识，增强家长安全意识。

（刘　洋）

【多举措促家园共育】 4 月，后沙峪一幼多举措推动家园共育。一是召开家委会，听取家长代表的意见，共同探讨如何提高保教质量等问题；二是举办家长开放日，让家长走进幼儿园，切实了解幼儿在园内的学习生活；三是

3 月 21 日，高丽营三幼通过北京市一级二类园验收

定期举行家长课堂，向家长宣讲育儿知识；四是创设家长参与平台，如家园联系手册、班级QQ群等，各种信息及时共享，方便了家长与教师的沟通交流。

（刘　洋）

【接受区督导验收】5月19日，后沙峪一幼接受区教育督导室、教委学前科督导验收。督导组在查阅资料、问卷调查、听取汇报、深入班级、访问教职工后，以现场反馈的形式对幼儿园工作给予肯定并对存在的问题提出整改意见。

（刘　洋）

【区委组织部副部长来园慰问】5月25日，区委组织部副部长张洁一行到后沙峪一幼进行六一慰问。张洁查看了幼儿园户外体育游戏区、天井幼儿泥水游戏区、班级室内环境，与园所班子成员亲切交谈，详细了解幼儿园基建及园所文化建设情况，对幼儿园充分利用空间，创设幼儿有效互动的环境给予肯定。在听取园长李玉秀的工作汇报和教师幼儿的节目表演之后，她对幼儿园全体师幼表达了节日的问候，同时对幼儿园发展规划、分层打造教师的思路、教师积极向上的精神面貌及幼儿热情主动的表现给予了高度评价。教委副主任高山、后沙峪镇副书记孙雪松、镇主管教育副镇长王雪、镇组织部部长赵云霞陪同。

（刘　洋）

【督导室主任与孩子们共庆“六一”】6月1日，区教育督导室主任李卫国等领导来到后沙峪一幼，与孩子们一同庆祝节日，并对全园师幼表示慰问。李主任在园长李玉秀的陪同下，观看了孩子们表演的节目，察看了学校环境，了解学校的发展情况，询问了教师们的生活、学习和工作情况，对教师们的辛勤劳动给予充分肯定。李园长表示，要带领全园教师继续努力，为幼儿打造一个快乐的园所，让所有幼儿都能健康成长，快乐生活。

11月3日，后沙峪一幼开展秋季采摘活动

（刘　洋）

【开展幼小衔接系列活动】6月17日，后沙峪一幼开展幼小衔接系列活动。一是带领大班幼儿参观小学，熟悉小学的学习生活环境；二是召开幼小衔接交流会，告诉家长应该如何更好地引导幼儿适应小学生活；三是大班开展模拟小学课堂活动，让幼儿初步养成良好的学习习惯。

（刘　洋）

【开展促新教师成长系列活动】9月，后沙峪一幼开展促新教师成长系列活动。一是以研促教，本学期初全园开展一课三研，由老教师做引领，让新教师通过观摩研究，找出自身的不足，通过共同研讨解决新教师的困惑，提高教学水平；二是开展区域评比，每个月都对各班的幼儿活动区进行观摩评比，找出各班的优缺点，提高教师们对活动区布置的水平；三是开展保健知识培训，保健医结合当季的特点对新教师进行卫生保健培训，提高教师保教综合能力。

（刘　洋）

【开展秋季采摘活动】11月3日，后沙峪一幼组织秋季采摘活动。金秋时节，教师们带领着孩子们在种植园里挖红薯、摘海棠竹。种植园地已建立一年多，在这里孩子们自己动手播种、浇水、施肥，了解植物的生长变化。小小的种植园给了孩子们一个观察与探索，付出与收获的自由空间，在这里他们分工合作，与人分享，亲近了自然，体会到果实的来之不易，收获了丰收的喜悦。

（刘　洋）

【组织消防日活动】11月9日，后沙峪一幼开展消防日活动。活动中，先将消防车开进幼儿园，让孩子们零距离接触消防用具，

2015 年，后沙峪一幼创设特色活动区

感受消防文化。通过展板讲解、认识消防器材等，小朋友了解了如何在发生火灾时进行报警、自救及正确的逃生方法。

（刘　洋）

【雾霾天“停课不停学”】 12 月 8 日，后沙峪一幼坚持雾霾天“停课不停学”。当日，北京市首次启动空气重污染红色预警，为确保各位家长及幼儿出行安全及身体健康，园所按照上级要求通知家长停课，但教育活动并没有停止。各班教师通过 QQ 群对家长和幼儿开展相关的教育活动。交流中，首先向家长讲解雾霾天应采取的有效防范措施，并将保健医特别制定的“清肺”菜谱发给家长；同时与幼儿进行网络互动，通过语音讲故事、教儿歌，孩子们虽然不能来幼儿园，但仍能听到老师授课。其间，幼儿园还对全体教师进行了基本功培训，充分利用时间提高教师教育教学能力。

（刘　洋）

【开展庆元旦献爱心义卖活动】 12 月 31 日，后沙峪一幼开展庆元旦献爱心义卖活动。孩子们拿着自己的玩具、书籍等参加拍卖。活动所得善款全部捐献给太阳村儿童福利院。孩子们通过此次活动学会关心别人，萌发幼儿的爱心，试着用力所能及的方式去表达自己的关爱，亲身体验奉献和给予的快乐。

（刘　洋）

【创设特色活动区】 2015 年，后沙峪一幼以幼儿发展为本打造园所环境。1. 充分利用天井的有限空间，按照“以小见大，和谐统一”的设计理念，为幼儿创造与大自然亲密接触、积极探索的沙水游戏区域。2. 创设室外攀爬区、门厅休闲区、阅读及水族观察区。3. 充分利用室内空间创设门厅攀爬墙、走廊球类游戏区等。丰富多彩的活动区域激发了幼儿的探索兴趣，让孩子们释放了最真实的情感。

（刘　洋）

·北京市顺义区吉祥幼儿园·

【概况】 2015 年，北京市顺义区吉祥幼儿园为教育部门办园，日托制。占地面积 4000 平方米、校舍建筑面积 2000 平方米。全年教育经费投入 733.22 万元，全部为国家拨款。固定资产 151.13 万元。图书室藏书 0.4316 万册。拥有普通教室 6 个，计算机 20 台。学校信息化经费投入 4.112 万元，校园网出口总带宽 100Mbps，数字资源量 500GB。教职工 37 人，其中教师 25 人，本科 21 人，大专 4 人；幼儿园高级 6 人；保健员 2 人，其中本科 2 人，幼儿园高级 1 人。开设 6 个教学班，其中小班 2 个、中班 2 个、大班 2 个。幼儿入园 94 人、离园 72 人、在园 236 人。

单位名称：北京市顺义区吉祥幼儿园

地址：北京市顺义区空港 B 区吉祥花园 13 号楼

电话：60401940

邮政编码：101300

（张婷婷）

【组织“三八”妇女节庆祝活动】 3 月 6 日，吉祥幼儿园举办“三八”节庆祝活动。1. 前期准备：通过电话沟通的方式拜访每位教师家属，送去祝福的同时，收集每位家属的声音。将家属对教师想说的话制作于 PPT 中，并搭配教师照片一起呈现。2. 活动效果：教职工对这份特别的节日礼物感到意外、欣慰和感动。其间，园所还邀请专业人士为教师讲解了服装搭配的相关知识，以期展现教师风采。

（张婷婷）

【开展“我为妈妈献才艺”】 3 月 18 日，吉祥园迎来顺义电视台为“我为妈妈献才艺”评选活动进行海选录制工作。园所推荐了四个节目参选，包括钢琴曲《星光圆舞曲》、街舞小子、舞蹈《三只熊》和律动亲子游戏。录制中，孩子们分别以不同形式表达了对妈妈的爱和理解。记者对表演者和妈妈采访时，从妈妈温馨的笑容中感受到其心中的感动和欣慰。园所为幼儿展现自我搭建平台，促进了家园合作。

（张婷婷）

【多渠道促进幼儿健康成长】 4月中旬，吉祥园保健医与班级教师合作，从几方面入手促进幼儿健康成长。一是结合幼儿年龄特点，调整卫生保健版。针对小班，向幼儿开展手足口病健康教育；对中大班，重点传授运动中自我保护的方法，以提升幼儿自我保护的能力。二是加强肥胖儿档案管理。利用四周时间初步调整肥胖儿体质，第1周观察幼儿饮食、运动量，并与家长沟通了解幼儿在家生活情况，进行记录和初步分析。第2周结合分析报告采取科学干预措施，并指导家长参与。第3、4周不断审验和进一步分析干预措施的有效性，选择更及时有效的方法。三是体质测试培训。保健医指导教师了解体质测试项目、测试方法及要点，强调测试目标。同时提醒教师结合日常游戏活动，锻炼幼儿体质。

（张婷婷）

【开展多种形式工会活动】4月，吉祥幼儿园工会以动静相结合的形式丰富工会活动。1. 动，组织全体教职工爬浅山。为提升教职工身体素质，将全体人员分为三队比赛爬山，本着“不抛弃，不放弃”的原则，互相协助，坚持让每一位职工登顶。2. 静，4月23日是第二十个世界读书日，工会组织读书交流活动，鼓励教职工与大家分享自己读过的有深意、有价值的书籍。

（张婷婷）

【多举措促进幼小衔接工作】5月，吉祥园开展幼小衔接系列活动。一是与家长座谈。班级教师通过与家长沟通，解决家长在幼儿入学前的一些疑问与困惑。二是参观小学。教师带领大班幼儿走进小学，体验一年级小学生的学习模式，感受小学的生活特点。三是开展幼小衔接入学讲座。帮助家长梳理幼儿升入小学前的心理和物质准备，确保幼儿顺利走过幼小衔接过渡期。四是创新大班组集体教学活动形式。变班级为班组，让幼儿在集体教育活动中，分组实践——鲜艳的红领巾、有趣的社团、美丽的小学、课间十分钟、我的小书包。之后将实践结果由小朋友们共同分享。

（张婷婷）

【举办“六一”儿童节文艺演出】 6月1日，吉祥园举办“童心飞扬放飞梦想”“六一”儿童节大型文艺演出。一是精心筹划准备，园领导和各班组长多次商讨，设计活动方案、安全预案、舞台和服装制作等内容。二是丰富演出形式，在舞蹈、诗朗诵、童话剧的基础上，小班教师提出与家长携手自制服装，创设环保主题T台秀；中班将锅碗瓢盆伴奏点与斗牛曲相结合。三是宣扬园所文化，结合“建吉祥园、育吉祥人、传吉祥神”的办园理念，为各班“吉祥家长”颁奖，传递正能量。园所搭建展示平台，有效促进了师幼专业成长，彰显了园所文化特色。

（张婷婷）

【举办亲子制作活动】 9月3日，吉祥园组织以“我为阅兵添风采”为题的亲子制作活动。该活动积极倡导“低碳理念”，鼓励幼儿与家长一起利用生活中的废旧材料进行创造再利用，制作出各种阅兵时展现的飞机、坦克等装备，从而充分发挥了家长的主动性，增进了家长和孩子之间情感，为

4月，吉祥幼儿园开展多种形式的工会活动

教师与家长和孩子搭建了交流的平台。

（张婷婷）

【改建户外拓展区】9月19至21日，吉祥园在原有拓展区基础上添设大型拓展器械。幼儿健康是幼儿发展的基础，而户外体育游戏是幼儿园户外活动的基本内容，园所将攀爬、平衡、索道组合型拓展项目融汇其中，在激发幼儿的内在潜能，提高幼儿的体能和身体素质。

（张婷婷）

【开展“爱牙总动员”活动】9月，在全国第27个爱牙日到来之际，吉祥园开展“爱牙护牙”宣传、教育系列活动。各班根据幼儿的年龄特点，以其喜爱的形式组织活动。如儿歌《我爱刷牙》、健康活动《鳄鱼怕怕牙医怕怕》、主题活动《爱牙总动员》、律动《刷牙歌》等等。这些操作性、互动性强的教育活动宣教效果良好，孩子们因此了解到更多关于口腔和保护牙齿的知识，掌握了正确的护牙方法。

（张婷婷）

【举办大型家长开放活动】10月23日，吉祥幼儿园举办“吉祥绽放”家长开放活动。第一项，“吉祥绽放——亲子制作”颁奖典礼。根据中大班幼儿及家长的互评投票结果，为10月份中大班主题亲子制作活动颁发证书和奖品。第二项，开展“吉祥绽放—激情热卖”旧物大卖场活动。1. 精心筹备。园所设计活动方案，班级教师与家长沟通，准备售卖物品。2. 激情热卖。“小老板”自行售卖，用海报、吆喝声、优惠的价格吸引来往的“顾客”，在讨价还价中锻炼自己的交往、沟通等多项技能。3. 收获颇丰。各位小卖家和小买主都收获满满，最后小朋友们还自发地互换物品，将活动推向高潮。第三项，邀请考研中心教科室主任赵文增开展主题为“吉祥绽放——弘扬吉祥文化”家长讲座。解读“如何家园携手共育吉祥幼儿”。

（张婷婷）

【组织幼儿收获果实】10月26日恰值霜降季节，吉祥园利用户外活动时间组织中大班幼儿摘柿子、刨白薯，体验收获的快乐。活动中，老师们带领中班幼儿，来到种植园在泥土中挖掘、寻找成熟的白薯。大班幼儿站在梯子上，摘取熟透的柿子，传递给下面的幼儿，放入筐内存放。幼儿对手中的果实爱不释手，从他们的脸上、手上等身体语言中都能感受到一种特殊的兴奋。

（张婷婷）

【带领幼儿走进社区】10月28日，吉祥园大一班幼儿走进吉祥花园社区，参与“吉祥花园小小发明家作品展”活动。活动以钓鱼比赛的形式展现幼儿拼插技巧和共同合作意识。幼儿三人一组，用乐高玩具拼插鱼杆和鱼篓，再利用自己拼插的工具，互相配合完成挑战。在规定时间内钓鱼数量及渔具得票累计最多者为胜，最终评出优胜和创意一、二、三等奖。

（张婷婷）

【幼儿小餐厅“开业”】11月，吉祥园“吉祥小餐厅”创建、开业。物质准备有：蛋糕机、榨汁机、鸡蛋、面、水果等真实设备和食材。经验准备包括：之前幼儿利用橡皮泥、彩纸等辅助材料制作过“食品”，在家观察过家长制作的过程。区域活动时间，幼儿在教师的协助下，亲身体验制作小蛋糕、鲜榨果汁、水果沙拉。其他幼儿可以使用自己平日表现突出获得的吉祥小象，兑换制作

10月26日，吉祥幼儿园组织幼儿收获果实

的钱币去小餐厅消费，购买自己喜爱的食物。

（张婷婷）

【召开家长委员会】11月5日，吉祥园召开家委会，让家长近距离了解园所的同时，听取家长提出的建议。1. 参观厨房。在保健医的带领下，家长们走进厨房，了解幼儿每日餐食的制作过程及各操作间的功能。2. 品尝面点。家长们试吃由厨师制作的幼儿日常花样面点。3. 参与体能循环区活动。活动中，家长协助教师对幼儿进行个别指导。园所相关人员针对家长在各方面提出的疑问及建议进行逐一记录并解答。

（张婷婷）

【举办厨师才艺展示活动】11月16至20日，吉祥园组织厨师开展刀工比赛和创新面点制作活动。刀工比赛：师傅采用自己熟练的切割手法，在土豆丝、胡萝卜丝、青椒丝的制作过程中展开了一场激烈的比拼。创新面点：厨师开拓思维，积极搜集资料、准备食材，利用中午时间进行花样创作。最终共制作小草帽、玫瑰花、小老鼠等五种花样面点，深受老师评委的喜爱。

（张婷婷）

【举办小班幼儿穿衣服大赛】11月20日，吉祥园邀请家长观看小班幼儿的穿衣服比赛。活动分为两个环节：一是幼儿展示脱衣服、叠衣服过程。二是开展穿衣服比赛。家长们看着幼儿稚嫩的动作，心里既焦急又欣慰。与此同时，园所还邀请早教班的家长带领幼儿入园观摩活动，初步体验幼儿园的基本生活。本次活动在鼓励幼儿尝试自己穿衣服，提高其自理能力的同时，促进了其动手操作技能及小肌肉群的发展。

（张婷婷）

【参与央视儿童节目】11月26日，吉祥园幼儿参与中央电视台《快乐大巴》节目录制。11名幼儿与武术教练在舞台上两分钟的表演，赢得了全场观众的热烈掌声。操节的精彩呈现与多方面努力分不开：1. 在武术操学习的基础上，采用幼儿自愿报名与园所选拔相结合的形式推优。2. 结合彩排场地的大小，经过多次队形的设计与排练。3. 教师全方面保障，协助幼儿录制节目完成。

（张婷婷）

【多渠道提升教师业务水平】11月，吉祥园开展形式多样的自制玩教具展评活动。一是依据当月教育目标，教师分不同年龄班制作适宜幼儿区域活动的玩教具，并依照目标性、科学性、实用性、创新性、艺术性、安全性等统一评比标准，相互打分评出奖项。二是组织建构区现场教研活动。在业务园长的指导下，教师进入建构区亲身体验如何依托目标搭建具有创新性的建筑造型，并针对搭建过程中遇到的问题进行记录、反思、讨论与总结。三是观摩优秀教师半日活动。青年教师于观摩中记录指导教师在教育教学活动中的技巧和自己的疑问，在集体教研中大家各抒己见，研讨疑难点。

（张婷婷）

【创新室内游戏活动】12月7至9日，为应对空气重污染橙色预警，吉祥幼儿园停止一切户外活动，并创设多种室内游戏。一是充分利用活动室的桌、椅、积木等材料，设置循环活动体系，锻炼幼儿钻、跨、跳等技能。二是在室内有限空间内，组织集体游戏，如：找朋友、捉迷藏、跳房子等。三是扩大建构区活动空间，利用积木及各种辅材，设置路障，让小朋友想办法通行。四是结合节奏快慢的不同，开展“帮小动物运粮食”活动，在往返跑的过

11月，吉祥幼儿园多渠道提升青年教师业务水平

程中达到运动健身的效果。

（张婷婷）

【举办庆元旦亲子联欢会】12月31日，吉祥园首次将同年龄班幼儿融合到一起庆元旦。庆祝当日，家长首先将自己的新年愿望写在便利贴中，并悬挂于许愿树上。之后，家长进入各班与幼儿共同参与活动。根据幼儿各自年龄班的特点分别组织相应活动，小班组为游乐汇，包括亲子表演舞蹈、魔术、舞台剧、歌曲等。中班组为美食汇，包括亲子制作水果沙拉、饺子、糖葫芦、寿司等。大班组为巧手汇，包括亲子共同通过泥工、折纸、绘画等方式制作艺术品。一大家子人在吉祥园度过了一个热闹、喜庆、祥和的时刻。

（张婷婷）

·北京市顺义区建新北区幼儿园·

【概况】2015年，北京市顺义区建新北区幼儿园为公办园，日托制。占地面积1912平方米、校舍建筑面积2803平方米。全年教育经费投入672.79万元，全部为国家拨款。固定资产284.5万元。图书室藏书1万册。拥有图书室、教工活动室和资料室等专用教室3个，普通教室9个，计算机34台。学校信息化经费投入6万元，校园网出口总带宽100Mbps，数字资源量800GB。教职工34人，其中教师31人，专科以上28人，中级职称以上15人；保健员1人，其中专科以上1人，中级职称以上1人。开设9个教学班，其中亲子班1个、小班5个、中班2个、大班2个。幼儿入园160人、离园90人、在园323人。单位名称：北京市顺义区建新北区幼儿园

地址：北京市顺义区建新北区37号

电话：69442746

邮政编码：101300

网址：jianbeiyey@126.com

（宋永平）

【开展教工社团活动】4月2日，建北幼儿园开展教工社团活动。根据教师兴趣爱好和幼儿园艺术教育特色，特开设剪纸、花样踢毽、艺美舞蹈、小画家美术等四个教工社团。该活动以社团自主发展、自主管理、园所支撑为原则，活动时间为每周五的下班时间，每个社团分设组长负责社团事务。

（宋永平）

【举办“防小学化”家长讲座】5月26日，建北幼儿园召开家委会并举办“防小学化”讲座。会上，园长就“家长不应盲目跟风”“拔苗助长式的抢跑不可取”“提前学习小学知识会阻碍孩子良性发展”“小学零起点家长才不慌”等几个问题进行了阐述；同时向家长推荐《3—6岁儿童学习与发展指南》一书；随后，园领导及教师还同家长交流了育儿经验；请家委会成员将此次讲座的精神在家长中广泛宣传。

（宋永平）

【举行庆“六一”大型文艺汇演】5月29日，建北幼儿园开展“传承传统文化，共育幼儿快乐发展”“六一”儿童节大型文艺汇演活动。为确保活动质量，汇演前，园所聘请专业的舞美公司对舞台、音响、背景等进行全面打造。活动中，整合了家庭、社会和自然等幼儿园内外资源，演出的20个节目精彩纷呈，形式多样。舞蹈《小苹果》《番茄狂想曲》《母鸭带小鸭》节奏明快、活泼可爱，时装秀《清凉一夏》环保创新、张扬自信。本次演出特别增加了国学内容的演绎，《游子吟》《古诗新唱》《三字经》等方面的国学表演。

（宋永平）

【新学期扩班增生】7至9月，建北园顺利完成扩班增生任务。

5月26日，建北幼儿园开展“防小学化”家长讲座

9月25日，建北幼儿园走进大胡营村园确定手拉手关系

8月开学前，经各级检查、检测，硬件、软件等设施设备均符合国家标准。新学期建北幼儿园共新建平房320平米，户外场地500平米，新增小班3个，扩招幼儿90名，新增教工10余人。从而最大限度满足了周边小区幼儿入园需求。

（宋永平）

【与大胡营村园确定手拉手关系】 9月25日，建北幼儿园走进大胡营村园确定手拉手关系。活动中首先向大胡营村园园长了解了村园的基本情况。村园需求，从教育资源共享、加强培训指导、发挥各自优势互帮互助等几方面和拉手园共同制定手拉手计划。

（宋永平）

【举行导师带教拜师会活动】 9月25日，建北幼儿园举行拜师活动。活动先由业务园长宣读导师带教名单。学期初，经与园领导协商，全园新岗教师结合本岗位工作情况各自选择有专业特长老教师为导师，截至目前共有十对教师确定师徒关系。确定带教关系后，师徒共同学习了《建北幼儿园导师带教制度》。最后，园长为师傅发放聘任书，并合影留念。通过举行导师带教活动，全园上下进一步形成了良性互动氛围。

（宋永平）

【开展班级质量评比活动】 10月9日，建北幼儿园开展班级质量评比活动。评比条件包括：一、班级环境创设温馨，根据不同年龄班特点合理划分游戏区域，且物件摆放整齐。二、各区域背景墙饰能体现出为幼儿的发展服务。三、主题内容需体现幼儿是活动的主体，节日教育突出，并有所创新。四、班级月份亮点工作突出。会上，各班组长依次向大家介绍展示班级工作，园所对各班级进行综合打分。评比后，园长、业务园长与各班组长进行了交流沟通。

（宋永平）

【开展自然角评比活动】 10月19日，建北幼儿园开展自然角评比活动。评比内容包括：种植区、饲养区、观赏区、实验区、观察记录。活动前，班级教师、幼儿、家长一起参与自然角创设。活动按照“符合班级年龄特点，符合季节特点，家长、幼儿参与度高，管理好、生长旺盛，形象生动具有童趣，富于创意”等几项标准进行评比。评比中，各班教师根据自然角创设情况分别进行简介，全体教师和园领导进行现场打分。通过评比，老师们得到了一次学习、交流、分享的机会。

（宋永平）

【创新幼儿食谱】 10月22日，建北幼儿园开展创新幼儿食谱活动。一、外出学习。后勤园长、保健医、食堂管理员、炊事员到优秀园所食堂学习豆腐脑的制作、蛋糕烘焙等技艺。二、创新花样面点。通过营养计算和色彩搭配，创新出五彩糖包、奶香小窝头、中式热狗等。三、丰富早餐。早餐科学配比，增加酱猪肝、五香肘花等幼儿园自制熟食、花样小菜、西湖牛肉羹、黄金杂米粥等。该活动展现了食堂人员的创新精神，为孩子们的健康成长提供了良好保障。

（宋永平）

【组织骨干教师半日活动展示】 10月21至23日，建北幼儿园开展骨干教师半日活动展示。展示环节包括晨间活动、生活活动及过度环节、集体教学活动、区域活动、户外活动。园领导和全体新教师参加观摩。其中新教师重点对高翠竹老师的剪纸教学活动《我爱祖国一万年》、吴金华老师的社会领域教学活动《重阳节》、李梅华老师的体育教学活动《揪尾巴》进行观摩。三位骨干教师结合本班幼儿实际，通过不同角度及不同领域的展示，为新教师的学习与成长提供了宝贵的学习机会。

（宋永平）

【开展第十届科研月活动】 12月3日，建北幼儿园组织“科研月研究课观摩指导”活动。本次科研月以“展示交流研究成果，提升凝练研究经验”为主题。大一班贾立恒老师承担了剪纸活动《在森林里》。大二班高翠竹老师承担了剪纸欣赏活动《盼》。两节剪纸活动各具特色，从操作与欣赏两条线分别进行，全方位展示了建北幼儿园“十二五”科研成果。研究课结束后，专家对全园老师进行了《了解儿童艺术》的讲座，对教师“十三五”课题研究给予了新的启示。北京市学前教育领域美术工作室主持人姚兵岳老师，首师大学前教育学院崔雪雁老师、顺义区教科室副主任周靖彦老师，以及顺义区艺术领域联盟园、手拉手村办园等幼儿园20余名教师参加活动。

（宋永平）

【开展新教师成长月活动】 12月，建北园举行新教师成长月活动。一、新教师培训交流。结合新教师工作中遇到的问题及需求，特举办关于教师专业标准和新教师如何备课等讲座培训活动。二、新教师集体说课。每位新教师自选一节课，提前将教学内容整理好，与师傅一起进行说课，师傅提出问题和改进措施。全园新教师互学互帮。三、新教师园本课程展示。结合幼儿园特色剪纸课程，每位新教师自选一节剪纸课进行展示。活动前深入分析教材，精心设计教学活动。活动中，他们各显身手，教学形式灵活多样。

12月，建北幼儿园开展新教师成长月活动

活动后新教师们积极进行反思，并根据老教师们的评价，有针对性地分析交流。

（宋永平）

·北京市顺义区金汉绿港幼儿园·

【概况】 2015年，北京市顺义区金汉绿港幼儿园为教育部门办园，日托制。占地面积4200平方米，建筑面积3405平方米，全年教育经费投入1021万元，均为国家拨款。固定资产272.9万元。图书室藏书1.0847万册。拥有音体专用教室1个，普通教室12个。有计算机29台。校园网出口总带宽100Mbps，数字资源量200GB。教职工54人，其中教师39人，专科以上38人，中级职称以上20人；保健员3人，其中专科以上3人，中级职称以上1人。开设12个教学班，其中小班4个、中班4个、大班4个。幼儿入园185人、离园172人、在园550人。

单位全称：金汉绿港幼儿园

地址：金汉绿港三区

电话：60417288

邮政编码：101300

网　址：http://78221.ankang06.org/space/

（陈树环）

【开展“分享阅读”培训活动】 3月12日，金汉绿港幼儿园举办“分享阅读”培训讲座。该讲座由奕阳分享阅读专家阎老师主讲。阎老师着重强调了培养幼儿阅读兴趣的重要性，并联系实际给教师们讲述了如何正确运用分享阅读的方法、技巧和策略，使教师能够将《分享阅读》课程新的教学方法、新的教育理念，充分运用到教学中，从而轻松地进行教学，提高课堂教学效率，进而能真正意义上实现“在互动中享受快乐，在快乐中启蒙阅读，在阅读中快乐成长。”

（陈树环）

【组织“我为妈妈献才艺”系列活动】 3月19日，金汉绿港园开展“我为妈妈献才艺”系列活动：一是开展“我为妈妈献才艺”宣传活动。二是各班教师组织“海选”活动，每班评出两个优秀节目。三是聘请家委会妈妈成员担当活动评委。四是园所组织评选。

本次活动有语言、舞蹈、歌曲、器乐等多种形式，所有节目均构思新颖、富有童趣。小选手们的精彩表演，得到了家长评委的高度赞誉。顺义电视台记者进行了现场专题采访。

（陈树环）

【开展手拉手园分享阅读交流活动】 4月16日，金汉绿港幼儿园与结对园高丽营二幼开展分享阅读观摩研讨活动。活动中，金汉绿港园的2位新教师进行分享阅读教学活动，之后，手拉手幼儿园的老师们及益阳教育分享阅读专家张老师对活动进行点评，并对阅读活动中的图片阅读及教师有效提问，进行了深入研讨。本次活动是一次很好的实践、反思的过程。

（陈树环）

【开展第一届阅读节活动】 在4月20日世界读书日来临之际，金汉绿港幼儿园开展“家园溢书香”第一届阅读节活动。本次阅读节主要以亲子共读的形式开展：内容包括图书漂流活动、书香家庭创意活动、亲子故事会、诗歌朗育活动，亲子图书制作活动等。阅读节期间，幼儿园的操场是一片书的海洋，家长带领孩子在图书的世界里漫步，选择孩子喜爱的图书开展亲子共读。此刻，忙碌的家长有机会静下来和孩子一起阅读，让孩子们倍感幸福和温馨，活动增进了亲子关系。

（陈树环）

【举行首届亲子故事会活动】 4月30日，金汉绿港幼儿园开展“班级亲子故事会”活动。活动前期，老师们做了大量宣传工作，向家长细致讲解了活动开展的具体方法，号召家长们自愿报名参加到故事会活动中，并将在家中和孩子共同阅读的故事分享给大家。活动中孩子们和家长一起参与，分别扮演故事中的角色，孩子们语言连贯流畅、吐字清晰、声情并茂，富有表现力，家长们则为孩子做榜样，表演不时引来阵阵掌声。

（陈树环）

5月15日，金汉绿港幼儿园开展幼儿趣味运动会

【幼儿自主策划与组织运动会】 5月15日，金汉绿港幼儿园开展“我的运动我做主”幼儿趣味运动会，本次运动会依据《指南》精神，中、大班幼儿自主参与运动会的策划与组织，教师给予充分支持。1. 幼儿以年龄班为单位自主讨论运动会方案。2. 自主决定运动会名称、游戏项目、自己布置运动会场地、设计记分表和奖牌。3. 合作分工：自主推选出小主持人、裁判员、工作人员及志愿者。4. 公平公正地对每一项游戏项目进行记录和打分。5. 邀请电教教师和保健医、家长志愿者为运动会准备背景音乐和安全保护。运动会中，场上的孩子们个个奋勇争先，场下的啦啦队热情欢呼呐喊，他们全神贯注的神态以及获胜后的喜悦，使全场汇成了一片欢乐的海洋。活动期间，孩子们体验到了自主参与的快乐。

（陈树环）

【大班幼儿自主组织毕业典礼】 6月26日，金汉绿港幼儿园“打开希望之门、放飞童年梦想”大班幼儿毕业典礼在区影剧院举行。1. 活动前每班由几名小代表讨论决定活动计划：幼儿以思维导图的直观形式将毕业典礼的计划时间、想呈现的内容环节用画的形式展示在公共区域。2. 各班小代表们划分任务，并按照计划实施：选择演出地点、编排节目、确定主持人、制作服装道具、制作毕业证书和节目单等。3. 典礼开始前，幼儿合作分工：服务组负责检票、化妆组为演员化妆、剧务组组织演员备场，所有工作井然有序。4. 典礼开始，大班幼儿、家长、老师，同台展演了舞蹈、童话剧、相声、小合唱、诗朗诵、打击乐等丰富多彩的节目，其中《毕业诗》更是声情并茂，感人至深。最后，园长吴冬梅致毕业祝词，并与另外两位副园长为孩子们颁发了幼儿自己设计的毕业证书，典礼达到高潮，与会家长、幼儿一起热烈鼓掌，庆祝孩子们人生里程中第一个毕业典礼。

（陈树环）

6月26日，金汉绿港幼儿园自主策划组织大班幼儿毕业典礼

【分园小班部成为东兴幼儿园】 9月1日，金汉绿港分园小班部经教委批准正式成立为东兴幼儿园。

（陈树环）

【开展党团员读书竞赛活动】 9月25日，在纪念中国人民抗日战争暨世界反法西斯战争胜利70周年之际，金汉绿港幼儿园党支部、团支部开展“弘扬抗战精神共筑复兴梦想”读书竞赛系列活动。1. 向每位党团员赠送《大抗战知识读本》一书。2. 组织党团员认真学习，并记好学习笔记。3. 开展党团员读书知识答题活动，以检测学习效果。

（陈树环）

【举办“拥抱秋天”游园活动】 10月16日，金汉绿港幼儿园举办以“拥抱秋天”为主题的鲜花港游园活动。进入园地，孩子们就在宽阔的草地上尽情地嬉戏起来，欣赏着美妙无比的秋景；此后，分年级进行活动——中班幼儿观看3D科技电影，走进神奇的宇宙世界；大班幼儿通过挖红薯来感受劳动的快乐和丰收的喜悦；老师们则抓住参观鲜花港的契机，向孩子们讲述秋天的花，秋天的树，秋天的草，秋天的水，孩子们个个思维活跃，争先提问。游园活动，大大开阔了孩子们的视野，培养了孩子们热爱家乡、热爱大自然的情感。

（陈树环）

【迎接市级课题阶段性成果视导】 10月28日，金汉绿港幼儿园接受区内专家进行关于《支持3—6岁幼儿多元表达的策略研究》市级课题研究阶段性成果视导。首先，业务园长从研究目的意义、研究过程、阶段成果等向专家组做详尽阐述。然后，由三位教师以案例交流的形式向大家介绍《有趣的剪纸》《毕业典礼》及《我们的啦啦操》主题活动是如何支持幼儿多元表达的研究过程。活动现场，专家组观摩了大班《我们的壮娃》吉祥物制作活动。最后，兼职教研员代表进行点评，区教科室副主任周靖彦作了活动总结发言。她从课题报告撰写、课题研究中要引导幼儿有质感的表达、要培养幼儿思维习惯方面等作了提示。

（陈树环）

【参加市幼儿教师教育展示活动】 11月4日，金汉绿港幼儿园参加北京市幼儿教师教育展示活动。活动由北京市学前教育界资深专家廖丽英、学前教育处处长、朝阳区学前教研室主任及市级优秀园所园长代表组成评委团队进行评审。展示内容为区级骨干教师王益楠组织的大一班《我们的运动会》主题下的半日2小时活动。包括：教学活动——手工制作《我们的金宝儿》及区域和户外活动。活动全程体现了幼儿自主、教师支持的现代学前教育理念。展示后，王老师就活动的设计、组织及指导情况做了简介及活动后的反思。专家们进行了评价并给出积极建议。展示活动给专家、领导留下深刻印象。顺义区委教工委书记、教委主任刘克祥、教工委副书记张海东莅临现场。顺义区学前科及学前教研室相关领导全程参加。

（陈树环）

【举办“让孩子爱上阅读”家长培训讲座】11月10日，金汉绿港幼儿园邀请奕阳教育研究院李娜娜老师来园为家长做“让孩子爱上阅读”讲座。李老师从早期阅读的重要性、如何为孩子选择故事书以及怎样指导孩子进行故事阅读三方面入手，结合分享阅读《上床睡觉》《熊小弟的栅栏》等故事书，为家长进行了精彩解读。她生动形象、风趣幽默的课堂语言不断引起家长会心的微笑，从而激发了家长参与孩子早期阅读的热情。

（陈树环）

【开展消防培训】11月12日，金汉绿港幼儿园邀请北京消防支队教官为全园师幼进行消防安全知识培训。消防教官首先展示和讲解了消防器械的使用，然后从如何报火警、火灾的预防、火场自救及逃生方法等消防安全基本常识上进行了阐述，并现场演示灭火器及消防栓的使用操作程序，还让部分老师亲自体会了使用灭火器灭火的过程。培训为创建平安和谐的幼儿园打下良好基础。

（陈树环）

【承办区《指南》走进教育现场会】12月4日，金汉绿港幼儿园承办顺义区《指南》走进教育现场会。活动由学前科科长单小红主持，共分为业务园长贯彻《指南》工作汇报、大班教师案例交流、大班集体教学展示、与会人员分组讨论及专家点评五个环节。该活动得到领导和园长们的一致好评。专家特别从真、实、细——活动来源真实、教师研究踏实、上级关怀细致三方面给予了积极评价。认为这种活动能切实提高领导的专业领导力及教师的专业成长。北京早教专家何桂香及其团队、区学前科、学前教研室、贯彻《指南》区级示范园的园长和区内各园业务园长约90余人参加。

（陈树环）

【组织学习十八届五中全会精神】12月11日，金汉绿港幼儿园组织全体教职工对《中国共产党第十八届中央委员会第五次全体会议公报》进行学习。学习中，园长吴冬梅重点解读了十大关键词和以提高质量为核心的教育发展观。

（陈树环）

12月11日，金汉绿港幼儿园学习十八届五中全会精神

【开展绘本教学同课异构活动】12月23日，金汉绿港幼儿园与高丽营二幼开展手拉手园绘本教学“同课异构”活动。此次教研活动，以“绘本”为载体，通过同课异构的形式进行。同一个绘本内容，两所幼儿园授课老师根据自己的实际经验自主备课上课，并进行分组讨论。由于授课老师，教学方法和策略各有不同，这就构建了不同内容的课。展示后，两园任教老师分别对自己的课程设计进行说课，共同探讨教学中的热点、难点问题，探讨教学的艺术，交流彼此的经验，共享成功的喜悦。该活动给教师们提供了交流展示的机会，更为金汉绿港幼儿园科研课题《支持3—6岁幼儿多元表达策略的研究》的推进搭建了学习的平台。

（陈树环）

·北京市顺义区空港第一幼儿园·

【概况】2015年，北京市顺义区空港第一幼儿园为教育部门办园，日托制。占地面积3680平方米、校舍建筑面积2580平方米。全年教育经费投入358.99万元，其中，国家拨款279.99万元、自筹经费79万元。固定资产245.88万元。图书室藏书0.1万册。拥有音体教室1个，普通教室10个。有计算机27台，多媒体教室座位40个。校园网出口总带宽100Mbps，数字资源量60GB。教职工42人，其中教师32人，专科以上32人，中级职称以上5人；保健员1人，其中专科以上1人，中级职称以上1人。开设7个教学班，其中亲子班1个、小班3个、中班2个、大班1个。幼儿入园284人、离园30人、在园284人。

单位名称：北京市顺义区空港第一幼儿园

地址：顺义区三山新新家园一区15号

电话：61468902

邮政编码：101308

（王　帅）

【举行办园思想大家谈活动】 2月28日，空港一幼全体教职工举行办园思想大家谈交流活动。活动以教职工个人阐述自己心中的办园思想为主要形式，共产生办园思想理念24个。经过长时间的研究、讨论，根据园所地理位置、服务片生源情况、教师年龄结构、园所发展愿景等一系列信息考虑。最终在全园民主大会上确定空港一幼的办园宗旨为：教育即生活，教育即生长；办园目标为：构建童趣而雅致的环境，树立一切皆教育的理念，开展丰富而本真的活动，打造以美育人的办园特色，形成显特色高品质的园所；园风为：爱业爱岗、融合融洽、尚学重研、求实求新。

（王　帅）

【举办献厨艺庆“三八”活动】 3月8日，空港一幼组织全体教职员工参加“美丽女人厨艺棒”妇女节庆祝活动。本次活动以庆祝“三八”妇女节为契机，以展示厨艺、相互学习为主题。教职工根据个人拿手的厨艺进行报名。烘焙组、蒸煮组、甜品组、烧烤组和冷荤组分别比赛。活动共分四个环节：准备食材、共同制作、共同品尝、评出最佳厨艺。

（王　帅）

【迎接食品药品监管局检查】 4月7日，空港一幼迎接区食药监局食品卫生工作检查。检查中，工作人员深入幼儿园每个角落，仔细察看了食堂环境卫生、设备卫生、餐具消毒、原材料采购、验收贮存、制作加工、食品留样等各个环节流程，通过现场询问、了解食堂工作人员餐具消毒情况、生熟加工贮存情况，并详细查阅食材验收台账。检查后，对园所食堂各项工作以及食堂人员的到位操作，给予充分肯定。

（王　帅）

【开展劳动特色课程】 4月9日，空港一幼在园所种植园开展“我是劳动小能手”教育课程。为了让幼儿能够亲近自然、体验探究，享受丰收的快乐，在种植区组织开展了一次幼儿收割菠菜活动课。课上，老师向幼儿讲解了菠菜的种植方法、成熟时间、营养价值等一系列知识，勤杂师傅为幼儿讲解菠菜的收割方法。之后，幼儿分工“上阵”，有负责收割的、有负责运输的、有负责择菜的。收割后还评选出劳动小能手。食堂将幼儿收割的菠菜做成美味可口的菠菜蛋花汤。孩子们品尝自己的劳动成果都乐不可支。

（王　帅）

【举行专业知识竞赛】 4月24日，空港一幼举行《幼儿教师专业标准》知识竞赛。全园教职工按班组划分，共分为六组，每组4人，后勤人员自由组合。各个竞赛小组自制队牌，为本组确定响亮队名及口号。竞赛分为必答与抢答两个环节。题目形式有填空、判断、简答。每组基分100分，答对一题加10分，答错减10分，按最终得分排出名次。

（王　帅）

【举行家长开放日活动】 4月30日，空港一幼举行家长开放日活动。大、中、小三个年龄班分别开展活动。活动中，家长观摩了幼儿进餐、区域活动、集体教育活动和户外活动四个方面内容。户外活动时，开展了恰恰舞、智勇大闯关等亲子游戏。活动现场到处呈现其乐融融景象。最后幼儿园为每个孩子准备了手工制作

4月30日，空港一幼举行家长开放日活动

的小礼品，礼品都是家长和孩子共同制作。家长对这次开放日给予高度评价，并希望幼儿园以后能多开展类似的开放活动，使家长能够深入地了解孩子在幼儿园的生活情况。

（王　帅）

【组织大班幼儿参观空港小学】5月14日，空港一幼大班38名幼儿在老师的带领下到空港小学进行参观。幼儿们参观了学校环境，认识了班级教室、操场、多功能教室、计算机教室、书法教室、舞蹈教室、厕所等，让幼儿知道这些地方是小学生生活、学习的重要场所。随后孩子们走进一年级教室，观看一年级小学生上课，聆听老师的教导，让幼儿对小学生该怎样学习有了初步认识，激发了幼儿上小学的愿望。最后还观看了小学生的课间操。

（王　帅）

【举办庆祝“六一”文艺汇演】6月1日，空港一幼举办庆祝“六一”儿童节文艺汇演活动。这是园所建园以来第一个儿童节，全园上下非常重视。园里张灯结彩，孩子们在彩旗飘扬、鲜花绽放的园内，分别表演了舞蹈《大眼睛》《印度风情》、表演剧《拔萝卜》、经典诵读《弟子规》以及《亲子环保服装秀》等精彩节目。这次庆祝活动丰富了孩子们的节日生活，同时起到了良好的教育作用。

（王　帅）

【迎接科研月视导活动】6月18日，空港一幼迎接建园以来第一个科研月视导活动。区督导室、学前教育科等领导一起观摩了园所两小时特色教育活动《挖宝》。活动从一名幼儿在沙池中挖到一个小石头延伸而来。结合小班幼儿动作发展快的特点，依次设计了幼儿挖宝、小河上运宝、小熊家玩宝三个游戏环节，让幼儿在玩中感受发现的快乐，在操作中感受成功的喜悦。针对活动的每个环节每个场景，老师们进行认真研讨。

（王　帅）

【开展师德标兵评选】6月26日，空港一幼在全园教职工中举行师德标兵评选活动。评选方式为无记名投票评选。参与评选的教职工首先做5分钟左右的参评阐述，投票的教师以“为人师表、关爱幼儿、遵纪守法、家园关系、业务成绩”等几方面进行投票。最后在监票人的监督下，全园评选出师德标兵三人。

（王　帅）

【举办主题摄影展】9月10日，空港一幼举办“洒向孩子都是爱”主题摄影展。活动旨在更好地展示幼儿在园生活，更全面地向家长展现教师工作。为此，将幼儿在园的每个活动环节，教师与孩子交流的点点滴滴用镜头记录下来。并以展板形式布置于幼儿园大厅门口。展览中，每一张照片都映射出老师对孩子的爱。摄影展在园展示一周，很多家长在接送幼儿的过程中纷纷驻足观看，并合影留念。

（王　帅）

【空港街道领导视察幼儿园】10月14日，空港街道领导视察空港一幼。为协助空港街道争创市级安全社区，空港一幼积极配合社区做好各项组织工作。园所重视营造和谐稳定的校园环境，做好幼儿安全工作，维护师生人身安全，保障学校财产安全。走访中，园长张红陪同街道领导查看了校园监控设备、消防设施，检查了食堂食品卫生情况、户外设施的安全状况。检查后，街道领导对园所各项安全工作给予了高度评价。

（王　帅）

【开展防恐演习】10月16日，空港一幼开展防恐演习。演习共分为6个环节：一是教师装扮歹徒，持棍棒闯入幼儿园。二是保安人员进行询问、拦截。三是值

6月18日，空港一幼迎接第一个科研月视导活动

班教师发出警报，同时拨打110报警。四是班级教师听到警报插好门窗，集中组织幼儿，保证幼儿安全。五是后勤教师听到警报携带防卫工具进行增援。六是齐心协力将“歹徒”制服，移交公安人员处理。演习进行得十分顺利，演习后各班老师对幼儿进行了安全教育。此次演习得到了属地派出所的支持，幼儿得到了与警察叔叔交流、零距离观察警车的机会。

（王　帅）

【组织开展消防演习】10月21日，空港一幼开展消防演习活动。演习分为三部分进行，一是聘请后沙峪消防支队官兵为幼儿讲解消防知识，二是针对幼儿园突发火情状况进行演习，三是消防官兵对全园教职工进行消防器材使用的培训。其中演习环节进行得十分顺利，在听完消防员叔叔讲解遇到火情如何逃生自救后，演习开始，幼儿们在老师的指导下用湿毛巾捂住口鼻，低下身子有序撤离，不惊慌，不拥挤。演习中，教职工们态度认真，密切配合，得到实战锻炼，幼儿们处理突发事件的应变能力也得到提高。

（王　帅）

【开展美术活动】11月3日，空港一幼在科研视导中开展《叶子拓印画》美术活动。《叶子拓印画》是大一班幼儿发起的主题系列活动，幼儿通过对秋季自然环境的观察与思考，悟出叶子是秋天变化最明显的自然物，看到不同树的叶子大小、形状、颜色、薄厚的不同，也看到即使同一棵树落下的叶子也不同，体现了幼儿观察的敏锐。基于孩子们的兴趣点，大一班教师鼓励孩子收集生活中常见的落叶，并让孩子们探索树叶的不同美术使用价值。开展叶子大变身、叶子拓印、叶子临摹等美术活动。该活动得到学前教研室领导们的充分认可，园所也将在以后的教育活动中帮助幼儿进一步发现自然美、体验自然美。

（王　帅）

11月3日，空港一幼科研视导中开展《叶子拓印画》美术活动

·北京市顺义区澜西园二区幼儿园·

【概况】2015年，北京市顺义区澜西园二区幼儿园为公办园，日托制。占地面积4950平方米、校舍建筑面积3110平方米。拥有音体专业教室1个，开班规模12个，可收托360名幼儿。园内设有电脑、钢琴、电子白板、摄像机、照相机、电视机、电子琴、3D数字广播等教学设施；同时配有户外大中型、室内区域、桌面游戏等玩具。教职工43人，其中教师22人。专科以上29人，中级职称9人；保健员2人，本科学历。开设八个教学班，其中小班三个、中班三个、大班两个。幼儿入园330人，在园330人。

单位名称：北京市顺义区澜西园二区幼儿园
地址：北京市顺义区仁和镇澜西园二区14号
电话：60496355
邮政编码：101300
邮箱：lxyeqyey2013@126.com

（焦长齐）

【召开“澜西精神”解读会】3月17日，澜西园二区幼儿园聘请北京市教科研学科带头人原区教科室赵文增主任为全体教师解读“澜西精神”，这也是澜西园二幼文化建设的又一新举措。赵主任从什么是“澜西精神”建设，为什么推进“澜西精神”建设，如何推进“澜西精神”建设三方面入手深入浅出、旁征博引，为教师们剖析解读了澜西园二区幼儿园文化建设的精神主题，确立了园所发展的“顶层设计”，明确了今后园所的生存与发展之路。最后，赵主任以一首小诗结束此次活动，并以此来激励全体教师：沧海茫茫人生路，平平坦坦有几条，千层海浪船头涌，何人甘愿自抛锚。

（宋　宇）

【举行“梦在前方，路在脚下”总结大会】澜西园二幼“梦在前方，路在脚下”一级二类验收总结大会于4月2日召开。大会主要分三个环节：1. 赠“金砖”。寓意：我们每个人都是本岗工作中的一块儿“砖”，所有人要做有价值的一块儿“砖”。我们一起努力，做最好的自己。2.“梦在前方，路在脚下”视频播放。以回顾昨天、把握今天园所成长轨迹为线索，追忆了建园之初累并快乐的日子；回顾了壮大队伍后大家团结奋进，助力澜幼茁壮成长并顺利完成验收工作的日子。3. 畅所欲言，共同交流。

（宋　宇）

【开展音乐教育展示活动】4月6至10日，澜西园二幼开展音乐教育展示活动。本次活动以骨干教师示范引领青年教师为主旨，以备课、授课（录像）、评课、反馈指导的方式进行。在这次公开课展示中，骨干教师运用了多媒体教学、废旧物品制作的教学用具和形象的身体语言等，以动感的画面，鲜明的形象，给予孩子们形式多样的视听感受。孩子们兴趣浓厚，课堂气氛活跃，幼儿潜在的音乐素质和能力被挖掘出来，效果良好。

（宋　宇　焦长齐）

【召开家委会】4月13日，澜西园二幼召开家长委员会会议。三位园长、10位委员、5名班长及会计、保健医老师齐聚一堂，会议由主管保教工作的李园长主持。首先由园长向大家介绍开园一年7个月的工作历程，提出了园所的发展方向；其后，由骨干老师向各位家长介绍了幼儿在园的一日生活，让家长更清晰了解幼儿的在园生活；而后由主管业务和后勤的两位园长讲解了相关幼教知识；最后是家园互动环节，家长们对园所的工作给予了肯定和鼓励。同时也提出了一些建议和意见，如：九一入园时，可以让孩子提前来园进行适应，减少幼儿的分离焦虑；户外活动时要保证幼儿的活动时间等等。

（宋　宇）

【举行亲子趣味运动会】4月23日，澜西园二幼举行春季趣味运动会，150余名家长到场。运动会的十个游戏项目为：运西瓜、搭高楼、穿大鞋、协同游戏、两人三足、障碍接力赛、我是小姚明、欢乐走圈、弹弹圈、疯狂轮胎赛。幼儿和家长可在十个项目中任选感兴趣的游戏运动来参加，其中“两人三足”最能考验幼儿和家长之间的的默契与配合。短短一个多小时的活动，让家长和幼儿们增进了感情，比赛过程中欢声笑语始终不断。

（焦长齐　宋　宇）

【举行防震疏散演练】5月12日，恰适汶川大地震周年之际，澜西园二幼组织全体教职工和幼儿进行防震疏散演练。演练前，教职工均明确了职责，幼儿则熟悉了应急避震的方法和疏散的路线。演练包括应急避震和疏散两项内容。鸣响一声长哨声，代表发生地震，幼儿马上进行应急避震。约1分钟后，鸣响三声短哨声，代表主震结束，幼儿立即进行疏散。演练中，幼儿情绪普遍稳定，没有惊慌失措；到达集中地后教师抓紧清点人数，并向总指挥张园长报告。演练全过程仅用3分5秒，所有程序均按照计划顺利完成。

（焦长齐　宋　宇）

【举行亲子庆“六一”活动】6月1日，澜西园二幼“童乐汇”亲子共演共赏活动拉开帷幕。活动之前，小朋友和家长们共同选取节目、可由教师进行辅导。参演项目包括故事表演、舞蹈、皮影戏、歌曲、打击乐、集体舞、吉他弹唱、儿歌表演等，汇演中，孩子们个个

4月23日，澜西园二幼举行亲子趣味运动会

都是主角，每个节目都精彩地秀出了孩子们的童真、童趣，秀出了孩子们的个性，秀出了孩子们的艺术潜质。演出现场不时爆出阵阵热烈掌声。其中小三班表演的《小蝌蚪找妈妈》惟妙惟肖，家长们更是赞不绝口。给孩子们带来惊喜的还有园长带领教师魔法敲击乐队奉献的一曲《哆来咪》，赢得了家长的如潮好评。

（宋　宇）

【教育宣传中心团队来园做讲座】6 月 11 日，澜西园二幼聘请由李士文主任带领的教育宣传中心团队，给教师们做信息、论文写作培训。会上，李主任通过介绍教育宣传中心职能让大家了解了他们的工作职责、常规工作和栏目负责人分工。徐振阳老师主要讲解信息的意义、标准、与新闻的区别和如何撰写好信息。许立新老师就撰写教学论文（随笔）易出现的问题及建议做了详细深入的讲解。培训讲座让教师们了解了如何向顺义"一报三刊一网"投稿及注意事项；知晓了准确撰写信息、论文（随笔）的方法和技巧，为教师撰写教学论文和随笔奠定了良好基础。

（宋　宇　焦长齐）

【举行大班毕业典礼】6 月 30 日，澜西园二幼举行大班毕业典礼。1. 毕业幼儿进行感谢家长、感谢恩师节目汇演。2. 播放家长寄予厚望的小视频。3. 与同伴和家长作游戏共享童年的欢乐。4. 幼儿、教师、家长、园长赠言互动，依依惜别。

（宋　宇）

【以音乐培训为抓手提升队伍素质】上半年，澜西园二幼加快教师尤其是青年教师的成长步伐，1. 组织学习《3—6 岁儿童学习与发展指南》，准确把握幼儿各年龄段特点，通过日常音乐教育活动，让幼儿感知音乐旋律，发展想象力和创造力。2. 结合办园特色进行园本培训，培训内容有乐理知识培训、打击乐基本知识培训、节奏训练等。3. 开展教师精选音乐教育活动评比。4. 利用教研活动反思音乐教育活动过程，注重理论与实践相结合。5. 通过以老带新"结对子"提高青年教师的业务素质，为建构梯队式的教师队伍作好铺垫，以此带动整体教师队伍业务素质的提升。6. 聘请冯璐老师进行打击乐操作培训，为课堂教学提供保障。

（宋　宇）

【实施业务提升微创新】上半年，澜西园二幼在教师业务提升上做了多项"微创新"。1. 园本培训与外出培训相结合，园所积极为教师创造各种走出去学习专业知识的机会，外出学习的教师再把自己所学带回来作为园本培训的资源，以此达到资源共享。2. 发挥骨干教师和经验型教师优势，开展业务培训。培训内容包括：投放材料如何做到科学、有层次，介入指导的时机如何把握；怎样做到评价更有效等，从而使教育教学工作做得更扎实。3. 在促进青年教师快速成长上，实施一对一导师带教制度，根据教师需求增加了分层培养的培训内容，如：指导新教师边弹边唱工作，就从基础做起：（1）音阶练习；（2）指法练习；（3）简单的儿童歌曲配伴奏。培训微创新有力促进了教师们专业技能的稳步提升。

（宋　宇　焦长齐）

【多举措缓解幼儿入园焦虑】9 月 7 日，澜西园二幼迎来新入园的小班幼儿。针对新入园幼儿焦急、不安、爱哭、恐惧、情绪波动大等"分离焦虑"的症状，园所采取阶段式入园方法以缓解幼儿的分离焦虑情绪。第一周，幼儿分上下午两个时段来园，家长自愿选择，每天只来 2 小时，要求家长能和幼儿一起在园共同参与活动。第二周，采取半日制活动，让家长中午在孩子午餐后十二点来接孩子，减少在午睡时间孩子对家人的想念。第三周，正常来园。

9 月 7 日，澜西园二幼多举措缓解幼儿入园焦虑

通过阶段式入园有效地安抚了新入园幼儿的情绪。入园第二天小班幼儿哭闹明显很少，91% 的幼儿已能愉快地在老师带领下进行盥洗、饮水、入厕、游戏。家长们对园所的举措普遍表示满意。

（宋 宇）

【庆祝教师节活动丰富多彩】 在第 31 个教师节来临之际，澜西园二幼精心组织了内容丰富的庆祝活动。一是召开“新学年、新形象”教师座谈会。二是观看幼儿园发展历程视频，利用视频回顾昨天，展望未来，宣传本园优秀教师先进事迹，弘扬敬业奉献精神，营造尊师重教氛围。三是开展颁奖活动。领导成员为部分教师及团体颁发各奖项证书。四是开展“感恩老师，温情派送”主题活动。由新教师制作的 DIY“蛋糕”为全体教师送上甜蜜的祝福；同时举办“绿植懂你心”小盆栽赠送活动，让一盆盆的绿色祝福，传递出一份份信任、尊敬和关怀。

（宋 宇）

【开展“知民俗、庆中秋”活动】 中秋节来临，澜西园二幼开展庆中秋系列活动。活动中，中、大班教师请来厨房师傅为幼儿展示月饼的制作过程，并让幼儿学习自己动手做月饼。大班教师还请家长通过网络、图书、音像制品等收集有关中秋节的故事、传说、谜语、诗词等等，让幼儿在欢声笑语中对中秋节有进一步的理解。此外，幼儿园还准备了自制的月饼，让幼儿品与家长共同品尝，增强了家园共育的氛围。

（宋 宇）

【召开“沟通、交流、共促幼儿发展”大一班家长会】 9 月底，

澜西园二幼庆祝教师节活动

澜西园二幼班组长周庆华老师发起大一班家长会举行。周老师首先对家长一如既往的支持与配合表示衷心感谢。之后，她以 PPT 的形式向家长反馈了开学以来幼儿在园的生活和学习表现，藉此也向家长介绍了班级教师一天中的合作分工。此外，她介绍了本学期工作的重点，教育教学内容和幼儿园的活动安排，并在与家长讨论的基础上，认真听取了家长的中肯建议。最后，教师向家长推荐了适合孩子年龄特点的图书。

（宋 宇）

【成功举办“结缘会”】 10 月，随着“新鲜血液”的迅速注入，澜西园二幼采取“师徒结对”的形式，举办“结缘会”活动，为新教师搭建成长平台。“结缘会”程序为：一、宣读导师及带教名单。二、鲜花香茶敬师傅。三、新教师畅谈工作、生活中与师傅相处的感人情节。四、组织热闹的团队游戏。五、新老教师代表发言。六、园长致辞。七、签订导师带教协议书。“结缘会”活动充分发挥了骨干教师和经验教师的辐射作用，为打造学习型教师队伍奠定了坚实基础。

（宋 宇）

【召开“小班实录解析会”】 11 月初，在新学期已达两个月时间之际，澜西园二幼及时召开了“小班实录解析会”。该活动共包含四项内容：第一项，请家长观看一段幼儿在园生活的视频；第二项，由李园长代表小班组为大家做视频的解读；第三项，请家长畅谈观看的感受；第四项，由后勤园长从饮食、安全、秋冬季防病护理和家长进行沟通交流。

（宋 宇）

【小喇叭开始广播啦】 9 月 1 日起，伴随几代中国人成长的中央人民广播电台幼儿节目《小喇叭》的声音，每天中午 12:00 准时在澜西园二幼孩子们的耳畔响起。活动安排是：每班每天轮流举荐一名幼儿在中午 12:00 之后讲述一个小故事。讲完故事，马老师概括故事的主要内容及故事所表达的主旨，并祝愿孩子们睡个好觉。经常讲故事必将

11 月 18 日，澜西园二幼举办趣味运动会

有助于提高孩子们的理解力、想象力和逻辑思维能力。（已坚持二个多月）

（宋　宇）

【举办趣味运动会】 11 月 18 日，澜西园二幼举办趣味运动会。运动会开始，小运动员伴着《运动员进行曲》有模有样地步入会场，并举行庄严的升国旗仪式。之后，师幼们以欢快的韵律操做了运动前的热身活动。比赛拉开序幕后，小操场上，《风暴中的小羊》《营救好朋友》等一场集趣味与运动于一体专门为孩子们打造的游艺活动全面展开。颁奖仪式、师生合影为趣味运动会画上圆满的句号。

（宋　宇）

【多举措应对雾霾天气】 12 月，澜西园二幼面对特殊天气采取一系列应对措施。1. 在“微家园”里和 QQ 群里，向家长和小朋友们积极宣传雾霾天的自我保护方法，建议家长来园路上给孩子戴上口罩，回家先洗脸、洗手，常吃新鲜的水果蔬菜等举措保护幼儿。2. 取消晨间活动，调整户外活动时间。督促幼儿勤洗手、多喝水，尽量少开窗。对于体弱的孩子，和家长积沟通，建议推迟来园或在家休息等。3. 调整菜单，保健医特别为小朋友定制了润肺饮食——“红枣炖雪梨汤”。4. 师、幼、家长齐动员，减少环境污染。各班增添“雾霾天的自我保护”活动，引导老师和孩子们一起关注非常时期的自我保护方法。号召家长出门时尽量选择自行车、电动车等无污染的交通工具。

（宋　宇）

【开展“澜西精神”推进活动】 12 月 29 至 31 日，澜西园二幼在音体活动室组织家长开展“澜西精神解读暨新年喜乐汇”活动。会上，特邀原区教科室主任赵文增为家长全面细致地诠释什么是“澜西精神”、“澜西精神”是怎样形成的、为什么倡导“澜西精神”以及如何践行“澜西精神”；明确澜西园二幼的办园理念和园所文化建设的思路；强调在一级二类顺利验收通过的基础上园所建设发展的重点工作。之后，园长对家长提出殷切的期望：一是与园所形成合力，共同为幼儿的发展努力；二是强化监督指导。会后，由教师、幼儿、家长共同打造的“共读共演共享”新年喜乐汇精彩呈

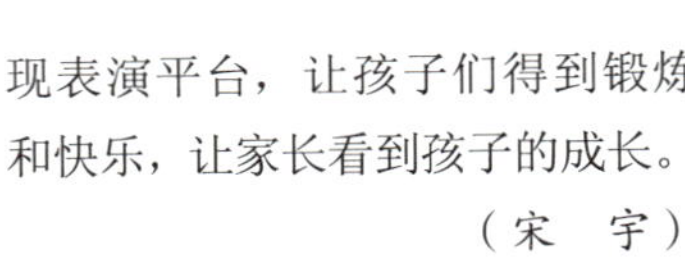

现表演平台，让孩子们得到锻炼和快乐，让家长看到孩子的成长。

（宋　宇）

·北京市顺义区澜西园四区幼儿园·

【概况】 2015 年，北京市顺义区澜西园四区幼儿园为公办园，日托制。占地面积 5100 平方米，园舍建筑面积 3078 平方米。全年教育经费投入 84.23 万元，均为国家拨款。固定资产 215.17 万元。图书室藏书 0.9107 万册。拥有音体专用教室一个，普通教室 12 个。教室内设有电视机和录音机等设备。拥有计算机 37 台。学校信息化经费投入 11.8 万元，校园网出口总带宽 100Mbps，数字资源量 500GB。教职工 50 人，其中教师 39 人，专科以上 35 人，中级职称以上 8 人；保健员 2 人，其中专科以上 2 人，中级职称以上 1 人。开设 10 个教学班，其中小班 4 个、中班 3 个、大班 3 个。幼儿入园 177 人、离园 65 人、在园 357 人。

单位名称：北京市顺义区澜西园四区幼儿园

地址：澜西园四区 4 号楼

电话：60496218

邮政编码：101300

（孙建华）

【开展礼仪培训活动】 3 月 7 日，澜西园四幼特邀中央教育研究所科学教育中心的熊江燕老师为全园教师呈献一堂名为“礼仪教育引领我们走向幸福”的专题讲座。讲座中熊老师引用古代“画地为牢”的故事强调了“自律”的重要性，又以现代生活中出现的“乘车不让座、旅游乱扔垃圾、假奶粉、癌症村”等实例指出现实生

活中一些“自律”精神的缺乏。随后又通过观看视频、互动等形式展示了当代幼儿教师应有的职业礼仪，帮助大家从仪表仪态、服装搭配、沟通交流等方面树立“亲和、优雅、专业”的幼儿教师形象。通过讲座，教师们深深体会到礼仪对一个人树立良好形象的重要性，对一个民族和国家树立礼仪之邦的重要性。

（孙建华）

【新教师展示音乐教学】 3月20日起，澜西园四幼开展新教师音乐教学展示活动。该活动旨在丰富、提高教师的音乐教学技巧的同时，引领他们通过查阅资料、请教经验型教师、自我摸索尝试和课后反思等方式大胆自信地授课，使他们变被动为主动地从事音乐教学活动。

（孙建华）

【举办幼儿讲故事大赛】 4月29日，澜西园四幼开展“我是小小故事大王”幼儿讲故事风采大赛活动。活动中，孩子们为了展示自己的最佳风采，采用了多样的讲故事形式：有独立讲述的，有邀请家长来帮忙助演的，还有和小朋友一起合作的。活动结束后，每一个“故事大王”都得到了小奖状作为鼓励。活动的开展为全园营造出浓浓的阅读分享氛围。

（孙建华）

【开展亲子创意活动】 4月30日，澜西园四幼举行亲子创意活动。活动旨在发挥家长与孩子的协同性、创造性，利用各种废旧材料展开想象的翅膀。活动中，家长和孩子积极参与，制作出了一件件充满惊喜的作品。亲子创意活动大大提升了家长的参与空间，为家长与幼儿园之间创造了更为和谐的共育氛围。

（孙建华）

【携手搭建“幼小衔接”平台】 5月12日，澜西园四幼邀请澜西园小学王校长来园就幼小衔接工作进行交流。交流会主要围绕“关注幼儿心理、释放家长心理、培养行为习惯”三方面展开。活动中园长赵玉芝就现阶段家长聚焦的幼儿入学和“减负”问题向王校长做了咨询；随后双方又从衔接的流畅性、平衡性和适宜性为切入点商讨了幼儿园、小学、家庭三方面平台的搭建问题，力争为学龄前幼儿平稳地入学奠定坚实基础。

（孙建华）

4月30日，澜西园四幼开展亲子创意活动

【组织大班幼儿参观小学活动】 6月10日，澜西园四幼大班50余名幼儿在业务园长李雪梅的带领下，充满期待与兴奋地踏上了参观澜西园小学之旅。澜小的校领导热情接待了孩子们，带领孩子们参观了小学的户外活动场地、楼道环境、各种多功能教室。随后又请一年级的教师和大哥哥大姐姐们为他们展示了一节精彩的语文课。此次参观活动，帮助孩子们初步了解了小学生活、缓解了幼儿的焦虑情绪，为孩子们平稳转换到小学生的身份奠定了基础。

（孙建华）

【举办课题开题研讨活动】 6月16日，北京市“十二五”规划办课题开题报告研讨活动在澜西园四幼拉开帷幕。主管幼儿园课题研究的区教研室周靖彦副主任带领各园的科研负责人参加了本次活动。活动中，周主任一行对园所青年教师李薇老师的阅读课《小黑捉迷藏》进行评课；并围绕本节阅读课就如何在阅读区活动中有效进行师幼互动展开讨论；最后在周主任的主持下，大家又就如何撰写北京市“十二五”规划办课题开题报告进行研讨。本次活动，提升了教师们的研究意识，开阔了教师们的科研视野。

（孙建华）

【举行大班毕业典礼】 6月26日，澜西园四幼“倾心培育，静待花开”大班毕业典礼隆重召开。大班幼儿的家长们作为嘉宾见证了孩子们这幸福感人的时刻。典礼首先在孩子们《虫儿飞》优美的舞姿中拉开序幕。园长、教师代表、幼儿代表和家长代表分别发表了感人的致辞并为孩子们送上真挚的祝福；教师为孩子们精心制作的视频《我们毕业的那一年》将典礼推向高潮；随后园长和教师为孩子们郑重地颁发了毕业证书，最后，孩子们将亲手绘制的“我爱幼儿园”巨幅画作作为礼物送给教师，典礼在孩子们的欢呼声中落下帷幕。此次毕业典礼为孩子们在幼儿园的三年生活画上一个圆满句号。

（孙建华）

【党员学习落实“三严三实”】6月30日，澜西园四幼组织全体党员开展落实“三严三实”学习活动。活动中，梁园长认真解读了习近平总书记提出的“三严三实”重要论述：“既严以修身、严以用权、严以律己，又谋事要实、创业要实、做人要实。”随后，党员们结合实际工作，就如何在日常工作中落实“三严三实”，更好地发挥党员先锋模范作用进行了讨论，会后将通过写体会进一步提升党员干部的党性修养，不断开辟园所作风建设的新境界。

（孙建华）

【举行教师成长档案解读活动】9月21日，澜西园四幼举行“让梦想之树茁壮成长”教师成长档案解读活动。会上，由主管业务的李园长首先为大家解读了园所印制的《教师成长档案》封面正中的七彩树的含义，它既象征着五大领域七大学科带给教师们的无穷知识力量，又寓意着教师们的梦想会像这棵七彩树般绚丽多姿。随后她又为大家详细介绍了成长档案具体涵盖的内容。包括：基本资料篇、成长篇、学习篇、成果篇，这四大篇章分别以教师的基本信息、成长规划、学习积累、成果展示为主线，融汇成为一个统一的整体。档案内容彰显了教师个性、挖掘了教师的潜质，记录了教师收获感悟、分享了教师的喜乐，为教师们最终实现自己梦想立下新的路标。

（孙建华）

【开展师德培训活动】10月12日，澜西园四幼开展主题为“爱在左，责任在右”的教师师德素养培训活动。活动中赵园长首先和教师们声情并茂地分享了论文《善待你所在的单位》；随后教师们自由发表分享后的感悟；接着，赵园长在分析园所教师师德现状的基础上对教师进行提醒以加强教师职责意识；最后她从幼儿教师的职责、教育者的素养、“爱在左，责任在右”等几个方面结合教师师德优秀事例，为大家生动地诠释了新形势下师德的深刻含义。培训活动，增强了教师们的责任意识，大大提升了全园教师的师德素养。

（孙建华）

【召开课题开题报告会】10月13日，澜西园四幼邀请北京市课题规划办郭秀晶副主任，北京市早教所何桂香老师等多位专家指导园所的课题开题报告。区委教工委副书记张海东，教科室副主任周靖彦，学前科科长陈民强及姊妹园园长老师们参与了此次报告会。会上，赵园长首先向专家及领导简要介绍了课题《探究阅读区活动中有效的师幼互动策略》。接着，园所科研负责人从课题研究的背景、国内外研究的评述及核心概念的界定、研究设计、研究的重难点等方面做详细汇报。随后，各位专家在充分肯定报告内容的基础上针对研究目标和重难点的设定上给予了细致指导，指出研究目标要聚焦在师幼发展层面，难点的设定要结合师幼的互动表现找准突破口。最后，张海东书记将该课题与顺义区开展的“彩虹读书”活动联系到一起，强调良好阅读行为对培养幼儿的

10月20日，澜西园四幼邀请专家指导半日活动

重要性，鼓励幼儿园要不断挖掘教师的潜能，实施具有澜西园四幼特色的生本教育。

（孙建华）

【邀请专家指导半日活动】 10月20日，澜西园四幼邀请首都师范大学崔雪雁教授针对半日教学活动进行指导。活动中，崔教授观摩了大一班的整个半日教学活动流程；随后针对进餐环节、区域活动、集体教育活动、户外活动等方面与教师们进行了现场的分享交流与研讨，了解教师的困惑所在；最后，就园所教学特色问题，给出了适宜的调整建议。教师们认为此次活动收获颇多。

（孙建华）

【组织师幼安全保护急救培训】 11月16日，澜西园四幼开展师幼安全保护急救培训活动。活动分为两部分：一、邀请保安公司纠察队队长为全体教职工进行危险自救培训。二、保健医针对幼儿园常见的意外伤害事故对教师进行判断、检查、急救等方面的培训。通过培训，教师们增长了急救知识，能在幼儿园突发事件中运用一些简单易行的急救方法进行急救。

（孙建华）

【专家追踪式指导半日活动】 12月1日，澜西园四幼邀请市幼教专家邹庆华老师对青年教师的半日活动进行全程追踪式指导。区域活动中，邹老师以亲身示范指导教师们如何引导幼儿在活动中思考问题，解决问题从而真正意义上成为幼儿合作式玩伴；观察音乐活动《熊和蜜蜂》后，邹老师在充分肯定青年教师授课活力和激情的同时，根据幼儿的课堂表现强调了“自主不等于自由”指出音乐活动中要提高幼儿规则意识。在随后的分享交流中，邹老师还针对过渡环节的自然过渡与三位教师的分工合作给予了细致点评。此次指导活动，在日计划制定、幼儿指导、教师合作等方面给予教师很大的启迪和指引，促进了青年教师专业素养和教学能力的快速提升。

（孙建华）

【开展环境创设主题培训活动】 12月1日，澜西园四幼邀请北京市级类验收组成员邹庆华老师为全体教师进行以环境创设为主题的培训活动。培训中，邹老师紧紧围绕环境创设的核心意义展开，从主题环境、区域环境、公共环境及户外环境四个方面为教师做了详细说明和图片展示。本次活动大大丰富了教师们在环境创设方面的视野和思路。

（孙建华）

【举办“庆新年包饺子”活动】 12月31日，澜西园四幼隆重举办“庆新年亲子包饺子”活动，全园幼儿与家长近300人参加。活动中，家长首先收获了孩子的祝福，观看了各班幼儿和教师的表演。之后，各班开展新年联欢，联欢中教师、家长和孩子一起包饺子，煮饺子，吃饺子。全园上下沉浸在融洽、和谐、愉快的节日氛围中。欢度美好佳节，不仅使孩子们感受到传统节日的氛围，还增进了亲子间情感的交流；家长高兴地看到孩子的成长与进步，对幼儿园的教育非常满意。

（孙建华）

【迎接一级一类视导活动】 1月5日，澜西园四幼迎来顺义区幼教中心领导一行10人的一级一类视导工作。视导组兵分四路分别就园所资料、小中大班的半日教学活动和环境创设进行了审查指导。之后视导组与园所领导和授课教师进行研讨，反馈意见，在肯定优点的同时也指出了不足。通过视导，教师们的半日教学活动得到了新的提升，从而为澜西园四幼向一级一类园所奋进奠定了良好基础。

（孙建华）

12月1日，澜西园四幼开展环境创设主题培训活动

·北京市顺义区李桥中心幼儿园·

【概况】 2015年，北京市顺义区李桥中心幼儿园为教育部门办园，日托制。占地面积5170平方米，校舍建筑面积3925平方米。全年教育经费投入84万元，全部为国家拨款。固定资产119万元。图书室藏书1万册。拥有美工创意室、科学发现室、多功能游戏室和阅读室共4个专用教室，有普通教室12个。拥有计算机19台，幼儿园信息化经费投入23万元，校园网出口总带宽100Mbps，数字资源量650GB。教职工47人，其中教师34人，专科以上34人，中级职称以上6人；保健员2人，其中专科以上1人。开设9个教学班，其中小班3个、中班3个、大班3个。幼儿入园137人、离园104人、在园314人。

单位名称：北京市顺义区李桥中心幼儿园
地址：北京市顺义区李桥镇沿河村任李路沿河段17号
电话：69485882
邮政编码：101311

（孟凌云）

【园所被评为综治先进单位】 1月，李桥中心园在全体教职工共同努力下，被顺义区教育委员会评为2014年度治安综合治理工作先进单位。

（孟凌云）

【多举措推进幼小衔接工作】 李桥中心园于3月30日召开幼小衔接工作专题家长会：1. 园长集中解读分析问卷调查中的家长关注焦点，宣读“防小学化倾向”文件；2. 业务园长汇报园所幼小衔接计划和具体方案；3. 教研组长以“我升小学了”主题活动为例，详实介绍班级教育工作内容；4. 沿河小学校长介绍幼儿入学前的各项能力准备。

（孟凌云）

六一前夕，李桥中心园创新庆六一

【社团建设促教师多元发展】 年内，李桥中心园在舞蹈社、钢琴社团活动基础上，又创办了书友社、美艺吧和sunshine社团。教师自主选择、全员参与。每周两个半日、两个午间为固定活动时间。同时，聘请市、区级专业教师定期指导，定期组织社团负责人研讨活动方案，反馈活动效果。

（孟凌云）

【多种活动促进亲子交流】 年内，李桥中心园以多种活动形式，促进亲子交流。1. 亲子分类阅读。小班亲子故事会，邀请家长代表做经验介绍；中班亲子图书制作，集体分享《我爸爸》等自制图书；大班利用图片讲述《鞋子和小鸟》等故事。2. 亲子户外游戏。创新亲子游戏内容，开发《翻滚的小香肠》等游戏：小班幼儿在家长身上翻滚，大班幼儿在家长手足支撑的身体下翻滚。

（孟凌云）

【创新活动庆“六一”】 “六一”将临，李桥中心园以多种创新活动引领孩子庆祝自己的节日。1. 亲子创意T恤：小班通过自制动物模具进行拓印；中班借助“米奇”“暴力熊”“小羊肖恩”等幼儿喜爱的卡通形象进行手绘；大班借助图形拼摆、组合设计动物形象和情境添画；2. 欢度“美食节”：小班制作水果沙拉；中班烤饼干、蛋糕；大班作花式饺子、彩虹披萨，水果榨汁等。3. 乐玩游戏场：小班玩“小青蛙捉虫”；中班抢椅子、上六一电影院；大班玩桌面推棋子、户外砸罐子、套圈游戏。4. 制作小工坊：小班做纸制小王冠；中班做彩色纸扇；大班做彩泥挂坠、凉帽和“六一我做主”留言墙。

（孟凌云）

【孙娜老师获区师德标兵称号】 6月，李桥中心园孙娜老师，经公开竞选及综合评定，荣获顺义区师德标兵称号。

（孟凌云）

【园所获先进基层党组织称号】 7

月1日，李桥中心园被中共顺义区教育工委评为二零一五年度顺义区教育系统先进基层党组织。王莹获顺义区教育系统优秀共产党员称号。殷媚、王悦获优秀党务工作者称号。

（孟凌云）

【原址重建顺利开园】 历时一年多的李桥中心幼儿园原址重建工程于7月17日竣工。8月28日，中心园全体教职工积极投入搬家活动。有的自发利用电动三轮车运载班内小物件，有的协同搬家公司来回装卸，仅用一天时间就干净利落地完成了搬家任务。接下来，教师们用铲刀对犄角旮旯的灰渣进行彻底清理，用84消毒液对所有物品全面擦拭消毒，努力打造温馨、舒适的班级环境。对户外大型玩具区普遍进行安全排查，滑梯下方铺设海绵垫子，确保幼儿游戏安全。园长亲自到班中查看各班情况，全员上下做好了迎接新校园、新学期的各项准备工作。

（孟凌云）

【多举措助家长了解新园所】 新学期到来，李桥中心园邀请家长走进新园所。1. 在多功能活动室召开新入园幼儿家长会。会上，殷园长对新学期工作做介绍，保健医针对幼儿的饮食、护理等方面对家长提出中肯建议。2. 各班教师邀请家长走进班级对环境实地考察，把需要家长配合准备的物品通知单发到家长手中并进行解释，还对家长提出的关于幼儿入园焦虑问题给予耐心解答。3. 班级老师主动与年长的家长进行沟通、交流，减少他们的担心。蹲下来与幼儿亲近，鼓励孩子开开心心地来园。

（孟凌云）

10月13日，李桥中心园多形式加强消防安全教育

【展评促交流】 9月，李桥中心园以多种展评形式，促进园内交流。1. 创意绿植展示。暑期种植或移栽多种植物，选用多种材料装饰，推出“水培明月草”“热带幸福树”等品种进行展示。2. 年龄组操节评比。选择适宜音乐，改编、创编新操，对中班双人交往操《恰恰恰》、小班的《数一数》、大班的《加油歌》等进行展示。3. 手指游戏分享。分上、下午两时段，每个幼儿分享两个，教研组用文字、摄像记录之后，进行全园展示。

（孟凌云）

【多种形式加强消防安全教育】 10月13日，李桥中心园多举措加强安全教育。一是组织全园师生学习消防安全知识。二是开展教师研讨，分析园所存在的安全隐患，排查整改。三是利用集体教育活动方式，培养幼儿应对火灾能力。四是通过“微家园”、外挂横幅、宣传栏、主题墙饰等媒介，营造“人人参与消防，共享平安生活”氛围。

（孟凌云）

【多名教师获“京研杯”论文奖】 10月16日，李桥中心园教师参与第7届京研杯征文活动多名教师获奖。其中，周航老师《幼儿教育中的“惩罚”一书——论惩罚的合理性》获一等奖，还有14名教师分获二、三等奖。

（孟凌云）

【多形式创新亲子运动会】 10月，李桥中心园的园所运动会推出多种创新形式。1. 创新宣传方式。园所制作张贴海报、条幅；班级利用公告栏、“微家园”及“小手制作”邀请函等方式加大宣传力度，邀请家长参与。2. 创新内容。组织形式多样的班级入场式，如创意班级呼号、入场队形变化等，教师走开场热秀、不同年龄班分组韵律操展示，组织主题亲子游戏等活动。3. 创新反馈方式。在以往收集家长、教师反馈建议的基础上，增设与幼儿的访谈交流、梳理总结经验等反馈内容。

（孟凌云）

【学习十八届五中全会精神】 自11月12日开始，李桥中心园认真组织党员和教师学习党的十八届五中全会精神。1. 以个人自学、分组学习和全园学习三种形式，对相关精神进行深入学习并做好笔记。2. 支部书记殷媚以“十八届五中全会精神亮点梳理”为主题，结合幼儿园实际工作情况，给全体党员教师及教职工深入浅出地上系列专题党课。3. 结合每周的政治学习，每位党员教师及教职工梳理学习笔记，深入反思，形成自己学习成果。4. 以党员教师为龙头，进行学习成果的交流。通过系列学习活动，党员和教职工呈现出崭新的精神风貌。

（孟凌云）

【承办区级音乐教育展示研讨】 12 月 24 日上午，来自全区 28 所幼儿园的 63 名业务园长、骨干和名师工作室教师参加观摩研讨李桥中心园大班教师张莹的新歌教唱《捏面人》活动。参与本次活动的还有区学前科科长及区学前教研室 5 名教研员。活动中，张老师分别借助歌词图谱、节奏图谱、重点句演唱等引导幼儿掌握歌曲的歌词、旋律和节奏；引导幼儿小组学习分享；鼓励幼儿与参会老师演唱互动。研讨后，陈民强科长及王晓红主任充分肯定了李桥中心园团队的努力和付出，同时鼓励大家争取早日成为区内甚至更大范围内的名师。

（孟凌云）

【邀请区妇幼保健院医生指导】 12 月 25 日，李桥中心园邀请区妇幼保健院项征医生来园就一日生活中的卫生保健工作进行指导。项医生深入班级了解一日生活常规现状，针对班级中出现的问题以 PPT 的形式对全园教师进行相关的培训，该讲座使教师们进一步明确了一日生活中卫生保健的工作方法和方向。

12 月 25 日，李桥中心园邀请区妇幼保健院医生入园指导

（孟凌云）

【教师多项活动喜获市级奖项】 李桥中心园教师勇于进取、善于研究，年内取得喜人成绩。其中王莹的《蛤蟆吃西瓜》活动在北京市优质课程资源（语言故事）征集和评选活动中获一等奖；孙娜的《小螃蟹运西瓜》活动在北京市优质课程资源（体育游戏）征集和评选活动中获二等奖；王莹的科学活动《摩擦起电》在幼儿园优秀课例评选活动中获市级二等奖。

（孟凌云）

·北京市顺义区李遂中心幼儿园·

【概况】 2015 年，北京市顺义区李遂中心幼儿园为教育部门办园，日托制。占地面积 10005 平方米、校舍建筑面积 3152.92 平方米。全年教育经费投入 677.43 万元，全部为国家拨款。固定资产 581.41 万元。图书室藏书 0.67 万册，包括电子图书 0.065 万册。拥有计算机 25 台。幼儿园信息化经费投入 3 万元，校园网出口总带宽 100Mbps，数字资源量 850GB。拥有音乐、美术、通向数学、玩具图书屋、科学发现室等专用教室 6 个，有普通教室 9 个。教室内设有多媒体、钢琴、电子琴、播放机等教学设备。教职工 36 人，其中专任教师 28 人，专科以上 36 人，中级职称以上 13 人；保健医 1 人，其中专科以上 1 人，中级职称以上 1 人。开设 9 个教学班，其中小班 3 个、中班 3 个、大班 3 个。幼儿入园 120 人、离园 82 人、在园 334 人。

单位名称：北京市顺义区李遂中心幼儿园

地址：北京市顺义区李遂镇政府街南孙路李遂段 5 号

电话：89481707

邮政编码：101300

（徐溪瑶）

【组织花样阅读活动】 3 月，李遂中心园依托“亲子借阅书屋”平台，推出花样阅读系列活动。通过拉手顺义学习网，让家长参与、记录、展示幼儿阅读成长轨迹，进而在全园范围内推广阅读。3 月 24 日上午，由教师自主设计的“遂幼阅读护照”正式向家长发放，花样阅读系列活动由此开启。1. 开展“阅读地图PK赛”；2. 开展“拉手学习网，阅读走天下”主题活动。成功注册顺义学习网的家庭，通过上传亲子阅读照片、文字或视频到学习网，根据活跃程度参选“遂幼阅读星”。3. 争当“我是阅读志愿者”活动。

（徐溪瑶）

【开展“幼小衔接”交流活动】4月8日，李遂中心园大班组教师走进李遂小学，与小学一年级教师就幼小衔接工作进行交流，为大班幼儿顺利迈进小学大门打好基础。活动现场，园长任丽娟带领业务园长及两位大班班组长，同小学校长、一年级主任及教师针对孩子们的学习习惯、生活能力、规则意识和任务意识方面进行广泛交流。“本届一年级新生在表达能力、倾听习惯方面表现较好，但在整理书包、握笔姿势等习惯上需进一步加以培养。”一位一年级教师以自身经历谈感受。通过交流活动，幼儿园与小学双方达成共识，计划下一步将组织小学教师走进幼儿园观摩一日活动和大班幼儿参观小学校园等活动，为幼儿园调整工作重心，为幼儿更快适应小学生活提供帮助。

（徐溪瑶）

【召开“我的学习故事”交流会】4月10日，李遂中心园全体教师开展“我的学习故事”交流活动。此次活动以六位“学习故事”撰写教师为代表，就如何通过注意、识别、回应的循环评价模式，有效观察、记录、分析幼儿的学习问题，分享宝贵经验。现场气氛活跃，随着此起彼伏的掌声，智慧的火花也随之碰出。会上，分享教师列举的鲜活实例，使参会教师们感受到“发现儿童的力量”，进一步了解了并认可“学习故事”的相关理念。

（徐溪瑶）

【开展寻春远足活动】4月15日，李遂中心园大班幼儿走进顺鑫绿色度假村，开展“寻找春天的色彩”远足活动，多名家长志愿者参与到此次活动中。活动开始，幼儿从中心园出发，途中，老师与家长引导孩子们一起观察，通过看一看、说一说、听一听，感受春天的气息，寻找春天的色彩，探索春天的秘密。到达顺鑫绿色度假村后，各班开展了“美丽的春天写生”和“亲近大自然随手拍”等活动。近3000米的远足活动收获了孩子们的笑脸，得到了家长们的认可。园长任丽娟认为：远足活动，让孩子们在走进自然、感受自然中感受生活的无限乐趣，既开拓了幼儿的视野，又增强了幼儿的体质，因而促进了幼儿身心健康的发展。

（徐溪瑶）

【多举措促进幼儿个性表达】5月，李遂口心园“打出”组合拳，提升幼儿自信表达力，促进幼儿身心全面发展。举措包括：亲亲阳光：“今天我们过了一个快乐运动节”。2. 告诉爸爸妈妈：“今天我表演啦”。3. “我家孩子故事多”阅读交流会。以家长的视角介绍孩子如何学习表达及表达自己想法的过程，为教师、家长更好地理解孩子，解读孩子，提供了一手资料。该活动后期的剪辑视频，一经播出，便得到众多家长的关注与支持，越来越多的遂幼孩子们因此更加喜欢阅读。

（徐溪瑶）

【承办区科研室研究活动】5月19日，区教科室“课题研究课”活动在李遂中心园召开。参加活动的有首师大学初等教育学院李敏博士、区教科室副主任朱元兆、区内各园园长、科研管理干部、及“朱元兆名师工作室”成员，共计二十多人。本次活动以微课题的研究形式，聚焦“角色游戏”

4月15日，李遂中心园开展“寻找春天的色彩”远足活动

与“规则游戏”有效促进幼儿个性发展。活动开始后，与会者观摩了小二班娃娃家游戏和户外小足球游戏，体验了微课题阶段性成果“区域观察量表”。最后由李敏博士进行点评及讲座。讲座围绕三方面逐层展开，即游戏理论如何指导基层实践研究、游戏观察表的合理设计，及材料支持游戏发展的策略。

（徐溪瑶）

【李遂镇领导来园慰问】6月1日，李遂中心园迎来“80+00，穿越童年”主题庆六一嘉年华。李遂镇党委书记武捷，镇党委副书记、镇长李子腾，在主管教育的周革副镇长陪同下，到李遂中心园，为小朋友送上温馨的节日祝福。慰问中，领导们对李遂中心园的教育环境和良好的师生风貌表示赞赏。

（徐溪瑶）

【进行锅炉地埋管道改造】6月，李遂中心园对锅炉的地埋管道进行更换。原来的锅炉地埋管道因年久腐蚀已出现漏洞，致使锅炉不能正常运转，无法达到正常的供暖要求，为了避免安全事故的发生，园所在上级的大力支持下对锅炉的地埋管道进行了改造。

（万海涛）

【门厅改造体现园所科学特色】7月，李遂中心园对门厅进行重新设计改造，园所以科学办园为特色，因而把门厅打造成绘本的形式，让人们进来后就能感受到科学的氛围，其两侧还有提供给幼儿和家长观看的各种图书，方便了幼儿及家长在这里浏览。

（万海涛）

【将燃煤锅炉改造为燃气锅炉】9月，李遂中心园完成锅炉燃煤改燃气工作。鉴于园所现有燃煤锅炉对空气污染严重，已经不能达到国家环保要求，园领导与区教委有关领导及科室积极沟通，在得到领导的支持下，将现有的燃煤锅炉更换成为燃气锅炉。

（万海涛）

12月25日，李遂中心幼儿园承办第十届科研月交流活动

【镇学习竞赛表彰会在园所召开】11月13日，李遂镇《顺义学习网》竞赛活动座谈暨表彰会在李遂中心园召开。副镇长周革、文教办张林老师、家长代表、师生代表共四十余人参会。座谈会总结了李遂镇在此次竞赛活动中取得的成效。周副镇长对开展《顺义学习网》下一步竞赛活动提出殷切期望，号召全镇人民争做学习型家庭，为李遂的发展做出贡献。

（马英民）

【举行园本教研展示】12月3日，李遂中心园进行园本教研展示。区学前教研室王晓鸿老师莅临指导，区内数学领域组教师共同参与。通过展示园所园本教研活动，收获了教师的成长。王老师对李遂中心园的园本教研给予充分肯定，并提出宝贵建议，使教师们获益匪浅。

（徐溪瑶）

【为教职工配备防霾口罩】12月7日，北京市空气重污染应急指挥部将空气重污染预警等级由橙色提升为红色，全市启动《北京市空气重污染应急预案》，幼儿停课、教师开会学习。李遂中心园从关心教职工身体健康出发，为每位员工配备了3M口罩以全力应对雾霾天气。

（马英民）

【承办第十届科研月交流活动】12月25日，第十届科研月“我想我找我用我说”——区域游戏中支持幼儿自主学习经验交流会在李遂中心幼儿园召开。首师大初等教育学院李敏博士、区教科室副主任朱元兆、区学前教研室主任王晓鸿、海淀区凯蒂幼儿园园长关毅、区内各园园长、科研管理干部及一线教师，共四十余人参会。活动开始，业务园长申佳丽汇报本学期围绕“区域游戏中的幼儿自主学习”开展实践研究的情况。接着，专家及教师们分别观摩了两个中班、两个大班的一小时区域游戏。随后，针对区域游戏中师幼互动、幼儿做计划、材料投放三个小主题，五位教师分别介绍了典型案例。最后，李敏博士及各位专家给予精彩点评，剖析了思考点，并提出中肯的调整意见。

（徐溪瑶）

·北京市顺义区龙湾屯中心幼儿园·

【概况】2015年，北京市顺义区龙湾屯中心幼儿园为教育部门办园，日托制。占地面积5044.55平方米、校舍建筑面积2240平方米。全年教育经费投入1073.128865万元，全部为国家拨款。固定资产445.74603万元。图书室藏书0.6821万册，包括电子图书0.0046万册。拥有美工和音体专用教室2个，有普通教室6个。拥有计算机50台。校园网出口总带宽100Mbps，数字资源量300GB。教职工39人，其中教师25人，专科以上25人，中级职称以上8人；保健员1人，其中专科以上1，人。开设6个教学班，其中小班2个、中班2个、大班2个。幼儿入园57人、离园53人、在园193人。

单位名称：北京市顺义区龙湾屯中心幼儿园
地址：北京市顺义区龙湾屯镇府南路东侧4号
电话：60461747
邮政编码：101306
邮箱：longwantunyey@126.com
网址：http://shunyilongwantunyey.ankang06.org/

（浦宪红）

【区教委主任来园调研指导】3月2日，顺义区教委主任刘克祥，副主任高山等领导亲临龙湾屯中心园，就新园建设情况进行调研。园长王利利就新园的规划设计向领导进行汇报。刘主任对园所的规划部署给予了充分肯定，并结合园所现有环境及地域特点，提出了很多具有前瞻性的指导建议，同时希望我们能进一步创新思路，开拓视野。

（孟　宏）

【举办“秀教师风采”时装秀】3月6日，“三八”妇女节来临之际，龙湾屯中心园举行“秀教师风采，靓精彩人生”时装秀活动。伴随着富有活力的音乐，教师们踏着节拍缓缓走出，摆着风格迥异的造型，有青春派的校园双马尾，有惟妙惟肖的卓别林，有热血激昂的女红军，还有时下流行的“女神女汉子”，教师们巧用日常用品做出了自己所需要的道具，精心准备的T台走秀将现场气氛一次次推向高潮。本次活动，展现了龙幼教师们尚美、青春、健康、自信的新时代幼儿教师形象，营造出了龙幼缤纷的多元文化氛围。

（李晴月　孙　帅）

【组织大班幼儿走进桃园写生】4月22日，恰为春意盎然，春暖花开之日。龙湾屯中心园组织大班小朋友走进桃园写生，捕捉大自然美丽的气息。教师先引导幼儿仔细观察树木，介绍写生的方法；家长助教随后在自家桃园为小朋友普及有关桃树的科普知识，孩子们了解了桃树的种植条件和年限，平时如何护理以及生长情况等，为幼儿写生打下扎实的基础。孩子们拿着画板、画笔，分组围坐在桃树旁，一边观察一边认真写生，孩子们画笔挥洒自如，纷纷画出了他们心中的桃花景色。活动中，幼儿不仅在桃园切身体会到桃园的美景，还用手中的画笔呈现出幅幅美丽的桃花画卷。

（李晴月　孙　帅）

【开展“宣传劳模精神”活动】9月8日，龙湾屯中心园开展“宣传劳模精神　人人争当标兵”活动。活动中，园所李老师为教师们宣讲了顺义区名师孔凡艳的事迹，大家纷纷被其兢兢业业，一丝不苟的敬业精神所感动。赵老师和蔺老师分别谈了自己的学习体会，赢得了大家的认同和掌声。王园长的总结更为教师们吹响了集结号，使教师们充满干劲。

（李晴月　傅　莹）

【召开“阅读经典”读书分享会】

9月8日，龙湾屯中心园开展“宣传劳模精神　人人争当标兵”活动

9月10日，在第31个教师节到来之际，龙湾屯中心园开展“阅读经典滋润身心”读书分享活动。活动中老师们分别从各自的工作岗位需要和读书品味倾向等方面和大家一起分享所读书目的内容和心得体会。王园长在活动总结中，鼓励教师多读好书，并将所学所悟运用到生活与工作中，不断提高自身的修养和人格魅力。通过定期开展读书分享交流活动，激发了教师读书热情，培养了教师爱读书的好习惯。

（傅　莹　李晴月）

【展亲子制作，促家园共育】9月25日，龙湾屯中心园开展第六届亲子手工制作展示活动。活动中，家长同孩子们利用生活中的废旧物品制作出葡萄架、螃蟹、小火车等精美的作品，经各班精心推选共收到展示作品五十余件。通过此次活动增进了亲子感情、发展了孩子的动手能力、培养了任务意识，此外这些手工制品还是班上很好的玩教具，给大家带来了美的享受。

（傅　莹　李晴月）

【组织大班幼儿走进种植基地】10月28日，龙湾屯中心园组织大班幼儿开展秋游采摘写生活动。在园长、老师的带领下，孩子们走进绿富农有机种植基地，一边聆听技术员阿姨生动有趣的讲解，一边认真观察黄瓜、白菜、萝卜的生长环境。随后孩子们体验拔萝卜的乐趣，感受秋季硕果丰收的喜悦。之后在赵老师的细心引导下，孩子们拿起手中画笔，进行实地写生，以不同的表现手法画出风格各异的“大萝卜”。该活动大大开阔了孩子们的眼界，使孩子们感受到户外写生的乐趣。

（傅　莹　李晴月）

【美术中心组来园观摩研讨】11月26日，龙湾屯中心园主办区小班美术“叶子鸟”观摩研讨活动。区学前教研室冯东芳教研员及全体美术中心组成员共18人来园观摩研讨。观摩中，孩子们利用自然物——树叶大胆创作，表现出了积极主动、认真专注的学习品质。研讨中，教师们针对活动目标、幼儿前期经验、活动过程，进行深入交流。冯老师最后做梳理提升，对龙湾屯中心园《“四段式”幼儿美术活动学习策略应用的研究》课题，进行了有针对性的指导，从而将园所第十届科研月活动推向高潮。

（傅　莹　李晴月）

【组织“职业幸福与道德责任”讲座】12月18日，龙湾屯中心园全体教师共同聆听首师大，中国社科院哲学所秦廷国博士关于“幼儿教师职业幸福与道德责任”的讲座。秦博士深入浅出地从“幸福是什么”“幸福不是什么”“幼师的职业幸福”“幼师的职业道德”等方面为教师们上了生动一课。通过讲座，教师们明确了在工作中，要以欣赏、审美的眼光看幼儿；以爱的力量与责任关注幼儿；以饱满的精神、乐观的态度来对待自己的工作等诸多道理。

（傅　莹　李晴月）

【开展教师讲故事展评活动】12月20日，龙湾屯中心园开展“声音里的童年”教师讲故事展评活动。共19名教师参与其中。通过自制道具、精美的PPT、绘声绘色的演艺使大家都沉浸在精彩的故事情节中，感受到童真童趣。此次活动为教师们创造了一个展示自我、互助提高的平台，展现出教师团队的自信与创新。通过观摩同伴和园长的点评与梳理，使教师们更加全面地掌握“讲故事”的技巧，更加关注故事对幼儿的发展价值。

（傅　莹　李晴月）

·北京市顺义区马坡第一幼儿园·

【概况】2015年，北京市顺义区

12月20日，龙湾屯中心园开展教师讲故事展评活动

马坡第一幼儿园为教育部门办园，日托制。占地面积6510平方米、校舍建筑面积5308平方米。全年教育经费投入119.82万元，均为国家拨款。固定资产815.75万元。图书室藏书58188万册。拥有通向数学和音体专用教室2个，有普通教室12个。拥有计算机26台。学校信息化经费投入1.8万元，校园网出口总带宽100Mbps，数字资源量502GB。教职工58人，其中教师37人，专科以上37人，中级职称以上3人；保健员2人，其中专科以上2人，中级职称以上1人。开设12个教学班，其中小班4个、中班5个、大班3个。幼儿入园165人、离园98人、在园423人。

单位名称：北京市顺义区马坡第一幼儿园

地址：顺义区马坡镇政府西侧

电话：69404385/69401653

邮政编码：101300

（龚　玉）

【家庭教育大课堂进马坡一幼】1月9日，马坡镇文教办聘请儿童教育专家蔡景昆教授为马坡一幼3—6岁幼儿家长做题为“幼儿自主意识发展的关键期与家庭教育”讲座。本次讲座共300余名家长参加。讲座主要有四项内容：3—6岁儿童自主意识的发展、幼儿自主意识发展关键期的表现、教育要点以及3—6岁幼儿思维的特点。蔡教授以幽默风趣的讲座方式，让家长们在轻松愉快的氛围中了解了孩子的年龄特点和思维特点，学会了一些简单易行的教育孩子的小策略，明确了教育方向。讲座结束后，蔡教授还对个别家长的咨询进行了细致解答。

1月9日，马坡镇家庭教育大课堂走进马坡一幼

（龚　玉）

【邀请教研员培训教师】1月16日，马坡一幼邀请区学前教研室冯东芳老师来园为教师开展培训。培训的主要内容是如何制作教师成长档案和幼儿成长档案，以及如何撰写观察记录。冯老师结合案例一一做详细讲解，并与教师进行现场交流。全园37名专任教师参加了学习，一致认为受益匪浅。培训后，教师对自己的成长档案和幼儿成长档案进行了新的整理，上交的“观察记录”材料在语言表达上也更加科学精炼。

（龚　玉）

【举办“十二五”课题结题会】4月9日，马坡一幼举办“‘十二五’市级课题结题论证”活动。结题活动特邀区教科室副主任周靖彦，以及双兴、旺泉等六所幼儿园园长与会。结题活动分两部分进行：1. 首先观摩小班邓小丽老师数学教育活动“装食品”，接着，园所科研负责人张艳辉老师作《在主题活动中开展数学教育的研究》课题结题报告。大班组长高菲老师进行大班“图形变变变”主题活动介绍，小班组刘鑫颖老师进行小班“数学活动案”交流。2. 各位专家、园长们就结题报告、大班主题活动、小班数学案例和邓老师的数学教育活动进行现场点评。专家组一致认为此课题选题新颖，很有研究价值，同时对课题提出了进一步修改意见，同意结题。

（龚　玉）

【举办亲子故事大赛】4月24日，马坡一幼结合世界读书日举办的第二届阅读节以亲子故事表演大赛形式圆满落幕。本次活动分三个阶段进行。第一阶段：报名（3月20—4月4日），家长到本班教师处报名。第二阶段：初赛（4月14—18日），各班根据报名情况开展班级展示，推荐2—3个故事。第三阶段：决赛（4月24日），班级推荐优胜者参加全园决赛。表演形式：可以是单个家庭独立完成表演，也可以是多个家庭组合完成。经过家长们的精心准备，比赛在老师、家长和孩

5月21日，马坡一幼大班幼儿走进小学体验生活

子们的欢笑声中圆满结束，园领导为获奖家长和孩子们颁发了奖状和奖品。

（龚 玉）

【大班幼儿走进小学体验生活】 5月21日，即将毕业的马坡一幼大班幼儿走进小学体验生活。当天上午，在老师的带领下，大班102名幼儿走进马坡小学，近距离地感受小学生的学习生活。在学校小导游的引领下，孩子们参观学校的户外环境，观看科技、音乐、美术等近10个专用教室，欣赏了哥哥姐姐们的精美作品，体验了一年级教师为他们上的微课。此次活动，为大班幼儿进入小学做好了一定的心理准备，有助于幼儿从学前教育向小学教育的顺利过渡。

（龚 玉）

【举办庆“六一”亲子游园活动】 5月29日，马坡一幼举行有400名幼儿及家长参加的“庆六一亲子游园活动”。活动前，园所做了精心准备，专门组织了游园护卫队，成立了以园长为组长的突发应急小组，设计了创意涂鸦馆、扇画、串项链等室内活动和“我是小小建筑师”“投篮高手”“快乐小舞台”等室外活动。游园过程中，幼儿们个个兴奋异常，园里还给幼儿准备了小奖品，对他们勇于探究的表现给予表扬。活动结束后，家长们填写了活动反馈表，对这种将以往演出形式改变为游园形式的庆“六一”活动表示赞同，希望下一年还能继续组织，并创新游戏项目。

（龚 玉）

【改造西教学楼幼儿盥洗室】 7月20日起，马坡一幼西楼幼儿盥洗室实施改造。自1993年建楼以来，幼儿盥洗室一直沿用至今，年久未修，瓷砖脱落，便池损坏严重，在上级主管部门领导视察后，决定于2015年暑假期间对其进行改造，更换小便池、洗手池、厕所挡板，降低洗手池高度，重新吊顶，铺设蓝黄两种防滑地砖。计划在9月1日开学前改造完毕。

（龚 玉）

【举行后勤园长交接仪式】 7月27日，马坡一幼举办后勤园长交接仪式。因工作需要，马坡一幼主管后勤工作的刘园长调往裕隆二区幼儿园，龙湾屯中心园主管后勤工作的孟园长调到马坡一幼接替刘园长工作。仪式现场，老师们为刘园长送上了真诚的祝福，李园长对孟园长的到来表示欢迎。仪式结束后，两位后勤园长进行了物品、文件、待完成工作等方面的详细交接。

（龚 玉）

【教学楼做防水】 9月18日起，马坡一幼东西两座教学楼楼顶进行防水施工。今年雨季到来之后，东西两栋教学楼顶层的办公室、教室、图书室、盥洗室常有雨水渗入，教委相关领导来园视察后，决定对马坡一幼东西两栋教学楼楼顶进行防水维修。9月18日，专业维修队开始施工，10月7日，防水工程人员对楼顶进行了试水验收，结果无渗水现象。

（龚 玉）

【做好安全基建工作】 9月26日，马坡一幼存在安全隐患的园内基础建设开始整改。马坡一幼于1993年建园，东西两栋教学楼没有无障碍通道，两栋楼通过二层露台连接。马坡镇政府主管领导视察后，提出需加高西楼阳台围栏，东楼四层天台铺设防滑瓷砖并加高围栏。经区教委和马坡镇政府协商，9月26日，维修队入园进行修建改造，目前施工正在进行中，不久就将为幼儿筑建起一座安全防护墙。

（龚 玉）

【举办亲子运动会】 10月29日，马坡一幼“大手牵小手，一起来成长”亲子运动会隆重举行。运动会分为小班、中班、大班三个年龄组。老师们根据不同年龄段幼儿的身体素质和运动能力，为每个年龄组设计了12个运动项目。运动会共有400名幼儿及家长参加，另外聘请30名家长志愿者予以帮助。由于人员较多，运动会分别在29日上午、下午和30日上午举行。比赛过程中家长和幼儿都沉浸在运动的快乐中。运动会不仅强健了孩子们的体魄，培养了他们勇于拼搏的优良品质，而且还增进了家长、孩子和老师之间的感情，有效促进了家园互动。

（龚　玉）

【组织幼儿参观消防站】11月11日，马坡一幼组织102名大班幼儿参观马坡消防站。参观前做好活动方案，确定保健医在内的随队教师20人，以确保幼儿安全往返。参观中，消防叔叔通过演习、解说、问答等形式帮助幼儿学习消防知识，幼儿在参观中穿戴消防叔叔的衣服格外高兴，仿佛自己就是一名为他人服务的小英雄。活动结束后集体合影留念。回园路上，孩子们还你一句我一句地议论参观时的发现，活动明显提高了幼儿的学习兴趣。

（龚　玉）

【举行“三改变”创新故事大赛】11月12日，马坡一幼举行教师故事比赛。共有36名教师参赛。本次比赛改变以往教师组和保育组的分组模式，分为骨干教师组、新教师组和保育组；并针对组别设计了不同评分标准，体现层次要求；另外还改变只有教师作为评委的惯例，邀请中大班200多名幼儿当小评委，给喜欢的老师和故事投卡片。在36个参赛故事中，经投票最终选出《路在嘴边》《聪明的小白》《没牙的大老虎》等18个最喜爱的故事，后期园所将整编录制获奖故事，作为幼儿睡前故事进行播放。

（龚　玉）

12月17日，马坡一幼举行亲子爱牙情景剧汇演

【举办幼儿口腔保健知识讲座】11月13日，马坡一幼在顺义十五中报告厅举办幼儿口腔保健知识讲座。本次讲座特聘顺义区妇幼保健院牙科张主任主讲，近400名幼儿家长参加学习。该讲座的目的：一是向家长宣传口腔卫生保健知识；二是进一步强化家长关注幼儿口腔健康，减少龋病等口腔常见病的发生；三是教给家长口腔护理技巧，使家长能够正确指导幼儿形成良好的口腔卫生习惯。讲座结束后，不少家长踊跃向专家请教牙防知识。

（龚　玉）

【举行亲子爱牙情景剧汇演】12月17日，马坡一幼12个教学班举行亲子爱牙情景剧汇演。此次汇演是园所多举措引导幼儿爱牙系列活动之一。活动准备阶段，各班教师、幼儿与家长积极筹划、排练，有的家长还为幼儿制作了表演道具，家园共育工作在组织活动中得到彰显。表演中，演员们入情入景，观众们兴趣盎然。表演结束后，主持人进行现场问答互动，反馈出孩子们知道牙齿对自己的重要，并且学会了如何保护牙齿。

（龚　玉）

【组织数学游戏活动展示交流】12月23日，马坡一幼组织数学游戏活动展示交流活动。活动邀请区学前教科的王老师、香悦四季业务园长亢园长、区数学核心组的老师们参与。与会者观摩了中班邓老师的《占地盘》和小班杨老师的《捡蛋蛋》数学游戏活动。中班将数学目标渗透到游戏规则中，孩子在玩中就完成了目标；小班以鹅卵石作为操作材料，设置了“帮鸭妈妈捡蛋”和“小蛇偷蛋”两个游戏，在游戏中幼儿学习点数和按数取物。观摩后，两位授课教师进行自评，数学核心组的教师畅谈观后感，同时也提出了中肯建议。最后，学前科王老师针对师幼的活动给予了方法、策略上的指导，对教师的困惑给与了解答，教师们反映这种指导使她们收获颇多。

（龚 玉）

·北京市顺义区马坡第二幼儿园·

【概况】 2015年，北京市顺义区马坡第二幼儿园为教育部门办园，日托制。园所占地面积4300平方米、校舍建筑面积2100平方米。全年教育经费投入618.28万元，其中，国家拨款603.28万元、自筹经费15万元。固定资产428.79万元。图书室藏书0.7万册。拥有音体室、创意坊、阳光房专用教室3个，普通教室6个。有计算机39台。多媒体教室座位200个。学校信息化经费投入15万元，校园网出口总带宽100Mbps，数字资源量100GB。教职工36人，其中教师32人，专科以上36人，中级职称以上6人；保健员1人，其中专科以上1人。开设6个教学班，其中小班2个、中班2个、大班2个。幼儿入园82人、离园70人、在园240人。

单位名称：北京市顺义区马坡第二幼儿园

地址：北京市顺义区马坡镇马卷村西侧

电话：69407480

邮政编码：101300

（张博飞）

【多举措营造教师读书氛围】 2月，马坡二幼采用多种方式促进教师多读书。一是发放图书。发放每名教师《幼儿教师适宜行为研究》《幼儿教师反思能力培养研究》，教师在阅读时将与自身相关的内容摘抄到笔记本上。二是读书交流。根据每名教师读书内容分组开展读书交流活动，交流各自的阅读感受和心得，在激烈的争辩中，开拓思维，提升反思能力，不断更新观念，改善教学方法，提高教学质量。三是评比活动。教师将书中所学内容运用到日常工作中，制定详细计划表，每月列入一项内容及改进措施，每月一评比，家长参与评比活动。

（尉 静）

【注重培养教师音乐素养】 3月18日，马坡二幼组织教师观看建南幼儿园《北京市幼儿园优秀半日评优集萃》中的音乐教育活动重点。学习其活动流程及组织形式。业务园长以《转圈圈》等音乐游戏为例由易到难地示范音乐活动方法，以激发教师对音乐活动的兴趣，增加教师组织音乐活动的信心。学习后开展音乐活动评比。每名教师上一节音乐活动课，采取班级共同备课，课后共同反思找出优势与不足，同年龄班互相打分的方式评出奖项。

（尉 静）

【开展"快乐春游"野餐活动】 3月26日，马坡二幼小班组教师带领小朋友们来到幼儿园附近的树林，感受春天的变化。活动分为三部分：第一部分：集体游戏《老猫睡觉醒不了》《小鸡与狐狸》。第二部分：幼儿分为三组，第一组：探索小树林的奥秘；第二组：做呼啦圈游戏；第三组：小画家写生活动。第三部分：边听儿歌边野餐，学习帮助、分享和感谢，提升与不同年龄幼儿交往的体验。

（尉 静）

【多种方式排除安全隐患】 4月，马坡二幼采取多种措施排除安全隐。一是增加电源、开关，改造危险线路。更换直饮机、消毒柜、热水器等开关，增加表演区、科学区、水吧电源；改造班级和办公室老旧线路。二是改造阳光房。将三层堆放杂物的天台改造成便于幼儿游戏的阳光房，增加灯光、电源，周围做好软垫等防护措施。三是厨房增加安全措施。消毒间、分餐间、粗加工间增加三项插孔，煤气房增加防爆灯。四是增加照明设备。在大门口、操场、种植园增加路灯，楼房外围装灯带。

（尉 静）

【邀请舞蹈老师提高幼儿舞蹈技

3月18日，马坡二幼组织教师观看建南幼儿园音乐教育活动

能】4 月，为激发幼儿对舞蹈的兴趣，满足幼儿的实际需求，马坡二幼于每周五邀请艺术培训学校舞蹈教师来园指导幼儿舞蹈。在培训前老师依据幼儿的年龄特点、动作发展水平结合园所幼儿在舞蹈方面的实际情况，制定详细的教学计划和教学进度表。舞蹈第一课，教师从最基本的站姿、手位、脚步等动作入手，认真观察每位幼儿，及时纠正幼儿错误的姿势，帮助幼儿打好舞蹈基础。每周五的舞蹈课，让幼儿能够在园所享受到专业的舞蹈教育，为幼儿自身修养奠定基础。

（尉　静）

【开展社会领域活动交流】4 月 17 日，马坡二幼组织社会领域集体教育活动观摩交流。本次活动共展示了 3 节社会领域活动。有港馨幼儿园、尹家府幼儿园等七所姐妹园来园观摩。为了激发孩子们的活动兴趣，在游戏中体现社会领域的核心价值，每位教师认真思考并创设游戏化的情景，为孩子们准备活动道具，大到利用整个活动教室设计马路、小到一张小小的卡片，展示出教师正确的教育观念和良好的敬业精神，即幼儿是活动的主体，教师的工作就是为幼儿发展服务。通过姐妹园老师的点评，开拓了教师组织社会领域集体教育活动的思路。此次活动，教师从理论到实践开展大胆尝试，从活动过程和效果中反思自己的教育观念和教育行为，促进了专业水平的提高。

（尉　静）

【开展“大带小”户外活动】6 月 12 日，马坡二幼开展“大带小”户外活动。大班幼儿带领小班弟弟妹妹，利用园外的一片小树林开展丰富而具有特色的户外活动。“高空绳索”“打地鼠”“甜甜屋”等游戏深受幼儿喜爱。通过活动的开展，小班幼儿能够主动与人交往，大班幼儿体验到帮助弟弟妹妹的快乐。同时锻炼了教师游戏讲评环节由单一的平面讲评转变为层层递进的立体讲评，进而促进了教师专业化水平的不断提高。

（张博飞）

【举办亲子运动会】9 月 30 日，马坡二幼组织全园亲子运动会。园所充分利用有限的场地资源，在室内外共开展了 9 项亲子游戏。通过幼儿、家长、老师共同参与的五个开场节目让孩子们体验到了参与的自豪感，也让家长们看到了孩子成长与进步。通过短短半天的活动，达到了以下四个目的：1. 解除了小班家长对孩子分离焦虑的担心；2. 加强了中大班家长与老师之间的沟通交流；3. 培养了幼儿与父母或同伴共同克服困难夺得胜利的精神；4. 培养了幼儿参加体育活动的兴趣。

（张博飞）

【家长开放活动——包饺子】11 月 18 至 19 日，马坡二幼组织大班幼儿亲子开放活动——包饺子。活动前，大班组教师对本次活动需要的材料、准备、环节等与家长一起做了详细的策划。组织了“饺子的由来”“怎样包饺子”等集体教育活动。活动当天，幼儿从家里带来所需材料，在家长的指导下分组进行饺子的制作。家长耐心地指导孩子转一下，擀一下，孩子们摸索着擀面杖的用法，从生疏到熟练，再到渐入佳境，体会着成功的喜悦。吃饺子环节结束后，孩子们自己将餐具清洗干净、码放整齐，集体送到厨房消毒。在擀饺子皮，装饺子馅儿和捏饺子的各个环节中，孩子的大小肌肉得到充分锻炼，提高了自我控制能力。

（张博飞）

【开展第十届科研月活动】12 月 4 日，马坡二幼开展了科研月成果展示活动。区教科室副主任周靖彦到园里指导科研月活动。活动过程中，教师发挥主体作用，以科研为引导，以教研为载体，

9 月 30 日，马坡二幼举办亲子运动会

使科研月活动落到实处。活动中，教师书写教案能力有所提高，对活动的研究更加全面。周主任在观摩完研究课活动后，对园所科研氛围给予肯定，并对科研工作提出指导。

（张博飞）

【师幼同台庆元旦】12 月 30 日、31 日，马坡二幼举办庆元旦联欢会。活动分大、中、小年龄班开展。其中教师与幼儿一同演出的童话舞台剧《小狐狸买药》，故事情节编排新颖，角色展现淋漓尽致。大班教师与幼儿共同表演的舞蹈《开门红》，烘托了节日喜庆氛围。通过师幼同台表演，为家长展示了孩子的成长、教师的亲切活泼，增强了家长与教师、教师与幼儿、幼儿与家长之间的合作，得到家长一致认可。

（张博飞）

·北京市顺义区马坡第三幼儿园·

【概况】2015 年，北京市顺义区马坡第三幼儿园为教育部门办园，日托制。园所占地面积 6306 平方米、校舍建筑面积 4706 平方米。全年教育经费投入 87.46 万元，全部为国家拨款。固定资产 206.84 万元。图书室藏书 0.56 万册。拥有音体、图书和美工等专用教室 5 个，普通教室 12 个。拥有计算机 31 台。多媒体教室座位 100 个。校园网出口总带宽 100Mbps，数字资源量 800GB。教职工 71 人，其中教师 45 人，专科以上 44 人，中级职称以上 13 人；保健员 2 人，其中专科以上 2 人。开设 13 个教学班，其中小班 5 个、中班 4 个、大班 4 个。幼儿入园 193 人、离园 133 人、在园 546 人。

单位名称：北京市顺义区马坡第三幼儿园

地址：北京市顺义区马坡佳和宜园小区 29 号楼

电话：57620103

邮政编码：101300

（马长颖）

【举行家庭教育交流活动】1 月 29 日，马坡三幼举行“爱的路上，你我幸福相伴”家庭教育分享交流活动。活动中，12 位优秀家长代表围绕“如何在家庭中培养幼儿感受爱、表达爱”的主题介绍了育儿经验。与会家长表示自己在育儿方面受到了很多启发，特别是外来务工子女的家长，表示今后要多抽出时间陪伴孩子，希望能与幼儿园加强配合，让孩子开心快乐地成长。

（马长颖）

【巧用标识实现精细化管理】3 月 23 日，马坡三幼巧用标识实现精细化管理。首先，在盥洗室、卫生间及其它生活区域设立标识，对幼儿进行生活习惯的提示；其次，根据用途的不同为保育员更换了颜色不同的抹布，为打扫工具、不同水盆贴上标识，规范了教师在一日生活中的操作环节，从而提高了保教质量。

（马长颖）

【举办亲子运动会】4 月 28 日，马坡三幼第二届亲子运动会拉开帷幕。本届运动会的主题是“亲子同乐、运动快乐”，运动会分两天进行。各年龄班教师根据幼儿年龄特点设计了运动项目，全园 420 名幼儿和家长参加了本次运动会，他们在活动中体验了运动的快乐，增进了亲子之间的感情。

（马长颖）

【开展“环保进社区”活动】5 月 15 日，马坡第三幼儿园开展了“小手拉大手环保进社区”活动。全体幼儿和家长在各班老师的组织下，在社区内捡拾白色垃圾，并且向社区居民发放了幼儿设计的环保宣传材料。本次活动得到了家长的大力支持，家长们表示，和孩子们一起活动，自己也受到了教育，爱护社区环境要从自己做起。

（马长颖）

【举办亲子游园会】5 月 29 日，马坡三幼举办庆“六一”大型亲子游园会，全园 400 名幼儿及家长参加。本次游园活动设置了“齐心合力吃果子”“猫捉老鼠”“小猫钓鱼”等 14 个室内外游戏，家

1 月 29 日，马坡三幼举行家庭教育交流活动

12 月 14 日，地铁 15 号线顺义站区工作人员走进马坡三幼

长在和幼儿共同游戏的过程中，享受了天伦之乐，陪幼儿度过了一个有意义的儿童节。

（马长颖）

【与拉手园开展活动区游戏研讨】11 月 9 日，马坡三幼教师到拉手园牛栏山镇芦正卷幼儿园，与该园教师进行活动区游戏研讨。两园教师就活动区游戏材料的投放、环境的创设等问题进行了交流。老师们均表示，在这样的思维碰撞中，自身的业务水平得到了提升，希望这样的交流经常进行。

（马长颖）

【举行“区域游戏环境创设”诊断会】11 月 27 日，马坡三幼组织全体教师对各班“区域游戏环境创设”进行诊断。每班由一名教师对本班的区域游戏环境创设进行介绍，提出在区域游戏环境创设中存在的困惑，其他班级的教师进行诊断，提出解决方案。该活动增强了教师发现问题、解决问题的能力。

（马长颖）

【地铁工作人员走进马坡三幼】12 月 14 日，地铁 15 号线顺义站区工作人员走进马坡三幼，以“安全出行，快乐成长”为主题，为马坡三幼全体幼儿讲解了乘电梯和乘车安全知识，采用了互动的方式，有针对性地将安全理念和自我保护意识普及给幼儿。

（马长颖）

【举行“共同见证成长”幼儿成长档案交流活动】12 月 24 日，马坡三幼举行“共同见证成长”幼儿成长档案交流活动。活动中，各班教师展示了自己制作的幼儿成长档案，并围绕“如何记录幼儿成长的轨迹”进行了交流研讨，最终达成了共识：要选取幼儿成长过程中出现的“关键事件”进行记录，反映出幼儿的成长过程。

（马长颖）

·北京市顺义区木林中心幼儿园·

【概况】2015 年，北京市顺义区木林中心幼儿园为顺义区教育委员会下属全民所有制事业单位，一级一类日托制幼儿园。园所占地面积 8190 平方米、校舍建筑面积 4871 平方米。全年教育经费投入 1412.9 万元，全部为国家拨款，固定资产 514.72 万元。拥有图书 1.1005 万册。拥有音乐专用教室 1 个，普通教室 12 个。拥有计算机 58 台。全园信息化经费投入 12.4 万元．校园网出口总带宽 100Mbps，数字资源量 165GB。教职工 69 人，其中教师 42 人，专科以上学历 42 人，中级职称 16 人；保健员 3 人，其中专科以上学历 3 人，中级职称 1 人。开设 14 个教学班，其中小班 5 个、中班 5 个、大班 4 个。幼儿入园 226 人、离园 133 人、在园 480 人。

单位名称：北京市顺义区木林中心幼儿园

地址：北京市顺义区顺焦路木林段 83 号

电话：60459100

邮政编码：101304

（孔凡柱）

【开展爸爸助教日活动】4 月 30 日，木林中心园开展爸爸助教日活动。之前，向幼儿及家长发放倡议书，鼓励家长踊跃报名。通过筛选，共邀请 9 个班的 27 名爸爸参加此次活动。活动当天，爸爸们分别体验了主班教师、配班教师、保育员老师的工作，协助教师一起开展集体教育活动，户外体育游戏，和幼儿一起参加区域游戏，分饭、分奶、发水果，给毛巾水杯消毒等。爸爸们通过助教日活动，对幼儿的一日生活有了更深入的了解，体会到了教师一日工作的繁杂和辛苦，表示要继续支持幼儿园各项工作的开展。

（杨　乔）

【开展庆“六一”亲子跳蚤市场

活动】5月28日，木林中心园开展庆“六一”亲子跳蚤市场活动。提前发放倡议书，鼓励幼儿家长积极参与，并鼓励幼儿把自己不玩的玩具、不穿的衣服、鞋帽、以及各类图书等拿到幼儿园。老师与幼儿提前将物品进行分类，定价，并做好价签，代金券。活动期间，家长陪同幼儿一起活动，家长不能帮助孩子进行物品交换，要鼓励幼儿尤其是中大班幼儿自主选择、交换所需物品，培养他们的社会交往能力及规则意识。幼儿和家长参与的积极性非常高，通过该活动，孩子们充分体验到了自主交换的乐趣，学会了遵守社会规则，同时还增近了亲子感情，促进了家园合作。

（杨　乔）

【组织验收音画一体活动】6月4日，木林中心园自行组织音画一体验收活动，李璐老师组织大二班幼儿开展音画一体活动《吹喇叭》，张颖老师组织小三班幼儿开展音乐律动《胡椒小猪》。通过该活动，大班孩子们获得了积极的情绪体验，敢于大胆尝试用音画一体方式表现音乐的结构和音效的递增，大胆交流对音乐的理解，发展了想象力和创新能力。小班孩子能感知韵律动作所表现的内容和情感，能根据歌词内容大胆想象小猪做“晚餐”的动作，随音乐内容创编简单的律动，并且体验到与同伴分享的快乐。

（杨　乔）

【教职工欢送宋园长】7月9日，木林中心园全体教职工在幼儿园的音体教室为宋园长召开欢送会。欢送会由工会主席主持，47名教职工参加。会上，大家一起观看了由全体教职工为园长准备的视频短片。短片中教师们逐一送出自己的祝福。宋园长用朴实的话语，回忆了她与同事们共同处事的感人情景，一起经历的风风雨雨，流露出对木林幼儿园的不舍和亲人般的挂念。木林幼儿园这个大家庭就因为有一条无形的线——真挚的感情牵引着大家，所以每一个成员在这里工作都乐此不疲。愿这个家永远兴旺，也愿宋园长即使离开了家，也能常回家看看。

（杨　乔）

【教师参加镇舞蹈大赛】10月16日，木林中心园的青年教师参加由木林镇政府组织的舞蹈大赛。此次大赛共有16家单位参加。各参赛队的舞蹈各具特色。作为一支较年轻的队伍，木林中心园教师用傣族舞《雨竹林》征服了在场所有的观众和评委。赛前，园里为教师们请来专业舞蹈老师辅导，教师们利用不带班的时间刻苦练习，大家从最开始的不敢跳，到后来能把动作捋下来，再到最后能抓住傣族舞的精髓，把傣族舞的优美、灵巧、动静结合跳得惟妙惟肖。活动展示出了木林中心园教师的优美风采。

（杨　乔）

【开展亲子制作评比活动】10月30日，木林中心园开展“亲子制作评比”活动。全园幼儿、教师及家长450余人参加。大家参与热情高涨。活动程序是：1. 活动前发放倡议书，鼓励幼儿和家长积极参与废旧物品制作活动，了解活动的意义。2. 幼儿将作品拿到班里进行初评，全班幼儿投票，选出10件得票最高的作品参加全园评比。3. 全园评比，教师和幼儿将选出的10件作品摆放到展示区，并为其贴好作品简介和投票表。邀请全园家长对展示的作品进行投票，最后评选出一等奖10名，二等奖20名，三等奖30名，优胜奖50名。

（杨　乔）

【开展家长健康培训】11月2日，木林中心园邀请木林卫生院的院长、内科主任等4名专家为家长举办健康培训讲座。全园370余名家长参加，家长参与的积极性

11月2日，木林中心园开展家长健康培训

非常高，培训时认真倾听，并与专家进行了交流和讨论。培训内容：1. 传染病知识和预防；2. 预防龋齿；3. 患病幼儿的复课条件。通过培训，家长们了解了传染病相关的知识以及如何预防；认识到预防龋齿的重要性，知道了怎样帮助幼儿养成爱护牙齿的好习惯，如要饭后漱口，早晚刷牙，少吃刺激性或较硬的食物等；对幼儿生病后复课的要求有了新的了解。本次培训取得了很好的效果，也为幼儿园的家园共育工作奠定了良好的基础。

（杨　乔）

【组织新教师讲故事活动】11月3日，木林中心园开展新教师讲故事展评活动，共有5名新教师参加，业务园长、骨干教师等5人担任评委，周妍获得本次活动的优胜奖。展评结束后，参赛教师对自己的表现进行反思，骨干教师进行点评。普遍优点为：1. 均能熟练地讲述故事。2. 道具准备得比较充分。待改进之处是：1. 语速较快，角色转换不太明显，不能凸显角色特点。2. 与观众交流少，面目表情不够丰富，动作较少。3. 未能很好地利用道具为讲故事服务。通过本次活动，新教师们讲故事的技能有了一定的提高，也锻炼了胆量。

（杨　乔）

【小班开展教研活动】11月30日，木林中心园小班开展园本教研活动。业务园长及12名教师观摩由小三班张默迪老师组织的科学类活动《谁不见了》。活动中，教师准备了方糖、奶粉、盐、蜂蜜、花生、水杯、搅拌棒、记录纸等物品。通过亲手操作，孩子们对溶解小实验产生了浓厚兴趣，知道了有些东西遇到水是可以溶解的，有些是不能溶解的，并且能够用简单的记录法记录下自己的发现。

（杨　乔）

【中班开展教研活动】12月1日，木林中心园10名带班教师集体观摩由中二班赵东旗老师组织的科学探索类活动《沉与浮》。活动中，教师为孩子们准备了泡沫板、石头、玻璃珠、雪花片、水盆、记录表、笔等操作材料，孩子们通过亲自动手操作感受沉与浮，并且在听到历史人物文彦博的故事后把球从水桶中取了出来。通过该活动，幼儿的观察、比较能力得到了发展，能尝试用简单的记录方法记录自己的验证结果，还能够大胆地将自己的发现表达出来，有助于幼儿语言表达能力的提高。

（杨　乔）

【观摩科学探索类活动】12月1日，木林中心园业务园长及大班组2名教师观摩由大二班教师吴琪组织的科学探索类活动《各种各样的纸》。活动中，通过让幼儿看、摸等感受不同纸质的差异，并且鼓励幼儿用各种各样的方法玩纸。本次活动拓宽了幼儿对纸的种类的认识，激发了幼儿对自然科学探索的兴趣，发展了幼儿的语言表达能力，教师对如何组织和开展科学探索类活动也有了进一步的感悟。

（杨　乔）

【开展幼儿一日生活常规培训】12月4日，木林中心园邀请健康领域专家范惠静老师来园就《幼儿一日生活常规》进行培训。本次培训共有中心园、分园、村办园以及各姐妹园96人参加，培训中，教师们学习热情高涨，与专家互动较好，能认真倾听并记录学习笔记，学习到了如何巧妙地组织和开展一日生活的内容，更新了教育观念。培训后，教师们结合实际工作中的问题进行了分年龄组研讨和全园研讨。此次活

12月1日，木林中心园干部教师观摩科学探索类活动

12月7日，木林中心园开展全园消防演习

动进一步规范了班级幼儿一日生活常规。

（杨　乔）

【开展全园消防演习】 12月7日，木林中心园开展全园消防演习。幼儿、教师、保安等共360余人参加。孩子们正在专心地上课，忽然听到紧急的警报声，各班教师迅速按预案的疏散线路带领幼儿拿起湿毛巾，捂住口鼻，猫着身子，从两侧楼梯迅速、有序下楼，很快将孩子们集中到操场安全地带，教师迅速清点人数，并向总指挥报告。整个疏散活动只用了2分多钟。通过演习，全体教职工及幼儿对应急疏散的程序，火灾后的自救、如何逃生、如何报警，有了更深刻的了解。

（杨　乔）

·北京市顺义区南彩第一幼儿园·

【概况】 2015年，北京市顺义区南彩第一幼儿园为教育部门办园，日托制。园所占地面积7200平方米、校舍建筑面积2620平方米（8月改扩建儿童活动用房120平方米）。全年教育经费投入649万元，全部为国家拨款。固定资产198万元。图书室藏书1.46万册。拥有音体教室等专用教室1个，普通教室9个。拥有计算机45台。校园网出口总带宽100mbps，数字资源量1000GB。教职工50人，其中教师35人，专科以上35人，中级职称以上16人；保健员1人，其中专科以上1人。开设9个教学班，其中小班4个、中班3个、大班2个。幼儿入园120人、离园70人、在园305人。

单位名称：北京市顺义区南彩第一幼儿园

地址：顺义区南彩镇南彩中大街9号

电话：89469256

邮编：101300

网址：nancaiyiyou@163.com

（田晶杰）

【开展消防疏散演习活动】 4月29，南彩一幼开展全园消防演习。在这次无预警演习过程中，教师能有序带领幼儿从指定的安全出口疏散，各岗教师听到警报后能及时到岗负责幼儿疏散过程中的安全。

（邵海珠）

【举办幼儿诗歌诵读大赛】 9月初，南彩一幼开展“幼儿诗歌颂读大赛”。教师们精选一些体现中华优秀文化传统的诗歌作品，幼儿从听儿歌、学儿歌、说儿歌、表演儿歌等几个层面，感受经典作品的魅力，培养对中华传统文化的热爱。

（王瑾玲）

【开展一日常规观摩评比】 9月28日，南彩一幼开展一日常规观摩评比活动，邀请拉手园进行观摩学习。各班级教师对幼儿一日生活环节的安排合理，组织活动时各环节过渡自然，大部分幼儿能按常规要求进行一日活动。保育员餐前和餐后的消毒方法正确，班级教师配合默契，为拉手园一日生活规范起到表率作用。

（王瑾玲）

【组织我为食谱点赞活动】 10月8日，南彩一幼开展为期两个月的“我为食谱点赞”的投票活动。各年龄班幼儿用适合自己年龄特点的方式，或写名字、或画图形，选出自己最喜欢的食物。经过这次活动，保健医能更准确地掌握幼儿的口味，为以后制定食谱打下基础。

（邵海珠）

【为幼儿免费做氟化泡沫】 10月13日，南彩一幼配合顺义区牙防所为中大班幼儿提供免费氟化泡沫预防乳牙龋齿的服务。当天，牙防所的工作人员为幼儿讲解了

10 月 30 日，南彩一幼举办“勇敢小小兵”亲子运动会

牙齿的构造、如何预防龋齿等知识。

（邵海珠）

【举办“勇敢小小兵”亲子运动会】 10 月 30 日，南彩一幼开展“勇敢小小兵”主题亲子运动会。运动会上，每班选择一个“兵种”，例如：炮兵、步兵、炊事兵等，并以选择的兵种作为自己班的特色，进行有特色的队列方阵展示。伴随着“我是小小兵，运动我最行”的口号，孩子们在愉悦的游戏体验中挑战困难，战胜自我。家长与幼儿共同参与，增进了与幼儿的亲子关系。

（王瑾玲）

【开展自然角评比活动】 11 月 18 日，南彩一幼进行自然角评比活动。各班教师介绍自己班级自然角创设的目标、活动开展的情况，评委根据各班自然角空间利用情况，以及材料投放与环境创设等进行评价打分，评出一二三等奖。

（王瑾玲）

【幼儿膳食评比活动】 11 月 27 日，南彩第一幼儿园召开“创新食谱评选”活动。幼儿园领导、家委会成员、膳食委员会成员以及食堂工作人员悉数到场。大家就园内近期创新饮食进行品尝、评选。最终选出茄汁龙利鱼、五彩丁、荷塘小炒这三种食物做为前三名。

（邵海珠）

【自主走班游戏活动】 本学期，南彩一幼因户外自主游戏活动受到季节限制而调整为室内自主走班选区游戏活动。活动初期，管理者向教师征集了可以开设区域活动的内容，教师积极搜集材料、自组小团体讨论，在班级内与孩子们开展活动内容、活动兴趣、活动材料的讨论，随后教师结合自己的特长和幼儿的活动需要最终确定活动内容，制定并实施了活动方案：每个班级内设两个活动区，每周五上午，负责各区的教师准时到达活动场地，楼层内设值班人员保障幼儿自主活动过程中的安全，幼儿可以在全园各活动室之间挑选自己喜欢的活动，携伙伴自由选班参加。

（王瑾玲）

【开展教育活动展评】 12 月，南彩一幼利用科研日开展“聚焦教育活动关注课程质量”展评活动。活动中，各班教师以自然资源为内容，以主题活动为背景，生成丰富多彩的活动内容。教师在设计过程中突出生活化特点，注重幼儿活动前期经验，支持幼儿的自主探究，充分体现新课程理念。活动有效促进了教师专业化成长，提高了园所保教质量。

（王瑾玲）

·北京市顺义区南彩第二幼儿园·

【概况】 2015 年，北京市顺义区南彩第二幼儿园为教育部门办园，日托制。园所占地面积 5000 平方米、校舍建筑面积 2000 平方米。全年教育经费投入 639.35 万元，全部为国家拨款。固定资产 401.37 万元。图书馆藏书 0.6473 万册。普通教室 8 个，拥有计算机 19 台。学校信息化经费投入 2.1 万元，校园网出口总带宽 100Mbps，数字资源量 680GB。教职工 47 人，其中教师 35 人，专科以上 35 人，中级职称以上 18 人；保健员 2 人，其中专科以上 2 人，中级职称以上 1 人。开设 8 个教学班，其中小班 3 个、中班 3 个、大班 2 个。幼儿入园 113 人、离园 85 人、在园 292 人。

单位名称：北京市顺义区南彩第二幼儿园

地址：北京市顺义区南彩镇政府东侧南彩第二幼儿园

电话：89477876

邮政编码：101300

（张国一）

【开展亲子阅读家长交流会】 1月19日，南彩二幼召开亲子阅读家长交流会。每班推选家长代表，相互交流。会上幼儿家长积极发言，分享适合幼儿阅读的图书，分享好的经验，总结亲子阅读的收获和成长。家长们十分支持亲子阅读的开展，幼儿园对家长们交流的经验进行总结，在全园进行推广。

（张国一）

【开展肥胖儿家长讲座】 3月12日，南彩二幼举办肥胖儿家长讲座。保健医杨老师在活动中阐述了举办此次讲座的目的和意义，列举了各班教师对肥胖儿的管理方法及指导策略，介绍了肥胖产生的原因和对幼儿产生的危害，最后呼吁家长积极配合幼儿园共同帮助肥胖儿建立科学、健康的生活方式，从而使肥胖儿恢复健康。会上杨老师还发放“关爱肥胖儿的家长问卷”。

（张国一）

【为家长举办学前教育讲座】 4月2日，南彩二幼邀请顺义区仁和镇教育助理王艳芳老师为家长做了一场主题为“学前教育并非提前教育——适宜的才是好的”知识讲座，向幼儿家长解读了幼儿园教育教学理念，以及幼儿在3—6岁年龄段应该注重哪些方面的培养等相关知识，解答了家长的疑惑。

（张国一）

【组织语言领域公开课】 4月23日，顺义区语言活动小组成员在南彩二幼观摩了马丽辉老师的语言活动公开课。课后，马老师进行了总结和汇报。小组成员各抒己见进行点评。作为一所语言特色幼儿园，此次活动，使南彩二幼学习到姐妹园教师的新鲜思路，对园所今后语言活动的开展提供了很好的借鉴。

（张国一）

【走进民俗园体验民俗文化】 6月1日，南彩二幼组织幼儿参观了顺义河北村民俗文化体验园。走进园内让孩子们眼前一亮，猴山和动物饲养区，为孩子们提供了观赏和了解动物知识的场所。农耕文化区的历史回顾馆里，摆满了村民自发捐赠的2000多件老物件，孩子们边听讲解边体验爷爷奶奶小时候的生活情境。此次活动，让幼儿亲身感受了乡土风情，丰富了民俗文化知识，培养了热爱家乡的情感。

（张国一）

9月18日，南彩二幼开展国画技能培训

【邀请怡馨园保健医来园指导】 9月6日，南彩二幼特邀请北京市示范园——怡馨幼儿园保健医殷老师来园指导。殷老师就保育员一日操作流程问题对南彩二幼保育教师进行了详细讲解，并示范了正确的操作方法，同时她还对保健医生的资料整理工作做了科学、系统的指导。

（张国一）

【开展教师国画技能培训】 9月18日，南彩二幼邀请顺义区书画协会李向军老师来园指导教师国画基本功练习。活动中，李老师就国画练习过程中常遇到的问题作了详细讲解，并现场指导教师们进行实战演练。在浓浓的艺术氛围感染和熏陶下，教师们积极参与，大胆创作，充分发掘了自己的艺术潜能，创作出一幅幅生动、富有创意的美术作品。最后，李老师与大家一起分享和交流了个人画国画的经验，并对每位老师的作品进行了点评。此次培训为教师提供了提升美术专业素养的机会。

（张国一）

【开展幼儿故事大王展示活动】 12月3日，南彩二幼举行幼儿“故事大王”展示活动。活动中，小选手们盛装出赛，个个天真可爱、精神饱满，有些小选手不仅能流利地讲故事，还非常注意动作、眼神和表情，抑扬顿挫的声调。与故事情节一致的表情，不时引

12 月 30 日，南彩二幼开展幼儿自助餐活动

起小听众和评委的阵阵掌声。这次幼儿“故事大王”展示活动，得到了家长们的全力支持与密切配合，教师的指导水平也得到很大提高。

（张国一）

【开展幼儿自助餐活动】12 月 30 日，南彩二幼开展幼儿自助餐活动。该活动旨在激发幼儿兴趣，帮助学会勤俭节约。看着一盘盘的美味佳肴端上来，小朋友们都迫不及待地围了过来“啊，好香啊！”“啊，这么多好吃的！”“我想吃这个！”“我想吃那个！”，孩子们个个高高兴兴地拿着餐具，排队挑选喜爱的食物，整个活动自主有序。自助餐活动让幼儿大饱了口福，使一些孩子偏食、挑食的习惯得到一定程度的矫正。养成了文明用餐的行为习惯，自我服务能力不断提高，同时体验到自助餐的自主、快乐。

（张国一）

·北京市顺义区南法信中心幼儿园·

【概况】2015 年，北京市顺义区南法信中心幼儿园为教育部门办园，日托制。园所占地面积 25461 平方米、校舍建筑面积 4753 平方米。全年教育经费投入 487.9 万元，其中国家拨款 430 万元、自筹经费 57.9 万元。固定资产 3417746.31 万元。图书室藏书 6682 万册。拥有音体专用教室 1 个，普通教室 9 个。拥有计算机 46 台。学校信息化经费投入 1 万元。教职工 61 人，其中教师 38 人，专科以上 38 人，中级职称以上 11 人；保健员 4 人，其中专科以上 4 人，中级职称以上 2 人。开设 11 个教学班，其中亲子班 2 个、小班 3 个、中班 3 个、大班 3 个。幼儿入园 105 人、离园 90 人、在园 315 人。

单位名称：北京市顺义区南法信中心幼儿园

地址：北京市顺义区南法信政府北顺余西路 5 号

电话：69473313

邮政邮编：101300

（李如江）

【开展“感动”演讲会】3 月 5 日，南法信中心园开展主题为“回忆感动，凝聚力量，激情工作”全园演讲会。园长首先做《拥有春天》演讲，接着每位教师讲述自己身边的“感动”，每人在 5 分钟的演讲中，都畅谈了来自亲人、同伴、家长和幼儿的各种感动。演讲会上，全体教师用泪水和掌声与不同的感动发生共鸣。演讲会极大地激发了教师的工作热情，形成了正能量。

（李如江）

【召开工作设想交流会】3 月 9 日，南法信中心园业务园长带领班组长进行班级工作设想交流会。教师们依次介绍了班级整体工作思路，对主题活动、环境创设、家长工作提出自己的见解，并对教师个人发展进行规划。明确新学期工作目标，提升班级管理品质。此次活动让新班组长更加准确地掌握了本年龄班的特点，提升了班级管理理念，促进了教师间的相互沟通和经验分享，明确了本学期工作努力的方向。

（李如江）

【提升音乐教学能力】3 月 16 至 25 日，南法信中心园多举措提升青年教师音乐教学能力。1. 由业务园长进行游戏、律动、欣赏等理论知识培训。2. 由园内骨干教师进行打击乐培训，详细讲解打击乐器的种类、名称、配乐方法等。3. 学习后，青年教师进行音乐活动展示。教师们集体备课，对活动过程详细梳理；课后进行深入探讨，针对疑难问题，聘请教研室老师从专业的角度对音乐活动进行点评，有效提升了青年教师的基本功素质。

（李如江）

【举办春季风筝节】3 月 26 至 31 日，南法信中心园组织举办全园第一届“春季风筝节”。风筝节由三部分组成：1. 开展班级“我和风筝做游戏”主题教育活动。2. 邀请家长和幼儿一起设计风筝，制作风筝，体验亲子游戏的乐趣。3. 开展全园亲子放风筝大赛，让孩子在放风筝的活动中锻炼身体，体验春天游戏乐趣。此活动是南法信幼儿园“五健教育”园本课程中特色节日的一个部分，受到教师、家长、幼儿欢迎和喜爱，活动引领了教师、幼儿、家长的三方共发展，助推了幼儿园向“科学体育，五健奠基”的办园进程。

（李如江）

【开展培养幼儿读书习惯活动】 3月至12月，南法信中心园开展“读书伴成长，书香飘满园”系列活动，培养幼儿的阅读兴趣和习惯。1. 开展班级“每日一刻钟”睡前故事，每周一次的“把书带回家”活动，培养孩子良好的阅读习惯，享受亲子读书的乐趣。2. 班级设立“分享阅读日”，教师借助大书通过分析教材、观察画面、完整阅读，教幼儿学会阅读。在小书的共同阅读中，通过教师一对一的指导，对故事内容进行巩固，激发幼儿阅读兴趣。3. 开展图书漂流和“国际儿童图书日”系列活动：鼓励幼儿从家里带来自己最喜欢的图书进行交换分享；幼儿在老师帮助下，修补图书，增强爱护图书的意识。4. 设立公共图书区，孩子们可以定期到公共图书区自由选择图书进行阅读，享受读书的快乐，并在公共图书区开辟了“家长借阅区”，定期提供育儿书籍提高家长的育儿水平。270名幼儿及家长参加活动。

（李如江）

【开展社会实践活动】 4月16日，南法信中心园开展“爱家乡”社会实践活动——参观北小营汇源果汁加工厂。孩子们观看了汇源果汁关于“梦想从这里起航”的纪录片，认真聆听了工作人员介绍汇源果汁的种类、起源及发展史，并进行了各种果汁品尝，感受不同的味道。此次活动让孩子们知道了果汁制作的整个流程，感受到家乡的变化，从而激发孩子们对家乡的热爱之情。中大班190余名幼儿参加活动。

（李如江）

【承办全区幼儿园防汛现场会】 7月2日，顺义区幼儿园防汛工作现场会在南法信中心园召开。资产中心副主任于海松主持会议，大家首先在户外观看了停电后发电车如何发电、如何排水操作等演示；随后参观了南法信幼儿园防汛环境、班级防汛物资角。会上听取了南法信、港馨、杨镇中心园防汛工作的经验介绍。在讨论交流中，《南法信中心幼儿园防汛工作手册》制定思路明晰、内容全面、实效性强，于主任建议在全区幼儿园中进行推广；他还强调思想要高度重视防汛工作，增强防汛预案的可操作性，不断完善各种特殊情况下的预案。会议要求各幼儿园把师幼安全放在第一位，采取有效措施，确保安全度汛。此活动有70人参加。

（李如江）

【重要基础设施建设】 7至9月，南法信中心园进行重要基础设施建设。顺义区教委投资90万元，维修防水工程282109.74元；室外暖气及地下管道改造工程211577.79元；楼内墙砖、楼道门及室外楼梯装修工程367919.15元；另外玩具设备项目89970.00元。9月份全部完成。

（李如江）

【巧用多米诺培养幼儿优秀品质】 8月至12月，南法信中心园在创新园本课程上，巧妙将多米诺骨牌运动精神与幼儿身、心、德、智、美全面发展思想有机结合，以迎冬奥会倒计时为契机，

3月至12月，南法信中心园开展培养幼儿读书兴趣和习惯活动

邀请家长和幼儿共同合作完成不同难度的多米诺造型搭建任务。通过活动，培养幼儿自主、合作、勇敢、细心等优秀品质。

（李如江）

【邀请专家作阅读讲座】9月24日，南法信中心园与南法信镇妇联携手，邀请出版社幼儿教育专家胡皓做“‘绘本阅读’之图画书可以这样读”亲子阅读讲座。本次活动针对幼儿图书的种类及选择、幼儿阅读习惯的培养等问题进行了详细阐述。之后，专家与家长进行“亲子阅读中常出现的问题”的互动交流。家长们认为讲座很实用，很及时，对和孩子一起阅读带来很多启示。270名幼儿家长参加活动。

（李如江）

【承办区级科研现场会】11月10日，南法信中心园承办区级科研现场会。区教科室副主任周靖彦带领教科研视导小组、健康教育联盟园园长、健康组骨干教师共50余人参加活动。此次活动以“科学育儿，五健奠基”为主题。首先专家们深入大、中、小班观摩健康领域活动课、观看户外循环活动区游戏；其次听取郝红梅园长关于“科学育儿，五健奠基”教育阶段性成果汇报；研讨阶段，专家们对园所改进教学方法，不断提升专业能力，在学习中研究、在研究中学习，在发展中打造本园特色的作法给予肯定，同时从幼儿年龄特点、课程设置、材料的选择、活动的效果等方面对授课教师进行了点评，充分肯定了教学亮点，同时对教师如何更好地引导教学进行了指导，教师们均感获益匪浅。

11月10日，南法信中心园举办区级科研现场会

（李如江　吴　静）

【举办安全讲座】11月16日，南法信中心园聘请原北京市崇文区教委保卫科科长，中国教育协会安全教育与安全管理专委会理事高银龙，为教师们进行“幼儿园日常安全管理”专题讲座。高老师客观分析了日常幼儿园安全管理存在的问题，以案说法，围绕幼儿园安全计划的撰写、安全组织机构的设置、安全管理的实施与监督；幼儿园安全教育的形式、方法、内容、教研等多方面进行了讲解。通过培训，提升了教师对日常安全管理的认识，丰富了安全管理方法策略。

（吴　静）

【开展环创评比】12月14日，南法信中心园开展环境创设评比活动。评比内容有：主题环境创设、区域环境创设、自然角创设和班级生活常规环境。评比要求有：造型美、色彩美、艺术美、富有童趣、注重幼儿参与性、废旧材料利用等。评比过程中，教师们认真倾听讲解，观摩学习，填写环境诊断建议表；评比后，大家进行了认真研讨。此次活动，深入落实了《指南》精神，引导教师挖掘环境教育资源，真正做到让幼儿在与环境的互动中成长。

（吴　静）

·北京市顺义区牛栏山第一幼儿园·

【概况】2015年，北京市顺义区牛栏山第一幼儿园为教育部门办园，日托制。园所占地面积0.843万平方米、校舍建筑面积0.2639万平方米。全年教育经费投入562.4万元，全部为国家拨款。固定资产529.55万元。图书室藏书12000万册。拥有普通教室9个。计算机21台。教职工30人，其中教师26人，专科以上30人，中级职称以上11人；保健员1人，其中专科以上1人，中级职称以上1人。开设6个教学班，其中小班2个、中班2个、大班2个。幼儿入园97人、离园80人、在园193人。

单位名称：北京市顺义区牛栏山第一幼儿园

地址：北京市顺义区牛栏山镇相

各庄村龙王路 1 号
电话：69414003
邮政编码：101301

（李海玲）

【参加区少儿才艺电视大赛获奖】 3 月 31 日，牛栏山一幼参加顺义区第一届少儿才艺电视大赛获奖。赛前，为提高节目质量，牛栏山一幼师幼积极备战，召开家长会，制作宣传海报，鼓励家长积极为幼儿报名。并对申报节目进行甄选，提出改进建议，家园配合加强练习。在电视大赛中的表演获得全场热烈的掌声，并在最后的网络投票中获得全区第七名的好成绩。活动增强了家园凝聚力，提升了园所的竞争力。

（李海玲）

3 月 31 日，牛栏山一幼参加“顺义区第一届少儿才艺电视”大赛

【举办春季亲子运动会】 4 月 30 日，牛栏山一幼举办“大手牵小手一起来加油”家园同乐春季亲子运动会。本次活动邀请全园家长共同参与“揪尾巴、运西瓜、盲人过桥”等 10 个游戏。幼儿与家长积极配合，遵守规则，共同收获了成功与快乐。本次活动不仅达到了快乐健身的目的，也很好的向社会展示了园所的体育特色活动成果和教师的良好风采。活动激发了幼儿与家长对体育运动的热爱，增进了家园互动和亲子感情，受到家长幼儿一致好评。大赛结束后，全园还开展了“亲子同乐会幼儿画展”，利用短信、家长群、微家园等及时了解家长的反馈意见，进一步激发了师生情、家园情、亲子情。

（李海玲）

【大班幼儿参观小学校】 5 月 5 日，牛栏山一幼组织大班 53 名幼儿参观牛栏山第一小学。孩子们不仅参观了小学的外部环境，参与了课间操活动，还观看了小学生上课、艺术活动等教室和小学生课间活动；认真聆听了小学老师关于小学生活动的讲解，并和小学生热烈交流。孩子们感受到小学的学习气氛，激发了幼儿对小学生活的向往和想做小学生的愿望。

（李海玲）

【组织防爆事件识别与防范讲座】 5 月 21 日，牛栏山一幼聘请中南安保教官来园进行防爆事件识别与防范讲座。讲座不仅介绍了识别可疑人的方法，讲解了钢叉、电棍、辣椒水的使用要点，还进行了实操训练。教官细致讲解，全体教职工认真学习，掌握了简单实用的搏击技能。此次活动提高了教职工的安全意识，受到全体教职工的一致好评。

（李海玲）

【迎接年度级类考核】 6 月 24 日，牛栏山一幼迎接学前科年度级类考核。园长史海霞做工作汇报，考核小组观看教师 2 小时教育活动，并对户外游戏循环区的活动进行了检查指导。牛栏山一幼充分利用园所环境和现有材料，合理布局游戏玩具。根据小、中、大班幼儿的身体动作发展水平的不同，分别开设了小班循环区和中大班循环区，而且同一循环区考虑到幼儿运动水平的差异，满足不同能力幼儿的需求。考核小组检查了档案工作和保健工作，对牛栏山一幼的工作给与了很高的评价。

（李海玲）

【手拉手结对活动正式启动】 9 月 30 日，牛栏山一幼与本镇龙王头村园“情系园所共谱华章”手拉手结对活动暨拜师大会正式召开。康伶华园长与村办园负责人共同签署协议书，并为新教师举办拜师会，以老带新，提升新教师业务水平。会后，村园教师观摩了牛栏山一幼班级环境创设，并请牛栏山一幼入村园指导，为村园提出合理化建议之后。邀请专家为两园教师进行“分享阅读”专题培训。在平等交流、互帮互惠，资源共享的同时，增强了两园教职工之间的合作意识，提高了教工间内部潜力挖掘和对外交流的能力。

（李海玲）

【组织分享阅读体验式培训】10月15日，牛栏山一幼邀请钱芸老师做分享阅读体验式培训。专家以幽默风趣的语言分别从分享阅读的理念、材料与教学三方面进行了细致的讲解，并用生动事例说明。教师们在此次培训中对幼儿的阅读教学有了更深入认识，会后还开展了分享阅读观摩交流研讨活动。钱云老师在观看小班、中班、大班3节阅读活动后，为教师做了点评，帮助教师掌握阅读的核心理念和组织分享阅读的方法，提高了教师组织与指导幼儿开展阅读活动的能力。

（李海玲）

【参加区教育系统运动会】10月24日，牛栏山一幼参加顺义区教育系统运动会。这次运动会的比赛项目有换物接力、沙包掷准、运球绕杆等。全体老师在赛场上十分默契，经过与其他学校运动员紧张激烈的角逐。最终，夺得沙包掷准第一名，团体总分第八名的好成绩。此次参赛提高了教职工的身体素质，促进了教职工之间的交流与合作。

（李海玲）

【开展篮球一物多玩体验式教研】11月3日，牛栏山一幼遵循“弘扬传帮带学习促发展”双进共赢的宗旨，组织本园和龙王头、芦正卷村办园全体教师参与了“篮球一物多玩”体验式教研活动。活动中，牛栏山一幼以陈鹤琴“做中教、做中学、做中求进步”的“活教育”思想来指导本次教研，引导拉手园教师一起体验探索，总结出适合小、中、大班幼儿的玩法46种。通过此次活动帮助全体教师开拓思维，提升教师的专业能力和园所整体办学水平，助推园所体育特色的形成。

11月3日，牛栏山一幼开展篮球一物多玩体验式教研

（李海玲）

【组织教师讲故事比赛】11月27日，牛栏山一幼组织牛栏山一幼、龙王头、芦正卷村园全体教师讲故事比赛。赛前，选手们精心挑选适合的故事，积极练习，互相观摩、不断改进；比赛中，声情并茂地进行精彩生动的讲述。比赛展现了教师的风采和朝气蓬勃的精神面貌。此次活动提高了教师语言讲述的能力，增强了教师的业务水平。

（李海玲）

【邀请专家探讨园所文化建设】11月30日，牛栏山一幼邀请专家探讨园所文化建设。专家结合本地区传说，着眼于打造特色校园文化。梳理出金牛文化体系的主题、内涵和办园理念、目标及园训、园风等内容，为校园文化建设奠定了理论的基础，为下一步开展“打造金牛文化，实施品质育人”主题系列活动的实践做了项层设计。

（李海玲）

【承办教研月全区展示活动】12月11日，牛栏山一幼承办“教研月全区展示”活动。本次教研体现了“五个新”。一是教研方法新：全程以游戏贯穿，亲身体验探究单人拍、双人夹、多人传、花样玩球等不同形式“篮球的一物多玩”。二是过程形式新：教师进行篮球玩法展示，大班幼儿实地观摩评论，并与同伴积极尝试，既拓宽了幼儿经验，又调动了师幼积极性。三是参与人员新：从单纯本园教师参与变成师幼、主客共同参与。四是学习方式新：四组教师互相学习，开拓思维，不断创新出新的玩法。五是领域整合新：音乐与教研完美结合，提升了教研的效果。

（李海玲）

【组织主题沙龙活动】12月31日，牛栏山一幼组织“智慧牛牛送文化”主题沙龙研讨活动，这是“构建金牛文化，实施品质育人”主题系列活动中重要的一环。活动中，全体教职工将自己收集的金牛的传说、牛的品质特征和幼儿园课程领域目标有机结合，对金牛文化进行自我阐述，并分组研讨，评选出八种金牛品质，并对每一种品质进行解读。此活动的开展，有效推动了牛栏山一幼园所文化的建设。

（李海玲）

【举办庆元旦亲子联欢活动】12月31日，园所“迎新年，庆元旦”亲子联欢活动正式拉开帷幕。活动分为文艺演出和亲子游戏两部分。文艺演出的内容是孩子们日常学习的歌曲、舞蹈等，亲子游戏则是老师精心安排的家长和孩子共同参与的球类游戏。上午9:00整，全园联欢活动准时开始，教学楼里充满孩子们稚嫩而愉快的歌声、家长们热烈的掌声和欢快的笑声，孩子们通过节目向家长表达着关爱与感恩之情。会后，幼儿园还为小朋友准备了精美的礼物，祝孩子们在新的一年里更加快乐、健康成长。

（李海玲）

·北京市顺义区牛栏山第二幼儿园·

【概况】2015年，北京市顺义区牛栏山第二幼儿园为教育部门办园，日托制。园所占地面积5020平方米、校舍建筑面积4426.97平方米。全年教育经费投入763万元，其中，国家拨款760万元。固定资产232.9万元。图书室藏书0.7万册，包括电子图书0.2370万册。拥有舞蹈室、DIY体验坊等专用教室2个，普通教室12个。拥有计算机29台。多媒体教室座位0个。学校信息化经费投入5万元，校园网出口总带宽100Mbps，数字资源量10GB。教职工49人，其中教师49人，专科以上48人，中级职称以上9人；保健员3人，其中专科以上3人，中级职称以上2人。开设12个教学班，其中小班5个、中班4个、大班3个。幼儿入园485人、在园485人。

单位名称：北京市顺义区牛栏山第二幼儿园

地址：北京市顺义区牛栏山下坡屯家园三区甲6号

电话：61427684

邮政编码：101301

（秦鑫然）

【迎接级类验收】3月20日，牛栏山二幼迎接顺义区幼儿园一级二类验收工作。市教委学前教育处领导、区教委学前科领导、教研中心和牛栏山镇文教办领导一行11人依据《北京市托幼园所分级分类验收标准及细则》，分别对园所日常教育、卫生保健等方面工作进行重点验收。验收组先后听取园长汇报、查看园所硬件设施、查阅资料；然后深入班级，对教育环境、区域活动、集体教育活动、户外体育活动、卫生保健工作等进行观摩指导。幼儿园将以此次验收为后续工作的动力，不断提高保教工作水平，为孩子们拥有一个健康快乐的童年而不懈努力。

（范开宇）

【开展“做文明幸福的二幼人”活动】4月3日，牛栏山二幼开展“做文明幸福的二幼人”活动。一、组织教师观看幼儿园监控随机记录的9名文明教师的好人好事，并对其进行表彰。二、召开教师自主发言，说说自己身边的好人好事、如何学习身边的文明行为以及怎样抵制不文明的行为。三、全体教师共同宣读《教师文明礼仪倡议书》，要求教师“说文明话，办文明事，做文明人”。通过本次活动，老师们更加认识到作为教师，不仅要有高超精湛的业务能力，还要养成良好的文明习惯，在孩子和家长中

3月20日，牛栏山二幼迎接级类验收

树立榜样，以德立教，立德树人，塑造二幼教师美好的形象。

（范开宇）

【开展自然角培训活动】4月9日，牛栏山二幼开展“指南背景下的自然角创设”园本培训。培训中，蔺园长对全体教师就自然角存在的问题、价值定位、创设的要素、自然角的记录和创设的建议等方面进行细致的讲解和阐述，教师们边认真倾听边做记录。最后，教师们根据培训的内容进行互动交流，并分年级商讨适合本年龄段幼儿的自然角设置方案。通过此次培训，有效避免了一线教师走进创设误区，使教师们少走弯路的同时，为创设趣味性、认知性、观察性、操作性的自然角打开了思路。

（范开宇）

【举办安全知识讲座】5月21日，牛栏山二幼邀请武警教官举办“防保事件识别和防范”的培训讲座。裴教官通过展示安全图片的形式，客观分析了目前校园安全面临的严峻形势，围绕校园暴力事件、人身安全、等方面，深入浅出地介绍了校园安全自护常识。紧接着，刘教官又为全体教师现场讲解逃生绳的系法、如何进行心脏复苏和简单的解脱术。教师们在教官指导下进行了现场演练。最后，园长针对幼儿园实际情况提出要求：一是要严格遵守接送卡制度；二是严把校园门口关；三是紧抓隐患排查；四是落实幼儿缺勤追踪制度，真正使将安全工作制度化、常态化、生活化。

（范开宇）

【举办庆“六一”文艺汇演】5月30日，牛栏山二幼在牛栏山一中礼堂隆重举办了“童心飞翔，快乐成长”庆六一文艺汇演。活动中，小朋友们身着节日的盛装，载歌载舞庆祝自己的节日。舞蹈《妈妈宝贝》《左手右手》《小跳蛙》《不怕不怕》，节奏明快，俏皮可爱；亲子操《健康歌+武术操》亲情浓浓，爱意满满；青年教师带来的节目《士兵小唱》，让现场观众充分领略了教师们的风采和过硬的基本功。一阵阵动听的歌声，一个个优美的舞蹈，将演出一次又一次推向高潮，孩子们灿烂的笑容、家长们脸上的喜悦融汇成了一副美丽的画卷。

（范开宇）

【开展赠书活动】6月9日，牛栏山二幼开展“最是书香润心田”赠书活动。首先，园长深刻解读了《做一个卓越和幸福的教育者》的内涵和开展赠书活动的意义，然后赠送每位老师一本书，以鼓励教师们与好书为伴，坚持阅读并学以致用。其次，教师代表发言，表示要充分利用课余时间好好“充电”，争做学习型教师，成为“社会认可，家长满意，孩子仰慕”的书香教师。最后，每位教师说一句关于读书的名言，让大家从不同角度理解读书的意义。本次赠书活动既鼓励了教师爱读书、读好书，丰富了教师的精神文化生活，同时又掀起了新一轮的读书交流热潮，为营造美丽书香校园奠定了基础。

（范开宇）

【迎接市级督导】6月24日，牛栏山二幼迎来北京市级学前教育防止小学化倾向专项督导。市教育督导室处长杨江林带领市学前教育专家沈心燕老师在顺义区教育督导室李卫东副主任等领导的陪同下，对幼儿园进行了综合评估检查。督导组听取了园长防止和纠正小学化现象的汇报，查看了保育教育相关资料，视察了园所环境和班级教学情况。专家们对园所办园思路、尊重幼儿身心发展规律和年龄特点，以游戏为基本活动，注重幼儿良好习惯养成的做法给与了充分肯定，并希望幼儿园广泛宣传，利用多种方式转变家长观念，加强师资队伍建设，珍惜幼儿童年生活的独特价值，

6月9日，牛栏山二幼开展“最是书香润心田”赠书活动

促进每一个孩子富有个性的发展。

（范开宇）

【举行重温入党誓词活动】7月25日，牛栏山二幼全体党员参观怀柔第一党支部，举行“缅怀英烈，重温入党誓词”活动。活动仪式上，全体党员在党支部书孙雪梅同志的带领下，怀着无比激动和崇敬的心情，庄严地举起右手，面对鲜红的党旗，再一次重温入党誓词。该活动进一步激励了党员干部无私奉献的精神。党员们在发言中，决心以更加务实的举措、更加优良的作风，全面加强服务型党组织建设，为推进全园又好又快发展提供坚强组织保证。

（范开宇）

【迎接开学工作安全检查】9月22日，牛栏山二幼迎秋季开学工作督导检查。检查组由辽宁省教育督导室主任王艳玲为领队，组员为顺义区教委、牛栏山镇政府、公安部门的相关领导。检查过程中，牛栏山二幼孙园长带领检查组的领导们参观了幼儿园。对校园内部保卫力量建设情况，校园技防、物防设施和园所环境建设情况，校园内部安全管理制度情况以及校园周边治安情况作了介绍，并结合幼儿园安全管理的现状以及未来的设想和检查组的领导们进行交流、探讨。最后，王艳玲对幼儿园多措并举加强安全维稳，全力创建平安校园的做法给予了充分的肯定和高度的赞扬，并希望在以后的工作中多多交流、互相学习，让安全工作永远在行进的路上。

（范开宇）

【召开亲子宝宝游戏大赛】9月24日，牛栏山政府计生办和牛栏山二幼共同举办“家园同乐”0至3岁亲子宝宝大赛。30个家庭参加比赛。本次比赛按照孩子年龄分为一岁组、两岁组和三岁组，每个年龄组家庭参与一个游戏，每个游戏都由家长与孩子配合完成。现场到处洋溢着孩子们天真快乐的笑声、家长们开心的笑声，以及周围观众一阵阵鼓励的掌声、加油声。赛后，每名参赛幼儿都得到了图书、玩具等纪念品。此次游戏大赛，让宝宝在游戏中充分领略了运动的快乐，让家长了解了相应月龄段宝宝该达到的动作发展标准，掌握了通过亲子游戏进行早期干预的方法。

（范开宇）

【成立第三届家长委员会】10月13日，牛栏山二幼召开第三届家委会成立大会。首先，园长孙雪梅对幼儿园的办园理念、发展规划和本学期的重点工作向委员们做了汇报，同时为委员们颁发了聘书。后勤园长杨小杰为大家解读了《家长委员会职责》，并强调了幼儿园家长委员会成立的意义，明确了家委会委员的权利和义务。最后，家委会成员与教师们一起参加了亲子图书制作的评比活动。此次家园面对面的交流，不仅拉近了彼此的距离，还增进了家园双方的情感交流，为促进幼儿园与家庭、社会的密切联系，使幼儿园的保教工作取得良好的整体效应奠定了基础。

（范开宇）

【开展“1+X”青蓝工程启动仪式】10月15日，牛栏山二幼开展“携手共进，和谐成长”1+X青蓝工程拜师启动会。参加活动的领导有北京教育学院的李丰教授、杨宣老师、学前教研室的冯东芳及园所30名教师。首先，以播放“孔子拜师”动画视频开幕，大家一起回顾了2014年导师带教取得的成绩和努力的方向，接下来师徒互送礼物并签订了结对协议书，由蔺园长宣读师徒职责。随后孙园长在发言中分别对师傅和徒弟提出了要求，鼓励师徒教学相长，携手共进。最后李丰教授对活动做了总结，肯定了园所针对教师实际情况开展“1+X”带教的形式，同时也为师徒的共同成长指

9月24日，牛栏山二幼召开亲子宝宝大赛

明了方向：有明确的发展目标、有专业的坚持、有激情的陪伴。“青蓝工程”教师结对活动的开展为新教师的成长营造了良好的氛围，也为发挥骨干教师的模范带动作用，促进教师交流互动搭建了有效的平台。

（范开宇）

【组织保育员大练兵】 12月9日，牛栏山二幼后勤园长及保健医组织全体保育员开展教研活动，并进行现场比赛。首先是叠被子比赛，保育员按要求在规定时间内整齐平整地叠被子、铺床单、放枕头，以速度快质量好者为胜。比赛中，保育员们动作熟练，把最快、最好的的水平展现给大家。然后是消毒液配比和幼儿水杯清洗比赛，保育员都能熟练完成自己的工作。比赛时间虽然短暂，但保育员们在思想上却深有感受，这是给保育员提供了表现自我、展示自我的舞台，大家对自己的工作有了新的认识。

（范开宇）

·北京市顺义区石园幼儿园·

【概况】 2015年，北京市顺义区石园幼儿园为教育部门办园，日托制。园所占地面积2277平方米、校舍建筑面积1772平方米。全年教育经费投入679.6万元，均为国家拨款。固定资产272.15万元。图书室藏书1.8975万册，包括电子图书0.027万册。拥有睡眠和音体等专用教室7个，普通教室6个。拥有计算机37台。多媒体教室座位60个。学校信息化经费投入0.38万元，校园网出口总带宽100Mbps，数字资源量235GB。教职工42人，其中教师20人，专科以上学历18人，中级职称以上17人；保健员2人，其中专科以上2人，中级职称以上1人。开设6个教学班，其中小班2个、中班2个、大班2个。幼儿入园74人、离园92人、在园173人。

单位名称：北京市顺义区石园幼儿园
地址：北京市顺义区石园西区20号
电话：89444844
邮政编码：101300

（杜文忠）

【市亲子教育大讲堂走进石幼】 3月26日，由市妇联主办的“益家筑梦携手成长”亲子教育大讲堂走进石园幼儿园，为幼儿家长举办亲子教育专题讲座。讲座由新加坡籍亲子教育专家陈禾教授主讲，围绕当今家庭亲子教育中存在的各种现实问题，结合具体丰富的事例讲解了让家长如何成为教养子女的智慧父母，好父母的基本能力和基本态度等，带来了“与幼儿共同成长”等多种家庭亲子教育理念。大讲堂活动的开展，体现出市、区妇联及石园街道对幼教工作的关心与支持，丰富了家园结合的教育方式。

（杜文忠）

【发挥资源优势将早教带进社区】 4月3日，石园幼儿园组织有经验的教师深入石园社区，专门针对0—3岁幼儿开展早教帮扶。1. 组织幼儿和家长共同参加各种集体户外游戏，锻炼幼儿肢体协调及群体交流能力，增进亲子情感。2. 开设小小课堂，请带班教师模仿幼儿园教学活动，为幼儿讲绘本故事、做益智手工等，突出0至3岁儿童特点，形成幼儿对幼儿园教育的良好期待。3. 发放科学育儿资料，开展问卷调查，为幼儿家长做早教辅导，形成全社会关注和重视早期教育的良好氛围。4. 针对个别早期教育困难家庭开展入户指导与关怀，解决实际困难，发挥幼儿园教育主阵地作用。

（杜文忠）

【开展“5·12”避震演练】 5月12日，在全国第七个“防灾减灾日”到来之际，石园幼儿园组织全体人员开展地震避震逃生演练。指挥员一声哨响，一层人员迅速按照指定方式和既定路线快速撤离到室外安全目的地；二层

3月26日，市妇联亲子教育大讲堂走进石园幼儿园

三层人员则首先立即在墙角、卫生间等安全地带抱头躲避，一分钟后迅速躲离室内到达室外集结地。经过演练，全园能够在规定时间疏散到安全地带。为配合活动有效开展，之前还开展了幼儿防震减灾大课堂及教师安全知识竞赛。这些活动有力促进了幼儿园对突发事件的应急管理。

（杜文忠）

【举办庆“六一”文艺汇演】 5月28日，石园幼儿园“放飞梦想快乐成长”庆祝“六一”国际儿童节幼儿文艺汇演隆重举行。为办一台真正属于孩子自己的节目，让孩子们快乐起来，嗨起来，园所在选材上可谓是精挑细选，如幼儿表演《百变时装秀》、教师跳《奶牛舞》、家长的魔术表演等；同时还要让幼儿全员参与进来，包括表演、道具制作等都敢于让幼儿尝试和锻炼。总之，在美轮美奂的歌舞声中，在风趣幽默的小品和魔术中，在那一阵阵笑语和喝彩中，孩子们度过了一个与以往不同的有文化品位的六一节，大人们也似乎找到了曾经逝去的童年。

（杜文忠）

5月28日，石园幼儿园举办“放飞梦想快乐成长”庆“六一”文艺汇演

【迎接年度督导及级类考核】 6月12日，区教育督导室、教委学前科和学前教研室联合组成工作组来石园幼儿园开展年度教育督导和级类考核工作，区教育督导室副主任李卫东参加。领导和专家听取了杨宝芹园长做《让阅读走向自主，促教师、幼儿、家长共同成长》的汇报，查看了班级教师的半日活动，包括班级区域活动、“大带小”阅读以及小班图书漂流活动等，观看了教师音乐艺术教育课展示。对园所硬件设施、保教资料、整体办园环境及园所文化进行了全面的检查指导。与部分园领导和教师开展问卷调查和座谈。最后针对活动现场和各方面检查中发现的优势与问题，与园长和活动教师面对面对话交流。

（杜文忠）

【参观焦庄户地道战遗址】 9月6日，在纪念中国人民抗日战争暨世界反法西斯战争胜利70周年之际，石园幼儿园党支部组织全体共产党员、团员及党外积极份子36人来到龙湾屯焦庄户地道战遗址参观，缅怀先烈。大家在一件件当年遗物面前驻足许久，仔细观看，又亲身钻入为抗击来犯之敌而挖成的地下工事中，每个人似乎回到了那个抗日战争年代。活动虽然短暂，但是通过这次活动，老师们对家乡的抗战史有了更深入的了解，对那些抛头颅撒热血的革命先辈有了更真挚的敬仰之情，更加认识到今天幸福生活来之不易，表示作为新时代的教育者，一定会将这种情感转化为巨大能量，投入到未来的工作和生活中去。

（杜文忠）

【与手拉手园开展教学交流】 11月12日，石园幼儿园邀请河北村幼儿园来园开展手拉手园教学经验交流活动。活动中，大家观看了两节区级骨干教师献课，整体参观了园所环境设置，进班观摩班内装饰主题设计以及幼儿活动，并就一些具体保教工作展开集体研讨。手拉手园活动的开展，有利于手拉手园之间互相借鉴，取长补短，共同成长。

（杜文忠）

【科研月活动向全区开放】 11月27日，石园幼儿园举行科研月活动并向区其它幼儿园开放，共有20名姐妹园业务园长和教师参加活动。结合“十二五”园课题《构建幼儿自主阅读环境的研究》，确立的此次活动主题是——阅读。大家先是参观幼儿阅读环境创设情况，包括幼儿绘本馆、亲子阅读长廊、楼道公共阅读区、班级阅读活动，感受园所整体阅读氛围，其次聆听两位新教师的两节绘本阅读课。最后环节是研讨，就石园幼儿园“十二五”以来在幼儿均衡发展的同时，突出幼儿绘本阅读教学，巧设阅读环境的办园特色各抒己见，答疑解惑。通过此次展示，石园幼儿园为全区幼儿园所提供了一个互相学习借鉴的机会，同时又给新教师搭建了锻炼和学习的舞台。

（杜文忠）

【开展教师讲绘本故事大赛】12月10日，石园幼儿园开展“走进童心——读给孩子们的绘本故事”教师讲故事大赛。教师甄选出益于幼儿身心健康发展的绘本故事作为讲述素材，评委从作品理解、语言表述、仪态动作和气氛渲染等多个方面对教师讲述效果进行打分，并评出一、二、三等奖。比赛过程全程录像，赛后精选出优秀作品在班级内为幼儿播放。活动的开展，有利地提升了教师准确把握绘本图书的水平，从而促进了绘本教学的深入开展。

（杜文忠）

【开展科学领域培训】12月24日，石园幼儿园聘请清华大学附属幼儿园刘芳主任开展幼儿科学领域教学方法培训研讨，建南幼儿园部分领导和老师共同参加。专家首先从《指南》和《细则》的角度解析了“科学”的概念，又分别阐述了幼儿科学教育的目标和涵盖内容，形式和途径。讲座通过理论分析、场景再现以及教师间互动等形式，引领教师更深入地把握科学领域教学理念和手段，在生本教育的大前提下，促进幼儿科学领域教育有效开展。

（杜文忠）

【以绘本故事表演庆新年】12月29日，石园幼儿园自编自导多部情景童话剧，为幼儿送上一份新年童话剧大餐。剧目中有体现聪明机智的《没有牙齿的大老虎》，有除恶扬善的《小红帽》，也有培养卫生习惯的《小猪变干净了》等。这些剧目均是教师从丰富的绘本故事中精选出来并自编自导，由幼儿演出的。石园西社区的领导一同观看了节目，并为孩子们送上了新年礼物。活动的开展，是对绘本教学的进一步延展，加深了幼儿对绘本的喜爱。

（杜文忠）

12月24日，石园幼儿园聘请专家开展科学领域培训

·北京市顺义区双兴幼儿园·

【概况】2015年，北京市顺义区双兴幼儿园为公办园，日托制。园所占地面积2571平方米、校舍建筑面积2011平方米。全年教育经费投入545.94万元，均为国家拨款。固定资产214.69万元。图书室藏书0.85万册。拥有阅览室和美术教室、亲子活动室等专用教室3个，普通教室7个。拥有计算机43台。校园网出口总带宽10Mbps，数字资源量200GB。教职工40人，其中教师32人，专科以上32人，中级职称以上16人；保健员2人，其中，专科以上2人，中级职称以上1人。开设7个教学班，其中小班3个、中班2个、大班2个。幼儿入园144人、离园80人、在园342人。

单位名称：北京市顺义区双兴幼儿园

地址：北京市顺义区双兴南区26号楼东双兴幼儿园

电话：81491161—612

邮政编码：101300

http://shuangxing.ankang06.org/space/

E—mail:scyey@shyedu.cn

（肖金梅）

【开展家园共育主题培训】5月15日，双兴幼儿园邀请北京市中科院心理研究所的专题研究员宋光威老师，为全体教师进行了“幼儿园建立真正的家园共育实施体系”主题培训活动。本次活动就“家园共育的方式有什么？”“家园共育育什么？”“家园共育怎么育？”“幼儿家长的分类”和“教师的心态调整”等几方面进行了细致的讲解与分析。本次活动从家园工作的实际问题上进行生动剖析，教师们学到了家园共育五部曲的具体作法和一些特色做法。

（肖金梅）

【亲子自助美术活动】5月15日，双兴幼儿园开展“亲子自助美术活动”。在教师们的精心构思下，活动分成服装创意、纸杯花创意、皱纹纸创意、雨伞绘画创意、无纺布创意、小小服装设计师和纸浆画创意共七个创意制作区。活动材料和作品创意全部由幼儿和家长共同准备。充分利用废旧材料，一起制作成一件件独具匠心，妙趣横生的作品，得到了家长和老师的一致好评。此次活动，有力提高了孩子的手工制作技巧，加强了家园互动。活动中，家长和孩子们可以打破班级界限，选择自己喜欢的创意区。

（肖金梅）

【幼儿自主策划春运会】5月18日，双兴幼儿园开展“幼儿春季运动会”。本次活动大胆发挥了幼儿的自主意识和大班幼儿的合作意识。1. 比赛方案、各年龄班的比赛项目由幼儿自主选择、设计。2. 裁判员、计时员、计数员、服务人员，均由幼儿竞选产生，自主制定具体规则。3. 海报、班牌、各种邀请卡，均由幼儿自主设计、制作。4. 比赛的所有辅助材料由幼儿设计、制作，教师辅助完成。5. 大班幼儿还在运动会的开场和结束时，添加了助兴舞蹈表演。

（肖金梅）

【举办骨干教师微创新交流】5月18日，双兴幼儿园开展“骨干教师集体教育活动微创新”交流活动。交流内容分为：1. 自己对“微创新”的认识和理解；2. 自己在教育活动中的创新和亮点；3. 开展微创新活动的几点思考；4. 幼儿园该如何开展微创新活动。本次活动通过一个个鲜活的实例向大家展示了双兴幼儿园在进行集体教育活动微创新中的收获与思考，给教师提供了发挥潜能的平台，骨干教师们在微创新活动实践中积累了许多有价值的经验与反思，又经教师之间激烈的智慧碰撞，引领了教师微创新活动实施能力的快速成长。

（肖金梅）

【迎接级类年度考核和教育督导】6月9日，顺义区教委级类年度考核及教育督导组成员到双兴幼儿园指导工作。考核小组听取园长汇报，与园长就管理情况座谈，深入班级指导教育教学，查看规划、保教常规资料，详细了解教学情况。考核小组肯定了园所工作开展有序、教师工作积极认真、师幼关系和谐等优势，同时对保教常规管理工作中存在的问题提出了需要改进的意见。

（肖金梅）

【大班幼儿自主主持毕业典礼】6月26日，双兴幼儿园隆重举行幼儿自主式大班毕业典礼。孩子们活动的自主体现在以下几个方面：1. 自主设计毕业典礼的活动方案、邀请卡。2. 自主选择排练的庆祝节目。3. 自主创设送给幼儿园的绘画礼物。毕业典礼上，园长深情地寄语小朋友在小学阶段健康成长。孩子们用《毕业诗》感谢老师们的辛勤培育，表示今后要好好学习，用优异的成绩向老师汇报。最后，园长为孩子们颁发了毕业证书，孩子们在“老师老师再见了，当我戴上红领巾再来向您敬个礼”的歌声中圆满结束了三年愉快的幼儿园生活。

（肖金梅）

【举办家庭教育知识讲座】8月20日，双兴幼儿园在顺义八中报告厅对所有小班入园家长开展“育儿有趣”大型家庭教育知识讲座。本次活动邀请儿童早教专家范慧静老师就儿童早教问题进行深入讲解。讲座的主要内容是：“早期教育对宝宝的智力开发的影响”“入园前准备”。讲座使家长们了解了孩子的成长规律和

5月18日，双兴幼儿园春运会突出幼儿自主性

心理特点、掌握了怎样刺激孩子大脑和为减轻幼儿分离焦虑等方面的具体策略，为幼儿入园提供了思想支持和具体有效的方法指导。

（肖金梅）

【举行科研课题开题报告会】 9月29日，双兴幼儿园召开市级科研课题开题报告会。会议特邀市幼教教研员郭秀晶、单鹰、闻莉老师和学前教研室主任冯军等亲临指导，有关园所科研负责人和幼儿园课题组成员参加本次开题报告会。区教科室周靖彦老师首先对园所“十一五”的科研成绩表示肯定和表扬，希望老师们再接再厉，在科研方面取得更好成绩。王冬梅分别就课题的研究目标、意义、方法、内容和实施情况进行了介绍。随后，专家老师和与会领导对课题开题报告进行认真评审，提出许多指导性、建设性意见。整个报告会气氛热烈，使课题组老师进一步明确课题研究的目标与内容，增强了教师的研究意识，也使园所的教科研工作更规范，思路更清晰，方向更明确。

（肖金梅）

9月29日，双兴幼儿园召开科研课题开题报告会

【党员参观焦庄户地道战遗址】 9月30日，双兴幼儿园党支部组织全体7名党员参观顺义焦庄户地道战遗址。参观中，讲解员首先向大家详细讲解了革命先辈们的艰苦奋斗历程。之后，大家参观了单人掩体、陷井、碾盘和庙台暗堡等设施，并进入地道进行了真实体验。党员们看到一幅幅战斗画面、一件件战斗纪念物，激动万分，纷纷感叹革命历程的艰辛和革命先辈的伟大。通过本次参观，党员们亲临现场受到了一次深刻的爱国主义教育，心灵受到了极大的震撼。

（肖金梅）

【组织“手拉手”教学现场观摩】 10月14日，双兴幼儿园邀请赵全营幼儿园的领导、教师，开展“手拉手”幼儿园集体教学现场观摩活动。赵全营幼儿园各年龄班的任课教师参与现场观摩。活动中，双兴幼儿园将五位区级骨干教师精心准备的教学活动进行了现场展示，她们以娴熟的教学技巧和灵活多样的组织形式，为幼儿创设了轻松愉悦的活动氛围，受到各位听课教师的好评。双兴幼儿园以此次活动为拉手园的教师送去了保育教育新知识、新方法和新理念，为城乡教师们搭建了互动的平台，有效增进了幼儿园教师相互之间的学习。

（肖金梅）

【开展班组长管理方法培训】 11月3日，双兴幼儿园聘请建北幼儿园的资深班组长吴金华老师，为全体班组长进行“班组长管理方法”的专业培训。吴老师做题为“如何做好幼儿园班组长”的专题讲座，从班级管理的意义、内容、具体方法和策略等几方面向大家详细介绍了自己的工作经验，重点讲述班务计划撰写、班组沟通、观察幼儿、家园沟通的方法。同时，介绍班组管理的常见误区和工作建议。全体班组长聆听吴老师的讲座。

（肖金梅）

【举办庆新年亲子活动】 12月31日，双兴幼儿园举办庆新年亲子活动。活动前夕，全园幼儿精心设计活动方案，并与家长在各班进行节目汇报；之后，拿着游戏券在全园内进行游戏活动。各班精心准备了两个亲子游戏：如踩圈圈、骑马马、抬轿轿、步步移、袋鼠跳、兜兜乐等，全园打通娱乐。通过亲子游戏活动，增进了家长与幼儿、教师之间的沟通和联系，让幼儿充分体验亲情、友情和师生情；同时，加深家长对《指南》的认识，提升家长科学育儿水平，促进了家园共育。

（肖金梅）

·北京市顺义区顺和花园幼儿园·

【概况】2015年，北京市顺义区顺和花园幼儿园为教育部门办园，日托制。园所占地面积4200平方米、校舍建筑面积3343平方米。全年教育经费投入371万元。固定资产2300.76万元。图书室藏书0.6万册。拥有音体专用教室1个，普通教室12个。拥有计算机23台。多媒体教室座位120个。校园网出口总带宽100Mbps。教职工43人，其中教师24人，专科以上32人，中级职称以上4人；保健员1人。开设7个教学班，其中小班3个、中班2个、大班2个。幼儿入园110人、离园70人、在园245人。

单位名称：北京市顺义区顺和花园幼儿园

地址：北京市顺义区顺和花园一区7号楼

电话：89419951—8002

邮政编码：101300

（谢广云）

【区教委领导来园指导】1月26日，区教委主任刘克祥、副主任张海东及全区园长到顺和花园幼儿园观看并指导园所文化环境创设。刘主任一行听取园长陈桂华关于园所文化环境设计理念与思路的汇报；查看音体室文化体育设施、一楼欧洲风情墙饰、二楼中国文化元素阅读长廊、平台交通、轮滑运动游戏设计、室外操场土坡、凉亭，假山、沙水区、田园式农庄、动物养殖区、绿植园、童趣秋千体验游戏区；走进班级参观了夫妻小餐厅、小小发廊、爱心医院、可爱娃娃家等游戏区域设置。刘主任评价顺和的文化环境、游戏设计思路新，规划超前创意独特，适合儿童的发展需要。

（曹海滨）

【组织教师教育故事演讲活动】2月27日，顺和花园幼儿园开展“我的教育故事演讲”比赛活动。此次演讲共有12名教师参赛。每位教师真诚讲述了一段感人至深的教育成长故事。其中，《慢引导》中逐步让特殊幼儿克服卫生间冲水恐惧感的故事，《我的小尾巴》中一个严重分离焦虑幼儿转变的故事；《小白兔爱吃萝卜》中通过种种办法，耐心帮助幼儿转变挑食的不良习惯的故事，《一句简单的悄悄话》中充满对幼儿的爱与鼓励，让幼儿安静进入午睡的故事都引起大家的强烈共鸣。演讲活动不仅展示了幼儿教师的教育技能，更展现出幼儿教师发自内心的那种对幼儿无微不至的爱。感受着幼儿成长的过程中，教师们也在不断成长。演讲活动最后评出了一、二、三等奖。

（曹海滨）

【“三八”主题活动感动家长】3月13日，顺和花园幼儿园开展“三八爱妈妈”主题开放活动。小班主题为“猜猜我有多爱你”“送给妈妈们的礼物”；中班主题为“感恩母亲节”“妈妈的节日”；大班主题为“爱妈妈”。活动中，小班幼儿向妈妈送花，表示对妈妈的爱。中一班以游戏形式开始，幼儿与家长围坐一圈。教师引导孩子们先帮父母把鞋子脱下来，分别放在大圈内的不同地方。听着“时间都去哪了”抒情音乐，教师再引导幼儿为给妈妈捶捶背、揉揉腿脚，然后帮妈妈找到鞋子给妈妈穿上。孩子的举动感动了许多家长，不少妈妈们流下了激动的泪水。孩子们上前抱着妈妈说“妈妈我爱你”的感人场面，一下子拉近了亲子距离，教会孩子学会感谢家长的养育之恩。大班家长与孩子一起游戏，一同欢乐，同样尽享亲子之情。“三八主题”开放活动效果非常好，培养了孩子良好的人格

1月26日，教委主任刘克祥一行到顺和幼儿园观看文化环境创设展示

品质，将为孩子一生成长奠基。

（曹海滨）

【聘请专家做“顺和文化”专题讲座】3月13日，顺和花园幼儿园聘请原区教科室主任赵文增来园做顺和文化解读讲座，主题是如何推进“顺和文化”建设，全体教师参加。赵老师引用真实案例，详细解读“顺天和人”文化的内涵、意义、目标、内容、方略，结合顺和文化的具体内涵，与教师探讨确定“顺和文化”主题，提出顺和幼儿园建园的顶层设计方案：文化主题、核心教育理念、办园理念、目标、园训、口号、推进策略。结合“顺和文化”建设讲座，要求教师们写出对“顺于天、和于人”文化的理解。“顺和文化”讲座，使教师明确了园所主题文化的内涵与外延，进而在实践中体现主题文化精神，约束自身教育行为。

（曹海滨）

【开展户外材料投放教研活动】4月9日，顺和花园幼儿园开展户外区域布置和材料投放的参与式教研活动。针对幼儿户外体育活动区的材料，平衡材料较多，而爬、滚、投掷、跨跳、跑等运动活动欠缺的问题，就如何调整、丰富户外体育活动区的材料开展本次科研。活动中教师们通过参与体验，发现了材料投放及场地布局存在诸如难点与危险点等的问题，也因此能提出合理的调整建议。此次研讨还根据大、中、小班不同幼儿发展特点，设计不同的活动路线和游戏内容，有效地利用了户外场地，增设幼儿乐于参与的活动项目，从而让幼儿户外活动更加精彩。

5月7日，顺和花园幼儿园举行快乐幼儿运动会

（曹海滨）

【组织快乐幼儿运动会】5月7日，顺和花园幼儿园组织幼儿春季运动会，邀请全体家长来园观看。在激昂雄壮的运动员进行曲中运动会拉开帷幕，各班幼儿迈着稚嫩的步伐，在老师的引导下步入运动场。伴随着出旗音乐，5位英姿勃发的旗手护卫着鲜艳的五星红旗，迈着整齐有力的步伐，行进到旗杆下。在嘹亮的国歌声中，鲜艳的五星红旗冉冉升起。顿时，观众响起了雷鸣般的掌声。班级早操展示开始。小班的《爱我你就亲亲我》，表现了宝宝渴望妈妈的爱。中大班的《精忠报国》武术操展示了中华儿女立志报国的家国情怀。刚劲有力的动作，表示从小立志报效祖国的意志与决心。比赛开始。小班的《小兔拔萝卜》《袋鼠跳》、中大班《竞赛跑》《过小桥》《接力赛》《找到小伙伴》等比赛项目竞相展开。家长们边看比赛边加油助威，鼓励孩子们参加运动，强身健体。最后，小小奖状让孩子们收获了鼓励与快乐。

（曹海滨）

【邀请丑小鸭卡通艺术剧团来园演出】5月26日，顺和花园幼儿园特邀丑小鸭卡通艺术剧团来园为幼儿、家长和教师表演经典卡通剧目《猫和老鼠》。舞台上活灵活现的卡通动物造型，机智幽默的语音对白，夸张形象的艺术表演给幼儿和家长带来了阵阵笑声。童话剧的互动参与让幼儿激动不已，不时鼓掌喝彩，整个剧场充满欢乐。童话剧表演让幼儿和家长大开眼界，享受一次“六一”文化大餐。演出后孩子们带着欢笑与话剧团的卡通形象集体合影，留下童年美好的回忆。

（曹海滨）

【举办家长开放日活动】6月18日，顺和花园幼儿园组织家长开放日活动，全体幼儿家长来到园里观看幼儿户外综合区域游戏活动。户外综合区域活动包括钻爬、身体翻滚和跨跳、轮胎和木梯过障碍、油桶和木凳登高跳跃、足球竞赛、大型玩具游戏、沙水、养殖、绘画涂鸦等，供幼儿自主选择适合自己的游戏活动。每个区域有固定教师保护安全，指导幼儿规范动作，按照规则游戏。本次活动展示了本学期户外新课程的研究成果与亮点。家长们看到幼儿自主选择游戏活动，挑战自我，快乐轻松地游戏，非常惊喜。许多家长鼓励孩子大胆尝试高难度游戏，中大班幼儿主动保护小班幼儿一起游戏，增加了同伴的自信与勇敢，感动了许多家长。活动结束后，家长们在问卷上称赞教师的细心与关爱，都表示能放手让孩子自主快乐游戏。

（曹海滨）

【举行师德演讲评选活动】6月23日，顺和花园幼儿园举行“爱孩子从读懂孩子开始”师德演讲活动。5位班长从不同侧面讲述本班组教师爱孩子胜似妈妈的感人故事。故事包括小班教师关注幼儿入园焦虑，耐心帮助幼儿度过分离焦虑期，融入集体，快乐游戏；中班教师跟上孩子成长的脚步，见证孩子成长；大班教师用爱与孩子交流沟通，赢得了孩子的信任与爱戴。教养员、保育员、会计教师以深沉的爱照顾好孩子的生活、培养孩子的自信。最后，根据教师的演讲进行打分评出3个师德群体，3位师德标兵。

（曹海滨）

【多项措施减少幼儿入园焦虑】9月开学初，顺和花园幼儿园为减少幼儿入园焦虑，创新工作思路，调整工作方法。具体做法是：1. 开学前发至家长一封信及入园须知，让家长了解小班幼儿年龄特点，注意在入学前培养孩子的自理能力和好习惯，多和幼儿谈论幼儿园的话题，通过语言引导，努力掌握“入园焦虑”的缓解方法，以配合教师工作，使幼儿尽快适应集体生活。2. 幼儿早来园，教师面带微笑，主动向孩子问好，亲近幼儿，抱一抱，亲一亲，夸一夸，增加与孩子的熟悉感，增进与孩子的亲近感。3. 带幼儿到室外活动，自由选择游戏项目，快乐地玩耍。4. 逐渐延长幼儿在园时间，循序渐进。教师带幼儿到幼儿园各处走一走，玩一玩，熟悉并喜欢幼儿园环境。逐渐提出要求，使幼儿易于接受。5. 一日活动中，组织孩子做手指游戏、讲童话故事、看有趣的动画片等，转移幼儿注意力。6. 对于爱哭闹的幼儿，教师进行分组指导，和孩子一起拼插玩具，建立感情。7. 指导家长经常鼓励孩子进步，和孩子聊幼儿园的事。8. 孩子离园时，教师与家长及时沟通情况，达成家园教育一致。9. 教师每天进行教研活动，转变教学理念，总结梳理教学效果，及时调整教学方法。这样孩子入园情绪就逐渐稳定了，喜欢来幼儿园了，家长也就放心。

（曹海滨）

【开展太阳村同伴献爱心活动】9月30日，顺和花园幼儿园组织幼儿、家长“我为同伴献爱心”捐物活动。捐助对象为顺义太阳村的儿童。捐物倡仪发出后，幼儿和家长积极响应，纷纷前来捐献。有的捐出漂亮的童装、童鞋、图书、玩具，有的买来新的文具、图书、玩具捐献，有的是爷爷奶奶、姥姥姥爷领着孙子孙女捐献衣物，或爸爸妈妈领着孩子捐献玩具图书。短时间内，就捐出几百件衣物、几百本图书、文具。之后，家长志愿者帮助整理打包，并请专人送给“顺义太阳村小朋友”，以表示孩子与家长的真诚爱心。幼儿园确信，捐物活动将益于孩子一生良好品质的形成。

（曹海滨）

【读书交流会收获多多】11月6日，顺和花园幼儿园组织教师读书交流演讲活动。前期，园长为教师们推荐《致加西亚的信》《捕捉儿童敏感期》《窗边的小豆豆》《爬上豆蔓看自己》四本书。

9月30日，顺和花园幼儿园开展“我为同伴献爱心”捐物活动

教师们在工作之余阅读并进行反思、总结。交流会上，每位教师都畅谈了阅读感悟与收获，通过阅读与教学相结合，不断积累总结经验并与大家分享成功的秘诀，相互借鉴提高，因而，教师们均感收获多多，特别是吸收了很多科学教育理念和教育方法，拓宽了教育视野。

（曹海滨）

【邀请专家来园讲座】 11月22日，顺和花园幼儿园邀请学前教育专职教研员范惠静来顺和花园幼儿园为幼儿家长和教师讲授《运动与健康》育儿知识。范老师讲座要点为：1. 3至6岁幼儿情商与智商的发展规律；2. 幼儿智商发展阶段不是给幼儿灌输知识，而是让幼儿接受更多信息，增长见识，学会自己学习；3. 教给幼儿知识应该紧紧围绕五大领域；4. 家长与教师要关注幼儿运动特点，了解大肌肉发育早和小肌肉发育慢的特点，建议幼儿户外活动每天不少于2小时。此次讲座，在为家长和教师明确幼儿情商、智商和身体发展特点的同时，还提供了指导幼儿健康成长的方法。

（曹海滨）

【多举措应对雾霾天气】 为应对雾霾天气，12月中旬，顺和花园幼儿园采取了多项新举措组织幼儿室内活动。1. 组织教师到姐妹园参观学习幼儿室内游戏的设计与组织，拓展教学思路。2. 学习消化运动专家传授的室内游戏的内容与方法，精心设计组织幼儿室内游戏，充分利用多种游戏材料进行室内游戏。3. 组织班级教师集体备课，对室内运动游戏的种类进行筛选和安全评估。4. 开展小中大班室内运动游戏展示与观摩。5. 活动后组织教师反思总结亮点与不足，以调整幼儿游戏方法，增加新的游戏材料，引发孩子参与室内游戏兴趣，增强孩子体质。

12月中旬，顺和花园幼儿园多举措应对雾霾天气

（曹海滨）

·北京市顺义区天竺中心幼儿园·

【概况】 2015年，北京市顺义区天竺中心幼儿园为公办园，日托制。园所占地面积6773平方米、校舍建筑面积4710平方米。全年教育经费投入932万元，其中国家拨款887.1万元、自筹经费44.9万元。固定资产722万元。拥有美术教室、音体室、阅览室和图书室等专用教室4个，普通教室12个。拥有计算机56台。学校信息化经费投入1.4万元，校园网出口总带宽100Mbps。教职工54人，其中教师41人，专科以上41人，中级职称以上14人；保健员3人，其中专科以上3人，中级职称以上3人。开设13个教学班，其中，亲子班2个、小班4个、中班4个、大班3个。幼儿入园152人、离园141人、在园401人。

单位名称：北京市顺义区天竺中心幼儿园

地址：北京市顺义区天竺镇府前一街20号

电话：64568509

邮政编码：101312

（刘欣明）

【组织幼儿春季传染病防治培训】 3月10日，天竺中心园在全园范围内开展春季幼儿传染病知识培训活动。此次活动由幼儿园的保健医就春季常见传染性疾病的症状、发病规律、预防方法等方面进行了系统讲授。培训活动不但让教师对传染性疾病有了更多的了解，为日后的晨、午检工作奠定了基础，同时使园所的保健工作做到实处，确保了预防传染性疾病工作的开展。

（刘欣明）

【参加“五月鲜花”文化活动】 4月16日，天竺中心园青年教师参加顺义区第二十二届“五月的鲜花”群众文化活动启动仪式暨天竺镇文艺汇演。此次活动是由顺义区委宣传部、文化委员会、区工会、区广电中心等单位主办，天竺镇人民政府承办的一次贴近基层，丰富基层文化的文艺活动。天竺中心幼儿园教师为响应此次演出，利用课余休息时间紧张排练，不断改进，完成了《青春向前冲》和《小苹果》两套舞蹈。对参加此次活动，全园上下都很重视，在做好日常工作的同时，挤出很多时间来探讨舞蹈，练习舞蹈。虽然老师们都非舞蹈专业，但认真的态度保证了演出的精彩。

（刘欣明）

【开展唤春之旅踏青活动】 4月28日，天竺中心园按大、中、小年龄班分批组织幼儿踏青，活动地点是距幼儿园200米的天竺公园。此次唤春之旅旨在让幼儿感受春天的美丽和生命的伟大，主要是通过望、闻、问、触，使幼儿加深对春天的感知。望：花草树木的重生、河水的流动。闻：清新的空气、泥土的气息、小鸟的歌唱。问：花名、树名、为什么会变化。触：摘一朵花、一片叶、一棵草。通过本次活动，不仅开阔了孩子们的视野，增长了知识，也能够让孩子们在与大自然的接触中感受人与自然的和谐与生命的奇迹。

（王田田　郭若茜）

【微信平台助力早教活动】 4月30日，为了方便家园联系，天竺中心园早教班开通了微信交流平台。平台主要呈现两方面的内容：一是早教沙龙，包括活动安排、活动内容、活动成果及分析、活动中幼儿的表现、幼儿与家长、老师的互动情况；二是帮帮团，包括解答家长的育儿困惑、传授育儿方法及育儿经验等。微信平台的建立，极大加强了教师与家长、教师与幼儿、家长与家长的联系，让亲子关系、师幼关系更加密切，使教育资源、育儿知识得到更广泛的利用，充分发挥了现代科技的价值，更好地服务于教育。

（刘欣明）

4月28日，天竺中心园开展唤春之旅，感受生命踏青活动

【召开小班新生家长会】 9月3日，天竺中心园召开“与孩子共同成长”为主题的家长会。活动中，园长李秀梅就家长如何与教师沟通、怎样进行家园配合、明确家长在教育中的责任等内容与家长进行了交流；业务园长高云飞向家长介绍了幼儿园教育的方法与途径；保健医老师向家长介绍了幼儿园保健工作开展的基本情况。通过此次家长会，新生家长对幼儿园的一日生活有了初步的了解，从根本上缓解了家长的心理焦虑问题，为园所进一步做好新生家长工作奠定了基础。

（刘欣明）

【开展“教师教育案例”交流活动】 9月11日，为了引导教师对《指南》的学习、理解、领悟，进一步内化为教学实践行为，提升园所教师的教育教学专业水平，天竺中心幼儿园在全体教师中开展了“教师教育案例”交流活动。活动利用园所的网络平台，将教师撰写的案例进行了展示，经过全体教师的认真阅读，最终评选出一等奖案例5名，二等奖案例5名。

（刘欣明）

【开展家长半日开放活动】 11月5日、6日，天竺中心园开展家长半日开放活动。此次活动以课堂集体教学为主线，以家长助教、亲子游戏、区域活动等为辅助，使开放活动真正成为幼儿、教师、家长之间三维互动的载体。教学中，教师根据各年龄段幼儿的认知特点选取教学内容，利用多种教学手段辅助教学，让活动

11月14日，天竺中心园多举措进行消防安全教育活动

更具趣味性、课堂氛围更活泼。活动后，各班利用视频短片、PPT等形式向家长反馈了幼儿在园一个月的活动情况，受到了家长的欢迎。半日活动结束后，幼儿园向家长们发放了活动反馈表，家长对本次活动普遍给予了高度评价。本次活动，使家长增进了对幼儿园工作的感性认识，拉近了教师与家长的距离，加强了家庭和幼儿园的联系。

（高云飞）

【多举措进行消防安全教育活动】11月14日，天竺中心园进行系列消防安全教育活动。1. 消防车进校园。师生们参观了消防车的内部结构，观看了消防人员的灭火演习，消防宣传人员还向大家讲解和演示了各种消防器材装备的性能、用途和使用方法。2. 消防知识进班级。各班级开展消防安全教育课，教师们根据不同年龄段幼儿的特点，利用图片、视频等方式向小朋友们宣传不要随意玩火、火场逃生如何自救、如何报警求助、出门前记得提醒爸爸妈妈关闭电器电源等最基本的消防安全知识。3. 消防演练体验。全园进行消防演习，小朋友们在老师的指导下，双手捂着口鼻快速有序地按照紧急疏散路线撤离。演练提高了师幼的消防意识和逃生技能，增强了幼儿自我保护意识。

（高云飞）

【“精彩亮点”展示促教师专业成长】11月24日，天竺中心园开展了历时一个月的“精彩亮点”专业展示活动，参与此次活动的是所有带班教师。1. 教师根据自己特长及班级特色自主申报展示内容，可以是一节精彩的集体教育活动或是孩子喜欢的区域活动，也可以是户外体育、生活活动等；2. 教师确定展示内容后向园里提交申请表，申请通过后制定详细的活动计划；3. 由园内统一安排展示时间。教师们都积极申报，努力把自己最好的活动展示给大家，此次活动不但激发了教师的工作热情，在充分展现了各自不同的教学风格和方法的同时还促进了教师之间的交流与学习，切实提高了园所教师的业务水平。

（高云飞）

·北京市顺义区旺泉幼儿园·

【概况】2015年，北京市顺义区旺泉幼儿园为教育部门办园，日托制。现租房在顺义电大教学楼内。占地面积7100平方米。全年教育经费投入1116.9万元，固定资产总值233.9万元。图书室藏书0.48万册，包括电子图书0.021万册，拥有普通教室12个，教室内设有计算机、钢琴、电视和录音机等教学设施。拥有计算机55台，学校信息化经费投入3.2万元，校园网总宽带100Mbps，数字资源量200GB。教职工59人，其中教师39人，专科以上学历39人，中级职称以上11人，保健员2人，其中专科以上2人。开设12个教学班，其中小班4个、中班4个、大班4个。幼儿入园146人，离园140人，在园431人。

单位名称：北京市顺义区旺泉幼儿园

地址：北京市顺义贯通东路西侧电大院内

电话：81493699

邮政编码：101300

（程金甫）

【区幼教专家来园视导】1月14日，区教委学前科陈民强科长、学前教研室王晓红主任一行7人到旺泉幼儿园进行级类视导。专家们查阅了档案资料，并观看了小中大班教师的集体教育活动。活动后专家进行了反馈，对园所的档案资料整理和教师的教育理念及教学行为给予了充分的肯定，同时对教学活动的组织形式和内容的选择给予了指导。

（程金甫）

【党支部二月新春进社区】 1月29日，旺泉幼儿园党支部带领党员、教师、幼儿走进望泉家园社区、前进花园社区进行走进社区送祝福活动。孩子们给社区老人们送去了春联，给社区的孩子们带去了大量的绘本图书，还表演了武术操等精彩节目。40余名师生参加。

（程全甫）

【开展“我读书我快乐”活动】 4月21日，旺泉幼儿园举行首届“书香润童年”——我读书我快乐幼儿讲故事、诗歌朗诵评比活动。孩子们的精彩演出博得了家长的阵阵掌声，约有430多名家长幼儿参加活动。

（程全甫）

【区幼教专家来园视导】 6月15日，区教委学前科单小红科长、学前教研室成员及顺义区的名园长一行7人到旺泉幼儿园进行级类视导。专家们查阅了幼儿园的三年规划，观看了小中大班教师的集体教育活动，对园所规划中的问题和教师教学活动中的问题给予了反馈并提出了指导性意见。全园教职工50余人参与此次活动。

（程全甫）

【参加街道“五月鲜花”汇演】 6月17日，旺泉幼儿园大三班的师生来到旺泉街道办事处参加“五月的鲜花”群众文艺汇演。孩子们朗诵表演了《三字经》，获得观众的阵阵掌声。该园20名师生参加。

（程全甫）

【迎接一级一类验收】 6月25日，北京学前教育级类验收小组王洪兰处长一行3人来到旺泉幼儿园进行一级一类幼儿园验收。

6月15日，区幼教专家来旺泉幼儿园进行视导

几位专家听取园长高淑荣在园所规划、队伍建设、教师专业技能等方面的工作汇报，观看了班级、园所环境、室内外活动玩具配备及教师组织的教育活动。专家对幼儿园各项工作给予高度评价，旺泉幼儿园顺利通过一级一类验收。

（程全甫）

【顺义电视台记者来园采访】 9月2日，顺义电视台记者一行3人到旺泉幼儿园进行优秀幼儿教师采访。记者采访了一直在教育第一线有二十多年教学经验的李艳春老师，并到班级内进行了实景拍摄和幼儿采访。

（程全甫）

【举行家长阅读讲座活动】 9月30日，旺泉幼儿园邀请北京市奕阳教育集团龚亚东老师对家长进行“共享阅读之乐”专题讲座。龚老师向家长介绍了亲子阅读的方法和亲子阅读对幼儿发展的重要性。400多名家长参会。

（程全甫）

【开展重阳节进社区活动】 10月21日重阳节，旺泉幼儿园大班师生来到旺泉社区慰问老人，孩子们把自己制作的节日礼物送给老人，和老人们一起聊天，共渡重阳节。共有30名师生参加。

（程全甫）

【举行市级课题开题论证会】 10月23日，旺泉幼儿园召开市规划办立项课题《支持幼儿语言运用能力发展策略的研究》开题论证会。北京市早教所研修员何桂香、北京市特级教师沈心燕，区教委副主任张海东、学前科科长陈民强，区教育研究考试中心研究员安贵增、朱元兆、周靖彦等参加开题会。在听取园长高淑荣关于课题选题、研究情况、整体思路、园所和课题组成员的情况介绍及科研负责人的开题报告后，专家们对该课题定位给予肯定，认为有很高的研究意义和研究价值，指出课题抓住了语言教育的本质，关注幼儿学习，落实了《纲要》《指南》精神，丰富了教育内涵。专家们还对课题的研究内容做了具体详细的指导。园所20余名教师参加。

（程全甫）

【开展消防演练培训活动】11月9日，顺义区消防大队南法信支队警官李福良带领5名消防员来到旺泉幼儿园对师幼进行消防演练培训活动。活动采用模拟演练和指导操作相结合的形式。消防员现场演练灭火器、楼道消防栓的正确使用方法，以及遇到火情时如何快速使用消防工具的操作步骤。演练后教师们进行实际操作。随后，消防员深入班级向幼儿讲解消防基本知识、遇到火情时的自救方法，并解答孩子们的问题，最后让幼儿亲自参观消防车，了解消防车的功能。全园师生460余人参与活动。

（程金甫）

【举行幼儿生活技能比赛】11月23日，旺泉幼儿园举行幼儿生活技能比赛。此次大赛采取从小中大班随机抽取5名幼儿参加。比赛内容分为：小班比赛穿衣服和鞋子，中班比赛穿衣服和叠被子，大班比赛穿脱衣服和叠被子。比赛规定，幼儿在既定的时间内完成比赛项目，裁判根据参赛幼儿完成的时间和质量进行打分。评出团体总分一等奖2名，二等奖4名，三等奖6名。园所70余名师幼参与活动。

（程金甫）

·北京市顺义区西辛幼儿园·

【概况】2015年，北京市顺义区西辛幼儿园为公办园，日托制。占地面积14185平方米（含分园）、校舍建筑面积5338平方米（含分园）。全年教育经费投入700.9万元，全部为国家拨款。固定资产330.4万元。图书室藏书0.29万册。拥有音体室、美术室和图书室专用教室3个，普通教室14个。拥有计算机43台。学校信息化经费投入10万元，校园网出口总宽带100Mbps，数字资源量150GB。教职工71人，其中教师42人，专科以上40人，中级职称以上11人；保健员1人，其中专科以上1人，中级职称以上1人。开设教学班14个，其中小班8个、中班3个、大班3个。幼儿入园302人、离园136人、在园578人。

单位名称：北京市顺义区西辛幼儿园

地址：北京市顺义区西辛南区院内

电话：61408620

邮政编码：101300

（陈维纬）

【党支部进社区庆新春】1月28日，西辛幼儿园党支部走进社区，为社区的老人们送上舞蹈表演，喜迎新春的到来。西幼教师舞蹈队表演了傣族舞蹈《彩云之南》和新疆舞《巴郎仔》，获得现场观众的热烈掌声和喝彩声。幼儿们还为社区的爷爷奶奶送苹果、送祝福，寓意新的一年平平安安。

（陈维纬）

【组织亲子参观航空博物馆活动】4月17至29日，西辛幼儿园组织全体幼儿及部分家长走进航空博物馆，普及航空知识。通过孩子们细致的观察，教师或家长通俗易懂的讲解，幼儿对不同型号的飞机文物有了最直观的认识，同时也初步了解了我国航空发展的光辉历程。此次活动得到家长的大力支持和赞许，幼儿开阔眼界、增长知识，增进亲子情感。

（陈维纬）

【迎接市级示范园验收评审工作】4月17日，北京市示范园验收评审专家组一行15人，走进西辛幼儿园进行验收评审。评审组分为管理组、队伍建设组、办园条件组、保教管理组、教科研组、家园共教组、卫生保健组七组。经过实地考察、走进班级观摩活动、查阅资料、听取园长汇报、现场座谈与反馈后，全面了解西幼的各项工作并给予高度的评价。专家组认为西辛幼儿园环

1月28日，西辛幼儿园党支部进社区庆新春

境优美、设施齐备，幼儿健康快乐、全面发展，教师积极向上、德能并举，同时对园所管理、教师培养、卫生保健等工作提出中肯的建议，为园所未来发展指明方向。评审专家组由市教委学前处彭新蕊带队，北海幼儿园园长柳如、北京市早教所教研员刘丽等领导及专家参加。

（陈维纬）

【开展“我和植物交朋友”活动】 4月22日，西辛幼儿园组织小班幼儿和家长，开展“我和植物交朋友”植物认领活动。一是教师向幼儿及家长介绍植物名称和照顾植物的注意事项。二是幼儿和家长自选植物，贴便签认领。三是家长和幼儿共同设计认领名牌，显示出幼儿和家长的姓名、班级和认领植物名称。本次活动，旨在增长幼儿和家长了解植物名称及习性的知识，增强幼儿环保意识和生态意识，符合西辛幼儿园生态化的育人理念，体现家园共育的实效性。

（陈维纬）

【多举措做好幼小衔接工作】 5月13日，西辛幼儿园协同多方开展幼小衔接系列活动。一是邀请家长参加大班幼儿春季运动会和大班毕业典礼，共同记录在幼儿园的美好时光。二是大班教师开展“我要上小学”主题活动，帮助幼儿了解小学生的生活、学习环境及作息时间，做入学准备计划书等。三是大班幼儿走进西辛小学，与小学生互动，进入课堂亲身体验小学生活。四是邀请西辛小学教师及领导为家长做幼小衔接专题讲座，从幼儿习惯养成、能力培养、家校沟通等方面为幼儿家长答疑解惑。

5月13日，西辛幼儿园协同多方开展幼小衔接系列活动

（陈维纬）

【举行庆“六一”亲子游艺活动】 5月29日，西辛幼儿园举行庆“六一”亲子游艺活动。活动伊始，小、中、大班幼儿分别向家长进行户外操节展示。之后，教师向家长发放游戏券，幼儿和家长共同参与，自选喜欢的游戏活动。游戏结束后，幼儿根据游戏券抽取奖品，孩子们在平安、喜悦、快乐的氛围中，度过自己的节日。

（陈维纬）

【迎接西城业务园长研修班学员观摩】 6月18日，西城业务园长研修班学员走进西辛幼儿园观摩。研修班学员观摩小、中、大班室内游戏活动、大班的音乐教育活动后，参观园所公共环境，听取业务园长的业务管理汇报，全面了解西幼的保教工作，给予高度评价。并在活动结束时，留下意见和建议，起到交流、分享，共同提高的作用。此次活动由西城区学前教研室主任陈立带队、顺义区学前科科长陈民强陪同，共计70余人参加。

（陈维纬）

【开展综合主题活动】 6月20日，西辛幼儿园开展“快乐的跳蚤市场”综合主题活动。本次活动主题为我想我做，玩出精彩——小市场、大教育。活动以大班幼儿为主，中小班幼儿、家长及社区共同参与的形式，主要通过幼儿将不需要、不想要的玩具和物品带到市场上进行交易，同时孩子们自主选择管理员、卖家、买家、服务人员等市场角色，做市场计划、解决活动过程中的问题。本次活动旨在锻炼幼儿语言、社会、数学等多领域能力，充分体现幼儿自主性，培养幼儿自信、坚持、责任和专注的学习品质。

（陈维纬）

【西辛幼儿园分园建成】 9月1日，西辛幼儿园分园建立。西辛分园位于原西辛小学分校院内，经改造后投入使用，占地面积10192平方米，建筑面积2507平方米，设置5个教学班，共有200余名幼儿，21名教职工。自此，西辛幼儿园形成一园两址格局，有效缓解了西辛地区幼儿入园压力。

（陈维纬）

【减轻幼儿分离焦虑有妙招】9月1日起，西辛幼儿园采取多举措减轻小班幼儿分离焦虑。一是召开新生家长会，做到家园同步，由园长介绍园所基本情况、师资情况、教育教学情况等，介绍减轻幼儿分离焦虑的科学方法，与家长建立信任，争取家园同步。二是采取家长陪同试入园、幼儿独自半日在园、正式入园的循序渐进方式，让幼儿逐渐适应幼儿园生活。三是班级教师采取积极措施，应对幼儿分离焦虑，提前向家长发放调查问卷，全面了解幼儿，做到心中有数、缓解不同幼儿的焦虑现象。班级三位教师全天进班，细致分工，做好安抚情绪工作。四是录制新生幼儿在园生活视频，通过班级QQ群、飞信等网络平台传递给家长，消除新生家长们的顾虑。

（陈维纬）

【迎接北师大专家团队观摩研讨】9月18日，西辛幼儿园迎接北师大霍力岩教授研究团队来园观摩、研讨。在参观园所环境及文化建设后，专家团队分别观摩两节大班的综合主题活动。之后，北师大房阳洋博士作《幼儿发展评价与发展档案》的讲座。最后，授课教师进行活动反思，专家点评并提出宝贵建议。本次活动开启了本学期北师大霍力岩教授主持的园长领导力与新教师专业成长学前研究项目。参与活动的还有区学前科、学前教研室、国培贵州班及区内幼儿园园长、教师共计70余人。

（陈维纬）

【开展“我身边的好榜样”师德演讲活动】10月8日起，西辛幼儿园开展以“我身边的好榜样”为主题的师德演讲系列活动。一是召开全园动员会，鼓励每位教师撰写“我身边的好榜样”教师先进事迹。二是进行师德演讲活动初选，以教研组或行政部门为单位，投票选出园级师德演讲候选人。三是开展园级师德演讲活动，根据初选结果，候选人依次进行演讲，全园教师聆听并进行奖项评选。此次活动旨在进一步增强教职工爱岗敬业、教书育人的职业责任感，营造良好师德师风氛围，提升教师队伍整体素质。

（陈维纬）

10月31日，西辛幼儿园党员进社区举办趣味运动会

【举办家长开放亲子活动】10月31日，西辛幼儿园举办家长开放亲子活动。一是小、中、大班分别进行幼儿操节展示。二是小班幼儿进行亲子运动会，在小班教师的组织下，部分家长志愿者做裁判，幼儿和家长一起进行亲子游戏。三是中大班幼儿展示户外共享活动区，家长可在一旁观摩也可参与其中，展现幼儿自主选择、健康运动的精神风貌。四是向全体家长发放调查问卷，从不同角度了解家长对幼儿园工作的意见与建议，为幼儿园改进工作提供依据。

（陈维纬）

【举办趣味运动会】10月31日，西辛幼儿园党支部邀请社区居民与全体教职工一起，参加主题为“同享健康生活，共筑和谐西辛”趣味运动会。运动会分为拍皮球往返跑、双腿夹球往返跳和抛球射门三个项目，社区居民和教师们共同配合，将趣味运动会推向了高潮。本次活动旨在增强社区与幼儿园的交流与联系，放松心情、增强体质，同时宣传园所文化。

（陈维纬）

【多举措应对雾霾天气】12月1日起，西辛幼儿园采取多举措应对雾霾天气。一是开展幼儿室内体育活动。取消幼儿户外活动后，教师们进行室内体育活动教研，

12 月 1 日，西辛幼儿园多举措应对雾霾天气

投放丰富的活动、运动材料，使幼儿足不出户也能锻炼身体、快乐游戏。二是开展安全教育活动。教师们开展《雾霾天气》《雾霾来了，我不怕》等综合主题活动，使幼儿认识到雾霾的危害，了解雾霾天气保护自己的方法，并且督促幼儿勤洗手、多喝水。三是向家长做好宣传工作。利用电话、网络等多种通讯手段，加强与家长的联系，共同做好幼儿雾霾天出行、在园的安全工作。

（陈维纬）

【开展科研月交流研讨活动】12 月 16 日，西辛幼儿园开展科研月交流研讨活动。本次活动围绕西辛幼儿园“十三五”科研课题开展，一是介绍园本科研课题“幼儿主动学习”相关课程的理念与进展情况。二是班级教师进行实施课题研究的阶段性成果汇报。三是观摩班级环境、区角材料及幼儿区角活动。四是教师进行分组教研，并现场交流、梳理促进幼儿主动学习的环境创设与材料投放策略。最后，与会的领导、教师对本次活动进行点评，并提出意见与建议。区学前教育科、建南幼儿园、石北幼儿园等多家姐妹园的领导、教师共计 60 余人参加。

（陈维纬）

【家园联欢共庆新年】12 月 30 至 31 日，西辛幼儿园开展家园联欢庆新年活动。一是向家长发放邀请函，邀请家长参加幼儿元旦会餐及班级联欢会等活动。二是举办过节会餐，向家长开放，同时发放调查问卷，了解家长对幼儿膳食的需求，对园所管理建议。三是以班级为单位组织联欢活动，邀请幼儿家长参加。

（陈维纬）

·北京市顺义区馨港幼儿园·

【概况】2015 年，北京市顺义区馨港幼儿园为教育部门办园，日托制。园所占地面积 2790 平方米、校舍建筑面积 2680 平方米。全年教育经费投入 687.65 万元，全部为国家拨款。固定资产 140.4 万元。图书室藏书 1.2 万册。拥有普通教室 8 个。拥有计算机 28 台，幼儿园信息化经费投入 24.8 万元，校园网出口总带宽 100Mbps，数字资源量 320GB。教职工 45 人，其中，教师 25 人，专科以上 25 人，中级职称以上 3 人；保健员 1 人，其中专科以上 1 人，中级职称以上 1 人。开设 8 个教学班，其中小班 3 个、中班 3 个、大班 2 个。幼儿入园 119 人、离园 88 人、在园 326 人。

单位名称：北京市顺义区馨港幼儿园

地址：北京市顺义区李桥镇馨港庄园二区 2 号

电话：81477269

邮政编码：101304

（秦　淼）

【春季防疫有妙招】3 月，馨港幼儿园加强传染病预防宣传力度，保障师幼健康安全。一是多途径宣传防疫常识，利用电子屏、微信平台、校讯通、邮件等电子媒介，家园栏、防疫小手册等纸质媒介向家长普及春季防疫常识。二是多角度了解疫情发展，组织班组长、保育员了解新型病毒传染途径、了解高发性传染病发病症状，帮助教师及时发现疫情。三是多种办法保证消毒质量，定期更换消毒用具，如清洁棉、刷子、抹布等容易藏留细菌的用具，重置消毒容器壁上配比标识，编写消毒顺口溜，帮助教师熟记消毒配比；书写消毒记录，确保消毒工作有效完成。

（秦　淼）

【督导级类考核小组来园考察】6 月 23 日，区教委督导、级类考核小组到馨港幼儿园考察工作。一是认真审阅各项教学材料。二是参观园所环境并走进各年龄班参加幼儿活动，来到明星小舞台与幼

11月3日，馨港幼儿园开展北京市幼儿教师教育展示活动

儿一同表演。三是走进建筑区与幼儿共同搭建房屋并参与到幼儿的游戏中。考核小组对本园开展的幼儿自主游戏模式活动予以肯定，同时也对活动中教师遇到的困惑和发现的问题提出宝贵意见。

（秦　淼）

【市教育展示活动专家组进园指导】11月3日，北京市幼儿教师教育展示活动专家组走进馨港幼儿园进行观摩活动指导。曹蓓老师通过仿编儿歌《小蚂蚁坐大船》区域活动、户外活动展示本园教师专业、亲和、自然的教育教学特点，为幼儿创设自由自主的游戏环境，鼓励幼儿大胆尝试、勇于探索的学习品质。观摩活动后，专家与教师进行面对面交流。

（秦　淼）

【召开运动会】11月16日，馨港幼儿园召开本年度运动会，活动程序如下：一是教师在活动前与幼儿沟通讨论，分析户外活动的利弊，激发幼儿的活动兴趣。二是简化运动项目内容，适应园内场地、时间、空间有限等客观因素，变被动为主动。三是活动中师幼全情投入，大胆尝试，不怕冷，不怕累，玩的尽兴，运动效果突出。四是总结经验收获惊喜，学会转换活动形式克服不利条件，帮助幼儿顺利度过雾霾天气，保证幼儿户外活动时间。

（秦　淼）

【开展自制灯笼评比活动】12月24日，馨港幼儿园开展自制灯笼评比活动，提升教师动手能力。一是教师根据班级特色及幼儿年龄特点，与幼儿利用废旧材料制作手工灯笼，用于装饰班级和园所环境，共同创设温馨、喜庆的节日氛围。二是组织幼儿代表对自制灯笼进行评比，幼儿大胆说出灯笼特点并与教师一同完善，开展师幼互动活动。三是鼓励幼儿及家长利用废旧材料自制节日用品，培养幼儿勤俭节约、勇于创新的良好品质。

（秦　淼）

【召开“园长课程领导力与新教师专业成长”项目研讨会】12月25日，馨港幼儿园召开“园长课程领导力与新教师专业成长”项目研讨会。园长、业务园长和参与项目活动的教师对本学期教学工作进行交流、反思和总结。业务园长介绍我园开展课程项目的计划和收获，教师分析反思观摩姐妹园活动的感受。通过观摩新教师两节集体教育活动，园长对“综合主题活动”的五段式教学模式进行分析和研究，有了新的认识和理解，为教师提出了诸多宝贵的意见和建议，为今后项目的开展提供参考和依据。

（秦　淼）

·北京市顺义区杨镇中心幼儿园·

【概况】2015年，北京市顺义区杨镇中心幼儿园为教育部门办园，日托制。占地面积5854平方米、校舍建筑面积2699平方米。固定资产976.23万元。全年教育经费投入1627.34万元，全部为国家拨款。全年幼儿园信息化经费投入95.16万元，拥有计算机27台，校园网出口总带宽100Mbps，数字资源150GB。拥有计算机教室、泥塑室专用教室2个，普通教室15个。教室内设有液晶电视等教学设施。教职工87人，其中教师62人，专科以上62人，中级职称以上22人；保健员1人。开设14个教学班，其中小班6个、中班4个、大班4个。幼儿入园187人、离园126人、在园523人。

单位名称：北京市顺义区杨镇中心幼儿园

地址：顺义区杨镇政府街4号

电话：61451973

邮政编码：101309

网址：www.yzyeyankang06.orgwww

（段晓宇）

【开展与杨镇飞翔双语幼儿园

【"手拉手"活动】1月，杨镇中心幼儿园与杨镇飞翔双语幼儿园开展手拉手活动。两园共同制定学期工作方案，飞翔教师走进中心园观摩学习"半日活动"以及优秀课程设计，中心园业务园长及教研组教师来到飞翔幼儿园检阅公开课展示并现场指导我们如何开展教研活动。此活动的重要目的是通过"教研活动""半日活动""岗对岗指导"等多种形式，逐步解决飞翔幼儿园教师在专业发展上的困惑和难题。

（段晓宇）

【组织民俗园游园活动】4月23日，杨镇中心幼儿园组织中班幼儿开展民俗园游园活动。游园前，幼儿与家长一起制作联系卡，确保幼儿安全。活动以集体与小组相结合方式进行，设置动物乐园、猴山等四个固定活动地点、一个流动活动地点。通过此次活动，使孩子们感受各种生命的灵动，在大自然中体验探究和解决问题的乐趣。

（段晓宇）

【召开春季运动会】4月30日，杨镇中心幼儿园召开幼儿春季运动会。此次活动出现多个亮点。一是个性化入场式，幼儿利用废旧材料（纸箱、瓶盖、吸管等）制作班标入场，增强幼儿环保意识。二是百人团体操，大班幼儿在《中国龙》的音乐声中表演师幼自编的《龙鼓舞》团体操，增强幼儿自信心。三是培养综合能力，通过穿大鞋、跳大绳等项目的比赛增强幼儿合作意识和集体荣誉感。四是小小服务生，在中小班幼儿比赛前，大班幼儿为其摆放所需材料，担当裁判员、计时员、计数员，提高幼儿服务意识。

（段晓宇）

【举办"六一"庆祝活动】6月1日，杨镇中心幼儿园举办"解放天性腾飞梦想"六一庆祝活动。活动围绕各班班级特色、主题特色、教师及幼儿性格特色开展各种幼儿才艺表演。此次，活动邀请了周边小学校长、镇级领导及全体幼儿家长参加。

（段晓宇）

【大班幼儿走进小学参观】6月8日，杨镇中心幼儿园组织大班幼儿走进杨镇小学参观。家委会成员与大班所有幼儿一起观摩体验高低不同年级教学活动；欣赏了解室内外校园文化；开展与哥哥姐姐一起玩等活动，进一步激发幼儿入学愿望，为幼儿以后顺利入学做好充足准备。

（段晓宇）

【参观焦庄户地道战遗址】9月11日，杨镇中心幼儿园组织党员、教师到焦庄户地道战遗址进行参观学习。在焦庄户地道战遗址纪念馆前，全体党员进行庄严的新党员入党宣誓和老党员重温入党誓词活动。党员们参观场馆内的照片、文物，了解中国人民艰苦卓绝的抗日战争历程，中华民族历经磨难不屈不挠的奋斗精神，震撼着每一个党员。党员们表示，要牢记历史，不忘国耻，把满腔爱国之情化为工作的强大动力，在工作中起到模范带头作用，努力而扎实做好本职工作。

（段晓宇）

【课题组走进杨镇中心幼儿园】9月22日，张雪门行为课题组走进杨镇中心幼儿园进行指导。活动分四个环节。一是泥塑活动展示，教师与幼儿简单回顾新园平面图，明确任务，幼儿分工合作自主进行泥塑活动。二是百人团体操展示。三是户外自主游戏，幼儿根据自己的兴趣爱好选择户外活动区，制定本次活动计划，活动区结束后幼儿自由欣赏、交流。四是教师与课题组成员进行交流研讨。

（段晓宇）

4月30日，杨镇中心幼儿园召开幼儿春季运动会

【组织小班教师到示范园挂职培训】9月，杨镇中心幼儿园组织小班教师分别到怡馨幼儿园、石园北区幼儿园挂职培训。挂职期间教师撰写挂职培训日志，记录挂职期间的反思与收获，回园后对本园教师进行二次培训，分享培训体验。通过此次挂职培训学习，教师们对小班一日生活流程、建立常规、家园配合、班级教师间的配合及面对情绪不稳定幼儿教师应采取策略等细节问题都有了更深刻的认识。

（段晓宇）

【举办亲子游戏活动】10月13日，杨镇中心幼儿园与妇联牵手举办社区0—3岁亲子游戏活动。活动中，有的游戏可以训练宝宝的各种动作，发展其各种运动技能；有的游戏可以发展宝宝语言表达能力；还有的游戏可以锻炼宝宝双手灵活性，发展手眼协调能力等。通过本次活动的开展，培养了幼儿良好的参与意识、竞争意识，增进了家长与孩子之间的了解和感情。

（段晓宇）

【迎接北京市幼儿教师教育展示活动】11月4日，杨镇中心幼儿园迎接北京市幼儿教师教育展示活动。活动分为三部分：一是开展主题泥塑活动《我是新园小主人》。活动将幼儿园建设与幼儿活动有机结合，幼儿将自己参与新园建设的想法与愿望通过计划制定、实践创作等多种方式表现出来，期望通过自己的努力改变周围生活环境。二是开展户外活动。根据大班幼儿年龄特点与发展现状，创编了百人团体操《中国龙》，将龙、鼓、旗和中国武术有机结合，使幼儿在活动中肢体得到充分锻炼。让孩子们自主选择游戏内容，开展户外自主游戏。三是专家与教师座谈，通过座谈教师收获颇丰。

（段晓宇）

12月30至31日，杨镇中心幼儿园举办新年亲子活动

【“云南园长国培班”走进杨镇中心幼儿园】11月6日，云南园长国培班走进杨镇中心幼儿园。活动分为三部分。一是由大班教师张晓丽老师献课——泥塑活动《我是新园小主人》，活动中幼儿围绕目标进行活动，现场观摩教师对幼儿的参与度及活动表现给予充分肯定。二是观摩结束后由各年级组长带领外来教师参观班级环境，并进行介绍。三是由王园长进行现场汇报交流。通过PPT、播放视频等形式，介绍园所的发展历程及“十二五”期间课题研究的内容及相关做法，并根据实际案例进行相关现场讨论，参观者对园所注重教师及幼儿双自主个性化发展给予高度评价。区学前科、平谷姊妹园园长及教师，共计70余人参加。

（段晓宇）

【组织新年亲子活动】12月30至31日，杨镇中心幼儿园举办新年亲子活动。活动分为三部分：一是王园长向家长汇报孩子们在活动中是如何学习的。二是班级组织新年游艺游戏，向家长们介绍每项游艺中所包含的教育目标。三是向家长展示幼儿进餐环节，让家长了解幼儿生活、卫生习惯的养成和自主为他人服务的良好品质。

（段晓宇）

·北京市顺义区杨镇第三幼儿园·

【概况】2015年，北京市顺义区杨镇第三幼儿园为教育部门办园，日托制。占地面积2710平方米、校舍建筑面积1741平方米。全年教育经费投入573.81万元，全部为国家拨款。固定资产162.19万元。图书室藏书8438余册。拥有教师备课室、音体专业室和图书资料室等专用教室3个，普通教室5个。拥有计算机32台。多媒体教室座位40个。

校园网出口总带宽 100Mbps，数字资源量 447GB。教职工 46 人，其中教师 32 人，专科以上 31 人，中级职称以上 5 人；保健员 1 人，其中专科以上 1 人，中级职称以上 1 人。开设 7 个教学班，其中小班 2 个、中班 2 个、大班 2 个、混龄班 1 个。幼儿入园 89 人、离园 74 人、在园 249 人。

单位名称：北京市顺义区杨镇第三幼儿园

地址：北京市顺义区杨镇双阳东区 13 号

电话：61419380

邮政编码：101309

（刘　晓）

【指导园长考核工作】1 月 23 日，顺义教委组织科相关领导到杨镇第三幼儿园指导园长考评工作。首先，评估组领导认真听取李红梅园长的自评报告，对该园 2014 学年主要工作和成绩以及存在的问题与努力方向有了初步的了解；接着，领导组还详细查看资料，对办园条件、园务管理、安全卫生保健、教育教学等工作进行了全面、深入的核查。

（刘　晓）

【举行基本功展示活动】2 月 27 日，杨镇第三幼儿园举行教师边弹边唱、幼儿舞蹈和打击乐展示活动。旨在推动同年龄班集体备课和提高年轻教师组织音乐活动的技能。李红梅园长开展培训，亲自指导教师半日工作计划的制定，帮助新教师快速成长。

（刘　晓）

【举行“3·18”民主日测评活动】3 月 13 日，杨镇第三幼儿园举行“3·18”民主日测评活动。全体教职工、领导班子成员参加此次活动，由后勤副园长梁涛主持。会前征求收集教职工对园所发展的意见和建议，班子对查找出来的问题提出具体整改措施。此次民主生活会准备充分，程序规范，符合上级的要求，达到了预期效果。

（刘　晓）

【举办幼儿运动会】4 月 16 日，杨镇第三幼儿园举办以“我运动、我健康、我快乐”为主题的幼儿运动会。活动按三个年龄班分别进行大班《小蝌蚪找妈妈》《障碍运球》，中班《拱小猪》《托球走》，小班《拯救妈妈》《投投乐》等幼儿喜欢的体育活动。活动评选出“健康宝宝”“快乐宝宝”和“聪明宝宝”各若干名。

（刘　晓）

【组织幼儿健康体检】4 月 20 日，杨镇第三幼儿园组织幼儿体检。为更好了解幼儿的生长发育情况，顺义区杨镇二院的医务人员，为该园幼儿进行全面健康体检，检查项目有身高、体重、视力、龋齿、血常规（血红蛋白测定）等方面的健康检查。各班教师积极配合，使各项检查工作能够顺利完成。各项检查结果出来后，各班教师结合幼儿的身高、体重对每一位幼儿进行综合健康评价，并及时将结果告之家长。

（刘　晓）

【举办欢庆“六一”活动】5 月 28 日，杨镇第三幼儿园举办庆“六一”活动。活动按年龄班为单位，分别展示了歌舞、喜庆锣鼓和童话剧等节目。活动中杨镇政府相关领导为幼儿带来祝福和礼物。

（刘　晓）

【举行毕业典礼】6 月 30 日，杨镇第三幼儿园为全体大班学生举行毕业典礼。典礼仪式上，李红梅园长和各位老师都作了热情洋溢、鼓舞人心的致词，向全体毕业幼儿表示最热烈的祝贺，对他们表达殷切的期望和美好的祝愿。毕业典礼在《感恩的心》旋律中圆满结束，孩子们和老师深情拥抱，惜惜离别。

（刘　晓）

【召开新学期全园家长会】9 月 17 日，杨镇第三幼儿园召开全

4 月 20 日，杨镇第三幼儿园组织幼儿健康体检

园幼儿家长会。各班根据幼儿发展的优势和弱项有重点地开展活动，小班重点针对幼儿行为习惯培养；中班重点促进幼儿社会性的发展；大班重点是幼小衔接。各班对于本班幼儿的实际情况向家长传授家教方法，使家长受益匪浅。

（刘　晓）

【举行师带徒启动仪式】 10月10日，杨镇第三幼儿园举行师带徒启动仪式。李红梅园长首先对上一轮“师带徒”活动进行总结，教研负责人施婷婷宣布新一轮师徒名单。随后，师徒签订协议。在热烈的掌声中，徒弟们纷纷为各自的师傅敬上一杯“拜师茶”。“师带徒”活动要求徒弟不仅要学习师傅的教学本领，更要学习师傅的爱岗敬业精神和崇高师德，师傅们则要以精湛的教学技艺为徒弟做出示范，不仅要培养青年教师严谨踏实、实事求是的教学态度和爱岗敬业的精神，帮助青年教师树立崇高的师德，还要和青年教师一道互助互学，不断提升自己。

（刘　晓）

【开展民俗园拓展活动】 10月30日，杨镇第三幼儿园全体教职工到河北村民俗园开展拓展活动。本次拓展活动不仅充分锻炼了教职工的个人能力，更激发了教职工的集体责任感和使命感。不同的环节，教职工能够积极主动的去调整和面对，更高效地完成任务。

（刘　晓）

10月30日，杨镇第三幼儿园在民俗园开展拓展活动

【举行消防疏散演习】 11月9日，杨镇第三幼儿园举行消防疏散演习。活动前，针对幼儿火场和地震逃生、救援疏散等事项，精心设计了一份详细的消防演练预案。本次紧急疏散演练强化了幼儿园的安全工作，增强了教职工的安全意识，确保幼儿在园快乐健康的成长，使本园幼儿以游戏的方法懂得了一些逃生常识，教职工掌握了保护幼儿逃生的方法。

（刘　晓）

【参观消防中队】 11月4日，杨镇第三幼儿园组织幼儿参观消防中队。在“11·9”消防日来临之前，大班的小朋友们在老师的带领下来参观学习消防知识，感受消防文化。通过实地学习，孩子们学到了各种消防知识，增强了孩子们对消防员叔叔的热爱和尊敬之情。

（刘　晓）

【举办科研月开放活动】 12月16日，杨镇第三幼儿园举办科研月开放活动。活动邀请多所幼儿园园长和骨干教师来园共同观摩研讨教学活动。教师在研讨中，主要关注幼儿在活动中学到了什么？发展了哪些能力？教师对幼儿有多少支持与合作？是否恰当的引导幼儿去探索？教师提问的有效性及师幼互动效果如何等等。通过本次科研活动，为教师专业成长提供“相互学习、相互交流、共同研究、共同探索”的高效平台，促进幼儿园整体教学水平的提高。

（刘　晓）

·北京市顺义区义宾幼儿园·

【概况】 2015年，北京市顺义区义宾幼儿园为教育部门办园，日托制。园所占地面积2548平方米、校舍建筑面积1515平方米。全年教育经费投入676万元，全部为国家拨款。固定资产276.7万元。图书室藏书10175册，包括电子图书28册。拥有音体室专业教室1个，普通教室6个。拥有计算机36台。学校信息化经费投入1万元。校园网出口总宽带100Mbps，数字资源量105GB。教职工40人，其中教师12人，专科以上12人，中级职称以上3人；保健员6人，其中专科以上6人，中级职称以上4人。开设6个教学班，其中小班2个，中班2个，大班2个。幼儿入园71人，离园

70人，在园207人。

单位名称：北京市顺义区义宾幼儿园

地址：顺义区义宾南区甲10号

电话：69422956

邮政编码：101300

http://shunyiyibin.ankang06.org

（李 楠）

【开展妇女节读书活动】3月8日，义宾幼儿园开展以“书式生活”为主题的读书活动。园领导为每位女教职工发放书籍，希望广大女教职工立足岗位，充分发挥聪明才智，在教育事业上发光发彩。并组织教职工集体阅读，教师根据自己的兴趣爱好，选择人生感悟、女性保健、安全常识、法律知识等方面的书籍。最后，教师们相互交流，共享智慧，教师们通过与书本为伴，与经典为友，陶冶了情操，丰富了知识。

（李 楠）

【组织教师参观第三届北京农业嘉年华展览】3月24日，义宾幼儿园组织全体教职工来到昌平区参观“第三届北京农业嘉年华”展览。教师们参观园艺景观和科普展示、进行创意农业体验等活动。高新的技术和无限的创意想象给老师们带来无比好奇的体验，这次活动，丰富了教师的业余生活，促进了教师的身心健康。

（李 楠）

【顺义电视台走进义宾幼儿园】4月21日，顺义电视台在教育信息中心李士文老师的带领下，对义宾幼儿园鼓乐特色教学进行采访。电视台摄制组就在幼儿园开展鼓乐特色教学的目的、意义，采访园长高丽华，高园长向大家介绍十二五期间依托课题，开展鼓乐特色教学的方法、途径等的研究过程以及取得的成果。之后，教师代表张苇老师向大家畅谈实施鼓乐教学以来，孩子的发展与成长。最后，摄制组又对幼儿园的鼓乐体验区、楼道特色环境、鼓乐教育活动、鼓操、鼓游戏以及幼儿个人架子鼓展示进行全程拍摄。

（李 楠）

【召开幼儿园大班春季运动会】4月30日，义宾幼儿园大班召开春季运动会。运动项目包括：推小车运球、滚轮胎、投沙包、钻爬运动、接力赛跑。孩子们个个精神抖擞，欢呼雀跃，在孩子们的带动下，老师们也加入到比赛的队伍中。此次运动会，充分展示了幼儿良好的精神风貌，也增强了幼儿的集体荣誉感。

（李 楠）

【参加“我为妈妈献才艺”活动取得可喜成绩】4月，义宾幼儿园的彭冠雄、傅思媛两位小朋友参加顺义区电视台组织的“我为妈妈献才艺”微信点赞活动。两位小朋友分别带来架子鼓表演《我相信》和歌舞表演《让爱住我家》。彭冠雄的架子鼓表演激昂、奔放，表达了对妈妈深沉的爱；傅思媛甜美的歌声、优雅的舞蹈包含着对妈妈浓浓的感情。他们的表演也打动了参加点赞的观众，取得可喜的成绩。

（李 楠）

【组织教师走进鲜花港】5月5日，义宾幼儿园全体教师走进北京国际鲜花港进行参观活动。教师们徜徉在数百亩之域的天然绿色氧吧，欣赏着各种美景——花神广场、万花馆、大地花海等。他们有的拿出相机与美景合影，有的认真察看植物的标签，有的则低头闻闻醉人的花香，享受喧嚣中难得的宁静。教师的张张笑脸与满山遍野的鲜花比美，半天的时间，让教师们欣赏了美景、锻炼了身体、加强了交流、增进了感情。

（李 楠）

【接受年度验收、考核工作】6

4月30日，义宾幼儿园召开大班春季运动会

月10日，义宾幼儿园接受年度验收、考核工作。大班幼儿通过“节目彩排”“自助餐制作”“创设艺术作品展览环境”进行“我的毕业派对我做主”的预演活动。三个环节全部由幼儿自主设计、安排、演出。教师只负责提供相应的操作区域和充足的操作材料，给予幼儿充分支持。此项活动让教师和幼儿都有了不同程度的收获：教师懂得了适时放手、学会观察；幼儿自主意识、自主能力得到锻炼和提高。同时，获得了专家、领导的认可并顺利通过评估。

（李　楠）

【组织教师开展包粽子比赛】6月16日，义宾幼儿园工会组织教师们进行包粽子大赛。前勤教师分两组、后勤教师一组，共三组，随着主持人的一声令下，一片片绿色粽叶在教师们的手里上下翻飞，填入糯米，放入馅料，绑上细线。一只只翠绿的粽子摆放在各组的桌子上，现场一片欢声笑语。最后，教师们品尝着自己亲手包制的香甜粽子，无比的开心和欢乐。

（李　楠）

【组织教师重走红色征程】9月16日，义宾幼儿园组织党员教师来到龙湾屯焦庄户地道战遗址纪念馆进行参观。纪念馆大厅再现了焦庄户在党的领导下同国内外敌人进行英雄斗争的历史画面。随后，大家有序参观地道遗址，感受革命先烈们战争岁月的革命情怀。此次参观活动，让全体党员受到一次深刻的爱国主义教育和革命传统教育。

（李　楠）

【开展消防知识培训】9月21日，义宾幼儿园邀请到北京市防火中心宣传处周德新老师为教职工进行消防安全知识讲座培训。周老师通过一个个触目惊心的火灾案列，揭示消防安全的重要性，并针对“火灾现场如何逃生、如何自救、如何报警求救”进行重点讲解，最后为教师们介绍灭火器的种类及使用方法。此次培训活动让老师们初步掌握了初期火警的扑救方法，消防安全意识显著提高。对幼儿园和家庭的消防工作都起到一定的指导作用。

（李　楠）

【组织家长参加亲子阅读培训】11月25日，义宾幼儿园邀请奕阳教育研究院的钱云老师为家长作《童心如歌、书香如蜜——亲子阅读，让幼儿变得浪漫》的讲座。钱云老师讲解了亲子阅读的方法、心得，参会家长也积极同钱云老师作交流，提出困惑，得到钱老师的指导。此次讲座帮助家长了解图书对孩子成长的重要性，提高了亲子阅读的有效性。

（李　楠）

【多举措促家园合作】11月，义宾幼儿园开展一系列活动促家园合作。一是优化微家园、微信群等平台。二是以调查问卷的形式了解家长需求，制作幼儿电子成长档案。三是充分利用家长资源，形成教育合力。四是业务园长每月召开一次家长会，不仅向家长普及教育案列，也为家长答疑解惑，增强了家长对幼儿园工作的信任。

（李　楠）

【与河北村幼儿园开展科学教育活动交流展示】12月6日，义宾幼儿园邀请河北村幼儿园教师来园进行科学教育活动的交流、展示。教师代表齐佳、王革、刘翠平分别展示《小纸片力量大》《空气的秘密》《爱捉迷藏的小种子》三节展示课。随后，教师们就展示课进行研讨，互相交流自己的想法、理念、反思与收获。本次活动，增强了两园之间的友谊，促进了教育教学经验交流与共享，对推进学前教育发展起到积极作用。

（李　楠）

【组织第十届科研月展示活动】12月15日，义宾幼儿园组织第

12月15日，义宾幼儿园组织第十届科研月展示活动

十届科研月展示活动。活动分为三部分：一是由科研负责人介绍“十二五”课题成果报告。二是两位骨干教师分享教学案列《在鼓乐游戏中解读幼儿鼓乐教育的学习与发展》和《在区域活动中开展的鼓乐活动》，引起在场教师的共鸣，教师们均表示受到不同程度的启发。三是中、大班幼儿分别进行棒棒鼓操、腰鼓操的展示。此次科研月展示活动为教师提供了学习、研讨和交流的平台，使教师的教育教学能力得到充分锻炼。

（李　楠）

·北京市顺义区尹家府中心幼儿园·

【概况】2015 年，北京市顺义区尹家府中心幼儿园为教育部门办园，日托制。园所占地面积 14996 平方米、校舍建筑面积 4137 平方米。全年教育经费投入 866 万元，全部为国家拨款。固定资产 563 万元。图书室藏书 0.85 万册。拥有日托室、亲子活动室等专用教室 14 个，普通教室 12 个。拥有计算机 32 台。校园网出口总带宽 100Mbps，数字资源量 2GB。教职工 67 人，其中教师 50 人，专科以上 49 人，中级职称以上 19 人；保健员 2 人，其中专科以上 2 人，中级职称以上 2 人。开设 14 个教学班，其中亲子班 2 个、小班 4 个、中班 4 个、大班 4 个。幼儿入园 164 人、离园 143 人、在园 416 人。

单位名称：北京市顺义区尹家府中心幼儿园

地址：北京市顺义区顺义区大孙各庄镇四福通大街 82 号

电话：614742006　1472812

邮箱：yjfyey@163.com

（李　艳）

【开展教师“玩具创意”拼插大赛】3 月 9 日，尹家府幼儿园工会组织全园教职工开展幼儿园玩具创意拼插大赛。在准备阶段，各岗教师分别选取不同的玩具，搜集关于该种玩具的简单介绍，明确该种玩具适合的年龄段、对于幼儿的发展目标、具体玩法以及渗透在其中的五大领域教育内容等。在活动中，教职工根据岗位的不同进行分组，在相同时间内自由拼插、组合，完成自己的玩具拼插作品，不同的岗位按照不同的评价标准进行玩具拼插介绍及答辩。活动最终评出玩具拼插创意奖、实用美观奖、五大领域结合巧妙奖等若干奖项。本次活动激励了教师们对操作材料的研究意识，增进了各岗教职工间关系的融合，开阔了玩具拼插方法的思路，进一步推进了全园工作的开展。

（李　艳）

【开展“书香溢满园阅读伴成长”活动】4 月 24 日，尹家府幼儿园开展彩虹读书活动之读书月“书香溢满园、阅读伴成长”展示活动。活动通过家长与幼儿报名的方式参加，从亲子阅读拼插、亲子阅读表演、亲子阅读讲故事三个板块同时进行。整个过程中幼儿与家长积极主动建构生活经验，表现亲身体验，表达个性情感，体验读书的快乐。本次活动提高了家长的阅读指导能力，增进亲子之间的感情，使家园关系更加融洽。全园 400 余名家长及幼儿参加。

（李　艳）

【组织幼儿走进绿奥蔬菜基地参观】5 月 12 日，尹家府幼儿园组织教师及其家委会成员走进绿奥蔬菜基地参观。首先，走进连栋智能温室——育苗温室，孩子们了解了各种蔬菜的生长环境。其次，走进蔬菜种植大棚——参观茄子大棚里熊蜂的授粉过程。通过讲解员的介绍，孩子们了解了

3 月 9 日，尹家府幼儿园开展教师“玩具创意”拼插大赛

熊蜂的授粉工作，并近距离的进行观察，满足孩子们的好奇心。最后，参观加工车间的仓储保鲜室、包装工作区、称重区、办公区，在看一看、闻一闻、摸一摸等多种感官的体验过程中，让家长、孩子和老师们深入的了解了幼儿园每天所吃蔬菜的来源、质量。本次参观体验活动，有效的利用了社区内资源，进一步推动了园所体验课程的开展。

（李　艳）

【开展端午节体验活动】6月17日，尹家府幼儿园开展“家园同乐，粽叶飘香”体验活动。通过听故事、看视频、念儿歌等形式，让幼儿了解端午节的由来和习俗，帮助幼儿感知文化的多样性。“比比谁能干”——亲子包粽子环节将整个主题体验活动推向高潮。家长志愿者手把手向孩子们传授包粽子技巧：折粽叶、填糯米、裹叶子、扎线。孩子们好奇地观赏、兴奋地模仿。在家长、老师的帮助指导下，他们很快掌握了基本技巧，争先恐后地动手参与。热气腾腾、清香四溢的粽子上桌了，孩子们津津有味地品尝着和亲人合作包出的粽子，分外香甜可口。活动中，孩子们感知端午、品味端午，充分体会到节日的乐趣。

（李　艳）

【开展“情谊自然　体验美好”采摘活动】10月13日，尹家府幼儿园的孩子们走进种植园，开展“情谊自然 体验美好”采摘活动。活动分为两部分：一是分组观察种植园内的各种植物，认识不同的蔬菜水果的名称，并了解它们的生长情况等。二是自主采摘活动，认识不同采摘工具的用途，在老师们的帮助下开始采摘活动。孩子们和小伙伴们一起拔萝卜、摘苹果葡萄、摘花生……满载而归。这次活动孩子们与大自然亲密的接触，收获了相伴出游的快乐，体验了秋季采摘的乐趣，感受到分享的美好。

（李　艳）

11月10日，尹家府幼儿园组织“消防队之旅”体验活动

【组织“消防队之旅”体验活动】11月10日，尹家府幼儿园组织大班幼儿走进大孙各庄消防中队，参加“消防之旅”体验活动。小朋友们兴奋的提出很多问题，消防员逐一进行解答。在接下来的互动环节中，消防员给小朋友们表演各种消防破拆工具、快速着装等项目。看着消防员叔叔敏捷的动作，小朋友们一边鼓掌一边赞叹，并穿上消防服、坐上消防云梯亲身体验。随后，小朋友们还参观了消防官兵的宿舍，看到“豆腐块”整齐地排列在床上。本次近距离参观消防队活动，使孩子们直观、真实地了解了消防车、消防工具，增强了孩子们的感性认知，提高了孩子们安全意识和自我保护能力，同时消防队员们勇敢、守纪的品质也激励着孩子们健康成长。

（李　艳）

·北京市顺义区裕龙幼儿园·

【概况】2015年，北京市顺义区裕龙幼儿园为教育部门办园，日托制。园所占地面积2713平方米，校舍建筑面积2733平方米。全年教育经费投入1009340.39元，全部为国家拨款。固定资产1157227.71元。图书馆藏书总数5000册。拥有音体室专用教室1个，普通教室10个。拥有计算机22台。多媒体教室座位50个。校园网出口宽带100Mbps，数字资源量230GB。教职工47人，其中教师38人，专科以上28人，中级职称以上11人；保健员2人，其中专科以上2人，中级职称以上1人。开设10个教学班，其中小班4个、中班4个、大班2个。幼儿入园153人、离园108人、在园401人。

单位名称：北京市顺义区裕龙幼儿园

地址：顺义区裕龙四区 13 号
电话：89406136—8883
邮政编码：101300

（赵鸿雁）

【开展面点膳食制作比赛】 4 月 6 日，裕龙幼儿园开展“创新花样面点，丰富幼儿膳食种类”制作比赛。伙房的师傅们积极参加，经过反复推敲、琢磨，最后推出蟹黄包、紫薯酥、蝴蝶酥、小刺猬蒸包等面点新品，评委们对面点在色、香、味、形上一一点评，并提出下一步努力的方向，将面点新品陆续丰富到孩子们的膳食中。

（赵鸿雁）

【开展体验式活动区集体教研活动】 5 月 6 日，裕龙幼儿园开展体验式活动区集体园本教研活动。本次教研活动围绕“小比如大世界”公共活动区进行探讨交流。教师在研讨中，各个年龄班教师根据幼儿身心发展特点，就如何精心创设幼儿公共活动区，充分发挥幼儿是游戏的主人，扮演真实的社会角色，体验真实的社会生活，进行讨论。通过在活动中扮演不同的角色，让孩子学会自己选择、决策、执行，充分发挥幼儿的主动性和创造性。

（赵鸿雁）

【开展跳蚤市场活动】 5 月 31 日，裕龙幼儿园开展“快乐的六一”跳蚤市场活动。孩子将自己的旧物品与同伴分享、交换，并在货品买卖的过程中学习主动推销自己商品的方法，培养与同伴进行礼貌交往并成功交易的能力，从而获得收益。通过举办这次活动，让每一个幼儿都体会到快乐和发展，真正让幼儿成为节日的主人，为童年留下充实而难忘的回忆。

（赵鸿雁）

5 月 6 日，裕龙幼儿园开展体验式活动区集体教研活动

【组织追寻红色记忆重走红色征程】 10 月 7 日，裕龙幼儿园党支部组织党员干部前往全国爱国主义示范基地——焦庄户地道战遗址纪念馆参观。首先讲解员带领大家参观遗址纪念馆，详细讲解革命先辈们的艰苦奋斗历程。之后，还参观单人掩体、陷井、碾盘和庙台暗堡等战争设施。最后，大家一起走进当年的地道参观。地道是焦庄户人民在与敌人斗争的战争实践中逐步完善起来的，浓缩着焦庄户人民的辛勤和智慧，反映着焦庄户人民的革命斗争史。全体党员受到一次深刻的爱国主义教育和革命传统教育。

（赵鸿雁）

【开展“感知秋天 快乐采摘”主题活动】 10 月 25 日，裕龙幼儿园开展“感知秋天，快乐采摘”主题活动。小班、中班开展“大带小摘柿子活动”，中班幼儿通过跳一跳、抓住枝丫方法让弟弟妹妹摘，还有的幼儿借助小椅子、梯子……把摘下的柿子送给小班幼儿，让弟弟妹妹感受到幼儿园就像快乐的家。大班幼儿开展“探索哪个工具更好用”活动，组织幼儿去农场挖红薯，幼儿通过观察、动手、探索、找出什么样的工具更适合挖红薯，掌握挖红薯的方法，最后他们还把自己的劳动果实分享给其他班级的孩子和老师。本次采摘活动为幼儿创设开放的学习空间，使孩子们拓宽了眼界，增长了知识，收获了一份快乐与成长。

（赵鸿雁）

【开展消防演习】 11 月 9 日，裕龙幼儿园开展幼儿消防演习活动。消防警报拉响后，孩子们快速的用湿毛巾捂住口鼻，跟随老师弯腰有序撤离活动室，来到了幼儿园的操场。活动中，邀请武警中队的消防官兵叔叔给大家讲解如何火灾逃生，带领幼儿参观消防车，老师和幼儿一同来进行灭火示范练习。通过现场的操作，大家进一步了解了火场的逃生知识和灭火器械的简单使用方法。通过本次活动，幼儿对消防安全知识有了进一步的了解，提高了师生自我保护的能力，也使幼儿园的安全教育工作落到了实处。

（赵鸿雁）

【开展教师“边弹边唱”技能比赛】11月16日，裕龙幼儿园组织教师开展“边弹边唱”技能比赛。园长和骨干教师担任评委，全园教师参加比赛。比赛曲目分规定弹唱和现场抽签弹唱两部分，教师们通过抽签决定弹奏的曲目和上场顺序。在比赛过程中，评委们认真倾听，严谨打分，教师们弹奏熟练、流畅，伴奏和谐优美，声音动听，大胆、自信地展示自己的风采。此次比赛进一步提升了该园教师的专业技能。

（赵鸿雁）

·北京市顺义区张镇中心幼儿园·

【概况】2015年，北京市顺义区张镇中心幼儿园为教育部门办园，日托制。园所占地面积4124平方米、校舍建筑面积3229平方米。固定资产674.06万元。全年教育经费投入993万元，全部为国家拨款。拥有计算机32台，校园网出口总带宽100Mbp，数字资源量200GB、拥有专用教室1个，普通教室12个。教职工54人，其中教师47人，专科以上47人，中级职称以上16人；保健员1人，其中专科以上1人。开设9个教学班，其中小班3个、中班3个、大班3个。幼儿入园95人、离园105人、在园305人。

单位名称：北京市顺义区张镇中心幼儿园

地址：北京市顺义区张镇浅山香邑二期

电话：61483868

邮政编码：101307

（闫婧怡）

【家庭综合服务项目大课堂走进张镇幼儿园】4月1日，中国家庭教育学会理事、北京家庭教育研究会副秘书长常京娥女士走进张镇中心幼儿园，为家长们宣传“益家筑梦携手成长”家庭综合服务项目。会上，常女士强调了家庭教育对孩子的影响，并就什么是正确的家庭教育与家长互动，家长们积极发言，各抒己见。最后，常女士和家长进行互动游戏，让家长真实的感受到“懂比爱更重要”。座谈会结束，部分家长与常女士单独交谈，说到教育的动情之处，还不断落泪。这样亲密的交谈，让家长更直观的感受到教育的重要性，懂得孩子的需要才是一切行动的出发点。

（闫婧怡）

【后沙峪幼儿园部分教师来园参观学习】4月23日，后沙峪幼儿园园长带领11名教师来到张镇幼儿园参观学习。首先参观户外、楼道、班级等，学习张幼老师如何布置环境。同时，两所幼儿园资料员就如何收集、整理、分类资料等问题进行细致的交谈。张镇幼儿园园长王利凤、业务园长马立平向前来参观的老师们详细介绍班级环境布置的理念、构思及实际工作中的经验等。通过半天时间的参观，大家都有所收获，特别是在利用自然物、发挥农村特色上大有裨益。

（闫婧怡）

【举行亲子运动节】4月29日，张镇中心幼儿园举办“小手拉大手”亲子运动节。本届运动节以幼儿早操展示、自制玩具展示、亲子项目比赛等形式开展。家长们一致反映这样的活动很有意义，不仅使孩子和家长体验到参与运动的快乐，同时让家长有进一步了解自己孩子的机会。幼儿、家长及教师560余人参加。

（闫婧怡）

【组织庆“六一”文艺汇演】6月1日，张镇中心幼儿园举办大型庆“六一”活动。此次活动以大型文艺汇演和游园活动两种形

4月23日，后沙峪幼儿园部分教师到张镇幼儿园参观学习

式进行。在文艺汇演中，有舞蹈、三句半、相声、歌曲串烧、毕业诗等，其中最为精彩的是童话剧《白雪公主和七个小矮人》，小演员精彩的表演，带孩子们进入了童话世界。游园活动的亮点是“变废为宝”时装秀，教师和孩子们一起把家里和幼儿园的废旧材料，做成一件件可以走秀的时装，向各位家长展示废物利用的妙处，宣扬节约美德。

（闫婧怡）

【开展彩虹假日读书交流活动】 9月21日，张镇中心幼儿园开展彩虹假日读书交流活动。会上，五个读书小组推选出教师，就《赢在认真》主题进行陈述和交流，表达这本书对自己的影响。此次活动，也是“书香校园”的重要组成部分之一，最后，王园长对此次活动进行点评，并鼓励教师多读书、读好书。

（闫婧怡）

【开展家长开放日活动】 9月30日，张镇幼儿园以多样的活动为依托，开展内容丰富的家长开放日活动。家长在园内参观幼儿集体教育活动、户外活动、区域活动和进餐环节，了解幼儿在园的生活。小班幼儿家长通过教师制作的PPT看到孩子在园的吃饭情况。此次活动的重要意义在于向家长展示孩子升班后新的生活，也能通过孩子的成长，让家长更积极主动的配合幼儿园的工作。

（闫婧怡）

【张镇中心幼儿园顺利迁入新址】 11月，张镇中心幼儿园顺利迁入新址。新园位于张镇浅山香邑小区内，周边环境优美，适合幼儿的健康成长。张镇中心幼儿园新园建筑面积3299平方米，设有十二个教学班，容纳300余名幼儿进行教育活动。在搬入新址的过程中，教委领导指导新园建设，并积极解决迁址之中所遇到的困难。该园配备了良好的教育设施，教育环境得到了极大的改善，孩子们的教室宽敞了。该园还设有公共共享区域，充分投放材料。新园在硬件设施方面得到大力改善，为教师和幼儿创设了良好的工作生活环境。

（闫婧怡）

【举行元旦联欢活动】 12月31日，张镇幼儿园举行元旦联欢活动。首先，各位家长和幼儿一起在班级里观看教师和幼儿自编自演的节目，有三句半，舞蹈，朗诵等。然后，在欢声笑语中，进入游戏时间。每个班级都是一个游戏场所，各位家长带领幼儿走出自己的班级，到各班进行游戏。走廊里挂上灯谜，猜对答案可以兑换奖品。家长和幼儿在愉悦的心情中度过了快乐时光。

（闫婧怡）

12月31日，张镇中心幼儿园举行元旦联欢活动

·北京市顺义区赵全营中心幼儿园·

【概况】 2015年，北京市顺义区赵全营中心幼儿园为教育部门办园，日托制。园所占地面积7939平方米、校舍建筑面积3600平方米。全年教育经费投入644万元，全部为国家拨款。固定资产275万元。图书室藏书8436册。拥有保健室、教工之家、音体室和数字图书馆等专用教室4个，普通教室9个。拥有计算机14台。校园网出口总带宽100Mbps，数字资源量130GB。教职工38人，其中教师30人，专科以上30人，中级职称以上7人；保健员1人，其中专科以上1人，中级职称以上1人。开设9个教学班，其中小班3个、中班3个、大班3个。幼儿入园124人、离园104人、在园350人。

单位名称：北京市顺义区赵全营中心幼儿园

地址：北京市顺义区赵全营镇政府路西

电话：60431157

邮编：101300

邮箱：zty0908@126.com

（刘　茜　张立梅）

【举行姐妹园手拉手签约活动】1月8日，赵全营幼儿园与双兴幼儿园签约成为手拉手联盟园。签约会上，该园教师与双兴幼儿园教师签订师徒协议书，互赠科研成果。该园定期组织教师到双兴幼儿园观摩，与双兴幼儿园教师共同研课，定期邀请姐妹园所教师对该园教师开展的活动进行指导。在反复实践中，两园教师快速成长，专业素质不断提升。

（刘 茜）

【开展“我把绿色带回家”植物认领活动】1月30日，赵全营幼儿园开展“我把绿色带回家”植物认领活动。意在将该园的办园特色与家园共育结合起来。活动中，幼儿自由选择喜爱的植物进行认领并自制认领卡片。教师、家长、幼儿一起在认领的植物前合影留念。教师则根据幼儿的年龄特点设计不同种类的观察记录表，便于幼儿有针对性的观察、记录植物的成长情况。通过此次活动增进了亲子关系，让家长充分感受到种植活动带给幼儿的教育价值。

（刘 茜）

【开展班级管理论坛活动】5月3至4日，赵全营幼儿园就如何管理好班级，形成良好的班风，开展“班级管理论坛”活动。该园的三位资历深厚的主班老师一一发言，分别从幼儿安全管理、班级常规建立、教师之间的团结协作等方面，把班级管理方法、心得体会与老师们交流，老师们深受启发。

（刘 茜）

【开展母亲节主题活动】5月7日，赵全营幼儿园开展“妈妈，我永远爱您”母亲节主题活动。首先，各班幼儿为妈妈献上精美的节目，舞蹈《妈妈宝贝》《虫儿飞》《左手、右手》，故事表演《拔萝卜》，诗朗诵《妈妈的爱》。其次，各班开展多样化的主题活动。大班的幼儿开展制作“我送妈妈一束花”和谈话活动“我最了解妈妈”。小班的小朋友在老师的帮助下，给妈妈做一条“糖果项链”。中班的小朋友在回家的时候给妈妈讲一句悄悄话，帮妈妈做一件事等等。通过活动的开展，幼儿体会到母亲的辛苦与关爱，一件件小礼物传达着孩子们对母亲的爱与感激。最后幼儿和家长一起合影留念，孩子们大声的说出：“妈妈，我爱您，请您为我骄傲。”

（刘 茜）

【迎接区级年度考核验收工作】5月21日，顺义区学前科、教研室及督导组8位专家老师来到赵全营中心幼儿园进行幼儿园年度考核验收工作。通过听取园长工作汇报、观看园所环境、参加班级两小时活动、查阅档案资料、与上课教师互动交流等形式对幼儿园贯彻《指南》进行全面的指导。考核组专家充分肯定了幼儿园的各项工作，并针对该园的绿色教育特色提出宝贵的意见和建议，为幼儿园明确了今后工作的重心和努力的方向。

（刘 茜）

【区领导来园慰问】5月26日，区政协副主席闫志广、区政府督导室副主任李卫东等有关同志看望、慰问赵全营幼儿园的小朋友和教师。闫主席首先转达区政府、区政协对小朋友和教师的节日慰问和祝贺。在欢乐喜庆的气氛中，领导一行观看小朋友的精彩表演，并向孩子们赠送了节日礼物。在参观和听取园领导关于幼儿园保教工作情况汇报后，闫主席对幼儿园所做工作给予肯定，认为幼儿保教工作开展和谐有序。他还指出，幼儿园时期是孩子非常重要的启蒙阶段，要始终做好幼儿安全工作，并以培养孩子浓厚的学习兴趣、和谐的集体观念、良好的生活习惯为保教目标，促

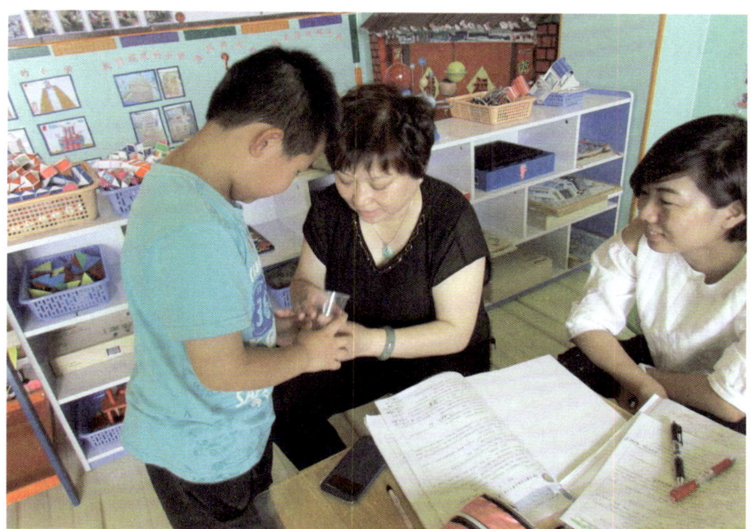

5月21日，赵全营中心幼儿园迎接区级年度考核验收工作

进孩子的全面、良好发展。赵全营镇党委政府等领导一同参加此次活动。

（刘　茜）

【亲子同乐庆“六一”】6月1日，赵全营中心幼儿园幼儿携手家长近千人在幼儿园参加庆“六一”亲子活动。活动以经典诵读拉开序幕，动感的集体操给了孩子们一个展示的机会，各位家长围在自己孩子的周围，看着宝贝们的表演；随后各班组织家长进行亲子游戏，抢椅子、吹气球、袋鼠跳、吹吹跑跑、抢阵地等游戏充满着趣味与挑战。活动中，家长和孩子共同体验着游戏带来的乐趣，共同感受童真、童趣和童心，共同享受亲子活动轻松快乐的时光。精彩的活动，给孩子和家长带去了欢声笑语，更给孩子们的童年留下了难忘美好的回忆。

（刘　茜）

【开办第三个村办幼儿园】9月，赵全营幼儿园在燕华营村开办燕华营幼儿园，这是该园开办的第三个村办幼儿园。因村办幼儿园里的教师大多是非专业教师，专业知识和技能都有所欠缺，所以赵全营中心园派骨干教师组织村办园教师培训学习，从教案书写到环境创设，老师们从中得到了很大的收获。

（刘　茜）

10月19日，赵全营幼儿园召开幼儿秋季运动会

【召开幼儿秋季运动会】10月19日，赵全营幼儿园召开幼儿秋季运动会。此次运动会游戏活动有“士兵突击”“大战大灰狼”“小车运货”等，根据中班、大班幼儿的年龄特点创设的充满趣味性的运动项目。运动会内容丰富，形式新颖。体现团队之间的配合，增强幼儿团结合作的意识，活动以集体接力形式为主。比赛过程激烈、紧张、有趣，场上孩子们奋力拼搏，生龙活虎，场下加油声、掌声响成一片，热闹非凡，整个操场洋溢着欢乐的笑声。此次活动，不仅增强了孩子的体质，还激发了孩子与他人合作的意识。

（刘　茜）

【举行科研月科研课活动】12月15日，赵全营中心幼儿园在大三班进行科研月科研课《我当小厨师》主题活动。活动邀请教研室主任王晓鸿和幸福幼儿园园长张玲来园指导。活动当天孩子们自主参与到豆浆、玉米饼、窝窝头的制作过程中。在实践的过程中孩子们能主动发现问题、商讨问题，解决问题，活动自主性有了很大的提升。新颖的教学形式给每位老师提供了很多教学思路，王晓鸿主任和张玲园长给予一致好评。

（刘　茜）

中小学教育

概　述

2015年，顺义区小学42所，另外有8所一贯制学校小学部，2所为教育部门公办一贯制学校小学部。教学班1019个，一贯制学校小学部43个班；毕业5440人（教育部门公办5308人），招生7517人（教育部门公办6796人），在校生40994人（教育部门公办38063人）；教职工2948人（教育部门公办2861人），其中，专任教师2851人（教育部门公办2438人）；小学入学率100%，巩固率100%，毕业率100%，及格率100%。顺义区中学30所（其中职高附设班不计入中学数），其中教育部门公办24所（初中16所、完中2所、高中4所、九年一贯制2所），民办6所（九年一贯制学校1所、十二年一贯制学校5所）；教学班771个（教育部门公办630个），初中461个（教育部门公办365个）、高中310个（教育部门公办265个）；毕业9270人（教育部门公办7801人），初中5218（教育部门公办4128）人、高中4052人（教育部门公办3673人）；招生9449（教育部门公办7803人），初中5583人（教育部门公办4238人）、高中3866人（教育部门公办3565人），在校学生27907人（教育部门公办22728人），初中16530人（教育部门公办12692人）、高中11377人（教育部门公办10036人）；在校生中北京市户籍21747人（教育部门公办17609人），初中11545人（教育部门公办8524人）、高中10202人（教育部门公办9085人）；初中入学率100%，巩固率100%，毕业率100%，及格率100%；高中入学率95.6%，毕业合格率85.39%，应届毕业生高考录取率95.3%；学校教职工4506人（教育部门公办3609人），其中，专任教师2943人（教育部门公办2710人），初中1548人（教育部门公办1351人）、高中1395人（教育部门公办1252人）。特殊教育学校2所（教育部门公办1所），开设班19个（教育部门公办16个），结业8人、招生16人（教育部门公办16人），在校生220人（教育部门公办140人），小学174人（教育部门公办94人）；教职工134（教育部门公办74人），专任教师80人（教育部门公办63）；残疾儿童入学率100 %、巩固率100 %。全区教育部门公办中小学专任教师学历合格率100%，北京市特级教师15人（小学1人、中学14人），高级专业技术职务教师908人（小学20人、中学888人）。校舍总占地面积3060564平方米（教育部门公办2515442平方米），总建筑面积1343186平方米（教育部门公办994073平方米）；图书馆藏书238.96万册（教育部门公办215.59万册）；固定资产总值218489.56万元（教育部门公办139837.79万元）；教育系统教育部门公办中小学全年教育经费投入205974.12万元，其中，国家拨款204193.92万元，事业收入及其他收入1780.2万元。

教学工作

·概　况·

2015年，顺义区各项教育教学综合改革扎实推进。

一是利用多种措施推进课程改革。出台《顺义区义务教育三级课程整体建设一体化方案（试行）》、《顺义区提高语文英语学科质量指导意见》。初中开展“校长讲课程”活动，所有校长均在本校进行课程建设讲座。70%初一、初二学生走进高校实验室，开阔视野；初一学生参与开放性科学实验达到100%。小学建立课程改革微信圈，编发《小学课程改革 ING》刊物，搭建区域交流平台，结合个案研究交流 10% 学科实践活动经验。

二是利用多种途径深化课堂教学改革。组织高中走班教学、初中分层教学现场会。承办全国“真语文”活动、第六届“牛栏山杯”不同风格与流派课改名家论坛活动。与皇城根小学合作开展“名师大讲堂”活动。启动“互联网 +ENGLISH”项目。召开“落实英语学科改进意见”现场会。开展“生命课堂”研究。全面完成“十二五”区级课题研究，完成北京市规划办 2015 年度 16 项立项课题的开题工作。42 所学校加入生本教育研究与实践活动，举办现场会、研讨会 40 余次，组织研究课 100 余节，征集生本教育论文 1100 篇，组织 160 人次赴广州参加生本教育骨干培训。

·课程改革·

【开展小学任课教师学科课程标准考核】1 月 10 日，顺义区开展小学任课教师学科课程标准理解与应用考核活动。考核涉及语文、数学、英语等 13 个学科，设置 68 个考场，在 4 个考点同时进行。该考核是暑假启动的教师基本功培训检验环节。利用暑假对全区小学教师集中培训，开学后进行区级教研活动引领培训和校本培训。此次考核是国家课程标准修订后的一次学习、理解与应用的综合测试。全区 2300 余名小学教师参加。

（王志良）

【各单位多途径深化课程建设】9 月起，各单位多途径深化课程建设。一是增设校本活动课。顺义十三中校本活动社团增至 21 个，活动人员达到 600 人，采用时间、地点、人员“三固定”策略。二是邀请专家走进社团。顺义五中聘请北辰集团花卉高级工程师为物候社团作校园物候观测专题讲座。三是开设艺术鉴赏课。板桥中小邀请北京曲剧团艺术家走进艺术鉴赏课堂，为学生演唱曲剧曲目，讲解曲剧知识。四是提高活动综合性。高丽营二小面向 3—6 年级学生开设“士官进课堂”课程，以综合性队列训练和军体拳为重点，与体育活动相结合，每学期 9 课时。

（徐振阳）

【召开中小学课程与课堂改革研讨培训会】12 月 17 至 18 日，顺义区中小学课程与课堂改革研讨培训会召开。会议解读区课程改革方案，邀请市课程中心主任杨德军分享关于课程改革方面的思考。区教育研究考试中心主任张海，教研中心高中、初中、小学教研室负责人分别就下一阶段课程改革具体要求和做法发言。杨镇中小、东风小学、西辛小学、牛一实验附小、石园小学、仁和中学、杨镇二中、顺义二中和牛一实验学校 9 所学校交流“课程与课堂”改革理念、措施和做法。区委教工委书记、教委主任刘克祥出席并讲话。他指出，要认清课改大形势，在尊重教育规律基础上，坚决推进改革，通过课程改革，提高效率、提高办学质量。他要求，各校要在执行国家课程计划基础上，结合本校实际推进课改，在形式、内容、时间安排等方面取得突破，形成独有的课程体系。课改要坚持以学生为中心，既要全员化发展，又要个性化发展，从学生角度着想，关注、尊重学生差异，允许学生有多元发展目标，做到有的放矢。课改要坚持创新，理顺完善体制、机制，确保改革稳步推进。区委教工委、教委、教育研究考试中心相关领导出席，机关有关科室干部，各中小学校长及区教研中心教研员 200 余人参加。

（徐振阳）

【扎实推进课程改革】年内，顺义区扎实推进课程改革。一是加强上位思考，整体规划三级课程建设与实施。学校依据市区两级课程改进意见，结合学科改进意见及社会主义核心价值观相关文件要求，依据自己学校的办学理念、办学目标，制定具有学校特色的三级课程整体设置方案，并上交顺义区教委中、小教科备案。二是加强课程培训，提升干部教师的课程领导力和执行力。顺义区紧密结合干部教师实际需要，分层分类开展各项培训工作。培训方式有“请进来”“走出去”等，先后组织 6 批 400 余人次外出参加培训。同时开展“专业化”培训，先后组织新课标培训、初中教师基本功培训、以研究课为抓手的同课异构、联片教研、联盟教研等活动。三是努力搭建平台，营造课程建设良好氛围。本年度，顺义区组织参加北京市课程建设先进单位和优秀成果评选、北京市原创课程资源评选、顺义区优质校本课程录像课评选等活动，为课程建设营造良好氛围。

（陈惠明）

【有效推进课程改革】年内，顺义区有效推进初中课程改革。

一是在仁和中学、牛栏山一中实验学校、杨镇二中组织中华优秀传统文化、中国梦等教学现场会。积极参加北京市课程中心组织的中华优秀传统文化课例评比活动。二是加强课程整合力度，制定学科与跨学科的实践活动方案，进行课例展示与交流，为区域和学校开展学科实践活动提供方向的引领。三是学科教研坚持以课程标准为抓手，对三个年级、11个学科所有任课教师开展新教材的教与学培训，指导教师落实新课标和新教材。

（孙东昊）

·教育研究·

【市网络听评课展示活动在石园小学举行】4月23日，北京市小学信息技术学科网络听评课展示活动在石园小学举行。石园小学教师杨琴燕、建新小学教师张璐熙分别为四、五年级学生现场授课，通过网络直播，北京市各区县信息教师只需在办公室登录网络就可以看课、评课。活动中，体现授课教师扎实的基本功和学生积极参与教学活动的积极性，彰显师生的生命活力，取得良好的课堂实效。活动成功实现北京市跨区域间网上同步直播、实时评课，是顺义区信息技术学科教学在教研形式上的一次创新性尝试，充分体现小学信息技术课注重技术性和关注人文性的特点。北京市基教研中心信息技术教研室主任王振强、北京教育学院教授纪方、顺义区小学教研室、信息教研室及北京市各区县共68位教师参与此次网络听评课活动。

（邵明珠）

【市小学科学教学评优展示活动在顺义区举行】5月20日，北京市小学科学教学评优展示活动（第四场）在顺义区南彩二小举行。顺义区南彩二小王晋龙、平谷区山东庄学区刘春梅、怀柔区第三小学高庆义、密云县十里堡中心小学郑雪梅四位教师展示四节不同主题的科学课，七位专家担任评委。课后，各区县教研员分别对四节课进行点评。市基教研中心科学教研室教师彭香对该活动进行总结，给予充分肯定。顺义区教研中心以及来自全市的各区县教研员、科学教师等近百人参加活动。

（李晓震）

【举办中学生中华传统文化知识大赛】5月26日，顺义区高一年级学生中华传统文化知识大赛在顺义一中举办。近5000名高一学生参加本次大赛海选，最终由牛栏山一中、顺义一中、杨镇一中、顺义二中、顺义九中、北京四中顺义分校、牛栏山一中实验学校，分别派出3名选手组队参赛。7支代表队的选手轮流出场参加简答题、选择题的比赛。最终杨镇一中、四中分校、顺义一中、顺义九中获集体一等奖，杨镇一中王怡然、四中分校姚文沁等7人获得个人一等奖。大赛由顺义区教委、区教育研究考试中心联合举办，顺义一中承办，诺亚州优学派提供技术支持。至此，顺义区中学成语大赛（高二年级）、中华传统文化知识大赛（高一年级）、汉字听写大赛（初二年级）三项赛事固化为常态赛事。

（刘之海）

【召开落实语文学科改进意见现场会】9月24日，顺义区“落实语文学科改进意见提升学生语文素养”现场会在后沙峪中小召开。活动围绕“中秋”主题进行语文实践活动课程设计，与会人员听取后沙峪中小所作的《落实语文学科改进意见，弘扬中华传统文化》工作汇报，观摩该校展示的《八月十五话中秋》《中秋寻月》主题阅读、中秋诗会、打月饼实践与练笔四节语文课。市基教研中心小学语文教研室主任张立军对学校的教学研究与课程

5月26日，顺义区高一年级学生中华传统文化知识大赛在顺义一中举办

建设工作给予充分肯定，认为学校勇于探索，能够准确把握教育热点，以节日为载体，以课程为抓手，有力落实北京市中小学语文学科改进意见与课程计划，引领学生在言语实践中弘扬传统文化，从而拓宽学生语文学习空间，凸显实践性、综合性、开放性。顺义区委教工委副书记张海东讲话，肯定后沙峪中小的做法，并对全区课程建设工作提出两点希望：一是各单位要继续深化课程建设研究，穿越学科边界，打破学科壁垒。二是充分利用新媒体加强课程改革的宣传，相互沟通，学习交流经验。此次活动立足语文学科特性，紧扣节日主题，引导学生在语言实践中提升听说读写能力，品味民族文化，激发民族情感的做法获得与会者一致好评。全区干部教师100余人参加。

（黄秋凤）

【开展名师大讲堂暨同课异构活动】 9至11月，顺义区开展名师大讲堂活动暨顺义小学与黄城根小学同课异构活动。该活动先后在顺义一中附小、赵全营中小、李桥中小举办，主要在数学、语文、英语三个学科进行，分别做课堂教学、教学研究专题研讨。

（黄秋凤）

【全国真语文微课大赛在顺义区举行】 10月15至18日，全国真语文活动北京顺义站暨“贾老师杯”全国小学语文微课大赛在东风小学举行。活动以“教真语文，教好语文，教实语文”理念为主题，通过示范课、大讲堂、撰写文章、微课比赛等多种形式探索语文教学归真之路。大赛分为现场交流展示和微课比赛两部分，借此交流展示契机，顺义区有30余名青年教师与来自全国各省市的语文教师共同参加微课大赛活动。此次活动的开展促进顺义区青年语文教师的成长，更是从语文学科本质的角度向老师们传递如何学习语文的真谛。国家语委《语言文字报》社长王旭明、全国著名特级教师贾志敏、中国青少年写作研究会副会长李白坚、上海师范大学小学语文教学研究中心副主任吴中豪等出席。活动由顺义区教委承办，历时4天，参会者达到400余人次。

（黄秋凤）

【音乐名师工作室开展交流研讨活动】 10月28日，顺义区音乐名师工作室成员展示课及新教师成长课交流研讨活动在板桥中小举行。参会人员观摩板桥中小青年教师张晟熙执教的《萤火虫》和区级“园丁新星”杜晓明老师执教的《外婆的澎湖湾》，并对两节课的教学效果进行具有针对性的评价，肯定亮点，提出改进意见。北京市教育学院体育艺术分院副院长赵楚、声乐系教授李慧玲及顺义区小学音乐名师工作室成员、区内青年音乐教师参加。

（张　晶）

【启动互联网+ENGLISH项目】 10月29日，顺义区互联网+ENGLISH项目启动仪式在东风小学教育集团裕龙校区举行。该项目主要是利用互联网优势，引入外教资源，解决学生英语口语能力提升问题。全区共计120余人参会。

（黄秋凤）

【开展骨干教师吟诵培训】 10月30日，顺义区语委办邀请首都师范大学教授徐健顺为全区骨干教师作吟诵培训。培训旨在引导教师把吟诵与平时教学活动有机结合，巧妙渗透，让吟诵这一传统文化得以传承。通过培训，与会教师认识到传承古诗词吟诵的重要性和必要性，提高了吟诵能力。全区中小幼近300名骨干教师参加。

（高　凤）

【召开中小学生植物栽培实践活动总结表彰会】 12月4日，“播种绿色实践成长”2015年北京市中小学生植物栽培实践活动顺

10月30日，顺义区语委办邀请首都师范大学教授徐健顺为全区骨干教师作吟诵培训

义区总结表彰会在后沙峪中小举行。后沙峪中小薛莹莹、李遂中小马秀清老师分别从学校支持、全校推进、教师智慧辅导等方面介绍此项活动在培养学生观察、记录、分析、评价的能力等方面的意义和效果。该校学生还向与会干部教师展示实践成果。全区共25所学校的3900名学生报名参加比赛。历经半年的集中培训、配发种子、种植体验、提交作品、评选表彰等各个环节的培训与比赛，最终澜西园小学、后沙峪中小、李遂中小、沿河中小、仓上小学、建新小学、裕龙小学、石园小学、南彩第二小学、高丽营二小、光明小学等十一所学校获得该项目的优秀组织奖；刘爱军、薛莹莹、于新颖等39位老师获得北京市优秀辅导教师奖；吕梓欣、王家枫等536名学生分获一二三等奖。活动为北京市活动中心、北京市科技协会、北京市植物园联合组织，全区30多所学校干部教师参加总结表彰活动。

（张　岩）

【推进生本教育研究】年内，顺义区深入推进生本教育的学习、实践和研究。一是区教育研究考试中心教科室出台《顺义区生本教育研究与实践项目实施方案》，创新一个机制，即每周一课、每月一研制度。每周至少到一所生本实验校听研究实践课一至二节，每月由一所实验校主持组织一次主题研讨活动，针对生本课堂核心内容和问题进行研讨。二是发布《生本课堂教学常规指导意见》。意见从备课、上课、练习巩固、测验考试等四个环节提出生本的基础行为指导意见。三是有41所学校申报生本教育实验校，其中高中2所，初中8所，小学31所，形成小学、中学两个生本课堂研究共同体。四是形成系列推进举措，通过生本教育微信传播，建立顺义生本教育群、不同学科骨干的种子群，撰写编印生本教育简报（目前已出版13期），组织专题征文（共征集1100篇，评出一等奖100篇、二等奖310篇、三等奖387篇）并选取优秀论文刊登在《顺义教育》（增刊）上等措施取得很好效果。五是各生本教育实验校组织教师积极参与课堂实践研究展示，为学习共同体成员提供大量的课堂实践研究素材，共呈现研究课近120节。

（陈惠明）

·教学管理·

【杨镇中小成为市作家协会小作家分会会员校】1月8日，北京市作家协会小作家分会颁牌仪式在杨镇中小举行。仪式上，校长朱秋庭致辞，并接受北京市作家协会小作家分会牌匾。11位热爱文学创作的学生成为北京市作家协会小作家分会首批会员，三（6）班学生米晨昱作为会员代表进行发言。市作家协会副主席兼秘书长王升山鼓励学生要热爱阅读、用心思考，善于动笔，努力成为今天“小作家”，明日“大作家”，希望有更多热爱文学创作的同学成为小作家会员。市作协向杨镇中小捐赠图书。著名儿童作家、北京师范大学中文系儿童文学博士、中国作家协会会员谭旭东作辅导讲座，他从童年、成长、写作技巧等方面为与会人员介绍文学创作之路，并与会场的同学进行互动。北京市作家协会副主席兼秘书长王升山、小作家协会秘书长周敏和顺义区文联、作协、顺义区教委、杨镇政府等领导和学校师生出席颁牌仪式。

（张伟光）

【举行攀登英语基地校认定仪式】1月13日，“攀登英语学习实验海外专家走进顺义”活动暨基地校认定授牌仪式在建新小学举行。建新小学教师孔玉会做二年级口语输出课，光明小学、裕达隆小学进行英语节目展示，外聘专家Christy Y. Lao进行点评并与现场互动，建构绘本教学新方法。大会向建新小学、裕龙小学、后沙峪中小、高丽营二小、牛山二小、李桥中小、光明小学、南彩二小、北务中小9所基地校颁发证书。建新小学校长杨玉松作为基地校代表发言，表达依托攀登英语实验来提升学校的英语教学质量的决心。北师大项目组负责人吕文倩、区教委副主任张海东做总结发言。活动由北师大项目组、区教委、教研中心联合举办，建新小学承办。来自9所攀登英语基地校校长、各校攀登英语工作负责人及参加攀登英语实验教师200余人参加。

（吕　婷）

【开展小学“临空杯”骨干教师示范课展示活动】5月6至15日，顺义区开展小学“临空杯”生命课堂实践与探索骨干教师示范课展示活动。活动涵盖语文、数学、英语、体育、科学等14个学科，展示形式为同课异构，现场做课。授课内容按照各学科研究主题由区教研室统一规定范围，教师根

5月6至15日，顺义区开展临空杯"生命课堂"实践与探索学科教学骨干教师示范课展示活动

据任教年段选择确定。全区共有90名区级"园丁新星"、学科带头人、市级骨干教师、市级学科带头人参加展示活动，334名区级骨干教师在本校内进行展示。

（黄秋凤）

【举办小学综合素质评价基地校研讨培训会】 9月30日，顺义区小学综合素质评价基地校研讨培训会在建新小学举行。参会人员先后听取建新小学特色德育活动介绍和建新小学、光明小学综合素质评价的研究方案汇报。北京教育科学研究院教育督导与教育质量评价研究中心主任杜文平等专家针对基地校汇报进行具体指导，并指出：在推进新课改时要在评价方式上下功夫，同时注重对学生综合素质的考量；学校研究方案要把握住"为什么评？""怎么评？""结果怎么样？"综评关键点。顺义区教科室及小学部分干部20余人参加活动。

（吕　婷　武朝霞）

【开展小学劳技骨干教师技能展示活动】 10月10日，顺义区小学劳技骨干教师技能展示活动在裕龙小学举行。区教研中心劳技教研员高东梅率全区11名劳技骨干教师从实际操作和创意设计两环节进行展示。在实际操作环节，教师从纸工、编结、泥塑、金工和木工五个门类进行展示；在创意设计环节，教师将生活实际与材料特点紧密结合设计出造型各异、功能突出的木工作品，他们的精彩展示得到与会者好评。区委教工委副书记张海东、区考研中心副主任李广生及顺义区10余所学校干部教师参加活动。

（陈　静　翟万盈）

【参加北京市小学劳技教师技能展示活动】 11月7日，北京市小学劳技教师基本技能培训与展示活动在海淀区教育教学辅助中心举行。顺义区8名教师参加基本技能展示活动，5人次获市一等奖，获奖比例全市第一，高东梅在全市表彰会上做典型发言。

（孙东昊）

【举办高中学科分层走班教学现场会】 11月17日，顺义区高中学科分层走班教学现场会暨高一、高二年级碰头会在顺义一中召开。会议由中教科副科长刘之海主持。参会人员听了两节数学课，感受学科分层走班教学的实际状况。课后顺义一中高二年级数学备课组长王作峰介绍数学学科实施分层走班以来近一年的总体情况，详细介绍分层走班的前期准备工作，实施过程中的问题及对策，以及将来需要应对的几个问题。区内各高中校高一、高二年级主任进行年级管理方面的经验交流，实现区内高中教育的协同与分享。实践证明分层走班教学，最大限度地为不同层次的学生提供全新的学习机会。教委副主任张军堂对此给予充分肯定，并倡导其他高中校在学科分层走班上要勇敢地迈出第一步。顺义区教委、区教研中心及7所高中校干部教师参加。

（吴娇朋　何雪莲）

【举办"生命课堂"论坛】 11月17日，顺义区小学"生命课堂"论坛暨杨镇中小"活力课程"开放活动在杨镇中小举办。该活动分为课堂教学展示、"生命课堂"论坛两部分。杨镇中小"活力教育"交流展示，旨在深入探讨如何让课程建设、课堂教学、教师研修、校园文化、未来教育焕发出生命的活力，从而进一步促进学校关注科学育人，提升学校的办学品质。论坛分语文、数学、科学等多个分论坛同时进行，并在分论坛基础上进行大会总论坛。通过论坛，大家一致认为课程是学校发展的重要支撑，课堂是主体，关注每一个生命的成长是课堂的重要任务。来自教育部、北京市名校长发展工程办公室的专家及顺义区干部教师200余人参加。

（黄秋凤）

【启动小学中华优秀传统文化"行

12月25日，顺义区小学中华优秀传统文化“行知”计划项目启动仪式举行

知”项目】12月25日，顺义区小学中华优秀传统文化“行知”计划项目启动仪式举行。该项目由北京师范大学继续教育与教师培训学院承担，以双兴小学、东风小学教育集团建新校区、裕龙校区、西辛小学、后沙峪中心小学、杨镇中心小学、光明小学和北务中心小学8所学校为研究基地校。北师大利用其资源优势，依据学校现有发展基础，研究实施学校中华优秀传统文化教育。该项目启动后北师大将进行学校干部教师的培训，再走进学校进行实地指导。顺义区教委副主任孟朝晖及8所基地校项目负责人共30余人出席启动仪式。

（黄秋凤）

【深入开展学习方式变革项目研究】年内，顺义区深入推进全区中小学学习方式变革项目研究。一是活动整合，教育研究考试中心教科室在牛栏山一中组织和召开电子教材实验调研、生涯规划课堂展示、电子教材的互动教学实施三次活动。另外，和21世纪能力培养项目整合，通过向市级专家学习，在实验校顺义十一中、杨镇二中组织课堂观摩，着重就问题解决能力和表达能力两个方面改变学生学习方式进行探讨。二是由教科室牵头，参与在杨镇中小召开的主题为“让教育焕发生命的活力——顺义区‘生命课堂’论坛暨杨镇中小‘活力课程’开放活动。学习方式变革研究组推出张玉影老师执教的《平角与周角》一课，北师大陈玲教授从信息化的工具性、前沿性、结合性等几个方面进行点评。总论坛上，杨镇中小校长朱秋庭作《让教育焕发生命的活力》主题报告，全方位概述学校实施活力教育的脉络，各级专家从办学目标的高度和信息技术的前瞻对杨镇中小活力教育的实施进行指引和愿景的规划。

（陈惠明）

【力促高中教育更具特色】年内，顺义区采取多种措施力促高中教育更具特色。一是依托北京市特色项目组促进学校特色发展。顺义二中明确“为学生发展服务，为学生幸福奠基”办学理念，将“以责任为核心的德育系列教育活动”作为学校德育特色建设进行实施，通过责任教育使学生有特点，德育有特色，学校创品牌。北京四中顺义分校确立“以学校的特色发展促进师生的可持续发展”的办学思路以及“让每一个学生都成长为最好的自己”的培养目标，将“和谐教育”作为学校发展的特色。二是依托国家体制改革项目组促进学校特色发展。顺义九中坚持开展丰富多彩的艺体活动，并为艺体特长生量身定制教学计划和课程，与首都师范大学美术学院、吉林动画学院等大学密切合作，成为这些学校的实验基地、生源基地和专业加试考点。三是依托示范校传统优势项目促进学校特色发展。顺义区三所北京市示范高中，依托北京市示范高中的传统优势，挖掘学校内在潜力，促进学校特色发展。

（张宝义）

德育工作

·概　况·

2015年，德育工作聚焦“立德树人”的根本任务，成效显著。

一是将社会主义核心价值观、传统文化融入学校的教育教学活动中，通过弘扬传统文化，建设社会主义核心价值体系。

1. 开展北京市“四个一”活动。于2015年3至4月、9至10月分别组织初二年级学生参加天安门升旗仪式、参观首都博物馆的活动。100余名少先队员代表参加第二个国家烈士公祭日活动，近5000人次六年级学生到中国人民抗日战争纪念馆和卢沟桥接受爱国教育。在抗日战争胜利70周年之际，学校开展形式多样的主题教育活动，引导学生知行统一，践行社会主义核心价值观。

2. 于2015年5月10至22日，组织中学德育校长到德育高地南京师范大学进行“培育和践行社会主义核心价值观的内涵理解和行动方案改进”的专题学习，与专家对话，同伴间的思想碰撞，让德育干部们在研修学习后对核心价值观的践行和弘扬有了深刻地理解和思考。

3. 在弘扬中华优秀传统文化的国学诵读活动中， 全区小学网络点击量全市排名第一。在东风小学建新校区举行由市委宣传部、市教委共同主办的“国学诵读”寒假活动总结表彰会。在双兴小学、李各庄小学召开“弘扬中华优秀传统文化”现场会，全区40余所小学德育干部参加活动。

二是举办“魅力社团，缤纷梦想”“彩虹假日炫”“七彩童年七彩梦”等学生社团展演活动，挖掘活动的育人价值。各校参与积极，其中牛栏山一中五度室内乐团等9个社团获得一等奖；仁和中学朗诵社团等11个社团获得二等奖；顺义五中凤尾竹社等24个社团获得三等奖。

三是注重学校文化建设再创品牌。顺义二中承办北京师范大学项目组的专家现场评估活动，杨镇二中参加学校文化建设校长汇报答辩会，形成“一校一品牌”，彰显校园文化育人特色。经过一学年的学校文化建设创建，顺义区共有四所中学被评为北京市第二批学校文化建设示范校。

四是社会大课堂功效凸显，保证学生在活动中的实际获得。在2014年北京市中小学生社会大课堂学习成果评选展示活动中，顺义十一中、南法信中学等校报送的学习成果分获市二、三等奖。2015年7月，召开顺义区资源单位学生活动课程发展推进会，聘请市、区级课程专家进行点评和引领。2015年11月，编辑并出版《顺义区社会大课堂课程方案荟萃》一书，征集62节学科德育精品课程，并建立精品课例资源库。

五是家校共育形成育人合力。家校协同项目以家校协同机制校本化实施、评价跟进、成果评选等形式在全区中学全面开展。以牛一联盟和顺义联盟为引领的四所实验校完成了家长教师协会组织的建立。2015年11月，仁和中学开展家长开放日主题活动，顺义一中搭建家长现身谈规划的平台，组织家长巡讲团，拓宽学生视野，为家校沟通搭建平台。

六是扎实做好初、高中学生综合素质评价工作。工作推进中，以中学德育视导为契机，督促学校做好初中三个年级的综合素质评价工作，尤其是加大对工作亮点的宣传和展示，树立榜样，示范引领。

·德育管理·

【召开弘扬中华优秀传统文化活动现场会】5月7日，顺义区“弘扬优秀传统文化，培育当代雅正少年”中华优秀文化现场会在双兴小学召开。双兴小学在2010年就率先将传统文化教育作为学校的办学特色，提出“雅正教育”核心教育理念，将培育具有中国优秀传统文化基因的当代“雅正少年”作为育人目标。在实践中以人为本，立足学生长远发展，秉承“为学生一生发展奠基”的宗旨，引导学生在诵读中华经典中陶冶情操，积淀文化底蕴，养成良好习惯。通过颇具传统韵味的校园文化、国学经典课堂、德育活动、传统社团建设和家校协同共育，全方位多角度展示学校近年来在全体师生中开展《读国学，诵经典，习美德》校本课程取得的教育成果。随着双兴小学传统文化特色教育的深入推进，师生们在国学经典的熏陶下行为儒雅、品行端正，良好的教育效果得到家长和社会的广泛认可。全区40余所小学德育干部参加活动。

（沈浩发）

【德育研究成效显著】年内，顺义区德育研究成效显著。区教育考试研究中心德育教研室牵头顺义一中、仁和中学、河南村中小三个学段开展“依托学生自主能力培养的小学、初中、高中德育工作衔接的实践研究”。全区在学生自主管理机制和自我管理内容方面进行探索实践，从建立“阳光公益服务志愿者”的自我管理组织做起，指导学生进行民主自治。建立“目标管理、习惯培养、团队互促、评价跟进”的内容体系。项目研究成果在改进德育干部的观念、转变现有德育工作方式上提供有益的借鉴。

（皮丽芳）

·德育活动·

【各单位开展多种活动丰富校园生活】4月，顺义区各单位开展多种活动丰富校园生活。一是拓展类。顺义一中邀请北京中盛阳光心理研究中心专家为高三学生做心理拓展训练。二是读书类。西辛小学教育集团电大校区开展“书香校园、悦读童年”读书交流会活动；幸福幼儿园组织幼儿远足踏青，开展花下赛诗、树木调查等活动。三是活动类。牛山三小开展毕业季活动方案征集活动，学生代表参与作品评选；后沙峪中小举行春季民族趣味运动会，全校学生参加赶羊、推铁环、8字跳绳等11项趣味民族体育项目的比赛；高丽营二小启动校园科技节，拉开科技阅读、绿植栽培、航模等活动序幕；石园小学教育集团石园校区在二年级开设“小牛顿”科学启蒙实验课，聘请专业老师定期辅导。四是亲子类。牛栏山一小、澜西园四区幼儿园、吉祥幼儿园举行亲子运动会。五是主题教育类。西辛小学教育集团仁和校区召开践行社会主义核心价值观主题队会，包括歌舞、情景剧、真情对白、拓展游戏等形式。

（徐振阳）

【召开社会主义核心价值观教育现场会】5月27日，顺义区践行社会主义核心价值观教育现场会在光明小学召开。与会人员观摩光明小学校园文化、社团活动，分组聆听班会、语文课、综合实践课、茶艺课，听取学校《践行社会主义核心价值观，培育阳光少年》主题汇报。光明小学立足学校师生实际，把社会主义核心价值观内容细化，与学生生活实际紧密结合，按年级分解成“我与学习”“我与他人”“我与生活”“我与社会”四个项目，近20个评价点，根据学生在学校生活中的表现会得到老师的体艺卡、智慧卡、环保卡等不同评价卡，集齐7张卡，会获得七彩阳光卡，成为学校的“七彩阳光少年”，每学期约有30余名同学获此殊荣。每天早晨升旗仪式前，学生全员参与10分钟经典诵读；校园广播，每天的经典诵读100秒，古诗文、国学经典名句诵读与解释，都由学生完成；每周的武术、茶艺、诵读等社团活动广泛开展。该现场会由区教委、区德育教研室、光明小学联合举办，全区各小学德育干部40余人参加。

（沈浩发）

【举办小学品社（生）学科教学研讨会】5月28日，顺义区小学品社（生）学科教学研讨会在张镇中小举行。会议主题为“尊重学生权利，促社会性发展”。与会人员分别听取张镇中小教师张海平《和影子做游戏》、河南村中小教师李红艳《四大发明的贡献》两节现场课，教研员闫玉华与全体参会教师就学生主体发挥及教学内容生活化等内容进行研讨，小学教研室主任杨树华进行总结。全区小学干部教师100余人参加。

（张岐兵）

·队伍建设·

【中小学新任班主任专业素养培训开班】4月11日，顺义区“2015年中小学新任班主任专业素养培训”开班典礼在教育研究考试中心报告厅举行。典礼上，北京教育学院学前教育学院院长杨秀治，就通过培训提升新任班主任工作能力发表讲话，顺义区教委副主任张军堂对全体学员提出建议和要求。学员聆听北京师范大学教育基本理论研究院教授作主题为“如何理解当代学生”的培训第一课。该活动为顺义区教委与北京教育学院合作开展的培训项目，特别为青年班主任成长提供支持、搭建成长平台。

（杜学芬　侯庆辉）

【召开家长教师协会项目专题推进会】6月17日，顺义区教委、区教育研究考试中心联合组织的家长教师协会项目专题推进会在牛栏山一中实验学校召开。与会人员听取该校交流汇报和班主任典型经验介绍。之后的议程分别为：年级家长教师协会成立仪式、会长述职，为家长代表颁发聘书。“三国论战”主题班级展示将活动推向高潮。北京教育科学研究院研究员赵澜波在点评中肯定学校家长教师协会的作用，并提出建议：做好家长教师协会建设需要学校的顶层设计，着力打造家长团队建设和班主任队伍的建设，家校合力共同服务于孩子的成长。区教委副主任张军堂从家长教师协会建设的实效性、目标和效果的一致性、活动的广泛性、深入性等方面给予中肯的提示，并表示区教委会进一步关注和支持此项工作。北京教育科学研究院研究员赵澜波、《现代教育报》家长周刊副主编阮莹及家长代表共200余人参加。

（赵小梅）

【举行家校共育指导基地合作项目签约仪式】 9月17日，顺义区仇家店中小与国家基础教育实验中心家庭与学校合作教育指导委员会、中国国际民间组织合作促进会家长与教师合作委员会举行家校共育指导基地合作项目签约仪式。活动分四个环节，一是北京市教育科学研究院德育研究中心主任谢春风、顺义区委教工委副书记张海东分别致辞和讲话。二是仇店中小和北京市教育科学研究院德育研究中心签订《家校共育指导基地合作建设协议书》，并授予仇店中小“家校共育指导基地”“北京市中小学家校合作与家庭教育重点研究室”铭牌。三是赵刚理事长为家长和教师作《把孩子寄托给学校，孩子的人生注定失败》讲座。四是开展“学校家校合作的深层建构”研讨活动。

（沈浩发）

【举办班主任研修观摩活动】 9月23日，顺义区班主任研修观摩活动在牛山三小举行。牛山三小教师徐平和杨镇中小教师孙超分别展示主题班会课《读书，我们乐在其中》和《小铅笔去哪儿了》。两节课设计精巧，生动有趣，富有创意，使现场观摩的老师们深受启发。观摩课后，与会领导及教师召开座谈会，围绕如何让班会课在学校教育课程中发挥重要作用进行深入研讨和交流。北京教育学院院长杨秀治进行精彩点评。区内干部教师90余人参加活动。

（董向国　王丽婷）

·彩虹读书行动·

3月16日，北京市国学诵读寒假活动总结表彰会在顺义区召开

【市国学诵读寒假活动总结表彰会在顺义区召开】 3月16日，北京市国学诵读寒假活动总结表彰会在顺义区召开。该活动由北京市教委联合市委宣传部、北京广播电视台数字电视、移动互联网等新媒体共同推出。顺义区教委积极动员，总计约3万名教师学生和家长参加此项活动，截止活动结束网络点击量全市排名第一。表彰会上，“诵读小达人”向全市中小学生发起“读国学、看国学、谈国学、用国学”的倡议。区委教工委副书记、教委主任刘克祥致辞。顺义区、石景山区等6个区县获“国学诵读区县组织奖”，50所学校和45名教师分别获得“国学诵读学校组织奖”和“优秀指导教师奖”。103名“诵读小达人”和10个“最佳亲子诵读家庭”受到表彰。

（沈浩发）

【召开彩虹读书总结表彰展示交流会】 5月17日，顺义区彩虹读书总结表彰展示交流会在牛栏山一中举行。主题为“彩虹读书伴随成长，精彩阅读点亮人生”。会议表彰书香校园31个、书香教研组42个、书香教师350名、书香学生200名；播放《乘着梦想的翅膀——顺义区彩虹读书行动推进掠影》总结片；书香校园、书香教师、书香学生代表和助力读书好家长分别做典型发言。牛栏山二幼、李桥中心幼儿园、牛栏山一小、顺义二中等单位分别展示情景儿歌、诗朗诵等精彩节目。全国先进工作者孔凡艳向全系统干部教师和学生发出读书倡议。区委教工委书记、教委主任刘克祥肯定彩虹读书行动推进的成效，希望全体校园长要率先垂范引领师生读好书，全体教师要成为学生良好读书习惯养成的指导者、示范者；教育系统要以彩虹读书行动计划为抓手，进一步营造书香校园，大兴读书之风，为学习型顺义建设做出新贡献。区政府教育督导室主任李卫国出席；区教委、区社区教育中心、区教育研究考试中心有关领导，各中小学、幼儿园、职业学校干部教师代表和学生代表参加。

（徐振阳）

【各单位开展多种活动丰富学生课余生活】 11月，各单位开展多种活动丰富学生课余生活。一是读书类。顺义二中第二届“彩虹书韵”系列活动拉开帷幕，共收集知识竞赛命题卡片2000余张，包含人文、历史、科学、社会主义核心价值观、博物校园等15大门类。李各庄学校开展“诵经典，讲故事”活动。二是团队活动类。牛山二小召开“心理健康伴我成长”主题中队会。三是科技类。牛山三小举办科技嘉年华创意实践活动，共设有创意积木、榫卯车活动、搭建蒙古包等18个项目。四是表演类。仁和花园一区幼儿园举办幼儿故事大赛。

（徐振阳）

·学校文化建设·

【组织参观“廉政文化进学校联系示范点”】5月26至28日和6月3日，顺义区教育系统分四批，组织开展参观“廉政文化进学校联系示范点”活动。顺义十一中、顺义十三中、木林中小、西辛小学、港馨幼儿园和宏城幼儿园6家单位，作为示范校（园）充分展示廉政文化创建成果。参观人员听取示范校领导的工作汇报，观看学校宣传短片，参观校园廉政文化环境建设，查看相关档案资料，直观感受廉政文化对于学校的影响，认识到学校日常工作的点点滴滴都与廉政文化紧密相关。参观过程中，大家结合各自学校特色，现场交流参观感受，表达积极参与创建2015年“廉政文化进学校联系示范点”的信心和决心。全系统各单位廉政文化宣教工作负责人120余人参加活动。

（杨守丰　杨雪英）

【召开推进中小学生课外活动计划现场会】6月2日，顺义区义务教育阶段推进中小学生课外活动计划现场会在后沙峪中小召开。与会人员分组观摩后沙峪中小小提琴、足球、机器人等48个社团的精彩展示，涉及艺术、体育、科技三大类；听取少年宫、李桥中小和后沙峪中小的典型经验介绍。区委教工委书记、教委主任刘克祥发表讲话，指出：要提高认识，转变观念，有设计、有布置、有规划地开展课外活动，让学生在社团活动中充满灵动和自信；要充分挖掘社会资源，主动创造性的开展工作，给学生选择的机会，为学生的发展服务；要用政治智慧、行动智慧，运用良好机制大力推进课外活动计划，全面提升学生综合素质。区教委、教研中心有关领导出席，各中小学校长、主管干部和后沙峪中小师生近2000人参加。

（刘美坤　张　岩）

体育工作

【概况】2015年，顺义区体育工作蒸蒸日上。

一是规范课堂教学管理，完善各项规章制度，确保学生每天一小时体育锻炼时间，学生身体素质有所增强。

二是积极组织教师参加各级、各类交流评比活动，成绩优异。一人获全国教学评优三等奖；6人分获北京市教学设计评比一、二、三等奖；7人微课入选北京市数字学校资源库；1人参加北京市中小学校园足球课堂教学现场展示；2名教师参加与大兴进行异地教学展示交流活动；北京市第十一届中小学体育科研论文评选，共上交论文132篇，一等奖6篇，二等奖15篇，三等奖27篇。

三是组织学生参加各类比赛，提高学生体质，成绩显著。组织顺义区中小学生春秋田径运动会、中长跑、勇敢小伙伴、排球、跆拳道、游泳、触式橄榄球和旱地冰球比赛取得预期效果；以联盟校为依托，在中小学校之间举办足、球、篮球比赛，活跃学生的课余生活。组织参加市里二十余项比赛，均取得优异的成绩。25年蝉联北京市中学生运动会郊区组团体总分、高中组团体总分、初中组团体总分三个第一名，杨镇一中李浩然获北京市金帆奖，牛栏山一中刘浩然、程子超获北京市银帆奖。

【召开中小学生春季田径运动会】6月12至14日，顺义区中小学生春季田径运动会召开。全区各中小学2300多名运动员分别参加6个组别共94个项目的角逐。石园小学教育集团石园校区、南彩学校小学部、牛栏山一中实验学校、南彩学校初中部、杨镇一中、顺义九中共6所学校分获小学传统校组、小学普通校组、初中传统校组、初中普通校组、高中重点校组和高中普通校组团体总分第一名。运动会上，共有小学女子400米、初中男子100米、高中女子100米等12项17人次打破区中小学生运动会记录。

（李广文）

【举办校园足球教练员培训】8月27至28日，顺义区校园足球教练员培训活动在南彩二小举行。应教育部体卫艺司和国家体育总局青少司的邀请，欧洲足球青训专家霍斯特文先生为全区校园足球教练员进行为期两天的培训。在详细讲解足球3v3与4门等诸多创新游戏的教学规则和方法后，霍斯特文先生便亲临球场，在南彩二小足球运动员的积极配合互动下，为全体教练员展开实地培训与指导。培训，使全体教练员对足球运动有更加深入的了解，足球攻防转换更加协调。来自全区74所中小学校的校园足球教练近百人参加培训，南彩二小学生足球队员也参加了培训。

（李广文）

【参加市田径运动会获佳绩】 10月9至11日，北京市第53届中学生田径运动会在牛栏山一中举行。全市16个区县组队参赛。顺义区代表队由48名运动员组成，经过角逐，顺义区共获金牌21枚，银牌20枚，铜牌14枚，金牌、奖牌总数均居全市第一。同时，顺义区以641.5分获团体总分第一名，分别以359分和282.5分获高中组、初中组团体总分第一名，并获得优秀组织奖和体育道德风尚奖，牛栏山一中获突出贡献奖。另有1人打破高中女子组100米市运会纪录，4人打破高中男子4×100米接力市运会纪录。

（李广文）

【举办中小学生秋季田径运动会】 10月16至18日，顺义区中小学生秋季田径运动会在牛栏山一中举行。区内各中小学2000多名运动员分别参加6个组别96个项目的角逐。裕达隆小学、东风小学、顺义三中、牛栏山一中实验学校、顺义九中和杨镇一中6所学校分列小学普通校组、小学传统校组、初中普通校组、初中传统校组、高中普通校组和高中示范校组团体总分第一名。

（李广文）

【举办首届中小学生橄榄球嘉年华】 11月17日，顺义区首届中小学生橄榄球嘉年华在顺义八中举行。赛事由顺义区教育委员会主办，北京天维十方国际体育文化传播有限公司协办，顺义区第八中学和双兴小学承办。赛事采用国际触式橄榄球最新规则，分为小学组、初中男子组、高中女子组和高中男子组四个组别进行比赛。各参赛队经过一年的学习，赛场上打得有模有样。组委会在休息区设立游戏环节，利用休息时间，让孩子进一步体验橄榄球的乐趣。经过13场比赛，马坡中小、北京四中顺义分校、顺义二中、顺义九中分别获得小学组、初中男子组、高中女子组、高中男子组冠军。全区共有近200名学生参加本次活动。

（李广文）

卫生工作

【概况】 2015年，顺义区中小学卫生工作扎实有效，稳步推进。

一是加强师资建设，努力提高队伍水平。联合卫生部门对学校卫生主管、保健教师进行一次集中培训和4次以上专项防控知识培训，使保健教师熟练掌握传染病控制、常见病的防治和日常监测。坚持开展健康促进学校创建工作，不断改善学校软硬件环境。截止2015年，顺义区健康促进学校建成率达100%。

二是开展多项卫生防病活动。开展“防近视控肥胖”专家进校园活动，组织大讲堂70余场，覆盖全区所有中小学校。开展“爱眼护眼”舞台剧征集展示活动、高中生“健康膳食 合理营养”主题辩论赛、小学生“我是小小营养师”主题活动、学生家长家庭健康膳食厨艺大赛、“6.6”爱眼宣传周等多项活动。组织第十一届中小学生健康知识与技能竞赛、2015年高中生艾滋病征文演讲比赛、第“28个世界无烟日”主题健康教育活动，参与北京市无烟单位创建等一系列健康促进活动，收到良好效果。开展学生流感接种、窝沟封闭和氟化泡沫防龋工作，在学生中建立有效的免疫屏障。学校卫生保健水平显著提高，学生视力不良检出率降低2.44%、营养不良检出率下降0.56%、沙眼检出率始终控制在1%以内、肥胖检出率增长速度减缓。

【三所新建小学通过北京市健康促进学校评估验收】 5月6日，牛栏山第三小学代表顺义区三所新建小学接受北京市健康促进学校评估验收检查。由市红会志愿服务部部长冯克军、市红会学校工作委员会副秘书长李胜华等8人组成验收小组，验收分为区县和学校汇报、现场查阅资料、评估三项议程。顺义区从政策引导、组织保障、全员培训、提高认识；和谐校园、健康人生；体艺结合、强健体魄；抓好疾病防治、倡导健康生活；多方联动、共建健康体系等方面详细介绍创建健康促进学校的具体做法，受到专家一

2015 年 5 月 6 日，三所新建小学顺利通过北京市健康促进学校评估验收

致好评，并顺利通过评估验收。目前，全区中小学校已全部完成北京市健康促进学校创建工作，健康促进学校创建率达到 100%。

（梁　芳）

【举办爱眼周宣传活动】6月5日，顺义区教委联合区卫计委举办的“爱眼周”宣传活动在马坡中小举行。活动主题为“预防近视，珍爱光明”“告别沙眼盲，关注眼健康”。与会人员观看石园小学、张镇中小、裕龙小学、大孙各庄中小和马坡中小师生表演的情景剧、演讲、舞台剧和手语表演等节目。参会家长代表现场咨询区医院眼科专家青少年眼保健知识。区教委、区卫计委有关领导出席，各中小学主管干部和马坡中小学生及家长代表300余人参加活动。

（梁　芳　刘　斌）

艺术教育

【概况】2015 年，全区艺术教育精彩纷呈。

一是组织学生参与各级各类竞赛活动，成绩显著。顺义区学生参加北京市第十八届学生艺术节展演活动，有 40 名学生获得市“艺术之星”称号，3 名学生获市最佳“艺术之星”称号，2 名学生参加 2015 国家大剧院青少年艺术周暨北京市第十八届学生艺术节“艺术之星”展演。8 所学校节目参加市级展演，共获 3 金、4 银、1 铜，创历史最好成绩。参加顺义区第十四届学生艺术节人数达到 5600 余人，1158 名学生获奖。

二是“高参小”（“高参小”是北京的一些大学教授到一些小学任教，参与小学体育、美育教学与培训）进校园，助力全区小学艺术工作的蓬勃发展。后沙峪中小成功开展舞蹈社团的展示活动和舞蹈教学汇报展示；中国歌剧舞剧院管弦乐团的艺术家们为东风小学、双兴小学学生举办音乐欣赏课；与仓上校区、双兴小学师生共同举办庆六一专题活动，使广大师生欣赏到了高雅艺术，让学生艺术社团得到充分的展示。下半年，光明小学、杨镇中小、李桥中小三所学校与北师大签约，共同推进学校体育、艺术项目的发展。

三是民族艺术进校园演出，培养学生的艺术素养。全年共有 15 所中小学观看了 15 个艺术团体进校园演出，欣赏师生人数达到 12000 多人。通过观看艺术家们的精彩表演，培养了学生们的艺术鉴赏能力，提升了学生们的艺术素养。积极参加市教委、市美育研究会的“京美杯”征文活动，在全区共征集美育征文 249 篇，19 篇获得一等奖，62 篇获得二等奖，116 篇获得三等奖，获奖率 79.4%，在全市排在前位。

【中国合唱协会工作室在双兴小学成立】4 月 22 日，中国合唱协会副理事长李小祥在顺义区影剧院为双兴小学正式授牌，成立中国合唱协会工作室。自 2014 年 6 月，中国合唱协会与双兴小学签订《参与学校体育、美育特色发展项目协议》后，一直全方位参与学校教育教学工作。授牌仪式进一步深化了学校与中国合唱协会的合作。授牌仪式后，全体师生观看由中国儿童艺术剧院演出的音乐剧《卖火柴的小女孩儿》。

（卢　京　王海红）

【举办“六一”儿童节游园活动】5 月 29 日，顺义区庆祝“六一”国际儿童节游园活动在北京国际鲜花港举行。活动启动仪式上，少年儿童代表宣读“快乐宣言”，10 名在艺术、科技、体育等方面取得突出成绩的少年儿童为与会领导佩戴红领巾，并获赠手写寄语的图书。来自区内小学、幼儿园、少年宫的近万名师生代表和家长代表参加本次活动。其中，特色项目学校、少年宫等 36 家单位的 700 余名学生参与展示互动活动。展示活动共分艺术、科技、游戏等五大类项目。目前，每年一次的庆“六一”儿童节游园活

5月29日，顺义区教育系统庆祝六一国际儿童节游园活动在北京国际鲜花港举行

动已经成为顺义区教育系统的品牌活动。活动为学校展示特色、学生展示特长搭建了平台，有力地促进教育的多样化发展。区委教工委书记、教委主任刘克祥，区政府教育督导室主任李卫国等领导参加。

（徐振阳）

【中学生第四届社团风采展示大赛落幕】 6月1日，顺义区中学生第四届“魅力社团·缤纷梦想”社团风采展示大赛在仁和中学落幕。大赛分为初赛和决赛两个阶段，共17所学校的20个优秀社团节目入围决赛并参与展示，团员们表演街舞、京剧、情景剧、机器人舞蹈等节目。牛栏山一中乐器演奏、顺义一中《迷彩青春》、杨镇一中《美丽的姑娘》等9个节目获一等奖，天竺中学《木兰辞》等11个节目获二等奖，赵全营中学的现代舞等24个节目获三等奖。

（王　静）

【举行顺义区舞蹈基地授牌仪式】 10月19日，顺义区舞蹈基地授牌仪式在板桥中小举行。顺义区文联副主席王玉玺、杨华两位专家来到板桥中小，为该校颁发“顺义区舞蹈活动基地”铭牌。国庆节期间，板桥中小凤阳歌社团学生在两位专家带领下参加顺义区“打造首都慢生活区、书写舞彩浅山画卷”民俗文艺汇演活动并取得佳绩，获得浅山活动的纪念奖牌。自2012年4月开始，学校就组织赵全营镇非物质文化遗产“凤阳歌”的训练和学习，经过几年的继承和发展，该项活动已经成为板桥中小全力打造的校本课程。在两位专家精心指导下，学校成立由36人组建的精品秧歌队和120人组建的传承表演队，旨在把凤阳歌发扬光大，并把它传承下去。

（陈青峰）

【召开传统文化教育现场会】 12月1日，顺义区传统文化教育现场会在李各庄学校召开。活动分为四部分，一是与会人员同步听课三节，包括校本课程《蝴蝶剪纸》、语文实践活动课《成语接龙》和数学课《对称》；二是参观剪纸展室、楼道师生作品、操场文化墙、学农基地等校园文化建设成果；三是观摩剪纸、民族舞社团展示；四是听取学校传统文化教育工作汇报。全区小学德育干部50余人参加。

（沈浩发　赵　鹏）

科技教育

【概况】 2015年，全区科技教育成绩显著。

一是加大对科技教师的培养，提升科技教师的辅导能力。全区100多名科技教师参加各类系列讲座，参与率90%。

二是以尊重学生主体发展为需求，以促进学生个性化发展为目的，组织各类科学探究活动。开展科技创新大赛、金鹏科技论坛、航海（航空）锦标赛、建筑模型竞赛、电脑作品评选等系列科技活动。科普剧、模型体验、机器人科技项目进校园等活动蓬勃开展。

三是以承办第三十三届北京市学生科技节开幕式暨科技教育成果展为平台，提升学生科技素养和创新能力。全区近1000名中小学生参与市级和国家级的科技竞赛活动，获得国家级奖励30余项，市级二等奖以上奖励120项。

【中小学生植物栽培大赛在顺义区启动】 4月21日，北京市教学植物园主办的“2015年中小学生植物栽培大赛”在顺义区建新小学启动。启动仪式上，建新小学校长杨玉松为学生代表发放种植套材，鼓励同学们用心栽培、努力实践，争做“种植小达人”。辅导教师于新颖就栽培活动的具体程序进行辅导，鼓励学生从一粒种子开始亲手培育植物，观察、记录植物从种子萌发到开花结果的全过程，在实践中培养科学精神。建新小学三、四年级一百余名学生和各校主管科技工作干部、老师参加启动仪式。

（吕　婷）

【举办首届青少年机器人巡回赛】5月22日，顺义区首届青少年机器人巡回赛在北石槽中小举办。青少年机器人竞赛方式由“一年一赛”改为“一年多赛”，巡回赛的比赛方式得到学校、教师、学生的普遍认可。该赛事共分三站，竞赛设单项赛和挑战赛两个项目，单项赛主要比拼解决方案的新奇和实用性，挑战赛主要考验学生综合解决问题的能力。顺义一中、杨镇一中、仁和中学、双兴小学等16所中小学校140余名选手参加角逐，经过北石槽小学站、双兴小学站比赛之后，顺义一中将为最后一站。竞赛通过大屏幕现场直播，场下师生通过大屏幕直接观看。

（张立平　周仕磐）

【举办首届顺义区中小学生创客秀教育活动】11月18日，顺义区中小学生首届创客秀教育活动在少年宫举行。活动以学生为主体，以生活为背景，以展示校园文化为宗旨，涉及科技创新、交互玩具、文化创意、手工艺造四大类。机器狗、风火轮、服装炫、蛋皮画等，一件件作品在小创客们的脑中形成、在指间诞生，孩子们在实践中完成科技与创意的融合。创客教育旨在培养青少年运用先进的信息科技进行创意、设计、制作和分享，提升学生创造性地解决综合问题的能力。近年来，顺义区在逐步进行创客教育的探索，本次教育活动的开展将起到推动作用，师生的热情也助推首届比赛圆满成功。全区20所中小学校180余名学生参加比赛。

（任立春）

特殊教育

【概况】2015年，顺义区力促特殊教育更加专业化。

一是充分发挥特殊教育中心辐射作用，促进随班就读教师培训、家长咨询、专业指导、教研科研等工作。以“特殊教育名师工作室”和“刘红融合教育名师工作”为载体，开展研讨、展示活动，在推进区域特殊教育骨干教师培养中发挥引领示范作用。

二是顺利推进资源教室建设。继续高标准建设、规范使用资源教室，6个北京市示范性资源教室建设接近尾声，2015年资源教室项目已经申报完成，批复后很快进入建设阶段。

三是贯彻落实特教学生融合教育工作，积极探索融合工作新途径。为72名特教学生注册双学籍，组织特教学生到普通学校参加教育活动，促进普校师生以平和的心态接纳特教学生，为特教学校学生提供学习的平台。

【举办区第九届特教教师评优课活动】6月26日，顺义区举办第九届特教专职教师评优课表彰活动。该活动历时一个月，比赛内容包括教学设计评比、课堂教学评比、个别化教育计划评比三项。所有参赛教师高度重视此项活动，活动质量明显提升。活动呈现以下特点：一是专业性增强。二是情境化、游戏化、结构化、生活化教学模式得到推进。三是集体——小组——个别——集体教学流程运用比较熟练，课堂教学呈现出有序结构化。四是整体——分化——统整的教学结构慢慢被教师熟知，并在教学中体现。五是资源教师逐渐了解学科补救、康复训练课的基本结构，并体现个别化教育计划的落实。特教学校全体任课教师及全区随班就读学校资源教师参加活动。最终9名教师分获一等奖，20余名教师分获二、三等奖。

（赵　恺）

【开展融合教育】年内，顺义区深入开展融合教育。72名特教学生完成双学籍注册工作。为探索开展融合工作的新途径，选取定点学校定期组织开展符合双学籍学生特点的融合活动，为特教学校学生提供学习平台，同时促进普校师生以平和的心态接纳特教学生，在活动中达到互助、互爱。

（赵　恺）

·北京市顺义区特殊教育学校·

【概况】2015年，北京市顺义区特殊教育学校占地面积6722平方米、建筑面积5924平方米，体育场（体育馆）面积共1000平方米。全年教育经费投入1515万元，全部为国家拨款。固定资产总值1358万元。图书馆（室）藏书1万册。普通教室17个、专用教室16个。拥有计算机90台。多媒体教室座位22个。学校信息化经费投入 202 万元，校园网出口总带宽 100Mbps，数字资源量 18GB，信息技术课程 2 课时 / 周。教职工 75 人，其中，高级职称 8 人、中级职称 40 人。专任教师 69 人，本科以上学历 66 人。开设教学班 17 个，其中，初中班 4 个、小学班 13 个。毕业 8 人，其中，初中 8 人。招生 12 人，在校生 144 人，其中，初中 36 人、小学 108 人，寄宿生 94 人。智力障碍 75 人，自闭症 36 人，听力障碍 3 人，言语障碍 5 人，脑瘫 14 人，肢体障碍 2 人，多重残疾 9 人。

单位名称：北京市顺义区特殊教育学校

地址：顺义区仁和镇河南村西 10 号

电话：69423095

邮政编码：101320

网址：www.tj.shyedu.cn

（胡金侠）

【举办班主任培训讲座】3 月 13 日，学校聘请海淀培智学校的米洁老师作题为《班主任工作策略》的讲座。米洁老师从“班级经营的理念”“班级经营的策略”及“家长工作的重要性”三个方面阐述班主任在日常工作中的策略方法，还通过“代币奖励”“五彩心情树”“微信互动”等实例为老师们详细诠释班主任工作的定位和意义。特教学校领导教师 50 多人参加活动。

（武红静）

【欢送老教师退休】3 月 20 日，特教学校工会组织“欢送老教师光荣退休”活动。活动由工会主席李继红主持，首先由校长为两位退休教师戴光荣花；接着播放视频，全体教师与退休老师共同回忆在一起工作、生活的情景；最后工会主席代表全体领导教师祝愿退休教师生活幸福快乐，全体教师抱以热烈的掌声。这次活动既包含了对退休老师的不舍，也饱含着对退休老师的深深祝福。

（武红静）

【台湾特教专家走进特教学校】4 月 13 至 17 日，台湾特教专家鲍亦君教授来到顺义区特殊教育学校指导教学工作，为期一周。鲍教授已经连续两年、每年两次来校指导，每次的侧重点有所不同。本次内容从儿童发展地图、个别化教育计划、结构化教学再到集体备课，既有理论又有实例，还结合教师们的课堂教学，给予有针对性地指导。通过鲍教授的指导，老师们在备课、教学方面有了很大的收获。

（武红静）

【重庆特教专家来校指导康复教学工作】4 月 29 日，重庆师范大学脑瘫康复培训中心的胡涵老师来到顺义区特殊教育学校，指导康复教学工作。胡涵老师先是给学生做了评估，结合评估情况为老师和家长介绍孩子的发展情况，并根据学生的现有水平制订短期和长期发展目标。同时，针对个别学生的表现、老师及家长在教学、康复过程中遇到的问题进行详细、专业地讲解。通过胡涵教师的指导，老师和家长们进一步明确学生的发展状况和康复目标，对后续开展康复教学工作具有很强的借鉴作用。

（武红静）

【举行实践课程基地成立大会】5 月 12 日，特教学校以顺义残联举办的第二十五次“全国助残日”活动为契机，与区残联携手，隆重举行“第二十五次‘全国助残日’活动暨特教学校实践课程基地成立大会”。大会在顺义区马坡镇马卷村社区青年活动中心举行，区教委、区残联和马坡镇相关领导及 10 家基地领导、残疾人艺术团演职人员、顺义区特殊教育学校领导、师生及家长 300 多人参加此次活动。大会首先由张晓宪校长讲话，接着由教委和残联领导为 10 家基地单位授牌，基地领导代表及区教委副主任张海

4 月 29 日，重庆师范大学脑瘫康复培训中心胡涵老师来顺义区特殊教育学校，指导康复教学工作

东先后讲话。最后，残疾人艺术团为大家奉献了精彩的演出。此次建立的顺义区农耕基地和顺义区体育运动学校等10家校外实践课程基地，丰富了学校多元课程，让特殊学生在真实的生活情境中学习生活技能，开发潜能，为他们将来更好的适应社会生活奠定良好基础。

（武红静）

【举行刘红名师工作室启动仪式】7月7日，刘红名师工作室启动仪式在五里仓小学举行。北京市特殊教育中心常务副主任孙颖，北京市特殊教育中心王善峰博士，特殊教育专家周德林、叶立言，西城区特教中心主任姚兰，海淀区特教中心主任王红霞，顺义区考研中心副主任李树栋，顺义区特教中心主任张晓宪等参加启动仪式。孙颖主任在启动仪式上发言，肯定了刘红老师在北京市特殊教育工作中取得的成绩，对工作室的成立寄予了厚望。其他专家领导也为工作室的成立献计献策，并提出殷切的希望。工作室成员李小平、杨立男代表工作室成员发言，承诺工作室成员要努力学习研究融合教育相关知识和教育教学技能，为顺义区融合教育发展起到推动作用。

（刘　红）

【举办德育讲座】9月18日，顺义区特殊教育学校聘请考研中心德育室的皮丽芳老师，为全体教师作了题为《生命、生存、生活》的讲座。皮丽芳老师从“教育从对生命的高度尊重出发”“着眼于生存的长远来规划”“立足于现实生活开展教育活动”等几个方面，结合实例阐释教师们在

10月9至10日，特教学校举行学生运动会

教育教学活动中要尊重学生的生命，规划学生的未来，引导学生学会生活，使老师们受益匪浅。特教学校领导教师60多人参加了此次讲座。

（武红静）

【举行学生运动会】10月9至10日，特教学校举行“健康·自信·快乐向上”教学部学生运动会和“快乐宝贝招手金秋”学前亲子运动会。本次运动会共安排“沙包掷准”“25米往返跑”等12个个人项目和“提桶接力”“同心协力”两个集体项目。活动过程中，学生和家长都能积极、主动地参与，既有个人的全力拼搏，也有集体的团结互助，还有亲子间的共同努力，做到了全员参与。本次运动会丰富了学生的校园体育生活，增进了亲子关系，加强了学生间的沟通交往，取得了较强的实效。

（武红静）

【师生参加区运动会闭幕式表演】10月18日，顺义区特殊教育学校师生参加了“阳光体育2015年顺义区中小学生秋季田径运动会”闭幕式表演。在“隆隆”的鼓声中，特教师生们以“龙”的形象进行了表演，他们队列整齐、步伐一致，用自己的实际行动诠释着“自尊、自信、自强、自立”的特教精神。特教学校大力践行“生命教育”，努力进行综合课程改革，积极开展丰富多彩的师生社团活动，此次龙舞表演，既是对该校孩子的肯定和鼓励，也是学校社团活动成果的展示，进一步推动了充满生命活力的学校文化的发展。

（武红静）

【举行区级课题结题会】11月5日，顺义区特殊教育学校区级课题《在体验活动中培养残障学生生活适应能力的研究》举行结题会。在结题会上，课题负责人宣读了结题报告，课题组成员分别汇报参加课题研究过程中的收获和体会，最后由专家进行点评，从课题的撰写、研究的内容等方面进行了具体而有针对性的评价。本课题经过近两年的研究和实践，总结出特教学校实施体验教育的5个途径，提高残障学生

生活适应能力的6种方法，以及适合残障学生体验活动的4个策略，真正形成了学校特色、促进了学生的发展。

（武红静）

【北京市中学融合教育教研组走进南彩学校】 11月11日，北京市中学融合教育教研组走进顺义区南彩学校参加研讨活动。北京市特教中心王善峰博士，特殊教育专家叶立言，中学组组长高效文及全市中学融合教育教研员来到南彩学校听了张晓玉老师的《背影》一课，并参与研讨活动。顺义区教委副主任孟朝辉，中教科科长张旭东等领导参加了此次活动。活动中，区特教中心仇军林老师，南彩学校李琦校长分别介绍顺义区及南彩学校融合教育发展状况和未来设想，特教专家给予肯定与赞扬并为该区今后融合教育的发展指明方向。

（仇军林）

【北京市培智教育教研组走进顺义特教】 12月7日，北京市培智教研组在市特教中心孙颖主任的带领下来到顺义特教学校，开展“以综合课程为主题，有效落实个别化教育计划”的教研活动。本次活动主要有以下几项内容：1. 观摩课堂教学：王伟老师讲授《小小服装店》、韩晶老师讲授《我是小小记分员》。在这两节综合课中，两位老师根据学生特点，结合教学主题，系统安排教学过程，通过创设情景、游戏活动、结构化教学、动作训练灵活呈现教学内容，关注每个学生的学习目标达成，有效落实个别化教学。2. 培训讲座：北师大胡晓毅教授作了《结构化教学体现在细节之处》的主题讲座。胡教授结合观摩课，从学生的课堂表现、结构化教学特点、环境任务设计以及国内外结构化教学实例等方面为老师们进行详细地说明和介绍。3. 校长汇报：张晓宪校长以《践行课程改革关注生命成长》为题进行了学校课程建设的汇报。4. 教学研讨：先由两位授课教师进行说课，然后参与活动的教研员及教师们作了研讨交流。市特教中心领导、专家，各区县教研员、记者，特教学校领导教师80多人参加活动。

（武红静）

【举行双学籍融合活动推进会】 12月15日，顺义区特殊教育学校与港馨小学举行顺义特教学生双学籍融合活动推进会。区小教科科长、特教视导员、市特教专家、各学校主管随班就读工作的领导、特教学校及港馨小学领导师生参加了此次活动。在活动现场，首先观摩特教学生与港馨小学学生共同参与的室内外社团活动及课堂教学活动；随后港馨小学杨亚民校长就推进双学籍学生融合教育工作的相关举措进行了介绍；接着特邀专家作现场点评和发言，肯定顺义区特殊教育融合工作；最后，小教科特教视导员部署了全区特教学生双学籍整合教育工作。

（武红静　王向辉）

【与北京星德宝公司联合举行学生画展揭幕仪式】 12月16日，顺义区特殊教育学校与北京星德宝BWM5S中心联合举行“爱心加能量，为爱续行”主题画展揭幕仪式。星德宝公司领导员工、爱心车主、区教委领导、特教师生80余人参加了此次活动。首先，由特教师生表演的龙舞，为揭幕式拉开了序幕，接着，星德宝公司副总经理、爱心大使、顺义区教委小教科特教视导员、特教学校校长分别作了讲话和发言。最后，由星德宝总经理庄增文先生和张晓宪校长为画展揭幕。随后与会者还现场参观了学生们的绘画作品，由教师和小作者亲自为爱心车主进行介绍，使大家对作品有更深入的了解。此次画展为期三个月，画展结束后，星德宝

12月16日，顺义区特教学校与北京星德宝公司联合举行学生画展揭幕仪式

公司还将与学校开展后续合作。

（武红静）

【举行“我的教学故事”演讲比赛】 12月18日，顺义区特殊教育学校举行第三届“红梅杯”我的教学故事演讲比赛。此次比赛是在初赛、复赛两轮选拔后举行的，共有16位教师参加。在现场比赛中，老师们将教学过程中特别是综合课程改革以来的结构化应用、知动训练、康复实践探索等体会、反思在演示文稿通过图片、视频进行了展示。比赛最后，副校长王向辉对此次活动进行总结，并宣布获奖结果，张晓宪校长为获奖教师颁发了证书。

（武红静）

校外教育

【概况】 2015年，顺义区校外教育蓬勃开展。

一是搭建校外教育展示平台，强化乡镇和乡村学校少年宫建设，促进各项活动有序开展。“七彩童年·七彩梦” 庆“六一”活动已成为品牌活动，全区80余所小学、幼儿园近万名少年儿童和家长代表，区委、区教委领导一同游园庆祝节日。后沙峪中小举办义务教育阶段课外活动计划推进会展示活动，学校48个学生社团进行现场展示。马坡二小的五虎棍等项目参加“核心价值观托举中国梦”北京市优秀童谣节目展演。

二是加强校外教育机构建设，发挥小天使艺术团、小天使书画院示范作用。注重高端引领，使学生近距离感受精品艺术的魅力，多所学校的艺术社团走进高雅殿堂，欣赏名家表演，参与演出与交流的学员近200余人次。学生们在拓展艺术视野的同时，为青少年从兴趣到志趣的发展奠定基础。顺义少年宫获得第十届（2015）“北京阳光少年活动”优秀组织奖。

【举办区教育改革重点课题成果论坛】 3月27日，顺义区“城乡联动”教育改革重点课题《顺义区青少年科技、艺术拔尖创新人才早期培养的机制与模式研究》成果论坛在区少年宫举行。北京市教委体卫艺处调研员崔向红、顺义区教委副主任张军堂出席论坛并讲话。课题组成员交流优秀研究经验和案例，专家就科技、艺术拔尖创新人才早期培养的现状和未来、培养模式的变革与创新等主题和课题组成员进行探讨，对课题研究提出中肯的建议，对课题成果的提升起到引领的作用。顺义、密云、怀柔、通州、燕山、大兴、平谷等校外教育机构领导及专业教师共计120余人参加。

（左晓茹　秦连红）

【南法信中小被授予中国结技艺非遗传承单位】 9月23日，顺义区中国结技艺非遗传承单位授牌仪式在南法信中小举行。校长致辞后，区文化馆书记胡广星和顺义区非遗传承艺人谢兰香分别发言，谢老师为师生进行技艺展示，胡广星向学校授牌。区文化委、南法信镇党委、区教委相关领导及全校师生参加。

（尉　舒）

【接受北京市校外教育工作督导检查】 11月12日，北京市政府教育督导室副主任刘莉率专家组一行20人到顺义区进行校外教育工作督导检查。市督导组查阅校外教育工作相关档案资料，听取顺义区委副书记周颖博《科学谋划促发展，深度融合树品牌，全面推进校外教育优质发展》的校外教育工作情况汇报，分别召开相关委办局、教委相关科室（部门）负责人、校外教育机构和未成年人活动场所主要负责人、中小学校长参加的四个座谈会，分三组分别实地考察牛栏山一中、石园小学和少年宫，观摩学生课外活动。刘莉充分肯定顺义区把校外教育和校内教育放在同等重要的地位，校内外融合共同育人。同时指出：校外教育是教育现代化的重要组成部分，是实施素质教育的主渠道，是推进教育综合改革的重要切入点，更是动员全社会关心、支持教育的有效手段。并建议顺义区政府进一步统筹、协调、调动区域内社会资源，为孩子们的健康成长提供更全面服务。区委教工委书记、教委主任刘克祥，区政府教育督导室主任李卫国等领导陪同检查。

（王跃文）

·北京市顺义区少年宫·

【概况】 2015年，北京市顺义区少年宫占地面积18864平方米、建筑面积10068平方米。图书馆（图书室）藏书0.3618万册，订阅杂志、报刊59种。固定资产总值6242.45万元。全年教育经费投入2640.79万元，其中国拨1931.7万元，自筹709.09万元。信息化投入39.75万元，拥有计算机222台，多媒体教室座位30个，校园网出口总带宽100Mbps，数字资源量1000GB。专用教室45个。教职工50人，其中，高级职称9人、中级职称24人。专任教师35人，本科以上学历42人。2015年，顺义区少年宫开设51专业、共计256个校外辅导班，接受校外辅导学生10008人，新开设1个专业。

单位名称：北京市顺义区少年宫

地址：北京市顺义区府前东街12号

电话：69446835

邮政编码：101300

网址：www.sng.shyedu.cn

（秦连红）

【顺义区举办第三十二届学生科技节闭幕式】1月9日，第三十二届顺义区学生科技节闭幕式暨科技教育成果展览在牛栏山一中体育馆举行。区委教委主任刘克祥、区科协副主席单银山、区科委副处级调研员孙彦海、区妇联副主席石晓清、区环保局副局长贾凤霞、团区委副书记仇海泉、区体育局副局长杨金萌等领导，各中小学校校长、科技教育主管领导、科技教师代表及学生代表共计800余人参加本次活动。闭幕式由区教委副主任王彪主持。第三十二届顺义区学生科技节闭幕式暨科技教育成果展览活动是顺义区开展科技教育的一个缩影。活动的成功举办起到展示优秀成果、推介科技教育新理念、引领该区未来科技教育方向的作用。

（刘　岩）

【“童心同梦”少年宫少儿艺术班新年汇报演出取得圆满成功】1月30日，“童心同梦”少年宫少儿艺术班新年汇报演出在五楼多功能厅举行。少年宫主任李明伟及各部门领导同全体学员家长一起观看演出，见证了孩子们一学期学习的成果。本次演出在领导的大力支持、教师与孩子们的辛勤付出下，取得圆满成功。演出时间虽然不长，但孩子们的表演充分体现出了专业水平，赢得在场领导和家长的阵阵掌声。

（张利华）

【少年宫师生参加“顺义区2015年新春团拜会”演出】2月14日，顺义区少年宫舞蹈教师和拉丁舞学生有幸参加“顺义区2015年新春团拜会”演出。参演节目有少年宫舞蹈教师任伟男和顺义一中舞蹈教师表演的双人舞《凤求凰》；少年宫拉丁舞学生表演的集体舞蹈《茉莉花》。演出中，舞蹈教师扎实的专业基本功和孩子们激情四射的拉丁舞赢得在场观众阵阵掌声。顺义电视台还对表演拉丁舞的男孩、女孩们进行了专访和报道。

（刘瑞红）

【体育舞蹈班学生到北京音乐舞蹈学校观摩学习】3月15日，顺义少年宫体育舞蹈班学生们来到北京音乐舞蹈学校进行学习交流。学生们观摩了舞蹈课，也亲身体验了一次学校体育舞蹈专业的训练课。训练课由全国拉丁舞冠军王兵老师和他的搭档亲自授课。同学们良好的专业基础和认真的学习态度得到学校校长和老师的一致好评和肯定。

（顾　岗）

【举办全区中小学科技辅导教师系列培训活动】3月11至17日，顺义区少年宫举办了全区中小学科技辅导教师系列培训活动。此次培训将本学期的航空模型、航海模型、未来工程师竞赛、“我来做”科技创意体验活动、机器人竞赛、科技英语比赛和科技发明7项大型比赛做了集中培训。培训期间特邀全国航空航海模型竞赛评委及教练员、机器人项目工程师、科技英语比赛和未来工程师竞赛总负责人作为本次培训主讲。全区中小学科技辅导教师及科技主管领导150人次参加培训。

（任立春）

1月9日，顺义区举办第三十二届学生科技节闭幕式

【召开2014年名师工作室总结

会】3月19日，顺义少年宫召开2014年名师工作室总结会。7位“名师工作室”主持人做了汇报，展示工作室的活动形式和活动成果。左主任做了总结。2014年，名师工作室的主持人精心设计活动，助推教师的成长，教师们在专业提升和教学研究方面有了新的认识。2015年，将进一步完善名师工作室模式，让更多的教师通过名师工作室活动成长为骨干和名师。

（李淑红）

3月21至22日，顺义区第十四届学生艺术节个人项目比赛在顺义一中附属小学举行

【顺义区第十四届学生艺术节个人项目比赛圆满收官】3月21至22日，顺义区第十四届学生艺术节个人项目比赛在顺义一中附属小学举行。全区近70所中小学校2000名学生参加了本次比赛。本次艺术节活动项目分为艺术表演类和艺术作品类，其中，表演类包括声乐、器乐、舞蹈、戏剧、曲艺、朗诵；作品类包括书法（软、硬书）、绘画、摄影、工艺、篆刻项目。比赛中，Hip-hop、jazz、新疆舞、“混搭”斗舞，孩子们享受在舞蹈、歌声中。石板画、剪纸、书法、软陶雕塑……佳作涌现，他们用画笔勾画着美好的生活。本次活动盛况空前，活动内容丰富，各校参与热情高涨，比赛全面展示了同学们个人艺术才华和个性特长，许多的“艺术之星”脱颖而出。多年来，学生艺术节的连续举办促进了各校的艺术活动水平大幅提高。

（王嘉姗）

【顺义区教育改革重点课题成果论坛活动成功举行】3月27日，顺义区“城乡联动”教育改革重点课题《顺义区青少年科技、艺术拔尖创新人才早期培养的机制与模式研究》成果论坛活动成功举行。北京市教委体卫艺处调研员崔向红、顺义区教委副主任张军堂出席论坛并讲话，对顺义区青少年科技、艺术拔尖创新人才的培养给予了肯定与厚望。在为期一天的论坛活动中，课题组成员交流了优秀的研究经验和案例，专家就科技、艺术拔尖创新人才早期培养的现状和未来、培养模式的变革与创新等主题和课题组成员进行了探讨，对课题研究提出了中肯的建议，分享了青少年科技、艺术拔尖创新人才教育的新理念、新发展和新动态，对课题成果的提升起到了引领的作用。

（秦连红）

【顺义区代表队参加第35届北京青少年科技创新大赛总决赛】3月27至29日，顺义区代表队参加了在北京市第一〇一中学举行的第35届北京青少年科技创新大赛（总决赛）。本届大赛主题为“发现．创新．责任”，旨在引领广大青少年在科学探究的过程中感受科技进步为人类带来的美好生活，通过创新大赛活动感受追逐科学梦想的成功与快乐。经市级选拔，顺义区有5个中学项目入围市级总决赛，1项青少年科技实践活动及3幅少年儿童科学幻想绘画参加终评展示。总决赛中，该区参赛学生进行公开展示和答辩。最终，分别获得市级二等奖，其中，牛栏山一中实验学校付泊宁同学的《溶液导电性系列测试仪》获得“北京科技大学科技创新奖”，奖金2000元；牛栏山一中杜嘉明同学的《关于一种新型北方防治沙漠化资源植物的探究》获得“科教基金英才奖”，奖金2000元。至此，顺义区在小学科技创新成果项目中2项获二等奖、3项获三等奖；中学科技创新项目中7项获二等奖、19项获三等奖；在科教辅导员创新成果中1项获一等奖、4项获二等奖、2项获三等奖；牛栏山一中《体验探究共同成长——高中化学“自主探究实验”科技教育方案》获得十佳优秀实践活动奖；在少年儿童科学幻想画终评展示中获一等奖3幅、二等奖14幅、三等奖17幅，顺义区荣获优秀组织奖。科技创新大赛这个舞台，让更多的学生分享追逐科学梦的成功与快乐，并能鼓励青少年发挥想象力、创造力和科学思维能力。

（任立春）

【顺义区第十四届学生艺术节集体项目展演圆满落幕】顺义区第十四届学生艺术节（集体项目）展演于3月28至29日在牛栏山一中举行。该活动由顺义区教委主办、顺义区少年宫承办。全区近35所中小学校1200余名学生参加了本次展演。本次集体项目分为舞蹈、器乐、旗舞三大项目，特邀请新中国第一代藏族女舞蹈教育家慈仁桑姆，中央民族歌舞团信息中心主任侯文建，中国舞蹈家协会会员、艺术硕士导师吕联，国家一级舞蹈编导、中央民族大学舞蹈学院编导教研室主任徐小平，解放军艺术学院舞蹈系副教授杨志浩担任舞蹈项目比赛评委。中央音乐学院教授、硕士研究生导师、管弦系主任赵瑞林，解放军军乐团创作室主任王和声，青年扬琴演奏家、中国歌剧舞剧院民族管弦乐团副团长栾冬，中国国家交响乐团指挥，中国国家交响乐团合唱团常任指挥，中国人民大学艺术学院、中国音乐学院常任客座教授王琳琳，首都师范大学音乐学院单簧管专业教师、中国音乐家协会单簧管学会常务理事王英男担任器乐项目比赛评委。各位国家级专家评委对本届展演节目水平、组织工作给予了高度评价，并对区学生艺术节办公室在全市各区县率先使用电子现场打分器予以好评。本届艺术节展演无论从活动的规模、参与的人数，还是从展现的特色、参与者的水平来说，都较往届艺术节有较大的进步。

（武巍巍）

【组织课题研究报告的撰写培训】4月9日，顺义区少年宫组织课题研究报告的撰写培训，9个项目的分课题负责人参加培训。顺义区考研中心小学教科室主任朱元兆首先为大家讲解研究报告的结构、课题成果的分类与呈现形式，接着结合本课题的研究，就如何突出成果特色为大家做详细的分析，最后针对各分课题负责人撰写的结题报告一一给予指导，使大家对下一步如何完善课题研究报告有了明确的思路。

（左晓茹）

【顺义区举办第十九届中小学生英语、汉语词汇大赛】4月11日，第十九届顺义区中小学生“新星杯”英语、汉语词汇游戏大赛在石园小学拉开战幕。来自全区30所中小学校2300余名学生、家长参加了本届比赛。“新星杯”词汇游戏大赛在该区已经连续举办19年，该活动锻炼了学生们的思维，磨练了意志，丰富了词汇量，巩固了拼音知识，得到了师生和家长们的认同与好评。本届区大赛结束后，成绩优异的选手将角逐市决赛。

（王嘉姗）

【少年宫“小天使”民乐团学生走进中国音乐学院】4月17日，少年宫“小天使”民乐团师生43人来到中国音乐学院音乐厅观看中国少年民族乐团的演出。中国少年民族乐团由中国音乐学院附中各专业的学生组成，著名指挥家曹文工老师担任指挥。音乐会上，少年宫老师和同学们本着学习的态度，认真、安静地聆听每首乐曲，欣赏到不同风格的作品，曹老师及乐团的演奏给同学们留下了深刻的印象，激发了孩子们学习乐器的兴趣。他们将借助音乐会观摩的激情，努力练习，迎接校外艺术节比赛。

（刘　静）

4月11日，顺义区举办第十九届中小学生英语、汉语词汇游戏大赛

【举办“EV3”机器人辅导教师培训】4 月 30 日，顺义区近 20 名机器人辅导教师来到少年宫机器人俱乐部，参加“EV3”机器人器材使用培训。乐高公司高级工程师叶侨，为教师们细致讲授了关于机器人底盘搭建方面的知识，并指导他们现场制作。本次培训旨在提高辅导教师水平，为该区机器人巡回赛奠定基础。

（张立平）

【少年宫党支部开展“五四”主题教育活动】5 月 6 日，少年宫党支部带领党员、团员开展以《勿忘国耻开创未来》为主题的“五四”教育活动。短短的一天，从圆明园到奥体中心，仿佛从 1840 年回到今天，当今国家的发展令人振奋，以此激励少年宫党员、团员勿忘国耻，以自己的点滴力量，为实现中国未来的复兴之梦做出自己的贡献。

（陈　鹏）

【小合唱团走进北京音乐厅】5 月 10 日，顺义少年宫“小天使艺术团”小合唱团利用晚上时间，走进北京音乐厅，欣赏“和谐之声”合唱团的演出，感受高水平的合唱视听魅力。“和谐之声”合唱团，是以推广合唱艺术文化为宗旨，把更多不同时期、风格、地域、语言等方面的合唱作品介绍和推广给更多的合唱爱好者。学生们通过欣赏音乐会，更好地感受了音乐魅力，对于艺术水平的提高和自身综合素质发展有很大的推动作用。

（高英梓）

【大合唱团赴天津剧院观摩巴赫男童合唱团演出】5 月 10 日，顺义少年宫大合唱团的孩子们赴天津剧院观摩巴赫男童合唱团的精彩演出。学生们首先观摩了巴赫男童两个小时的排练。指挥家戈特霍尔德·施瓦茨先生是国际著名的歌唱家和指挥家，他是巴赫童声合唱团第 22 任“乐长”，继承了巴赫的传统，不仅指导排练演出，还亲自作曲、改编，大大丰富了合唱曲目。演出曲目丰富，有巴赫的《不要害怕，我在你身边》《上帝帮助我们离开困境》等；还包括舒曼的《打铁匠》、门德尔松的《夜莺》以及勃拉姆斯的《听，笛子悲鸣的声音》等等。曲目涉猎很广，声部清晰，声音纯净，给观众以最美的享受。此次观摩收效显著，对推动合唱团的发展起到了促进作用！

（赵淑华）

5 月 10 日，少年宫“小天使”舞蹈团参加顺义区“我为妈妈献才艺”第一届少儿才艺电视大赛汇报演出

【“小天使”舞蹈团参加顺义区“我为妈妈献才艺”汇报演出】5 月 10 日，少年宫“小天使”舞蹈团参加顺义区“我为妈妈献才艺”第一届少儿才艺电视大赛汇报演出。孩子们热烈的开场舞给观众留下了深刻的印象。同台演出的还有少年宫京剧小学员邢鹤凡，获得了三等奖的好成绩。

（刘瑞红）

【顺义区中小学生建筑模型比赛教师培训圆满结束】5 月 12 日，2015 顺义区中小学生建筑模型比赛教师培训在少年宫举办。培训特邀世界航海模型锦标赛外观模型金牌获得者、国际级裁判姜招银老师担任主讲。姜招银老师根据在建筑模型方面多年的培训及赛场经验，就平时容易忽略的细节、参赛窍门、竞赛规则为老师们做了深入细致的讲解，加深了老师们对竞赛的了解。教师们聆听专家讲座之后进行现场制作，收获了良好的培训效果，为 2015 年建筑模型竞赛的顺利开展奠定了坚实的基础。

（武巍巍）

【2015 年中小学生航空模型竞赛举行】5 月 16 日，2015 年顺义区中小学生航空模型竞赛在杨镇一中举行。全区 44 所学校的 1100 余名学生分别参加歼 -15 飞鲨、纸飞机“航母”着陆积分赛和“天戈”遥控直升机障碍赛等 6 个项目的比赛。

（王嘉姗）

【顺义区第十届婴幼儿亲子游戏大赛举行】5月23日，由顺义区教委、顺义区妇联、广电中心主办，顺义区少年宫承办的2015年顺义区第十届婴幼儿亲子游戏大赛在顺义区体委举行。本次游戏大赛以“快乐、健康、和谐”为宗旨，参赛对象为7个月至四岁的宝宝。比赛根据孩子的月龄，设计了我会爬、障碍爬、搬运工、环保卫士、划小船、滚筒跑、钻洞运球和小手走路等14个亲子游戏项目。每个比赛项目，都需要家长与孩子共同配合、积极努力才能取得好成绩。比赛锻炼了宝宝们的交往能力、认知能力、协调能力，对身心发育起到促进作用。参赛的部分家庭已经连续几年参与，对比赛的形式和内容比较认可，并希望可以经常组织这样的活动，给宝宝提供更多的参与机会。顺义区妇联副主席石小青、顺义区教委体美科科长张克深、顺义区广电中心工会主席王会永、顺义区少年宫主任李明伟、顺义区教委早教科科长陈民强出席活动。本次大赛共有100多个家庭参加。

（刘　玲）

【举办首届合唱公开课活动】5月24日，少年宫举办了首届合唱公开课活动。此次活动是由童声合唱专家海倩雯老师主讲，海老师从事合唱教学几十年，合唱教学经验丰富，也是阳光合唱团和金帆合唱团的主评之一。本次活动分三部分，第一部分由团长带领孩子们做前期的发声训练和视唱练耳训练，然后指挥学生完整演唱《中国之歌》，《中国之歌》这首歌曲是由《凤阳花鼓》《小二郎》《茉莉花》《大海啊故乡》四首歌曲组成，作曲家重新编排为六个声部，难度系数很大。第二部分是海老师针对歌唱中的一些问题进行指导排练。第三部分是和家长互动交流。本次活动气氛活跃，充分调动了孩子和家长们的参与热情，得到了家长们的高度赞誉，家长纷纷表示，这种活动很有意义，希望以后多组织这样的观摩互动活动。

（赵淑华）

【2015年顺义区中小学生航海模型竞赛举行】5月27日，2015年顺义区中小学生航海模型竞赛在李桥中小举行。比赛分为航海模型制作赛和航向赛，共有8个项目，融入了海洋科技、海洋文化、海洋军事等多种教育形式，旨在增强青少年热爱科学、热爱海洋、热爱国防的意识，提升青少年的实践能力和科技素养。此次活动有来自全区的32所中小学校近800名选手参加。活动的成功举行为接下来选拔优秀选手参加全国竞赛奠定了基础。

（任立春）

【顺义区庆“六一”儿童节游园活动举行】5月29日，花样童年“七彩童年·七彩梦”顺义区庆“六一”国际儿童节游园活动在北京国际鲜花港举行。顺义区妇联主席鲍晓芹，区委教工委书记、教委主任刘克祥等领导莅临，并与孩子们一同游园庆祝节日。游园启动仪式上，学生代表宣读“快乐宣言”，十名少年儿童为与会领导佩带红领巾，并获赠手写寄语图书。游园活动分“童年不同样”（传统游戏、工艺项目）、“艺术嗨翻天”（艺术类项目）、“科学也疯狂”（科技类项目）、“炫动绿茵场”（体育类项目）和“欢乐向前冲”（游戏互动、团体竞技类项目）五个区域，来自全区中小学、幼儿园、少年宫等36家单位的700余名学生参与展示。与往年不同，今年的游园活动更加注重体验性和实践性，增加了“抽汉奸”“滚铁圈”等传统游戏项目，让孩子们有机会体验六七十年代的游戏乐趣。此外，书法、茶艺、剪纸、版画、橄榄球、

5月29日，顺义区花样童年“七彩童年·七彩梦”庆“六一”儿童节游园活动举行

舰船模型等特色课程也齐聚鲜花港，争相绽放，学生们现场展示自己的特长并进行互动。“七彩童年·七彩梦”庆“六一”活动已经成为顺义区教育系统品牌活动，活动为学生展示特长、学校展示特色、全区社团互动搭建了平台，促进了教育发展的多样化。此次游园活动共有来自全区80余所小学、幼儿园的近万名少年儿童和家长代表参加。

（秦连红）

【文学社团开展“纪念抗日战争胜利70周年”主题活动】8月6日，顺义区少年宫文学社团开展“铭记历史珍爱和平纪念抗日战争胜利70周年”主题实践活动。学生们在文学社团负责人赵老师的带领下，来到了北京市青少年爱国主义教育基地——顺义区焦庄户地道站遗址参观。参观活动过程中，学生们认真地听讲解员的讲解，了解许多当年日军侵略者犯下的滔天罪行，不时用手机、相机拍照，记录了英勇不屈的抗日民族英雄的英雄事迹。他们被焦庄户抗日根据地人民的机智勇敢深深感动。学生们游览参观了顺义人民团结抗日的杰作——水井地道、火灶地道、驴槽地道、碾盘地道和旋转门、防烟门、防水门、截流阻击门等，孩子们被中国人民的聪明才智深深折服，被顺义人民不畏强敌、舍身保国的英雄壮举折服，作为中国人的自豪感油然而生。不忘国耻、发愤图强的爱国热情十分高涨，活动收到了极好的效果。学生们的观后感将在团内进行交流，并择优进行刊登。

（赵建霞）

8月6日，顺义区少年宫文学社团开展“铭记历史珍爱和平纪念抗日战争胜利70周年”主题活动

【开展暑期“文学读写公益大讲堂”活动】8月8日，顺义区少年宫开展暑期“文学读写公益大讲堂”活动。活动邀请顺义区语文高级教师、北京市先进教育工作者、在写作辅导方面做出突出贡献的退休教师王淑芸老师主讲。王老师所指导学生作品曾被神6带入太空，也曾被中央电视台采访介绍教学经验。此次活动中，王老师从如何激发孩子学习兴趣，如何利用语气词提升作品感染力，及阅读与写作的关系等，面对面与学生及家长交流，收到了很好的效果。许多学生听了王老师的讲座，一下子觉得写作是一件很有趣又不是很难的事情。讲座活动结束后，许多家长积极咨询，想让自己的孩子参加少年宫的文学社团，提升孩子的阅读水平和文学素养。

（赵建霞）

【在全国青少年航空模型教育竞赛中顺义区代表队喜获佳绩】8月15至17日，第十七届“飞向北京－飞向太空”全国青少年航空模型教育竞赛在海口举行。来自顺义区李桥中小、东风小学、龙湾屯中小、北小营中小、南彩二小、李遂中小、十五中、杨镇一中和顺义一中等9所中小学校的14名学生参加了飞鲨、黄鹂、天戈、轻骑士、米奇一号和兼项项目的比赛。经过4天的激烈角逐，顺义区参赛队取得1枚金牌、1枚银牌、4项一等奖、4项二等奖、10项三等奖和4项优胜奖的佳绩。

（王嘉姗）

【顺义区少年宫教育集团成立】8月，经顺义区委教工委、顺义区教委两委会议讨论决定，整合顺义区少年宫和顺义区少年之家的资源，成立顺义区少年宫教育集团。教育集团成立后，将发挥资源整合优势，对两个单位的人力和物质资源进行统一调配、统一管理，原顺义区少年之家改称顺义区少年宫建新分部，由少年宫副主任张广忠同志负责，9月1日开始正式接待少年儿童开展校外教育活动。

（焦卫军）

【举办教师节庆教龄活动】9月9日，顺义少年宫举办“坚守平凡岗位情系教育沃土”教师节庆教龄活动。首先，少年宫领导致辞，向每位教职工送上真挚的祝愿，感谢他们对校外教育工作做出的贡献。之后，新老教师进行互动，老教师代表通过回顾自己的教育人生，勉励年轻教师在教育岗位上坚持奉献精神；年轻教师为前辈献上鲜花，承诺要立足本职，敬业奉献。整场活动真情互动，气氛和谐热烈。此次庆教龄活动，充分体现了奉献、进步的红烛精神，再度点燃老教师的工作热情，也鼓励年轻教师们以饱满的热情投入到教育教学工作中来。

（秦连红）

【举办校外教育论文撰写培训】 9月12日，顺义少年宫教研室结合第四届“教育理论与实践”论文评选活动，聘请校外教育专家石宝泉主任为教师们作校外教育论文如何撰写的讲座。石主任结合少年宫教师的论文，以“顺义少年宫论文分析”为题，从为什么教师要写论文，怎样写好校外教科研论文二个方面进行了详细的阐述。

（李淑红）

【北京市第十六届学生艺术节校园集体舞（顺义赛区）比赛圆满结束】 9月13日，北京市第十六届学生艺术节校园集体舞（顺义赛区）比赛在顺义二中圆满结束。31所中小学参加了本次比赛。舞蹈特级教师、中国儿童音乐学会副秘书长张先敏，《舞蹈》杂志社社长谭美莲，海淀区校园舞蹈文化艺术培训学校校长徐敏贤，海淀区舞蹈教研员史渊萍、郭海霞老师担任了本次比赛的评委。比赛中，学生们穿着统一的服装，面带微笑，踏着音乐的节奏，迈着优美的步伐走进赛场。男生们昂首挺胸、风度翩翩，女生们亭亭玉立、优雅大方。幸福和快乐的笑容洋溢在每个参赛学生的脸上，充满活力的身影舞动在赛场上。通过本次比赛，充分展现了学生们活泼开朗、健康向上的精神风貌，促进了青少年德、智、体、美全面发展。

（武巍巍）

【区中小学生社会大课堂活动课程发展推进会召开】 9月16日，顺义区中小学生社会大课堂办公室组织召开资源单位学生活动课程发展推进会。北京课程研究中心主任朱传世，顺义区委教工委副书记张海东，顺义区中小学生社会大课堂办公室主任李明伟出席会议并发言。区教委中教科、小教科，区考研中心课程室、教研室相关领导专家，中小学德育干部代表及18家资源单位共计50余人参加会议。会议由小教科沈浩发老师主持。推进会上，北京河北村民俗体验园、怀柔安全教育体验馆、北京国际鲜花港三家资源单位代表就学生活动的内容、形式、课程设置做了展示说明。朱传世主任分别对3家资源单位的课程进行点评，就“社会性资源课程化”提出六点建议，强调课程要注重立德树人、整体育人，要加强教育与生产劳动的结合，要有产品意识。张海东书记要求参会资源单位从实际出发，按照本单位的特点与优势进一步完善课程结构，尽早推出适合顺义区中小学生特点的学生活动课程，为顺义区学生活动课程化实施打好基础。最后各资源单位在课程室、教研室5位专家的带领下分小低、小中、小高、初中、高中五个小组，对课程进行逐一的分析。经过研讨，各资源单位表示要尽快完善课程，突出特点，充实内容，为顺义区中小学生的活动提供优质服务。

（苏建鹏）

【顺义区首届（2015）青少年机器人巡回赛完美落幕】 经过北石槽小学站、双兴小学站比赛之后，9月25日，顺义区首届青少年机器人巡回赛收官之战“移师”顺义一中报告厅，将小赛场搬上了大舞台。来自全区16所中小学校140余名学生参加了本站角逐。

9月25日，顺义区首届青少年机器人巡回赛完美落幕

区学生科技节办公室主任、少年宫主任李明伟到场，并全程观看了精彩赛事。竞赛设单项赛和挑战赛两个项目，单项赛主要比拼解决方案的新奇和实用性，挑战赛主要是考验学生综合解决问题的能力。通过竞赛，参赛选手们解决问题的能力得到了提高，同时也开阔了眼界，吸取了更多的竞赛经验。本站竞赛通过大屏幕现场直播的形式，拉近了赛场内外的距离，可视性强、透明度高、参与面广，且便于全区各学校师生间相互学习借鉴。通过本届巡回赛激发了参赛师生的热情，促进了顺义区青少年机器人教育的发展。

（张立平）

【华彩合唱团赴台湾演出交流圆满成功】9月25日至10月3日，在顺义区教委的大力支持下，顺义区少年宫华彩合唱团33名学生在少年宫培训部主任刘瑞红、团长赵淑华、钢琴伴奏张瑜、指挥寇瑾妍以及合唱团顾问、著名指挥家蓬勃老师的带领下，应中国文联公派赴台湾参加“魅力金秋悦动海峡”两岸合唱音乐会，并有幸与台北爱乐儿童合唱团交流学习获得圆满成功，收获颇多。

（赵淑华）

【文学社团组织“畅游花海之观花写花”活动】9月26日，少年宫文学社团的学员们来到位于杨镇的顺义国际鲜花港，开展观花写花活动。集世界各地多个国家的上百种菊花在园艺师的精心布置下争奇斗艳。菊花的种类繁多、栽培的造型奇特，孩子们欢呼雀跃的同时纷纷拿出了自己备好的手机、相机，留下美丽的瞬间。有的学生还饶有兴致把所看到的不同的菊花的花瓣花叶拍下来准备回去作比较。孩子们自始至终都兴致勃勃的徜徉在菊花的海洋之中。孩子们身心愉悦的同时用不同的方式记录着、收获着。结束游览后，孩子们尽情抒发着自己的情感，在老师的组织下，他们谈感受，说收获，最后用写作文和日记、设计手抄报等方式展示自己的实践所得。

9月26日，少年宫文学社团组织“畅游花海之观花写花”活动

（赵建霞）

【中国梦·民族情——“小天使杯”全国青少年宫民族民间艺术展演交流活动在顺义举行】10月4日，中国梦·民族情——“小天使杯”全国青少年宫民族民间艺术展演交流活动在北京市顺义区牛栏山第一中学举行。来自全国11个省（市、自治区、直辖市）的近500名师生相聚在金秋的北京，用民歌、民舞、民乐的艺术形式唱响中国梦，抒发民族情。此次活动由文化部民族民间文艺发展中心、北京市顺义区人民政府支持，中国青少年宫协会主办，北京市顺义区少年宫承办。此次活动旨在通过展示民族民间艺术风采，使广大青少年充分体验中华民族传统的多元文化，发现并培养民间艺术新人，交流青少年民间艺术教育经验，进一步引导青少年继承和发扬中华民族的文化传统精髓。自今年5月活动启动以来，活动组委会共收到各地青少年宫选送的精品节目44个，经专家评审，有19个优秀节目参加在京举行的现场展演活动。在京交流期间，活动组委会还将安排这些优秀节目参加第十一届中国菊花展览会的专场演出，并在顺义区少年宫举办有专家和来自全国30余家校外教育机构负责人共同参加的“校外教育与民间艺术的传承与创新”交流研讨会。文化部民族民间文艺发展中心主任李松、顺义区和中国青少年宫协会等有关单位领导以及白淑香、樊祖荫、梁力生等专家出席了活动开幕式，并同近千名全国各地青少年一起观看精彩的文艺表演。

10月13日，顺义区中小学生湿地植物识别定向越野体验活动举行

（张广忠）

【中国梦·民族情——“小天使杯”全国青少年宫民族民间艺术展演颁奖活动在北京国际鲜花港隆重举行】 10月5日，中国梦民族情——“小天使杯”全国青少年宫民族民间艺术展演颁奖活动在北京顺义国际鲜花港隆重举行。来自10个省（市、自治区、直辖市）16个节目进行现场展演。伴随着第十一届中国菊花展览会，在花的海洋中表演歌舞，把民族民间艺术展演活动推向了高潮。展演活动后，进行了颁奖，19个节目获得金奖。顺义区少年宫的民间舞蹈《龙狮舞动中国梦》获得了最佳表演奖；陕西省西安市莲湖区少年宫的民间舞蹈《大老碗》获得最佳编创奖；广西壮族自治区南宁市青少年活动中心的瑶族舞蹈《银铃叮当小瑶妹》获得最佳特色奖。

（张广忠）

【顺义区中小学生湿地植物识别定向越野体验活动举行】 10月13日，由区教委主办、少年宫承办、汉石桥湿地协办的顺义区中小学生湿地植物识别定向越野比赛活动在杨镇汉石桥湿地举行。来自全区45多所中小学的225名运动员及56名教师参加了本次比赛。本次比赛小学以学校为单位进行团体赛，中学分为中学男子组、中学女子组2个组别，团体赛设小学组、中学组两个组别，教师自由赛设男子组、女子组两个组别。最终决出个人比赛前十名、团体前六名。定向越野是一项集智能、体能于一体，充满趣味性、知识性、竞争性的新型体育运动。此项运动重在培养学生分析解决问题和运用逻辑思维的能力，同时学习如何在野外正确判定方向和使用地图的实践技能，对锻炼人的意志，提高人的智力、体力水平具有重要意义。

（任立春）

【利用大课堂资源为学生的实践活动服务】 10月14日，杨镇一中70余名高二学生和老师来到北京鲜花港，参加由顺义少年宫和北京鲜花港共同主办的主题为“菊华秋韵风华正茂”顺义区中学生“赏菊·咏菊”诗会活动。活动分三个环节。首先是“赏菊”，学生们用自己独特的视角来观察，认真思考真正感受菊花的特征；然后是“咏菊”，在充分感受菊花的基础上，同学们用诗词赞美菊花，抒发对菊花的情感，感受菊花之美、自然之美、人与自然的和谐之美；最后一个环节是分享感受，同学们用真诚的话语表达出对此次活动的欢迎，并希望以后还能多参加这样难忘又有意义的实践活动。本次活动利用社会大课堂北京鲜花港的资源，为学生社团即杨镇一中“诗社”提供了实践的机会。这次活动贴近高中生的实际需求，贴近学校的教学，探索了校内外教育如何衔接，也尝试了资源单位的资源怎样进行开发和利用，怎样更好地为学生成长服务。

（汪　莉）

【举办蒋淑梅书画展】 顺义少年宫蒋淑梅的个人油画展《情·烛》于10月19日在北京飞天唐自头艺术空间成功开幕。中国华侨画院院长、著名画家张清智，顺义少年宫主任李明伟，白石后人、艺术馆馆长齐景山，中慈华夏国际文化艺术中心主任张凤荣，北京市顺义建筑工程公司市政工程处领导，顺义美协副主席高伟明和生海华老师，中国书法名家联合会理事秦兆勇，唐自头影业董事长金常喜，总经理殷志强，艺术空间总经理耿晓临与来自全区的中学美术教师们和顺义少年宫领导及所有教师云集一堂，共赏蒋淑梅老师的油画佳作。蒋淑梅，女，1981年出生，北京人，毕业于首都师范大学油画系，现为顺义少年宫美术教师，中国华侨画院画家，中央国家机关美术家协会会员，全国少年儿童书画教育名师。作品《画阁春红》获得中国华侨文学艺术家协会书法美术展览银奖，作品还参加了中俄油画艺术交流展、蜀地风情油画邀请展等国内外艺术大展并获奖，受到保利官方与业内投资人士青睐。作品《暗香》于2014年被北京元典美术馆收藏。此次展览共展出油画作品34幅。其中的系列作品《情·烛》无一不是这位温婉的女子对内心、对生活、对世界的极致关怀与思考。

（刘　燕）

【科技校园行——木林中小科技嘉年华活动落幕】10月30日，由顺义区教委主办、顺义区少年宫承办的“科技校园行——顺义区木林中心小学科技嘉年华”活动圆满落幕。顺义区少年宫主任李明伟、木林中心小学校长刘向东及全体师生740余人参加了此次活动。活动中孩子们对各种科技模型器材充满好奇，通过动手操作，亲身体验到科技的魅力，在快乐中了解科学，爱上科学。首次木林中小科技嘉年华活动的成功举办，不仅为该校更好的开展科技特色活动提供了新方向，同时也为全区其他学校开展科技活动起到示范引领作用。

（任立春）

【顺义小学生航空模型竞赛成功举办】10月31日，“放飞梦想”——波音航空科普教育系列活动顺义区小学生航空模型竞赛在顺义区澜西园小学成功举办。本活动是由北京学生活动管理中心、北京青少年发展基金会、波音公司主办，全市16个区县共同参与的一项旨在提高青少年儿童的航空知识水平，普及航空知识的公益活动。本次竞赛是顺义区区赛，该区甄选16所航模活动开展较好的小学，共160名选手参加角逐。竞赛分为“风火轮”室内直线竞速赛、super cub通用飞机橡筋动力简易模型、波音787商用飞机弹射仿真模型、牵引模型滑翔机、自行设计制作轻质材料弹射模型滑翔机和自行设计制作微型电动模型滑翔机等六个项目。在比赛中同学们体验着亲手制作操控航模的乐趣。这次比赛提高了学生的航空知识水平，引导他们更多地关注中国的航空事业。

（苏建鹏）

【顺义区“科技校园行”活动第二站走进杨镇中心小学】11月4日，顺义区少年宫组织的“科技校园行”活动第二站来到了杨镇中心小学，全校1000余名师生参与此次活动。在科技模型体验活动中，大家参与的热情非常高，经过两个小时的探究体验，孩子们用他们灵巧的双手将原本零散的模型零件拼装起来。这个过程不仅让学生体验到成功的喜悦，同时也感受到科技的魅力。

（任立春）

【召开“十二五”科研课题结题大会】11月6日，顺义区少年宫《顺义区青少年科技、艺术拔尖创新人才早期培养的机制与模式研究》和《加强校内外结合，深化教育改革发展》两个科研课题结题。参加会议的领导有首都师范大学教育学院副院长康丽颖教授、市校外教研室主任周立奇、校外教育专家石宝泉老师、顺义区教科室主任朱元兆，还有各区县主管教科研领导和部分教师及课题组的全体成员约50多人参加此次会议。成果展示包括活动展示和成果展示两部分。活动展示是美术和科技作品展示，内容详实丰富。成果展示有成果文本材料和成果宣传展板及影视资料。在成果课题介绍中，首先观看成果宣传片，接着是张广忠和刘瑞红两个课题负责人分别作结题报告。分课题负责人亢青松和乔达两位老师就美术和电声乐团的教师社团活动情况做了发言。最后，是专家点评。三位专家就课题研究的实用性和

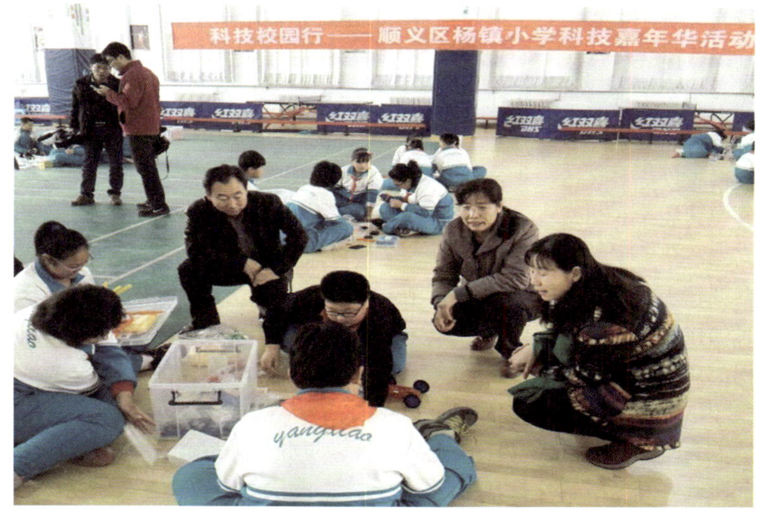

11月4日，顺义区“科技校园行”活动第二站走进杨镇中心小学

11 月 7 日，顺义区举办“培育价值观共筑家乡梦”中小学生建筑模型大赛

研究的现实性给予充分的肯定。就课题的题目要精练、理论要补充、方法要完善等方面也给出中肯的建议和指导。最后，市校外教研室主任周立奇作总结发言。此次结题大会，对顺义少年宫的教科研乃至校外教育的发展起到了很好的促进和提升的作用。

（李淑红）

【举办“培育价值观共筑家乡梦”中小学生建筑模型大赛】 11 月 7 日，“培育价值观共筑家乡梦”2015 年顺义区中小学生建筑模型大赛在南彩第二小学隆重举行。全区 34 所中小学校 1200 余名学生参加现场设计搭建比赛。该活动由顺义区教委、顺义区体育局主办，顺义区少年宫承办，并得到顺义区建筑设计所的大力支持。全国中小学生建筑模型比赛仲裁委员、东城区科技馆副馆长徐伟观看了同学们设计制作过程，并向孩子们提出了制作建议。“2015 年顺义区中小学生建筑模型大赛”从今年上半年开始筹备，分两次进行区级辅导教师培训，力求提高教师辅导水平，从而更好地指导学生参加大赛。通过参与该项活动，同学们初步了解了顺义新城功能规划、环境保护与治理等方面内容，学到了课堂上学不到的城市建筑设计等相关知识，动手、动脑能力得以提升，激发了他们的创造热情。作品展示了顺义新城的变化与发展，彰显学生们的创新精神和扮靓家乡的美好愿景，进而达到了宣传并培育社会主义核心价值观，立德树人的教育目的。

（武巍巍）

【郊区校外“宫本培训”交流研讨会在顺义少年宫召开】 11 月 8 日，北京市郊区县校外教育机构中层干部“宫本培训”交流研讨会在顺义少年宫召开。参加此次会议的有来自 10 家郊区校外教育机构的 15 位负责教育科研工作的副主任及中层干部。会上，各校外教育机构就宫本培训方面的目标、措施、效果等进行了交流。大家一致认为，宫本培训是促进校外教育机构整体发展和提高教师专业化水平的最有效途径，宫本培训要不断创新，以适应时代发展的需要。

（左晓茹）

【市政府教育督导室考察顺义区少年宫校外教育情况】 11 月 12 日，北京市人民政府教育督导室对顺义区校外教育工作进行综合督导。下午，督导组到顺义区少年宫进行实地考察。督导组听取顺义区少年宫主任李明伟以《合力育人重实效培育品牌显特色》为题的校外教育工作情况汇报，召开干部、教师座谈会，查阅相关档案资料，实地考察顺义区少年宫的品牌社团“小天使”艺术团、“小天使”书画院和“小天使”科学院的建设情况，观看了活动展示，查看了教育设施和环境。督导组充分肯定少年宫的校外教育工作，认为少年宫能够紧跟教育改革步伐，与校内合力育人，充分体现校外教育独特、稳定、普及的特性。建议要敢于突破，努力解决校外教育改革中的重点和难点问题。

（秦连红）

【首届顺义区中小学生创客秀教育活动举行】 11 月 18 日，首届顺义区中小学生创客秀教育活动在少年宫拉开帷幕。区教委体卫艺科科长张克深、副科长刘美坤、少年宫主任李明伟观摩了本次活动。全区 20 所中小学校 180 余名学生参加。本次创客秀活动以学生为主体，以生活为背景，以展示校园文化为宗旨，涉及科技创新、交互玩具、文化创意、手工艺造四大类。机器狗、风火轮、服装炫、蛋皮画……一件件作品在小创客们的脑中形成、在指间诞生，孩子们在实践中完成了科技与创意的融合。创客教育旨在培养青少年运用先进的信息科技进行创意、设计、制作、分享，提升学生创造性地解决综合问题的能力。近年来，顺义区在逐步进行创客教育的探索，本次教育活动的开展将起到推动作用。

（任立春）

【第十三届市郊区校外教育活动案例展评交流评审培训会在顺义少年宫举办】12 月 7 日，第十三届北京市郊区校外教育活动案例展评交流评审培训会在顺义区少年宫举办。参加此次培训的有北京市学生活动管理中心副主任史建华、校外教研室主任周立奇、特级教师周放、校外教育专家石宝泉和顺义区少年宫主任李明伟及校外教研室主任们组成的评审组成员共计 15 人。周放老师从激发兴趣、促进学生自主学习及如何评价学生等方面阐述了自己的看法，对当前学生存在的问题及教师存在的问题指明了改进的方向。石宝泉老师从评选主题、活动反思等方面做了培训。评审组成员们结合活动案例进行了交流和研讨。最后，史建华和周立奇主任对此次培训会作了总结发言，并对今后校外教育教学的发展提出了新的要求。他们指出，几年来的案例展评活动对郊区的校外教育起到一定的推动作用，今后的工作，要以此为抓手，有理念、有标准、有高度，推动校外教育教学的进一步改革。

（李淑红）

【顺义区首届中小学生才艺展示复赛圆满结束】12 月 12 日，由顺义区教育委员会、顺义区广播电视中心主办，顺义区少年宫承办的顺义区首届（2015）中小学生才艺展示活动复赛在顺义一中举行。全区共有 23 所中小学校 44 个节目 180 余名学生参加了复赛。来自央视新闻采编部、北京电视台和顺义区文化馆的三位专家担任现场评审工作。“七步成诗”、川剧变脸、八角鼓说唱、群口相声、花样跳绳、创意飞行……精彩不断、惊喜不断。评委使用电子打分器现场打分、亮分，在场同学们既紧张又兴奋地期待着。复赛结束后评选出 16 个优秀节目将参加 12 月 26 日的决赛（展示）。此次中小学生才艺展示活动是顺义区自主创设的学生素质教育活动。通过遴选有特殊技能、独特爱好及突出才艺的学生进行展示，或编创构思独特、立意新颖的节目现场表演，展现顺义区学生素质教育的喜人成果。

（王嘉姗）

12 月 24 日，顺义区少年宫召开“十二五”美育科研课题结题现场会

【召开“十二五”美育课题结题现场会】12 月 24 日，顺义少年宫的市级美育科研课题《顺义地方特色校外美术活动课程研究》和《在校外英语和文学阅读兴趣小组中实施美育的研究》通过专家评审，顺利结题。专家们对此次课题结题给予高度的评价，认为从研究内容的丰富多彩、研究成果的深度挖掘和与教育前沿热点的紧密联系等方面都有很多值得借鉴和推广的价值。最后，专家们对此次课题如何与校内融合，如何使校外教育成为校内教育的第二个增长点等方面给出修改的建议。经过 3 年的努力，2 个课题顺利结题，标志着顺义少年宫的教科研水平又上了一个台阶。

（李淑红）

【开展教师陶艺培训活动】12 月 30 日，少年宫教研室组织全体教师到神笛陶艺村开展陶艺制作培训。首先听取神笛陶艺村的技术人员讲解陶艺制作方法；接着现场体验拉坯、彩绘、泥塑等不同形式的陶艺课程，感受中国传统陶艺文化的魅力；最后交流、讨论学习收获，挖掘其中可利用的教育资源，为今后设计学生实践活动积累素材。

（李淑红）

合作交流

【概况】2015 年，顺义区合作与交流工作进一步加强。

一是广泛寻求高校合作。与北京师范大学、北京教育学院、首都师范大学等高校合作，优化课程体系，实施有效教学方式研究，加强校长教育理念、研究能力、领导智慧等方面的培训，为教育改革和学校发展助力。

二是积极落实北京市教委提出的“高参小”（“高参小”即北京市高校、社会力量参与小学体育、美育工作）项目指导意见，抓好《顺义区关于开展农村学校艺术教育实验区工作方案》的落实，与高校合作，做好农村地区器乐进课堂工作。

三是广泛开展联盟校间、兄弟区县以及各国之间的参观交流与互访活动，加强在学科建设、教研科研、传统文化等领域的交流与合作。

【少年宫“小天使”舞蹈团赴美国交流演出】2月5至15日，顺义区少年宫“小天使”舞蹈团26名团员赴美国参加第五届文化中国·中国非物质文化遗产美国行暨第三届百花迎春·美国林肯中心星光庆典交流活动。在十一天的美国之行中，舞蹈团参加在林肯中心的庆典，作为开场舞，具有中国特色的舞蹈“俏妞妞”为美国华人华侨带来祖国同胞的问候，赢得全场的掌声。随后几天，小团员们走进哥伦比亚大学和西点军校，参观白宫、国会大厦、独立宫等。学生们在开阔眼界的同时，舞蹈表演能力、团队交流合作能力、自我管理能力得到提升。

（李珊珊）

【少年之家干部教师赴大兴区东城区参观学习】4月16日，顺义区少年之家干部教师一行6人赴大兴区少年宫、东城区地坛青少年活动中心参观学习。在大兴区少年宫，观看了文化建设宣传片，参观了校园环境文化建设，与大兴区干部教师就文化建设进行深入交流和探讨。在东城区地坛青少年活动中心，参观了该中心的兴趣小组活动室，了解特色活动项目并针对工艺美术项目进行交流。此次参观学习，老师们纷纷表示受益颇丰，不仅开阔了视野，增长了见识，更增进了三所校外机构之间的友谊。

（杨　京）

【召开综合改革项目总结交流会】5月9日，北师大—顺义区教育综合改革项目总结交流会在仁和中学召开。参与项目的18所实验校，共同总结过去三年的收获与进步。交流会以特色学校建设、德育课程一体化、有效教学三个子项目为汇报内容，在各个子项目专家团队的带领下，采用现场对话、亮点展示、微视频播放等多种形式进行总结汇报。特色学校建设子项目组展示5所学校的办学理念与实践框架，并选择重点领域深入交流，如南彩学校重点交流学校的养正教育文化，包括“身正为范”的教师文化、“求正创新”的课程文化等。德育课程一体化建设子项目组展示各自形成的德育特色与德育工作主线，如顺义二中的“责任教育”德育特色、杨镇小学的“活力教育”德育特色等。有效教学子项目组展示如何使用课堂观察量表、课堂教学改革、干部教学管理能力提升等方面的内容。本次交流会达到了充分交流和展示推广项目成果的目的，实现优质教育资源共享，达到预期目的。区委教工委书记、教委主任刘克祥出席并讲话。区政府教育督导室主任李卫国，北京师范大学教育管理学院院长鲍传友分别代表顺义区和校方作项目工作总结。2011年11月，区教委与北京师范大学教育管理学院签署合作协议，开展教育改革实验，确定每3年为一个周期。经过自愿申报、教委确定的方式，20所学校参与到项目研究实践中。三年来，在高校专家的指导下，项目学校干部教师共同努力，分别在文化建设、特色发展、课程体系建设、课堂教学改革以及德育课程建设等方面，取得阶段性突破，达到预期目标。全区80多所中小学校300余人参加本次交流会。

（贾立新　刘艳茹）

2月5日，顺义区少年宫“小天使”舞蹈团赴美国交流演出

【首师大—顺义区小学学校自主发展共同体建设合作项目启动】 5月21日，首师大—顺义区小学学校自主发展共同体建设合作项目启动会在牛山三小举行。会议由干训科科长刘艳茹主持。会上，首都师范大学基础教育发展研究院项目负责人杨朝晖教授介绍“UDS学校自主发展行动计划”项目。牛山三小校长刘春波作《项目促学校全面发展》报告，牛山三小干部和教师代表与大家分享学校参加项目一年来的心路历程与发生的改变，阐释项目“致力于改变，改变在日常”的理念。石园小学校长李冬红与板桥中小校长李海霞分别结合本校情况，对学校的发展现状做简要介绍，并对项目组提出发展需求。区委教工委副书记张海东出席并鼓励学校坚定不移地继续推进项目研究，期待学校取得更丰硕的成果。UDS项目负责人、顺义区教委及区教研中心考研中心相关人员及项目学校干部教师参加。

（王国华　王丽婷）

【广州市海珠区少年宫来宫参观】 9月12日，广东省广州市海珠区少年宫一行四人到顺义区少年宫参观。此次来访受到少年宫书记李宝田、副主任张广忠的热情接待，并带领他们参观动手制作、机器人、舞蹈、声乐、古筝等专业教室。张主任就教育培训、活动开展、人员管理等方面向来访者做详细介绍。

（焦卫军）

【UDS学校课程领导力建设项目组织首次集中研修】 9月16日，首师大与顺义区UDS学校课程领导力建设项目在杨镇二中开展首次研修活动。首师大基教院副院长王海燕介绍项目合作的背景和启动历程，对三方合作形态、发展目标等提出期待。活动中，杨镇二中代表五所项目校发言，石欧教授作《超越课堂，向课程要质量》主题培训，上地实验学校教学主任刘冀群、年级主任马瑄、历史教研组长陈亚东作为该校课程建设团队核心成员，从不同层面介绍学校开展课程建设的实践过程和反思。项目组详细解读项目行动方案，明确项目工作方式和阶段性任务要求。项目组成员与各成员校逐一对接，分组交流各校调研情况，讨论学校课程建设思路。本次活动是该项目启动以来组织的首次集中培训。区教委领导，首师大有关专家出席，五所项目校的干部团队、学科教研组长和年级组长共200余人参加。

（胡伦权）

【举行家校共育指导基地合作项目签约仪式】 9月17日，顺义区仇家店中小与国家基础教育实验中心家庭与学校合作教育指导委员会、中国国际民间组织合作促进会、家长与教师合作委员会举行家校共育指导基地合作项目的签约仪式。活动分四个环节，一是北京市教育科学研究院德育研究中心主任谢春风、顺义区委教工委副书记张海东分别致辞和讲话。二是仇店中小和北京市教育科学研究院德育研究中心签订《家校共育指导基地合作建设协议书》，并授予仇店中小“家校共育指导基地”“北京市中小学家校合作与家庭教育重点研究室”铭牌。三是国家基础教育实验中心家庭与学校合作教育指导委员会理事长赵刚为家长和教师作《把孩子寄托给学校，孩子的人生注定失败》的讲座。四是开展“家校合作的深层建构”研讨活动。

（沈浩发）

【3所学校与北师大签约开展“高参小”项目】 9月29日，北师大“高参小”签约仪式在北京师范大学主楼A414会议室举行。顺义区光明小学、杨镇中小、李桥中小校长参加签约仪式，成为顺义区与北师大首批牵手学校。市教委主任线联平、委员王定东、体卫艺处处长王军以及各区县主管主任、科长、北师大项目负责人参加签约仪式。

（刘美坤）

**【与黄城根小学开展同课异构活

9月至11月，顺义区内小学与黄城根小学开展同课异构活动

动】9月至11月，顺义区名师大讲堂活动暨顺义区内小学与黄城根小学同课异构活动分别在顺一附小、赵全营中小、李桥中小举办。这三次同课异构活动主要在数学、语文、英语三个学科进行，并开展课堂教学专题研讨与交流，提升本区小学教师的学科综合素养。

（黄秋凤）

【启动小学中华优秀传统文化“行知”项目】12月25日，顺义区小学中华优秀传统文化“行知”项目启动仪式举行。该项目由北京师范大学继续教育与教师培训学院承担，双兴小学、东风小学教育集团建新与裕龙校区、西辛小学、后沙峪中小、杨镇中小、光明小学、北务中小8所学校作为研究基地校。北师大利用其资源优势，依据学校现有发展基础，研究实施学校中华优秀传统文化教育。项目启动后，北师大将采取走进学校对干部教师集中培训等方式进行实地指导。顺义区教委副主任孟朝晖及8所基地校校长、项目负责人共30余人出席。

（黄秋凤）

普通中学

·北京市顺义牛栏山第一中学·

【概况】2015年，北京市顺义牛栏山第一中学占地面积18.17万平方米、建筑面积12.09万平方米，体育场（馆）面积3.53万平方米。图书馆（室）藏书11.98万册，电子图书43974册，订阅杂志、报刊395种。固定资产总值12358.11万元。全年教育经费投入1634.54万元，全部为国家拨款。全年学校信息化经费投入48.92万元，拥有计算机1230台，多媒体教室座位5000个，校园网出口总带宽200Mbps，数字资源量15000GB，“信息技术”课程2课时/周。普通教室69个、专用教室26个、实验室17个。教职工400人，其中，高级职称128人、中级职称120人。专任教师291人，包括特级教师6人、北京市骨干教师15人、北京市学科教学带头人3人；本科以上学历372人。开设教学班51个，全部为高中班。毕业671人，招生644人，在校生1901人，包括寄宿生1869人。高中录取分数线546分（本区），应届高考本科上线率96%。

单位名称：北京市顺义牛栏山第一中学

地址：北京市顺义区牛栏山镇育才大街1号

电话：010—69411142

邮政编码：101301

www.nlsyz.com.cn/niulanshan/

（许　坤）

【举办同课异构教学展示评比】3月17日至5月6日，牛栏山一中举办同课异构教学展示评比活动。本次活动紧紧围绕该校2015年“聚焦课堂、围绕课堂、改革课堂”教学工作意见，以“创设教学情境，发挥学生自主学习能力，发展学生深度思维”为主题，分同课异构展示和青年教师评优课展示两个阶段。由学术委员会成员、学科组长、教研组长、督导室成员组成核心听课评价组，对高一、高二年级高考学科共37位教师进行常态课评价。评选出一等奖18名，二等奖19名，先进群组奖2个。

（许　坤）

【完成体育场改造】5月2日，牛栏山一中完成体育场改造。该体育场占地面积21238.9平方米，其中，国家标准田径场20557.5平方米，看台681.4平方米（占地面积）。此次改造更换了13105.5平方米的塑胶跑道和7452平方米足球场草坪。足球场下铺设了416眼地源热井，可提供4万平米的供暖。看台重新粉刷并更换座位椅2300个。增设4架田径场照明高杆灯。该工程从2014年6月动工，由政府投资1353万元。

（许　坤）

【与北京西藏学生通过网络同上一节课】5月13日，牛栏山一中与北京陈经纶中学、拉萨北京实验中学三校学生通过网络同上一节课。课上陈经纶中学的师生介绍了北京特色饮食——烤鸭，牛栏山一中师生介绍了顺义特色美食——槐花饺子，拉萨北京实验中学师生介绍了西藏特色美食——酥油茶。通过先进的技术手段，北京和西藏的师生在课上实现充分的互动，初步取得三地同上一节课的效果。该活动打破时空和地域界限，充分挖掘汉族和少数民族的不同文化资源，提高课堂教学的真实性和可信性。与此同时，此次活动开启了该校与各名校联合互动教学的实践尝试，为该校开展网络教学活动积累了经验，为教师协作授课、听课、评课提供了条件。

（许　坤）

【召开手持移动技术在教学中应用研讨会】5月21日，牛栏山一

5 月 21 日，牛栏山一中召开手持移动技术在教学中应用研讨会

中召开手持移动技术在教学中应用研讨会。会议旨在分析该校手持移动终端教学使用情况和 iPad 实验班课堂教学效果；提高手持移动设备运用技术；研究手持移动设备辅助教学的发展趋势。该校手持移动设备辅助教学在苹果和安卓两个教学平台进行，iPad 教学实验广泛运用在人文综合课程、禁毒德育课程、乐器识别课程和心理生涯规划等课程。北京市课程中心专家在听完两名教师应用 iPad 辅助教学情况汇报后，给予了高度评价，并介绍了目前北京市课程中心数字教材开发的基本情况。建议该校从实验的角度，以学期为单位进行总体设计，探究教与学的方式，进行数据积累，开展科学、系统电子教材应用和学习方式变革研究。

（许　坤）

【获评北京市民族团结教育示范校】 6 月 13 日，牛栏山一中获评北京市民族团结教育示范学校。该评选由北京市教育委员会、北京市民族事务委员会评选，面向北京市普通中小学和职业高中，经过申报推荐程序和评选领导小组严格评选认定。2015 年共 22 所学校被命名为“北京市民族团结教育示范学校”。该校自建校以来的六十多年间，一贯秉承国家号召，实施民族团结的民族政策，认真贯彻落实《学校民族团结教育指导纲要》，团结在校的汉、满、回、蒙、朝鲜、畲、壮、土家等十一个民族的师生，共同践行“平等、团结、互助、和谐”社会主义关系。把民族团结教育与智育、体育、美育紧密的结合，尝试创新民族教育新方法，并取得了一定成效。

（许　坤）

【在全国微课程大赛中获奖】 6 月至 8 月，牛栏山一中 13 名教师制作的 27 件微课作品分获“第三届全国微课（程）大赛”不同奖项，其中，一等奖作品 8 件、二等奖作品 6 件、三等奖作品 13 件，该校获“优秀组织奖”。该大赛由中国教育学会、全国高等学校现代远程教育协作组、微课程资源共建共享联盟共同举办。比赛旨在搭建国家级的展示交流和推广体系化微课程应用平台，促进教育信息化深入课堂教学改革，提高一线师生的微课设计与制作能力，推进跨区域优质微课的共建共享，营造多元、开放、协同与创新的信息化应用环境。大赛有来自全国 3699 所院校的 3841 名教师参加比赛，共有 14117 个优质微课程作品参赛。

（许　坤）

【与中国音乐学院共建音乐素养班】 7 月 1 日，中国音乐学院与牛栏山一中达成共建“中学音乐素养班”合作协议。双方在开设音乐素养班创新型建班模式、艺术课程开设、艺术社团指导、中国音乐学院开放资源库等方面做了具体的约定。在音乐课程设置方面将在“乐基课、乐教课、体验课”等三方面进行教学，师资由中国音乐学院选派，每周三下午第 8、9 节课为授课时间。该音乐素养班由 19 名对音乐有着浓厚兴趣，有一定音乐基础的学生组成。除此之外，中国音乐学院还为开阔该校师生艺术视野、培养文化艺术素养提供便利。至年底，已在该校举办三场专场演出。为师生提供中国大剧院、中山音乐堂演出门票 3 场。

（许　坤）

【“飞扬”舞蹈团赴欧洲演出】 7 月 11 至 22 日，牛栏山一中“飞扬”舞蹈团应邀参加“第十一届文化中国·星光校园中国非物质文化遗产欧洲行（法国戛纳星光盛典）暨第三届法中校园艺术节”活动，并被世界教科文组织、法中文化艺术节交流中心、戛纳影节宫、中国非物质文化遗产促进会授予——“为国增光、学校楷模”称号。该次活动是为纪念联合国教科文组织成立七十周年，由戛纳市政府、戛纳电影宫、法国法中文化艺术交流中心、中国

7月11至22日，牛栏山一中“飞扬”舞蹈团赴欧洲演出

非物质文化遗产促进会主办，中国艺术节基金会等单位协办，北京星光少年艺术团承办的。活动以“非遗校园传承在行动”为主题，向世界展示中国非物质文化遗产的独特魅力。该校“飞扬”舞蹈团于16日晚在戛纳电影宫以一支《鼓舞青春》舞蹈荣获组委会颁发的金奖。18日该舞蹈团赶赴意大利米兰，在“2015米兰世博会国际青少年艺术节”上，该舞蹈团为观众展演了《鼓舞青春》《花儿与少年》两支舞蹈，受到观众一致好评。该校舞蹈团由来自不同年级的17名学生组成，由舞蹈教师罗佳带队。

（许　坤）

【成为国际学生北京夏令营营地】7月12至22日，牛栏山一中做为“2015国际学生北京夏令营”营地接待来自21个国家近500名国际师生。该夏令营以感受中国为主旨，通过生动多样的讲述结合视听的形式，帮助第一次来华外国中学生全面正向地了解中国。该校做为此届国际夏令营的营地不仅为国际师生提供了安全卫生的食、宿，还全面开放体育场（馆）、教育楼、艺术中心及茶艺室等。28名学生志愿者参与服务，56名教师、工勤人员参与后勤保障。“国际学生北京夏令营”创办于2011年，是北京市教委为落实北京市中长期教育发展规划纲要精神，适应首都北京建设具有中国特色世界城市的需要，弘扬中国文化，促进汉语国际推广而举办的国际交流活动，已成功举办四届，共有35个国家和地区的近3900名国际师生参加。

（许　坤）

【承办第六届全国中学生领导力展示会】7月24至30日，牛栏山一中承办第六届全国中学生领导力展示会。本次展示会由中国教育学会、教育部中学校长培训中心、商务印书馆共同主办。展示会以“引领学生新风尚，共享项目新体验，开启公益新主张”为主题，旨在通过领导力项目和微项目展示、专家讲座交流及全球青年公益创新论坛、世界工坊、真人图书馆等各种丰富多彩的学生活动，考察和培养当代中学生的社会责任感和组织管理能力，为广大中学生搭建一个发现其领导才能、展示其领袖风采的广阔平台，也为国内外著名高校发掘、选拔和培养具有卓越能力的人才提供重要参考。本次展示会共有来自全国26个省、市、自治区的150所学校1000多名师生参赛。

（许　坤）

【两学生在全国中学生田径锦标赛上夺冠】8月1至4日，牛栏山一中田径运动员在2015年全国中学生田径锦标赛上获得奖项。该校高二年级学生刘浩然获女子组跳远冠军，高二年级程子超同学获男子800米跑冠军。本次比赛由中国中学生体育协会、中国田径协会主办，中国中学生体育协会田径分会、内蒙古自治区教育厅、内蒙古自治区体育局协办，巴彦淖尔市人民政府、杭锦后旗人民政府、杭锦后旗奋斗中学承办，设立团体、个人和体育道德风尚等奖项，来自全国25个省、市、自治区的192个代表队、1500多名运动员参赛。

（许　坤）

【在国际名校赛艇挑战赛上获奖】8月15至22日，牛栏山一中赛艇队参加第六届（2015）国际名校赛艇挑战赛获中国新津国际名校赛艇挑战赛中学生赛艇交流纪念奖和中国成都第一届国际青年龙舟友谊赛组织奖，并在中外青年赛艇文化交流论坛上进行经验交流。该次赛事分为成都站和武汉站，是国家体育总局水上管理中心和成都市人民政府（成都市体育局）、武汉人民政府（湖北省体育总局）联合主办，分别在成都新津县和武汉“大美东湖”举行。来自全球的13支队伍参加了比赛。该赛艇挑战赛自2010年开展以来均为全球知名大学组建参赛队，此次赛程首次增加了中外两支中学赛艇队，牛栏山一中赛艇队代表中国参赛，并在两站的比赛中以绝对的优势战胜新西兰哥伦巴大学附属中学赛艇队。在聚焦全球中外青年箐蓉创享会上，该校与其他运动员分享了训练体会。该校赛艇队由4名队员组成。

（许　坤）

【举办英模报告会】 9月25日，牛栏山一中举办“壮我军威扬我国威”英模报告会。该会邀请三军仪仗队女兵中队队长程诚到校，以“追寻受阅梦想，实现精彩人生”为题，为师生讲述自己的成长历程和做为三军仪仗队女兵的荣誉感、使命感。现场程诚回答了该校学生的提问，并演示了军姿。该校校长、主管德育领导及高二年级师生共计700余人到场聆听，高一、高三年级师生通过数字校园网络在教室接受了此次爱国主义教育。

（许　坤）

【第六任校长刘存孝去世】 11月7日，牛栏山一中第六任校长刘存孝因病在北京去世，享年80岁。刘存孝，1935年10月3日出生，男，汉族，北京市顺义区人，1960年12月加入中共党员，1962年毕业于北京师范学院生物系。1962年至1965年任顺义县牛栏山第一中学生物教师，1965年至1977年任该校团委书记，1977年至1983年任该校教导主任，1981年至1983年任该校副校长，1983年至1994年任该校校长兼党总支书记。刘存孝任职期间牛栏山一中被评为北京市文明单位、文明单位标兵、北京市青少年教育综合治理先进单位、北京市德育先进集体、北京市美育先进集体、北京市绿化美化花园式单位、北京市物资管理先进单位、全国及北京市体育传统项目学校、北京市电化教育优类校、全国理化生实验工作先进集体。初中巩固率、合格率均达百分之百；高考成绩名列北京市远郊区县前茅。刘存孝同志1986年获北京市中学模范校长称号；1988年获市普教系统先进工作者称号；1989年获北京市普教先进工作者、全国优秀教育工作者称号；1990年获北京市优秀思想政治工作者称号；1991年获北京市有突出贡献专家称号。

（许　坤）

【开展弘扬传统文化教育】 年内，牛栏山一中开展一系列弘扬传统文化教育活动。活动旨在通过传承、弘扬中华传统文化精髓，增强学校德育工作的实效性，进行爱国主义教育，深化校园文化内涵，创新学校文化，构建适宜学生成长的和谐校园环境。8月，该校举办以“继承传统文化，弘扬国粹艺术”为主题的牛栏山一中京剧演出，地方京剧票友和学生同台表演京剧选段。10月，邀请北京歌舞剧院的相声、京韵大鼓、快板等优秀演员走进该校，为师生献上《三打白骨精》、《重整河山待后生》、《欢声笑语》等9个节目。除此之外，该校还开设茶艺校本选修课，使学生在感受中国茶文化的同时，养心修德，学习礼制。

（许　坤）

【五项市级科研课题结题】 年内，牛栏山一中有五项市级科研课题顺利通过评审鉴定，被准予结题。其中三项课题为北京市教育科学规划2010年度立项课题，分别是政治教研组承担的“农村寄宿制高中社会实践活动在思想政治教学中应用研究”“新课改下高中政治课辩论式教学研究”和体育教研组承担的“依托大课程体系，提高农村寄宿制高中学生体质的实践研究”；其余两项为2011年5月立项的北京市教育学会“十二五”课题，分别是学校班主任工作室（或者团队）承担的“寄宿制高中单亲家庭学生

牛栏山一中第六任校长刘存孝

教育策略研究”和音乐教研组承担的“音乐教学缓解高中学生压力的实践研究”。五项课题选题均来自教育教学中面临的实际问题，内容涵盖了当前寄宿制高中发展中所面临的课程整合、教学方式、德育策略等多层次、跨学科领域的综合研究，从不同角度促进了学生全面、有个性的发展，研究成果具有很高的创新性、价值性。同时，课题负责人全部为一线青年教师，围绕国家课程校本化和跨学科综合课程开发与实践，形成了具有较高学术水准的教师创新团队，教育科研已成为学校优秀青年教师发挥才干、脱颖而出的重要途径。

（李冬梅）

【数学建模小组获两项大奖】 年内，牛栏山一中数学建模小组参加两次数学建模大赛均获得奖项。该校数学建模小组由 1 名数学教师和高一年级、高二年级 8 名学生组成，分二个代表队参赛。4 月 17 至 5 月 5 日，在首届（中学生）国际数学建模挑战赛中获中国赛区一、二等奖。该（中学生）国际数学建模挑战赛（IMMC：The International Mathematical Modeling Challenge）由全国大学生数学建模竞赛组委会（CUMCM）与美国大学生数学建模竞赛的组织机构 COMAP 共同发起，本次 IMMC 中国（大陆）赛区的选拔采取邀请赛方式进行，参赛选手在规定的时间内完成论文的撰写，经专家评审后，表现突出的参赛队进行现场答辩。本次挑战赛共有北京和上海地区的 10 余所中学 20 多个队伍参赛。9 月 11 至 14 日，在由北京市教育委员会和中国工业与应用数学学会共同举办的高教社杯全国大学生数学建模竞赛上，该校数学建模小组再次夺得北京赛区乙组一、二等奖。

（许　坤）

【尝试心理茶艺课程教学】 年内，牛栏山一中尝试心理茶艺课程教学。该教学为心理教研组与茶艺教师携手开发“茶慧人生”特色校本课程，依据心理辅导的活动原则，将心理辅导与茶道茶礼的学习、感悟中华传统茶艺文化相结合，让学生在品鉴茶香中领略古老茶艺的厚重神韵，在沉静、恬适的茶会中审视内心，体味人生。课程特色不仅体现在流溢的茶香中释放学生心灵，舒缓学习压力，帮助学生克服浮躁情绪，更是将心理健康辅导的理念融合在茶道的“和、静、清、俭”精神中，培养了学生谦和稳重的性格、豁达内敛的人生气度。该课程在高三年级进行。

（李冬梅　许　坤）

2015 年，牛栏山一中数学建模小组获两项大奖

【制定第八个三年发展规划】 年内，牛栏山一中制定第八个三年发展规划。规划以培养学生的核心素养为方向，以智慧型课堂建设为抓手，以大数据的科学分析为支撑，构建多元化的课程体系，满足学生个性化的学习需求和发展需求；以提升教师的学术能力和培养学生良好的学术素养为途径，实现建设学术性高中的战略构想；营造书香校园，践行“团结、勤勉、文明、卓越”的牛中精神。并提出该校未来三年的发展目标，即“进一步凝练师生的精神气质，提升学校凝聚力，实现优质、高效、充满活力的卓越发展，努力办成一所有温度、有品位、有学术水准的世界一流示范性高中。该规划运用 SWOT 矩阵对学校发展现状特征进行了科学分析，经该校教代会讨论、研究通过。

（李冬梅　许　坤）

· 北京市顺义区第一中学 ·

【概况】 2015 年，北京市顺义区第一中学学校占地面积 66000 平方米、建筑面积 54396 平方米，体育场（馆）面积 23898 平方米。图书馆（室）藏书 12 万册，电子图书480册，订阅杂志、报刊348种。固定资产总值12533万元。全年教育经费投入8700万元，全部为国家拨款。全年学校信息化经费投入345万元，拥有计算机545台，多媒体教室座位4096个，校园网出口总带宽160Mbps，数字资源量2000GB，“信息技术”课程2课时/周。有普通教室55个、专用教室30个、实验室16个。教职工293人，其中高级职称101人、中级职称85人。专任教师231人，包括特级教师7人、北京市骨干教师15人、北京市学科教学带头人2人；本科以上学历281人。开设教学班45个，全部为高中班。毕业562人，招生600人，在校生1759人，包括寄宿生1028人。高中录取分数线532分（本区），应届高考本科上线率97.1%。

单位名称：北京市顺义区第一中学
地址：顺义区双河大街15号
电话：69444448
邮政编码：101300
网址：http://www.syyz.bjedu.cn/。

（何雪莲）

2月27日，顺义一中2013—2014学年度优秀教师表彰大会暨颁奖典礼隆重举行

【向新良被评为首届“顺义区（十佳）优秀青年人才”】 2月12日，在顺义区全区人才工作会议上，顺义一中向新良老师被评为第一届“顺义区（十佳）优秀青年人才”。该评选工作在顺义区内尚属首次。“顺义区优秀青年人才”是以区委、区政府名义设立的青年人才荣誉称号，由区委组织部组织实施，拟每两年评选认定一次，每次原则上不超过10人。获评“顺义区优秀青年人才”需经过单位提名、系统推荐、区委评审、现场展示、区委审定、媒体公示等多个严格规范的评审程序。向新良，中学语文高级教师，区高中语文学科带头人，现任学校课程中心主任兼高一语文任课教师。曾培养出2名全区高考文科语文单科状元，所带班级被评为北京市先进班集体。其2项课题研究成果获中国教育学会国家级一等奖，3项课题研究成果获北京市一等奖，参与编著4本教学类书籍。在班主任基本功大赛和学科教学基本功大赛两项北京市顶级赛事中曾获得双料一等奖。向老师以其深厚的学术素养、卓越的教学业绩、广泛的社会辐射以及良好的社会口碑，在全区各行业各系统的众多推送选手中脱颖而出，最终作为顺义区中学教师的唯一代表，成功跻身首届“顺义区（十佳）优秀青年人才”的认定人选。

（何雪莲）

【举行优秀教师表彰大会】 2月27日，顺义一中2013—2014学年度优秀教师表彰大会暨颁奖典礼在学校报告厅隆重举行。表彰会在校民乐团欢快的演奏中拉开序幕。首先，大会主持人向全体参会教师致辞，阐明本次大会是顺义一中第二届校长奖励基金的颁奖典礼，之后宣布突出贡献三等奖67名和二等奖30名的获奖教师名单。接下来，主持人宣读颁奖词，并宣布突出贡献一等奖、卓越成就奖和特别荣誉奖获奖教师名单。突出贡献一等奖获得者是魏利民、韩克剑、张福林、李玉洁、马勃峰、田玉红、王福成、蒋吉姝、王敬宇、杜学珍共十位老师，卓越成就奖获得者是单春峰老师，特别荣誉奖获得者是谭有志老师。这些老师凭借他们忘我的付出和卓越业绩脱颖而出。校长李冬为获奖教师颁奖，青年教师为获奖教师献花。获奖教师分别发表了他们发自内心的获奖感言。

（何雪莲）

【数学组召开分层教学研讨会】 3月5日，顺义一中高一数学组召开数学分层教学研讨会。高一数学组全体教师参加。研讨会上，组长王作峰老师提出数学分层教学的具体要求。指出，教师在教学中，应根据所教层次的学情，适时调整自己的教学目标和教学设计，要做到贴近学生学习实际，要促进学生数学学科素养和学科水平的持续提升。在新学期，顺义一中在数学学科领域实施分层走班教学，是学校根据学生学习实际和学习需求采取的又一新举措。

（李学园　何雪莲）

【市级课题顺利结题】3 月 25 日，顺义一中李冬校长承担的北京教育学会“十二五”立项课题《在课程实施中培养学生自我教育与自我管理能力的研究》举行结题会。参加课题结题会的专家有自我教育专家贺乐凡、周韫玉、冉乃彦，中国关心下一代工作委员会专家委员会副主任林格，北京教育学院陈丽教授，顺义区教科室主任陈惠明。会议由区教科室李坚老师主持。在结题会上，专家一致认为：该课题是持续性研究，历时近五年，也是在过去“十五”“十一五”课题研究基础上的进一步深化与拓展。课题研究内容定位清晰，研究过程规范严谨，研究卓有成效，初步建立了有利于培养学生自我教育和自我管理能力的课程体系，课程的丰富性、选择性有所加强，探索出自我教育和自我管理能力培养策略，提高了学生自我教育与管理能力，促进了教师的专业成长，凸显了学校的办学特色，打造了学校品牌。同时，各位专家对本课题今后的研究也提出了建议，希望顺义一中对自我教育从价值观与方法论的角度进行深入研究，把自我教育作为学校的育人模式，创建顺义一中的自我教育理论体系与实践体系。最后专家组一致认为，该课题研究达到预期目标，取得良好研究效果，同意结题。

（李　勇　辛加伟）

【科学探险家高登义走进顺义一中】3 月 27 日，科学探险家高登义教授走进顺义一中校园，为师生带来一场“亲近地球三极”的精彩讲座，这是顺义一中“名家进校园”系列讲座的第四期。顺义一中及联盟校近 500 名师生聆听了高教授的演讲。高登义教授是四川人，中国科学院大气物理所研究员，博士生导师，中国科学探险协会主席。他自 1966 年起，多次参与对珠穆朗玛峰的科学考察。1985 年、1988 年两次赴南极进行科学考察，1991 起又多次赴北极进行科学探索，成为中国完成地球三极科学考察的第一人。数十年来，高教授一直奋斗在科学探险的第一线，对自然与人的关系有着独特的感悟。其丰富的探险经历吸引住了全场听众，幽默风趣的演讲不时引发师生的阵阵笑声。演讲结束后，很多学生自发排起长队，向高教授提出自己心中的疑问，并与高教授合影留念。

（陈　曦）

【高一年级话剧《茶馆》汇报演出圆满成功】3 月 30 日，顺义一中高一年级话剧《茶馆》（全三幕）汇报演出在报告厅举行。本次活动由高一年级语文组承办，市特级教师、区教研中心教研员刘德水老师和高一年级全体师生及部分家长共同观演。《茶馆》是老舍先生的代表作，剧中以北京裕泰大茶馆为背景，通过在清朝末年、军阀割据时期和抗日战争胜利后这三个历史时期五十来年茶馆中各色人物生活上的变化，从侧面反映了旧时代中国的社会面貌。此前，年级语文组将《茶馆》整本话剧分为十五场，全年级十五个班级以抓阄方式抽取演出场次，每个班级内部再分组演出，以保证全员参与。各班均选出最

3 月 30 日，顺义一中高一年级话剧《茶馆》（全三幕）汇报演出圆满成功

优秀者组成班级团队参加联合演出，服装、道具的自制和租借，也均由学生自主解决。由于该剧涉及角色多，参演阵容规模大，因此，在舞台上首次出现了女王掌柜、女刘麻子，女唐铁嘴。所有参演同学对表演精益求精，甚至在上场前都还在有模有样地琢磨着角色的眼神、手势和语气。整场演出高潮迭起，掌声不断。虽然学生的演技不能和专业演员相媲美，但是这次入情入景的体验，一定是他们成长过程中难忘的经历。演出落下帷幕后，李冬校长和刘德水老师对本次富有创意的活动给予高度评价，称赞顺义一中高一语文组在实施课程改革的道路上迈出了具有突破性的一步。

（李英姿　航爱　何雪莲）

【家长教师协会召开启动会】 4月3日，顺义一中家长教师协会第一次会议在六层二会议室召开。首先，曹绍红主任介绍与会的家长和前来观摩的其他学校领导，接着向与会者说明成立校级家长教师协会的初衷。然后由家教协会会长王亚平代表家长发言，重点指出成立人生助力讲师团，建立讲师库的重要意义。之后副校长刘艳梅表示学校将大力支持家教协会工作，做到家校合力育人。德育研究室赵老师则提出了若干指导性意见。最后各校与会领导谈了心得体会，并提出了很好的建议。

（许晓凤　何雪莲）

【CCTV特约军事评论员陈洪走进顺义一中】 4月10日，顺义一中200多位通过网络公选课程平台成功选课的同学和老师，在本校报告厅，聆听了一场生动幽默的军事科普讲座。主讲嘉宾陈洪，是空军指挥学院作战指挥系情报外军教研室教授，全军院校教书育人“金奖”获得者，中央电视台和中国人民广播电台特约军事评论员。其主要研究方向为外国与地区空军的武器装备与战略和战役战术。讲座中，陈教授主要围绕中美俄等主要大国的空军战斗机性能对比和飞行员、航天员培养规划等作介绍，同时配以高清图片的解析，并补充了大量技术挑战背后的感人事迹和名人轶事，给有志于从事航空航天事业的顺义一中学子带来耳目一新的视觉和信息享受。按照学校统一安排，当天的专家接待、会场主持和互动环节，均为高一、高二年级的学生志愿者担任。另外，在讲座开始前，陈洪教授还愉快地接受了学校雨荷文学社记者的采访，并在学校演讲嘉宾签名簿上，为顺义一中郑重写下祝词：枝繁叶茂，振翅高飞。

（向新良　何雪莲）

【参加市通用技术三维竞赛活动喜获佳绩】 4月11日，北京市首届普通高中学生通用技术三维竞赛活动在北京二中举行，来自全市14个区县的62所学校共计312件作品参赛。顺义一中在许实云老师的辅导下，有五件作品入围决赛，三名同学参加现场展示活动，其中高一8班陈傲男的“智能电动出租车”、李靖超的“可加减车厢的汽车”获一等奖，董阳的“跳不停”获二等奖，顺义一中获得团体一等奖。本次比赛作品均为学生们在教师的指导下自行设计、完善，通过3D打印机成型，从而提高了学生设计与制作能力。

（许实云　何雪莲）

【高三学生开展心理拓展训练】 4月27至28日，顺义一中心理教研室邀请北京卫盛阳光心理研究中心为高三学生进行心理拓展训练。本着“在活动中体验，在体验中成长”的原则，承办方为学

4月11日，顺义一中参加市通用技术三维竞赛活动喜获佳绩

5月9至10日，顺义一中第二届模拟联合国联合校际会成功召开

生们订制了八个活动项目：翻叶子、无敌风火轮、击鼓颠球、能量传输、不倒森林、突破雷阵、平面魔方和雷阵取水。在整个拓展活动中，各个小组迅速沟通、策划方案、积极参与、及时反思、群策群力，均出色完成预定活动任务。此次活动，使高三学子们获得了很好的放松，缓解了考前的压力与焦虑，而且体会到团结合作和学会沟通的重要性，明白了在团队中每个人要承担的责任，增强了在困难面前勇于面对的勇气和信心。

（要春娟　何雪莲）

【与北京顺义国际学校师生开展友好交流】5月7日，顺义一中高一年级的课堂中出现了与往常不一样的学生面孔，来自北京顺义国际学校的18名外籍学生，在两位老师的带领下走进顺义一中课堂感受中国教育，开展友好交流。双方学生在教师的引领下，早在一个月前就在互联网上建立了联系。虽不曾谋面，却好似一见如故。在结对好友的带领下，他们一起参观校园，一起感受中国的课堂教学，在英语课堂上他们还一起完成了教学任务。此后，他们一起运动、一起午餐，交流中少不了聊自己喜欢的球队和爱好特长。三个半小时的时间未免短暂，同龄人合影留念，依依惜别。虽意犹未尽，但心田里友谊的种子已深深埋下。这次校际间的交流活动给高一学生创造了有利的英语交流机会，让学生们在沟通与会话中体会到不同的文化，也在展示自我的过程中变得更加阳光与自信。与此同时，北京顺义国际学校的师生对顺义一中的校园环境以及高一师生的整体风貌给予了高度评价，并表示期待下一次的交流与合作。

（李英姿）

【第二届模拟联合国联合校际会成功召开】5月9至10日，顺义一中成功举办了第二届模拟联合国联合校际会。本次会议吸引了包括东直门中学、人民大学附属中学朝阳分校等来自北京市各地的高中生模联社团成员。本次会议设置了两个中文委员会和一个英文委员会。在这些会议中，大家模拟苏格兰议会关于独立议题的讨论，北约成员国关于乌克兰危机的内部会议和克里米亚危机会议。会议共进行了两天，同学们在唇枪舌辩中均展示出丰富的学术素质，高超的辩论技巧和富有建设性的沟通方式，并写出各自的工作文件，来表达对解决国际争端的观点和看法。本次活动作为顺义一中生本教育的重要内容，完全由学生自主筹备、自主安排、自主评议，展示了顺义一中富有成效的自我教育成果。

（张　松）

【高二部分师生参观清华大学】5月14日，顺义一中高二年级30名学生在胡绍平、武瑞玲两位老师带领下参观清华大学核能与新能源技术研究院（昌平）和清华大学校本部（海淀）。本次活动由顺义一中1982届校友、清华大学教授王建晨全程接待安排。顺义一中2001届校友、清华大学博士研究生毕业并留校任教的刘洋老师，也全程陪同师生参观核研院。上午，在戒备森严的核研院里，王教授首先简要介绍清华大学、核研院以及核化工研究室的历史以及取得的辉煌成就，并笑称这是核化工研究室首次接待中学生参观。随后，王教授还带领大家参观核技术应用实验室——钴-60集装箱CT检测系统，参观已经投入实际生产应用的高温气冷反应堆以及核化工实验室，每到一处，同学们都受到相关实验室负责人的热情接待，工作人员都尽量用通俗易懂的语言给学生们讲解复杂的核反应原理。随后，王教授还邀请核研院的部分年轻教师和博士生同顺义一中师生进行座谈交流。两位学长和核研院的师生共同回忆了他们各自的高中时光，并对学生进行了学法指导。下午，王教授带领大家赶往清华大学本部，在校史馆，师生们认真聆听了工作人员讲解清华百年发展史，以及对国家民族发展所做出的巨大贡献。最后王教授带领大家参观了清华学堂、清华大礼堂、二校门、荷花池等百年清华标志性建筑和景观，偌大的清华校园，浓郁的书香气息和浑厚的文化底蕴，给参观者留下深刻的印象。同学们纷纷表示，将以这次活动为契机，脚踏实地努力学习，绝不辜负学长们的殷切期望。

（胡少平　何雪莲）

【高一年级举办中华传统文化知识竞赛】5 月 20 日，顺义一中高一年级语文组在报告厅举办“传文化之薪火，咀国学之英华”中华传统文化知识竞赛。为提高学生国学知识素养，高一年级语文组于此前先后在全年级范围内组织了中华传统文化知识竞赛初赛和复赛，并最终择优选出 30 名同学参加本次比赛。赛前参赛学生以自愿原则分为伯彧、若水、淮素、桃蹊等六个队，并自定了队名、口号、队牌等。本次比赛共分为必答题环节、抢答题环节和决赛环节三部分。在必答题环节中“中国织绣工艺”“中国古代学术流派”“古代书法家的书写技巧”等知识的考察，无不考验着学生们的国学实力和中华传统文化积淀，以及大脑的反应速度。又经过激烈、刺激的抢答题环节，望舒队、若水队和伯彧队最终进入了决赛。决赛题目按照文学、历史、地理等类别进行分类，学生可按照 40、30、20、10 分等不同分值选择相应题目。进入决赛的队员，有的本着此时不搏何时搏的精神挑战高难度，有的本着稳重保守的性格选择有把握的题型。最后一轮比赛完毕，望舒队以 320 分的成绩获得本次竞赛冠军队。通过本次传统文化知识竞赛，同学们身临其境地感受到了中国优秀传统文化的魅力，激发了大家努力了解和深入学习国学知识的兴趣和热情。

（航　爱　何雪莲）

【参加全国中小学电脑制作大赛喜获佳绩】7 月 22 至 26 日，第十六届全国中小学电脑制作大赛在合肥举行，来自全国各省市近 2000 名学生参加在这里的最后角逐。每位选手均需经过技术测试、现场答辩两个环节的考核。顺义一中学生的作品从中脱颖而出。杜学珍老师辅导的高一（3）班学生王楠的 3D 创新制作《学玩一体机》获全国一等奖；高一（3）班周阳的 3D 创新制作《悠悠挂》、高一（10）班韩京伟的《鬼脸嘟嘟》分获全国二等奖；屈海方老师辅导的高一（9）班毕麟的网站《那年毕业》获全国二等奖；杜学珍老师辅导的高一（3）班吴可远的《智能滑板》、高一（10）班吴从燚的《陪练器》分获全国三等奖。

（张洪茹　何雪莲）

【举办《民俗背后的深层文化》专题讲座】10 月 23 日，顺义一中高三年级邀请北京市特级语文教师、顺义区高中语文教研员刘德水老师作题为《民俗背后的深层文化》专题讲座。高三年级全体学生及高一、高二年级部分学生聆听了此次讲座。刘老师首先结合近年来高考政策的变化，强调民俗文化对高三学生的重要意义；接着，对民俗概念及其内容进行了细致讲述，并就日常生活中的习俗文化进行详尽的解读。最后，告诉同学们要“时时在意，处处留心”，强大自己的精神世界。整场讲座，刘老师以诙谐幽默的语言将民俗背后的深层文化

7 月 22 至 26 日，顺义一中学生在第十六届全国中小学电脑制作大赛中喜获佳绩

11月16日，由中国民间文艺家协会主办的“民间文化进校园”活动在顺义一中举行

娓娓道来，现场气氛活跃。讲座持续近两个小时，赢得在场师生的一致好评。民俗文化是传统文化的重要组成部分，弘扬优秀传统文化是高考政策发展的新要求，也是顺义一中“三个结合”教育理念的重要体现。此次讲座活动为提升一中学子的国学文化素养提供了有益的帮助。

（齐林东）

【承办“民间文化进校园”活动】

11月16日，由中国民间文艺家协会主办，北京市顺义区第一中学承办的“民间文化进校园”活动在顺义一中成功举办。参加本次活动的有中国民间文艺家协会及顺义一中联盟校成员。活动第一阶段，由申报学校分别陈述如何开展民间文化教育活动的。顺义一中附小的武术、河南村小学的龙狮舞、港馨小学的凤秧歌、后沙峪中小的中国鼓、顺义五中的葫芦丝、李桥中学的京剧、顺义一中的剪纸等给评委和专家们留下深刻印象。专家听完陈述，对7所学校的汇报逐一做了点评。活动第二阶段，由顺义一中校长李冬致辞，然后民协领导对七所学校进行授牌，授予他们全国第一批“民间文化教育示范学校”奖牌。接着，北京大学教授、博士生导师陈连山先生作题为《传统节日的真与美》报告。最后，参加活动的人员一起观看了文艺演出。顺义一中舞蹈队抓住胶州秧歌、东北秧歌、鼓子秧歌、河北秧歌的特点，一支《舞彩阳歌》展现了各地农民质朴憨厚、乐观诙谐、积极向上的精神风貌和威武雄浑、柔美俏丽、千姿百态的舞姿；著名青年相声演员甄齐、赵广群表演的相声《歌曲达人》和魔术大师徐秋表演的魔术《彩巾联结》都赢得在场观众的阵阵掌声。

（何雪莲）

【中国教育学会自我教育课题成果研讨会在顺义一中召开】

11月19至20日，中国教育学会“十二五”重点课题《在课程实施中培养学生自我教育与自我管理能力的研究》课题组在顺义区第一中学举办课题成果交流暨学术研讨会。中国教育学会教育管理分会理事长马宪平，自我教育研究专家贺乐凡教授、周韫玉教授，北京教科院副研究员冉乃彦，中国教育科学研究院副研究员方铭琳博士，及顺义区教委领导出席会议。来自北京、上海、重庆、河北、河南、内蒙古等地的课题组干部教师及顺义区中小学的干部教师400余人参加会议。会议内容有专家报告、课堂教学展示、课题成果交流等。深圳市光明中学语文高级教师、全国知名班主任钟杰老师作题为《探索自我教育的有效路径》主题报告，她介绍自己在班级管理方面引导学生自我教育自我管理的实践和思考。19日，44位来自不同地区的小学、初中、高中优秀教师进行了“自我教育在课堂”教学展示，与会者进行研讨交流。20日，课题组部分教师交流了在课堂教学改革、校本课程开发与实施、学生社团建设、分层走班教学、综合社会实践、校园文化建设等多个领域引导学生自我教育、自我管理的研究成果。会议期间，与会人员还回顾了课题组的研究历程，探讨了自我教育研究与实践的经验和不足，以及未来的研究方向和研究思路。2011年12月23日，时任总理的温家宝同志曾为贺乐凡教授承担的中国教育学会“十一五”重点课题《中小学学生自我教育和自我管理实验研究》呈交的课题汇报作出批示“自我教育是一种重要的教育理念，是发挥学生的自觉性、主动性的重要途径。所谓‘教是为了不教’就是要培养学生‘自我教育’和‘自我管理'的能力。从这个意义上说，'自我教育'的理念，在教育改革上具有重要意义。"由教育管理分会自我教育学术委员会主任、顺义一中校长李冬承担的中国教育学会"十二五"重点课题《在课程实施中培养学生自我教育与自我管理能力的研究》延续了贺乐凡教授"十一五"课题的研究，有全国20多所中小学校参与，课题产生了广泛影响。

（辛加伟　李　勇）

【成功举办"家校携手共助学生人生规划"活动】11月23日，顺义一中家长教师协会成功举办"家校携手共助学生人生规划"活动。首都师范大学政法学院副院长田国秀，北京教科院德育研究中心研究员赵澜波，北京师范大学传统文化行知计划项目组马娜、夏红老师，顺义考研中心教科室主任陈惠明和赵小梅老师，教委中教科单德芳老师，顺义一中李冬校长及各校德育领导和骨干教师参加本次活动。此次活动分别在三个会场进行。首先在学校六层二会议室进行成果汇报，李冬校长致辞，家教协会会长王亚平女士对顺义一中家教协会自成立以来所做的工作及组织本次活动的意图做了汇报和说明。班主任胡绍平老师和来宾们分享了高三（1）班家教协会各种活动的成果和经验。随后全体与会人员转至报告厅，聆听家长助力学生人生规划讲师团4位成员的精彩演讲。家长宣讲完毕，课程室主任向新良进行总结性发言，最后田国秀院长、陈惠明主任分别对活动进行深入点评，他们对本次活动给予高度评价并提出合理化的建议和更高层次的要求。第三会场在文体中心三层，由31位来自16个不同行业的家长对学生提出的各种各样的职业选择问题进行答疑解惑，整个会场秩序井然，气氛热烈。本次活动的举办，为家校沟通搭建了平台，学生均感受益颇深，对感兴趣的职业了解得更加透彻，为他们今后的人生规划做了良好的铺垫。

（杨彩霞　何雪莲）

【高二学生喜获区中学生古诗文成语大赛一等奖】12月1日，由区教委主办的顺义区中学生古诗文成语大赛在牛栏山一中成功举办。本次比赛的参赛队分别来自顺义一中、北京四中顺义分校、牛一实验校、杨镇一中、顺义二中、牛栏山一中和顺义九中。顺义一中高二（2）班顾凯迪、高二（3）班曹月和高二（10）班刘轩佐代表学校参加了本次比赛。市特级教师李永茂、辛加伟老师，顺义一中马杰石老师担任本次比赛的评委。比赛全部为必答题，内容共分为七个部分，有成语听写、成语填字以及补全成语等环节。比赛试题涉猎面极广，囊括历史、物理、文学、艺术等方方面面的知识。经过紧张的角逐，顺义一中代表队获得大赛一等奖。

（航　爱　李英姿）

【荣获区中小学健康知识与技能竞赛中学组冠军】12月5日，顺义区第十一届中小学健康知识与技能竞赛复赛在石园小学举行。顺义一中高二（12）班赵妍、汪艺、翟明杰三名学生和校医参赛，经过激烈角逐进入决赛。12月23日，决赛在牛栏山一中举行。三名同学通过初赛、复活赛、淘汰赛，以总分最高分进入冠亚军角逐。经过激烈比拼，最终荣获中学组冠军。

（周宝玲　何雪莲）

【举办"批判性思维培养"报告会】12月24日，顺义一中举办主题为"批判性思维培养"的报告会。顺义一中全体干部教师、顺义一中联盟各校教师代表以及区高中语文名师工作室的教师参会。本次报告会邀请我国批判性

12月5日，顺义一中荣获顺义区第十一届中小学健康知识与技能竞赛中学组冠军

12 月 25 日，顺义一中高一年级举办圣诞英语情景剧大赛

思维研究专家、北京语言大学博士生导师谢小庆研究员作主题报告。他首先介绍批判性思维的概念、国外批判性思维研究的历史脉络、国内关于批判性思维的不同翻译，以及批判性思维的几个核心能力。第二部分，他介绍了培养批判性思维的重要意义，提到美国著名的大学评估机构对大学教学质量评估的重要依据就是学生批判性思维能力水平，我国新一轮教育改革也把批判性思维能力作为重要的培养目标。第三部分，他介绍了培养批判性思维的主要途径，例如：让学生讨论一些习以为常的问题或没有标准答案的问题等等。他还介绍了培养批判性思维应注意的一些问题，如，批判性思维不是否定思维，批判性思维要讲究理性和证据等等。会前，谢教授与区高中语文名师工作室的老师围绕如何在语文教学中培养学生的批判性思维能力进行了座谈。他强调，语文教师要在阅读教学中培养学生大胆质疑的精神，教师要有意识地把不同的观点介绍给学生，让学生学会多角度思考。另外，可组织学生就社会上发生的一些事件进行讨论，在教学中，尽量避免给学生一个标准答案，避免学生思维的简单化，避免学生盲目相信教材，相信老师和权威。

（李　勇　辛加伟）

【高一年级举办圣诞英语情景剧大赛】12 月 25 日，顺义一中高一年级在报告厅举办圣诞英语情景剧大赛。本次大赛从开始准备到现场演出历时半个月，共有 16 个节目近 200 名学生参加表演。经过反复的磨合与多次彩排，最终，参赛演员们为观众呈现了《灰姑娘》《白雪公主》《卖火柴的小女孩》等经典剧目。表演中，各班参演的同学盛装打扮，互相配合，为观众呈现了一场场异彩纷呈的视听盛宴；观众也不时对演出的同学报以热烈的掌声。本次大赛，促进了学生经典阅读，开拓了学生视野，提高了学生的综合文化素养，同时也丰富了课程内容。

（裴　思　何雪莲）

·北京市顺义区杨镇第一中学·

【概况】2015 年，北京市顺义区杨镇第一中学学校占地面积 266800 平方米、建筑面积 73974 平方米，体育场（馆）面积共 38500 平方米。图书馆藏书 10.5 万册，电子图书 10GB 册，订阅杂志、报刊 192 种。固定资产总值 14067 万元。全年教育经费投入 18458 万元，全部为国家拨款。全年学校信息化经费投入 260 万元，拥有计算机 757 台，多媒体教室座位 3550 个，校园网出口总带宽 260Mbps，数字资源量 2000GB，“信息技术”课程 2 课时 / 周。有普通教室 79 个、专用教室 14 个、实验室 24 个。教职工 447 人，其中高级职称 152 人、中级职称 136 人。专任教师 316 人，包括特级教师 4 人、北京市骨干教师 8 人、北京市学科教学带头人 2 人；本科以上学历 428 人。开设教学班 66 个，全部为高中班。毕业 924 人，招生 600 人，在校生 2727 人，包括寄宿生 2566 人。高中录取分数线 520 分（本区），应届高考本科上线率 94.66%。

单位名称：北京市顺义区杨镇第一中学

地址：北京市顺义区杨镇三街商业仿古街 43 号

邮政编码：101309

电话：61451055

网址：www.bjyzyz.net

（李洪峰）

【举办新年社团展演】1 月 4 日，杨镇一中新年社团文艺展演活动圆满落下帷幕。本次演出共有 16 个社团参与，其中包括 12 个演出社团，如巴郎子乐队、机器人社团、天山小品社团等；还包括天山主持人社团、摄影社团等 4 个在台前幕后保障演出的服务型社团。台上各社团演出精彩，台下各社团保障有利。他们在新年给同学们奉献了一场精彩的视听盛宴，进而丰富了校园文化生活。

（田　伟）

【召开高一年级走班选课动员会】3 月 6 日，杨镇一中高一年级召开“走班选课”动员会。年级领导、师生代表以及学校教学领导参会。会议第一个环节是何主任向与会师生诠释“走班选课”的内涵以及年级这一重大教学改革的设计意图和重大意义。他引导学生要遵循“走班选课“的两个原则：适合、兴趣，并告知“走班选课”的步骤和要求。第二个环节是张卫萍、王璐等六位任课教师的自我介绍，他们的风采赢得了学生的阵阵掌声。最后，副校长王新生代表学校从“走班选课”的意义和班级管理方面对“走班选课”进行了界定，他对学生提出八字要求：“自觉、主动、责任、服从”。至此，杨镇一中高一年级“走班选课”正式拉开序幕。

（王新生）

【被授牌为外语教学专家指导实验基地】3 月 12 日，杨镇一中被北京市普通教育名师研究会正式授牌为外语教学专家指导实验基地。市普通教育名师研究会秘书长、全国基础教育英语教学评价与指导学术委员会主任赵刚先生、胡国艳女士，副主任何士权先生莅临授牌现场，校长孙孟远、副校长王新生、教务主任薛占武、各学科教研组长和学校全体英语教师参会。授牌仪式上，赵刚秘书长称，杨镇一中有高度重视英语教育的校领导，有一大批像刘士忠老师这样敬业好学、不断追求发展的英语教师，相信杨镇一中作为外语教学专家指导实验基地将会涌现出更多的英语教学名师。孙校长表示，提升英语教学水平是学校发展的大计；学校英语教师将借助实验基地的发展平台，苦练内功，积极学习，努力让自己成长为英语教学名师。

（王新生）

【举办第 29 期中学生业余党校】4 月至 6 月，杨镇一中团委在党委的领导下举办了杨镇一中第 29 期中学生业余党校。本期业余党校学习分为两个阶段，第一阶段为课堂理论学习，学习内容包括党史理论、中国梦、做学习型的共产党员等。第二阶段为社会实践，学员们走进清华北大。本期党校共招收 140 名学员。在学习中，学员们珍惜时间、把握机会，用心去参与、体验、思考，从中汲取宝贵的精神财富，最后 140 名学员顺利毕业。

（田　伟）

【举办第四届祝福日活动】5 月 8 日，杨镇一中师生齐聚和乐广场举行第四届祝福日活动。本届祝福日的主题为“祝福感恩温馨成长”。活动开始，校长孙孟远带领校级领导干部致辞，祝福高三毕业生都能梦想成真，考上理想大学。之后为非毕业生代表送祝福。预科年级为高三师生送上了签满祝福心语的条幅。高一年级精心制作了祝福视频将在高三教学楼门厅播放。高二年级将祝福语制成了宣传展板为学哥学姐加油助威。接着是赠送礼物。高一、高二年级学生将精心制作的小礼物亲手赠送给高三学哥学姐并表达祝福心声。最后一个环节为高三感恩回馈。刘子恒代表高三年级学生表达对全校师生的感谢以及对母校的感恩。高三年级以班为单位向高一、高二年级赠送了绿植，希望将“生气勃发、永不服输”的高三精神传承下去。

（金　英）

【举办女生大课堂】5 月 10 日，杨镇一中女生大课堂在报告厅开讲，预科、高一、高二女生参加。本次主讲人为学校工会主席郭淑英，题目为《做阳光自塑女生》。

4 月至 6 月，杨镇一中举办第 29 期中学生业余党校

郭主席从大家眼中的女生形象讲起，告诉大家要悦纳自己、善待自己、享受成长的快乐。影响人终生发展的因素中，分数并不是最重要的，起着制约作用的是品德、品格，是做人的快乐，是受人欢迎、尊重。郭主席教育大家要善于发现身边的美，笑对艰苦，在合作与竞争中适度展示自我，热爱生活热爱体育运动，还要多读书，修养智慧高雅的内心。

（金　英）

【举办男生大课堂】5月17日，杨镇一中在报告厅举办男生大课堂第四讲，预科、高一、高二男生参加。本次主讲人为学校骨干班主任刘春光老师。主题为："爱·责任·能力"。刘老师以徐志摩与林徽因为切入点为学生阐释了爱的丰富内涵及最高境界。从古人的"老吾老以及人之老，幼吾幼以及人之幼"的教诲中说明爱是一种责任，更是一种能力。刘老师还将古之能人成事者八律传授给学生，教育男生要敢于付出、勇于担当、锤炼能力，为成长为顶天立地的男子汉奠基。

（金　英）

【新疆班教师荣获"北京市模范集体"称号】5月，杨镇一中新疆班教师团队荣获由中共北京市委、北京市人民政府颁发的"北京市模范集体"称号。杨镇一中2005年开始承办内地新疆高中班，2011年开始承办北京对口支援和田班。十年间，无论天似流火的夏日，还是北风呼啸的寒冬，新疆班老师们总是和新疆学子们亲如一家。为了让课堂更高效，教师们主动学习民族政策、了解民族特点；为了让学生更安心地学习生活，教师们主动承担课堂上和课堂外的双重任务，他们既是老师，也是家人。"北京市模范集体"荣誉的获得，不仅是对新疆班教师群体的肯定，也是对杨镇一中新疆班教育工作的肯定。

（李　洁）

【北京市民族教育学会课题圆满结题】7月3日，杨镇一中在综合楼108室召开北京市民族教育学会"十二五"科研课题结题会。校长孙孟远主持的《内地新疆高中班管理艺术探索与实践的研究》课题经过四年研究，终于结出硕果，顺利结题。参加结题鉴定会的有北京市民族教育学会会长陈宏、顺义区考研中心教科室主任陈惠明、顺义区考研中心师训科科长刘艳如。校内多位校级领导作为课题组成员也参加结题会议。

（刘加良）

【获市奥林匹克教育学校体育后备人才培养基地田径比赛团体冠军】7月12日，由市教委主办的"北京市奥林匹克教育学校体育后备人才培养基地田径比赛"在顺义区顺义一中田径场举行。杨镇一中最终以21枚金牌获得团体第一名。

（陈连路）

【参加全国中学生田径锦标赛获佳绩】8月1至4日，全国中学生田径锦标赛在内蒙古自治区巴彦淖尔市杭锦后旗奋斗中学举行。本届锦标赛共产生68枚金牌、打破两项赛会纪录。杨镇一中获得团体总分第二名，另外，在4个比赛组别中，杨镇一中还分获女、男甲组第一名。此次田径锦标赛由中国中学生体育协会、中国田径协会主办，中国中学生体育协会田径分会、内蒙古自治区教育厅、内蒙古自治区体育局协办，巴彦淖尔市人民政府、杭锦后旗人民政府、杭锦后旗奋斗中学承办，设立团体、个人和体育道德风尚等奖项，来自全国25个省、市、自治区的192个代表队、1500多名运动员参赛。

（陈连路）

【组织参加"首都少年玉都行，京和孩子手拉手"夏令营活动】8月，杨镇一中由副书记白文亮领队，36名学生、12名教师以及2名校外老师参加了由和田地委、北京援疆和田指挥部、北京

5月，杨镇一中新疆班教师团体荣获"北京市模范集体"称号

市教委联合主办的“首都少年玉都行，京和孩子手拉手”夏令营活动。活动主办方始终秉承“民族团结”这一主题，设计了“舞”“结”“草”“沙”“景”“史”六个板块。通过组织学生学舞蹈、结对子、观草场、看沙漠、赏风景、读历史等若干主题活动，让杨中师生近距离感受和田的魅力和新疆的风情，促进了北京—和田两地青少年的文化交流，激发了京和两地青少年爱祖国爱家乡的热情。

（李　洁）

8月，杨镇一中师生参加“首都少年玉都行，京和孩子手拉手”夏令营活动

【组织志愿服务活动】10月初，杨镇一中团委组织高一年级20名同学到顺义国际鲜花港开展志愿服务活动。志愿者均为学生自愿报名后选出的。在活动中，志愿者被分成问卷调查组、销售组、验票组和引导组。每一名志愿者都要全天候地为游人服务。游客把志愿者当成鲜花港的工作人员一样看待和要求，对中学生来说，这是一种全新体验。他们工作的专注和热情周到的服务得到游客和鲜花港工作人员的好评。

（田　伟）

【平谷教委领导来校观摩学习】10月9日，平谷区教委一行15人到杨镇一中观摩学习“253”高效课堂，与学校领导教师共同探讨课堂教学改革。该团队规格很高，包括平谷教委主任张子连，平谷中教科主任、平谷各高中校校长和学科带头人。上午，平谷领导教师分学科走进各年级课堂，现场观摩“253”高效课堂教学模式下的课堂教学，共听课24节次。课后，平谷教委领导教师和杨镇一中的领导教师共聚一室，研讨课堂教学改革。他们对高效课堂给予充分的肯定和热情的赞扬，并表示课堂带给了他们很多的思考和启示。教务主任薛占武代表学校系统地介绍了四年来杨镇一中的“253”高效课堂的实施、开展情况以及取得的成绩。观摩活动进一步坚定了杨镇一中的教改决心。

（王新生）

【组织学生干部拓展活动】11月1日，杨镇一中德育处组织新疆预科和高中部各班的骨干班干部来到昌平南口励志国防教育培训基地进行主题为“挑战自我，争做学生排头兵”的拓展训练活动。在拓展基地，经过简单的启动仪式和分组活动后，学生干部在拓展师的带领下分散到各个训练场地进行培训，拓展项目主要围绕“挑战自我”“团队熔炼”两大主题。在高空抓杆、断桥等空中项目中，大家经受了生理和心理的双重考验，在同伴鼓励下所有学生均顺利完成了挑战。信任背摔、无轨电车等项目则让学生们感受到合作的重要性，增强了团队意识。最后，教育基地和学校德育处为拓展中表现突出的同学分别颁发了“勇敢之星”“智慧之星”等四个奖项的获奖证书，三个年级的学生干部代表分别发言，畅谈拓展感受。

（金　英）

【召开校长任免大会】11月4日，杨镇一中校长任免大会在报告厅举行。顺义区委教工委书记、教委主任刘克祥，教工委副书记张海东和杨镇政府镇长陈向东、副镇长桓秋利等领导和杨镇一中教育集团全体教职工700多人参加会议。首先，区委教工委副书记张海东代表区委组织部宣读了任免决定；经区委、区政府研究决定，免去孙孟远同志杨镇一中书记、校长职务，张春德同志任杨镇一中书记、校长。同时区委教工委、教委决定孙孟远同志任杨镇一中校级兼职督学，免去张春德同志顺义三中校长职务。会上，因年龄原因离职的孙孟远校长和新任命的张春德校长分别作表态发言，杨镇镇长陈向东和区教委主任刘克祥也先后讲话，肯定新老校长的调整将确保杨镇一中教育事业的稳步发展。

（李洪峰）

【开启与北京外国语大学合作之

旅】12月10日，杨镇一中与北京外国语大学的合作洽谈会隆重召开。北京外国语大学曹文教授等一行五人，区教委副主任张军堂、中教科科长张旭东，杨镇一中校长张春德、副校长王新生、英语教研组组长金娜，杨镇二中校长王玉辉、副校长刘曙光、英语教研组组长李光远参会。在学校宣传片展示办学理念和办学特色之后，张春德校长介绍了学校悠久的办学历史及优良传统和学校文化。他强调，因为多种因素限制了教师和学生的发展，所以需要借助外力促进发展。将北外定为杨镇一中的合作伙伴，是教委领导对学校的关怀。王玉辉校长也介绍了二中的办学特色。区教委副主任张军堂向北外领导表达了合作意向，希望能够借助北外的优秀资源改变学校英语相对薄弱的现状，并提出让北外优秀的毕业生来学校实习等合作建议。会议中，北外的领导和学校领导及英语教研组长就英语教学和合作需求进行了有效的沟通。

（王新生）

【举办联盟校课题结题暨科研月主题活动】12月23日，杨镇一中联盟校课题结题会暨科研月主题活动在综合楼108室举办。杨镇一中副校长陶淑莲主持的《教育联盟下中小学十二年一体化感恩教育实践的研究》课题同兄弟校一起经过四年多的研究，终于结出硕果、顺利结题。结题会由区教委体改办主任贾立新主持，市基教研究所高级研究员崔玉婷、区教委中教科科长张旭东、区教科室主任赵连顺及联盟校20余位德育负责人和杨镇一中相关领导、教师与会。

12月23日，杨镇一中举办联盟校课题结题暨科研月主题活动

（刘加良）

【19项成果参加区“十二五”科研课题成果评奖】2015年是“十二五”科研课题的收官之年。经过5年的深入研究，年内，杨镇一中的各级立项课题陆续顺利结题。学校推荐了19项科研成果参加区“十二五”科研课题成果评奖。在全区上交成果中，杨镇一中上交数量最多，成果最为丰富。

（刘加良）

【举办周末大讲堂】年内，杨镇一中团委先后邀请佟丽华、桑兰、张之锋、王作楫、索妮、王丽苹、龚琳娜、郑云、史宇、苗博、李义虎等共11位社会各界名人名家走进杨镇一中周末大讲堂，让学生们有了近距离和名人名家交流的机会。通过讲堂活动，学生们汲取不同的人生“营养”，从而健康快乐地成长。在打造书香校园的建设中，周末大讲堂发挥了重要作用。

（田　伟）

·北京市顺义区第二中学·

【概况】2015年，北京市顺义区第二中学学校占地面积43462平方米，建筑面积24718平方米。体育场（馆）面积21843平方米。图书馆建筑面积2861平方米，图书馆藏书总数63160万册，订阅杂志、报刊150种。固定资产总值5481.96万元。全年教育经费投入5289.27万元，全部为国家拨款。学校信息化经费投入65万元，拥有计算机500台，多媒体教室座位1805个，校园网出口总带宽10Mbps，数字资源量1024GB，“信息技术”课程1—2课时/周。有普通教室60个，专用教室14个，实验室8个。教职工252人，其中高级职称64人，中级职称90人。专任教师190人。包括市级骨干教师2人，本科以上学历246人。开设教学班50个，其中初中班14个、高中班36个。毕业学生566人，其中初中生120人，高中生446人；招生655人，其中初中生158人，高中生497人；在校生1874人，其中初中生472人，高中生1422人，包括寄宿生843人。高中录取分数线485分，应届高考本科上线96.32%。

单位名称：北京市顺义区第二中学
地址：北京市顺义区西二环北路
电话：69421643
邮政编码：101300

（莽　娜）

【让青春在教育理想中闪光】1月5日，顺义二中科研室召开青年教师座谈会。40余名工作不足5年的青年教师参加会议。会议的主要内容是由五位教师从教育、教学、科研等不同维度，介绍自己是如何把握机会、如何开展研究，最后收获自身成长的。最后，科研主任曹艳华借用李嘉诚先生的“鸡蛋论”勉励青年教师：“鸡蛋，从外打破是食物，从内打破是生命。”告诉他们，人生也是如此，从外打破是压力，从内打破是成长。要抓住成功的最佳时期，做一个有理想、有远见、有抱负的人，让青春在教育梦想中闪光。

（曹艳华）

【高二年级举办英文歌曲大赛】3月24日，顺义二中高二年级举办“Voice of English”英文歌曲大赛。大赛由高二年级英语组承办，经过海选、复赛，最终进行决赛。参赛歌曲不仅各具特色而且充满着正能量。学生们参与热情极高。此次活动不但提高了学生们学习英语的积极性，而且发掘出了一批具有不同才能的学生。他们组织活动，筹划比赛规程，主持竞赛，一切都有条不紊。

（莽　娜）

【召开基本功展示交流会】3月26日，顺义二中基本功展示与交流活动在报告厅举行。在2014年“顺义区首届临空杯教师基本功培训与展示活动”中获一等奖的初中数学教师许松山、高中语文教师李丽分别做了精彩的说课展示。两位老师的发言为在场每一位教师提供了很好的借鉴。

（莽　娜）

【初一学生参加天安门广场升旗仪式】3月27日，顺义二中组织初一年级全体学生到天安门广场参加庄严的升国旗仪式。当日凌晨2点50分，同学们准时集合并统一乘车。到达现场后同学们按要求登上天安门城楼东侧的观礼台。6点07分，在《义勇军进行曲》嘹亮的奏鸣中，同学们行少先队队礼，深情地注视着五星红旗徐徐升起。该活动极大激发了学生的爱国热情，提升了学生民族自豪感。

（万　京）

【组织高中英语校级研究课】4月17日，顺义二中组织校级研究课活动。高中英语教研组长庞伯乐老师和高二年级英语备课组长王兰老师分别上了一节阅读课。全体高中英语教师参加听评课活动。两位老师的授课以新课程理念为指导，以学生认知水平为基础，任务驱动，安排合理，动静交替，环环相扣。充分体现了英语阅读课的整体思路。

（莽　娜）

【青春书韵颂华章】4月21日，高一年级语文组成功举办“青春书韵颂华章”诗歌朗诵比赛。副校长李宝祥、主任高新华以及高中语文教研组长李丽老师观看了此次比赛。比赛现场，12个班逐一上台朗诵，有的慷慨激昂，挥洒《川江号子》；有的温情脉脉，低声轻诉《雨巷》的怅惘；有的满怀希望地赞颂《热爱生命》……一首首深情的吟诵，赢得在场评委和观众的阵阵掌声。朗诵比赛让每一名参与者感受到了诗韵的无穷魅力。广大同学希望学校以后能多多组织类似的活动。

（郭晓芳）

【召开青年教师座谈会】5月12日，顺义二中召开青年教师座谈会。五位参会者均为2014年新参加工作的青年教师，座谈会由主任曹艳华主持，校长陈坤清参加座谈。会上，陈校长简要介绍了此次会议的背景及意义，并让青年教师谈一谈自己在近一年工作中的困惑和感受。与会青年

3月27日，顺义二中初一学生参加天安门广场升国旗仪式

5 月 12 日，顺义二中召开青年教师座谈会

教师纷纷畅谈了自己在学校领导支持及同事的帮助下所取得的成绩和收获，以及工作中的不足。陈校长对青年教师一年中取得的进步表示肯定，并指出他们在工作中的优势和弱项，同时也提出殷切希望，青年教师均感受益匪浅。

（郭晓芳）

【程元善博士来校讲学】5 月 25 日，顺义二中邀请新加坡南洋理工大学国立教育学院心理学系教授程元善博士来校讲学。程博士讲学主题为“教育教学领域中的行动研究”，他针对行动研究的起源、应用范围、基本目的、步骤过程进行了详细分析讲解。行动研究是一线教师在实际工作中所进行的研究，一般呈现出螺旋式上升的四个步骤，行动研究在促进学生学习、改进课程设置、选取教学方式和教师个人职业发展方面具有重要作用。程博士鼓励教师要坚定信念，努力实践并改进自己的教学方式，把教学变成一种享受，变成自己喜欢的工作。

（付　征）

【承办高中生物教师实验技能展示活动】5 月 30 日，顺义区高中生物教师实验技能展示活动在顺义二中召开。此次展示活动由区教委中教科和区考研中心组办，顺义二中承办。全区 7 所高中校 17 名参赛教师和 46 名观赛教师参加此次活动，展示活动分为实验演示和答辩两个环节进行，参赛教师均体现了较高的实验能力和整体素质。该活动对于提高全区生物实验教学水平和专业素养，促进学科教师综合发展起到积极作用。

（荞　娜）

【举行高三誓师大会】6 月 1 日，顺义二中高三全体师生在学校操场举行升旗仪式暨考前冲刺誓师大会。仪式第一项升国旗，唱国歌。高三学子在庄严的国歌声中，注目冉冉升起的国旗，这是他们最后一次参加母校的升旗仪式。接着由高二学生代表送出殷切的祝福。高三学生代表表达了迎战高考的坚定决心。仪式第三项是校长陈坤清致辞。陈校长表达了对高三学子的祝福与期待。现场气氛一次次被推向高潮。仪式最后一项是全体师生签名鼓劲。在《我相信》的歌 声中，学校领导和全体高三师生热情、自信地签上了自己的名字，为高三、为高考加油。

（张丽娟）

【演绎华章，致敬经典】6 月 11 日，高一语文组执导的《茶馆》话剧正式演出，学校大部分领导均观看了此次表演。演员是由各班前期在班级海选中选出的，话剧演出由高一语文组集体策划，郑会平、郭晓芳老师协助排练，并得到电教组老师的技术支持和音乐老师的化妆支持。此次演出获得巨大成功。演出结束后，领导给予了高度赞扬。这次活动给学生提供了广阔的展示空间，揭开了顺义二中语文探索活动的序幕。

（郭晓芳）

【举行新学年开学典礼】9 月 7 日，顺义二中 2000 多名师生举行 2015—2016 学年开学典礼。典礼在雄壮的国歌声中开始。校长陈坤清为新学期致辞，他总结了学校过去一年，特别是高考取得的辉煌成绩。在 2015 年高考中，顺义二中大学本科录取率高达 92.5%，高考总录取率为 99.74%，创下历史最好成绩。最后，是由副校长高凤华宣读上一学期学校获奖教师名单。此次开学典礼整体上简洁、热烈而和谐。

（荞　娜）

【区长卢映川慰问师生】9 月 8 日，在第 31 个教师节来临之际，区委副书记、区长卢映川到顺义二中看望在教学一线的教师代表，向辛勤耕耘的广大教师致以节日的祝贺和亲切的问候。区政府办公室主任王颖，区督学室主任李卫国，旺泉街道办事处主任黄学英等陪同。卢区长先后视察了校园环境、科学实验室，并走入美术课堂，与学生们进行互动交流。在随后召开的座谈会上，他仔细询问了学校的发展情况，教师的工作、生活情况，并感谢教师们为顺义教育事业做出的贡献。会后，卢区长与学校干部教师代表合影留念。

（莽　娜）

【区人大主任胡尚云慰问教师】 9月9日，区人大主任胡尚云到顺义二中慰问辛勤工作在教育一线的教职员工。座谈会上，胡主任充分肯定了顺义二中在教育教学等方面取得的突出成绩。他指出：顺义区教育事业亮点纷呈，但放眼未来，依然任重道远，希望老师们进一步提高忧患意识和责任意识，把顺义教育推向新的高度，为社会培养出更多的栋梁之才。

（曹艳华）

【与时俱进话课程】 9月24日，顺义二中于本学期在课程改革大环境下举行首场讲座。校长陈坤清为全体教师做的讲座专题为《课程及其实施》。区中教科、体改办领导与会。陈校长解读了“课程”的基本含义，讲述了“课程”的历史。重点展示了学校课程的实施情况，生动的讲座博得了与会领导的赞赏。此次讲座，将理论引领和生动实例相结合，与会教师均感获益匪浅。

（郑会平）

【初二学生走进首都博物馆】 9月24日，顺义二中组织初二学生和部分教师走进首都博物馆开展“四个一”活动。活动中，四个班级对不同的主题展览进行参

9月9日，区人大主任胡尚云慰问顺义二中教师

观，有的同学饱览《古代玉器艺术精品展》，有的同学在《燕地青铜艺术精品展》、《古代佛教艺术精品展》等艺术展览中获得美的享受，有的同学对《京城旧事——老北京民俗展》有了深入的了解。同学们在博物馆工作人员的引领下有秩序地参观学习，认真倾听讲解员的讲解，展现了二中学子良好的精神面貌和素养，受到首博工作人员的好评。

（万　京）

【承办物理教学研讨会】 10月13日，顺义二中承办“绿色耕耘”研究课研讨活动。该活动首先是听课环节：臧晗、王洋、王泽、张聪科四位教师分别讲授了《动量守恒定律的应用》《动量、冲量、动量定理》两个内容的四节课；课后大家参观了物理实验室，段建辉老师向大家介绍了高中物理学科的自制教具。各位教师针对自己所听的课程分别进行点评。最后，北京教育学院物理系副主任张芳作总结发言。顺义区考研中心物理教研员张士忠，以及北京教育学院、顺义区40余位物理教师参加此次活动。

（臧　晗）

【石家庄校长考察团来校交流】 10月23日，石家庄市校长考察团一行30余人到顺义二中就学校文化建设进行考察交流。会上，德育副校长李宝祥向来宾介绍学校文化建设的发展脉络及理念的传承。多维度地解读学校文化建设的情况。随后，双方就校园文化建设进行了广泛而深入的探讨。考察团的校长们纷纷表示，顺义二中在挖掘学生潜能，为学生发展搭建平台方面很突出。座谈会后，考察团一行参观了校园并与顺义二中领导合影留念。

（莽　娜）

【承办市地理优秀课堂总结会】 11月12日，北京市2015年中学地理优秀课堂教学设计评比总结会在顺义二中举行。活动议程一是课堂教学展示：顺义二中四位教师现场做课。教师们巧妙的教学环节设计，学生们积极主动的课堂参与，彰显了二中教师的个

11 月 12 日，顺义二中承办北京市 2015 年中学地理优秀课堂教学设计评比总结会

性教学特色，二中学生良好的学习风貌，获得了在场领导和教师的一致好评。二是说课展示及学科研讨。此次活动由北京教科院基教研中心地理研究室主办，顺义区考研中心和顺义二中承办。来自全市 16 个区县的中学地理学科教师近 140 人参会。

（曹艳华）

【召开责任教育大会】 11 月 18、19 日，顺义二中高一年级 1—6 班（一团）和 7—12 班（二团）分别召开“托起心中的太阳”和“青春无悔”两场责任教育年级大会。副校长李宝祥、主任高万全、团委书记万京及政教处的多位老师参会。会上，各班首先逐一背诵了《大学》，之后，以歌曲、小品、舞蹈等丰富多彩的艺术形式展示对责任的理解。这次大会聚焦了与学生的学习生活有关的热点问题，引起了学生的普遍共鸣；使学生们既展示了自我，又进一步明确了自己应该承担的社会责任。

（赵金成）

【安徽校长考察团来校交流】 12 月 11 日，由高等教育出版社组织的安徽校长考察团一行 50 余人到顺义二中就学校文化建设进行考察交流。顺义二中校长陈坤清代表师生对来访嘉宾表示热烈欢迎，向来宾介绍学校文化建设的发展脉络及理念的传承，多维度地解读学校文化建设的情况。随后，考察团和顺义二中领导围绕学校的特色校园文化建设进行广泛深入的探讨。会后，考察团一行参观了学校化学天花板、博物校园、圣贤柱、美术教室等特色校园文化建设。最后，考察团与顺义二中领导合影留念。

（莽　娜）

【举办高三学生成人礼】 12 月 25 日，顺义二中高三年级以“圆梦青春，长大成人”为主题的十八岁成人礼隆重举行。高三年级全体师生及学校各级领导、部分学生家长全程参与。成人礼在庄严的国歌声中拉开序幕。会上，教师们的祝福温暖励志；家长的发言真挚感人；父母写给孩子的信动人肺腑；12 个班的宣誓激昂向上；陈校长的总结发言更是字字珠玑。最后全体高三学子举起右手，握紧拳头，一字一句，铿锵有力地在国旗下许下庄严誓言：“追求真知，完善人格，强健体魄，为实现中华民族伟大复兴的中国梦而努力奋斗！”通过这次活动，高三学子们更加深刻地认识到了“成人”后的意义和要担当的责任。

（李　丽）

【组织新年联欢会】 12 月 31 日，“唱响 2016”顺义二中教师新年联欢会隆重举行。会上，首先播放往届毕业生从全国各地传回的视频，莘莘学子在以不同的方式向母校表示新年的祝福。接着由校长陈坤清致辞，向全体教师致以新年的慰问。接下来的联欢节目精彩纷呈。既有舞蹈、歌曲，也有小品、相声。联欢会让干部教师放松了身心，愉悦了心情。

（莽　娜）

·北京市顺义区第三中学·

【概况】 2015 年，北京市顺义区第三中学学校占地面积 20738 平方米、建筑面积 15613 平方米，体育场（馆）面积 5625 平方米。图书馆藏书 4.4769 万册，订阅杂志、报刊 53 种。固定资产总值 1880 万元。全年教育经费投入 4045 万元，全部为国家拨款。全年学校信息化经费投入 45.5 万元，拥有计算机 470 台，多媒体教室座位 2316 个，校园网出口总带宽 100Mbps，数字资源量 200GB，“信息技术”课程 1 课时 / 周。有普通教室 40 个、专用教室 15 个、实验室 10 个。教职工 173 人，其中高级职称 29 人、中级职称 66 人。专任教师 133 人，包括北京市骨干教师 24 人、北京市学科教学带头人 1 人；本科以上学历 165 人。开设教学班 32 个，均为初中班。毕业 459 人，均为初中生；招生

280 人，均为初中生。

单位名称：北京市顺义区第三中学

地址：北京市顺义区府前东街 27 号

电话：010—69422509

邮政编码：101300

网址：sysz.shyedu.cn/dem

（余小强）

【举办师生同乐游戏活动】 4 月 16 日，顺义三中初一年级 300 余名师生在学校大礼堂隆重举办“师生互评，促师生共同成长”——师生同乐游戏活动。之前，各班班主任提前培训比赛项目和比赛规则，以班级为单位进行。主要活动项目有四个类别：萝卜蹲、不倒森林、挤眉弄眼、南水北调。同学在玩中学会了与人合作，学会了同心协力，学会了互助共赢。

（余小强）

【九旬抗战老兵出席开学典礼】 9 月 7 日，是抗战胜利暨世界反法西斯胜利 70 周年的日子，又恰逢顺义三中的开学日。顺义区 90 高龄的抗战老兵韩顺通老先生来到开学典礼现场，勉励孩子们“好好学习，保卫祖国”。韩老一生参加过抗日战争、解放战争、抗美援朝战争，历经大小战斗 20 余次，荣立七次战功，离休后，因为热心各种公益事业，曾多次被评为国家、北京市和顺义区先进军休干部，2014 年 9 月受到习近平总书记接见，2015 年 9 月 3 日参加了纪念抗日战争 70 周年阅兵。在开学典礼大会上，韩老用自己的亲身经历讲述了抗日战争中那段难忘的岁月，教育全校师生勿忘历史，勿忘国耻，唯其如此，才能告慰那些不屈不饶为争取国家独立和民族尊严英勇捐躯的英魂，并以此报效国家，共圆中国梦。

（余小强）

【举办推进学校课程改革讲座】 9 月 25 日，顺义三中举办以“领悟教育改革精神，推进学校课程改革”为主题的理论讲座。校长张春德主要从课程的概念、课程改革的缘由、课程改革的依据、课程改革的设置以及走班制的探索五个方面进行深入阐述。关于走班制，学校出台的具体措施为：初一年级英语学科教师实施走班教学，适当调控学生数量。初二年级数学学科年级整体分为两大组，组内按数学成绩分 5 个班实施走班，并引入竞争机制。合理安排教师和教室，组内开展听评课活动。最后张校长用朱永新的《新教育》中的一句话做结：课堂属于学生，他应该投入洋溢四周的自由轻松的氛围，他应该享受汩汩而来、欲罢不能的诗意和幸福。最后，鼓励全体教师们积极领悟教育改革精神，推进学校课程改革，培养出更优秀的人才。

（余小强）

【召开红色经典读书推介会】 9 月 25 日，顺义三中在学校大礼堂隆重举办以“传承革命精神，肩负时代使命”为主题的红色经典读书推介会。《红岩》《青春之歌》等经典名著中的片段被同学们编排成课本剧进行的现场表演，使同学们体会到共产党员宁可牺牲自己的生命也要换来祖国新生的钢铁信念，因而更加坚定了爱国的决心。

（余小强）

【举办禁毒教育专题报告会】 10 月 14 日，顺义三中特邀顺义区人民法院法官杜学禄到校为师生做禁毒教育专题报告。学校初二年级全体法制宣传员聆听了报告。报告中，杜法官详细讲解了毒品的起源、类别、成瘾原因及社会危害性，并结合实际案例介绍了毒品的蔓延特点、相关的法律法规、防毒禁毒的对策等，告诫同学们一定要谨慎交友，不要进入治安复杂的场所，要树立正确的人生观、价值观。杜法官最后寄

9 月 7 日，九旬抗战老兵韩顺通出席顺义三中开学典礼

语全体学生：珍爱生命，远离毒品，做一个有理想、有志气、健康向上的中学生。

（余小强）

【师生开展语文实践活动】10 月底，顺义三中初一师生一起走进电影博物馆，畅游七彩蝶园，在活动中积累相关知识。11 月 20 日，在“感受胶片世界的艺术魅力，欣赏蝶园精灵的生命色彩”的活动中，同学们通过拍摄视频、制作 PPT、电影片段配音、诗文朗诵、相声表演、猜电影名、唱电影歌曲、讲童话故事等活动形式，诠释了生活即语文、语文即生活的大语文观。

（余小强）

【教师为市级研究课例献课】11 月 13 日，顺义三中心理学教师杨丽丽做市级研究课例——“突破自我设限”。市教育学院刘维良博士带队，市各区县 20 余名老师参加此次活动。课堂上杨老师首先根据学生好动的特性，利用拍手活动引出主题，告知学生自我设限的利与弊；其次通过观看影音资料，继续探讨主题，激发学生寻找突破自我设限的策略；然后运用探讨出来的策略解决学生实际生活学习中的问题，让同学们树立积极心理理念。课后的研讨活动中，各专家老师给予杨老师很高的评价，同时也提出了一些宝贵的建议，特别是一些行之有效的经验与方法，大家均感获益匪浅。

（余小强）

【追梦合唱团放歌中山音乐堂】11 月 20 日，顺义三中追梦合唱团代表顺义区参加中山音乐堂举办的“首都学生梦想大舞台”合唱专场汇报演出活动。音乐会上，合唱团在指挥王宏老师的带领下，以美妙的歌声，动人的旋律精彩地演绎了 11 首曲目，赢得在场观众热烈的掌声。本场音乐会曲目丰富，风格多样，学校合唱团更展示出最高水平，演出取得圆满成功。

（余小强）

【召开中考会考表彰大会】11 月 20 日，顺义三中召开 2015 届初三中考会考学科成绩优秀奖获得者表彰大会。区教委中教科科长张旭东等出席大会。会上，副校长李俊英宣读学科优秀奖获奖者名单，共有 48 位教师获得表彰。接着，领导们为获得表彰的教师颁奖。然后，教务主任刘闽回顾了一年来师生一起并肩作战的种种难忘情景。肯定了全体师生精诚合作、努力拼搏的精神。魏永红老师作为代表，表达了新一届初三教师继往开来、锐意进取的坚定决心。最后张科长发表讲话，希望全校教师要以表彰大会为契机，以受到表彰的先进教师为榜样，做好各项工作。

（余小强）

【举办英文歌曲比赛】11 月 25 日，顺义三中初一年级隆重举办英语歌曲比赛。参赛的 10 组选手为现场观众奉献了一场精彩的视听盛宴。场上不时欢声雷动，高潮迭起。这次比赛给学生提供了一个展示自我的舞台，大大提高了大家对英语学习的兴趣。

（余小强）

【开展传统文化展示活动】11 月 27 日，顺义三中初二年级在学校大礼堂举行“领悟古典文化精髓，传承中华传统技艺——初二年级传统文化展示”教育活动。活动中，各班同学通过武术表演、司南制作、风筝制作、剪纸、民歌舞蹈、多米诺骨牌等众多表现形式，展现了中华传统文化的博大精深。展示现场掌声不断。通过这次活动，同学们学习了中华传统的一些技艺，提升了同学们的艺术修养和审美情趣。

（余小强）

【学校剧组参加市戏剧节展演】12 月 26 日，顺义三中初二（4）班《青春之歌》剧组代表顺义区参加北京市首届戏剧节展演，获得与会专家的一致好评和现场师生的热烈欢迎。《青春之歌》剧组成员均为戏剧爱好者。在老师的指导下，他们读名著，编剧本，经过无数次辛苦的排练，在此次展演中展现了顺义三中学生的高素质和在语文学习方面的高素养。

（余小强）

【组织开展艺术课程实践活动】

11 月 20 日，顺义三中召开中考会考学科成绩优秀奖获得者表彰大会

新年到来之际，顺义三中组织全体师生1000余人，分两个晚上在中国音乐学院国音堂隆重开展“华美乐章谱写新春畅想”为主题的艺术课程实践活动。参与展演的中国音乐学院华夏民族乐团、中国音乐学院行乐室内乐团、中国广播民族乐团都是享誉全国的顶尖乐团。顺义三中蒲公英民乐团成立于1997年，在近20年的成长历程中，培养了数以千计的民族音乐的传承人才，追梦合唱团成立于2011年。几年里，已连续两届获市学生艺术节合唱同声甲组一等奖。今年暑期，该团参加了国家大剧院举办的暑期高雅艺术主题实践活动；11月，又代表顺义区参加了首都学生梦想大舞台展示活动，在中山音乐堂举办了自己的专场演唱。顺义三中音乐社团参加的这场视听饕餮盛宴，使学生进一步理解了传统民族音乐的魅力与文化内涵。

（余小强）

·北京市顺义区第五中学·

【概况】 2015年，北京市顺义区第五中学学校占地面积40649平方米、建筑面积15754平方米，体育场（馆）面积21661平方米。图书馆藏书4.1万册，电子图书2.6万册，订阅杂志、报刊100种。固定资产总值1842万元。全年教育经费投入2400万元，全部为国家拨款。全年学校信息化经费投入26万元，拥有计算机396台，多媒体教室座位1150个，校园网出口总带宽1000Mbps，数字资源量290GB，“信息技术”课程2课时/周。有普通教室33个、专用教室25个、实验室10个。教职工147人，其中高级职称27人、中级职称53人。专任教师96人。本科以上学历139人。开设教学班24个，均为初中班。毕业330人，均为初中生；招生204人，均为初中生；在校生825人，均为初中生。

单位名称：北京市顺义区第五中学

地址：北京市顺义区石园西区

电话：89441490

邮政编码：101300

网址：www.wzx.shy.bjedu.cn

（高卫红　魏金凤）

【获区中小学生绑腿跑比赛三连冠】 4月25日，在石园小学举办的“阳光体育2015年顺义区第八届中小学生勇敢小伙伴比赛”中，顺义五中的小勇士们以8秒75的骄人成绩获得三连冠；该项目一直是顺义五中的传统体育项目。

（张卫国）

【迎接义务教育均衡发展国家级评估】 4月28日，顺义五中迎来国检专家对学校进行的义务教育均衡发展国家级评估工作。校长刘志文和责任督学全程陪同。国检专家组、市专家组和区委、区教委领导检查了学校的校园文化建设、学校的办学条件以及专用教室、档案资料等。专家组认为，顺义五中的发展高度体现了市、区两级政府对教育的投入，也体现了顺义区教育的高度均衡优质发展。

（高卫红）

【举办顺义五中百家讲坛】 自4月开始“顺义五中百家讲坛”系列讲座陆续展开。根据学校约定，无论领导，还是普通教师，只要是对教育教学有自己独到的见解，有行之有效的经验和办法，都可以自主申报，在全校开办讲座。目前，学校的王莉莉老师做了“关于学生自主学习——记好学习笔记”的讲座，李明老师做了“关于日本经济”的专题讲座。这项活动极大地调动了教师的积极性，挖掘了教师的潜力，促进了教师的相互学习和交流。

（张连双）

【开展教职工十字绣、摄影活动】 自4月开始，顺义五中工会组织全校会员开展十字绣和摄影活动，活动历时7个月，十月落下帷幕。活动期间，工会特请专人进行培训。至活动结束，共收到十字绣

4月25日，顺义五中参加2015年区中小学生绑腿跑比赛再创佳绩

作品86幅、摄影作品119幅。之后学校成立评委小组对上交作品逐一评选并经装裱后在职工之家展示，供老师们学习、欣赏。

（曹殿越）

【启动《控烟条例》仪式】6月1日，顺义区“第28个世界无烟日”主题健康教育活动暨《北京市控制吸烟条例》实施启动仪式在顺义五中举行。活动中，领导、老师和学生代表依次到主席台签字，表明要做戒烟宣传小卫士的决心，活动结束后还有很多师生争着签字。本次活动效果良好，吸烟教师纷纷表示一定会严格遵守《北京市控制吸烟条例》；不吸烟的教师和所有学生均表示要做一名控烟小卫士。区疾控中心、中小学卫生保健所、石园街道计生办、区教委体卫艺科等部门领导与会。

（郝海丽）

【代表顺义区参加市诵读比赛】经典诵读是顺义五中的品牌课程。自5月开始，学校特聘首师大专业诵读老师，每周一次到校为学生们辅导，在老师的悉心指导下，学生们的诵读水平飞跃发展，在顺义区组织的诵读比赛中一举夺冠，并且代表顺义区参加了市级诵读比赛。在决赛中，学生们与市级高手同台角逐，最终赢得最佳编排奖。

（郝海丽）

【开展“红色经典诵读”活动】7月8日，顺义五中党支部举行“党旗在我心中红色经典诵读”展示活动。在中国共产党建党94周年和抗日战争胜利50周年之际，学校党支部举办此次活动，旨在激发广大党员干部从自身做起，传承经典，弘扬传统美德。四个党小组的党员用饱含深情、发自肺腑的朗诵，回顾了党的发展历程，由衷地表达了对党的热爱与赞美，展示了党员健康向上、积极进取的精神面貌。

（高卫红）

【开展榜样人物评选活动】顺义五中学生张楠因长期照顾身患小脑疾病的同学张欣然，作为北京市优秀中学生代表参加了“实现中国梦，青春勇担当——2014年北京市优秀中学生事迹报告会”。7月，学校以此为契机，以社会主义核心价值观为标准，通过宣传、评比，在校园内推出了张楠、党林、党随等一批校园模范人物。他们乐于助人的事迹令大家信服。充分发挥校园榜样可敬、可亲、可学的优势，有利于引导学生自觉遵守公民基本道德规范。同时，学校还利用升旗时间让这些同学宣讲自己的事迹，达到了很好的教育效果。

（郝海丽）

【获区中学生羽毛球比赛佳绩】7月，为迎接区中小学生羽毛球比赛，顺义五中专门成立了羽毛球兴趣小组。教练员苏老师利用每天活动课或休息时间，对队员从基础训练抓起，并聘用了校内喜欢打羽毛球的老师当陪练，经过两个多月的刻苦训练，学生羽毛球技术都有很大提高，经过筛选，14名学生代表学校参加比赛。在比赛中，队员们发挥了敢打敢拼的精神，最终取得“阳光体育2015年顺义区中小学生羽毛球比赛”团体总分第二名的好成绩。

（张卫国）

【广西玉林骨干教师来校交流】10月12至15日，广西玉林名师骨干班一行35人到顺义五中进行为期四天的考察交流。见面会上，刘校长对他们做了学校的全面介绍，主管教学的张校长将学校的教学教改情况作了汇报。接着，来访教师们深入课堂，共听了28节推门课，和领导、老师作了广泛交流。大家对学校的教学给予了很高评价，认为教师知识底蕴深厚，尊重学生，课堂氛围和谐，教学活动形式多样。同时就高效课堂如何体现及学困生的助学等问题进行了深入的探讨和交流。

（张连双）

10月，顺义五中男子篮球队参加肯德基三对三北京赛区篮球赛

【参加肯德基北京赛区篮球赛】10 月，顺义五中男子篮球队在肯德基三对三篮球赛（北京赛区）中，从 39 支参赛队中脱颖而出，荣获总分第三名，是代表顺义区参加比赛的三支代表队中取得成绩最好的队伍。学校男篮教练张长海老师和金明阳老师科学有效的训练和队员们的刻苦努力，是取得可喜成绩的根本原因。

（张卫国）

【获评民间文化教育示范校】11 月 16 日，顺义五中陈杰红主任代表学校到顺义一中参加中国民间文艺家协会主办的申报“民间文化教育示范学校”活动。通过申报评审，顺义五中被中国民间文协认定为首批“民间文化教育示范学校”。中国教育新闻网、《中国民族报》《光明日报》等各大媒体刊载这则新闻。该新闻记述：“顺义五中的村名历史研究，一个个民间气息浓烈、传统韵味十足、听起来新奇好玩的校园活动在学生当中陆续开展起来”。

（陈杰红）

·北京市顺义区第八中学·

【概况】2015 年，北京市顺义区第八中学学校占地面积 19700 平方米、建筑面积 13232 平方米，体育场（馆）面积 9700 平方米。图书馆藏书 4.2966 万册，电子图书 219 册，订阅杂志、报刊 118 种。固定资产总值 2656.62 万元。全年教育经费投入 1952.42 万元，全部为国家拨款。全年学校信息化经费投入 113.65 万元，拥有计算机 352 台，多媒体教室座位 1800 个，校园网出口总带宽 1000Mbps，数字资源量 786GB，“信息技术”课程 2 课时 / 周。有普通教室 36 个、专用教室 12 个、实验室 5 个。教职工 134 人，其中高级职称 24 人、中级职称 55 人。专任教师 107 人，包括特级教师 2 人、北京市学科教学带头人 2 人；本科以上学历 130 人。开设教学班 20 个，均为初中班。毕业 311 人，均为初中生；招生 217 人，均为初中生；在校生 691 人，均为初中生，包括寄宿生 70 人。

单位名称：北京市顺义区第八中学
地址：北京市顺义区光明北街 18 号
电话：69429480
邮编：101300

（蒙士奎）

【“爱眼护眼”征文展演创佳绩】1 月，顺义八中在全区中小学《爱眼护眼，健康成长》征文展演获优异成绩。学生杨珺尧、张爱琪、宋海萍分获一等奖、三等奖和优秀奖，学校获征文优秀组织奖。李翠香、邵海霞老师获优秀辅导员称号。1 月 20 日，曹健、万婷、肖悠博、直从耳、孙璟琳合作表演的《眼睛的自述》舞台剧一举夺得表演一等奖。

（蒙士奎）

【举行第一届元宵节猜谜灯会】3 月 5 日，顺义八中举行第一届元宵节猜谜灯会，会上，师生共推荐 1500 条灯谜。灯谜盛会激发了同学们学习中国传统文化的兴趣。全校师生 900 余人参加此次活动。

（蒙士奎）

【举办爱护水环境讲座】4 月 8 日，顺义八中初一年级 300 余名师生聆听了主题为“爱护水环境，珍惜水资源”科普讲座。会上，顺义区水务局专家刘海丰通过视频、图片和数据，介绍了顺义区水资源、水环境和南水北调的有关情况。本次讲座有效增强了师生们节约用水的意识，孩子们表示，要用自己的实际行动，作保护水资源的践行者，并提高全家节水意识。

（蒙士奎）

【组织第五届书市】4 月 17 日，顺义八中举办“我是读者，就这么任性”第五届书市。此届书市由学生会和《当春》记者站联合策划，6 张宣传海报立于每一个楼层。书市开张，先由两名同学以相声表演的形式取代了以往庄

3 月 5 日，顺义八中举行第一届元宵节猜谜灯会

严的传统启动形式，之后，副校长刘满以鸣锣声宣布开幕。红日书店、图书音像城、顺博文书店加盟此届书市，使同学们的购书选择空间大大拓展；其间还新添了“买书——答题——换奖品”环节，更激发了师生们购书的热情。全校师生900余人参加此次书市活动。

（蒙士奎）

【举办文化月活动】 4月20日，顺义八中文化月落下帷幕。本次文化月经历3月汉字听写及颁奖，4月9日水知识讲座，4月13日师生传统文化知识答题，4月17日书市，4月20日传统文化知识颁奖。楼道内有师生绘画作品及各班手抄报展示，校园内新栽了樱花、玉兰、杜仲、枫树、榕树、海棠、山楂树等观赏树木，这一系列活动使校园内充满浓浓的文化氛围。

（蒙士奎）

【迎接义务教育均衡发展督导】 4月28日，顺义八中迎接国务院义务教育均衡发展督导组的检查，一同前来的还有顺义区教委的领导。督导组在校长何广林的陪同下认真检查了顺义八中各专用教室及专用设备的使用情况和近些年整理的学校档案资料，并且实地考察了学校网络资源、课程建设、体育健康状况等。

（蒙士奎）

【诵读国学经典，绽放国学魅力】 5月6、7日，顺义八中举办第一届“春之韵”古典诗词朗诵比赛。本次活动由语文组承办，学生们在古筝现场伴奏及古装舞蹈伴舞下用多种形式演绎了他们对中国古典诗词的理解，观众们沉浸在欣赏国学经典诗词魅力之中，不时报以热烈的掌声。全校师生900余人参加活动。

5月6、7日，顺义八中举办“春之韵”古典诗词朗诵比赛

（蒙士奎）

【减压放松迎中考】 中考将至，顺义八中为初三学子实施了一系列减压措施。一是为初三学生组织篮球赛，使学生们放松了迎考的紧张心态。二是组织50名初三学生代表到牛栏山一中实地参观，孩子们既减轻了学习压力，又体会到优质学校的魅力。三是给孩子们举办“灿烂六月天——调整心态，轻松应考”心理讲座。

（蒙士奎）

【举行小型体育比赛】 5月，顺义八中举行年级间系列小型体育比赛。比赛内容包括勇敢小伙伴、引体向上（男）、仰卧起坐（女）、板鞋竞速几项活动。全校师生900余人参加活动。

（蒙士奎）

【物理教师在实验探究比赛中获奖】 6月，顺义八中王占杰老师在北京市中学物理教师第五届实验探究教学创新比赛中获得（初中组）一等奖，并参加了北京市获奖实验的展示活动。王老师参赛课题为《认识水漩涡》，通过自制水漩涡演示仪，人们可以清楚地看到水漩涡的形成，明了水漩涡带来的危害。

（蒙士奎）

【举办中华传统文化知识达人赛】 6月18至19日，顺义八中举办“中华传统文化知识达人赛”。本次活动由学生生活指导中心和学生会联合策划，由学校语文教师和学生会成员共同担任评委。达人赛使学生了解了广博的中华传统文化知识，体会了灿烂文化的魅力，从而更加重视对传统文化知识的学习。校内共400余名学生参加此次活动。

（蒙士奎）

【组织禁毒宣传活动】 6月，顺义八中开展禁毒宣传系列活动。1. 利用电子屏、宣传栏进行宣传，张贴禁毒图片，营造良好的毒品预防教育宣传氛围。2. 为全校师生播放“青春劫——青少年禁毒教育宣传片”。3. 由学校心理教师为全校师生作题为“磨砺意志——养成良好心理品质”的心理专题讲座。4. 由政教主任蒙士奎给全校学生讲解禁毒相关知识，并带领学生在国旗下进行禁毒宣誓。校内师生共900余人参加活动。

（蒙士奎）

【走进博物馆】9月22日，顺义八中初二全体师生参观中国地质博物馆和首都博物馆。参观前，学校为每位师生送上一份知识问答题，让师生们带着问题去参观。参观中，通过博物馆讲解员的讲解，师生们领悟到这些展示背后的深厚文化内涵。360余名师生参加活动。

（蒙士奎）

【举办中秋篝火晚会】中秋之夜，顺义八中举办首届“八中之夜中秋篝火晚会”。新老初三师生在篝火晚会上相聚，庆祝八中人一年来取得的成果；新初三学子表达了继续拼搏的决心；老初三毕业生们的一句“学弟学妹们，努力吧！我们在牛栏山一中等你们。”表达了他们对新初三学生们的鼓励和盼望。最后新老初三师生们以一句“时光不老我们不散”结束了晚会。参加此次活动的师生共500余人。

（蒙士奎）

【第三届体育节开幕】10月10日，顺义八中举行第三届体育节。学校本着“做最好的自己”的德育理念，继续为学生搭建展示的平台。学生们自己主持、发言、竞技、颁奖；他们身着各色民族服饰，展示各民族的特色舞蹈；赛场上，个个在拼搏中突破自我。全校师生900余人参加此次活动。

（蒙士奎）

【召开初三教育教学研讨会】10月14日，顺义八中召开“同心勠力，共创佳绩”新老初三教育教学研讨会。原初三年级的侯久芬老师、王立平老师、狄立清老师及李光明主任分别从班级管理、学生学业水平提升、教研更好地为教学服务、年级整体管理等不同层面，剖析原初三成功的经验，为新初三教师答疑解惑；校长何广林从学校、教师和学生发展、副校长荣淑印从教育教学质量提升的角度提出了明确的期望；新初三年级主任黄国庆布置了下一段的工作安排和要求。学校干部教师70余人参加此次研讨会。

（蒙士奎）

【举办第六届书市】10月23日，顺义八中第六届书市如期开幕。本次书市有新华书店、红日书店两家书店加盟，初一初二600余名师生共同参与。学生搬出自己看过的书刊拿到书市售卖，然后再换取自己喜欢的书刊，也可以直接到书店的书市买书。

（蒙士奎）

【举办“认识自我，把握青春”讲座】10月27日，顺义八中在报告厅举办“认识自我，把握青春”心理专家讲座。本次讲座由光明街道组织，首师大心理专家结合中学生青春期的特点，讲到了合理膳食、身心巨变、情绪管理等问题，专家最后还现场回答了部分学生的疑难问题。全校师生900余人参加此次讲座。

（蒙士奎）

【家长参与监考】11月9至10日，顺义八中安排期中教学质量检测。学校延续去年的尝试——邀请88位学生家长来校和任课教师一起监考。让家长亲身体验子女在校的学习与生活。他们走进学校，参与管理；走进教室，关注教育；走进孩子，倾听心声，构筑起学校、老师、家长三位一体的交流平台。检测监考前，副校长荣淑印分别召开了家长监考员培训会和全体教师考务会。各班班主任和家长监考员就具体监考场次进行反复协调，同时向家长详细了解孩子的校外生活、学习等情况。家长们对此次活动给予了大力支持，并建议校方今后能够让更多的家长参与到此类活

10月14日，顺义八中召开“同心戳刀，共创佳绩”新老初三教育教学研讨会

11月16日，顺义区第八中学举行了新任教师座谈会

动中。

（蒙士奎）

【召开新任教师座谈会】11月16日，顺义八中举行新任教师座谈会。会上，校长何广林、副校长荣淑印了解了新任教师的工作体会，对他们提出了具体要求：1.增强教育使命感和责任感。2.提高学校活动的参与度和关注度。3.加强教学设计的积累。4.多上公开课，通过讲评课提高自己的上课水准；多听不同学科的课，通过文理科知识的整合提升课堂效率。

（蒙士奎）

【迎接德育专项督导检查】11月26日，顺义八中迎接区教委德育工作专项督导检查。督导组首先听取了副校长刘满的社会主义核心价值观工作推进情况和学校德育课程建设情况的汇报。随后，副校长梁学军带领督导组参观了校园文化。

（蒙士奎）

·北京市顺义区第九中学·

【概况】2015年，北京市顺义区第九中学学校占地面积66477平方米、建筑面积12196.07平方米，体育场（馆）面积共22220平方米。图书馆藏书53113万册，电子图书530册，订阅杂志、报刊184种。固定资产总值8068.3万元。全年教育经费投入7027.86万元，全部为国家拨款。全年学校信息化经费投入256万元，拥有计算机491台，多媒体教室座位2759个，校园网出口总带宽500Mbps，数字资源量917GB，“信息技术”课程2课时/周。有普通教室39个、专用教室14个、实验室11个。教职工230人，其中高级职称54人、中级职称81人。专任教师179人；本科以上学历193人。开设教学班38个，均为高中班。毕业348人，均为高中生；招生480人，均为高中生；在校生1431人，包括寄宿生1078人。高中录取分数线404分（本区），应届高考本科上线率86.74%。

单位名称：北京市顺义区第九中学

地址：北京市顺义区仁和镇河南村西北侧

电话：89498802

邮政编码：101300

（尹　嘉）

【开展远离路边摊宣传活动】4月10日，顺义九中邀请区监察局、城管仁和执法队以及城管局宣传科领导、《顺义时讯》、顺义电台的工作人员共同参加学校主题为“拒绝边摊不拿生命做赌注”食品安全宣传教育活动。城管仁和执法队副队长张颖讲解了在食品生产和流通当中存在的安全隐患，号召同学们拒绝流动商贩兜售的食品。学校还制作了主题为“决绝流动商贩，保护身心健康”的主题展版，触目惊心的图片和案例使学生深受触动，纷纷表示远离路边摊贩的不洁食品，自觉保护自身安全。

（马德彩）

【举办春季健步走活动】4月18日，顺义九中组织教师在滨河森林公园举行以“亲近自然，享受健康与快乐”为主题的健步走活动。校领导与全校100多名教职工一起参加。本次健步走活动全程约5公里。上午8时30分，工会主席宣布活动开始。大家沿着绿荫匝地、繁花似锦、曲径通幽的公园小道迈起矫健的步伐。行走在明媚的春日阳光里，教职工们个个精神抖擞，意气风发，享受着亲近大自然带来的愉悦和运动带来的健康快乐。

（王　妍）

【北京歌剧舞剧团走进顺义九中】5月26日，北京歌剧舞剧院舞剧团的演员们走进顺义九中校园。北京歌剧舞剧院是由1978年成立的北京歌舞团和1952年成立的北京市曲艺团共同组成。剧团的演员们不畏炎热，以舞蹈、歌曲、快板、魔术、相声、新民乐等形式，为全校师生呈现了精彩节目。演出现场，师生们看得津津有味；很多演员表示，看到台下孩子们的喜悦眼神，让他们深受感动；在这里，他们切实与九中的师生们一起弘扬了民族精神，传承了民族艺术。

（马德彩）

【“We are young”社团举办文艺展演】6月16日，顺义九中“We are young”大型社团文艺展演晚会在校综合楼三楼精彩上演。近年来，九中学生社团文化蓬勃发展，优秀节目层出不穷。除了异彩纷呈的才艺展演，晚会现场还揭晓了校“蝶舞杯”主持人大赛金银奖得主及《当春》杂志封面人物选拔结果。校长王长存和《当春》杂志社主编林子出席晚会并为获奖同学颁奖。区教委中教科单德芳老师及区内部分兄弟校领导也应邀出席了晚会。整台晚会现场始终洋溢着热烈气氛。

（包　茜）

【“三馀讲堂”开讲】9月16日，顺义九中迎来“三馀讲堂”的第一讲——刘德水老师开讲的《走进高中之后（高中入学后的思考）》。他由法国后印象派画家保罗·高更的一幅《我们从哪里来？我们是谁？我们到哪里去？》画作讲起，引发同学们的思考。让同学们认识一个“精英”，从而“经营”自己的一生。此外，刘老师还以自己女儿的学习为例，希望学生们在兴趣、学习、生活中都善于去发现自己，对自己不懂的东西、不了解的东西，始终保持着强烈的好奇心。学生们的内心都受到不同程度的触动，并在课后写了长短不一的随笔，表达了对老师的敬仰之情和自己认识上的提升。

（李　慧）

10月15日，顺义九中邀请著名媒体人冯小凯作励志演讲

【邀请著名媒体人冯小凯演讲】10月15日，顺义九中邀请著名媒体人冯小凯来校给师生作励志演讲。她激情饱满，谈笑风生，从年少时小女孩的大梦想，中学时的出类拔萃，大学毕业后竞聘电视主持人，到牛津大学学习，进军互联网。一路走来，有梦想，有挫折，有汗水和泪水，有成功和喜悦。师生们跟随她的演讲，与她一起分享了“赤子之心，无所畏惧”“有梦想就有疼痛”的成功之道。学生们听了她的演讲很受鼓舞。在互动环节，学生们纷纷举手向她提问。演讲结束后，学生们纷纷找她合影留念。

（王　杰）

【学生走进七彩蝶园和乔波滑雪场】11月10日，顺义九中学生生活指导中心协同高一年级组织学生走进七彩蝶园和乔波滑雪场。在七彩蝶园，学生们与蝴蝶近距离接触，了解蝴蝶文化；此后，学生们还分小组制作了蝴蝶标本，从中学到了自然科学知识，也锻炼了动手能力。在乔波滑雪场，学生们通过观看视频，了解了滑雪的历史、滑雪时的注意事项、怎样穿雪鞋等知识，随后进行滑雪的实践练习。教练们认真指导，学生们认真学习，在“摸爬滚打”中学会了滑雪，从而获得快乐，更提高了心理素质和应变能力。

（缐鹤年）

【蓝彩蝶电视台组织采风活动】12月6日，顺义九中蓝彩蝶电视台组织各栏目负责人开展外出采风活动。采风地点为顺义舞彩浅山木林镇茶棚段。冬季的舞彩浅山有着特有的冬日色彩。同学们攀爬其上，体察山石草木形色，感受自然形态，用摄像机和照相机捕捉眼中景致，记录探寻足迹。采风中，大家团结协作，商讨拍摄内容，多角度实践抓拍的动态场面，创作静态情景，分析作品成败，交流拍摄心得。采风活动开阔了学生视野，增进了感情，锻炼了团队。

（包　茜）

【举行第十届科研月启动仪式】12月10日，顺义九中第十届科研月启动仪式在综合楼举行。此次科研月主题为“走近生本教育”。校长王长存首先做动员讲话，深刻阐释了生本教育的内涵及其核心思想。接着学校教师发展中心主任童晓君介绍了本届科研月的活动安排。最后，特邀生本教育专家山东桓台一中耿文超老师给全体教师做“‘小立课程，大作功夫’——浅谈课程与教学再造”为主题的精彩讲座。耿老师从课程内容、教学策略、组织形式、学习方式、评价原则五个方面阐述了课程与教学的再造，讲座中生动的例子撞击着与会老师的心灵，系统厚实的理论厘清了老师们眼前的迷雾。

（尹　嘉）

【蓝彩蝶电视台启动改版运行】 12月29日，顺义九中蓝彩蝶电视台举行改版运行启动仪式。启动仪式由电视台成员、高一7班白吕硕主持，活动邀请校领导王长存、闫贵全等出席，电视台全体成员和《当春》杂志记者团部分同学参加。活动中，蓝彩蝶电视台负责人、信息网络中心主任赵继超介绍了电视台更名、改版、运行情况，王校长为电视台揭牌，并为电视台题词——“愿飞舞的蓝彩蝶成为顺义九中亮丽的风景”。之后，他发表讲话，充分肯定了电视台在改版运行中全体工作人员所付出的辛勤劳动，对录制完成的第一期节目给予了高度认可，同时，对电视台工作提出殷切希望。

（包　茜）

·北京市第四中学顺义分校·（北京市顺义区第十中学）

【概况】 2015年，北京四中顺义分校学校占地面积126000平方米、建筑面积53000平方米，体育场（馆）面积29360平方米。图书馆藏书5.68万册，电子图书22500册，订阅杂志、报刊129种。固定资产总值9777.55万元。全年教育经费投入5469万元，全部为国家拨款。全年学校信息化经费投入132万元，拥有计算机450台，多媒体教室座位2940个，校园网出口总带宽1000Mbps，数字资源量17GB，“信息技术”课程2课时/周。有普通教室72个、专用教室26个、实验室13个。教职工248人，其中高级职称59人、中级职称88人。专任教师171人，包括北京市骨干教师2人；本科以上学历234人。开设教学班54个，其中初中班24个、高中班30个。毕业531人，其中初中生241人、高中生290人；招生48人，其中初中生283人、高中生265人。在校生1670人，其中初中生831人、高中生839人，包括寄宿生884人。高中录取分数线363分（本区），应届高考本科上线率83.6%。

单位名称：北京市第四中学顺义分校（北京市顺义区第十中学）
地址：北京市顺义区后沙峪镇
电话：80416138
邮政编码：101318
网址：http://www.szsyfx.com

（段伟伟）

【举行开学典礼】 3月1日，四中分校在大礼堂举行简洁而隆重的开学典礼。典礼由德育校长赵晶晶主持。在庄严的升国旗奏国歌之后，校长张福利致辞。他首先给全体师生送上了新学期祝福，然后系统总结了上学期学校所取得的优异成绩，并对新学期寄予厚望。典礼上，各位领导为优秀班集体和学生代表颁发奖状，激励全体学生在新的学期里能够继续刻苦学习，奋勇争先。最后，高三年级副主任程艳武和初三年级学生代表分别发言，预祝全校师生在即将到来的中高考中再创辉煌！

（王　颖）

【表彰优秀女教师】 3月9日，

3月1日，北京四中顺义分校开学典礼

四中分校在报告厅举行庆祝三八妇女节暨三八红旗手表彰大会。德育副校长赵晶晶主持会议，代表学校向全体女教职员工致以节日的问候。工会主席杨文玉宣读了荣获三八红旗手的教师名单，并在致颁奖词中指出，四中分校的发展离不开女教师们辛苦耕耘，她们在平凡的岗位上创造了不平凡的成绩，是大家学习的好榜样。随后，校长张福利为获奖教师颁奖。最后获奖代表于磊老师发言，称今后将会和老师们一起继续努力，为学校和学生的发展而最大地贡献自己！

（王　颖）

【召开青年教师座谈会】3月19日，四中分校在实验楼会议室召开青年教师座谈会。座谈会由教师发展中心主任杨文玉主持，校长张福利，主任吴从兵莅临指导，五年以内的全体青年教师参加。杨主席结合自身教育实践经验，给青年教师上了一节生动的青年教师成长课，吴主任也从具体细微之处对青年教师提出严格要求和殷切希望。新教师代表就自身的发展谈了体会。张校长在总结发言中，对加入四中分校的年轻教师们取得的进步给予充分肯定，同时也对新教师能快速成长为优秀教师寄予厚望。青年教师们表示，在未来的从教道路上将把自己的青春和热血全部洒在四中分校的土地上。

（王　颖）

【组织教师参加拓展训练】4月18日，四中分校全体教职员工到顺义顺鑫度假村进行拓展训练。教职员工们以小队为单位，先后参与了“后背摔”和“撕名牌”等游戏。在游戏中，各个战队齐心协力，密切合作，一时间呐喊声、欢笑声充溢了整个训练场地。拓展训练极大增强了队员们之间的团结协作能力。10月31日，170余名教师在校长张福利的带领下，前往怀柔黄花城水长城景区进行拓展培训活动。黄花城是京郊独特的可近距离触摸的“山间碧玉，水中长城”。在此，可欣赏宏伟秀丽的湖光山色，亦可体验险峻巍峨的万里长城。参训教师分为七组，赏明代板栗园，览峭壁山水潭，一起交流观感，拓展训练，使老师们既锻炼了身体，又培养了集体主义精神。

（付治勇）

【国家督学来校检查工作】4月28日，国务院义务教育均衡发展督导组来到四中分校检查工作。督导组认真检查了学校财物、档案管理、专用教室使用、课程建设、体卫工作等方面的情况。顺义区教委领导陪同检查。其间，校长张福利还就各方面工作做了详细汇报。

（付治勇）

【举行古诗词朗诵比赛】5月，四中分校初一初二年级相继举行古诗词朗诵比赛。各班对该项赛事均格外重视。之前，分别在班内组织了培训、海选等活动，力求让每名学生都能从活动中得到传统文化知识方面的提升。比赛现场气氛热烈，选手们表现优异，各方面能力得到较好的锻炼。

（王　颖）

【举行社团展示活动】6月18日，一年一度的“缤纷梦想魅力社团”展示演出在四中分校报告厅举行。赵冬云老师指导的校管乐团演奏的《欢乐颂》《歌声与微笑》《时间都去哪儿了》赢得阵阵掌声；李森、张明珠老师指导的科普剧《良心壶》得到一致好评；李元博表演的双节棍《我是李小龙》精彩异常；徐晓明老师指导的健美操社团展示的《青春的旋律》和张建玲老师指导的街舞社团街舞《疯灵》搏得一片喝彩；王茜老师指导的合唱团在师生们强烈要求下演唱两次《蝴蝶飞》《同一首歌》。

（付治勇）

【师生收看杨澜的开学第一课】9月8日，北京四中举办题为“价

5月，四中分校初一初二举办古诗词朗诵比赛

值的传承”开学第一课。该课由中国电视节目著名主持人杨澜女士主讲。杨澜作为中国三次申办奥运会的参与者，回顾了我国两次申办夏奥会和一次申办冬奥会的曲折历程；阐述了国家实力提升、体育事业发展与国际社会认可的必然关系；表达了国家强盛、民族复兴寄望于中学生一代的殷切期望。顺义分校部分师生应邀到现场参加活动，其余师生在报告厅和教室观看了实况直播。杨澜女士的报告，开阔了广大师生的眼界，激发了大家发展自我，报效国家的巨大热情。

（王　颖）

【学生参与台湾游学活动】 暑假期间，四中分校原高一年级 10 位同学与来自北京市其它九所示范性高中的同学共同参加由北京市港澳台教育交流中心承办的“海峡两岸优质高中生——北京长城和台湾阿里山夏令营”活动。同学们利用七天时间参访台湾的三所高中和两所大学，了解台湾同龄人的学习、生活状况，与台湾同学建立跨越海峡的友谊；同时，还参观台北 101 大楼、“国父纪念堂”、台北故宫博物院，游览了阿里山、日月潭、九份小镇、宁静的淡水渔人码头等风景名胜，品尝宝岛的美食、体验宝岛的风情。游学活动使同学们增长了阅历，激发了学习动力。

（庞　龙）

【“十二五”区级立项课题结题】 9 月 22 日，区教科室主持四中分校区级立项课题结题会。参与结题鉴定的三个课题分别是《新课程背景下普通高中多样化课程设置的实践与研究》《小班化英语教学自主互助课堂教学模式的研究》《提高农村普通高中数学课堂教学实效性的研究》，三位课题负责人白瑛、韩亚茹、尹德霞老师分别做详细的课题汇报。专家组经过评议鉴定，一致通过三个课题组的报告，准予结题。

（周雪斌）

9 月 25 日，澳大利亚高中访问团来四中分校进行文化交流

【澳洲高中访问团来校交流】 9 月 25 日，四中分校迎来第三批来自澳大利亚的高中访问团——墨尔本一所男子天主教高中的 15 名学生和 3 位老师。吕娜老师带领 30 多位高二学生进行全程接待。在小广场雕塑前，她解释了基座上“天、地、人、和”四个汉字的哲学含义和火焰的寓义。之后，在教师阅览室举行了中秋节 Party。刘洋同学向澳洲朋友介绍了我国中秋节的历史、习俗、嫦娥奔月的传说。此外，同学们还教会了澳洲朋友用汉语读关于月亮的两句古诗。参观的第二部分是京剧展板，由叶晨冉同学讲解京剧的起源和生旦净丑的角色特点。之后，双方的篮球队和橄榄球队进行了友谊赛，比赛激烈精彩。这次活动已从口语交流扩展成真正的文化交流，经过短短的半天活动，中澳学生们已经建立起深厚的友谊。澳洲学生认为，此次丰富有趣的文化体验，使他们学到了很多东西，也重新认识了中国文化的魅力。

（吕　娜）

【校长为教师解读课改动态】 9 月 30 日，四中分校校长张福利在阶梯教室为全体初中教师和各学科主任做了题为《提前了解、充分准备、应对挑战》的报告。张校长根据近年中考变化释放出的重要信息，详细分析了影响学生选择课程的原因、课改对教师提出的要求、学校面临的挑战和机遇；特别提出了教师要有课程意识，重视学生的实践体验要求。报告使老师们明晰了未来考试难度降低，考试内容变宽，考试形式更活等中考改革动向和初中更看重均衡发展等教改趋势，为学校未来的教育教学改革指明了方向。区教委副主任张军堂和中教科科长张旭东、教科室主任陈惠明等与会。张主任代表区教委高度赞赏该报告深入具体，详实全面，给顺义区初中教育提供了高水平的发展引领。

（付治勇）

【优秀教师到四中总校拜师】 10月13日，北京四中顺义分校为促进学校教师队伍建设，特推荐13位优秀青年教师参加四中总校拜师活动。老师们本着学思想——教育教学理念；学本领——教育教学基本功；学做人——为人处事求善求真的宗旨前往取经，虚心听取指导教师的意见与建议；积极参加指导教师的集体备课等教研活动，主动请指导教师审阅自己所撰写的教案；在指导教师指导下完成一篇教学论文，并详细制定好提高自身教科研能力的计划。

（王　颖）

【开办多场科普讲座】 本学期，四中分校组织优秀教师为学生开办多场学科讲座。11月4日，初中组化学教师李建伟、卢艳清和田海莲，为初二和初三同学做了一场“奇妙的化学”讲座。讲座第一部分，介绍人们衣食住行等各方面与化学的重要关系。第二部分，介绍学习化学的基本方法。即通过看、听、闻、摸等各种手段，认识物质及其变化。第三部分，通过捉鬼情景、烧不坏的手帕、滴水生火、吹气生火、大象牙膏、银镜制取和黑面包六个小实验，让学生感受到各种物质的千变万化和化学的震撼美。第四部分，化学与环境的介绍。使学生认识到，在创建美好生活的同时，每个人都应该建立可持续发展的环保意识。此外，4月22日，地理学科李君洁老师为初一学生进行地理与生活的讲座。11月23日，物理组马山老师为全体初中学生进行了水煮物理的趣味讲座。

10月13日，四中分校优秀青年教师到四中总校拜师

（付治勇）

【北京交通大学送课到学校】 为落实市教委关于在全市范围内开展初中“开放性科学实践活动”课程的决定，11月16日，北京交通大学给四中分校的初一学生送来第一堂科学实践课——“物理与生活”。现场演示的避雷针秘密、人体电阻音乐、神奇的电子风、美丽的辉光放电等一系列物理学实验，深深地吸引了学生们惊奇的目光，为他们以后的物理学习打开了一扇神奇之窗。

（付治勇）

【教师参加总校业务学习活动】 11月26日，北京四中总校特请北京市教委委员李奕做《新中高考方案背景下的中小学课程改革和管理变革》专题报告，四中顺义分校全体教师通过网络参加这次集团校业务学习活动。李奕委员从新中高考方案的核心价值取向和突出特点、方案背景下的课程改革及中小学学校治理变革等三个方面对中学教育综合改革问题做出深度解读。本次讲座为四中分校教师进行知识扩容、素养提升开创了一个全新起点。

（付治勇）

·北京市顺义区第十一中学·

【概况】 2015年，北京市顺义区第十一中学是一所农村寄宿制初中校，其前身为顺义区俸伯中学。始建于1958年，在2013年顺义区教育布局调整中，俸伯中学和李遂中学合并，更名为顺义区第十一中学。学校占地面积52729平方米、建筑面积21470平方米，体育场（馆）面积20945平方米。图书馆藏书4.3万册，订阅杂志、报刊44种。固定资产总值1216.73万元。全年教育经费投入2428.85万元，全部为国家拨款。全年学校信息化经费投入10万元，拥有计算机297台，多媒体教室座位1120个，校园网出口总带宽1000Mbps，数字资源量848GB，“信息技术”课程1课时/周。有普通教室32个、专用教室21个、实验室9个。教职工93人，其中高级职称21人、中级职称41人，专任教师84人，本科以上学历

84人。开设教学班17个，均为初中班；毕业113人，均为初中生；招收学生212人，均为初中生；在校生544人，其中包括寄宿生279人。

单位名称：北京市顺义区第十一中学

地址：北京市顺义区南彩镇顺平路俸伯段2号

电话：010—89477257

邮政编码：101300

（李中华）

【“21世纪学生能力培养与评价”项目组走进十一中】 2月，北京教科院与顺义区考研中心2015合作研究“21世纪学生能力培养与评价”项目启动。顺义十一中作为实验校承担“问题解决能力”和“交流能力”的研究。每月项目组都将走进十一中，通过组织教师文献学习、课堂实践研究、撰写反思日志，观摩优秀教师的公开课等活动，进行课堂教学有效性研究，使课题研究内容得到全面落实，提高教师的专业水平。

（赵景军）

【举行开学典礼】 3月1日，顺义十一中举行开学典礼。典礼上，校长李小波系统总结2014年度学校工作，对新的一年的整体构想、奋斗目标和重点工作进行阐述，公布对优秀学生的表彰决定，康娜老师、刘潇涵同学分别作为师生代表发言。新的一年，学校遵循“和谐育人、自主发展”的理念，围绕打造“高品质、有品位”的自主教育特色学校总体目标，深入推进自主课堂教学改革，加快校园文化建设进程，加强两支队伍建设，探索住宿生自主管理模式，高质量做好义务教育均衡国检工作。

3月1日，顺义十一中新学期开学典礼召开

（李中华）

【区考研中心教研员走进校园】 3月，区考研中心教研员走进顺义十一中参与校本教研活动。活动过程分为听课、点评、反馈三个阶段。各学科教研员通过深入课堂听课，对十一中的自主课堂实效、师生教学行为、教学方式进行调研。之后以备课组为单位与教师进行交流，为教师释疑解惑。最后，对学校自主课堂的进一步改革提出宝贵建议。该活动有力促进了学校校本教研方式的创新。

（赵景军）

【开展共磨一课活动】 4月，顺义十一中的学科教研组与区考研中心的教研员一起制定新学期的校本教研活动计划，教研员引领教研组的老师们参与共磨一节课活动。各学科先后开展50多次活动。磨课活动的开展，让教师感受到学校对教师的殷切期望，进而同心合力克服困难，投入到学校的教学改革中。

（赵景军）

【举办新教职工春运会】 5月9日，为丰富教职工校园生活，顺义十一中校工会组织新教职工春运会，运动会共设沙包投准、推铁环、“鼓”动人心、篮球运球接力等多种个人和团体项目。

（李中华）

【北师大教授来校作心理讲座】 5月14日，顺义十一中邀请北师大心理学博士、教育心理与学校咨询研究室教授傅纳为全校学生做心理讲座。讲座围绕如何应对考试压力展开，傅教授旁征博引、深入浅出地和全校师生一起分析产生压力的原因和表现，并就如何应对压力给予指导。本次讲座为学生认识和缓解压力提供有效的途径和方法。

（葛　建）

【区教育纪工委率团参观学校】 5月26日，为发挥“廉政文化进学校联系示范点”引领作用，区教育纪工委组织参观顺义十一中活动。各校负责人一行30余人在区教委纪检监察科科长刘强带领下，观摩廉政文化宣传教育活动成果展示，听取学校工作汇报，在学生解说员的引导下参观了学校的校园文化。

（李中华）

【西城区教研员来校指导教研】 5月26、28日，顺义十一中特聘请西城区英语教研员张继红、语文教研员吴东、物理教研员王红、化学教研员李春红、数学教研员刁卫东等来校分学科指导教研活动。活动中，教研员对新课程下的中考命题趋势及中考模拟试题进行详细分析、典型评析，阐明今年学科的主要考点，提出后段应考策略，并就教师在复习过程中遇到的问题提出解决建议。此次交流活动，适逢中考复习进入最后冲刺阶段，针对性强，对提升学校本届中考的复习工作具有较强指导意义。

（赵景军）

【举办“自主课堂”教改论坛】 9月5日，顺义十一中邀请区考研中心语文、数学、英语、物理、化学、地理六科教研员参与学校第一届“自主课堂”教学改革论坛。会上，八位老师围绕课堂上教师如何放手小组合作学习的有效性，生生、师生互动方式的多样性，质疑点评的针对性，学习效果的评价方式、方法等内容，分别介绍自己在学科教学改革中的有效做法。之后，在各教研组内，各科教研员结合论坛发言及平时磨课中存在的问题，与大家共同制定在新学期中提高“自主课堂”的有效方法。

（赵景军）

【召开学校课程方案解读会】 9月18日，顺义十一中全体教师认真听取校长李小波关于课程实施方案的解读。区教委中教科、教改办、区考研中心有关领导与会。李校长就学校课程设置的指导思想，课程建设目标，课程管理保障机制，以及具体课程体系等几个方面进行阐释。之后，语文、数学、英语、物理等学科教研组长就本学科的实践课开设的内容和具体实施办法作详细说明。最后，中教科副科长刘之海发表讲话，他认为顺义十一中课程解读会形式新颖、学科方案的解读细致。然后指明了课改的意义：一是提高学生的民族意识认同感；二是培养学生树立正确的核心价值观；三是有利于提高学生的实践能力；四是开阔学生的视野。通过这次解读会，干部教师全面了解了学校课程的实施方案。

（赵景军）

【开展团队拓展活动】 11月7日，学校工会组织部分教师走进怀柔春风拓展培训基地，开展为期1天的拓展活动。在“破冰”环节，教师被随机分为“雄风”“无敌”两个竞技队，推选出队长、队花，产生了队旗、队徽、口号和队歌。在拓展环节，教师们凝聚智慧，在跨越“空中断桥”“蛟龙出海”“机智60秒”等项目中创造一个又一个惊喜。在“分享”环节，校长李小波表示，为教师们在拓展项目中精诚合作、敢于挑战极限的精神所震撼。希望教师们为十一中创造更大的辉煌。

（李中华）

【友高教育送课到学校】 11月和12月，友高教育科技有限公司先后两次将有趣的《清凉世界》《交通信号灯》《昰星点灯》等课程送到顺义十一中，给学校课堂带来一片生机。开放性学科实践活动使学生开阔了视野，养成了留

11月7日，顺义十一中工会组织部分教师开展为期1天的团队拓展活动

2015 年，顺义十一中开发实施多样校本课程

心观察的良好习惯。

（赵景军）

【开发多样化的校本课程】2015 年，顺义十一中开发实施多样化校本课程。共开设 16 门课程，建立 21 个活动小组。课程分别为：足球、羽毛球、篮球、乒乓球、跆拳道、剪纸、快板、葫芦丝、舞蹈、街舞、笛子、围棋、书法、绘画、武术、空竹。学生通过参与校本课程的学习，获得了许多在课堂中学不到的知识、技能，激发了学习兴趣、发展了个性特长，促进了身心健康的快乐成长。

（赵景军）

·北京市顺义区第十三中学·

【概况】2015 年，北京市顺义区第十三中学学校占地面积 58956 平方米、建筑面积 26023 平方米，体育场（馆）面积 19400 平方米。图书馆藏书 5.1 万册，电子图书 15 册，订阅杂志、报刊 62 种。固定资产总值 1751.2 万元。全年教育经费投入 3280.89 万元，全部为国家拨款。全年学校信息化经费投入 106 万元，拥有计算机 340 台，多媒体教室座位 2160 个，校园网出口总带宽 1000Mbps，数字资源量 1.6TB，“信息技术”课程 1 课时 / 周。有普通教室 36 个、专用教室 24 个、实验室 10 个。教职工 170 人，其中高级职称 35 人、中级职称 88 人。专任教师 108 人，本科以上学历 165 人。开设教学班 26 个，均为初中班。毕业 298 人，均为初中生；招生 335 人，均为初中生；在校生 884 人，均为初中生，包括寄宿生 625 人。

单位名称：北京市顺义区第十三中学

地址：北京市顺义区北小营镇府西街 1 号

电话：60483813

邮编：101305

网址：http://www.ssz.shyedu.cn

（林　芸）

【邀请食药公司进校园】9 月，顺义十一中邀请两家食品药品公司技术人员为初一年级学生授课，授课班次共 14 个。在《化学中的食育——果味饮料中的防腐剂》一课中，公司人员指导学生按照步骤用矿泉水制作含有色味剂、甜味剂、防腐剂的饮料，用苹果、胡萝卜榨汁制作纯天然的果蔬汁饮料，把握饮料本质。在《即用即见效的清凉油制作》一课中，学生动手称重蜂蜡、凡士林油，研磨樟脑，动手操作能力得到锻炼。

（范文忠）

·北京市顺义区第十五中学·

【概况】2015 年，北京市顺义区第十五中学学校占地面积 26379.8 平方米、建筑面积 11817.52 平方米，体育场（馆）面积 7600 平方米。图书馆藏书 2.9051 万册，订阅杂志、报刊 98 种。固定资产总值 1450 万元。全年教育经费投入 1751 万元，全部为国家拨款。全年学校信息化经费投入 1.5 万元，拥有计算机 122 台，多媒体教室座位 1866 个，校园网出口总带宽 700Mbps，数字资源量 700GB，“信息技术”课程 1 课时 / 周。有普通教室 24 个、专用教室 16 个、实验室 5 个。教职工 64 人，其中高级职称 14 人、中级职称 28 人。专任教师 54 人，本科以上学历 59 人。开设教学班 14 个，均为初中班。毕业 43 人，均为初中生；招生 153 人，均为初中生；在校生 334 人，均为初中生。

单位名称：北京市顺义区第十五中学

地址：顺义区马坡镇泰和宜园小区内

电话：57056628 57056926

邮政编码：101300

http://www.mpzx.shy.bjedu.cn/

（赵淑华）

【《现代教育报》专题报道学校】1月14日，《现代教育报》在【专题报道】栏目中以《顺义新城崛起的文化品位优质校》为题，全面介绍顺义十五中的办学理念、办学特色。文章分列四个主题，即《俯仰之间随时感受传统文化气息》《相信学生才能实现最好的育人》《校长为初一学生亲授国学课》《小组合作让学生真正成为课堂主人》。

（赵淑华）

【《现代教育报》对校长做专题报道】3月25日，《现代教育报》在【校长印象】栏目中以《北京校长2015年印象》为题，专题报道顺义十五中校长王振江的校长印象。

（赵淑华）

【参加区航模比赛创佳绩】5月16日，顺义十五中17名学生参加区少年宫在杨镇一中举办的顺义区中小学航空模型比赛。郭龙和赵凌博、韩蕊、刘奥辉四名同学分别获得“米奇一号”“黄鹂”“飞鲨”项目的区级一等奖，刘佳浩等11名同学分获区级二、三等奖；冯国伶、马丽萍老师获区辅导员一等奖，学校获优秀组织奖。

（赵淑华）

【参加区海模比赛成绩喜人】5月27日，顺义十五中16名学生参加区少年宫在李桥中小举办的顺义区中小学海模型比赛。赵凌博获得“极光号”项目区级一等奖，胡泽佳等11名同学分获区级二、三等奖；吴晓东、高秀凤老师获区辅导员一、二等奖。

（赵淑华）

【参加市学生艺术节传捷报】5月，顺义十五中初三年级学生张潇桐参加北京市第十八届学生艺术节，荣获艺术之星称号。

（赵淑华）

【杨光获市最美少年称号】6月1日前夕，北京市百名最美少年评选揭晓，顺义十五中初一（3）班杨光获此殊荣。她在学校勤奋好学，尊敬老师，自立自强，助人为乐，关心集体，热爱公物，全面发展；在家里孝敬父母，尊敬长辈，勤俭节约，热爱劳动，讲究卫生；在社会热心公益，友善待人，举止文明，爱护环境，诚实正义，拾金不昧。

（赵淑华）

【参加全国海模比赛再创佳绩】7月31日至8月5日，顺义十五中学生赵凌博代表北京市参加在宁夏银川举办的“三圈霸道”杯第十六届“我爱祖国海疆”全国青少年航海模型教育竞赛总决赛。赵凌博获“极光”号追逐赛中学男子组第四名（一等奖）、获纸折船载重赛中学男子组一等奖。

（赵淑华）

【参加全国航模比赛创佳绩】8月14至18日，顺义十五中学生郭龙代表北京市参加在海南省海口市举办的“三圈霸道”杯第十七届“飞向北京·飞向太空”全国青少年航空航天教育活动总决赛。经过激烈角逐，郭龙获“米奇一号”电动自由飞竞时赛中学男子组二等奖、获纸折飞机留空计时赛中学男子组三等奖。

（赵淑华）

【参加市新星杯英语赛连摘桂冠】10月24日，顺义十五中初二、初三8名学生代表顺义区参加在朝阳公园举办的2015年北京市“新星杯”英语词汇游戏大赛。韩蕊、段妤乐、祝雨佳、敖爽均获初级组初二年级个人一等奖；秦盈、赵一萌、刘奥辉、荆屹雯获初级组初三年级团体特等奖；初二英语备课组获初二年级团体一等奖；李鹏宇老师获初级组初二年级指导一等奖，杨娜老师获初级组初三年级指导特等奖。

（赵淑华）

5月16日，组织学生参加顺义区航模比赛

【学校获中考成绩优秀集体奖】 11月5日，顺义区2015届中高考总结会在顺义九中召开。会上，顺义十五中吴英老师以《课改让我们喜获丰收》为题做典型发言。十五中今年中考语文优秀率为50%，数学优秀率为40%，英语优秀率为60%，物理优秀率为26.67%，化学优秀率为56.67%，总优秀率为46.67%，学校因此荣获顺义区中考成绩优秀集体奖。

（赵淑华）

【学生参加区时事论坛崭露头角】 12月18日，顺义十五中初三（2）班学生郭佳兴参加顺义区中学生“关注社会彰显责任践行核心价值观”时事论坛，荣获一等奖。

（赵淑华）

【参加区英语歌曲比赛成绩优秀】 12月18日，顺义十五中初一年级8名学生参加顺义区英语“Wonderful Songs, Colorful life”歌曲表演赛，荣获一等奖。

（赵淑华）

·北京市顺义区仁和中学·

【概况】 2015年，北京市顺义区仁和中学学校占地面积43683平方米、建筑面积37000平方米，体育场面积15824平方米，体育馆面积1800平方米。图书馆藏书4.1万册，订阅杂志、报刊170种。固定资产总值1737.4万元。全年教育经费投入3987.82万元，其中，国家拨款3955.08万元、自筹经费32.74万元。全年学校信息化经费投入163万元，拥有计算机178台，多媒体教室座位1094个，校园网出口总带宽100Mbps，数字资源量500GB，“信息技术”课程1课时/周。有普通教室51个、专用教室8个、实验室12个。教职工146人，其中高级职称20人、中级职称60人。专任教师106人，北京市先进工作者1人、北京市学科教学带头人1人；本科以上学历144人。开设教学班28个，均为初中班。毕业415人，均为初中生；招生354人，均为初中生；在校生1031人，均为初中生，包括寄宿生186人。

（孙红良）

单位名称：北京市顺义区仁和中学

地址：北京市顺义区站前东街6号

电话：010—89493698

邮政编码：101300

网址：www.rhzx.bjedu.cn

【评选“校园文明礼仪之星”】 3月1日起，顺义仁和中学正式开展“校园文明礼仪之星”评选活动。评选方式分两步，首先年级成立考评小组，每月进行一次评选，并于每月底将“年级文明礼仪之星”名单送交政教处，名额不超过年级学生人数的5%，被评上的学生由年级发放奖状。其次是学校成立考评小组，每学期进行一次评选。被评学生须至少三次获评过“年级文明礼仪之星”称号，名额不超过全校学生人数的2%。被评为“校园文明礼仪之星”的学生，由学校发放荣誉证书。

（陈明英）

【举办“文明礼仪校园剧”展演】 3月2日起，顺义仁和中学开展以“说文明话、行文明事、做文明人、展仁和学子风采”为主题的文明礼仪校园剧展演活动。至3月底，以年级为单位推荐的6个节目，已分两天在本年级进行展演，并由评委老师评选出一、二、三等奖。通过自编自导自演，广大同学对如何做一名文明的中学生有了更深刻的认识。

（陈明英）

【举办节水讲座】 3月22日是第二十三届“世界水日”，为推进节水宣传工作。顺义仁和中学于

3月2日起，仁和中学举办“说文明话、行文明事、做文明人、展仁和学子风采”主题文明礼仪校园剧展演活动

4月10日邀请到区水务局的专家为初二年级学生做“节水知识讲座”。通过讲座，学生更加了解了世界水资源的匮乏程度和形成危机的原因，了解到日常的一些小举动对于节水的重大意义和作用，比如，拧紧水龙头，缩短洗澡时间，洗菜水浇花等等，讲座还介绍了节水浇灌技术、污水处理技术等等相关知识，讲座使同学们树立了“节水要从我做起”的意识。

（陈明英）

【参加天安门升旗仪式】3月23日，顺义仁和中学组织全体初一年级师生参加天安门升旗仪式。当天凌晨，师生们早早地来到天安门观礼台，站好整齐的队伍，怀着激动的心情静候。终于，当东方的天空从鱼肚白过渡到敞亮的时候，广场上的灯灭了。国旗班的战士在仪仗队的护卫下，以矫健的正步向国旗台走来。紧接着，伴随着雄壮的国歌，五星红旗冉冉升起！“起来，不愿做奴隶的人们，把我们的血肉，铸成我们新的长城……”同学们在这一刻内心都受到深深的震撼。活动之后，学校还请到国旗班班长来校做报告，为同学们讲述国旗班的故事，讲述升国旗的意义。同学们在听讲座的过程中，民族自豪感油然而生。

（陈明英）

【广泛开展教学展示见实效】3至7月，顺义仁和中学广泛开展课堂教学展示活动。教师共呈现87节校级公开课，4节骨干教师示范课，15节区级研究课，刘晶华、汤文国、李晓芳承担3节市级研究课；张馨心、王晓丽等呈现4节年轻教师汇报课。通过多次的听课评课活动，课堂的高效性得到了充分展示。教师在观摩与分析案例的过程中，形成了“同说一课”——参与备课、听课、评课共同探讨的活动模式，强化了高效教学的意识。通过以上活动，教师在专家的引领下，加强集体备课，研读新课标、研读中考说明、研读教材，提高了备课质量和课堂教学效率。

（王　颖）

【教师基本功与学生中考同创佳绩】5月，在顺义区临空杯第一届初中教师基本功展示大赛中，顺义仁和中学李晓兵、闫晶微等10名教师获一等奖，张丽丽、王华宾等六位教师获二等奖。7月，仁和中学中考成绩再攀新高。张博昆、李妲2位同学以571分获区裸分状元，全区前10名，仁中有4人；前100名，仁中有20人；前1000名，仁中有210人。中考平均分、及格率、优秀率21项指标全部位居全区第一，首次实现大满贯，中考平均分532.71分。414人参考，示范高中录取346人，录取率达到83.57%；普通高中录取人数409人，录取率高达98.79%。

（王　颖）

【开展国旗下讲话系列活动】9月开学初，顺义仁和中学以“纪念抗战胜利70周年”和“弘扬社会主义核心价值观”为主题组织系列国旗下讲话活动。学生的讲话内容有《铭记历史，珍爱和平》《铭记历史，筑梦中华》《友善待人，和睦相处》《点燃诚信的心灯》《践行社会主义核心价值观从我做起，从身边小事做起》等系列讲话。让学生了解历史，铭记历史，奋发向上，文明守纪。通过三个月的国旗下讲话，学生对社会主义核心价值观24个字有了更深刻的认识。

（陈明英）

【组织“首博之旅”活动】9月初，顺义仁和中学二年级组织全体学生开展“发现北京的历史——首博之旅”活动。活动前由裴冬菊、范丽两位历史教师通过图书和网站查询，对首都博物馆的建成、馆址变迁、展厅与展品分布作了

9月初，顺义仁和中学开展“发现北京的历史——首博之旅”活动

充分调研，结合历史课堂内容，制定了四个活动探究课题——“首博的历史”“文物背后的历史”“古都北京城的变迁”“展厅解说员”。学生根据自己的兴趣选择活动课题进行研究，提前对感兴趣的展厅或者展品进行重点调查。通过参观感受中国五千年文明历史的辉煌以及古代人高超的智慧和技艺，在学习探究中更加深刻地体会历史学习的方法，了解家乡北京的历史变迁，进而形成对北京文化、民族历史的荣誉感和认同感。

（陈明英）

【开展优秀影评活动】11月12日，恰逢反法西斯战争胜利70周年之际，顺义仁和中学初三年级开展优秀影评文章的征集评选活动。纵观所有文章，都能感受到学生的爱国热情和对抗日战争历史的深刻认识。比如：“看完《地雷战》，我深深觉得我们的民兵太聪明了，打心底佩服他们”；“看完《红岩》电影，我心中汹涌澎湃，革命先烈的事迹让我更加珍惜现在美好的年代。现在我们处于和平的年代，更应该珍惜现在的一分一秒”；“中国人民抗日战争，是反对侵略、捍卫和平、拯救文明的正义战争。战争的这一性质，从根本上决定了人心向背，决定了战争必然以敌人的失败而告终”。

（陈明英）

【承办同课异构观摩活动】11月19日，自我教育课题组专家及顺义区教育研究中心部分专家到顺义仁和中学观摩指导教学工作。专家们首先观摩了学校教师与上海市远东学校、顺义十中、五中、李桥、天竺、沿河中学的教师们共同进行的26节同课异构课，然后参与教师们的评课、说课活动，并结合新课程背景下的初中教学理念、教学方法改进，对教师们做了指导，使教师们受益匪浅。

（王　颖）

【举办家长开放日活动】11月20日，顺义仁和中学举办全校家长开放日活动。活动之前学校向全体家长发出邀请函，诚邀家长走进学校，走进课堂，走近孩子。活动从下午2:00开始，家长首先进入班级亲身体验孩子的课堂。之后参与各年级组织的主题活动，初一的是“做合格的中学生”；初二的是“走进阅读享受书香”；初三的是“感恩励志”。各班主题活动各具特色，例如初三8班在“朝着目标奔跑”活动中，孩子们的热情和决心让家长为之欣慰为之感动；初三3班的“奔跑吧，三班”活动让家长充分体会到孩子的热情和激情。

（陈明英）

11月20日，仁和中学举办全校家长开放日活动

【国培班众多校长来校参观】12月14日，北京高等教育出版社国培班广西阳朔55位校长到顺义仁和中学参观学习。校长们观摩了刘晶华老师的社会综合实践课程《我眼中的社区》，聆听了崔学兵主任介绍的《仁和中学课程建设》报告，并到教学楼，专用教室，阅览室实地考察了学校课程建设成果。部分校长还就分层教学，校本课程建设等与学校领导、教师进行了深入交流。同日，北京高等教育出版社安徽校长国培班50位校长来校参观学习。蒋吉姝校长做了《满足学生需求，办适合学生的教育》报告，并带领校长参观校园文化建设成果。受到与会校长的高度赞扬。

（王　颖）

【承办分层教学现场会】12月16日，顺义区分层教学现场会在顺义仁和中学召开，来自全区中学的校长、教学副校长、年级主任70余人参会。领导们观摩了初二数学、初三物理数学分层课。聆听了肖红主任、郭丽君老师、刘新桃老师的经验介绍，对分层教学的理论与实践有了进一步的认识，均认为此项改革必将大大推动我区的课程建设进程。12月17日，蒋吉姝校长在2015年顺义区课程建设总结会上做《落实课程改革目标，实时分层走班教学》经验介绍，从分层教学、校本课程两方面阐述了学校课程改革的进程与现状，提出办适合的教育，办学生可选择的教育才是最好的教育的理念。参会领导和教师高度赞扬仁中在课程建设过程中所取得的优异成果。

（王　颖）

12月31日，仁和中学举办2016元旦联欢会

【举办时事论坛显实效】顺义仁和中学以"瞭望杯"时事评论竞赛为抓手，以政治课程为主渠道，大力开展中学生时事政策教育，取得实效。在12月17日参加区里组织的"关注社会彰显责任践行核心价值观"时事论坛活动中，仁中桂洋同学的《聚焦雾霾生活》获得此次活动的优秀奖。

（陈明英）

【举办2016元旦联欢会】12月31日，仁和中学在学校报告厅隆重举行"桃李芬芳绽新春"新年联欢会。此次联欢会共汇集全校师生自编自导的舞蹈、歌曲、三句半、相声、武术表演等16个节目，演出内容丰富，形式精彩纷呈，再加上精良大气的音响和舞台设备，给全校师生带来新年的喜庆与快乐。整个联欢会青春洋溢，又充满了和谐温馨。校长蒋吉姝代表学校做了新年致辞。

（陈明英）

【班级楼道宣传橱窗琳琅满目】年内，顺义仁和中学共制作出主题鲜明的六期楼道橱窗。三月是"中国传统文化展示"；五月是"世界著名大学介绍"；九月是"中华民族英雄"；十月是"世界著名建筑"；十一月是"中华大好河山介绍"；十二月是"世界民俗节日介绍"。此前，学校要求各班上报自己班的橱窗内容，以避免班级间内容重复。此外，学校在开学初还对各班宣传委员进行了培训。几期的橱窗展示，让大家在惊喜之余不禁要为学生的智慧和潜力拍手称赞。

（陈明英）

【开展社会大课堂活动】年内，顺义仁和中学共组织学生开展五次社会大课堂活动，多方面开拓学生的视野，锻炼学生的能力。5月12日，初二年级的怀柔生存岛之行锻炼了学生克服困难的意志品质；5月14日，初一年级先后到顺义神笛陶艺村和乔波滑雪场进行参观体验活动。在陶艺村，学生们亲手制作出一件件精美的工艺品；在乔波滑雪场，孩子们在教练的指导下认真学习滑雪的基本技能，体验了在夏日滑雪的乐趣；10月10日，初三年级参观了北京国际鲜花港和汉石桥湿地。在鲜花港，生物、历史和语文学科老师分别讲解，让学生获得了更广泛的知识。10月22日，初二年级参观了大兴野生动物园，学生们在参观中感受到动物的可爱和威猛，更感受到动物是人类的朋友，进而树立了保护动物的意识。10月29日，初一年级参观了北京七彩蝶园和首都电影博物馆，在自然和人文熏陶中学到不同的知识。

（陈明英）

【加强课程建设】年内，顺义仁和中学秉承"夯实基础、着眼未来、发展特长"的办学理念，开足开齐国家课程，结合学校实际和学生成长需求，构建仁和中学课程体系，增设了绘画、书法、动漫设计、机器人等32门校本课程，并举办了英文歌曲、汉字听写、唐诗宋词背诵等大型赛事，从而推动了学生特色发展，促进了学生全面发展。

（王　颖）

·北京市顺义区杨镇第二中学·

【概况】2015年，北京市杨镇第二中学学校占地面积49476平方米、建筑面积8980平方米，体育场（馆）面积12000平方米。图书馆藏书5.697万册，电子图书150册，订阅杂志、报刊105种。固定资产总值2729.03万元。全年教育经费投入 4834.63 万元，全部为国家拨款。全年学校信息化经费投入 35.8 万元，拥有计算机 240 台，多媒体教室座位 240 个，校园网出口总带宽 100Mbps，数字资源量 2600GB，“信息技术”课程 1 课时 / 周。有普通教室 44 个、专用教室 12 个、实验室 16 个。教职工 189 人，其中高级职称 33 人、中级职称 65 人。专任教师 167 人，包括北京市骨干教师 2 人；本科以上学历 175 人。开设教学班 42 个，均为初中班。毕业 685 人，均为初中生；招生 519 人，均为初中生；在校生 1712 人，均为初中生，包括寄宿生 1146 人。

单位名称：北京市顺义区杨镇第二中学

地址：北京市顺义区杨镇三街西

电话：010—61451155

邮政编码：101309

网 址：http://www.bjyzyz.net/yzyz/flash.html

（梁 艳）

【开展大型同课异构活动】3 月至 11 月，为推进新课程改革的进程，顺义杨镇二中在本年度分别组织两轮多层次教师同课异构活动。主题分别为“落实课改指导手册、深化微课题研究”“落实课改指导手册，加强小组合作学习”，教师共出课 239 节。同课异构活动造就了百花齐放的课堂。它引发了老师们从多维的角度，迥异的风格，不同的策略在交流中进行智慧的碰撞、升华，也展现了备课组内全方位的合作。

（彭海河）

【组织学雷锋志愿服务活动】3 月 12 日，杨镇二中团总支经过精心筹备、选拔、 培训的三支志愿者队伍分别开展了大型志愿者服务活动。在校园开展的“校园清洁行”分队，负责清除校内摇篮广场和楼梯上的口香糖以及学校各大宣传栏的清洁工作。在公交站和十字路口开展的“文明交通行”分队，主要负责擦洗站牌和候车亭，组织乘车人排队上车，在十字路口疏导交通等工作。在杨镇敬老院开展的“公益温暖行”分队，负责给敬老院打扫卫生，以及陪伴孤独老人聊天的工作。此次活动不仅深入到帮扶对象，更深入到志愿者内心，还把志愿服务精神传给了更多的人。

（张 娟）

【参选“优质原创课程资源”活动获奖颇丰】3 月 30 日，杨镇二中按照区教委中小教科要求，组织教师积极参与“评选首都特色第二届优质原创课程资源”活动。全校共提交作品 73 件，经评审小组认真审查，最后推荐 48 件作品上报参评。经过市课程资源室组织专家评审，杨镇二中成为全区中学上交作品最多的学校，获市级一、二等奖的作品共 12 件，获奖篇数为全区之最，其中一等奖 5 件，二等奖 7 件。

（彭海河）

【承办全国学本教育交流大会】4 月 27 至 28 日，杨镇二中承办全国“学本教育”联盟经验交流大会。来自全国二十个省市的教育局局长、教研室主任、校长、教师齐聚杨镇二中，分享学本课堂成功经验。教育部装备中心主任曹志祥，教育部副总督学郭振有，《中国教育报》社副社长张新洲，学本教育创始人韩立福博士莅临会议。顺义区教委副主任刘忠广、杨镇政府副镇长桓秋利、杨镇政府教育督学吴宝军、区教科室副主任赵连顺出席。本次会议分为开幕式、专家报告、学本教育示范校汇报和课堂教学观摩四部分。

（彭海河）

【承办思品学科“中国梦”现场会】5 月 22 日，杨镇二中承办顺义区思想品德学科“中国梦”现场会。区考研中心主任张海、初中教研室副主任张宝义出席会议。会议由区思品科教研员张立

4 月 27 至 28 日，杨镇二中承办全国“学本教育”联盟经验交流大会

红老师主持。现场会首先由杨红雁主任主讲《个人的梦你我的梦》的“中国梦”专题课，接着，由张娟团老师献上《环境保护与可持续发展》课，之后，教研组长肖建良老师作《梦，在这里起飞》专题汇报，他从顶层设计依托中国梦、学科教学渗透中国梦、专题学习深化中国梦、德育活动助力中国梦、硕果累累展现中国梦等方面同与会者分享“中国梦”在杨镇二中开展落实情况。校长王玉辉和张海主任对本次大会给予充分的肯定。

（彭海河）

9月10日，杨镇二中喜迎教师节

【举行21世纪能力项目交流会】 6月14日，杨镇二中召开“21世纪能力培养与评价项目”阶段总结交流会。首先项目负责人杨红雁主任向大家介绍了该项目在初二年级实施的总体情况，表扬了25位撰写优秀教学日志的教师和优秀备课组。之后，优秀备课组语文组组长张海霞老师和地理备课组组长张文会老师介绍了他们备课组集体研讨、共同努力的过程和方法。最后数学教师张臣、历史教师杨德胜、英语教师侯长柏分别介绍了他们撰写项目研究日志的体会。通过5位老师的分享，全体教师深入了解了此项目的作用与目的，并将由此推动学校课程改革以及学校的整体发展。

（杨红雁）

【参加“9·3”大阅兵观礼活动】 9月3日，杨镇二中10名学生代表登上天安门观礼台，观看纪念中国人民抗日战争暨反法西斯战争胜利70周年9·3大阅兵仪式。在观礼过程中，学生们一切行动听指挥，还能够做到互相相心、互相照顾。每个方阵经过时都报以掌声和欢呼。由于前期准备充分，学生对此次活动的背景和相关方阵的装备都有一定的了解，观礼中能够有目的有针对性地进行观看。观礼结束后，同学们纷纷将自己拍摄的照片和所看、所思、所感进行整理，并做了一期9•3阅兵展板。此次活动让大家感受到国家的发展和强大，增强了爱国之情。

（张　娟）

【喜迎教师节】 9月10日，杨镇二中领导早早地来到教学楼前，迎接每位教师的到来，并亲手送给老师一束美丽的鲜花和精巧贺卡，很多老师都激动地和领导相拥，都说在二中工作幸福，做教师幸福！

（孙仲喜）

【组织班主任培训】 9月15日，杨镇二中在办公楼进行班主任培训。培训的主要内容是如何制定班主任工作计划，主讲人为王柏珍老师。王老师所带的班级学生文明懂事，成绩优秀，2015届中考顺义区状元就是她的学生。王老师将她的经验以案例的形式与大家分享，内容具体，工作细致。参会的班主任全神贯注，认真做笔记，均感收获很大。

（孙仲喜）

【广西玉林教师参观杨镇二中】 10月13至15日，经顺义区教研中心师训科安排，广西玉林地区名师骨干教师培训项目参训人员一行22人到杨镇二中进行为期三天的观摩、学习。13日、14日两天，参训团主要深入各班听课，共听了7个学科42节课，同时参与备课组教研活动，听课后与老师进行深入交流和研讨，达到相互促进目的。

（彭海河）

【接受市区两级教育教学视导】 10月20日，顺义区教委副主任张军堂，考研中心主任张海、高中教研室副主任张宝义，教委中教科有关领导及北京市教研中心各学科16位教研员和顺义区教研中心各学科18位教研员，到杨镇二中进行教学视导。视导组成员走进班级，随堂听取了语文、数学、外语、地理、化学等14门科目，共听课31节。了解了学校教师的课堂教学、教学常规的落实及新课程理念在课堂中的实施等情况。评课中，视导组高度赞扬了学生的课堂表现，也指出了课堂教学中存在的不足，同时，还就如何构建高效课堂以及青年教师的培养等工作对学校提出了指导性建议。

（彭海河）

【师生赴京观看舞台剧】 10月25日、11月10日和12月10日，杨镇二中分别组织初三、初二和初一年级学生去北京欢乐谷观看舞台剧《金面王朝》。该剧通过舞美、视频、灯光、舞蹈、杂技、庆典、服饰等艺术手段，以战争、桑田、锻造、庆典、月下、洪水、祭天、幻化8大章节叙述了头戴金色面具的金面女王用智慧、宽容、信任和爱造就了一个辉煌王朝的历程，史诗般地再现了中华文明的恢弘气势。此次活动不仅丰富了全校师生课余文化生活，而且弘扬了中国传统文化。

（孙仲喜）

【参加北师大科学实践活动】 11月3日和12月15日，杨镇二中初二年级学生参加北师大科学实践课活动，学生在北师大专家老师的带领下，学习了有关天文、物理、生物等学科的相关知识，还参与了天文观测、生命的起源、物理基本实验、光谱知识、太阳能实验、声波实验、创新实验等20余种实验课，并填写了实验报告，此活动既丰富了学生对学科知识的了解，激发了学习热情，还在活动中提升了合作能力和交流表达能力。

（潘立娟）

【参加全国同课异构活动】 11月23至25日，由杨镇二中教学主任彭海河带队的8名教师赴沈阳市浑南一中，参加由《中国教育报》和人民教育家研究院发起、沈阳浑南一中承办的全国中小学“问题导学型学本课堂”同课异构活动。活动中，杨镇二中三位中青年教师姚广、杨静、刘杨分别展示初二年级数学、语文、英语的同课异构，他们面对完全陌生的学生，通过较短时间的沟通、交流，上出了三节充分体现以学生为主体，师生互动、生生互动的精彩展示课，受到教育专家和听课教师的一致好评。通过本次活动，老师不仅得到了历练，而且借鉴了他人的教学优势。

（彭海河）

11月3日和12月15日，杨镇二中初二年级学生参加北师大科学实践活动

【博览会上展示教育成果】 12月5日，杨镇二中由9名教师、20名学生组成的师生团队在北京师范大学中国教育成果公益博览会上展示学校学本教育的成果。会上，首先由学校教科室主任杨红雁汇报杨镇二中课程建设的情况；之后由语文教师张海霞、张素青、赵晴、杨静朗诵她们自己改编的《木兰诗新编》；数学教师张臣、吴凤莲、闫维红、李国栋为与会代表表演自编的三句半《数学课改新篇》；最后杨静老师和她的20位学生带来学本课堂《曹刿论战》。杨镇二中的团队汇报将教育博览会活动推向高潮，学校先进的办学理念、卓越的办学成就，领导教师的儒雅博学，杨中学子的多才多艺，赢得会场上下一致称赞。

（杨红雁）

【举办第十届科研月展示交流活动】 12月13日，杨镇二中举办第十届科研月展示交流活动。活动内容分为同课异构总结交流与外出学习汇报两部分。首先由教学主任彭海河对本学期开展同课异构情况进行总结。之后参加沈阳同课异构的姚广老师和参加牛栏山一中同课异构的李晓征老师谈了异地同课异构的感受和收获。最后，到新疆参加国培计划培训的赵金宝老师和到广州参加生本教育培训的陆艳旗老师谈了外出学习的感受和收获。通过几位老师的分享与交流，老师们都感到收获了新的教育观念、新的教育尝试。

（杨红雁）

【贯彻落实十八届五中全会精神】 12 月 16 日，杨镇二中召开全体党员会，贯彻落实十八届五中全会精神。副书记梁艳传达区教委文件精神，由组织委员王东老师对十八届五中全会精神做解读。通过学习，大家深刻领会十八届五中全会的重大意义和精神实质，了解“四个全面”的战略布局，对“创新、协调、绿色、开放、共享”五大发展理念，有进一步的认识。纷纷表示要进一步提升自身素质，尽心尽力助推学校发展。

（梁　艳）

【参加区英文歌曲大赛创佳绩】 12 月 24 日，杨镇二中派出 20 名初一年级学生参加“顺义区英文歌曲大赛”。在演出现场，孩子们表现出色，无论从旋律、对歌词的理解、还是舞台表现力都非常到位，得到评委们的高度赞扬，最终获得顺义区一等奖。

（王翠芹）

·北京市顺义区北务中学·

【概况】 2015 年，北京市顺义区北务中学学校占地面积 42354 平方米、建筑面积 12836 平方米，体育场（馆）面积 16418.13 平方米。图书馆藏书 1.64 万册，电子图书 205 册，订阅杂志、报刊 29 种。固定资产总值 2012 万元。全年教育经费投入 1582.7825 万元，全部为国家拨款。全年学校信息化经费投入 3.339 万元，拥有计算机 264 台，多媒体教室座位 268 个，校园网出口总带宽 100Mbps，数字资源量 256GB，“信息技术”课程 1 课时 / 周。有普通教室 12 个、专用教室 8 个、实验室 6 个。教职工 71 人，其中高级职称 14 人、中级职称 36 人。专任教师 38 人，本科以上学历 70 人。开设教学班 8 个，均为初中班。毕业 93 人，均为初中生；招生 119 人，均为初中生；在校生 252 人，均为初中生，包括寄宿生 232 人。

单位名称：北京市顺义区北务中学

地址：北京市顺义区北务镇商业街 15 号

电话：61421946

邮政编码：101300

网址：www.bwzxshyedu.cn

（杨恩同）

12 月 15 日，区电视台专题采访北务中学校本课程

【区电视台来校采访】 12 月 15 日，区电视台对顺义区北务中学校本课程——篆刻课程进行专题采访。学校篆刻课程设立于 2006 年，9 年来，学校克服师资、原材料、工具等种种困难，自编篆刻教材，坚持对学生进行篆刻辅导。学生的参与从少到多、学生的获奖从无到有，从有到精，教师、学生作品获得国家、市、区级奖励达 700 余人次。

（杨恩同）

【科学实践活动送课到校】 12 月 16 日，北京友高教育科技有限公司为北务中学初一年级开展送课到校活动。2015 年暑假开学，北务中学全面落实北京市新课程实施方案。这次送课到校活动，是学校初一年级实施新课程——开放性科学实践活动的一部分，分为流光溢彩、清凉世界、星星点灯几个版块，送课活动得到全体师生热烈欢迎。

（杨恩同）

·北京市顺义区南法信中学·

【概况】 2015 年，北京市顺义区南法信中学学校占地面积 31137 平方米、建筑面积 8506 平方米，体育场（馆）面积共 13894 平方米。图书馆藏书 24527 万册，订阅杂志、报刊 89 种。固定资产总值 449.9619 万元。全年教育经费投入 776.8978 万元，全部为国家拨款。全年学校信息化经费投入 6 万元，拥有计算机 145 台，多媒体教室座位 19 个，校园网出口总带宽 100Mbps，数字资源量 120GB，“信息技术”课程 1 课时 / 周。有普通教室 9 个、专用教室 10 个、实验室 2 个。教职工 43 人，其中高级职称 8 人、中级职称 18 人。专任教师 36 人，本科以上学历 43 人。开设教学班 9 个，均为初中班。毕业 55 人，均为初中生；招生 100 人，均为初中生；在校生 268 人，均为初中 268 人。

单位名称：北京市顺义区南法信中学

地址：北京市顺义区西海洪村

电话：69472787

邮政编码：101300

（赵炳霞）

【举办教职工趣味运动会】 9 月 30 日，南法信中学举办教职工趣味运动会。比赛项目包括沙包掷准、踢球入门、击球进桶等项目。在比赛场上，学生裁判们组织认真，计分公正。教工们积极参与，奋力争先，秉承“友谊第一、比赛第二”的精神，赛出了水平，赛出了风格。在啦啦队的呐喊声中，赛场气氛活跃而有序。运动会增强了教职工身体素质，丰富了教工们的文体生活，体现了学校提出的“每天锻炼一小时，健康工作四十年，幸福生活一辈子”的保健宗旨。

（魏　攀）

【科研课题顺利结题】 2015 年是“十二五”收官之年，10 月，南法信中学贾文东校长的《农村初中校创建和谐学校的研究》和赵炳霞老师的《思维导图在语文现代文阅读教学中的应用》两项区级课题进入结题阶段。会上，专家们肯定两项课题的研究价值和意义，对结题报告提出修改意见，并鼓励研究者继续研究，争取在全区做推广报告。

（赵炳霞）

12 月，南法信中学师生赴怀北参与冰雪体验

【生本教育试验初见成效】 10 月至 12 月，南法信中学先后派出三名教师赴广州、深圳学习生本教育。回校后，三名教师对学习收获加以整理，面向全校老师交流学习体会，同时，在语文、数学、英语三个学科做生本教育研究课试验，通过访谈，学生普遍认可生本教育，学习兴趣有所提高。

（赵炳霞）

【工会组织全体教工观看话剧《茶馆》】 12 月 4 日，南法信中学工会组织全体教工到首都剧场观看话剧《茶馆》。这部老舍先生创作的三幕经典话剧，再现了民国时期社会的起落兴衰，浓缩了人间百态。为纪念导演焦菊隐先生诞辰 110 周年，中国优秀话剧演员，通过最精彩的演绎，使观众感受到：在动荡年代里，普通百姓在生活中挣扎、沉迷。在观演中，教工们对梁冠华、濮存昕、杨立新和冯远征等众多人艺演员的精彩演技叹服不止。

（魏　攀）

【师生赴怀北参与冰雪体验】 12 月，南法信中学全体师生到位于怀柔的怀北滑雪场参与冰雪体验。2022 年世界冬奥会将在北京举办，作为东道主，充分了解滑雪知识，为滑雪事业做出自己的贡献，是每个北京人的应有之责。师生体验滑雪时增加了彼此感情，得到活动的乐趣，还在磨砺中挑战了自我。

（秦晓晋）

【将安全工作落到实处】 年内，南法信中学抓安全保平安工作始终不放松。6 月初，为做好夏季防汛工作，组织后勤人员清理雨水管线，备好沙袋等防汛物资；10 月 23 日，组织全体师生顺利进行了一次防火应急疏散演练。

目前，学校已将演练常态化，每天出操都按照演练程序进行一遍；10 月 27 日组织学生进行自行车反光贴的粘贴活动，通过学生自己的手，保证自己的行车安全，教育达到实效；12 月 1 日，组织学生、部分教师、保安员进行灭火器实际操作演练，使大家在紧急情况下能够有能力扑灭和控制火势。

（赵炳霞）

【开展周末影院观影活动】年内，南法信中学初一初二年级每周五均安排“周末影院”观影课程。同学们通过观看电影，培养了积极向上的情感和健康的审美情趣，感悟了中华优秀传统文化和中华民族的悠久历史，了解了世界文化和科技发展历史，学习了英雄人物和先进人物的感人事迹，理解了社会主义核心价值观的深刻内涵。每次活动后，语文课和思品课教师还组织学生们对影片内容进行感悟交流，让学生从小树立正确的人生观。

（秦晓晋）

【开展弘扬《正气歌》系列活动】年内，南法信中学开展系列弘扬《正气歌》活动。南宋爱国诗人文天祥的《正气歌》，情真意切，气壮山河，抒发的是华夏一族数千年秉持的浩然正气。开展此项活动有力地培育了学生的爱国主义情怀。这些活动包括组织学生在升旗仪式上齐诵《正气歌》、传唱《正气歌》；校园广播中讲述《正气歌》中的十二个经典故事；特别邀请著名画家徐湛教授欣然亲笔书写《正气歌》；校园内打造了文天祥《正气歌》文化艺术墙；演讲会上郝知本教授围绕《正气歌》所作的慷慨激昂的演讲震撼着学生心灵，又使“人人诵读《正气歌》”活动得到进一步深化。

（秦晓晋）

【开展“积小善为大善”志愿服务活动】年内，南法信中学开展“积小善为大善”活动长流水不断线。该活动旨在通过引导学生学会日行一善，从小做起、从我做起、从身边做起，“修己安人、积善成习”，从而逐步树立起文明礼貌的行为习惯。学校全面实施了志愿服务计划，在全校学生中招募志愿者，开展志愿服务，如纪律卫生督察员，由团总支统一安排，每天由一个班的四名志愿者佩戴标志利用下课时间进行校园卫生督导工作，使学校的校园环境时时保持干净整洁。其他志愿者还有小小邮递员、小小饲养员、开心农场技术员、周末影院放映员等等。

（秦晓晋）

·北京市顺义区牛山第二中学·

【概况】2015 年，北京市顺义区牛山第二中学学校占地面积 49927 平方米、建筑面积 8250 平方米，体育场（馆）面积 23427 平方米。图书馆藏书 3.9 万册，电子图书 40 册，订阅杂志、报刊 25 种。固定资产总值 541.7 万元。全年教育经费投入 1073.44 万元，全部为国家拨款。全年学校信息化经费投入 20 万元，拥有计算机 110 台，多媒体教室座位 1080 个，校园网出口总带宽 10Mbps，数字资源量 80GB，“信息技术”课程 2 课时 / 周。有普通教室 27 个、专用教室 5 个、实验室 6 个。教职工 38 人，其中高级职称 12 人、中级职称 17 人。专任教师 38 人，北京市骨干教师 1 人；本科以上学历 37 人。开设教学班 6 个，均为初中班。毕业 53 人，均为初中生；招生 67 人，均为初中生；在校生 169 人，均为初中生。

单位名称：北京市顺义区牛山第二中学

地址：北京市顺义区牛栏山镇府前街 26 号

电话：69412537

邮政编码：101301

（祁　蕾）

【迎接视导活动】3 月 19 日，牛山二中迎接区考研中心教研员来校视导，本次视导的科目有政治、

3 月 19 日，牛山二中迎接区教研员视导

9月28日，牛山二中举办自主课堂讲座活动

历史、地理、生物、音乐、美术。授课前，教师们均做了精心准备，较为全面地展示了学校非中考科目课堂教学的实际情况。教研员深入课堂，认真听课，随后又进行评课。教研员对牛二教师表现出的自然的教态、处处以学生为本的思想、教学氛围的调动、教学效果的达成等方面都给予了肯定，对教师在教学反思中发现的问题给予了解答，同时教研员们对学校的课堂教学也提出了中肯的意见和建议。

（石金华）

【举办“做幸福教师”讲座活动】 3月24日，牛山二中邀请北京市特级教师卢凤琪老师做《敬业与幸福》的专题讲座。卢老师用风趣幽默的语言结合自己的体会，从以下四个方面做了详细的讲解：1。做好自己的事。2. 多说别人点好话。3. 谦虚点，礼貌点。4. 拥有一颗感恩的心。教职工们认真听、认真记，均感受益匪浅。

（石金华）

【为家长开办健康教育讲座】 为了帮助家长了解更多的青少年生长发育方面的知识，更好地帮助学生健康成长，牛山二中于5月25日邀请北京儿研所知名健康专家金春华做“儿童的生长发育”讲座。金教授从青少年的发育特征、成长中遇到的困惑、父母怎样调整等方面做了详细介绍。初一初二全体家长及教职工聆听了金教授的讲座，大家受益匪浅。

（石金华）

【开展微型党课活动】 5月28日，牛山二中党支部开展微型党课活动。党支部书记李国祥从以“师爱”为核心、尊重学生人格、讲求教育艺术三方面谈如何做一个有仁爱之心的老师。列举的事例是党员教师周建英在脚腕严重受伤行动困难时，没有耽误一节课，保证了初三的教学工作。程芬老师很好地化解了特殊家庭中母女俩的矛盾。接着商连青和郭丽娜老师分别列举了党员教师罗辉和张艳秋老师在工作中如何做一个有仁爱之心的事例。通过“微型党课”学习活动，有效增强了党员看齐意识。

（石金华）

【开展主题征文活动】 5月到6月，牛山二中开展以“寻找与反思”为主题的纪念抗日战争胜利70周年主题征文活动。征文的撰写可以走访身边参加过抗战的老人，听他们讲述抗战历史；可以写成对有关抗战影视剧或书籍的观后感或读后感，反思当今缺失的一些品格。初一、初二全体学生参加。此次征文活动共评出一等奖8人，二等奖16人。

（石金华）

【举办自主课堂专题讲座】 9月28日，牛山二中校长李国祥为全体教师做“加强课程建设，提升自主课堂效益”专题讲座。李校长从新课程计划实施背景、目的意义、变化特点；学校课程设置的理念与目标、课程计划；目前，构建自主课堂，落实新课程计划所开展的活动三个方面做了详细的解读。区教委中教科副科长刘之海和吕新丰老师参加活动。会上，刘科长还从课程变化、中考变化等方面给全体教师带来新的信息。

（石金华）

【创新校本课程】 暑期开学以来，牛山二中开创了课改“3+x”模式。“3”指三个技能，即游泳、滑雪、绳操；“x”指社团活动。9月至12月，学校已经在初一年级开设了15次游泳课、在全体学生中开设了3次滑雪课；社团活动有摄影、舞蹈、话剧、羽毛球、科技实验等。这些课程的落实大大激发了学生的兴趣爱好、促进了学生身心的和谐发展。

（石金华）

【开展党员廉洁自律教育活动】 暑期开学以来，牛山二中党支部

12月26日，牛山二中携手元德教育机构开展“心连心，手拉手”大型公益活动

开展学习《中国共产党廉洁自律准则》和《中国共产党纪律处分条例》活动。活动分为三个阶段。第一阶段宣传发动。学校召开领导班子会、全体干部会、党小组长会，要求领导干部带头，自觉学习《准则》《条例》，带动全体党员深入开展学习活动；第二阶段学习感悟。组织全体党员教师于11月14日在焦庄户遗址纪念馆前做廉洁自律庄严承诺，之后，党小组认真组织学习，每个党员结合实际写出心得体会；第三阶段交流研讨。对照《准则》《条例》要求，找出自身存在的不足和差距，制定改进计划和措施。

（石金华）

【开展“心连心，手拉手”活动】 12月26日，由元德教育机构与牛山二中共同组织开展了为期一天的“心连心，手拉手”大型公益活动。在活动现场，所有参与人员都穿着印有“圆爱中国梦爱筑成长路”字样的衣服，分成若干组，通过“找找新朋友”“巧传呼啦圈”“手绘梦想”等多种活动，学会沟通、信任、支持与欣赏。活动中，师生和家长都放下平时的身份角色，手拉手，敞开心扉，传递着爱心，收获感动，“亲子真心话”更是将活动推向高潮。很多同学都勇敢地站上舞台真诚地向父母说出自己的心声，决心做个懂得感恩的好孩子。动人的场面让不少师生、家长潸然泪下。牛山二中师生及家长、元德TA7团队全体成员及来自各地的义工共300余人参加活动。

（石金华）

【开展第十届科研月活动】 12月，牛山二中开展第十届教育科研月活动。本次活动主题是“学习研究收获分享”。具体安排是：好书共分享；“十二五”研究成果交流；生本教育学习感受交流；商连青和周素杰老师做生本教育实践课展示、交流。区教科室主任陈惠明、鲍立红老师、语文教研员刘会芹老师来校指导生本实践课并留下宝贵建议。

（石金华）

·北京市顺义区沿河中学·

【概况】 2015年，北京市顺义区沿河中学占地面积39600平方米、建筑面积3851.61平方米，体育场（馆）面积13946.1平方米。图书馆藏书1.919万册，电子图书800册，订阅杂志、报刊112种。固定资产总值116.50万元。全年教育经费投入102.06万元，全部为国家拨款。全年学校信息化经费投入190.87万元，拥有计算机88台，多媒体教室座位570个，校园网出口总带宽100Mbps，数字资源量1310070GB，“信息技术”课程1课时/周。有普通教室9个、专用教室5个、实验室4个。教职工55人，其中高级职称10人、中级职称23人。专任教师49人，本科以上学历53人。开设教学班9个，均为初中班。毕业60人，均为初中生；招生88人，均为初中生；在校生237人，均为初中生。

单位名称：北京市顺义区沿河中学

地址：北京市顺义区平沿路北河村南

电话：69480315

邮政编码：101300

（王春红）

【召开分层考试质量分析会】 4月，沿河中学召开初一、二年级分层考试教学质量分析与研讨会。会上，校长与教学主任就年级存在的教学问题提出解决的建议。

（王春红）

【组织学生参加高校实验室活动】 5月29日，沿河中学在区教委协调下，组织初一年级97名

5 月 29 日，沿河中学组织学生参加高校实验室活动

学生走进北京科技大学物理实验室，与高校教师进行零距离接触。高校教师为学生们上了有趣的实验课。

（王春红）

【组织课改文件学习】6 月，沿河中学组织全体教师，认真学习《教育综合改革文件汇编》《2014—2016 年中考中招框架方案》；同时做好教育改革的宣传工作，分学科教研组开展研读课程标准活动。新学期开学初，学校又组织全校教师学习《北京市课程改革设置实验方案》，举办“转变思维观念实践课程改革”专题讲座。会上还公布了学校所设置的四套课程表。

（王春红）

【做好班主任培训工作】9 月以来，沿河中学加强班主任培训工作。培训由政教处人员负责组织，学校中层领导负责本学期的培训主讲，培训内容包括：班级管理的方法与技巧、班级管理中突发事件的有效处理、如何培养班干部、如何开好家长会、班级活动组织等。以后学校还将采用聘请专家或者外出学习的方式对班主任教师进行培训。

（王春红）

【开展教师评微课和试解题大赛】10 月 21 日起，沿河中学在初一、二年级所有学科开展评微课活动。首先，学校将微课评价方案及要求公之于众。在布置电教部门将教师们的微课视频整理好后，组织学校领导和骨干教师分学科对所有微课进行评价，并将评价结果纳入绩效奖励中。11 月 17 日，学校又组织初三年级中考学科教师进行了中考试卷解题能力大赛。让老师们感受中考题型和 15 年中考试题的变化。之后，研讨 2016 年中考学科教学的重难点及复习的侧重点。上述两项活动均有力提升了教师的教学水平。

（王春红）

【区考研中心教研员来校视导】10 月，区考研中心 11 名学科教研员对沿河中学中考学科进行教学视导。教研员们深入课堂听课，课后与教师进行反馈交流，最后集中向学校领导汇报视导情况，从而有针对性地指导了学校的教育教学工作。

（王春红）

【组织初一年级科学实践活动】10 月下旬，沿河中学组织初一年级学生在网上申报开放性实践活动。最终确定完成的团体项目有：11 月 27 日的无线门铃课程、12 月 3 日的超低温环境下的超导磁悬浮动手实验、12 月 2 日的国防卫士——无人机实战课程、12 月 28 日的太阳系历险记共四个项目，另外还完成了个人自选的一门课程。

（王春红）

【组织初三学生观摩庭审】11 月 25 日，沿河中学组织全体初三学生到区法院观摩一场庭审。通过参观，学生们受到了深刻的法制教育，之后，每名学生都上交了一份观后感。12 月 7 日，学校又邀请国家二级心理咨询师张兰老师，为初三学生做一场以“魅力青春我做主”为主题的青春期教育讲座，学生再次受到深刻的品德教育。

（王春红）

【学生进京参加学科实践活动】12 月 15 日，沿河中学由历史学科教师牵头，联合地理、思品和生物学科教师，带学生到故宫和地质博物馆开展跨学科的实践活动。通过学生的作业和撰写的感受，教师们发现学生在参观过程中，不但掌握了许多学科知识，也提高了实践能力。

（王春红）

【开展学科实践活动设计与评选】12 月 24 日，沿河中学在区第十届科研月活动期间，围绕“学科开展什么活动”“校内开展哪些活动”“校外适合开展哪些活动”“活动中融入哪些学科知识和能力”“如何将学科知识和能力进行整合”等问题，以备课组为单位，开展学科实践活动设计与评选，正式推出“学科实践活动设计”展示和点评活动。活动旨在通过评选和展示、专家点评和领导的工作指导，来引领学校教师科学地设计学科实践方案。

（王春红）

·北京市顺义区赵全营中学·

【概况】2015年，北京市顺义区赵全营中学占地面积45000平方米、建筑面积14845平方米，体育场（馆）面积18207平方米。图书馆藏书3.83万册。固定资产总值5769万元。全年教育经费投入600万元，全部为国家拨款。全年学校信息化经费投入342万元，拥有计算机187台，多媒体教室座位135个，校园网出口总带宽100Mbps，数字资源量120GB，“信息技术”课程1课时/周。有普通教室15个、专用教室11个、实验室3个。教职工77人，其中高级职称15人、中级职称36人。专任教师75人，包括北京市骨干教师1人；本科以上学历74人。开设教学班15个，均为初中班。毕业168人，均为初中生；招生194人，均为初中生；在校生545人，均为初中生。

单位名称：北京市顺义区赵全营中学

地址：北京市顺义区牛板路赵全营段129

电话：60431128

邮政编码：101301

（史海英）

【举办师生接力比赛】3月17日，赵全营中学举办师生接力比赛。比赛分学生组和教师组进行。三个年级每班均派8名男生、8名女生共16名选手参加16×400米比赛。每个年级取前三名，经过角逐，初一年级6班、3班、1班，初二年级1班、5班、2班，初三年级1班、2班、3班分获年级组一、二、三名。教师接力比赛为50米迎面接力，以年组组为单位，每组派6名男教师、6名女教师参赛。初三年级组获得第一名。

（史海英）

【拓宽渠道实施民主监督】3月18日是民主日，赵全营中学工会多方拓宽民主渠道，发挥民主监督作用。1. 设立校务公开栏橱窗，公示学校的财务收支情况、绩效工资发放方案等内容。2. 下发民主建议征集表，鼓励老师提出合理化建议，工会小组长进行分类整理，经领导班子讨论在教职工大会上对所提建议给予一一答复。3. 利用家校通平台，及时将上级及学校有关工作指示精神传达给全体教师。4. 建立学校的QQ群，方便校领导与老师之间的沟通。

（史海英　董向民）

【区教委主任来校调研】3月19日，区教委主任刘克祥、副主任高山到赵全营中学调研。刘主任和高主任查看校园环境，听取校长董铁强的汇报。对于学校迎接义务教育均衡发展督导检查进行指导，特别指出要加强校园文化建设，打造出学校自己的特色文化。对于学校的合并校工作给予表扬和肯定。

（史海英）

【区级科研课题顺利结题】3月25日，赵全营中学举行区级科研课题结题会议。区教科室主任陈惠明、副主任赵连顺及朱宏、鲍立红、王瑞军老师参会。会议分两部分进行，首先观摩了初一生物教师崔建国的说课、上课、评课活动。接着召开结题会议。会议由赵连顺副主任主持，学校副书记崔建国、副主任许庆分别汇报了《农村初中校“三点一线”校本教研模式的研究与实践》《基于学案导学、小组合作的“先学后教当堂训练”教学模式的研究与实践》两个课题的研究背景、界定、研究设计、目标内容、过程、成果、存在的问题和今后的研究方向等。专家组成员高丽营学校校长于长明、南法信中学校长贾文东、赵副主任及鲍立红老师发言，肯定两个课题取得的研究成果。

3月25日，赵全营中学区级科研课题顺利结题

（史海英）

【组织初一年级观看天安门广场升旗仪式】 3月30日，赵全营中学组织初一年级去天安门广场观看升旗仪式。凌晨5:00，在老师的带领下同学们有序来到天安门东侧观礼台，等待着升旗仪式的开始。6:02，在人们期待已久的目光注视下，国旗护卫队踏着整齐有力的步伐，护送着五星红旗，走出天安门，踏上金水桥，穿过长安街。全场肃穆，伴随着嘹亮的国歌声，鲜艳的五星红旗沐浴着晨曦徐徐升起，飘扬在天安门广场上空。广大同学受到了一次深刻的爱国主义教育。

（史海英）

【多举措加强校园文化建设】 3月起，赵全营中学多方入手加强校园文化建设，创设良好育人环境。1. 整治校容校貌，保持校园干净、整洁、美观、有序；2. 让校园的每一个角落都会“说话”，张贴宣传画、悬挂名人警示语；3. 布置教室，抓好班级文化建设；4. 发挥宣传栏、板报、橱窗、走廊的宣传教育作用，拓展校园文化建设的空间。5. 组织师生开展各种文体活动，为师生发展搭建平台。

（史海英）

【在北京青少年科技创新大赛中喜获佳绩】 4月2日，在第35届北京青少年科技创新大赛中，由赵全营中学彭黎明老师辅导参赛的四名同学全部获奖。李文龙同学的创新论文《探究杏鲍菇黑白不同颜色塑料布下菌盖的大小》获市级三等奖，区级一等奖。肖凡、刘继龙、陈元浩的创新论文《水培法探究不同时间的营养液对绿萝的生长》获市级三等奖，区级二等奖。

（史海英）

【开展我为团旗添光彩活动】 4月14日，赵全营中学团支部组织初一年级学生步行到小高丽营烈士墓前举行“重温红色足迹行，我为团旗添光彩”初一年级退队建团仪式。在烈士墓前，副校长赵春海向同学们介绍了段连如烈士的革命事迹。随后同学们摘下红领巾，新团员佩戴团徽并在团旗下宣誓。副书记崔建国最后做总结发言，希望同学们记住这一刻，不忘先烈，继承和发扬他们不屈不挠的精神，为祖国的富强奋斗。退休教师王思久参与了此次活动。

（史海英　李春利）

【承办顺义区生本教育专题研讨会】 4月24日，赵全营中学承办顺义区生本教育专题研讨会。本次研讨的主题是：小组合作有效性的研究。活动首先由彭艳华、王严、李曼君、王海玉、高武然五位老师分别展示语文、英语、物理、化学、数学五个学科的生本教育公开课。之后大家结合现场课就各校的研究状况进行深入探讨和交流。最后区教科室副主任赵连顺做总结。昌平区南口铁道北中学的十余名教师及来自各小学及实验校的干部教师50余人参加了此次研讨活动。

（史海英）

【与昌平南口铁道北中学开展互相送课活动】 5月13日，赵全营中学与昌平南口铁道北中学联合开展送课活动。铁北中学的三位老师异地授课，送来初二语文《行路难》、初二物理《功的原理》、初一历史《大跃进》三节课。课后两校同科教师进行评议。5月27日，赵全营中学十五名干部教师赴铁北中学。赵全营中学初一数学教师卢芳、初二语文教师屈丽丽、初三英语教师何雯、初三物理教师张长林分别为铁北中学献课。课后两校同学科教师进行评议。该活动为两校教师提供了一个相互学习的平台。

（史海英）

【举办京剧专场演出】 5月19日，教师之家退休教师京剧国粹宣讲

4月14日，赵全营中学团支部开展“重温红色足迹，我为团旗添光彩”活动

团在赵全营中学大会议室为师生倾情奉献一场视听盛宴。活动开始，学校德育副主任李春丽致欢迎辞。随后，宣讲团团长张怀鹏为师生介绍京剧相关知识。他说京剧是国粹，至今已有200多年的历史，京剧表演唱念做打并重，分为生旦净丑几个行当。宣讲团为师生奉献了《三娘教子》《霸王别姬》《钓金龟》《沙家浜》等经典剧目，演员们的精湛演技赢得了场下阵阵叫好声和掌声，他们的表演为师生提供了近距离了解京剧、感受国粹魅力的难得机会。

（史海英）

5月30日，赵全营中学组织教师赴延庆世葡园与松山国家级自然保护区开展团队拓展训练

【组织教师赴延庆开展团队拓展训练】5月30日，赵全营中学组织教师赴延庆世葡园与松山国家级自然保护区开展团队拓展训练。此次拓展训练共五项内容：1. 风雨同舟；2. 交响乐+共展宏图；3. 能量传输；4. 不倒森林；5. 盲人沼泽。该活动增强了团队的凝聚力，缓解了工作压力。

（史海英）

【组织生本骨干教师课堂展示活动】6月10日，赵全营中学开展生本骨干教师课堂展示活动。区教委副主任张军堂，考研中心副主任李广生，教科室主要领导、老师及高丽营学校的干部教师参与此次活动。活动中先由初二数学教师李颖和英语教师王严分别展示《一元二次方程》复习课和《Unit 5 Lesson 15》两节课。课后进行评议，授课教师先自评，之后，兄弟校教师进行评议，最后教委领导李广生和张军堂点评。二位领导对两位老师的课堂予以肯定，并希望二位老师在今后的课堂教学中形成自己的教学特色。

（史海英）

【开展国学经典诵读展示活动】6月17日，赵全营中学开展国学经典诵读展示活动。活动以班为单位进行展示，初一（1）班诵读的《少年中国说》和初一（2）班的《我骄傲我是中国人》气势磅礴；初一（3）班、初一（4）班、初一（5）班、初一（6）班诵读的《诗经》《三字经》《弟子规》等让在场师生又倾听到了古人的教诲；初二年级诵读的《走进李白》《望星空》，让师生又一次欣赏到古今诗人的宽阔胸怀。

（史海英）

【观鸟网络答题赛创佳绩】6月，赵全营中学在第三十三届北京学生科技节——北京市中小学生观鸟比赛网络知识答题赛中喜获佳绩。80余名学生参赛，36人获一、二、三等奖，学校获得优秀组织奖，彭黎明老师被评为优秀辅导员。

（史海英）

【组织教师观看“为党旗增辉，展教育风采”视频】7月1日，赵全营中学组织全体教师观看区教委主持的“为党旗增辉展，教育风采”视频现场会。会上，有34名新党员转正，大家一起重温入党誓词，同时表彰了先进党员、党务工作者、先进党组织。最后区教委主任刘克祥对全体党员提出三点希望：1. 党员之本，立德修身；2. 干部之责，立身率下；3. 组织之要，功权为民。

（史海英）

【区政协主席杨宝华慰问教师】9月7日，顺义区政协主席杨宝华在区教委纪检书记隋美荣和赵全营镇李在东书记、镇长李志刚、副镇长果颖、教育助理张广东的陪同下来到赵全营中学慰问全体教师。杨主席代表区委、人大、政府、政协为教师们带来10万元慰问金；同时，向辛勤工作在一线的老师们致以节日的祝贺和亲切的问候，高度赞扬了教师们无私奉献的精神；随后视察校园，听取校长的工作汇报，并与部分

9月18日，赵全营中学校长作课程讲座

教师亲切座谈，对赵全营中学的教育教学工作给予高度肯定，并介绍区上半年经济发展情况。他最后指出：1. 学校要牢牢把握以教育质量为中心的地位不动摇；2. 坚持全面发展，培养德智体美劳全面发展的学生；3. 以教师为本，尊重教师。

（史海英）

【校长作课程讲座】9月18日，赵全营中学全体教师聆听校长董铁强题为《为孩子们撑起一片晴朗的天空》的讲座。董校长结合学校的实际情况及自己对课程建设的认识，从新形势、借东风、拓思路三方面介绍学校的课程建设。新形势包括四方面内容，即：中考方向新变化、课程改革新政策、新初一中考新方案，教师成长新要求；借东风指借助课程领导力项目及生本教育做好学校的课程建设；拓思路上提出今后学校课程建设的设想。区教科室副主任赵连顺、区教委中教科胡伦权老师参与此次活动。

（史海英）

【与太阳村开展合作共建】10月14日，赵全营中学校长董铁强、副校长赵春海、高武然、副主任李春利一行四人去位于板桥的太阳村协商共建社会实践活动基地事宜。在太阳村苏老师的带领下，董校长等领导察看了孩子们的生活学习场所，太阳村主任张淑琴介绍了太阳村的整体情况，与董校长共同探讨了深度合作项目等相关事宜。次日，赵中初二年级师生去太阳村开展社会实践活动。同学们先观看了介绍太阳村的短片，聆听了主任张淑琴讲述的许多孩子的故事，这些孩子有的父母早逝，有的父母正在服刑，“太阳村”成了他们的家。之后大家参观了孩子们的宿舍，与孩子们一起唱歌、跳舞、做游戏，共进午餐。此次活动促进同学们更多地参与到爱心公益事业中。11月10日，学校组织初三初一学生去太阳村开展社会实践活动。同学们参观了孩子们的宿舍，开展义务劳动——搬桌子，观看《太阳村往事》《劳动的一天》《草莓大棚》等宣传短片，听张淑琴奶奶介绍孩子们的学习生活情况，并和孩子们一起表演节目。董校长和张主任共同揭牌，太阳村由此正式成为赵全营中学的社会实践活动基地。

（史海英）

【举办体育节】10月23日，赵全营中学举办体育节。开幕式上各班分别进行风采展示，展示形式有广场舞、队列广场操、队形变换、国学诵读等。展示后，比赛正式开始，径赛项目有男子、女子100米、200米、400米、800米、1000米、4×100接力等；田赛项目有跳远、跳绳、前抛实心球。每个项目分别取前六名，集体项目取前三名，学校对获得优胜的集体和个人进行表彰奖励。

（史海英）

【举办青春期健康讲座】10月28日，赵全营中学与赵全营镇政府计生办联合举办青春期健康讲座。镇计生办邀请北京市第171中学的孙冬君老师为初一、初二全体学生做主题为《人际关系困惑及沟通技巧》的讲座。孙老师从如何处理好与老师关系、与父母关系、与同学关系三方面进行详细讲解。孙老师告诉同学们，老师的合理要求与自己成长目标一致时，虚心接受，积极沟通；以爱为出发点，改变与父母相处态度、说话的语气，用策略让父母支持你的自主行动；维系友情，虚心接受意见，分清事实和意见，及时调整与同学的关系。镇计生办主任胡向华参与此次活动。

（史海英）

【开展消防安全培训】10月30日，赵全营中学特邀市火灾防护中心胡宏老师为全体教师及食堂工作人员举办消防安全培训。胡老师通过一个个全国发生的典型火灾案例，运用图片及视频资料，让大家认识到消防安全工作的重要性。此外，胡老师还详细介绍各种消防自救器材的用途、使用方法及注意事项。培训讲座对学校的消防安全管理工作起了指导性作用。同日，学校又组织全体学生在操场听茹亮老师介绍灭火器的正确使用方法，茹老师进行现场示范后，指导学生具体操作。培训活动增强了学生使用消防器材的技能。

（史海英）

【开展“读名著品书香”情景剧展演活动】11月3日，赵全营中学开展“读名著品书香”情景剧展演活动。初二年级各班学生在语文老师的指导下，把教材中的课文和课外阅读的文章故事改编创作后进行演绎。从选择演出的脚本到选择扮演的角色，从服装的选择到道具的设计，从人物的语言到人物的动作，同学们都参与其中。活动中同学们表演了《变色龙》《我的叔叔于勒》《石壕吏》《桃花源记》等剧目。

（史海英）

【承办顺义区初一年级语文学科生本研究课活动】11月17日，赵全营中学承办顺义区初一年级语文学科生本研究课活动。活动中赵全营中学的初一语文教师李彦东和李艳分别展示《绿色蝈蝈》和《女娲造人》两节课。课后二位教师向大家介绍了本节课的教学设想和去广州参加生本培训的体会。陈惠明主任对两位老师的生本课堂给予肯定，并提出建设性意见。 来自全区的60余名初一语文教师和区教科室主任陈惠明、高丽营学校校长于长明参与此次活动。

（史海英）

【多项措施保障雪天师生安全】11月23日，赵全营中学面对雨雪频降，启动低温雨雪天气应急预案，以多项措施保障师生安全。1. 成立安全领导小组，明确安全职责；2. 利用课间操时间组织全校师生扫雪铲冰，强化安全环境；3. 利用校讯通平台，提示班主任加强防雨雪冰冻天气安全教育；4. 校园内连廊等存在安全隐患的地方派人巡视；5. 各班宣传防雨雪冰冻天气知识、提醒同学不要在雪地玩耍。

（史海英）

【组织学生参加ITTF中国残疾人乒乓球公开赛志愿服务】11月23至24日，赵全营中学组织初一、初二年级48名学生参加在北京残疾人体育中心举行的2015年ITTF中国残疾人乒乓球公开赛志愿者服务活动。比赛时学生们被分配到各个赛区，服务主要内容是捡球，同时主动帮助残疾人运动员和残疾人观众拖地、捡水瓶等。服务过程中，同学们始终注重服务礼仪，双手递球。虽然比赛结束的时间比较晚，但同学们都能坚持到底，服务到最后。

（史海英　李春利）

【举办科研月交流展示活动】12月18日，赵全营中学举办科研月交流展示活动。该活动主题为：走向生本，激扬生命。上午，初一英语教师何新利、初一语文教师李艳、初三化学教师姜立新三位教师分别展示《My school》《看云识天气》《二氧化碳的实验室制法》三节生本课，全校任课教师参与听课。在下午的交流会，表彰十一名科研先进个人，教师们对上午的课堂教学进行评议，各自提出自己的意见和建议。

（史海英）

【组织“岗位大练兵”活动】12月起，赵全营中学工会组织全体教师开展“岗位大练兵”活动。活动注重“三实”，即内容突出实用、方法注重实战、质量追求实效。要求教师练好硬笔字、粉笔字，一线任课教师每人上交一张板书设计的照片，非一线教师

11月3日，赵全营中学开展读名著品书香情景剧展演活动

上交一幅硬笔书法作品，要求做到书写规范、正确、美观、大方，符合设计理念。学校选派专人对上交作品进行评选，对于优胜者给予表彰奖励。此次活动进一步促进了教师的专业发展。

（史海英）

【举办元旦联欢会】12 月 31 日，赵全营中学在风雨操场举办 2016 新年联欢会，全校师生参与此次活动，副校长赵春海致辞。同学们表演了歌曲《青春修炼手册 + 魔方表演》、相声《满腹经纶》、歌曲《不遇见》、舞蹈《鬼舞步》、课本剧《小蔡同学》、歌曲《听见夏至》、快板《天安门看升旗》、舞蹈《青花瓷》、脱口秀《新闻晚知道》、诗朗诵《我们爱你呀中国》、舞蹈《青春的旋律》、小品《卖假证》、歌曲《南山南》、诗朗诵《致我们的母亲》、歌曲《jingle bells rock》等节目。台上同学的表演各有特色，赢得观众的阵阵掌声。在一个半小时的联欢中，师生们欢聚一堂，载歌载舞，共同谱写了属于赵全营中学的新年华章。

（史海英）

·北京市顺义区第十二中学·

【概况】2015 年 3 月，北京市顺义区南彩学校更名为北京市顺义区第十二中学，并分为顺义十二中中学部和顺义十二中小学部，占地面积 58600 平方米、建筑面积 22306 平方米，体育场（馆）面积共 18831 平方米。图书馆藏书 4.9329 万册，订阅杂志、报刊 133 种。固定资产总值 1555 万元。全年教育经费投入 4690 万元，全部为国家拨款 4690 万元。全年学校信息化经费投入 36 万元，拥有计算机 330 台，多媒体教室座位 1620 个，校园网出口总带宽 100Mbps，数字资源量 640GB，“信息技术”课程 1 课时 / 周。有普通教室 33 个、专用教室 16 个、实验室 5 个。教职工 165 人，其中高级职称 38 人、中级职称 63 人。专任教师 118 人，本科以上学历 150 人。开设教学班 33 个，其中小学班 18 个、初中班 15 个。毕业 277 人，其中，小学 87 人、初中 190 人；招生 238 人，其中小学 90 人、初中 148 人；在校生 1173 人，其中小学 592 人、初中 581 人，包括寄宿生 305 人。

单位名称：北京市顺义区第十二中学

地址：顺义区南彩镇南彩村中大街 7 号

电话：89469286

邮政编码：101300

网址：www.bjncxx.com

（张志纯）

【“十二五”区级课题顺利结题】4 月 15 日，顺义第十二中学“十二五”区级课题《九年一贯制农村学校养正教育的研究》顺利结题。以北师大徐志勇教授为组长，教科室副主任赵连顺、顺义教育学会副秘书长李坚为组员的结题认定专家组来到学校，对学校课题进行结题认定工作。学校教科研主任张志纯代表课题组做结题报告；接着与会的学校干部、教师谈课题研究给自己、他人以及学校带来的变化；最后分别由三位专家做点评指导。三位专家一致认为：课题研究突出问题意识，路径清晰，方法规范，课题得到干部教师的有力支持，教师参与度很高，成果很丰富。

（张志纯）

【校长在文化论坛中做主题发言】4 月 17 日，在北京市教委召开的“北京市第二批中小学学校文化建设示范校创建活动总结会暨学校文化主题论坛”中，顺义第十二中学被认定为北京市第二批中小学学校文化建设示范校。校长李琦在论坛中做《以养正文化引领学校天天向好》的主题发

4 月 28 日，顺义第十二中学通过义务教育均衡发展国家级验收

言。论坛中，李校长从“通过实践活动、学科教学等平台，着力建设尚德启智的学生文化；通过家校合作、社区资源的开发以及校际交流活动的开展，构建互信共生的公共关系文化”两方面交流了学校做法，展示了学校文化特色，受到了与会专家和各校同仁的一致认同。

（张志纯）

【通过义务教育均衡发展国家级验收】4月28日，顺义第十二中学迎来了国务院义务教育均衡发展督导组的检查，一同前来的还有顺义区教委的领导。督导组认真检查了学校各专用教室的使用情况，详细询问了各专室教师专用设备的使用情况。另外，督导组还认真查阅了学校近些年整理的档案资料，实地考察了学校网络资源、课程建设、体育健康状况。检查组成员对学校硬件建设和校园环境给与了充分的肯定。

（张志纯）

【特色校建设创佳绩】5月9日，在北师大——顺义区教育综合改革合作项目总结交流大会上，顺义第十二中学荣获先进集体荣誉称号。陈迎春、张亚珍、张志纯、王爱霞、刘艳霞五名干部教师被评为先进个人。特色建设与内涵发展不断驱动学校走向更高层次，获得更好发展。

（张志纯）

【吹响新学期课改的号角】9月1日，顺义第十二中学聘请北京师范大学教育管理学院徐志勇教授，为全校教师做关于“有效教学和后茶馆式教学”讲座。徐教授结合实例，对“什么是有效教学”“当前学校常态教学主要存在哪些问题”“什么是后茶馆式教学”“实施后茶馆式教学教师需要注意什么”以及“后茶馆式”教学模式化问题等五个内容进行全面具体地讲解。两个小时的讲座，老师们加深了对有效教学理解的同时，对“后茶馆式”教学有了初步的了解，为深化课程改革，进一步提高课堂教学效率与质量创造了良好的条件。

（张志纯　张桂红）

【启动“青蓝工程”】9月16日，顺义第十二中学“青蓝工程”启动仪式举行。此次活动旨在充分发挥老教师的传帮带作用，为年轻教师搭建学习和发展的平台，促成他们的尽快成长。三位新入职的教师和六位老教师结成师徒对子。李琦校长、马力校长、陈迎春校长、朱凤军校长、聂建忠主任、张志纯主任等领导参加此次活动并为老教师颁发导师荣誉证书。

（张桂红）

【举行课程改革推进会】9月18日，顺义第十二中学课程改革推进会在学校一层大会议室举行。李琦校长做“关于推进北京市《义务教育课程设置实验方案》的课程计划（修改）的思考”的主题报告。负责中学教学的陈迎春副校长以“从《顺义区义务教育阶段课程设置》的几个变化谈课程改革”为题，对部分学科课时调整和变化的课程进行具体而深入的解读。教委中教科张旭东科长对二位校长的发言给予充分肯定，对十二中的老师们诚恳地提出三点建议：一要牢牢把握课堂；二要认真学习课改相关文件，并进行交流、讨论，使自己对课改的理解更明白、更深入；三要固化义务教育均衡督导成果，在规范前提下大胆创新。本次活动，有效地提高了老师们对义务教育阶段课程设置的认识，统一了大家努力践行课改的思想，为落实课程设置方案打下了坚实的基础。

（张桂红）

【组织教职工趣味运动会】9月30日，为了配合区教育工会“全民总动员，健康减重十万斤”活动和丰富教职工的校园生活，顺义十二中召开全校教职工运动会。比赛共设托球跑、慢骑自行

9月30日，顺义第十二中学组织开展全校教职工趣味运动会

车、沙包掷准、定点投篮、踢毽子五个项目，以40岁为界，分设两个组。此项活动全校教师踊跃报名，积极参与；学生们自发组织起啦啦队，为教师们加油助威，运动场上一片沸腾，呈现出积极、健康、向上、和谐的校园氛围，推动了“健康减重”活动的进一步开展。

（张桂红）

【区教联盟运动会夺得两个单项奖】10月24日，顺义区杨镇一中联盟教职工运动会如期举行，比赛突出教师的团体合作，项目包括：集体8字跳绳、篮球运球跑和不倒森林三项。顺义第十二中学选派16名选手参赛。在与30多个参赛单位的角逐中，该校选手在赛场上发扬团结合作、为校争光的精神，通过顽强拼搏，夺得三个项目的两个单项奖。其中，最能展现合作精神的不倒森林项目取得第三名的好成绩。

（张桂红）

【赏水镇美景树教师形象】10月25日，顺义第十二中学工会组织全校教职工开展主题为“赏家乡美景，树教师形象”集体活动，参观有着千年历史的密云县古北水镇，感受、体验北方水镇的古朴、典雅和风景如画。参观结束后，教师们无限感慨：家乡历史悠久，风景如画，为了家乡的更富、更美，我们必须爱岗敬业、教书育人，培养更多的人才。此次参观活动，促使教师们树立良好的自身形象，调动了教师们的工作积极性。

（张桂红）

【承办融合教育大型教研活动】11月11日，顺义第十二中学承办市级融合教育教研活动。活动由顺义区特教中心王相辉老师牵头，特约北京市特殊教育学院老专家叶立言教授和王善峰教授，顺义区教委中教科的领导参加。陈迎春副校长做题为《让融合教育成为学校养正文化亮点》的报告。与会者参观了学校的校园文化和资源教室，走进融合教育课堂，听了张晓玉老师的一节随班就读课。来自房山特教中心、昌平特教中心和北大附中香山学校、八一学校附属玉泉学校等学校领导和老师，对学校开展的融合教育工作和课堂状况给予了精彩点评。叶立言教授就此次活动作总结性发言。此次活动推动了学校的融合教育工作向更高层次迈进。区内外专家、领导、教师80余人参加此次活动。

（张桂红）

【承办学科综合实践活动现场会】12月25日，顺义第十二中学在科研月承办了主题为“学科综合实践活动的探索与实践”大型活动。活动包括：学科实践活动课例短篇集锦展示，小学部《走进曲美，感受生活》跨学科主题实践活动展示课，授课教师说课展示，教研组长汇报本组学科实践活动成果和年级组学科实践活动汇报交流。活动特邀首师大教授杨朝晖、教委中教科科长张旭东、教科室主任赵连顺等相关领导和部分学校校长参加。本次活动，体现了科研助力，推进了学校的课程改革，将学科综合实践活动落到实处。

（张桂红）

【举办“圆梦养正”元旦联欢活动】12月31日，顺义第十二中学教职员工齐聚一堂，举办2016年元旦联欢暨庆教龄活动。活动主题为“和谐进取、圆梦养正”。首先，李琦校长做新学期致辞，接着是庆教龄活动，然后是以年级组或办公室为单位，全员参与的文艺汇演，气氛热烈而祥和。

12月31日，顺义第十二中举办元旦联欢活动

此次活动，全校教职员工积极参与，既提升了团队的凝聚力，又活跃了校园文化，营造了勤奋、自律、和谐、进取的良好氛围。

（张桂红）

小学

·北京市顺义区东风教育集团·

·北京市顺义区东风小学·

【概况】2015年，北京市顺义区东风小学占地面积22539平方米、建筑面积9132平方米，体育场或体育馆面积共13911平方米。图书馆（室）藏书3.2万册，订阅杂志、报刊280种。固定资产总值4719.95万元。全年教育经费投入4288.58万元，均为国家拨款。全年学校信息化经费投入947.3406万元，拥有计算机234台，多媒体教室座位1700个，校园网出口总带宽100Mbps，数字资源量10GB，“信息技术”课程1课时/周。普通教室37个、专用教室10个。教职工147人，其中，高级职称1人、中级职称84人。专任教师120人，包括北京市骨干教师1人、北京市学科教学带头人3人。本科以上学历53人。开设教学班37个。毕业591人、招生543人、在校生1407人。

（于有民）

单位名称：北京市顺义区东风小学
地址：北京市顺义区光明南街拥军路9号
电话：63445326
邮编：101300
网址：www.dfxx.shyedu.cn

【环保教育新举措】2月，与市政府支持的环保企业合作，东风小学教育集团在各校区安装总价30余万的饮料瓶回收机，调动学生参与环保的积极性。开学后，各班安排经过培训的回收机操作宣传员，引导学生正确使用机器。

（于有民）

【举行“少年向上真善美伴我行”主题教育读书活动启动仪式】3月9日，东风小学利用周一升旗时间，举行“少年向上真善美伴我行”主题教育读书活动启动仪式。活动中，李丽老师宣讲活动方案：1. 各班认真传阅“少年向上真善美伴我行”读本，结合生活实际撰写一篇以“少年向上真善美伴我行”为主题的征文。2. 各班将征文以演讲的形式班内进行评选，最终选派1名同学，参加学校的比赛。3. 征文符合以下要求：题目自拟，体裁不限；要求文章观点鲜明，思想内容积极健康；文字流畅，构思新颖，坚决杜绝抄袭；稿件中注明作者年级、班级、姓名、辅导教师。4. 演讲比赛中要求选手脱稿。读书活动的开展，不仅为学生施展聪明才智提供了机会和舞台，同时也分享了读书的乐趣。参加此次活动全校师生共计1500余人。

（于有民）

【组织参观抗日战争纪念馆】4月3日、7日两天，东风小学组织六年级学生及部分老师共计800余人来到卢沟桥宛平城中国人民抗日战争纪念馆和卢沟桥，开展了解抗日战争，激发爱国热情的社会实践活动。活动前，大队辅导员为全体学生做安全教育，强调参观秩序；活动中，讲解员为学生们讲解中国共产党在抗日战争中的中流砥柱作用，让学生认识到日本侵略者的滔天罪行，感受到波澜壮阔的全民族抗日救亡运动和浴血奋战的英雄事迹，介绍中华民族为世界反法西斯战争的胜利付出的巨大民族牺牲和做出的重要贡献，介绍卢沟桥上的石狮子。同学们认真观看，对每个参观地点的重要部分，很多学生拿起相机、笔、本记录下相关资料。本次活动使全体师生

4月3、7日两天，东风小学组织学生参观抗日战争纪念馆

受到一次深刻的爱国主义教育。

（于有民）

【开展同课异构活动】4月3至30日，东风小学开展“体验杯”骨干教师与青年教师携手同课异构活动。本次活动的主题是“基于学习方式变革下的读懂学生、教材的研究”。在“同课异构”活动中，同年级教师选取同一课题，构思不同的教学方法，将新的教学理念落实到实际课堂教学过程中，使课堂效益得到提高。有34位市区级骨干教师、百优班主任、35岁以下青年教师参与课堂教学展示。学校组织教师互相评课，通过横向、纵向比较，找出学生最易接受的办法，使课堂教学更加完美。为期近一个月的“同课异构”教学活动促进了教师之间的相互学习、相互借鉴、优势互补；增强了教研活动的针对性，切实提高了集体备课的效益及教学研讨活动的实效性。

（于有民）

【楚天悦文化发展有限公司走进东风小学】4月23日，是世界读书日，北京楚天悦文化发展有限公司走进东风小学，与东风学子共同渡过《我的怪物伙伴》阅读分享会。会上，北京楚天悦文化发展有限公司兰东辉董事长介绍公司企业文化；编辑部主任李明才介绍《我的怪物伙伴》出版及成书过程；编辑王芳介绍《我的怪物伙伴》内容简介及角色解读；主持人领读《我的怪物伙伴》两处精彩片段；学校五名同学上台做读后感分享；网络发行部张向月与同学们做互动有奖知识问答，最后，校方领导刘旭东主任致结束语并与参会者合影留念。

（于有民）

【组织党员赴怀柔雁栖湖APEC会址参观】6月27日，东风小学组织全体党员150余人到雁栖湖核心岛参观APEC会址，开展“畅想APEC记忆，聚力教育发展”党员教育活动，体验国际会都风采，培养爱国主义情怀。在导游的引导下，大家参观国际会议中心，观看领导人开会的集贤厅，游览园内富有古建筑特色的高塔、走廊、纪念碑等，被其恢弘大气的汉唐风韵和精致优美的湖光山色深深吸引。大家既感受到传统文化的魅力，又感慨现代科技的力量，更为中国的飞速发展和民族振兴而自豪。大家纷纷表示要以此次教育活动为契机，认真履职，爱岗敬业，开拓创新，为实现中华民族伟大复兴的中国梦发挥自己的正能量。

（于有民）

【欣赏《京华之声》合唱音乐会】6月27日，东风小学600名师生来到北京音乐厅，欣赏中国合唱协会“高参小”系列活动《京华之声》合唱音乐会。这是中国合唱协会为拉手学校安排的专场音乐会，特聘请中央少年广播合唱团和陈经纶中学金帆合唱团现场演唱20几首中外名曲。现任中央少年广播合唱团专职指挥、中国合唱协会常务理事、中国童声合唱委员会主任、中国儿童音乐学会理事的孟大鹏现场指挥。这场演出不仅让孩子们欣赏到了高水平童声合唱团的演唱，还学到了观看演唱的礼仪，了解到不少的名曲佳作，进一步培养了学生的演唱兴趣和爱好。

（范玉霞　于有民）

【召开暑期教师校本培训会】8月27至28日，东风教育集团500余名干部教师齐聚北京顺义开放大学报告厅，举行本次培训特聘请北京七彩蝶创意文化有限公司董事长、北京美施美生物科技有限公司彩虹庄园创始人、北京顺义三利果树研究所董事长兼总经理赵春生、北京师范大学教育学部副部长、教授、博士生导师朱旭东、北京史家小学分校教师万平、北京顺义青天律师事务所主任刘晓波四位专家，分别作

6月27日，东风小学学生走进北京音乐厅欣赏《京华之声》合唱音乐会

了《借力——情商背后的秘密》《教师专业发展的理论与实践》《教育是温暖的》《法律基本常识》专题讲座。他们从“情商”“专业化发展”“做智商型教师”“法律常识”等方面，通过列举大量案例，阐述自己对教育的独到思考。内容紧贴教师的工作实际，使老师们对教育工作有了更为深刻的理解，吸取了很多富于操作性的教育方法；最后刘金广校长进行总结发言并提出新学期要求。

（于有民）

【开设电影校本课程】 新学期伊始，东风小学将电影教育纳入到学校年度教学计划中，把电影作为校本课程进行开发。此活动得到顺义区文委及北京市电影放映局的大力支持，分别在五个校址（现代、裕龙、建新、仓上、本部）建立小电影院，采取三种模式：组织常规看片、撰写观看心得、学科电影整合，让在校的学生从一年级到六年级看足120部优秀电影，并在“随风潜入夜，润物细无声”中获得潜移默化、熏陶感染之效，激发热爱生命、热爱生活之情感。

（于有民）

【举行消防应急疏散演练活动】 11月30至12月4日，东风小学教育集团五个校区共计155个班级、近7000名师生参与年度防灾演练和紧急疏散活动。学校本着以学生原有起点和生活经验为出发点，力求理念新、形式活，特聘请北京森霖木教育科技股份有限公司参与安全科技知识和应急疏散演练活动。此项活动分为两个环节：一是安全科技知识讲座，内容涵盖地震、消防、反恐、食物中毒等多个方面；二是模拟真实场景，提高学生实战应对技能。培训导师通过各种生动有趣的游戏和教具，配合自然融入安全教育的内容，使教学实践做到入脑入心、融会贯通。在模拟真实场景中，随着一阵刺耳的警报铃声响起，正在上课的教师立即停止授课，按照地震灾害应对预案，立即组织本班学生科学有序应对。学生们迅速抱头蹲下，躲在教室中课桌侧面、讲台侧面、承重墙交汇处等可保护生命的三角区域里，确认震动暂停之后，在各班老师的指挥上，同学们用手护住头和胸，迅速按照预定方案路线，撤离到操场指定位置。整个过程仅仅用时三分多钟，演练达到预期效果。

11月30至12月24日，东风小学教育集团开展消防应急疏散演练活动

（于有民）

·北京市顺义区建新小学·

【概况】 2015年，北京市顺义区建新小学占地面积15196平方米、建筑面积7553平方米，体育场面积7656平方米。图书室藏书3.6万册，电子图书17.6G，订阅杂志、报刊46种。固定资产总值877万元。全年教育经费投入3043.46万元，均为国家拨款。全年学校信息化经费投入617.72万元，拥有计算机228台，多媒体教室座位2317个，校园网出口总带宽100Mbps，数字资源量2314.6GB，“信息技术”课程1课时/周。普通教室40个、专用教室8个。教职工130人，其中中级职称63人。专任教师128人，包括北京市骨干教师1人，本科以上学历113人。开设教学班40个。招生366人、在校生1623人。

单位名称：北京市顺义区建新小学

地址：北京市顺义区建新南区38号楼

电话：69433973

邮政编码：101300

网址：www.dfxx.shyedu.cn

（王秋冬）

【召开北京市“国学诵读”总结表彰会】 3月16日，由市委宣传部、市教委共同主办的“国学诵读”寒假活动总结表彰会在顺义区建新小学召开。首先，由顺义区教委刘克祥主任致欢迎辞。其次，通过短片回顾同学、家长和老师们对“国学诵读”的感受；颁发“诵读小达人”“最佳亲子诵读家庭”“优秀指导教师”“国学诵读区县组织奖”“国学诵读学校组织奖”。“诵读小达人”和“最佳亲子诵读家庭”进行现场展示；建新小学校长杨玉松就如何推进国学诵读活动进行经验介绍；首都师范大学教授徐建业对古诗文的具体诵读方法进行现场示范。最后，市委宣传部秘书长张劲林和市教委委员李奕进行总结发言。北京市各区县教委主管领导、部分学校教师代表、诵读小达人、优秀指导教师、最佳亲子诵读家庭代表以及来自全市27家电视、报刊、互联网新媒体共计100多人参加此次活动。

（吕　婷）

【开展“以研促教抓常规”教研活动】4月1日，建新小学召开“以研促教抓常规”教研活动启动会。会上，教研组长共同为“以研促教抓常规”出谋划策，研讨并通过新学期学校教研工作计划，制定隔周教研制度，强调“学课标、案例研讨、经验交流、学习反馈、集体备课”的新教研模式。主管教研工作主任武宁布置5月14日和6月18日的教研组展示课工作。

（吕　婷）

【迎接区科研视导促学校发展】4月9日，在顺义区教科室副主任朱元兆的带领下，来自沿河小学、李桥小学、空港小学、李遂幼儿园的科研领导和老师以及教科室其他四位老师一起到建新小学视导科研工作。活动分四个环节进行：一、科研负责人武宁就课题进展情况进行汇报；二、与会科研领导、老师走进课堂听班会，新老班主任共谈责任体验教育；三、武朝霞主任围绕“责任体验”介绍学校特色德育活动；四、视导专家针对课题研究报告以及当天上午的活动进行点评。

（吕　婷）

4月10日，建新小学举办“传承经典文化重塑优良家风”专题讲座

【举办“传承经典文化　重塑优良家风”专题讲座】本学期，建新小学启动教师专业素养提升工程。4月10日，聘请从事一线教学20余年，现任中国文化研究会教研主任、中国儿童心理、教育心理研究会员邹学宏老师来校为全体教师进行“传承经典文化，重塑优良家风”专题讲座。邹老师以弘扬中华优秀传统文化，践行“立德树人”教育精神为切入点，回答当今教育的困惑、国学经典如何影响学生人生观、价值观形成等方面的问题。

（武朝霞　吕　婷）

【启动“2015年中小学生植物栽培大赛”仪式】4月21日，由教学植物园主办的“2015年中小学生植物栽培大赛”在建新小学正式启动。启动仪式上，校长杨玉松亲手为学生代表发放种植材料，鼓励同学们用心栽培、努力实践，争做“种植小达人”。该校教师于新颖就具体的种植栽培活动进行辅导，鼓励学生从一粒种子开始亲手培育植物，观察、记录植物从种子萌发到开花结果的全过程。三、四年级一百余名学生和主管科技的领导、老师参加启动仪式。

（吕　婷）

【举行顺义区“垃圾分类进校园”颁奖活动】5月13日，顺义区市容委垃圾分类小卫士颁奖活动在建新小学举行。建新小学共有48名学生被评为垃圾分类小卫士称号，18名教师获得垃圾分类优秀辅导员称号，垃圾分类的形象大使“绿娃”以及教委刘璞老师和该校校长杨玉松分别为获奖师生颁奖。区教委、区市容委充分肯定建新小学在垃圾分类方面的作法。

（武朝霞　吕　婷）

【举行文艺演出暨赠送数字电影放映设备仪式】6月1日，建新小学举行“庆祝六一国际儿童节文艺慰问演出暨向东风教育集团赠送数字电影放映设备仪式”活动。此次活动分为以下四个环节：“六一”表彰暨赠送仪式；慰问演出；参观数字电影放映设备；少先队员入队仪式。活动中，北京广电局电影处处长王俊哲、区委宣传部副部长张建国、区文联处长关东明、区文委调研员陈永祥、区教委副主任张海东、区教委小教科科长王桂英等各位领导为该校全面发展、学有所长的学生颁发奖状，观看孩子们的演出，参观数字电影放映设备，听取学校电影校本课程的工作汇报。东风教育集团校长刘金广、建新小学校长杨玉松陪同。

（吕　婷　武朝霞）

【举行“弘扬民族精神践行核心价值追求”主题活动暨开学典礼】9月7日，建新小学举行以“弘扬民族精神践行核心价值追求”为主题的新学期开学典礼。典礼上，校长杨玉松为新学期开学致辞，她建议师生携手、家校携手创造学校未来，为孩子的成长奠基；防空部队副政委杨帆、新调入教师以及一年级新生和家长代表讲话，为同学们新学期的学习生活送上自己的祝福；学校对上学期的优秀班集体和假期优秀作业进行表彰；防空三团解放军战士现场进行队列和军体拳表演；一年级家长为新生赠送新书和寄语卡；随后，顺义区关工委主任朱玉彩宣布建新小学开学，师生齐诵《少年中国说》。此次开学典礼同时开启建新小学社会主义核心价值观宣传教育月的系列活动。

（武朝霞　吕　婷）

【喜迎“教师节”】9月10日，建新小学老师和同学们不光欣赏到校门口电子屏幕上专门为老师送上的节日祝福和歌曲，还听到来自学生代表向清晨走进校园的老师送上的节日祝福。教师节前夕，学校少先队组织向全校少先队员发出倡议：用干净整洁的作业、文明礼貌的行为、认真学习的态度作为教师节最好的礼物送给老师，并且学校还开展以“我为老师绘奖牌”“我心目中的好老师”征文活动，引导学生学会感恩。

9月10日，建新小学喜迎“教师节”

（武朝霞　吕　婷）

【举行“顺义区小学综合素质评价基地校研讨”培训会】9月30日，“顺义区小学综合素质评价基地校研讨”培训会在建新小学举行。会上，校长杨玉松介绍学校特色德育活动，武朝霞主任、光明小学副校长李雪飞先后汇报学校综合素质评价的研究方案，来自北京教育科学研究院教育督导与教育质量评价研究中心的主任杜文平、陈惠英和曹飞老师针对基地校汇报进行指导，并指出：“在推进新课改的现有形势下需要在评价方式上下功夫，同时注重对学生综合素质地考量；学校研究方案要把握住为什么要评？怎么评？结果怎么样？”的综评关键点。顺义区教科室副主任朱元兆、许冬梅老师及来自建新小学、光明小学和南法信小学的干部教师共二十余人参加此次研讨活动。

（吕　婷　武朝霞）

【举行“义方家长讲坛”活动】10月10日，建新小学举行“践行核心价值观共筑中国梦”暨“义方家长讲坛”讲师聘任仪式。本次活动分为三个主题：一、庆祝新中国成立66周年，加强对学生的爱国主义和民族精神的教育，引导学生树立正确的人生观、价值观，弘扬爱国精神；二、“义方家长讲坛”讲师聘任，聘任三、四年级家长讲师62人，创课程，求体验，进一步丰富校本课程内容；三、学校开展活动实践课，当天进行静态7项、动态11项的社团课程展示。共有11个社团300多人参加展演。

（武朝霞　吕　婷）

【举行攀登英语学习实验区域学校代表赴京观摩研讨会】10月21日，来自广东临夏、福清、南海、深圳、萝岗五地的英语教研员和教师共计100余人来到建新小学，与该校攀登英语项目组共同参与攀登英语学习实验区域学校代表赴京观摩研讨活动。首先，建新小学主任吕婷做课题管理的经验介绍；接着，孔玉会老师上了一年级的口语输出课，李阳阳老师上了三年级的字母故事阅读课；最后，北师大专家吕文倩对两节课进行点评。吕老师说："两节课中学生都表现出大胆、自信、敢开口的攀登精神，教师肢体语言丰富，指令语简介，活动设计巧妙、激趣。"并指出"建新小学的活动进一步增强了来京观摩教师对攀登英语课堂教学活动的理解，解决了实验教师在项目实施过程中的困惑。"

（吕　婷）

【举办"顺义区绿娃进校园——校园市集活动"启动仪式】 10月28日，顺义区教委、精神文明办、市政市容委主办，北京越洋永杰再生资源科技有限公司、顺义人网协办，在建新小学举办第一届"顺义区绿娃进校园——校园市集活动"启动仪式。仪式启动后，学校在操场上举行"体验爱心传递共享低碳生活"旧物交换实践活动。通过设计合同书、物品介绍卡、物品统计图表等形式引导学生将书本知识转化成生活本领，将实践活动与品德、数学、语文、美术、综合实践课相结合，创新环保创意课程。市政市容和各主办单位领导为活动表现突出的前30名同学颁发顺义区垃圾分类校园活动荣誉奖，并集体合影。顺义区精神文明办、区管委、区教委相关领导与建新校区的1000多名孩子共同参加此次活动。

（吕　婷　武朝霞）

10月28日，建新小学举办第一届"顺义区绿娃进校园——校园市集活动"启动仪式

【举办首届"拼音嘉年华"活动】 11月23日，建新小学举办一年级"拼音嘉年华"实践活动。活动邀请部分家长作评委，学生通过"我会读""找朋友""猜一猜""我会写"四个富有趣味性和挑战性的闯关游戏，达到认读、直呼、拼写、运用的学习目标。本次活动受到家长和学生的广泛欢迎。

（冯　记　武　宁）

【举办首届班主任论坛活动】 12月4日，建新小学举行首届班主任论坛活动。本次活动分三个环节：1. 故事分享。由"我讲我的教育故事"获奖者现场讲述自己成功的教育故事，分享教育智慧；2. 问题剖析。调查访谈确定"学生习惯培养、综合评价、家校沟通以及阅读培养"四大主题，以问题为切入点，提升班主任管理能力；3. 专家点评。顺义区德育研究室皮丽芳和顺义区优秀班主任茹娜针对教师讲述现场点评。

（武朝霞　吕　婷）

·北京市顺义区裕龙小学·

【概况】 2015年，北京市顺义区裕龙小学占地面积占地面积22440平方米，建筑面积5560平方米，体育场面积5104平方米。图书室藏书2.6122万册，电子图书99册（光盘），订阅杂志、报刊42种。固定资产总值990万元。全年教育经费投入850万元，均为国家拨款。全年学校信息化经费投入1.5万元，多媒体教室座位110个，校园网出口总带宽100Mbps，数字资源量10GB，"信息技术"课程1课时/周。普通教室48个、专用教室9个。拥有计算机150台。教职工139人，其中高级职称1人、中级职称69人。专任教师130人，包括北京市骨干教师1人、北京市学科教学带头人1人，本科以上学历124人。开设教学班48个。招生481人、在校生2141人。

单位名称：顺义区裕龙小学

地址：顺义区拥军路1号

电话：010—69468268

邮政编码：101300

【区委组织部部长到裕龙校区慰问】 9月8日，顺义区委组织部部长车克欣在教委高山副主任的陪同下来到东风教育集团裕龙校区慰问教职员工。首先，东风教育集团校长刘金广向领导介绍集团的办学情况；裕龙校区校长史淑惠就校园文化建设、教师队伍建设等情况进行详细的介绍。接着，车部长与裕龙校区青年教师进行座谈。她充分肯定裕龙校区教师的工作热情，对学校的办学水平和办学特色给予高度评价。同时也对学校高质发展、教师队伍建设、拔尖创新人才的培养提出宝贵意见。车部长指出，顺义教育正处在高速发展过程中，学校发展要重品牌、重特色、重文化。希望东风教育集团不断探索新形势下教育培养孩子的个性发展，为顺义区教育事业做出新的贡献。最后，车部长还观看学生社团表演，并合影留念。

（陈　静）

【召开全国小学语文微课大赛】 10月15日，全国真语文活动北京顺义站暨“贾老师杯”全国小学语文微课大赛在东风小学召开。本次活动由顺义区教委承办，顺义区委教工委书记教委主任刘克祥、顺义区人民教育督导室主任李卫国、顺义区教育研究考试中心主任张海、副主任李广生以及小语组全体教研员老师出席开幕式。李卫国主任结合顺义区语文课程的推进与发展进行大会发言，东风小学校长刘金广向全体与会人员致欢迎词。大会以“教真语文，教好语文，教实语文”理念为主题，通过示范课、大讲堂、撰写文章、微课比赛等多种形式探索语文教学归真之路。会期历时4天，参会者达到400余人次，主要分为现场交流展示和微课比赛两部分。借此交流展示契机，顺义区有30余名青年教师与来自全国各省市的语文教师共同参加微课赛课活动。此次活动的开展促进了全区青年语文教师的成长，从语文学科本质的角度向老师们传递如何学习语文的真谛。参与此次活动的专家有国家语委语言文字报刊社社长王旭明、全国著名特级教师贾志敏、中国青少年写作研究会副会长李白坚、上海师范大学小学语文教学研究中心副主任吴中豪等。

（郑新颖）

【顺义区“互联网＋ENGLISH”项目在裕龙小学启动】 10月29日，顺义区“互联网+ENGLISH”项目启动仪式在东风小学裕龙校区召开。启动式上，区教委副主任张军堂做重要讲话，区委教工委副书记张海东致辞，东风教育集团裕龙校区校长史淑惠作为项目启动校代表发言。最后，区委教工委副书记张海东宣布“互联网+ENGLISH”项目启动。顺义区为探索远程教学的特点，让学生感受到纯正的英语，“互联网+ENGLISH”项目聘请以英语为母语的外教，借助云平台为五年级学生进行授课，提高学生英语的听说能力。“互联网+ENGLISH”项目的启动，为顺义区英语口语教学的发展开拓崭新的平台。区考研中心相关负责人、英语教研员、全区小学校长及主管英语学科相关干部参加。

（陈　静）

·北京市顺义区仓上小学·

【概况】 2015年，北京市顺义区仓上小学占地面积1.5万平方米、建筑面积0.56万平方米，体育场面积5059平方米。图书室藏书2.0912万册，电子图书99册，订阅杂志、报刊41种。固定资产总值798.1566万元。全年教育经费投入1091.23万元，均为国家拨款。全年学校信息化经费投入37万元，多媒体教室座位1060个，

10月29日，顺义区“互联网＋ENGLISH”项目在裕龙小学启动

校园网出口总带宽 100Mbps，数字资源量 1000GB，“信息技术”课程（四五年级）1 课时 / 周。普通教室 25 个、专用教室 10 个。拥有计算机 150 台。教职工 55 人，其中中级职称 38 人。专任教师 47 人，包括北京市骨干教师 3 人，顺义区骨干教师 7 人，本科以上学历 54 人。开设教学班 18 个。毕业 94 人、招生 189 人、在校生 717 人。

单位名称：北京市顺义区仓上小学

地址：北京市顺义区五里仓小区中心

电话：69441134—8026

邮政编码：101300

（王铁生）

【召开《我的怪物伙伴》阅读分享会】 4 月 22 日，仓上小学师生和北京楚天悦文化发展有限公司的编辑叔叔阿姨们，召开阅读分享会。会上，仓上小学校长致欢迎词，感谢出版社的叔叔阿姨送来学生们喜欢的书籍。随后编辑部主任李明才介绍《我的怪物伙伴》这本书的出版及其成书过程，使同学们对图书的出版有了初步了解。编辑王芳介绍《我的怪物伙伴》的内容并做了角色解读。接着主持人带领同学们读了《我的怪物伙伴》中两处精彩的片段。最后，网络发行部张向月阿姨与同学们做互动有奖知识问答。同学们回答踊跃，对书中的人物角色进行分享。通过此次活动，更好地在校园里营造人人读书、人人爱书的文化氛围。

（马会娟）

【与中国合唱协会携手演出】 6 月 1 日，东风教育集团仓上校区的全体师生来到顺义影剧院，与中国歌舞剧院的演员们携手开展以“快乐体验健康成长”为主题的庆六一活动。此次活动，是中国合唱协会参与东风教育集团美育工作的系列活动之一。出席活动的领导有：中国合唱协会副理事长李小祥、秘书长智颖文，顺义教委体美艺科刘美坤科长，仓上校区的崔树昆校长，东风教育集团的范玉霞副校长等。活动中，仓上校区的舞蹈、模特、朗诵等社团的孩子们与剧团的演员们同台演出，为师生奉献了 14 个精彩节目，会场不时爆发出阵阵掌声。活动的开展，使孩子们受到了专业的艺术熏陶，提高了审美能力，同时也增强了孩子们的自信心和成就感。

（祖艳杰）

【与老兵同上开学第一课】 9 月 7 日，东风小学仓上校区全校师生，在新学期开学典礼上与参加过 27 次战役的老英雄同上一节课。此次开学典礼以“弘扬民族精神 践行核心价值追求”为主题，旨在缅怀先烈，激发全校师生爱国热情，践行社会主义核心价值追求。老英雄鼓励孩子们一定要努力学习，继承和发扬老革命家的爱国精神并为孩子们颁奖。开学典礼，给孩子们带来了心灵上的深深震撼，这不仅是对他们精神上的洗礼，更是对学生学习、生活、做人的一次全面教育。

（祖艳杰）

【师生共上多学科发展课程】 10 月 10 日，仓上校区二年级 80 多名学生走进多功能厅，和四位老师一起上了“叶儿飘飞创意无限”多学科发展课程。课程以叶为媒，徐传凤、陈建、刘学霞、王拥军四位老师携手上了四个学科课程，分别为：品生课《神奇的树叶》、语文课《积叶成树》、数学课《小树叶里的数学》、美术课《有趣的树叶》。学生们从不同课程中认识树叶的形状、颜色、品种、作用等，积累词汇、诗文；探究树叶中的数学知识；创意了多种作品。多学科发展课程，让学生不仅收获了丰富的知识，还拓宽了视野，积累了实践经验，彰显了丰富的想象力和创造力。30 多名干部教师参与此次

9 月 7 日，仓上校区师生与老兵同上开学第一课

活动。

（张 萍）

【聆听青春期教育专题讲座】 10月14日，仓上校区四年级同学走进五里仓社区，聆听北京市第二医院心理咨询师邓军为同学们主讲的以“悦纳自己，健全人格”为主题的生理卫生和性知识教育讲座。举办本次讲座的邓老师通过“我从哪里来？”这个有趣的问题，一步一步有针对性地进行性知识教学。老师通过多媒体图文并茂地告诉同学们青春期身体的变化，如何注重青春期的生理卫生及心理健康，如何学会自我保护等。这次青春期的性教育讲座，得到学生的欢迎和老师的肯定。为孩子们揭开青春期神秘的面纱，解开心中的疑惑，让孩子们正视自己青春期的身心变化，学会保护自己，从而健康成长，快乐学习和生活。

（王凤英）

【参与吴正宪四地研修活动】 10月25日，仓上校区刘影老师随同顺义区吴正宪儿童数学思想推广研究基地项目组来到重庆参与“北京—重庆—大连—哈尔滨”四地的吴正宪名师工作分站联合研修活动。为加强吴正宪小学数学教师工作站各分站之间的交流互动，分享教育教学的经验和成果，切实将儿童数学教育思想落实到课堂教学实践。此次活动，各站负责人带着自己的团队分别从“图形与几何”“数的运算”“可能性”和“综合实践”四个领域，以精彩的现场课＋原生态的课后访谈＋深刻的主题讲座这种新颖的模式进行，为在场的老师献上一顿精彩的“好吃又有营养”的小学数学教研大餐。刘影老师师授课《除数是整十的笔算除法》受到与会领导教师一致称赞。

（张 萍）

11月19日，仓上校区举办一年级“拼音嘉年华”学科实践性活动

【“体验教育”迎接区德育视导】 11月17日，教委小教科沈浩发老师带领学校德育主任对东风小学仓上校区进行德育视导。活动分为两个板块进行展示，第一板块为《弘扬传统文化诵读精品诗文》，全校学生以吟、诵、唱等形式诵读《弟子规》《笠翁对韵》及各种经典古诗，丰富学生的积累，提升学生的内涵。第二个板块为“体验科技种植，收获成长快乐”丰收节活动。活动中，英语、科学等教师分别授课，劳技老师组织学生收获萝卜、白菜等蔬菜，多学科的融合，让学生开阔了视野，体验了收获的快乐。最后，与会领导对此次活动进行了点评，并提出今后的发展方向，鼓励各位主管领导继续将德育活动做真、做实。

（祖艳杰 张 萍）

【举行“拼音嘉年华”实践性活动课程】 11月19日，仓上校区举行一年级“拼音嘉年华”学科实践性活动课程。全体干部、教导处及一年级的全体师生参与本次活动，同时邀请各班家长参与活动，担当评委。活动分为四个版块进行：我会读、找朋友、猜一猜和我会写。四关的难度是由浅入深，具有趣味性、挑战性的游戏。让闯关小勇士们充满激情地投入，不同水平的孩子在自由闯关的过程中巩固的是知识，体验的是快乐、锻炼的是勇气、成就的是自信。活动中家长们全情投入，耐心、认真组织孩子参赛，活动后与学校领导坦诚沟通，充分肯定本次活动的教育意义，对学校工作给出了高度的评价，对孩子未来的教育更是充满了信心。活动为孩子搭建了展示的平台，更是家校协同教育的有力载体。不仅为学生的成长铺路，更为学校的健康发展奠基，体验教育会润泽生命成长的每一天。

（刘英华）

【开展迎新年学科才艺秀秀秀活动】 12月31日，仓上校区开展“迎新年学科·才艺秀秀秀”实践展示活动。这是一次与众不同的元旦庆祝活动，活动分为两大板块：第一板块“学科大比拼”，涵盖语文、数学、英语、美术、综合实践、书法、音乐、体育等多门学科，分为运动场、智慧屋、丰收园、阅读坊、巧手吧、生活角等栏目，综合考察各学科知识、生活技能，学生们或答题、或操作，动静结合。第二个板块为“星光小舞台”，学生在班上充分展示才艺，有单独表演，有合作演出，有师生同台，节目丰富、形式各异，由评委根据才艺展示效果评议。最后对各班评选出综合素质优胜奖的同学进行奖励。一二年级的部分家长也积极参与其中。此次活动是一次集综合性、趣味性、创新性为一体的实践活动，极大地激发学生的展示热情，也为学校探究新课程实践活动做了有益尝试。

（张　萍）

·北京市顺义区石园教育集团·

·北京市顺义区石园小学·

【概况】 2015 年，石园小学学校占地面积 18200 平方米、建筑面积 8073.6 平方米，体育场（馆）面积 9674 平方米。图书馆（室）藏书 3.1 万册，电子图书 230 册，订阅杂志、报刊 85 种。固定资产总值 1596.3 万元。全年教育经费投入 3113.6 万元，均为国家拨款。学校信息化经费投入 2 万元，拥有计算机 300 多台，多媒体教室座位 160 个，校园网出口总带宽 100Mbps，数字资源量 380GB，“信息技术”课程 1 课时 / 周。普通教室 48 个、专用教室 10 个。教职工 161 人，其中，副高级职称 2 人、中级职称 101 人。专任教师 136 人，包括北京市骨干教师 2 人，本科以上学历 127 人。开设教学班 53 个。毕业 411 人、招生 416 人、在校生 2244 人。

单位名称：北京市顺义区石园小学

地址：北京市顺义区石园北区石园小学

电话：69425729

邮政编码：101300

网址：www.syxx.shy.bjedu.cn

（朱凤齐）

【召开与北京教科院基教研中心教育教学合作项目启动会】 1 月 15 日，石园小学教育集团召开与北京教科院基教研中心教育教学合作项目启动会。活动分两个环节进行。第一环节是项目启动会，首先由石园小学教育集团李冬红校长介绍项目合作缘起及合作内容，之后双方签字并授牌。在集团教师代表、市级教研员代表发言后，贾美华主任发表热情洋溢的讲话，贾主任首先肯定石园教育集团李冬红校长能够顶层设计，为教师搭建学习交流的平台、教学实践平台以及教学研究平台，使广大教师能够从关注自己乐教会教转变成关注学生乐学会学，养成良好习惯，并希望双方合作早结硕果。随后，区教委张海东副主任讲话，张主任指出，继续实施课程与课堂二维联动，打造小学教育的升级版，提升课程高度，提高课堂温度，强基固本，守正出新，以管理方式的转变促进育人方式的转变。最后，他预祝项目双方合作顺利。在第二个环节，进行现场听课指导，八节现场课并开，课后进行研讨交流。北京教科院基教研中心贾美华主任、小学教研室王建平主任及部分学科教研员；区委教工委副书记张海东；教研中心张海主任、李广生副主任；区教委小教科成员、小学教研室教研员，石园集团干部及骨干教师，全区各校干部及骨干教师近百人参加

1 月 15 日，石园小学教育集团召开与北京教科院基教研中心教育教学合作项目启动会

此次活动。

（张 梅）

【召开寒假干部教师培训会】 2月3日，石园小学教育集团召开2015年寒假干部教师培训会。参加会议的有石小教育集团三校区全体干部、骨干教师、教研组长和全体党员。会议由集团办公室主任朱凤齐主持。活动分聆听窗外声音、共读一本书读后感分享两部分进行。第一部分，首先由教育集团李冬红校长作开班致辞。李校长从品质、品格、品味三方面诠释了教育的本质，提出教师应立足本职，立足本岗，践行“三度”办学，不断擦亮石园小学品牌；随后外出培训、考察的干部把自己学习期间的所见所闻所感，通过大量鲜活的案例进行了精彩的演讲，让在座的干部教师透过他们看到了窗外的世界，同时也留给大家更多的思考。第二部分，三校区所有参会人员分组进行共读一本书读后感分享。交流活动中大家畅所欲言，畅谈自己的感想与收获。大家一致认为一本好书可以让人更为深刻，一本好书可以教人好的方法，一本好书可以改善人的心境，一本好书总让人开卷有益。活动最后，李冬红校长再次提出：全体干部要扎实抓好各项工作的落实，注重调查研究，努力提高教育教学质量和管理水平；全体教师要能抽出更多的时间进行自我学习，与书为友，做一个有书香气、有内涵的教师，希望大家齐心协力，为石园小学教育集团的稳步提高做出贡献。区德育研究室皮丽芳老师、区教委小教科王志良校长、沈浩发校长参加了此次活动。

2月3日，石园小学教育集团召开寒假干部教师培训会

（张 梅）

【举行“读经典国学与好书为友”开学典礼】 3月1日，石园小学举行“读经典国学与好书为友”2015年春季开学典礼。在雄壮的国歌声中，活动拉开序幕。本次开学典礼集表演、国学朗诵、书法于一体，形式新颖。活动分三部分：第一部分为励志读书篇，孩子们用稚嫩的童声诵读的《少年中国说》慷慨激昂，真情流露；刚柔并济的太极扇表演神采飞扬；学生现场书法展示更是潇洒自然，彰显出石小浓浓的墨香书香情，不断赢得师生热烈掌声，激励同学们励志读书。第二部分为读书经验分享篇，邀请优秀读书班集体分享读书经验，讲述读书方法，倡议大家多读书，读好书。第三部分为图书漂流篇，学生现场进行图书交换活动，书籍在学生间热情传递，带领学生在开学第一天拿起书本，爱上读书。

（邵明珠）

【开设图书馆课程】 本学期初，石园小学专门开设图书馆课程。每天下午老师按课程安排带两个班级走进石园南区图书馆，图书馆工作人员耐心的为孩子们介绍图书馆各区域的功能，为孩子们演示馆内阅读的注意事项。在整个图书馆课程活动中，学生们井然有序，在轻松愉悦的氛围中收获许多有关图书馆的知识，对书架上那散发着浓浓香味的书充满了向往。孩子们轻声慢步走到书架旁，选取自己感兴趣的书籍，美美的享受这幸福的阅读时光。

（张 梅）

【召开班主任论坛】 3月27日，石园小学教育集团召开首届以“智慧·分享”为主题的班主任工作论坛。会议由河南村校区李爱民主任主持。活动中，三校区6位班主任或从班风建设，或从家校合作，或从“五好少年争章”的合理使用等方面切入交流。她们以一个个真实、鲜活的实例为铺垫，展示了个人的处理技巧和教育智慧。在分享成功经验的同时，也进行了深刻的反思，坦诚地提出了工作中存在的不足与尚待解决的问题，希望与大家共同商榷改进的良策。让与会班主任受益匪浅。交流结束后，皮丽芳老师对本次活动给予了充分肯定，对班主任的工作给予了高度评价，同时要求大家善于学习，取长补短，进一步提高个人素质，创新班级管理的新方法、新思路，使教育教学向着成功迈进。论坛在交流、探讨的和谐氛围中结束。区考研中心德育研究室皮丽芳老师，石园教育集团三校区全体班主任及相关领导参加活动。

（张　梅）

【组织学生开展清明扫墓活动】4月2日，石园小学组织全体五年级学生，前往烈士陵园进行“清明祭英烈共铸中华魂”扫墓活动。首先，学生代表致辞，向革命先烈们致以崇高的敬意，紧接着，在国歌的激昂旋律中，全体人员低头默哀以表对先烈们的悼念之情；接着，学生们向烈士墓敬献花圈、鲜花，同学们怀着无比崇敬的心情将鲜花整齐地摆放在纪念碑前并深深地鞠躬；最后，烈士陵园的讲解员为学生们讲解陵园的历史、英烈的事迹，并引领全体队员参观了革命烈士展厅。清明祭扫烈士墓是石园小学每年坚持开展的爱国主义和革命传统教育活动，旨在教育学生不忘革命先烈，树立远大理想，好好学习，为实现“中国梦”贡献自己的力量。

（张　梅）

【开展民族艺术进校园活动】4月10日，石园小学开展民族艺术进校园活动。邀请到北京儿童艺术剧院的12名演员，为全校师生2200余人演出校园剧《梦的N次方》。这是北京儿童艺术剧院首次走进顺义区石园小学，为全体师生带来一场视听盛宴。现场师生观看秩序井然，场上经常想起热烈地掌声。民族艺术进校园活动旨在陶冶师生们的情操，让大家近距离地接触民族艺术，活跃了校园文化氛围，也为同学们的课余时间增添了色彩。此次活动，师生们既收获了快乐，又对我国的民族艺术有了进一步了解，不仅开阔了师生的视野，同时也提高了师生的艺术欣赏水平。

（刘　岚　张　梅）

【举行学生自救互救课程启动仪式】4月15日，石园小学在多功能厅举行学生自救互救课程启动仪式。活动中，石园小学田开开主任首先为学生讲解自救互救的意义和重要性，启动了课程仪式。随后，北京红十字会刘颖老师以《关爱生命关爱健康》为题开课，为学生讲解了红字会的相关知识以及常见外伤的防治方法、异物入耳鼻的处理方法。并与学生进行了现场互动，孩子们听得十分认真，回答问题积极踊跃，气氛十分活跃，效果显著。此次活动对于学生身心健康发展，强化安全防范意识，培养自救互救、应对突发事件的能力起到积极的促进作用。

（张　梅）

4月2日，石园小学组织学生开展清明扫墓活动

【基教研中心全学科视导】5月6日，北京教科院基教研中心全学科视导石园小学教育集团。本次活动主题是：千方百计让学生学起来。本次活动专家共视导41节课，涵盖13个学科。市、区教研员在听课后进行反馈交流，他们首先肯定授课教师的教学素质及能力，课上能充分调动学生参与热情，通过小组合作、动手操作、质疑研讨等活动，充分挖掘学生的学习潜能，调动他们思维的积极性，达到掌握知识、提高能力的目的。专家们在充分肯定授课老师的同时也为他们提出改进意见，为今后教学指明方向。市基教研中心主任贾美华、市小教研室主任王建平、区教委副主任张海东以及市区教委、考研中心相关领导专家、区兄弟学校、石园小学教育集团相关干部教师等160余人参加此次活动。

（张　梅）

【燕山文化协会与石园小学文化共建书画作品捐赠仪式举行】5月18日，燕山文化协会与石园小学文化共建书画作品捐赠仪式举行。捐赠仪式上，燕山文化协会向石园小学捐赠了20幅书画佳作。杨国礼会长表示，今后将会与石园小学更多开展书画知识讲座、培训以及书画展览等活动，达到文化共建的共同目标。此次活动，使石园小学的书法、美术教育，与社会名家进行了有机的融合。对于提升师生专业发展起到积极的促进作用。

（张　梅）

【举行小学心理上岗培训班观摩课活动】6月17日，北京教育学院“小学心理上岗培训班”观摩课活动在石园小学举行。在本次活动，石园小学程静老师带来《换位思考理解他人》心理体验式班会课。活动中，程静老师通过换位游戏、心理剧、主题分享等系列活动巧设情境，让学生获得情绪体验，从而建构积极认知，结合生活，调整自己的行为。课程结束后，北京教育学院卢强教授进行了点评，他对心育活动课进行专业指导。他指出，心理健康教育活动课应了解学生最真实的问题，应关注学生产生变化的途径。他认为心育活动课具有：活动性、主题性、丰富性、阶段性和长期性的特征。同时也提出了心理活动课的核心是以学定教，跟着学情走，本质是促进学生成长和发展。活动最后，程静老师还为现场老师介绍学校班级心理教育课程建设的经验。区教研员李立军以及全区各小学心理健康教师和心理上岗班教师以及学生共100余人参加此次活动。

（张　梅）

6月17日，北京教育学院“小学心理上岗培训班”观摩课在石园小学举行

【组织喜迎少先队建队日系列活动】10月13日是第66个中国少年先锋队建队日。石园小学组织开展喜迎少先队建队日系列主题教育活动。首先开展新一届大队委竞选活动，本次竞选历经队员自荐、中队推荐、竞选演讲、队员投票四个阶段，并在升旗仪式上开展新一届大队委任命仪式，仪式上学校校长李冬红、德育主任朱凤齐亲自为每一位大队委员授予光荣的队干部标志，同时新任大队委员代表发表就职感言，并带领全体大队委员进行就职宣誓，活动尾声大队辅导员邵明珠带领全体队员在鲜艳的队旗下重温入队誓词。随后，在建队日当天组织全体队员重温队章知识。第三是落实行动，深化“大哥哥大姐姐手拉手”课程，开展“我和红领巾的约定”活动，由五年级老队员为即将入队的新队员讲解队章知识，学习少先队礼、戴红领巾等，重温少先队文明礼仪规范。本次建队日主题系列活动，继承和弘扬了少先队的光荣传统，展示了队员的风采，增强了队员的光荣感和责任感。

（张　梅　邵明珠）

【举行“快乐书写　墨韵沁园”首届书法艺术节系列活动】2015年11月23日至2016年1月初，石园小学举办“快乐书写、墨韵沁园”首届书法艺术节系列活动。本次书法艺术节历时两个月，包括教师与学生两个层面的活动。教师层面有：教师两笔字比赛和书法专题培训交流活动及教师硬笔书法展览；学生层面有：硬笔书法比赛，软笔书法大赛、手抄报比赛、书法专题黑板报评选和学生书法展览等活动。此次书法艺术节的举办，既是对学校多年来书法教育成果的展示与总结，又给师生们搭建学习书法的平台，让石园小学的师生们在快乐书写、墨韵沁园的浓郁氛围中，感受到书法的学习与生活带来的幸福与喜悦。

（张　梅　刘　岚）

【举行首届读书节】12月26日，石园小学教育集团首届读书节在顺义一中礼堂举行。本次活动主题为“诵读经典圆梦石园”，活动以节目展演形式进行，三校区节目形式多样，有朗诵、校园剧、舞蹈、相声等。教师、学生、家长参与其中，同台献艺，内容丰富多彩，展示的节目涉及古今中外的文学作品，突出传统经典。

此次活动，旨在全面总结石园小学教育集团开展读书活动情况，展示读书成果，进一步推动读书活动的全面深入开展。参加此次活动的有首师大 UDS 项目组专家，区教委、区考研中心相关领导，以及石园小学教育集团全体干部教师。

（张 梅）

·北京市顺义区港馨小学·

【概况】2015 年，北京市顺义区港馨小学学校占地面积 10000 平方米、建筑面积 8513 平方米，体育场或体育馆面积 5977 平方米。图书馆（室）藏书 3.22 万册，电子图书 14 册，订阅杂志、报刊 40 种。固定资产总值 718.02 万元。全年教育经费投入 1492.72 万元，均为国家拨款 1492.72 万元。全年学校信息化经费投入 45.23 万元，拥有计算机 137 台，多媒体教室座位 1000 个，校园网出口总带宽 100Mbps，数字资源量 50GB，“信息技术”课程 1 课时 / 周。普通教室 24 个、专用教室 15 个。教职工 68 人，其中，高级职称 1 人、中级职称 32 人。专任教师 52 人，本科以上学历 47 人。开设教学班 23 个。毕业 78 人、招生 162 人、在校生 814 人。

单位名称：北京市顺义区港馨小学（现改成顺义区石园小学教育集团港馨校区）

地址：北京市顺义区港馨家园东区

电话：89449872

邮政编码：101300

（吴东柏）

【参加北京市中小学生啦啦操比赛】5 月 31 日，顺义区石园教育集团港馨小学参加北京市中小学生啦啦操比赛。赛前教师的精心指导以及学生的刻苦训练，为比赛打下良好基础。在比赛中，同学们充分展示自己的水平，取得小学乙组示范花球第二名的好成绩，得到家长的肯定及领导的表扬。

（吴东柏）

【参加第 24 届燕京啤酒节非遗文化艺术展演】6 月 6 日，石园小学教育集团港馨校区凤秧歌舞蹈社团参加第 24 届燕京啤酒节非遗文化艺术展演。港馨小学是凤秧歌唯一传承单位，为了把凤秧歌搬上舞台，使其更具观赏性，学校精心规划凤秧歌的传承发展与创新工作，聘请老艺人及舞蹈专家来校指导，对凤秧歌舞蹈社团学生进行集中培训，在孩子们的刻苦训练、勤奋努力下，啤酒节开幕式上的精彩亮相，得到了现场观众的一致好评。

（高艳玲）

【举行“感恩母校追逐梦想”毕业典礼】7 月 3 日，石园小学教育集团港馨校区举行“感恩母校追逐梦想”毕业典礼。活动首先播放学校为同学们亲自制作的短片“一路同行”，短片回顾六年来同学们的点点滴滴，孩子们深受感动；杨亚民校长亲手为每名学生递上毕业证书并给予真诚的祝福；教师代表发表感言，师生热泪盈眶；学生代表手捧鲜花向老师致谢，典礼在表演唱《感恩的心》中结束。学校全体领导和六年级全体师生参加此次典礼活动。

（高艳玲）

【举办区级英语研究课】7 月 3 日，顺义区二年级英语研究课在石园小学教育集团港馨校区举行，港馨校区的王芳老师为大家呈现一节二年级“生本理念”下的英语课，她利用大量的图片和课件把动物世界呈现在学生眼前，通过猜谜，粗线动物的四肢或者脖子、尾巴、身体、毛发等让学生猜出是哪一个动物，学生们积极踊跃的参与课堂活动，学生在兴趣中体会着语境和英语语汇。课后，老师们结合本课就如何进行生本课堂教学进行深入探讨。来自全区小学的二年级英语老师 50 余人及区英语教研员参加本次活动。

6 月 6 日，港馨校区参加第 24 届燕京啤酒节非遗文化艺术展演

（闫宝利）

【召开开题论证会】7月7日，港馨校区举行北京市规划办立项课题“生本理念下适学课堂的实践研究”开题论证会，论证会上，首师大初教院邓艳红教授，北京基教研中心贾福禄老师、考研中心的李广生副主任、教科室朱元兆副主任等专家针对课题给予具体指导意见与建议。论证会后，学校课题组成员及教师代表又举行三次研讨会，就专家提出的建议进行课题的完善，在学校大课题的基础上，每个教研组又研讨确定子课题。通过与专家面对面的交流与学习，进一步明确今后的研究方向。

（高艳玲）

【举行“勿忘国耻奋发图强”开学典礼】9月7日，石园小学教育集团港馨校区举行“勿忘国耻奋发图强”开学典礼。开学典礼上，武警一师训练基地战士们应邀来到学校为同学们带来了精彩的升旗仪式及队列表演。战士们飒爽的英姿、整齐划一的动作赢得师生阵阵掌声，同学们从战士们身上再次感受到中国人民神圣不可侵犯。随后，武警一师的袁干事为同学们讲话，他希望同学们铭记历史，从小树立梦想，把自己锻炼成一个对社会有用的人。接着，学生代表朗诵以抗战为题材的诗歌，并表演课本剧《小英雄雨来》。由刚入学的同学为大家展示坐、立、行、问好等礼仪，他们用实际行动表达对祖国的热爱。最后杨校长讲话，他希望同学们铭记历史，勿忘国耻，努力学习，成为一名有志少年。

（高艳玲）

【举办10%实践活动课展示活动】11月12至16日，港馨校区举办10%实践课展示周活动。学期初，学校召开实践活动课程动员会，让教师明确开设实践活动课程的意义及实施办法，并宣布11月的第二周为港馨校区学科实践活动课展示周。学校先后召开3次不同层次的研讨会，组织老师们把自己对实践活动的想法和做法进行交流和互动，从而进一步统一思想。为了检验教师们学科活动课的开展情况，学校要求先在教研组内展示，然后择优推荐1人参加校级展示。展示周活动进一步增强了教师学科实践活动课程的研发能力。

（闫宝利）

【参加全国啦啦操联赛长沙站比赛】12月4至6日，顺义区石园教育集团港馨校区“阳光天使啦啦操队”参加在湖南师范大学举办的全国啦啦操联赛长沙站比赛。本次比赛共有来自全国各地参赛队伍150支，参赛运动员2500余人，比赛中同学们充分展示自己的训练水平，表现优异，取得俱乐部乙组花球规定动作第一名和自选动作第四名的好成绩。

（吴东柏）

【承办顺义区融合教育活动推进会】12月15日，顺义区融合教育活动推进会在港馨校区召开。与会者首先参观港馨校区学生及特教学校50多名学生参加的校本课程展示活动，观看特教学生及港馨学生的节目表演；接着参加患有脆骨病的双学籍学生豆甜甜的班级课堂教学展示；学校杨亚民校长介绍融合教育的开展情况，豆甜甜班主任介绍孩子在班里的情况，豆甜甜和她的爸爸也分别发言，用真挚的语言表达对教委及学校师生对孩子的关爱。最后豆甜甜还把自己亲手编制的手链送给前来参加活动的专家和领导。市区特教专家、区教委领导、各校负责融合教育活动的领导和老师共80人参加此

9月7日，港馨校区举行“勿忘国耻　奋发图强”开学典礼

12月26日，港馨校区参加石园教育集团“首届读书节”活动

次活动。

（闫宝利）

【举办“首届读书节”活动】 12月26日，石园小学教育集团首届读书节在顺义一中礼堂举行。本次活动主题为“诵读经典 圆梦石园”，港馨校区的德育干部参与了集团读书节的策划与筹备工作，活动以节目展演形式进行，港馨校区的舞蹈“但愿人长久”“诵读弟子规”“颂之歌”三个节目在读书节上汇报演出。参加此次活动的有首师大UDS项目组专家，区教委、区考研中心相关领导，以及石园小学教育集团全体干部教师、学生和家长。

·北京市顺义区河南村中心小学·

【概况】 2015年，北京市顺义区河南村中心小学校占地面积14924平方米，建筑面积6505平方米。体育场馆面积5058平方米。图书馆建筑面积141平方米，图书馆（室）藏书总数35366万册，电子图书96册，订阅杂志、报刊32种。固定资产总值8906418.63万元。全年教育经费投入2033.95万元，均为国家拨款。全年信息化经费投入189.2万元，拥有计算机216台，多媒体教室座位715个（指学校所有配备多媒体教室座位总数），校园网出口总带宽100Mbps，数字资源量1TB，“信息技术”课程8课时/周。有普通教室18个，专用教室5个，实验室1个。教职工63人，其中高级职称2人，中级职称40人。专任教师63人，本科以上学历56人，市级骨干教师3人。开设教学班18个。

单位名称：北京市顺义区河南村中心小学校

地址：顺义区仁和镇河南村中心小学校

电话：89494927

邮政编码：101300

（杨永胜）

【部舒竹院长来校指导“小老师”课堂建设工作】 1月14日，首都师范大学初等教育学院院长部舒竹来到石园小学河南村校区指导“小老师”课堂建设工作。指导分成了三个板块，第一板块首先听取课堂研究的进展情况；第二版块听两节六年级数学课，分别是王佳明老师讲的《对角线的威力》，马丽娟老师讲的《求阴影部分的面积》；第三个板块进行研讨交流。本次活动得到部院长的肯定，尤其是两节课的设计，能运用“学习方案”指导学生自主学习，能延续十一五课题研究成果，在研读教材上有拓展、有突破。同时部院长也对课堂进一步的实施提出建设性意见，尤其是在落实社会主义核心价值观以及育人价值的方面给出可借鉴的思路，提出可以把“小老师”课堂延续到德育以及学校的工作的各个方面。本次指导，基于课堂、高于课堂，从管理设计的角度给研究提出了更高的目标。

（屈建民）

【召开“争做榜样绽放光彩”党员发展大会】 3月4日，河南村中小召开“争做榜样绽放光彩”党员发展大会。会议由支部组织委员李爱民副校长主持。会议第一项内容是讨论预备党员王瑞军、赵宏明转正问题。两位同志宣读转正申请后，全体党员无记名投票，一致同意王瑞军、赵宏明同志如期转正。会议的第二项内容是由支部书记王洪海同志围绕“争做榜样绽放光彩”为主题上党课，他要求所有党员要以身作则，做好表率，起到党员先锋作用。王书记的讲课，给全校党员们“刷新”了思想，鼓足了干劲，赢得大家的热烈掌声。

（屈建民）

【举办“国学诵读”比赛】 4月1日，

河南村校区的操场上古韵萦绕，诗香阵阵。一场别开生面的国学经典诵读比赛拉开序幕。本次比赛以年级组为单位进行，全校19个班级全部参加比赛。活动中，学生们全身心投入，通过诵国学、唱国学等不同形式，多角度展现中华经典国学。本次诵读比赛活动激发了学生们学经典、诵经典、用经典的热情，让学生享受读书的快乐，感悟中华民族传统文化的魅力，感受中华民族优秀文化的精髓，对提高学生的道德素养具有积极而深远的意义。全校师生700余人参加了此次活动。

（屈建民）

【“小老师”课堂迎接数学学科视导】5月5日，北京市基础教育研究中心对石园小学教育集团进行全学科视导。河南村校区6个学科10节课参与视导，其中四节数学课使用正在研究中的“小老师”课堂模式。这四节课分别是马丽娟老师六年级《解决问题例3》、刘建坤老师三年级的《比较》、刘伟老师四年级的《植树问题》、孙文颖老师四年级的《乒乓球与盒子》。这四节课都以“学习方案”的方式贯穿课堂，充分引导学生运用整体思维来思考问题，以独立思考、质疑探寻的教学策略激发学生自主探究的兴趣，以合作学习、互促互进、习得方法、积累经验为教学最终目的。课后四节课分别得到专家王佩霞院长、贾福禄和张丹老师的点评。几位专家对“小老师”课堂进行充分的肯定，也提出建设性意见和建议。四位数学老师以及研究团队在本次视导中都得到很好的锻炼，更加坚定了对“小老师”数学课堂进一步深入研究的信心。

【苏静林老师到学校指导低年级语文教学工作】9月15日，顺义教育考试研究中心苏静林老师到河南村中小指导低年级语文教学工作。苏老师先后听取二年级李诗雨和一年级刘伟两位年轻教师的语文课，分别对两堂课做精彩点评，同时对学校今后的语文教学提出中肯的建议：要长期培养学生良好的语文学习习惯。一是要培养学生的书写习惯；二是要培养学生的课外阅读习惯。学校领导和部分年轻教师参与听评课，此次活动老师们深受启发。

【组织青年教师拜师会】9月17日，河南村校区举行青蓝工程——青年教师拜师会。为发挥学校市区级学科带头人、骨干教师、优秀班主任的引领优势，加快提高青年教师专业成长速度，学校为近两年新入职的青年教师安排了这场拜师会。拜师会上由副校长李爱民宣读师徒结对名单，11对师徒双方签订“师徒共进双赢协议书”，青年教师向自己的导师奉上鲜花，师父们也给徒弟们提出殷切的希望和祝福。校长王洪海在仪式上强调：徒弟要虚心向师父学习，学习他们高尚的师德，敬业的精神；学习他们丰富的教学经验、娴熟的教学技巧、科学的育人方法；师父要真诚地对待青年教师，发挥传、帮、带的优良传统，实现“教学相长”，以达到共同提高的目的，使青年教师在最短的时间内成为教学主力。

（屈建民）

【开展党风廉政建设活动】11月25日，河南村中小在韩晓景校长的带领下开展“从严从实、遵规守纪”主题教育系列活动之警示教育活动。根据区教委精神及学校实际情况，学校主要开展“六个一”活动。即：组织一次集中学习、接受一次警示教育、开展一次专题讨论、撰写一篇党性分析材料、开展一次谈心提醒、组织一次知识测试。本次警示教育活动主要是组织党员干部通过观看《北京市正风肃纪教育片选集》等警示教育光盘或参观警示教育

11月25日，河南村中小开展党风廉政建设活动

基地、参加区法院职务犯罪类案件旁听等方式，教育引导党员干部充分认识违反党纪政纪的危害性，从而更深地理解遵守党的纪律和规矩的重要性、严肃性。

（葛旭芳）

【开展科研月交流研讨活动】 12月5日，石园校区、港馨校区科研负责人及班主任教师来到河南村校区参加科研月活动。科研月的主题是“生本理念下的小老师课堂建设”。首先学校科研负责人葛旭芳简单介绍河南村“小老师课堂建设”情况，接着听了一节课题研究课，最后大家结合本节课以及“小老师课堂建设”情况展开激烈的讨论，最后由科研主任葛旭芳做总结。

（葛旭芳）

【举办“自主能力培养”现场会】 12月18日，顺义区小学、初中、高中三段衔接的学生自主能力培养现场会在河南村中小举办。会上李爱民副校长做“以阳光公益为载体，促进学生自主发展”学生自主管理课程经验介绍；学校阳光公益社进行周工作例会展示；随后由王佳明、刘美丽、庞新、屈晓雪四位老师分别围绕学生综合素质评价、彩虹读书、养成教育展示四节班会课。最后由区考研中心德育室皮丽芳老师做精彩讲座。区教委小教科沈浩发校长和部分中小学德育干部参加。

（屈建民）

·北京市顺义区西辛教育集团·

【概况】 2015年，北京市顺义区西辛教育集团占地面积46114平方米、建筑面积11988平方米，体育场或体育馆面积共17552平方米。图书馆（室）藏书10.1万册，电子图书2册，订阅杂志、报刊40种。固定资产总值5606.34万元。全年教育经费投入3960.38万元，均为国家拨款。全年学校信息化经费投入229.3316万元，拥有计算机705台，多媒体教室座位2728个，校园网出口总带宽100Mbps，数字资源量382GB，“信息技术”课程1课时/周。普通教室67个、专用教室27个。教职工204人，其中，高级职称5人、中级职称120人。专任教师196人，包括北京市骨干教师3人，本科以上学历183人。开设教学班67个。毕业308人、招生452人、在校生2498人。

单位名称：北京市顺义区西辛小学
地址：北京市顺义区西辛南区顺西路12号
电话：69447725
邮政编码：101300

（贾光辉）

【召开“顺义区吴正宪儿童数学教育思想推广研究基地研究活动”计划会】 3月17日，“顺义区吴正宪儿童数学教育思想推广研究基地研究活动”计划会在西辛小学低年级部四层大会议室召开。顺义区教育研究考试中心小学数学教研室的全体教研员和全区吴正宪儿童数学教育思想推广研究基地的百名学员参与活动。首先，小学数学教研室魏金辉主任介绍本次活动内容，他组织教师共同观看2个微课实例；数学教研员孙宝香老师给大家讲录制微课的字体要求、时间限制。魏金辉老师为百名教师讲解如何选择微课内容，最后百名教师按照低、中、高三个年级段分组活动，在三个年段教研员王丽华老师、张秋爽老师、孙宝香老师的组织下各自选择微课课题。

（关爱民）

【举行“合作共赢——西辛小学教育集团与区教研室合作计划”研讨活动】 3月18日，“西辛小学教育集团与区教研室合作计划”研讨活动在西辛小学高年级部举行。活动中，学校与区小学教研室从合作意向上进行切实研讨。范腾艳副校长首先从学校层

3月17日，“顺义区吴正宪儿童数学教育思想推广研究基地研究活动”计划会在西辛小学教育集团低年级部召开

面谈了工作设想，李广生主任、杨树华主任从区级层面谈如何推进合作，营造生命课堂，促进教师、学生、学校的多元发展。与会的其他领导和老师纷纷发言，整个会议环节紧凑，研讨内容涉及合作的各个方面，对有效地推进合作很有裨益。区教育研究考试中心副主任、小学教研室主任与西辛小学教育集团的领导和部分骨干老师参加活动。

（关爱民）

【举行顺义区主题单元整体教学研讨活动】4月17日，顺义区主题单元整体教学研讨活动在西辛小学教育集团高年级部举行。活动由刘学红副校长主持。西辛小学周颖老师和仁桂萍老师分别执教《义犬复仇》《金色的脚印》阅读汇报课及《神奇的警犬》阅读分享课。之后，吕龙梅主任做《依托主题单元结构教学，构建西辛小学读写用一体语文课程》主题报告，介绍西辛小学在此次教研活动中的研究过程及对这一课题的探究成果，与会老师们对这两节研究课及西辛小学主题报告展开积极讨论。随后，北小营小学张春华老师针对《母爱》与《这是儿子的鱼》两课进行教材介绍，汇报自己对“一带一”课型的思考。教研员闫兴河老师做最后的总结，对以上两节研究课做出评价与指导，对西辛小学此次教研活动给予高度肯定，并鼓励师生多读书，倡导老师在教学中充分发挥学生的主体性，利用小组合作交流汇报的方式给学生创设思想碰撞的平台。来自顺义区各小学的40余位高年级语文教师参加活动。

4月25日，西辛小学教育集团参加在北京什刹海体校举行的击剑比赛，获得北京市团体总分第二名和优秀组织奖

（刘学红　吕龙梅）

【参加2015年北京市中小学击剑比赛】4月25日，西辛小学教育集团30名击剑运动员参加在北京什刹海体校举行的2015年北京市中小学花剑、佩剑比赛。虽然这是顺义区首次派队参赛，很多队员也是第一次参加比赛，但小选手们不畏强手勇于拼搏。有12人分别进入所在组别的前32名，其中五年级郑源获得女子佩剑儿童甲组第8名，四年级刘沐涵荣获女子花剑儿童乙组第14名。西辛小学教育集团获得北京市团体总分第二名和优秀组织奖。

（彭　伟　马红莲）

【开展“书香校园　悦读童年”读书交流会活动】4月29日，西辛小学中年级部开展以“书香校园、悦读童年”为主题的读书交流会活动。学生代表认真交流读书经验，分享自己对读书活动的理解和感受，使全校同学都受益匪浅。家长代表和在场家长们交流家庭读书活动开展的情况，介绍各自家庭在活动中所采取的有效措施和经验。活动最后学校对在假期开展亲子共读活动评选出的“读书明星”“书香家庭”进行表彰。读书活动对于引导学生善于读书，乐于读书，使读书成为每个学生的良好习惯起到了积极推动的作用，也为营造书香校园文化提供良好的氛围环境。

（马红莲）

【开展校园文化交流活动】5月5至7日，西辛小学教育集团组织教师进行三个校区的校园文化建设参观活动。三个校区的教师分别深入到另外两个校区，参观校园文化。教师们怀着喜悦的心情，欣赏着各校区的新貌。原西辛教师驻足在低年级部的校史长廊里，回忆着过去的点点滴滴，看到与自己有关的照片，兴奋地向周围的人介绍当时的情况，还拿出手机拍照。原仁和教师则通过参观，了解到西辛的发展变化，纷纷为生活在这样一个充满活力、追求卓越的集体感到自豪。看到音乐教室里的几十台电风琴，老师们不由自主地弹奏一曲，细致地向参观引导人员询问着相关情况，当得知每个孩子从一年级开始都有机会学习演奏电风琴时，老师们由衷地为学校千方百计创造条件，满足学生的多元成长需求感到高兴。来到梦幻书屋，老师们被眼前的景象惊呆了，看到温馨、舒适、充满儿童气息的环境布置，纷纷赞叹学校领导班子成员的创意设计，老师们翻看着为孩子们准备的儿童读物，亲自进行阅读体验，热心的向校领导提出建议。来到中年级部，教师们看到门厅文化墙上的《种树郭橐驼传》，了解到集团“顺天致性、仁智和美、多元幸福”理念的根源所在，看到与其他两个校区布置不同的读书角，看到孩子们的读书记录，纷纷感受到虽然三个校区和而不同，但西辛经典悦读这个特色项目一直在传承中发展，可谓异中有同。在高年级部，原仁和教师细致地向原西辛教师介绍仁和的百年文化，老师们感受到仁和的精神所在。看到艺术展览区、创意空间、巧手工坊、图书角学生的作品展，喜悦自豪的情绪流露在脸上。参观结束后，老师们拿到集团精心设计的学校文化建设调查表，纷纷写下参观感受及改进建议。

（万佳茹　关爱民）

【召开“践行社会主义核心价值观”主题队会活动】5月中旬，西辛小学少先大队在二、四、六年级开展以“践行社会主义核心价值观”为主题的队会评选活动。各中队高度重视，精心组织，选材贴近学生学习、生活及思想现状，内容健康向上，形式多样，融思想性、教育性与艺术性于一体。队会形式多样呈现：歌舞、诗朗诵、讲故事、情景剧、倡议书、真情对白、知识竞赛、拓展游戏等多种形式，发挥少先队员主体作用，让他们真正成为活动的主人，让少先队员在轻松愉快的过程中，接受熏陶，唤起共鸣，达到良好教育效果。此次活动引导队员们把社会主义核心价值观变成自己的日常行为准则，使社会主义核心价值观不仅记于心，而且践于行，激励少先队员们将“我的梦”与“中国梦”紧密结合起来。

（马红莲）

6月1日，西辛小学教育集团高年级部举办幸福日活动

【举办幸福日活动】6月1日，西辛小学教育集团高年级部举办幸福日活动。上午，学校举行“我参与我快乐我成长”六一庆祝活动。孩子们表演舞蹈、小品、演唱，弹奏古筝、二胡、钢琴，还有笛子独奏、萨克斯合奏等节目。在演出中表演者的才艺得到展示，观赏者得到艺术的熏陶，演出在欢快的气氛中结束。之后，学校开展爱心义卖活动。下午，孩子们进行幸福币的兑换活动。高年级部的同学分组进行自己喜爱的体验活动，有的去巧手工坊进行京剧脸谱、塑料模型涂色活动，有的去创意空间和仁智廊用磁力片拼摆模型，有的去和老师学习发艺，有的去做立体拼图、平面拼图，有的去尝试衍纸画、有的参加西辛好声音的PK，学校还为喜欢运动的学生准备了篮球、跳高、足球的项目。孩子们度过一个充实、快乐、难忘的儿童节。

（范腾艳　关爱民）

【举行“真实读者”小学习作课程建设交流研讨活动】6月2日，西辛小学教育集团在高年级部举办“真实读者”小学习作课程建设交流研讨活动。小教科王桂英科长为活动致辞，西辛小学教育集团做《面对读者，让写作真实发生》研究汇报，展示在习作课程建设中的成果。接着活动分两个论坛分别举行。论坛一主题是中高年级习作课程研究，展示西辛小学六年级习作指导研究课，杨镇小学和南彩二小做主题发言。西辛小学六年级王景然同学也介绍自己习作的感受，全国小学语文特教教师吉春亚老师进行专家点评。论坛二的主题是低年级读写用一体的研究，展示西辛小学二年级读写一体研究课，接着北京教育学院石景山分院肖莉和西辛小学低年级部做主题发言，全国小语会副理事长、北师大教育学部教授易进做精彩点评。本次活动对推进北京市小学语文课程改革、落实学科改进意见、深入开展顺义区彩虹读书工程，起到推动作用。来自顺义区教育研究考试中心专家、顺义区内和通州、丰台、石景山、朝阳、房山等学校领导教师共计 150 人参加此次活动。

（刘学红　关爱民）

【召开第三届星光工程专项研修汇报会】 9 月 2 日，西辛小学教育集团第三届星光工程专项研修汇报活动在高年级部召开。西辛小学教育集团在 7 月 6 至 10 日进行为期一周的星光工程专项研修活动。活动以“学习，幸福你我”为主题，对骨干教师和青年教师共 48 名干部教师进行集中研修与培训，分别进行拓展性学习、反思性学习、考察性学习、思辨性学习和项目性学习。汇报会后，将研修的成果与收获分享给集团的每位教师。汇报活动中有外出考察学习的所观所感所思，有骨干教师的教学主张宣讲，有年轻班主任的班级管理案例剖析，还有新入职教师的学生素养评价报告分享，最后是集团宣传册和办学理念的学生家长教师问卷调研报告。这次汇报活动成为新学期西辛小学教育集团教师们参与课程改革和课题研究的崭新开始。

（马　杰　刘学红）

【走进炮兵部队开展少先队实践课程】 9 月，西辛教育集团中年级部组织部分少先队小干部走进驻地高炮三团炮兵部队开展爱国主义教育实践活动。活动中，同学们首先观看解放军战士们为同学们表演的军击拳，整齐划一的动作赢得孩子们一阵阵热烈的掌声；接下来的互动游艺活动抢椅子、乒乓球平衡比赛更是拉近官兵和孩子们的距离；在参观炮兵部队的训练场，零距离接触低空作战武器，看到战士们熟练的操作，同学们不时发出啧啧的赞叹声。从训练场出来，孩子们在解放军叔叔的带领下还参观部队的高炮旅史馆、食堂、营房等，同学们对解放军战士叠成的“豆腐块”被子和干净整洁的内务整理惊叹不已。许多队员们都兴奋的表示，此次活动身临其境，不但让他们了解到了神秘的军营生活，更感受到我国国防现代化建设的伟大成就，在军营战士自强不息、孜孜以求的工作中队员们懂得了生活自理能力，良好的生活习惯、行为习惯的重要性，更坚定了他们的理想，长大也要去当兵，为我们的祖国做出应有的贡献。通过此次实践活动课增强了少先队员对军人的感性认识，激发了学生的爱国热情，强化了国防观念，增强了学生的自尊、自强、自立能力，激励了学生报效祖国的远大志向。

（马红莲）

【水务局专家做环保知识专题讲座】 11 月 3 日，顺义区水务局宣教科徐瑞海科长、潮白河管理段李佳副段长、顺义新城生态调水

9 月，西辛小学中年级部走进炮兵部队开展少先队实践课程

中心刘志国副主任，来到西辛小学教育集团高年级部，为五年级400余名师生做保护水环境专题知识讲座。此次专题讲座的主题是“爱我家乡、情系潮白”。讲座前，学生们通过上网学习、访问、交流等学习形式，针对专家提供的一些题目进行了研究性学习，对潮白河的历史和现状以及水资源的知识有了一些了解。讲座时，徐瑞海科长由潮白河断流的原因讲起，又由南水北调惠民工程讲到引温入潮工程，通过“引温入潮”工程，从水源充沛的温榆河调水到潮白河，改善流域水环境，回补地下水资源，解决水源的问题，然后通过播放环保短片教育学生要珍视大自然对人类最好的馈赠——生命之水。学生们始终全情投入，听着、记录着，在互动环节，争先恐后地回答着专家提出的问题，并向专家提问。讲座后，学生们以《不让我们的母亲河哭泣》为题，写了活动感受。

（曹　辉）

【开展“爱我家乡、情系潮白”主题实践周活动】 11月初，西辛小学高年级部启动“爱我家乡、情系潮白”主题实践周活动。活动开始，由潮白河管理段及西辛小学双方领导致辞，接着学生代表宣读了“爱我家乡、情系潮白”环保倡议书，倡议顺义的每一位居民严格要求自己，用文明的行动，使河水更加清澈，波浪更加清灵，并开展小手拉大手活动，监督好身边的每一个人。揭牌之后，学生及受邀家长在“为同一条河、献同一份爱、造同一方福”的倡议留言册上郑重的签名承诺。现场，学生们将精心绘制的保护水资源的手抄报和电子小报赠送给家长，希望和家长共同遵守承诺。主题实践活动，是学生课堂生活的有益补充，是全面培养学生创新精神、实践能力和综合素质的重要举措。

（曹　辉　马红莲）

【举行学科实践活动课研讨活动暨2015年科研月活动】 11月25日，西辛小学教育集团在中年级部举行学科实践活动课研讨活动暨2015年西辛小学教育集团科研月活动。北京教育学院肖玉柱教授、赵玉如教授、顺义区教育研究考试中心小语教研室杨雪莲老师，西辛小学教育集团董淑伶书记、刘学红副校长、马红莲副主任，中年级部的语文数学教师参加了此次活动。首先，专家们聆听了集团刘学红副校长关于《学科实践活动课研讨活动暨2015年西辛小学教育集团科研月活动》汇报，分别进班听了3节学科实践研讨课。音乐、美术、英语、品社、劳动、书法、综合实践老师全员参与到活动中，形成“核心素养”体系，确定了课程实施框架，进行了外出活动前的“学科实践活动课”。外出归来，美术课上画海洋动物和神奇的塔；音乐课上学唱《小丑鱼》；英语课上交流参观的日期和感受……此次的学科实践课是社会大课堂活动与学科整合课程的实践研讨活动，会上授课教师与专家进行了深入的研讨，三位专家分别提出了宝贵的意见，使与会干部教师明确了今后前进的方向：学科实践活动课程要体现设计开放性、自主性活动，以主题为入手点，呈现自主解决问题的过程，努力展示学生个性特长。

（刘学红　关爱民）

【开展“课改，我们在路上——课程改革研讨培训活动”】 12月9至10日，西辛小学教育集团开展“课改，我们在路上——课程改革研讨活动”。12月9日上午，集团在高年级部小会议室开展“课程改变学校——十一学校一分校学习汇报研讨活动”。集团所有干部和部分青年教师参加活动。活动中，集团6位参加顺义区教委组织的“赴北京十一学校

11月25日，西辛小学教育集团在中年级部举行学科实践活动课研讨活动暨2015年西辛小学教育集团科研月活动

一分校学习”活动的干部教师与大家分享学习收获和体会。6位教师分别从参观整体感受、全课程、选课走班、学校文化、学科实践角度进行发言，不仅传递课程改革前沿理念与实践，并且结合集团实际进行深入思考，让所有参加活动的干部教师感动与振奋。中午短暂休息之后相关人员继续研讨，安排后续工作。12月10日，集团教师分成两个组活动。一个组首先在大会议室集中听6位外出干部教师的学习汇报，接着兼顾年龄和工作分成4个小组进行研讨，然后再集中进行研讨后的展示交流。研讨结合本学期课程改革深入推进以来的实践、思考与改进建议进行。最后大家静心思考，完成调查问卷。另一个组50位干部教师走进身边的名校，赴牛栏山一中实验学校参观学习。牛栏山一中实验学校开放初一年级的课程，集团教师每人听课3节，了解到牛栏山一中实验学校课程特点，以及初中与小学课程学习差异，感受颇丰，对小初衔接有了更深入地认识。学习之后，集中进行研讨与交流。最后两个活动组集中在高年级大会议室，对整个活动进行简要梳理总结。王阔校长与全体干部教师分享他的课程观点，对教育发展方向的认识，以及相关工作的思考。

（刘学红　关爱民）

·北京市顺义区板桥中心小学·

【概况】2015年，北京市顺义区板桥中心小学校学校占地面积21744.2平方米、建筑面积5178平方米，体育场或体育馆面积8400平方米。图书馆（室）藏书2.0568万册，电子图书333册，订阅杂志、报刊37种。固定资产总值696万元。全年教育经费投入1309万元，其中，国家拨款1298万元、自筹经费10.5万元。全年学校信息化经费投入21万元，拥有计算机104台，多媒体教室座位520个，校园网出口总带宽100Mbps，数字资源量670GB，“信息技术”课程1课时/周。普通教室14个、专用教室6个。教职工46人，其中中级职称27人。专任教师36人，本科以上学历41人。开设教学班14个。毕业62人、招生103人、在校生484人。

单位名称：北京市顺义区板桥中心小学校

地址：北京市顺义区赵全营镇牛板路板桥段1号

电话：60442174

邮政编码：101300

网址：www.bqxx.shyedu.cn

（赵国臣）

【开展“板小因你而美丽”妇女节庆祝活动】3月6日，板桥中小工会为全体女工送上节日的祝福和关爱，开展以“板小因我们而美丽”的庆“三八”主题活动。活动在两位阳光帅气的男老师主持下拉开帷幕。庆祝活动中，学校四位领导为大家精心准备幽默诙谐的三句半表演，营造浓郁的节日气氛，为女教职工送上节日的祝福。庆祝活动在《竹报平安》《超音速》两大游戏版块中达到高潮，全体女教职工度过了一个健康、和谐、快乐、温馨、难忘又有意义的“三八”妇女节。

（宁　静）

【开展骨干教师献课系列活动】4月13日，板桥中小开展“阳光课堂”教学模式研究活动，活动的开展以学校2名园丁新星教师、6名骨干教师和8名青年教师为主。新星、骨干教师根据本学科教学内容特点，结合学校正在开发研究的“阳光课堂”教学模式，为青年教师献上精彩的示范课。献课活动结束后，由授课教师向青年教师介绍本节课教学目标的制定依据，说明教学内容的安排，重点介绍新授过程的设想和本节课是如何体现“阳光课堂”的，并对课堂检测内容及效果进行说

3月6日，板桥中小开展“板小因你而美丽”妇女节庆祝活动

明。最后，新星、骨干教师将自己的教学经验向青年教师进行传授。

（张　晶）

【五学科教研员来校进行教学视导】 4月20日，在教研中心副主任李广生、小学教研室主任杨树华的带领下，五个学科的教研员来到板桥中小针对“打造阳光课堂，提升教学质量”这一主题进行教学视导。视导活动分为四个阶段进行：首先，各位领导、教研员认真听取学校教学主任董建军的工作汇报，汇报内容以“打造阳光课堂，提升教学质量”为主题；第二阶段，由板桥小学12位中青年教师，分五个学科为各位领导、教研员进行课堂教学展示；第三阶段，教研员与任课教师针对此次听课内容进行课后交流，并为教师在实施“阳光课堂”过程中遇到的困惑给予相应指导；第四阶段，各位教研员就“打造阳光课堂，提升教学质量”这一主题结合听课过程中发现的优点、问题与板桥小学领导进行深入交流。

（张　晶）

【召开“凤秧歌”研讨会】 4月27日，板桥中小召开北京市民间表演艺术系列之非物质文化遗产去碑营舞蹈《凤秧歌》研讨会。会上，王玉玺导演介绍《凤秧歌》历史沿革，凤秧歌传承老艺人分析现今的传承情况，板桥小学领导及教师对《凤秧歌》传承工作进行汇报与展望。各位领导对于板桥小学传承《凤秧歌》给予高度肯定，同时也对板桥中小《凤秧歌》今后的发展提出宝贵建议，希望板桥中小能克服困难为非物质文化遗产《凤秧歌》传承保护作出更大的贡献。赵全营镇人民政府副镇长果颖、赵全营镇宣传部部长吕建超、去碑营村书记龚九生、北京市顺义区文联副主席王玉玺、北京市顺义区文联副主席吕顺河、北京市顺义区文联副秘书长刘忠诚、全国学校体育联盟理事杨华、中国乡土艺术协会常务理事、办公室主任吴新华等领导、凤秧歌传承老艺术家们及学校领导教师共同参与此次研讨会。

（王　薇）

【开展庆“六一”入队表彰活动】 5月29日，板桥中小全体师生及部分学生家长，欢聚在板桥小学操场，召开“种太阳——我们快乐成长”为主题的一年级学生入队、文艺汇演暨表彰活动。活动分为三个阶段进行：首先是一年级学生的入队仪式，家长与孩子手牵手走上舞台，为孩子佩戴上了人生第一条红领巾，学生为家长送上庄严的队礼。入队仪式结束后，文艺汇演与表彰活动正式开始，学生与老师同台表演，一个个精彩的节目让整个活动掀起一次次高潮。学校校级健康之星、靓丽之星、智慧之星、乐学之星、诚信之星在家长陪同下走上舞台接受表彰。文艺汇演与表彰环节过后，全校学生分低中高三个年级段进行游戏，游戏中，家长与学生共同参与，为学生的节日增添喜悦。

（张　晶）

【举行“勇于担当 共享阳光 智慧起航”开学典礼】 9月7日，板桥中小举行“勇于担当 共享阳光 智慧起航”开学典礼。学校邀请总参基地的驻军官兵们与全体师生一起参加这次活动。伴着雄壮的国歌，解放军叔叔为板桥中小升起鲜艳的五星红旗，为学生们吹响新学期向着新目标出发的号角。李海霞校长在新学期致辞中，对本学期加入到板桥中小的三位年轻教师和一年级新生的到来表示欢迎，并对全体师生提出新学期的期望，突显出本学期责任教育的德育主题。开学典礼仪式结束后，在解放军叔叔的带领下学生们进行简单的军训，同学们积极参与，认真训练，挺拔的身姿，尽显板桥中小阳光少年的风采。

（张　晶）

【开展《做幸福的创造者和传递

9月7日，板桥中小邀请总参基地驻军官兵带领学生进行简单的军训

者》教师节庆祝活动】9月10日，板桥中小全体教师欢聚一堂，召开《做幸福的创造者和传递者》为主题的教师节庆祝活动，热烈庆祝第31个教师节的到来。庆祝活动以李海霞校长的教师节致辞拉开序幕，全体教师通过两个视频短片，回顾教师们2014—2015学年，阳光育人路上所经历的工作历程与学校的变化，并播放教师们在假期里为了放松身心，以饱满的精神投入到新学期的工作中自主进行休闲度假活动的剪影。一个个镜头的闪现，让教师们回忆着工作、生活中的付出与快乐。表彰活动这一环节中，李海霞校长亲自为辛勤付出并在教育教学工作中表现突出的教师进行颁奖。整个活动引用高尔基所说的“工作是一种乐趣时，生活是一种享受；工作是一种义务时，生活则是一种苦役”作为结束语，以此感召教师们做质朴博爱、进取智慧的阳光教师。

（张　晶）

【召开北京市教育科学规划办课题开题会】9月23日，板桥中小组织召开北京市教育科学规划办课题《依托“积极语言”改变“儿童村”学生学习方式的实践研究》开题会。首先由李海霞校长，宣读课题开题报告，之后，几位专家分别就报告的结构、内容、开展研究的规划以及预期研究成果等进行意见交流。最后由几位专家执笔书写课题开题意见书。此次开题活动，正式拉开学校课题研究的序幕。学校邀请积极语言的倡导者，心理学博士陈虹、首师大初教院李文华教授、区教科室朱元兆副主任以及教研员苏静林老师参加开题活动。

10月15至16日，顺义区板桥中小参加“2015年全国第六届阳光教育论坛”

（赵国臣）

【参加“2015年全国第六届阳光教育论坛”】10月15至16日，板桥中小在李海霞校长的带领下，赴密云参加“2015年全国第六届阳光教育论坛”。本次论坛主题为“开展课堂文化建设，构建自主多彩的校园生活”。近两年，在“阳光育人”办学理念的引领下，学校引入积极心理学，从积极的角度，帮助学生“身心健康成长”，将学校变革的着力点放在如何增进学生学习的内在动力上，努力培育“身心健康，快乐自信”的阳光少年，得到阳光教育相关专家的认可。李海霞校长在本次大会上，作题为《积极语言HAPPY模式进课堂》的报告，学校被授予“阳光教育实验校”称号。“阳光教育”理论创立者、湖北省人大常委会副主任、华中师范大学教授周洪宇，国家原副总督学、中国教育学会常务副会长郭振有教授参加大会开幕式并讲话。

（王　欢）

【开展顺义区音乐名师工作室交流研讨活动】10月28日，顺义区音乐名师工作室成员展示课及新教师成长课交流研讨活动在板桥小学开展。活动中，参会领导、教师一同观摩板桥中小青年教师张晟熙执教的《萤火虫》和本校区级园丁新星杜晓明老师执教的《外婆的澎湖湾》一课，并对两节课的教学效果进行具有针对性的评价。此项活动得到专家组成员的认可和高度评价，专家们一致认为将新教师培训与骨干教师展示相结合的活动形式，对新教师在业务方面的快速成长起到了重要作用。北京市教育学院体育艺术分院副院长赵楚、声乐系教授李慧玲及区音乐教研员王众敬老师，师训科杜淑芬老师等多名专家组成员与全区小学音乐名师工作室成员、青年音乐教师一同参加此次活动。

（张　晶）

【召开《依托积极语言，改变“太阳村”学生学习方式的实践研究》课题推进会活动】11月6日，板桥中小召开《依托积极语言，改变“太阳村”学生学习方式的实

11 月 9 日，板桥中小开展体验式综合实践活动

践研究》课题推进会活动。活动分为两个阶段进行：第一阶段由板桥小学王欢、万会怡两位年轻教师分别就此项课题呈现两节低年级语文研究课。首师大 UDS 项目组李文华老师对学生进行现场采访，以此了解通过课题的实践研究，对学生学习方式的变化产生怎样的积极影响；第二阶段，学校主抓科研工作的赵国臣主任就学校此项课题的开展情况做简要介绍。最后赵文增老师针对此次活动的研究进行总体点评，充分肯定研究的效果，并提出建设性意见，为板桥小学此项课题的进一步推进拓宽思路。顺义区原教科室主任赵文增、低年级语文教研员苏静林老师、UDS 项目组李文华教授、顺义区小学语文学科中心组教师及部分青年教师参加此次活动。

（张　晶）

【开展体验式综合实践活动】 11 月 9 日，结合“消防日”，板桥中小组织 200 余名学生开展“做珍爱生命的阳光少年”体验式综合实践活动。一是融合区情教育，组织学生徒步前往赵全营消防中队。途经兆丰工业区时，班主任介绍工业区企业概况，引导学生感受家乡变化。二是注重体验。在消防中队以听讲解、抢答、观看、体验等方式学习消防知识。三是与学科课程结合。语文学科记录真实感受，美术学科绘制“消防安全小画报”，体育学科侧重锻炼学生体能，确保综合实践活动课程化、系统化。

（张　晶）

【顺义区督学室领导到校进行专项督导】 12 月 4 日，顺义区督学室领导来到板桥中小进行新课改实施与减负的专项督导工作。督导组成员一起听取李海霞校长学校课程改革和减负方面的工作汇报，汇报内容就学校课程改革和减负工作经验进行细致梳理，详细介绍学校在课改减负中的实践探索。督导组成员分组检查四项内容：一、走进学科课堂听课、评课；二、查看学校新课改实施与减负工作的相关档案；三、与师生座谈，了解学生的学习情况；四、实地查看，对校园环境、专室建设、专用设备等方面逐一进行指导。各位领导对学校工作有了全面了解，对板桥中小课改实施与减负工作所做的努力给予充分肯定，并提出宝贵的建议。

（张　晶）

【举办科研月学科实践活动】 12 月 4 日，板桥中小举行科研月学科实践活动。上午是数学学科实践活动，学校邀请考研中心教科室张红梅、邢颖杰老师和农大附小岳志刚主任前来参加，岳志刚主任和学校年轻教师孙虹玉老师为学校全体教师呈现两节以数学学科实践活动为主的课堂教学研究课。岳主任的课堂教学为板桥小学的教师带来全新的教学方式，使教师们对课堂上与学生的交流方式有了全新的理解。邢颖杰老师对二位老师的教学展示进行精彩点评。

（张　晶）

·北京市顺义区北石槽中心小学·

【概况】 2015 年，北京市顺义区北石槽中心小学校占地面积 24335 平方米、建筑面积 5299 平方米，体育场（馆）面积共 8071 平方米。图书馆（室）藏书 2.47 万册，电子图书 180 册，订阅杂志、报刊 8 种。固定资产总值 738 万元。全年教育经费投入 2733.16 万元，均为国家拨款。全年学校信息化经费投入 22 万元，拥有计算机 198 台，多媒体教室座位 920 个，校园网出口总带宽 1000Mbps，数字资源量 124GB，“信息技术”课程 1 课时 / 周。普通教室 16 个、专用教室 7 个。教职工 51 人，其中，高级职称 1 人、中级职称 29 人。专任教师 37 人，本科以上学历 26 人。开设教学班 16 个。毕业 41 人、招生 85 人、在校生 506 人。

单位名称：北京市顺义区北石槽中心小学校

地址：北石槽镇府前街 11 号

电话：60422512
邮政编码：101300

（施焕印）

【启动青年教师“绿色工程”】3月，北石槽中小启动“1358”教师成长工程。学校充分发挥干部、业务骨干的引领作用，与青年教师结成互助小组，双导师制为青年教师成长助力引航。业务导师负责指导青年教师专业化成长，干部负责青年教师德育发展。争取使他们一年后能够适应学校工作，三年后能够出师独立工作，五年后能够成长为校级骨干，八年后成长为区级骨干，形成了“一、三、五、八”青年教师成长规划体系。

（刘妍硕）

【诵读国学经典营造书香校园】5月4至5日，北石槽中小开展“诵读国学经典营造书香校园”主题诵读展示活动。有15个班级参赛，朗诵《将进酒》等50余篇，学生们在舞台上意气风发，朗诵富有激情，博得在场一阵阵热烈的掌声。

（刘妍硕）

【区人大主任胡尚云到校慰问】9月7日，教师节来临之际，区人大常委会主任胡尚云、区委教工委副书记张海东及北石槽镇相关领导到北石槽中小慰问。领导们先观看学校跆拳道、腰鼓等学生特色社团表演以及学生优秀作品展等。随后，召开座谈会，胡主任与教师们亲切交流，为教师代表们赠书并送上节日的祝福。

（刘妍硕）

【设立校长小助手促进学生自主管理】9月初，北石槽中小设立校长小助手机制。在四至六年级学生中聘任20名小助手，他们分工明确，参与到卫生、纪律等检查中，并对课堂教学及学校活动情况进行反馈，直接向校长反映问题、建言献策等，真正践行“学校是我家，管理靠大家”主人翁思想。

（刘妍硕）

5月4至5日，北石槽中小开展“诵读国学经典 营造书香校园”展示活动

【彩虹读书丰富学生视野】9月，北石槽中小以课改为契机，把经典诵读融入校本课程。每天下午设有20分钟固定阅读时间，周一、周四经典诵读，周三、五静心读书。学校还在每班设立图书角，并开展“图书漂流”活动。经典阅读引领学生品味传统文化，陶冶学生情操，形成全员参与彩虹读书的良好氛围。

（刘妍硕）

【打造“学校体育课程”新理念】秋季开学以来，学校秉承“小学体育兴趣化”的理念进行体育课程改革。一是创新课堂教学方法，尝试情景教学，增加互动环节调动学生练习积极性。二是丰富校本课程内容，引入学生感兴趣的足球、橄榄球等内容。三是开设体育大课间活动，低年级练习武术，中高年级学生练习跆拳道。通过实施课改新举措，提高学生运动兴趣和基本身体素质。

（刘妍硕）

【多彩课程彰显课改新风采】9月，北石槽中小根据学校师生特点，开设学生喜欢的特色课程。开发社会实践类、科技类、体育类、艺术类、文学类、信息类、学科拓展七大类36门校本课程。激发学生的学习兴趣，提高学生能力，彰显课改新风采。

（刘妍硕）

【开展“我为祖国过生日”主题活动】9月30日，北石槽中小开展“我为祖国过生日”系列活动。一是筹办爱国主义教育展。二是组织全体师生参加升旗仪式，高唱国歌。三是号召全体学生开展“四个一’活动，即：观看一部爱国影片、学唱一首爱国歌曲、找一个爱国故事讲给大家听、制作一份以“我为祖国妈妈过生日”为主题的手抄报。

（刘妍硕）

【区考研中心进行全学科视导】10月26日，区考研中心副主任李广生、教研中心小学部主任杨

12 月 11 日，北石槽中小建立家校合作机制共育学生成长

树华带领教研员来北石槽中小进行全学科视导。学校副校长朱永生汇报教学工作。随后，教研员进行全学科听课、点评，提出宝贵意见，为学校老师提供发展的平台和学习研究的机会。学生进行跆拳道、武术操阳光体育课程展演。

（刘妍硕）

【视察德育工作】 11 月 13 日，区教委小教科沈浩发带领各校视导员莅临北石槽中小，对学校德育工作进行视导调研。学校分管德育工作的主任陈银平从培育和践行社会主义核心价值观、培养和提高学生文明素养、拓宽和提升学生视野、引领和成就师生多彩梦想等四个方面做详细汇报，视导组一行对学校德育工作给予充分肯定并提出宝贵意见。学校三名学生解说员引导视导组领导参观学校楼层文化、班级多彩窗、鼓舞飞扬小广场等，展现学校浓厚的校园文化。

（刘妍硕）

【开展“多彩教育”少先队活动课评比工作】 12 月，北石槽中小围绕“多彩教育”——“仁、礼、智、信、勤、勇、新”内容开展少先队活动课评比工作。中队辅导员选取诚信、廉洁、文明礼仪等内容进行，引导学生发现自己身边的问题和榜样，自主讨论，突出时代性、知识性、趣味性和教育性。活动课结束后，及时组织中队辅导员对开展情况进行总结交流，收到良好效果。

（刘妍硕）

【建立家校合作机制共育学生成长】 12 月 11 日，北石槽中心小学与北石槽镇政府联合举办“学会与孩子快乐沟通”家长讲座以及“学会与父母快乐沟通”学生讲座。讲座特邀教育研究院副院长果海霞进行讲授，学校五、六年级 150 余名学生和 100 余名家长分别参加两个专题讲座。

（刘妍硕）

【开展第一届科技嘉年华活动】 12 月 31 日，北石槽中小与北京科技教育促进会联合举办第一届科技嘉年华活动。科技节在欢快的腰鼓声中拉开序幕。无人机飞行拍摄及表演和大型可测控模型火箭发射将活动推向高潮，开启学生科技探索之旅。学生们参加水果电池、神奇的 3D 打印等 12 个科技体验项目。通过相互交流、不断尝试，制作出许多富有创意的科技作品。

（刘妍硕）

·北京市顺义区北小营中心小学·

【概况】 2015 年，北京市顺义区北小营中心小学校占地面积 22200 平方米、建筑面积 10007 平方米，体育场或体育馆面积共 7993 平方米。图书馆（室）藏书 2.2 万册，订阅杂志、报刊 28 种。固定资产总值 228.43 万元。全年教育经费投入 1920 万元，均为国家拨款。全年学校信息化经费投入 16.8 万元，拥有计算机 70 台，多媒体教室座位 36 个，校园网出口总带宽 100Mbps，数字资源量 24.6GB，“信息技术”课程 1 课时 / 周。有普通教室 24 个、专用教室 13 个。教职工 76 人，其中中级职称 51 人。专任教师 68 人，包括北京市骨干教师 1 人，本科以上学历 56 人。开设教学班 24 个。毕业 105 人、招生 120 人、在校生 783 人。

单位名称：北京市顺义区北小营中心小学校

地址：北京市顺义区北小营镇北小营村平安路 47 号

电话：60483734

邮政编码：101305

（许玉明）

【开展“看见儿童”教师培训活动】 2 月 26 日，北小营中小开展“看见儿童——我们在行动”为主题的教师培训活动。活动分为三个环节：环节一是前提测评。教师问卷调查，为培训活动做准备。环节二是教师互动交流。首先教师分组展示寒假当中的小制作，然后从学生的角度，讨论交流三个议题：一是你为什么要设计这个作品？二是你制作的体会与收获是什么？三是你对自己、学校、教育有什么建议？环节三是点评与讲座。首先首都师范大学初等教育学院三位教授对上述活动进行精彩的点评，然后围绕活动主题进行讲座。刘慧教授主讲《“看见儿童”小学教师立教之本》、张志坤教授主讲《经风雨，见彩虹——经历与儿童成长》、唐斌教授主讲《绘画世界中儿童的难忘记忆》。通过一天的培训活动，教师们深深地懂得，在教育教学中，教师要关注学生，读懂学生，了解学生内心的需求，蹲下身来，静下心来，研究学生，走进学生，做学生生命中的贵人。

（许玉明）

【“看见儿童”体验活动——“今天我做学生”】4月14日，北小营中小开展“看见儿童”系列体验活动——“今天我做学生”。此活动是继寒假“看见儿童”——师生同做小制作”体验活动之后，为加强教师全面了解学生，学会换位思考，真正地读懂学生又一次体验活动。活动中实践教师放下架子，与其他学生一起读书、做实验、上、下课、做课间操、完成课后作业等。通过此次活动，实践教师深刻地体会到当学生的不容易，对自身教育教学行为中存在的问题进行深刻的反思，换位后自己再当老师，决心做一个受学生喜欢的老师。

（张　伟）

【迎接国家义务教育均衡发展督导检查】4月28日，全国义务教育均衡发展督导评估检查组对北京市义务教育均衡发展情况进行检查。北小营中小代表北京市参加国家验收，专家组参观校园文化、观看学校部分学生展示，听取裴校长关于学校义务教育均衡发展情况的汇报，同时查看资产管理账和经费投入及使用账目、察看硬件建设和设备使用情况、查阅档案资料等。市教育督导室副主任刘莉、区委常委、副区长朱家亮参与督导活动，区教委主任刘克祥等领导陪同。

（张　伟　许玉明）

【“京苏粤浙”东部卓越教师培训小学数学班跟岗教学研究活动举行】5月28日，“京苏粤浙”东部卓越教师培训小学数学班跟岗教学研究活动在北小营中小举行。北小营中小裴艳玲校长介绍学校办学理念及特点，北京市基教研中心刘延革老师、顺义区马艳芬、张伟老师为与会教师呈现三节精彩的数学课，课后执教教师针对自己所教内容阐述设计思路，与会教师进行热烈地研讨。本次活动，对于培训班学员凝练北京教学特色、准确把握“数学百花园”的目标定位、数学教学策略的研究都有着十分重要的意义。顺义区小学数学教研室和区内部分教师参加此次活动。

（张　伟　许玉明）

【参加生存拓展培训】7月8日，北小营中小全体教师去怀柔生存岛参加生存拓展培训。在生存岛训练基地，老师们完成各种训练项目，克服恐惧心理，挖掘自身无限潜能，提升团队协作意识，增强北小营中小教师团队的凝聚力，达到“磨练意志、陶冶情操、完善人格、熔炼团队”的目的。

（刘建军）

【语文学科实践活动课《看电影也是一种学习方式》开课】9月18日，北小营中小五年级语文学科实践活动课《看电影也是一种学习方式》在四层会议室开课。本次课程的主讲教师是中央电视台科教频道“我爱发明”的栏目编辑杜倩老师。杜老师从电影与文学的关系、电影的基本要素等方面对学生进行知识的普及与兴趣的激发。在一小时的课程中，

4月28日，北小营中小迎接国家义务教育均衡发展督导检查

学生始终处于一种兴奋、好奇的情绪中。

（郭瑞清）

【举行进步生和优秀生表彰大会】 9月21日，北小营中小2014—2015学年度第二学期进步生和优秀生表彰大会如期举行。校长为获奖学生颁发奖状并合影留念。张伟副校长进行题为“成功就是坚持永不放弃”的发言，和大家一起分享《小海鸥和麻雀》的故事，勉励同学们当我们不如别人时，不要以为自己愚笨，要对自己说：“我是海鸥！”学习要像海鸥一样学会迎难而上，坚守着自己的信念和理想，只要努力、勤奋、拼搏，就一定会取得成功。

（张　伟）

【举办“七彩少年放飞梦想”暨建队日主题教育活动】 10月13日，北小营中小举办七彩少年放飞梦想暨建队日主题教育活动。学校二年级136名学生在家长的带领下，穿越“我入队了”主题花门，光荣地加入了少先队组织。在入队仪式上，家长亲手给自己的孩子戴上红领巾，并为孩子写了表达祝福与希望的信件，孩子们为了感谢父母的养育之恩，也把自己制作的贺卡作为礼物送给家长。接下来全校学生把七彩梦想卡悬挂在七彩长廊上，在建队日这一天放飞七彩梦想。

（刘建军　傅秋丽）

【开展第三届“七彩杯”骨干教师示范课活动】 10月15日，北小营中小第三届“七彩杯”骨干教师示范课活动在北小营中小拉开序幕。课前教师精心准备，课上教师精神饱满，体现新课程标准的基本理念，把儿童视为有生命的个体，读懂学生，努力实现课堂的生命意义，焕发师生生命活力，实现知识生命价值，凸显有质疑、有体验、有温度的课堂。学生的主体性得到充分展示，数学学科采用“先学后教”的教学模式，语文生本课堂凸显学生成为学习的主人。骨干为其他教师做专业引领。

（张　伟）

【召开“十二五”课题结题鉴定会】 10月16日，北小营中小召开“十二五”课题结题鉴定会。会上，科研负责人对课题《提高小学课堂教学实效性的研究》作汇报，三位老师将课题研究案例与大家进行分享。评审专家对该课题进行点评，对课题研究过程、研究成果给予充分的肯定，同时也提出中肯的意见。会议由区教科室张红梅主持。

（许玉明）

【开展提升学习力课堂教学开放日活动】 10月20至23日，北小营中小开展提升学生学习力实验课程——一年级课堂教学开放日活动，让家长走进课堂，观看一年级教师展示的韵律拼音、韵文诵读的课堂教学。课后，召开了家长座谈会，向家长介绍提升学习力的开展情况，同时征求家长的建议。家长们表示，“此次观课活动，让我们大开眼界，这样的活动建议多开展，我们定会全力配合，以此来促进日后学生的学习与发展。”

（许玉明）

【承办顺义区名师大课堂活动】 10月29日，顺义区名师大课堂暨北小营中小与黄城根小学同课异构活动在北小营中小举办。活动以中年级语文“略读课文”教学研究为主题，进行语文学科的同课异构。北小营中小高淑会老师与黄城根小学梁晨老师就北京版教材小学语文第7册《北京的四合院》进行教学。黄城根小学由魏晨、田冉主任带队一行5人来到北小营中小，和北小营老师一起走进课堂，研讨教学。课后，两位老师针对自己上的这节课的设计思路进行说明；接下来，黄

10月13日，北小营中小举办“七彩少年放飞梦想”暨建队日主题教育活动

城根小学田冉主任结合这两节课，进行题为《找准略读课课型定位，发展学生语文能力》讲座，受到大家的一致好评。河北骨干教师研修班的老师、顺义区教育研究考试中心杨树华主任、小学语文教研员及顺义区各学校的老师参加此次活动。

（郭瑞清）

【组织健步走比赛】11 月 8 日，北小营中小组织全体教师去滨河森林公园参加健步走比赛。活动中，老师们呼吸着清新的空气，欣赏着公园里的美景，在一片和谐美好的环境中结伴健步走，大家精神抖擞、意气风发，你追我赶，最后全部顺利按时抵达终点。此次活动不仅使大家从锻炼中找到乐趣，而且进一步增进相互之间的友谊和感情，达到提高教师身体素质、凝练团队，陶冶身心的目的。

（刘建军）

【第三届家长开放日暨教师课堂教学展示活动拉开序幕】11 月 25 日，北小营中小第三届家长开放日暨教师课堂教学展示活动拉开序幕。本次活动历时三周，涵盖 16 个学科，共 40 位任课教师参与展示活动，为教师搭建互相学习的平台，提供互相取长补短的机会。在课堂上，积极开展师生互动、教学设计敢于创新。同时家长参与的积极性非常高，他们十分珍惜与孩子一起学习的机会，希望学校多提供一些这样的机会，让他们融入学校这个大家庭，从中学到很好的学习方法，多了解孩子的不足，以便更好地辅导孩子。

（张　伟）

【开展提升学生学习力培训活动】12 月 4 日，北小营中小开展提升学生学习力培训活动。活动伊始，张迎老师上了一节提升学习力研究课，课后老师们围绕主题进行研讨。学习力培养专家、北京临川学校郝少林校长作《语言学习与儿童学习力培养》专题讲座。郝校长从学习力培养理念、课程策略、学习力培养系列教学法、能力训练体系、课堂教学设计等几个方面为老师们进行培训。

（许玉明）

·北京市顺义区光明小学·

【概况】2015 年，北京市顺义区光明小学占地面积20000平方米、建筑面积 17061 平方米。体育场或体育馆面积共 8176 平方米。图书馆藏书 4.9 万册，电子图书 3566 册，订阅杂志、报刊 71 种。固定资产总值 17200 万元。全年教育经费投入 1643 万元，均为国家拨款。全年学校信息化经费投入 120 万元，拥有计算机 420 台，多媒体教室座位 1868 个，校园网出口总带宽 100Mbps，数字资源量 1770GB，“信息技术”课程 1 课时 / 周。有普通教室 40 个、专用教室 18 个。教职工 108 人，其中，高级职称 3 人、中级职称 90 人。专任教师 87 人，包括北京市骨干教师 3 人，本科以上学历 81 人。开设教学班 34 个。毕业 267 人、招生 240 人、在校生 1301 人。

单位名称：北京市顺义区光明小学

地址：顺义金汉绿港三区东安路 1 号

电话：69422329

邮政编码：101300

http://www.shygmxx.shyedu.cn

（谢桐良）

【举行“阅读点亮人生　书香润泽童心”读书大赛】3 月 5 日，光明小学举行“阅读点亮人生　书香润泽童心”读书大赛。各班选取 5 名选手参加校级大赛，参赛选手从古诗、名言佳句、经典诵读三方面随机抽取参赛题目进行比赛。评委从“吐字清晰，语速适中，感情饱满真挚，表达自然，声情并茂，富有表现力”等方面对每个参赛选手进行评价，评选出“书香班级”“书香少年”并颁发荣誉证书。

（李雪飞）

【成立“向阳花”文学社】3 月 25 日，光明小学开设“阅读与写作”校本课程并成立“向阳花”文学社。采取学生按兴趣自愿

3 月 25 日，光明小学成立“向阳花”文学社

报名和班级择优推荐两种方式建社，三至六年级学生参加，实行走班制管理，专职教师专一管理，每周上一节“阅读与写作”校本课，期末选择学生优秀作文、日记等汇编成册，全校学生共享。

（谢桐良）

【传递自编《亲子教育分享集锦》读本】4 月 24 日，光明小学自编《亲子教育分享集锦》，以“漂流”的形式传递到每位家长，每两天轮流到一位家长手中，写好后让孩子带回学校。家长可以在“教育集锦”中记录孩子成长的趣事、家中学习生活的情况，推荐适合亲子共读的书籍，谈读书的收获，聊有效教育孩子的方法等。

（李雪飞）

【举办“西班牙主题”足球嘉年华活动】5 月 13 日，为了深入落实习近平总书记倡导的《中国足球改革总体方案》，让校园足球走进每位学生的生活中，光明小学举办“西班牙主题”足球嘉年华活动。学校邀请北京阿万塞斯足球俱乐部来校与学生一起参加活动。

（赵德军）

【吴正宪名师工作站来校开展教研活动】5 月 22 日，顺义区“吴正宪儿童数学教育思想推广研究基地”在光明小学开展教研活动。活动围绕低年级《如何培养学生的推理能力》和中年级《数形结合思想及教学策略研究》两个主题，分别由重庆市南岸区和顺义区教师代表做了四节课，之后进行两个专题讲座，专家们与老师面对面互动研讨。北京市基教研中心刘延革老师、区内教师等 100 余人参加活动。

（李　莉）

【召开“培育和践行社会主义核心价值观”现场会】5 月 27 日，光明小学召开全区“践行社会主义核心价值观，光明少年展风采”现场会。首先倾听李国辉校长的汇报，又观看学校大厅内的“七彩阳光少年”展板、学校武术、跆拳道、非洲鼓、拉丁舞等社团展示，欣赏大厅棋阵，再分组听四节课。区教委领导、课题组专家和全区兄弟学校德育领导共 70 余人参加会议。

（李雪飞）

【举办首届“光明杯”小学生围棋邀请赛】7 月 7 日，顺义区首届“光明杯”小学生围棋邀请赛在光明小学开赛。“中国棋圣”聂卫平到场，和全区的小选手们进行沟通交流。区委教工委副书记张海东、教委副主任王彪及区体育局的领导参加活动，光明小学等八所学校的 110 多名围棋爱好者参加邀请赛开幕仪式。

（宋鹏程）

【召开第五届“拜师会”】9 月 11 日，光明小学“第五届拜师会”在多功能厅召开。会上，九位初出茅庐的新教师同九位德才兼备、经验丰富的老教师结为师徒，形成“一带一”对子，师傅做经验介绍，徒弟表决心。

（唐立国）

【建立家校交流新平台】11 月 6 日，光明小学规范使用微信群，建立家校交流新平台。选出家庭教育中的关键点，利用微信对家长进行习惯养成、学习指导、亲子沟通等方面的指导。每班建立微信群，邀请家长全员参与，学校制定班级微信群使用规定，要求语言规范。

（李雪飞）

【开展作业评比养习惯活动】12 月 11 日，光明小学开展作业评比养习惯活动。学校以年级组为单位开展以语文、数学、英语作业为主的作业展评活动，班主任带队轮流到各班级切磋学习，从作业本的整洁美观、字迹、作业量、布置的层次、批改评语、作业本的保护等方面进行评价，推选出十份优秀作业在校园橱窗内展示。

（王秀伶）

9 月 11 日，光明小学召开第五届拜师会

·北京市顺义区第一中学附属小学·

【概况】2015 年，北京市顺义区

第一中学附属小学占地面积22113平方米，建筑面积17130平方米，体育场（馆）面积7532平方米。图书馆藏书24973册，订阅杂志、办刊95种。固定资产总值1386.64万元。全年教育经费投入1160.73万元，均为国家拨款。全年学校信息化经费投入134万元，拥有计算机141台，多媒体教室座位700个，校园网出口总带宽100Mbps，数字资源量100GB，“信息技术”课程1课时／周，普通教室33个，专用教室16个。教职工58人，其中高级职称2人，中级职称18人。专任教师50人，包括北京市骨干教师1人，本科以上学历57人。开设教学班20个。毕业生56人，招生195人，在校生787人。

单位名称：北京市顺义区第一中学附属小学

地址：北京市顺义区澜西园二区1号

电话：60496230

邮政编码：101300

（郝丽娟）

【基础教育内在质量提升项目启动会】3月31日，“北师大顺义区基础教育内在质量提升项目启动会”在顺义一中附属小学召开。此项目以社会情感学习（SEL）理论为基础，培养学生自信心、责任意识，建立积极的人际关系，有效地面对成长过程的挑战，促进学生身心全面协调发展。出席此次活动的有区委教工委副书记张海东、8所项目校校长和骨干成员。

（程来顺）

【走进顺义国际学校】6月4日，顺义一中附属小学一年级小学生再次走进顺义国际学校进行友好交流，这是本学期的第四次交流活动。随着交流的深入，双方合作内容由交朋友、学语言深入到共同开发课程。孩子们欣喜地走进国际学校，找到自己的好朋友，共同开展剪纸、手工、绘画、绘本欣赏等活动，最后以一曲RUB结束本次活动。

（程来顺）

【现代摩比斯“青少年工学教室”项目启动】6月5日，2015现代摩比斯“青少年工学教室”项目启动仪式在顺一附小举行。此项目是充分利用驻区企业社会资源引进的科学创新项目，韩国汉城大学两位教授、区教委副主任王彪及四五年级150余名学生参加活动。

（程来顺）

【承办顺义区教学干部综合评课测评项目】6月5日，顺义区小教科与顺义区干训科共同组织的小学教学干部专题培训结业检测活动在顺一附小举行。在本次活动中，顺一附小共推出语文、数学、科学、美术四节课，教学干部组成评课小组，针对不同的评课点对所听课程进行评课，然后由12名大学教授进行评价与点评。

（古桂伶）

【举行开学典礼】9月7日，顺义一中附属小学举行2015年秋季开学典礼。此次典礼的主题为“责任·微笑”。典礼在庄严的国歌声中拉开序幕，王晓芳校长为新学期开学致辞。顺义区政府督导室主任李卫国出席并发表重要讲话，他肯定顺一附小全体师生两年来所做出的努力和贡献，勉励全体师生在新的学期里肩负责任，再攀高峰。

（古桂伶）

【顺一附小与黄城根小学进行同课异构活动】9月29日，顺义区名师大讲堂暨顺义一中附属小学与黄城根小学同课异构活动在顺一附小成功举办。活动以“深化课程改革，提升教育质量”为主题进行数学学科同课异构，张晓英老师与黄城根小学沈晶晶老师就《除法的秘密》进行教学。黄城根小学一行10人来到顺一附小，和附小老师一起走进课堂，研讨教学。区委教工委副书记张

6月5日，顺一附小承办顺义区教学干部综合评课测评项目

海东、小教科科长王桂英出席活动并讲话，教育研究考试中心主任李广生、杨树华、数学教研员及全区部分数学老师参与本次活动。

（刘　翠）

【民族艺术进校园】 10 月 21 日，顺一附小组织开展民族艺术进校园专场演出活动。演出邀请北京曲艺团曲艺名家王淑玲老师及团内部分青年曲艺演员，以表现民族传统艺术为主，民歌、相声、京平大鼓以及令人惊叹的口技表演等精彩的节目将现场气氛推向一个又一个高潮，并通过互动形式为学生介绍、普及曲艺和民族艺术相关知识。

（古桂伶）

【进果蔬市场实践参观】 10 月 23 日，顺一附小低年级学生在老师带领下走进澜西园市场进行实践参观活动。活动中，同学们走进市场，穿梭在一排排果蔬摊位前，兴奋地给身边小伙伴介绍自己所了解的水果与蔬菜；同学们主动向叔叔阿姨询问自己所不知道的蔬菜，摊主热情地进行介绍；同学们还亲自体验买卖蔬菜水果的活动……教育家陶行知说过“生活即教育”，这次实践活动，丰富了孩子们的知识，让孩子的交往能力、语言表达能力得到很好的培养和锻炼。

（古桂伶）

【生本理念推进活动】 11 月 15 日，顺义区生本理念推进活动在顺一附小举行。从教学目标、教学内容到教学途径，都要以大阅读教学观为指导，推进和落实生本教育，激扬师生生命，提升语文课堂教学。该校持续开展“生本理念下的阅读推进”系列活动。学校全体语文老师以及全区生本项目校老师参加此次活动。

（刘　翠）

【航空科普教室揭牌仪式】 11 月 27 日，顺义一中附属小学“航空科普教室”揭牌仪式暨“航空课程”启动会举行。王晓芳校长对航空课程作详细介绍，学生代表从对航空课程的喜爱和期待作发言。驻区企业北京首都国际机场股份有限公司书记邓先山作精彩的发言，顺义区委教工委副书记张海东为航空教室揭牌，观摩航空知识第一课和航空模拟驾驶。顺义区教委体美艺科科长张克深，北京首都国际机场股份有限公司党群工作部副部长常军，顺义区教育委员会体美艺科副科长刘美坤，少年宫活动部主任刘月娟参加此次活动。

（刘国梁）

11 月 15 日，顺义区生本理念推进活动在顺一附小举行

·北京市顺义区李遂中心小学校·

【概况】 2015 年，北京市顺义区李遂中心小学校，占地面积 22000 平方米、建筑面积 5000 平方米，体育场（或馆）面积 12600 平方米。图书馆（室）藏书 4 万册，订阅杂志、报刊 5 种。固定资产总值 750 万元。全年教育经费投入 756 万元，均为国家拨款。全年学校信息化经费投入 6.3 万元，多媒体教室 1 个，校园网出口总带宽 100Mbps，“信息技术”课程 1 课时／周。有普通教室 18 个、专用教室 8 个。拥有计算机 150 台。教职工 67 人，其中中级职称 39 人。专任教师 59 人，包括北京市骨干教师 1 人，本科以上学历 59 人。开设教学班 18 个。毕业 120 人、招生 120 人、在校生 666 人。

单位名称：北京市顺义区李遂中心小学校
地址：北京市南孙路李遂段 17 号
电话：89481710 传真：89484220
邮政编码：101300

（单继友）

【举行课题结题现场会】 9 月 23 日，“顺义区十二五课题结题现场会暨《实施六一教育，培育阳光少年》科研课题结题会在李遂小学举行。会上，校长姚磊对

11 月 19 日，李遂中小组织骨干教师献课活动

课题研究的整体情况做介绍，科研负责人对课题研究过程和成果做具体汇报，与会领导对课题研究的传承性及实践性给予高度评价，提出今后课题研究和学校发展的方向。区委教工委副书记张海东对学校课题结题工作及学校的发展提出新要求。北京教科院基教所所长张熙、基教所政策室主任拱雪、小教科、科研室及全区 43 所小学科研领导参加会议。

（单继友）

【聘请外籍教师走进课堂】9 月，三名英语外教走进李遂小学课堂。三名外教分别来自英国、加拿大和尼日利亚。这是李遂小学成立以来第一次尝试聘请外教，从国外的教学方法中汲取有益的东西，此举是对学校英语教学的有力补充。

（单继友）

【组织骨干教师献课】11 月 19 日，李遂中小组织骨干教师献课活动。段丽娟、李红、马秀清、赵宝强老师上了四节风格各异的示范课。四位老师精心设计，巧妙组织，启发到位，提问合理，训练有效，借助多媒体教学课件展示优秀教师风采。课后，四位教师就自己在教育教学理论探索、教学实践创新举措等方面经验进行交流，学校领导组织教师进行评课。

（单继友）

·北京市顺义区马坡中心小学校·

【概况】2015 年，北京市顺义区马坡中心小学校占地面积 18892 平方米，建筑面积 6132 平方米，体育场或体育馆面积共 10343 平方米。图书馆（室）藏书 3.5 万册，电子图书 110 册，订阅杂志、报刊 61 种。固定资产总值 1256.7 万元。全年教育经费投入 1963.67 万元，其中，国家拨款 1937.97 万元、自筹经费 25.7 万元。全年学校信息化经费投入 46.89 万元，拥有计算机 186 台，多媒体教室座位 120 个，校园网出口总带宽 100Mbps，数字资源量 280GB，“信息技术”课程 1 课时 / 周。普通教室 32 个、专用教室 11 个。教职工 76 人，其中，高级职称 2 人、中级职称 34 人。专任教师 76 人，包括北京市骨干教师 2 人，本科以上学历 66 人。开设教学班 32 个。毕业 131 人、招生 307 人、在校生 1254 人。

单位名称：北京市顺义区马坡中心小学校

地址：北京市顺义区马坡镇政府西侧

电话：69401651

邮政编码：101300

网址：www.mpxx.shy.bjedu.cn

（裴海龙）

【举行落实北京市语文学科教学改进意见现场会】4 月 22 日，顺义区各小学主管语文教学领导和部分语文骨干教师齐聚马坡中小，听取北京市基教研中心主任张立军“一课一讲座”现场课——《临死前的严监生》。张主任通过背景阅读、文字性阅读、解释性阅读、鉴赏性阅读四大板块引领学生走进古典白话小说的阅读世界，通过圈点批画、对比、角色体验、语言与心理补白、猜读等教学形式引导学生准确把握严监生的性格特点，潜移默化地渗透吴敬梓的写作风格。张主任又对“北京市小学语文教学学科改进意见”进行深入的剖析。顺义区教育考试研究中心主任李广生、语文骨干教师 160 余人参与此次活动。

（张春菊）

【举行第二届体育节暨春季运动会】4 月 30 日，马坡中小举行第二届体育节暨春季田径校运会。活动共分为三个部分：一是精彩的入场式。27 个班级展示各自的班级特色，少年拳、舞蹈等同学们自编的入场节目和 9 个班级赢得入场式优秀奖。二是精彩的体育比赛，人人都有项目，人人都参与。三是对班级、集体项目进行颁奖仪式。经过激烈的角逐，6个班级荣获单项比赛团体总分第一名，4个班级分别荣获小篮球、仰卧起坐、跳绳分钟、拔河集体项目第一名。

（张春菊）

【迎接北京教科院基教研中心全学科视导活动】5月13日，北京教科院基教研中心学科教研员走进马坡中小，进行全学科视导活动。活动中，首先马坡中小校长黄海军作题为《课堂教学改革的探索与实践》学校课改工作汇报，随后，市区教研员们走进课堂，听了12个学科17节课。授课教师通过“自主探究，以学定教”课改教学模式，通过自主学习、合作探究、汇报交流、教师点拨等环节实施教学。课后，授课教师们与教研员一起进行说课、评课互动交流活动。区教委小教科、区教育考试研究中心领导和各学科教研员参与活动。

（张春菊）

【举行“少年向上　真善美伴我行”读书演讲比赛】5月20日，顺义区中小学“少年向上，真善美伴我行”分片演讲比赛在马坡中小举行。来自马坡中小等15所学校的同学参加比赛。比赛中，选手们紧密结合活动主题，讲故事，谈经历，讲述国事、家事、身边事，不时赢得阵阵掌声。经过激烈角逐，分别评出一等奖2名、二等奖4名、三等奖8名。

（张春菊）

【举行第三届学生艺术节活动】6月1日，马坡中小第三届学生艺术节活动拉开帷幕。本次艺术节包括四场大型演出：一是快乐的“六一”儿童节，舞蹈、乐器、演唱、美术、书法、摄影、话剧、民族舞等艺术社团进行展示；二是管乐团汇报演出；三是班级合唱展示；四是学生才艺大比拼。艺术节活动，促进了学校艺术教育工作蓬勃发展。

（张春菊）

【顺义区“爱眼日”宣传活动在马坡中小举行】6月5日，“预防近视，珍爱光明”主题宣传活动在马坡中小举行。宣传活动分为两部分：第一部分是文艺汇演，来自石园小学等四个学校的孩子们通过演讲、小品、校园剧和手语表演等形式，向大家宣传眼睛的重要性；第二部分是眼科专家义诊，顺义区眼科专家蒋爱民为家长们解答关于眼睛的各种问题。顺义区教委副主任王彪作宣传活动讲话，区计生委、学生家长800余人参与活动。

（张春菊）

6月5日，顺义区“爱眼日”宣传活动在马坡中小举行

【举行课题研究成果交流研讨会】7月9日，马坡中小召开“以学习活动为核心的课堂教学模式校本研究”课题阶段性成果总结会。会议共安排五项内容：第一项内容是由校长黄海军对课题研究清况做整体介绍；第二项内容是课堂文化提炼小组宣讲以学习活动为核心的课堂文化，“活动、对话、启智、育人”的课堂文化代表了马坡人对未来课堂的期盼；第三项内容是学习活动文化研究小组老师用自己的教学实践解读学习活动；第四项内容是小组合作有效性研究小组分享教学心得；第五项内容是专家点评，各位专家既肯定了学校脚踏实地的课题研究精神，同时也鼓励老师要有仰望星空的胸怀。首都师范大学初等教育学院院长部书竹，北京教科院研究员张理智，顺义区考研中心陈惠明和朱元兆主任莅临指导。

（张春菊）

【邀请区教科室主任来校讲座】9月25日，顺义区教科室主任陈惠明走进马坡中小进行《新的课程计划背景下的生本教育》理论讲

11 月 25 日，生本理念下"以学习活动为核心的课堂教学模式实践探索"研讨会在马坡中小举行

座。陈主任从为什么要搞生本教育、生本教育的基本理念、学科教育的滋长和案例、不约而同走向生本四方面详细介绍生本教育对学生的全面发展的重要性。

（张春菊）

【迎接"争创挂牌督导创新区"检查工作】 10 月 22 日，马坡中小迎接"争创挂牌督导创新区"检查工作。检查团听取马坡中小挂牌督学校长李桂茹汇报、查看校门口责任督学公示牌、督学办公地点、校园文化建设、档案资料等；与责任督学就如何开展督学工作、进校时间、问题处理、信息互通互联等进行详细交谈。此次迎检工作，让学校对督导工作的认识更加深刻，对推动与促进学校今后教育教学工作起到较好的推动作用。

（张春菊）

【举行教学模式研讨会】 11 月 25 日，生本理念下"以学习活动为核心的课堂教学模式实践探索"研讨会在马坡中小学校举行。七位教师分别作语文、数学、科学、英语课堂展示课；课后，分学科进行专题研讨活动；张杰主任做题为《学校课题与生本理念的融合》的发言；顺义区教研中心主任李广生、教科室主任陈惠明对本次活动进行评价。区小教研室主任杨树华、语文、数学教研员及各学校骨干教师 80 余人参加此次活动。

（张春菊）

【举行家长开放日活动】 12 月 17 日，马坡中小举行家长开放日活动。学校迎来 300 余家长朋友的到来，共听课 64 节，观看学生 16 个艺术、科技、体育社团的精彩展示；组织家长委员会成员召开《走进学校，走进课堂，共谋发展》座谈会。

（张春菊）

·北京市顺义区马坡第二小学校·

【概况】 2015 年，北京市顺义区马坡第二小学校占地面积 20237 平方米、建筑面积 5132 平方米，体育场或体育馆面积 8550 平方米。图书馆藏书 2.5404 万册，订阅杂志、报刊 13 种。固定资产总值 738.8376 万元。全年教育经费投入 1406.3283 万元，均为国家拨款。全年学校信息化经费投入 25 万元，拥有计算机台 193，多媒体教室座位 40 个，校园网出口总带宽 100Mbps，数字资源量 300GB，"信息技术"课程 1 课时/周。有普通教室 18 个、专用教室 8 个。教职工 51 人，其中中级职称师 29 人，本科以上学历 43 人。开设教学班 18 个。毕业 89 人、招生 99 人、在校生 604 人。

单位名称：北京市顺义区马坡第二小学校

地址：北京市顺义区马坡镇马卷村西

邮政编码：101300

电话：69409805

网址：http://mpex.shyedu.cn

（庞红丽）

【举行小学英语六年级教材理解与实施"研究活动】 3 月 26 日，"顺义区小学英语六年级教材理解与实施"研究活动在马坡二小举行。教育考试研究中心教研员朱文利、杨红老师及全区六年级全体英语教师、马坡二小干部及英语组教师全程参加本次活动。

（张淑玲）

【音乐学科主题教研活动】 4 月 29 日，顺义区音乐学科"创有序高效的生命课堂，享真实幸福的教育人生"主题教研活动在马坡二小举行。马坡二小马楠楠、姚闪闪分别执教舞蹈课和音乐课，李悦玲老师做题为《勤于教研，在共研中成长》教研组工作汇报，教研员王众敬老师对此次活动做精彩点评。全区音乐教师参加活动。

（张淑玲）

【三年级师生和家长走进河北村民俗园】5月16日，马坡第二小学三年级师生和部分家长走进河北村民俗园进行社会大课堂实践活动。110名师生及15名家长在导演的带领下穿过园区，来到田地间，孩子们推小车、挑箩筐、磨玉米面，体会到农民伯伯耕作的辛劳。在手工坊里，孩子们自己将凉帽贴上美丽图案，戴上自己亲手制作的帽子非常开心。

（段姗姗）

【参加“核心价值观托举中国梦”北京市优秀童谣节目展演】5月27日，马坡二小非遗项目五虎棍社团学生参加由市委宣传部、首都文明办、市教委、团市委、市妇联主办、北京人民广播电台爱家广播承办，在北京青蓝剧场举办的“核心价值观托举中国梦”北京市优秀童谣节目展演，学生精彩的棍术表演赢得观众阵阵掌声。

（闫淑凤）

【开展“访全国劳模 看新农村变迁”暨学科综合实践活动】10月12日，马坡二小六年级师生一百余人走进马坡镇石家营村，开展“访全国劳模，看新农村变迁”学科综合实践活动。此次活动以学科实践活动为载体，带领学生走进新农村，采访全国劳动模范，观看新农村变化，从而进一步了解家乡，通过写家乡变迁，画家乡风貌，调研家乡变化数据，培养学生各学科素养和实践活动兴趣。

（晁忠生）

【参加“图书漂流爱心捐献”活动】10月26日，马坡二小举办全校师生共同参加的“图书漂流爱心捐献”活动。师生们把自己看过的旧书捐献到校园的图书漂流站，让图书漂流起来，带给更多人阅读的快乐。在对相关图书进行整理分类之后，图书漂流站正式开放。短短两天多，就收到捐献图书503本。

（晁忠生）

11月6日，马坡二小举行新老校长交接会

【举行新老校长交接会】11月6日，马坡二小举行新老校长交接会。因工作需要，马坡二小由新任校长崔树昆负责主持学校全面工作。出席会议的有教工委副书记张海东、组织科科长候亚军、镇工会主席于海英、乡文教办主任李桂茹、审计科科长和马坡二小领导班子成员。

（庞红丽）

【开展“班级管理分享交流”活动周活动】11月27至12月7日，马坡二小全体教师分享来自学校18位班主任关于班级管理经验的分享交流。此次活动，让全体教师感悟到班主任在班级管理中的辛苦付出与智慧，增强了学科教师的认同感和教师团队凝聚力，为年轻班主任提供可借鉴的经验，达到交流展示、互相借鉴、共同提高的目的。

（庞红丽）

【开展“尊重生命 科普雾霾”环境教育课程】12月8至10日，马坡二小开展“尊重生命，科普雾霾”环境教育课程。复课期间，学校收集到来自18个班级学生和家长的探究成果，有手抄报、小观察日记、数据统计等，对学生来说是一次及时的环境教育机会。师生、家长思考在人与环境的关系中，如何建立起更加健康的生活理念和消费习惯，尊重生命，善待环境。

（庞红丽）

·北京市顺义区木林中心小学·

【概况】2015年，北京市顺义区木林中心小学校占地面积40000平方米、建筑面积19615平方米，体育场(馆)面积共16500平方米。图书馆藏书2.78万册，电子图书

220 册，订阅杂志、报刊 100 种。固定资产总值 1201 万元。全年教育经费投入 1948 万元，均为国家拨款。全年学校信息化经费投入 36 万元，拥有计算机 237 台，多媒体教室座位 800 个，校园网出口总带宽 100Mbps，数字资源量 700GB，“信息技术”课程 1 课时 / 周。有普通教室 30 个、专用教室 13 个。教职工 74 人，其中，高级职称 48 人、中级职称 20 人。专任教师 47 人，包括北京市骨干教师 1 人，本科以上学历 43 人。开设教学班 21 个。毕业 96 人、招生 92 人、在校生 664 人。

单位名称：北京市顺义区木林中心小学校
地址：北京市顺义区木林镇木林中心小学校
电话：60456039—8004
邮政编码：101314
http://syqmlzxxxx.30edu.com/

（侯秀芹）

【北大社会主义核心价值观项目组到校指导工作】 1 月 9 日，北京大学社会主义核心价值观研究组的专家教授到木林中小指导工作。对木林中小的书法特色建设给予充分肯定，帮助学校解决践行社会主义核心价值观过程中的困惑。

（侯秀芹）

【举办爱眼护眼专家进校园科普知识讲座】 1 月 13 日，木林中小聘请顺义区医院眼科主任蒋爱民到校为三、四年级学生家长做主题为“爱眼·护眼”专题讲座。专家深入浅出的讲座赢得家长一致好评。蒋主任从医学的角度对预防近视眼提出很多简单易行的做法，家长们受益匪浅。

（侯秀芹）

1 月 14 日，顺义区特教中心来校检查验收资源教室

【检查验收资源教室】 1 月 14 日，顺义区特教中心副校长王向辉、老师刘红等一行三人来校检查验收资源教室情况。检查组首先听取学校汇报，然后观摩一节随班就读课，最后查看档案资料，实地考察资源教室设施设备。检查组对该校资源教室使用情况给予充分肯定。

（侯秀芹）

【市“小学生写字指导训练与评价标准研究”课题组来校调研】 1 月 14 日，由北京市教育学会小学语文专业委员会主办的“小学生写字指导训练与评价标准研究”课题组专家小学语文专业委员会理事长李春旺，组员齐孝源、高振宝等专家到校调研。教学副校长富桂秋结合学校开展研究情况作汇报交流，参与课题研究的实验教师，结合自己的实验情况向专家提出研究过程中的困惑和建议，课题组参观校园文化，肯定学校写字课题研究方面的成果。

（富桂秋）

【写春联送祝福】 1 月 22 日，木林中小邀请顺义区书法学会书法家到校与师生们一起笔会，写春联送祝福。书法家们与木林中小的师生们一起书写，共送出对联 200 余副。

（侯秀芹）

【全国义务教育均衡发展推进工作现场会暨学校管理观摩会举行】 4 月 29 日，全国义务教育均衡发展工作推进会暨学校管理观摩会在木林中小召开。参会人员首先观看顺义区义务教育均衡发展专题片《百花齐放满园春》，然后现场观摩木林中小校园文化建设，校长刘向东向与会人员介绍木林中小的办学思想、理念及特色，最后观看书法、国画、舞蹈、篮球等个性化社团展示。北京市教育委员会委员李奕、教委主任刘克祥、教育督导室主任李卫国及来自天津、山西、吉林、四川、重庆、贵州、新疆等各省厅教育部门代表共计 50 余人参会。

（侯秀芹）

【区委副书记周颖博到校慰问】 5 月 26 日，区委副书记周颖博在教委主任刘克祥、副主任张海东的陪同下到木林中小慰问师生。领导们在校长刘向东的带领下，参观校园文化、学校环境、办学特色、学生社团展示，观看学校宣传片，与师生代表进行亲切又轻松的座谈。书法社团和国画社团学生分别将自己的作品赠予领导。领导们对孩子们的作品给予高度评价，对学校的办学理念、办学特色给予高度肯定。镇党委书记、镇长、主管教育的副镇长参加慰问活动。

（侯秀芹）

【召开班级管理经验交流会】5月26日，木林中小李利老师班级管理经验交流会在大会议室召开。李利老师自毕业至今二十多年始终担任低年级班主任工作，在低年级班级管理方面形成自己独有的风格。为了让更多的青年教师更快的成长起来，特别组织此次班级管理经验交流会。

（侯秀芹）

【科研视导】6月4日，顺义区教科室领导朱元兆、许冬梅、张红梅及东风、仇店等十余所小学的科研领导到木林中小视导科研工作。听取班主任王凤霞老师语文识字课和写字教师李丽丽老师书法课，听取木林中小科研工作汇报。朱元兆主任对木林中小的科研成果给予高度肯定。

（侯秀芹）

【迎接区师训科来校调研】6月17日，顺义区教育研究考试中心师训科科长方树东带领师训科干部教师来校调研。此次调研主要有两方面内容：一是针对“十二五”继续教育培训效果情况组织全校干部教师填写调查问卷；二是组织学校教学及培训工作的领导和学校的市区级骨干教师、园丁新星等对“十三五”继续教育培训需求进行研讨，在研讨中，提出的许多有针对性的建议，得到区师训科干部教师的认可。

（许庆森）

【内蒙古巴彦淖尔市政府教育督导考察团参观指导】6月19日，内蒙古巴彦淖尔市政府教育督导考察团，在巴彦淖尔市人民政府教育副总督学、督导室主任秦建军的带领下一行14人到木林中小参观指导。第一部分是参观校园。木林中小校长刘向东的引领下参观学校的文化建设、办学特色等。第二部分是集中开会，与会领导共同观看顺义区义务教育均衡发展专题片《百花齐放满园春》，顺义区人民政府教育督导室主任李卫国分别介绍顺义区推进义务教育均衡发展的情况和在迎接国检的过程中的具体做法及体会；木林中小校长刘向东向各位领导汇报学校的办学理念、办学思想及学校的教学教学成果等。北京市教育督导室主任张士佐、顺义区委副主任张海东等参加活动。

（侯秀芹）

【组织教师节庆祝活动】9月10日，木林中小全体教师齐聚一堂，共同庆祝教师节。校长刘向东向全体教师致以亲切的问候，并对这一年中在各种活动中获得各种奖励的教师进行表彰，学生为优秀教师代表敬献鲜花，同时组织新老教师结对拜师活动。

（侯秀芹）

【举行“践行核心价值观 弘扬传统文化”木林中小自撰楹联书法展】9月18日，木林中小“践行核心价值观 弘扬传统文化”自撰楹联书法展在顺义区文化馆展出。校长刘向东在开幕式上致辞。本次展览与顺义区文委“十月金秋”活动相融合，作为展览的重要内容在文化馆内展出，共展出师生优秀作品40余件。

（侯秀芹）

【老少携手共庆中秋】9月23日，在顺义区青年阅读协会的引领下，木林中小四（3）班与朝阳实验小学四（3）班孩子手拉手走进木林镇老年公寓，与的老人共度节日。孩子们为老人表演精彩的节目，木林中小的孩子们亲手将

9月23日，木林中小与朝阳实验小学联合开展“老少携手 共庆中秋”活动

10月23日，木林中小邀请区教研员张景林作《小组合作学习之我见》专题讲座

自己撰写的“福寿安康”送给爷爷奶奶，祝福他们健康长寿，把“志存高远”送给朝阳的小伙伴们，希望能与远方的朋友牵手前行，共同努力。最后，孩子和老人一起打月饼，共进午餐，度过了一个快乐而有意义的中秋节。

（侯秀芹）

【举办秋季运动会】10月11日，木林中小秋季运动会在欢声笑语中拉开序幕。第一个环节为学生竞技类比赛，在友谊第一比赛第二的宗旨下，孩子们积极热情的参与到各种比赛中，在加油呐喊声中一个个校级记录被刷新，一个个体育健儿走上领奖台。第二个环节为亲子趣味运动会，拥抱亲情，体验快乐。

（侯秀芹）

【“十二五”科研课题结题活动】10月15日，木林中小“十二五”期间区级课题《农村小学发挥书法教育育人功能的研究》结题。北京市书法教研员李祥奎、顺义区书协副主席张彦军、区教研中心教科室许冬梅等专家出席结题活动。

（侯秀芹）

【举办生本教育小组合作学习讲座】10月23日，木林中小邀请区教研员张景林到校作《小组合作学习之我见》专题讲座。张老师结合综合实践学科，理论结合实际的讲解小组合作的意义以及怎样科学分组，如何有效交流等问题。他们不仅领略了主讲者的教育艺术和教育智慧，也对小组合作学习有了更深入的认识。

（富桂秋）

【进行新课程改革实施与减负专项督导】11月26日，区政府督导室李冬红、李海东、丁瑞成等督学对学校新课改实施与减负进行专项督导。督导组通过听取校长汇报、走进课堂，干部教师随访，查阅档案资料，走访校园环境等方式对学校进行督导评估。督导组一致认为木林中小在翰墨馨香的特色中传承经典文化，绽放七彩童年，教师在丰硕的成果中绽放出生命的激情，关注个体异质发展，创设优质环境，彰显校园文化底蕴三方面成绩。同时希望学校在今后的工作中，进一步调整工作思路，规范课程设置等意见。

（富桂秋）

·北京市顺义区明德小学·

【概况】2015年，北京市顺义区明德小学占地面积20000平方米、建筑面积3980平方米，体育场、体育馆面积7000平方米。图书馆藏书2.25万册，电子图书12册，订阅杂志、报刊15种。固定资产总值1242.38万元。全年教育经费投入559万元，均为国家拨款。全年学校信息化经费投入8万元，拥有计算机123台，多媒体教室座位16个。校园网出口总带宽100Mbps，数字资源量100GB，“信息技术”课程1课时/周。有普通教室12个、专用教室7个。教职工39人，其中中级职称24人。专任教师39人，本科以上学历38人。开设教学班12个。毕业47人、招生39人、在校生307人。

（李俊龙）

【承担体育展示课活动】3月19日，明德小学校承担区级五年以下体育教师现场课展示活动，明德小学张建利和柳俊超进行现场授课，全区43所小学校150余名教师来校观摩。

（李立军）

【参加体育联盟展演】5月23日，明德小学《渔阳乐舞》社团96名学生在北京农学院附属小学参加由教育部、中国基础教育质量监测协同创新中心、全国学校体育联盟主办的“全员运动会”、“新项目进校园”现场展演活动，获得精彩展示奖。

12月2日，明德小学邀请区数学教研员来校指导

（于建宇）

【参加广场歌舞节展演】6月6日，明德小学《渔阳乐舞》社团96名学生在大兴梅地亚星光大酒店参加2015年中国首届广场歌舞节，荣获展演特别奖。

（于建宇）

【举办科研课题结题会】10月22日，明德小学召开“十二五”科研课题《通过学习习惯培养，提高小学生学习能力的研究》结题现场会并顺利结题，市级专家——北京初教院李敏博士及区考研中心教研室领导参与活动。

（李立军）

【邀请区数学教研员来校指导】12月2日，明德小学邀请区小教研主任李广生，数学教研室李宝艳等6位老师来校指导。此次活动首先是教研员进班听现场课，课后与授课教师一对一互动研讨，最后学校主管领导做学科实践活动开展情况的工作汇报，并听取教研员对学校工作的建议。

（张淑君）

【开展实验项目答辩与培训活动】12月3日，“顺义区基础教育内在质量提升实验项目”发展规划校长答辩会和校本课程第二次培训在明德小学召开。上午活动内容是实验项目的校长答辩会。下午内容是校本课程第二次培训会。培训会上，观摩明德小学张淑君老师一节现场课《喜欢我自己》，观看外教执教的同课异构录像课。结合这两节课例，与会人员展开研讨后专家做总结。通过观摩课例，教师们对课程教学目标有了准确的定位，并研讨如何围绕目标设计体验活动。

（张淑君）

·北京市顺义区南彩第二小学·

【概况】2015年，北京市顺义区南彩第二小学占地面积18175平方米，建筑面积10772平方米。体育场面积6959平方米，新建校区体育馆面积919平方米。图书室藏书31926万册，电子图书48册，订阅杂志、报刊200种。固定资产总值968万元。全年教育经费投入1892万元，均为国家拨款。全年学校信息化经费投入11.2万元，拥有计算机275台，多媒体教室座位1865个，校园网出口总带宽1000Mbps，数字资源量58GB，“信息技术”课程1课时/周（指周平均课时数）。普通教室25个、专用教室11个。教职工87人，其中中级职称65人。专任教师75人，本科以上学历65人。开设教学班25个。毕业138人、招生164人、在校生994人。

单位：北京市顺义区南彩第二小学

地址：北京市顺义区南彩镇河北村西

电话：89477267

邮政编码：101300

http://www.ncex.shyedu.cn/

（蔡　杰）

【被认定为顺义区攀登英语基地校】1月13日，南彩二小在“北京市顺义区小学英语整体提升工程”实施中被认定为“攀登英语实验基地校”。参加认定仪式的领导有海外专家刘教授、北师大攀登英语项目组专家吕文倩、教委考研中心以及九所基地校校长和相关教师。

（任玉来）

【走进特教学校开展融合教育】1月14日，南彩二小六(4)班走进特教学校，与该校成长(5)班共同开展“手拉手一起走”融合教育活动，并和自己的好朋友一起读书，活动既是对特教学生的充分肯定，帮助他们树立信心，也促进了普小学生对特殊儿童的接纳，培养他们的仁爱之心和社会责任感。

（李晓震）

【开展“三八”节教育活动】

三八前夕，南彩二小开展“我的好妈妈”主题教育活动。低年级开展“妈妈真漂亮，让我画画您”活动；中年级开展“妈妈辛苦啦，让我帮帮您”活动；高年级开展“说说心里话，让我亲亲您”——给妈妈写封信活动。学生通过帮妈妈画像、给妈妈写信，传达自己发自内心的热爱与尊敬，通过劳动体验，感受到妈妈既要工作又要照顾家庭的辛苦。

（李晓震）

【加强德育队伍建设】 3月25日，南彩二小举行德育经验交流活动，积极探索德育工作的新途径、新方法。四位教师交流内容充分，图文并茂，既有理论依据，又有德育案例，真实感人，每一个故事都来源于平凡的育人生活，深入浅出，诙谐幽默，从不同的方面交流她们在这一学年的德育工作及取得的效果。

（蔡　杰）

【开展节水护水专题知识讲座】 4月9日，南彩二小邀请南彩镇水务所所长孙世龙与苗老师为师生做节水护水专题知识讲座。孙所长和苗老师与同学们积极互动，让孩子们从一系列数字中了解到全国、北京市乃至顺义区水资源开发与利用的现状，懂得大部分地区水资源缺乏的原因——水污染和水浪费，掌握一些方便实用的节水方式和小窍门。

（李晓震）

【开展法制教育活动】 2015年，南彩二小组织五六年级200余名学生观看法庭开庭审理光盘，组织一、三、五年级学生到河北村法制教育基地参观，流动法庭“以案说法”的鲜活形式教育学生“懂法、知法、守法”，让他们远离犯罪，健康成长。

（蔡　杰）

【参加鲜花港足球展示活动】 5月29日，南彩二小师生参加顺义区鲜花港庆六一展示活动。活动中足球队小队员们展示传球、运球过障碍、颠球、射门、技术，和3对3、5对5对抗及比赛，顺利完成展示任务。

（许海龙）

【组织暑假实践活动】 7至8月，南彩二小组织跳绳表演队、足球先锋小队、航空航海模型备战小组、成语兴趣小组的学生开展丰富多彩的暑期实践活动。学校跳绳表演队17名队员，在内蒙古鄂尔多斯第十届全国少数民族传统体育运动会上团结合作，顽强拼搏，获得了技巧类二等奖；航空航海模型备战小组4名队员，分别在第十六届“我爱祖国海疆”全国青少年航海模型总决赛和第十七届“飞向北京·飞向太空”全国青少年航天模型活动总决赛上获得单项一、二、三等奖和优胜奖的好成绩。

（李晓震）

【举行拜师会】 9月4日，南彩二小举行新教师拜师会。首先吴主任宣读师徒结对名单及双方责任。张校长和蔡主任为五位师傅颁发聘书。石奎杰老师作为师父代表发言，承诺结对以后，将自己的工作经验毫无保留地传授给新教师。康慧征老师作为徒弟代表发言，承诺将本着对学生负责、对家长负责、对学校负责，用心从教的标准来严格要求自己。张校长对师徒双方均提出殷切希望。

（董丽娟）

【承办推普周展示活动】 9月17日，顺义区第十八届推普周展示活动在南彩第二小学举行。会上，区委教工委副书记张海东致辞，他对上一年度推普工作做简要回顾和总结，在肯定成绩的同时，对下一年度的推普工作提出具体要求和期望。南彩二小师生用诗朗诵、相声等形式展现学校开展推普工作的成果，会上安排全场互动环节，场上气氛热烈而融洽。顺义区教委、区相关直属单位、各乡镇街道、南彩镇政府相关领导以及全区各学校代表、家长代表共270余参加展示活动。

（李晓震）

9月4日，南彩二小举行拜师会

【邀残疾人艺术团演出】9月24日，南彩二小邀请北京心灵呼唤残疾人艺术团来校演出。演员们表演现代舞《我的未来不是梦》、大型古典舞《千手观音》等十余个节目，他们虽然丧失听力、视力，失去健全的肢体，但仍坚持信念与梦想，用精彩绝伦的舞蹈与美妙动听的歌声表达自己对世界、对美好生活的热爱，充分展示残疾人身残志坚、向往未来的精神风貌。

（李晓震）

【市规划办课题顺利开题】9月30日，南彩二小市规划办立项课题《以阅读为切入点探究国家课程校本化实施的研究》顺利开题。参加开题会议的专家有：北京市清华附小商务中心区实验小学执行校长李怀源及教育科研所专家共7人。会议由区教研中心教科室副主任赵连顺主持。专家们听取学校课题负责人开题报告和课题立项发言，几位专家分别进行精彩点评。专家们一致同意南彩二小的课题开题。

（董丽娟）

【少先队小干部喜获佳绩】10月，顺义区少先队小干部技能展示活动落下帷幕，南彩二小少先大队被评为十佳少先队干部集体。展示活动共分为笔试、才艺展示和少先队活动设计三个环节，南彩二小李亚宁同学表现出色，获得第一名，被评为区十佳少先队小干部，郭洪岐同学和王钰同学被评为优秀少先队小干部。

（李晓震）

【"十二五"课题结题】11月5日，南彩二小顺义区"十二五"教育科研课题《小学课堂教学启思性提问设计与实施的研究》顺利结题。在结题鉴定会上，专家认为：南彩二小的课题选题具有很强的现实价值性，在课题实践过程中，步骤清晰，效果显著，有效提高了教师的研究水平和实际教学能力。专家组一致同意课题结题。

（董丽娟）

【组织陶艺课程进校园】11月16日，南彩二小邀请神笛陶艺村25位老师走进一至六年级25个教学班教授泥塑技艺。泥塑课上，孩子们在老师的指导下，发挥丰富想象力，捏制自己喜爱的乌龟、房子、花篮等形象，使呆板、生硬的陶泥焕发出生动活泼的艺术气息；彩绘课上，孩子们按照提前绘制好的画稿，一笔一划地在瓷盘上小心翼翼地完成自己的作品。

（李晓震）

【语文学科视导】11月26日，南彩二小邀请区小语组教研员来校指导语文课堂教学。教研员听取十位教师的语文常态课，并对每一节课都做细致评课。在肯定教师备课思路的同时，提出宝贵的改进意见。

（董丽娟）

【木偶剧中悟真理】12月14日，南彩二小组织一至四年级620名师生走进中国木偶剧院，观看大型卡通舞台剧《新大头儿子和小头爸爸——生日的一天》，剧目完全取材于现代生活，尤其是小朋友的成长故事，深受孩子们喜爱。现场版的真情演绎，外加数十个卡通造型、20余场精美场景和每隔5分钟一次的快乐互动，让孩子们在快乐中感悟到要学会帮助别人、关爱理解别人、感恩父母等中华民族传统美德。

（李晓震）

12月14日，南彩二小组织学生观看木偶剧表演

·北京市顺义区南法信中心小学·

【概况】2015年，北京市顺义区南法信中心小学校占地面积19685平方米、建筑面积8986平方米，体育场（馆）面积7817平方米。图书馆藏书3.1218万册，电子图书5315册，订阅杂志、报刊41种。固定资产总值943.9万元。全年教育经费投入841.33万元，均为国家拨款。全年学校信

息化经费投入9.3万元，拥有计算机229台，多媒体教室座位1530个，校园网出口总带宽100Mbps，数字资源量20GB，“信息技术”课程1课时/周。有普通教室19个、专用教室12个。教职工60人，其中，副高级职称1人、中级职称37人。专任教师46人，本科以上学历38人。开设教学班19个。毕业78人、招生136人、在校生708人。

单位名称：北京市顺义区南法信中心小学校

地址：北京市顺义区南法信镇顺三路3号

电话：69473552

邮政编码：101300

网址：http://www.nfxzx.com

（赵维敬）

【区领导来校调研】 3月19日，顺义区教委主任刘克祥、副主任高山、办公室主任郭亮等到南法信中小调研，就学校义务教育均衡化督导迎检工作、校园绿化美化、安全等候区建设等相关工作进行深入调研。

（赵维敬）

【举行爱心志愿服务者实践活动】 3月16日，南法信中小举行“爱心志愿服务者实践活动”启动仪式，拉开学生参与教育实践的序幕。爱心志愿服务者实践活动推出以下内容：伸手助他人——志愿者爱心助人活动；动手护环境——清洁校园卫生、美化校园环境；摆手指不足——提醒、劝说、制止违规行为三大主题活动。结合班级“爱心志愿者服务记录单”，动员全校师生积极参与、长期开展爱心奉献、岗位责任、校园管理等教育实践活动。为推动师生参与的积极性，学校利用广播及时通报班级活动情况。

（王　冰）

【多形式推进“3·18”民主活动】 南法信中小举行2015年“3·18”民主提议征集、倾听交流、留言栏、短信等多种形式活动。会上，首先由校长张建柏做“学校校务公开工作报告”；其次，由总务处主任刘东辉作“学校财务收支情况报告”；第三项，由工会主席邵淑英就合理化建议月活动进行小结；第四项，领导干部就教职工提出的建议或提案进行答复；最后一项每位教职工填写顺义区教育系统校务公开工作教职工满意度测评表。

（刘东辉）

【迎接区教研室视导】 4月13日，南法信中小迎接顺义区教研室协商式视导。在考研中心主任李广生的带领下，数学、英语、音乐、体育等学科9名教研员，来到南法信中小指导教学工作。教研员通过听课，参与学校校本教研活动并与老师进行反馈交流。教研员肯定同伴互评的校本教研模式，也在学科专业领域给予学校有针对性的指导。

（杨　彦）

【区音乐研究课在南法信中小举行】 4月15日，顺义区音乐学科研究课在南法信中小举行。活动分为两部分，首先听取南法信中小杨蓓老师的一节舞蹈课和周林梅老师的一节音乐课，然后在教研员王众敬带领下进行研讨。教研中心主任李广生对本次活动给予肯定，艺术学科的教学，是师生共同陶冶情操、净化心灵的过程，是生命体验的过程，是大家一起收获快乐的过程。顺义区音乐学科骨干教师约60余人参加活动。

（杨　彦）

【区劳动研究课在南法信中小举行】 4月29日，顺义区劳动学科研究课在南法信中小举行。活动分为两部分内容，首先听取南法信中小郑云芳和赵全营中小张雪静老师的两节课，然后在教研员高东梅老师组织下进行研讨，既谈自己对这两节课的感受，又谈自己在教学中的困惑。全区劳动课教师50余人参加。

（杨　彦）

5月6日，顺义区临空杯骨干教师展示活动在南法信中小举行

【举行区“临空杯”骨干教师展示活动】5月6日，顺义区“临空杯”骨干教师展示活动拉开帷幕。南法信中小作为分会场，迎来参加展示活动的老师，陈静等4位老师授课，课堂上与学生倾心交流，展现骨干教师风采。教研中心主任李广生、教研员苏静林、部分学校领导参加活动。

（杨　彦）

【举行军校共建活动】5月12日，南法信中小举行“学军规，炼意志，争做质信好少年”军校共建活动启动仪式。本次活动得到顺义区教委及北京武警四支队的大力支持。活动中，组织同学们观摩、规范训练，以形成良好的站、立、走等姿势，培养学生遵规守纪、团结奋进的集体意识。顺义区教委领导张海东、王彪、刘忠广及小教科相关人员参加仪式。

（王新颖）

【举行“十二五”区级课题结题鉴定会】5月27日，南法信中小举行“运用多元评价，促进教师教学行为改进的研究”“十二五”区级课题结题鉴定会。会议由顺义区教科室张红梅老师主持，主要分为课题成果汇报、核心组教师谈参与项目体会、专家点评等环节，把课题结题与研讨结合起来，专家们肯定南法信中小在“十二五”期间所做的研究，同时也对南法信中小“十二五”课题报告撰写提出修改意见。市教院领导参加鉴定会。

（赵维敬）

【举行“质信少年 携梦起航”毕业典礼】7月2日，南法信小学六年级全体教师及学生齐聚一堂，举行“质信少年携梦起航”2015届毕业典礼。校长张建柏为78名六年级学生颁发毕业证书，并对毕业生表示诚挚的祝贺，希望大家继续发扬母校的优良传统，不忘母校，为校争光。其次，三位班主任教师向毕业生送上寄语，鼓励孩子们在新的征程上继续努力。毕业生代表在毕业留言中诉说自己对老师和母校的感激之情，同时为所有任教学科教师留下一份真诚的建议书。

（王　冰）

【开展“外教进校园 英语夏令营”活动】7月9日，随着南法信中小“外教进校园，英语夏令营”展示活动的顺利完成，为期5天的“外教进校园，英语夏令营”活动圆满结束。5天来，夏令营活动寓教于乐，调动学生参与积极性。展示活动中，学生进行自我介绍、英文歌曲演唱、课堂片段展示、情境英语对话等形式的表演，精彩的表现彰显学生的自信与快乐，赢得师生们热烈的掌声。本次夏令营活动，提高了学生的英语口语水平。

（赵维敬）

【举行“顺义区中国结技艺非遗传承单位”授牌仪式】9月23日，南法信中小举行“顺义区中国结技艺非遗传承单位”授牌启动仪式。授牌仪式中，顺义区文化馆书记胡广星和顺义区非遗传承艺人谢兰香分别作发言，谢老师为同学们进行技艺展示，胡书记向张校长授牌。校长张建柏在致辞中指出：南法信中小将以编织社团活动为品牌，以校本课程为载体，传承民族技艺，传播民族文化，弘扬民族精神，让中华民族的优秀文化和民族精神在传承中得以发扬光大。顺义区文委调研员陈永祥等领导参加。

（王新颖）

9月23日，南法信中小举行“顺义区中国结技艺非遗传承单位”授牌启动仪式

【举行顺义区新教师培训研讨交流活动】10月27日，区教研员苏静林和张海滨老师分别听南法信中小两位新教师的授课，课后

对两位教师的表现给予充分肯定，并对课程做精彩点评，就课堂秩序和授课内容进行详细具体的指导，两位老师特别指出：低年级的课堂要有规矩，上课要有序，要有交流，要学用结合，要给学生活而不乱、内外相连、识写结合、趣意浓浓的课堂。同时结合具体实例，给予老师中肯建议，为新教师发展指明方向。全区十余位新教师参加活动。

（杨　彦）

【举办顺义区低年级语文教学研究】11 月 25 日，顺义区低年级语文教学研究课暨南法信中小质信课堂实践研究活动成功举办。本次活动包括质信课堂研究课、课后学生访谈、教学副校长与参会教师交流对学校“质信课堂”的思考、授课教师结合两节课谈如何落实“质信课堂”的具体做法，最后区教科室主任赵文增和语文学科教研员苏静林作点评。

（赵维敬）

【举办家长开放日活动】12 月 23 日，南法信中小举办家长开放日活动。活动邀请二年级家长代表参与学生作业展示和评价工作，家长们认真参观学生的作业，并为优秀作业投票。投票结束后，老师为得票多的同学颁发奖状，家长发表感言，对学校和老师的努力表示真挚的谢意 。

（王新颖）

【举办“庆新年”社团汇报演出活动】12 月 30 日，南法信中小举办“庆新年”社团汇报演出活动。演出包括合唱、集体舞、韵律操、古筝、腰鼓、太极拳、太极扇、军体拳、拉丁舞、英语剧、朗诵、茶艺等项目，学生们自由地展示亲手制作的衍纸和绘画作品，并清晰地阐述创作灵感。编织社团的辅导老师、非物质文化遗产的传承人谢兰香亲自到场，与同学们一起进行编织的现场展示。老师们为艺术类、体育类、学科类和作品类社团的优秀学员颁奖，学生们也为教师代表送上新年的祝福。

（王新颖）

·北京市顺义区牛栏山第一小学·

【概况】2015 年，北京市顺义区牛栏山第一小学学校占地面积 25346 平方米、建筑面积 5355 平方米，体育场（馆）面积 4565 平方米。图书馆藏书 3.168 万册，电子图书 50GB 册，订阅杂志、报刊 23 种。固定资产总值 1353.68 万元。全年教育经费投入 1230 万元，全部为国家拨款。全年学校信息化经费投入 9.2 万元，拥有计算机 124 台，多媒体教室座位 687 个，校园网出口总带宽 100Mbps，数字资源量 1170GB，“信息技术”课程 1 课时 / 周。有普通教室 18 个、专用教室 6 个。教职工 51 人，其中中级职称 28 人。专任教师 39 人，包括北京市骨干教师 1 人，本科以上学历 46 人。开设教学班 17 个。毕业 59 人、招生 97 人、在校生 556 人。

单位名称：北京市顺义区牛栏山第一小学

地址：顺义区牛栏山镇牛富路 2 号

电话：89412508

邮政编码：101301

（庞永胜）

【开展迎新春活动】1 月 30 日，牛栏山第一小学开展书香伴我行，游园猜灯谜”迎新春活动。此次活动有以下几个环节：一是在部分家长及教师的协助下自己动手包饺子、煮饺子、吃饺子；二是猜灯谜，结合彩虹读书活动，根据不同年龄特点共设计 550 条灯谜，每位同学都有一次猜灯谜的机会；三是游艺活动，内容包括沙包掷准、简易保龄球、套圈、吹乒乓球、摸球猜奖等。

（傅德宽）

【举办迎“三八”交流会】3 月 5 日，牛栏山第一小学召开迎“三八”“微感言·话新风”传递正能量交流会，迎接“三八”妇女节的到来。学校工会组织设立六个方面的美德奖项，分别为：最具奉献奖、最具耐心奖、最具孝心奖、最美微笑奖、最美青春奖、最佳合作奖。教师结合实际自己命名一项美德奖。每位教师根据自己平时的表现自主申报，撰写“微感言”并在全体教师会上交流。交流会上，老师们真挚的感情、诗一般的语言深深地感染了大家，正能量的暖流在心里传递、激荡。工会评审小组根据教师实际表现结合申报意向分别评选出一二三等奖。

（傅德宽）

【召开亲子运动会】4 月 30 日，牛栏山第一小学召开主题为“大手拉小手，健康好未来”亲子运动会。此次运动会共有“集体接力赛”“抛接沙包”“拾豆子”“赶小猪”“滚铁环”“搭桥过河”和“背靠背运球”七个项目比赛。每个项目均由学生和家长共同参与，有 500 余名家长参与活动。本次运动会评出接力比赛一二三等奖各 6 名、最佳精神面貌奖 6 名和最佳组织奖 10 名。会后，学校领导对获奖班级进行表彰。

（傅德宽）

【成立阅读教学专题培训班】5月26日，牛栏山第一小学举行“阅读教学专题培训班”开班仪式。培训以提高语文教学水平辐射其它学科共同提高教学效率为目的，由考试教研中心师训科牵头，牛栏山一小全体任课教师共同参加，指导教师为北京教育学院宣武分院特级教师袁志勇教授。培训方式除面授外，以借助网络微信交流为主。开班仪式上，师训科科长安贵增对培训班的组织情况提出具体要求，袁教授详细解读培训班实施方案。

（傅德宽）

【开展庆“六一”活动】6月1日，牛栏山一小开展丰富多彩的庆祝国际儿童节活动。此次活动的主要内容有：一是表彰，全校所有学生每人根据实际为自己设计一张奖状，如：最具孝心奖、最佳小球星、芭蕾小王子、劳动小能手、小小发明家等，各班的奖状悬挂在校园指定位置。二是联欢，联欢主题为“飞翔的旋律，精彩的我们”。同学们表演包括武术、相声、校园剧、拉丁舞、诗朗诵等共计24个节目。三是游艺活动，根据学生们的提议，开展钓鱼、套圈、贴鼻子、小保龄球、沙包掷准和象棋残局共六项游艺活动。

（傅德宽）

【举行开学典礼】9月7日，牛山一小举行主题为“向着梦想扬帆起航”开学典礼。会上，校长杨文智以及老中青三位教师代表发表热情洋溢的讲话，肖雯雯老师代表学校向学生赠送帆船模型，张腾老师宣读“船长叔叔”致全体学生的一封公开信。每位一年级新入学的学生还分别得到高年级大哥哥大姐姐亲手制作的入学卡。优秀教师代表和学生代表获得表彰。教师和学生还表演歌舞、诗朗诵等精彩的文艺节目。牛栏山派出所晁警官对全体师生进行安全教育。

（傅德宽）

【开展优秀教研组评比展示交流活动】9月15日，牛栏山第一小学召开以“闪光的足迹”为主题的优秀教研组评比展示交流会。会上，英语教研组、数学教研组、语文教研组和科任教研组组长先后进行汇报交流。10位教师代表分别从“师德师风、教研活动、教学能力、教研绩效和资料建设”五个方面对交流小组进行评比打分，最后评出“超越奖、进取奖和风采奖”三个奖项。全体教职工参加此次交流活动。

（傅德宽）

【举行彩虹读书成果展暨表彰会】9月29日，牛栏山第一小学召开“喜迎国庆献大礼”彩虹读书成果展示暨表彰大会。活动中既有学生展示，也有教师及家长表演交流，对在彩虹读书活动中表现突出的学生、家长、教师进行表彰。顺义区委教工委副书记张海东发表讲话，勉励大家多读书，好读书，读好书。次项活动的开展一方面展示学生读书成果，一方面激发大家读书的热情，让读书的意识植根于学生内心深处，让读书成为学校师生工作学

11月27日，牛栏山第一小学举办“首届科技节”

习的一种常态。参加会议的有区教研究中心副主任李广生及500多名学生家长。

（傅德宽）

【开展为白血病同学募捐活动】11月4日，牛栏山第一小学全体师生举行主题为“让爱托起生命——为费启航同学募捐”捐赠仪式。费启航是牛栏山一小三二班一名品学兼优的学生，不幸身患急性淋巴细胞白血病需要进行骨髓移植，手术费用高达七十万元，牛栏山一小校务会及少先队组织此次募捐活动。此次募捐共筹集学生善款22847.8元，教职工筹集善款11100元。令人感动的是，部分家长及社会人员也分别在不同的场合参与募捐，直接把善款打到费启航父母的账户上，《北青社区报》记者到捐赠仪式现场进行采访，并当场募捐500元。

（傅德宽）

【走进中国木偶剧院】11月8日，牛栏山第一小学全体师生来到中国木偶剧院观赏神话舞台剧《精卫传奇》。学校多年来把“开放性育人”作为办学理念，借助“开放性作业”和“开放的德育活动”培养学生开放的胸怀、开放的视野、开放的思维。该剧主人公小精卫善良的愿望、宏伟的志向、锲而不舍、勇于牺牲的精神深深地打动了全体学生，同时，美轮美奂的多媒体舞台布景与美妙的音乐也让同学们大开眼界。

（傅德宽）

【召开“狸米个性化教学平台”推行研讨会】11月13日，牛栏山第一小学组织全体教师召开“狸米个性化教学平台”应用推广研讨会。“狸米个性化教学平台”把数学教育与现代化信息技术巧妙融合，全面覆盖主流教材要求的知识点和考点，利用生动活泼的界面设计、游戏化的答题方式、智能化的辅导流程，最终帮助学生完成快乐学习、提高成绩。研讨会上，校长窦焕安对“狸米个性化教学平台”的强大功能进行介绍，参加过市级培训、先期进行实验的二年级班主任徐辉为大家讲解平台使用操作流程，并分享她实践中的体会。

（傅德宽）

【举办首届科技节】11月27日，牛栏山第一小学举办“首届科技节”。本届科技节的主题为“心怀梦想　共创未来”。开幕式上，校长激励大家爱科学、学科学、用科学，并勉励和号召学生积极行动起来，关注科学，实践科学。接着，同学们兴致勃勃地观看小型火箭升空表演和无人机航拍表演。本次活动共设18个活动项目，每个项目配备2名以上专业指导教师。项目内容分别为：榫卯车、创意DIY、建筑非凡旅行、瓶子挑战赛、创意积木、水果电池、自制牙膏、紫甘蓝指示剂、水的电解、神奇的3D打印、组装充电宝、乐高机器人、弹力小车、羌族民居、自制望远镜、太阳能机器人、飞行的奥秘、光控灯和光控警报。学生全员参与活动。

（傅德宽）

【举办“家校合作　共育英才”讲座】12月5日，牛栏山第一小学邀请北京大学著名家庭教育专家孙一鸣教授为家长做题为《家校合作·共育英才之与孩子一起快乐成长》专题讲座。讲座之前，校长首先向全体家长阐述学校办学理念，通报学校开展的一些活动内容，交流对某些具体教育问题的看法。孙一鸣教授主要讲述家庭环境对孩子成长的重要作用，以及如何营造良好的家庭育人环境，包括：物质环境、文化环境和精神环境。孙教授还讲述成功家长的黄金法则和领袖少年成功素质训练等内容。现场不断爆发出热烈的掌声，550名家长聆听报告。

（傅德宽）

·北京市顺义区牛栏山第二小学·

【概况】2015年，北京市顺义区牛栏山第二小学占地面积13337平方米、建筑面积11000平方米，体育场（馆）面积5762平方米。图书室藏书17637册，电子图书300册，订阅杂志、报刊21种。固定资产总值801.71万元。全年教育经费投入816万元，其中，国家拨款599万元。全年学校信息化经费投20万元，拥有计算机181台，多媒体教室座位880个，校园网出口总带宽1000Mbps，数字资源量110GB，“信息技术”课程1课时/周。普通教室24个、专用教室15个。教职工38人，其中中级职称15人。专任教师32人，本科以上学历34人。开设教学班12个。毕业20人、招生120人、在校生432人。

单位名称：顺义区牛栏山第二小学
地址：顺义区牛栏山镇下坡屯家园三区甲10号
电话：61427791
邮政编码：101301
Http://nlsex.shyedy.cn

（李海妹）

3月2至3日，牛栏山二小开展常规教育和应急疏散演练活动

【举行春季开学典礼】 3月1日，牛栏山第二小学350余名师生齐聚操场举行新学期开学典礼。校长张振毅发表热情洋溢的致辞，代表学校党政工团队组织向取得优异成绩的同学表示热烈的祝贺，向辛勤工作的教师们表示衷心的感谢，对全体师生提出新希望新要求，号召大家用实际行动践行社会主义核心价值观。

（刘爱军）

【开展行为习惯教育和应急疏散演练活动】 3月2至3日，牛栏山第二小学德育处和少先队采取细致讲解、随机抽测、现场演练等多种形式，开展常规教育和应急疏散演练活动。通过反复演练，进一步规范学生的日常言行，提高学生应对和处置突发事件的能力。

（刘爱军）

【举行乐器展演活动】 3月9日，牛栏山第二小学诚邀北京智造艺术培训中心举行古筝、二胡、琵琶、竹笛等乐器展演活动。乐团老师演奏《赛马》等经典名曲，博得现场400余学生和家长的阵阵掌声，本次活动增强了学生欣赏音乐、热爱音乐的感情，为学校成立乐器社团奠定基础。

（刘爱军）

【召开家教讲座】 3月20日，牛栏山第二小学召开全校家教讲座和家长会。校长向家长们汇报2014年学校取得的成绩、2015年的工作要点；中国教育家庭指导中心杨小欢老师通过讲解、互动、案例分析等形式，做《沟通与好习惯的培养》专题讲座；讲座结束后，各班召开班级家长会，班主任向家长介绍学生在校情况，并向家长讲解班级发展目标。

（刘爱军）

【接受义务教育均衡发展国家级考察】 4月28日，国家教育督导检查组一行在区教委主任刘克祥、副主任张军堂的陪同下，到牛山二小进行义务教育均衡发展实地考察。检查组专家听取校长介绍，查看办学达标、特色建设情况，查阅相关档案资料，观看学校师生课外活动展示等，充分肯定该校“用智慧的爱，育幸福的人”教学理念和办学特色，受到检查组专家一致好评。

（龚卫晶）

【举行庆祝“六一”活动】 6月1日，牛栏山第二小学举行庆祝“六一”儿童节活动。以“展我才华，炫我风采”为主题，分为表彰优秀和新生入队、文艺汇演、参观校园三个部分。会上，30名三好学生、7名优秀毕业生、20名“科学教子好家长”受到表彰，120名新生光荣加入少先队。

（刘爱军）

【举行“心怀感恩·扬帆启航”毕业典礼】 7月9日，牛栏山第二小学举行2015届学生毕业典礼，370余名师生参加本次典礼活动。典礼上，毕业生和在校生代表分别发言；张振毅校长为毕业生颁发毕业证书，并发表热情洋溢的致辞，对2015届毕业生顺利毕业表示祝贺，希望他们不忘母校，谨遵老师教诲，锐意进取，再创辉煌；师生高唱《毕业歌》《感恩的心》《明天会更好》等歌曲，向毕业生表达深深地祝福。

（刘爱军）

【队员自制奖状真情感谢师恩】 在第31个教师节到来之际，牛栏山第二小学少先队大队组织全体队员以节俭、低碳、环保的方式开展活动，二至六中队队员将写有“我最喜爱的老师”“最具幽默的老师”“最认真负责的老师”“最美丽的老师”等字样的“奖状”，送给可敬可爱的教师们，表达祝福与感恩之情。

（刘爱军）

【举办书画交流活动】 9月16日，北京书法协会会员来到牛栏山二小进行书画交流活动。本次交流活动让孩子们开阔了视野，对中华文化瑰宝——书画艺术有了进一步了解，领略了传统文化的博大精深并产生了浓厚兴趣，为该校开展传承中华传统文化活动打下坚实的铺垫。

（刘爱军）

【开展“我爱红领巾　我爱少先队”建队日主题庆祝活动】 10月12日，牛栏山二小开展“我爱红领巾　我爱少先队”建队日主题庆祝活动。活动介绍少先队组织、红领巾和队歌的由来，宣布并成立新一届大队委；329名队员在队旗下宣誓，表示要牢记少先队组织的历史和光荣的使命，从小立志做共产主义事业的接班人，诗朗诵《中国少年21世纪宣言》将庆祝活动推向高潮。

（刘爱军）

【召开“心理健康伴我成长”主题中队会】 11月，牛栏山第二小学组织各中队集中开展“心理健康伴我成长”主题教育活动。各中队从适应能力、人际交往、学习品质、个性品质、行为习惯养成等方面自主选择主题，采取游戏、绘画、小品、课本剧、情景剧、诗歌、快板、舞蹈等诸多形式，形象生动地向全体队员展示心理话题。

（刘爱军）

【举行教科研培训活动】 12月18日，牛栏山第二小学邀请顺义区教科室主任赵文增来校听课，并做关于《教师如何做研究》专题讲座。赵主任结合学校的课堂教学情况，从研究是什么、研究为什么、研究做什么、研究用什么等四个方面给全体教师诠释做教科研的目的和意义，为教师们如何做好教科研工作指明方向。

（龚卫晶）

11月，牛栏山二小各中队开展“心理健康伴我成长”主题教育活动

·北京市顺义区牛栏山第三小学·

【概况】 2015年，北京市顺义区牛栏山第三小学占地面积9995平方米、建筑面积8125平方米，体育场、体育馆面积共3058平方米。图书馆藏书2.41万册，订阅杂志、报刊89种。固定资产总值609.81万元。全年教育经费投入1541.78万元，均为国家拨款。全年学校信息化经费投入53.3万元，拥有计算机149台，多媒体教室座位800个，校园网出口总带宽100Mbps，数字资源量40GB，“信息技术”课程1课时/周。有普通教室18个、专用教室10个。教职工61人，其中中级职称34人。专任教师45人，本科以上学历49人。开设教学班18个。毕业85人、招生122人、在校生642人。

单位名称：北京市顺义区牛栏山第三小学

地址：北京市顺义区牛山镇香堤漫步3区16号

电话：010—60428973

邮政编码：101301

（王丽婷）

【开展安全教育周活动】 3月25至3月31日，牛山三小开展“安全教育周”活动。在“安全教育周”期间，学校组织开展“七个一”安全教育活动，即：与学校有驾驶证的教师签订一份《驾驶员安全保证书》；对全校的公车及私家车进行一次安全检查；利用校内外显示屏开展一次安全主题教育宣传；利用校园广播进行一次安全知识培训；利用国旗下讲话，进行一次安全教育；进行一次应急疏散演练；对学校进行一次全方位隐患排查。安全教育周活动，进一步强化了学校各项安全工作，夯实了校园安全的日常管理。

（谢立彬　王丽婷）

【青年教师开展语文小课题研究课】 4月1日，牛栏山第三小学青年教师们开展语文小课题研究课活动。学校一直致力于开展形式多样的教研活动来提升青年教师的专业能力。此次研究活动从课例出发，围绕《语文课创设问题情境方法》这一小课题，由刘颖婷和高静两位青年教师分别上了一堂研讨课。区教研员苏静林老师全程参与并给与评价、指导。

（王国华　王丽婷）

【区考研中心到校视导】4月13日，区考研中心小学教研室主任杨树华带领语文、科学、品社等七个学科10位教研员走进牛栏山第三小学，进行课堂教学视导。在听课过程中，各位教研员对于学校教师扎实的专业基础、严谨的工作态度、高涨的工作热情给予高度评价，同时学生良好的学习风貌也给他们留下深刻的印象。针对听课过程中所发现的一些问题，教研员们在课下和老师们进行交流反馈，并给予细心的指导。此次视导，交流了经验，发现了不足，提出了问题，明确了方向，对今后学校的课堂教学工作起到积极指导作用。

（王国华　王丽婷）

【区红十字会赠送安全教育书籍】4月28日，为弘扬红十字“人道、博爱、奉献”的精神，帮助广大师生提高自救逃生避险的能力，配合学校与区红十字会合作开设的逃生与自救互援校本课程，顺义区红十字会向学校赠送《自救避险知识丛书》。这是一本安全教育图书，它图文并茂，详细阐述在遇到突发事件、自然灾害等紧急情况的时候，应该如何及时处理和自救。

（汪　俊　王丽婷）

【迎接北京市健康促进学校验收检查】5月6日，牛山三小迎接北京市健康促进学校验收检查工作。顺义区疾控中心副主任李玉堂代表顺义区健康促进学校领导小组进行工作汇报，学校书记汪俊就学校健康促进工作做汇报。随后，验收检查组进班查看眼保健操，测量身高和课桌椅，分别对学校的健康政策、物质环境、社会环境、社区关系、个人健康技能与健康服务六方面情况进行检查，并查看学校档案资料。

（王国华　王丽婷）

【邀请西城区进步小学开展同课异构教研】5月8日，牛栏山第三小学邀请西城区进步小学来学校，开展主题为“携手并进共同提高”的同课异构教研活动。进步小学校长杨英带领8名骨干参加活动。由两校语文、数学、英语教师分别执教同一课，做课教师根据自己的教学实际和对教材的理解，展现不同的教学风格，让听课的老师们看到不同的处理教材的方式与不同课堂的相互对比。

（王国华　王丽婷）

【红十字会赠送急救箱和雨伞】5月22日，顺义区红十字会向牛栏山第三小学赠送9个急救箱和160把雨伞。区红十字会书记付小军、牛山镇副镇长皮艳平、区教委体卫科梁芳参加赠送活动。

（汪　俊　王丽婷）

【举行“看连环画讲故事”比赛】5月26日，牛栏山第三小学举行“看连环画讲故事”比赛，来自全校18个班的优秀选手参加比赛。此次“看连环画讲故事”比赛，各班选手精心准备，把连环画中的故事讲得栩栩如生、动情感人，台下的同学们听得聚精会神、津津有味。比赛为学生们提供了一个分享阅读感受与成果的平台，提高了学生的语言表达能力，为和谐文明的书香校园增添了亮丽的一笔。

（董向国　王丽婷）

【举行文艺汇演庆“六一”】6月1日，学校举办“沐浴党的阳光在校园里快乐成长”为主题的庆“六一”文艺汇演。上午，校长刘春波以热情洋溢的致辞拉开文艺汇演的序幕。在近两小时的演出中，有学生自导自演的相

5月6日，牛栏山第三小学迎接北京市健康促进学校验收检查

声，有精彩的街舞、动听的萨克斯，还有奔放的架子鼓，精彩的节目赢得师生们热烈的掌声。下午，爱心义卖活动在校园里火热开展，同学们将家里的玩具、学习用品、书本等带来进行义卖，所得款项全部捐给顺义区红十字会。

（董向国　王丽婷）

【开展系列活动庆“七一”】6月30日，为庆祝中国共产党成立94周年，牛栏山第三小学组织开展“感党恩颂祖国庆七一”系列活动。活动包括：“党员好故事”“中国梦·我的教育梦”主题征文，参观古北口抗日战争纪念馆，激励大家勿忘国耻，举行“庆七一颂党恩”红色诗文朗诵会，抒发爱党、爱国之情。

（汪　俊　王丽婷）

【举行六年级学生毕业典礼】7月3日，牛栏山第三小学举行“海阔凭鱼跃天高任鸟飞”六年级毕业典礼。学校领导、六年级全体教师、85名毕业生以及家长聚集一堂，共同见证这美好的时刻。在庄严的国歌声中，毕业典礼拉开帷幕。典礼包括：《给毕业生的一封信》、班主任老师对孩子们六年生活点点滴滴的回顾、毕业生们充满感恩之情的献花、老师和家长们的毕业寄语、齐唱《明天会更好》、校长毕业致辞。毕业证颁发仪式让学生们沉浸在毕业的喜悦和对未来的憧憬中，整个会场洋溢着爱与祝福。

（王国华　王丽婷）

【举行顺义区班主任研修观摩活动】9月23日，顺义区班主任研修观摩活动在牛栏山第三小学举行。学校徐平老师和杨镇中小孙超老师展示了她们的主题班会课《读书，我们乐在其中》和《小铅笔去哪儿了》。两节课设计精巧，生动有趣，富有创意，使现场观摩的老师们深受启发。观摩课后，与会领导及老师们召开座谈会。杨秀治院长对两节课进行精彩的点评。大家围绕如何让班会课在学校教育课程中发挥重要作用进行深入研讨和交流。来自全区的班主任培训班学员在考研中心皮丽芳带领下，北京教育学院院长杨秀治、顺义考研中心副主任李树栋和师训科科长方树东参加此次观摩活动。

11月23日，牛栏山第三小学举办科技嘉年华活动

（董向国　王丽婷）

【开展北京市语文现代化研究学会送课交流活动】10月9日，北京市语文现代化研究学会常务副会长崔增亮教授带领专家团队一行5人来到牛栏山第三小学，开展顺义行送课交流活动。学校高静老师和北京市语文现代化研究学会高级教师吴琳老师分别执教，为大家呈现两节风格迥异，以学生为主体的语文课堂，展示两位教师独特的教学风格。课后，吴琳老师做《让学生爱上阅读》专题讲座，与教师们分享自己指导阅读的有效方法，推荐了许多好书。区委教工委副书记张海东、考研中心副主任李广生、全区语文教研员和其他区县的干部教师共计100余人参加此次活动。

（王国华　王丽婷）

【举办科技嘉年华活动】11月23日，牛栏山第三小学举办“用创新点缀人生，让科技融入理想”为主题的科技嘉年华活动。学校精心开放18项科技创意实践活动：寓教于乐的麦穗创客教育体验活动、亲自动手拼装乐高机器人、创意积木、弹力小车、榫卯车活动、创意DIY、搭建蒙古包、瓶子挑战赛、了解太阳能机器人、扑翼机、空气大炮、制作水果电池、牙膏、组装充电宝、做紫甘蓝试剂、电解水、光控灯和光控警报的实验、感受神奇的3D打印机。同学们自由选择自己喜欢的项目，在活动中动手动脑，亲历实践，收获成功。

（董向国　王丽婷）

【举行毛泽东诗词朗诵会】12月

25日，牛栏山第三小学举行“缅怀伟人情共筑中国梦”毛泽东诗词朗诵会。朗诵会在学生们合唱《东方红》歌声中拉开序幕。同学们个个精神饱满、满怀豪情，朗诵《沁园春·长沙》《西江月·井冈山》《沁园春·雪》《忆秦娥·娄山关》《七律·长征》《卜算子·咏梅》等多首毛泽东不同时期的经典诗词。

（王国华　王丽婷）

【组织教职工观看音乐会】12月25日，牛栏山第三小学工会组织全体教师走进国家大剧院，观看“难忘的旋律——中外经典歌曲名家音乐会”。音乐会上，六位青年歌唱家先后为观众们演唱《我和我的祖国》《毛主席的恩情比山高比水长》《我的祖国》《草原上升起不落的太阳》等歌曲。优美的旋律、动人的歌声、真挚的情感，打动了每一位教师的心弦。

（解立彬　王丽婷）

·北京市顺义区仇家店中心小学·

【概况】2015年，北京市顺义区仇家店中心小学校占地面积22475平方米、建筑面积9234平方米，体育场或体育馆面积共8000平方米。图书馆（室）藏书2.09万册，订阅杂志、报刊40种。固定资产总值1010万元。全年教育经费投入1166万元，均为国家拨款。全年学校信息化经费投入48.5万元，拥有计算机220台，多媒体教室座位1240个，校园网出口总带宽100Mbps，数字资源量500GB，“信息技术”课程1课时/周。普通教室18个、专用教室14个。教职工64人，其中中级职称42人。专任教师41人，包括北京市骨干教师2人，本科以上学历48人。开设教学班18个。毕业85人、招生83人、在校生574人。

单位名称：北京市顺义区仇家店中心小学校

地址：北京市顺义区北小营镇仇家店村环村北路25号

电话：60483729

邮政编码：101305

（侯立坤）

【农耕文化引入校园】3月1日至6月15日，张堪农耕文化引入仇家店中小。张堪在渔阳任职八年，匈奴不敢进犯边塞。紧接着，他又从南方引种水稻，在狐奴县（今顺义城东北狐奴山南）开辟稻田8000多顷，鼓励百姓进行耕种，水稻产量比旱地作物高得多，人们经过一两年的试种，都掌握了种水稻的方法，收成大大增加，人民得以富裕，这一措施被历史学家称为“渔阳惠政”。仇家店中小以种植园为基地开辟水稻种植，让学生感受农耕文化，体验种植、管理、收获的乐趣。以班级为单位每班一块地，各班种植区域由本班学生种植、管理，种植小组负责水稻的管理，同时种植小组种植区由指导教师统一管理。

（赵之岩）

【学生家庭体育锻炼手册下发使用】3月3日，仇家店中小给学生下发体育家庭锻炼手册。家庭体育锻炼是孩子体育教育的重要组成部分，是学校体育的重要补充与延伸，也是遏制青少年体质下降不可忽视的重要环节。为此，仇家店中小以“体育美少年”家校协同手册为依托，着力做好学生的体质健康工作。本手册重在培养学生的体育锻炼习惯，合理、科学地安排学生的锻炼项目，自己制定切实可行体育锻炼计划，并记录学生锻炼的成长足迹，学校组织全体班主任及体育教师解读手册内容，帮助他们塑造一个好品德、一个好成绩、一个好身体，用心促进孩子的全面发展。

（赵小东）

3月1日至6月15日，仇家店中小将农耕文化引入校园

【“临空杯”骨干教师示范课展示活动】5月6日，仇家店中小在全校开展临空杯骨干教师示范课展示活动。依据《顺义区小学“临空杯”教师基本功培训与展示方案》的具体规划和活动安排，我校认真领会活动精神，依据学校总体安排部署，开展为期两周的学科教学骨干教师示范课展示活动。学校统筹规划，依据教师学科特点成立学科团队，在以校长为统领的活动领导小组的积极努力之下，统筹协调学校各方面资源，为展示活动做好充分的组织与服务工作，并以此为契机，进一步加强骨干引领、学科团队建设，提高教研工作实效，提高课堂教学质量。

（赵　山）

【召开区规划办“十二五”结题现场会】5月27日，仇家店中小召开顺义区规划办“十二五”课题“培养农村小学生语言表达能力的研究”结题现场会。朱元兆主任主持会议。此次结题采用会议结题，专家点评的方式进行，对学校课题结题报告进行重点点评。期间，各子课题主研人员也对子课题特色与研究进程进行汇报与总结。会议聘请北京市教科院基础教育研究所科研员单鹰作课题结题点评，他指出本课题选题能紧密结合教学实际，有研究价值、创新价值，选题意义重大；报告撰写全面，行文规范完整；课题研究能扎扎实实进行，开展了大量的研究工作，成果丰富且显著。同时他还强调，教育科研工作一定要重视“研究”二字，结题报告的撰写要重视研究过程和结果，加强规范性使其更具推

5月27日，仇家店中小召开顺义区规划办“十二五”立项课题结题鉴定会

广价值。同时区教研室孔凡艳、课程室周爱东老师分别对课题组提出意见，强调教师增加自身工作的科研含量、走可持续发展的道路、靠科研推动教学工作的开展。最后，课题组负责人、校长侯立坤做总结性讲话，今后要始终以课题研究为载体，以课堂教学为阵地，把学校的科研工作做实做深。区教科室朱元兆副主任携全区各小学的科研负责人及特邀王阔、杨玉松等12所学校的校长参加此次会议。

（徐宝霞）

【北师大“基础教育内在质量提升”项目组专家到仇家店中小调研指导】6月16日，北师大—顺义“基础教育内在质量提升”项目组专家一行到仇家店中小调研指导。此次调研活动分为五大项：第一项是校园观察，专家一行参观校园及教学楼内各项布置，对学校的校园文化建设给予肯定。第二项是课堂观察，专家们走进教室，分别听了一节数学课及一节班会课，对学生主动参与课堂活动、师生互动、生生互动、教师对于细节的关注等方面表示认可，并提出具有建设意义的思考性问题：集体备课的环节是怎样的？集体备课的模式怎样实践？第三大项是访谈，包括学生访谈、教师访谈、干部访谈及家长访谈。第四大项是校长汇报，由侯立坤校长就学校各方面的工作向专家们进行汇报与说明。第五大项是专家反馈。由项目组的专家们对调研活动进行反馈。

（徐宝霞）

【联手高校探索构建集体备课新模式】6月16日，仇家店中小与北师大项目组合作探索构建集体备课模式主题活动联手举行。在前期充分合作的基础上，北师大专家团队在毛亚庆教授的统领下再次走进学校，与全校干部教师共同研讨，探索构建仇店中小教师集体备课模式。经过充分的研讨最终确定发展目标和基本流程模式：第一、明确备课的意义和目的，建立课标、教材间的知识网络。第二、通过集体备课，形成以“学生自主教育”为主线的备课特色，百分之六十的教师达到优秀水平。通过集体备课流程图，教学回顾提出问题、中心发言把握重点、共同研讨解决问题、形成预案分发教师、结合实际二次备课、课

9月8日，仇家店中小举行《弘扬传统民族精神争做仇小美少年》开学典礼

堂实施信息反馈、教后反思理论提升等环节构建集体备课新模式。

（赵　山）

【校园文化为学校发展助力】6月20日，仇家店中小对教学楼楼道进行学校文化的整体设计，一层是行为习惯的养成，二层是学习习惯的养成，三层是学习目标的确立，四层是展望未来为主题，对楼道进行整体设计安装，连廊通道以年级为单位设计建设年级读书、展示空间，环境文化建设不仅为学生提供了学习展示的空间，同时提升了学校整体文化氛围。

（赵之岩）

【举行《弘扬传统民族精神争做仇小美少年》开学典礼】9月8日，仇家店中小2015年秋季新学期开学典礼拉开序幕。在升旗仪式之后，学校校长侯立坤发表致词，侯校长向全校师生介绍学校各位中层干部及其职责，并代表学校对全校师生顺利返校表示热烈的欢迎，对假期里坚守岗位、为顺利开学付出辛勤劳动的教职工表示衷心的感谢。侯校长总结上学年学校各项工作取得的辉煌成绩，为全体师生勾画学校新学年发展的宏伟蓝图。随后，教师代表和学生代表分别发言，纷纷表达对学校的热爱，为事业拼搏的信心和决心。最后，全体学生齐呼校训："文明、勤学、求实、向上"。开学典礼圆满结束。开学典礼由学校领导赵艳主持，全校600多名师生参加开学典礼。

（赵　艳）

【举行学校家校合作的深层构建暨签约仪式】9月17日，仇家店中小迎来学校与国家基础教育实验中心家庭与学校合作教育指导委员会、中国国际民间组织合作促进会家长与教师合作委员会关于家校共育指导基地合作项目的签约仪式。第一项签约仪式，北京教育科学研究院德育研究中心谢春风主任、区委教工委副书记张海东分别发表讲话。侯立坤校长和谢春风主任、赵刚理事长签订《家校共育指导基地合作建设协议书》。仇家店中小被授予"家校共育指导基地""北京市中小学家校合作与家庭教育重点研究室"称号。第二项赵刚理事长为家长和教师做关于"把孩子寄托给学校，孩子的人生注定失败"讲座。第三项开展"学校家校合作的深层建构"研讨活动。此次签约及授牌仪式圆满结束。

（赵　艳）

【市级足球特色校申报成功】9月20日，仇家店中小申报北京市足球特色学校成功。这标志着学校足球项目迈上新台阶。学校拥有5800平方米的运动场，1个7人足球场、足球150个、标志桶50个、小足球门10副，号卡等设施，训练条件充足。现有18个教学班，学生573名。教练队伍5人都能胜任足球教学。学校专门成立以校长为组长、体育主管为副组长的校园足球工作领导小组。结合足球社团小组，开设校园足球社团，男、女队员30人，每周训练3至5个小时。五六年级为学校的一队，三四年级为学校的二队，一二年级为学校的三队，每个梯队都由一名专职教师带领，训练正规系统。

（赵小东）

【体育场馆对外开放】9月20日，仇家店中小体育场馆对外开放。为深入贯彻《全民健身纲要》《中华人民共和国体育法》，不断推动社区居民体育活动的开展，引导广大群众积极参与体育健身活动，提高居民的身体素质，倡导科学健康文明的生活方式，促进社区精神文明建设，构建和谐社会，仇家店中小明确要最大程度地发挥学校资源效用的要求，在区体育局和区教委领导的大力支持和指导下，积极认真部署有关工作，落实体育场地向社区开放，为广大社区居民和周边单位提供良好的体育运动设施、设备及安全、优美的体锻环境。

（赵小东）

【北京教育学院教授指导仇家店

中小校本教研活动】9 月 25 日，北京教育学院刘加霞教授与顺义区教育研究中心教研员张秋爽、王丽华等老师一起来到仇家店中小指导校本教研活动。活动分为四大项。第一项由市级骨干教师徐宝霞作《日历中的小秘密》数学课一节。第二项是针对《日历中的小秘密》这节课，与会专家和教师作精彩点评。第三项刘加霞教授作《把握学科实质，做好案例研究——以“计算教学”为例》讲座。刘教授列举大量的课堂教学实例，讲解教师如何做好案例研究。第四项由侯立坤校长做总结。此次校本教研活动，教师们对做好案例研究有了更充分的信心和目标。教师们结合刘博士的讲座以及自己的教学实践，撰写案例式反思，进行交流。

（徐宝霞）

【助力特需学生健康发展】9 月，仇家店中小资源教室正式投入使用。资源教室投入金额 50 万元，建设在中楼四层，由相邻的两个大教室组成，总使用面积为 140 平米。其中一个教室是康复训练区，硬件设施声光震动为一体的视听组合多功能健身机、注意力训练反馈仪、多远智能组合训练套装、注意力对抗仪、表达性治疗——沙盘设备、运动情景康复训练系统等 48 项设备，用于对特需学生进行全人疗育，创造力、注意力、专注力、控制力、平衡力等能力的训练。另一间主要包括办公资源区，学业辅导区和语言障碍训练区三个功能区，具有接待、评估、咨询、阅读、会议、学科补救等功能。资源教室的建设使其职能进一步增大。其一，提高教师、家长对资源教室建设的认知，使他们能够获得有效帮助。其二是给特需学生的成长提供更为安全、健康、舒适的环境，使他们能够更好地融入到集体学习、生活中，并能感知成长的快乐，为特需学生开展学习、训练等活动提供有力保障。

（张　丰）

【内在教育质量项目组指导 SEL 校本课程】10 月 10 日，北师大教育管理学部毛亚庆教授、曹慧博士、干训科刘雨涵老师以及明德小学张校长及团队到仇店中小指导基础教育内在质量提升下 SEL 校本课程。由三年级吴晓燕老师作黄色组《彼此了解》情感教育课。本课程利用游戏的形式，帮助学生打开心结，作为情感教育，重在让学生参与活动，知道如何做人，处理好班集体的关系，对别人的优点欣赏、赞美，对自身，人与人合理人际关系的培养，积极的情感对自己有激励作用。课后，毛亚庆教授、曹慧博士与教师团队面对面交流，培训，进一步帮助授课教师加深对 SEL 校本课程的理解，为内在质量提升项目的顺利开展提供全面支持。

（徐宝霞）

【开展第二届“求实”杯课堂教学评优大赛活动】11 月 23 日，仇家店中小在全校范围内开展第二届“求实”杯课堂教学评优大赛活动。学校专门成立以校长和教学主任为组长，其他班子成员和学科骨干教师为组员的仇店中小“求实”杯自主型课堂教学评优活动评价组，共同参与此项活动。活动结束后，负责教学的赵山主任对本次评优课大赛活动做全面总结。

（赵　山）

【校本课程开发与管理】12 月 1 日，仇家店中小为更好开发学校课程资源与管理，引进学生自主课程选择系统，通过系统教师开设自主课程，学生可以根据自己的爱好选报相应课程，系统地使学校更好的开发、管理自主课程。

（赵之岩）

【狸米学习研究院到校培训指导】12 月 4 日，仇家店中小迎来狸米学习研究院来校培训指导。《狸米个性化教学平台》是为小学数学信息化教学提供的“永久免费”优质资源与互联网软件服务系统。专门针对小学数学教学过程中，如何激发学生学习兴趣，提高过程性评价效率，进行有效的个性化辅导提供综合性解决方案。仇家店中小是狸米研究院个

11 月 23 日，仇家店中小举办第二届“求实”杯课堂教学评优大赛活动

性化教学平台应用示范校，针对目前应对极端天气的“停课不停学”的措施，学校借助北京数字学校名师同步课程、狸米学习平台等独特的学习管理系统，引导学生通过图谱化学习、奖章挑战、错题辅导、自主复习及分层挑战的学习形式，通过平台中“我的班级”与老师在虚拟的班级中讨论问题，分享成果，共同进步。

（徐宝霞）

·北京市顺义区双兴小学·

【概况】2015 年，北京市顺义区双兴小学占地面积 20000 平方米，建筑面积 6633 平方米。体育场（馆）面积 8000 平方米。图书馆藏书总数 2.6 万册。电子图书 230 册，订阅杂志、报刊 26 种。固定资产总值 1270 万元。全年教育经费投入 1910 万元，均为国家拨款。全年信息化经费投入 71 万元，多媒体教室座位 1480 个，校园网出口总带宽 100Mbps，数字资源量 1000GB，“信息技术”课程 1 课时 / 周。有普通教室 27 个，专用教室 11 个。拥有计算机 194 台。教职工 87 人，其中高级职称 2 人，中级职称 49 人。专任教师 61 人，本科以上学历 83 人。开设教学班 27 个。毕业学生 117 人，招生 188 人，在校生 993 人。

单位名称：北京市顺义区双兴小学
地址：北京市顺义区光明北街 22 号
电话：81493907
邮政编码：101300
网址：www.sxxx.shyedu.cn

（卢　京）

【召开新学期工作部署大会】2 月 27 日，双兴小学全体干部教师聚集多功能厅参加新学期工作部署大会。大会分为颁奖、传达学校各部门工作计划、集体学习和校长讲话四项内容。全体教职工认真领会本学期学校的工作方向和重点，通过集体学习，再次深刻感悟学校倡导的传统文化教育内涵。

（卢　京）

【开展教职工民主日活动】3 月 27 日，双兴小学开展第四届第四次教职工大会暨“3.18”民主日活动。活动议程有三项：一是由徐主任做财务工作报告；二是公布 3 月合理化建议征集情况并请校长答复；三是完成教职工满意度测评工作。

（卢　京）

【迎接教学视导】3 月 31 日，在顺义区教研中心李广生主任和小学教研室杨树华主任的带领下，教研中心小学教研室的 11 个学科 19 位教研员来到双兴小学进行“构建自主课堂，提高课堂教学质量”主题教学视导。各科教研员走进课堂，听课三十三节，课后各位教研员对老师们的课作详细点评，在肯定优点的同时也指出教学中应注意的问题，就如何挖掘教材、关注学情和如何构建自主课堂等问题提出指导性意见，教师们获益匪浅。

（卢　京）

【接受中国合唱协会工作室授牌】4 月 22 日，中国合唱协会副理事长李小祥在顺义区影剧院为双兴小学正式授牌“中国合唱协会”工作室。授牌仪式后，全体师生观看由中国儿童艺术剧院演出的音乐剧《卖火柴的小女孩儿》。

（卢　京）

【举行春季运动会】4 月 30 日，双兴小学春季运动会开幕。各班运动员在小主持人的介绍下，举着班牌喊着嘹亮的口号走进运动会场，比赛中欢声雷动为运动员加油，为比赛助威，各个班级奋勇争先，运动员奋力追逐竞技，努力拼搏，勇于争先，一个个佳绩不断传来。他们赛出了成绩，赛出了风格，赛出了友谊。6 个班级获得团体总分第一名。

（卢　京）

【召开中华优秀传统文化现场会】5 月 7 日，双兴小学召开“弘扬优秀传统文化　培育当代雅正少年”中华优秀文化现场会。通过颇具传统韵味的校园文化、国学经典课堂、德育践行活动、传统

6 月 1 日，双兴小学与中国合唱协会共庆“六一”

社团建设和家校协同共育，全方位多角度展示学校近年来在全体师生中开展《读国学　诵经典　习美德》校本课程取得的教育成果。

（卢　京）

【与中国合唱协会共庆“六一”】6月1日，双兴小学全体师生和100多名家长代表共庆“六一”儿童节。在操场上搭建16米长12米宽的大舞台，音响设备是中国歌剧舞剧院的舞美配备。学校为舞蹈社团、版画社团请来专家进行专业提升。艺术家们为师生带来民乐合奏、小号独奏、铜管五重奏、歌曲、舞蹈等节目，双兴小学各个艺术社团也演出民乐小合奏、合唱、舞蹈、相声、诗朗诵等精彩节目。

（卢　京）

【召开课程资源整合实践研究市级现场会】6月3日，双兴小学召开“弘扬传统文化 放飞双兴梦想”课程资源整合实践研究市级现场会。首先是由双兴小学吴菊秋、闫晶淼等老师分别展示美术、语文、数学、书法共六节现场课。北京教育科学研究院基础教育教学研究中心各学科教研员进行精彩点评。接着，教育研究考试中心主任张海为本次活动致辞，双兴小学校长负献臣介绍学校弘扬传统文化的成功经验，特级教师杨广馨、张立军在双兴小学分别设立特级教师工作站分站，并接受授牌，区委教工委副书记张海东就弘扬传统文化和课程资源整合的意义与愿景提出殷切希望。北京市教育科学研究院基础教育教学研究中心主任贾美华、杨广馨等180余人参加此次活动。

（卢　京）

11月6日，双兴小学开展市级数学课题专题活动

【举行中国合唱协会乐器赠送仪式】10月14日，中国合唱协会副理事长李小祥在顺义区影剧院为双兴小学赠送乐器，为学校两个音乐教室配备六套小乐器，其中包括非洲鼓、撞钟高低音棒、三角铁、铃鼓等乐器。赠送仪式后，双兴小学一千多名师生观看了由中国儿童艺术剧院演出的音乐剧《森林诱惑》。

（卢　京）

【开展教师“彩虹读书”阅读分享会】10月23日，双兴小学开展“重建教师的精神宇宙”“彩虹读书”阅读分享会。目的是使教师们在闲暇之余博览群书，在书中寻求教育秘方，在读中收获成长。活动中，教师们纷纷将自己从书中学习到的鲜明的教育观点结合自己教育实例进行剖析与解读，在实践中寻找什么是修身养性。

（卢　京）

【开展市级数学课题专题活动】11月6日，双兴小学做为参与北京市数学课题“画图促进学生问题解决能力的提升”实验校，开展专题活动。活动分三个板块：一是由双兴小学尉蒙老师执教《解决问题》一课，课后参会教师互动交流。二是由课题组教师汇报二、六年级有关画图内容的知识梳理，促大家达成共识。三是由贾福禄老师做《如何培养学生的几何直观能力》讲座。北京市基教研中心贾福禄老师，顺义区考研中心小学教研室主任魏金辉和来自外区县部分学校数学教师参加活动。

（卢　京）

【北京音乐学科教学研讨会在双兴小学召开】11月10日，北京市小学音乐学科区域教学研讨会在双兴小学召开。双兴小学吴玉娟老师与石园小学、平谷和怀柔的四名教师分别讲授一节二年级音乐课。针对如何培养学生五线谱识谱能力进行探讨与研究。北京市教科院基教研中心书记李子恒、主任梁洪来、程郁华老师对此次活动进行点评。区教研员王众敬做“不断拓宽工作思路全面推进音乐课程”工作交流，为学校课程整合实施提供新的视角。教研中心副主任李广生从国家课程如何能从更高的维度进行解读，并提出关注教育本质、追求更科学的课程校本化实施希望。音乐教师 100 余人参加本次活动。

（卢　京）

·北京市顺义区天竺第一小学·

【概况】2015 年，北京市顺义区天竺第一小学一校两址，分别为中心校区和翠竹校区。两址总占地面积 46029 平方米、建筑面积 21472 平方米，体育场（馆）面积 19700 平方米。图书馆藏书 4.3016 万册，电子图书 3086 册，订阅杂志、报刊 112 种。固定资产总值 1115.32 万元。全年教育经费投入 2488.2235 万元，均为国家拨款。全年学校信息化经费投入 75 万元，拥有计算机 236 台，多媒体教室座位 2520 个，校园网出口总带宽 100Mbps，数字资源量 580GB，“信息技术”课程 1 课时 / 周。普通教室 42 个、专用教室 21 个。教职工 82 人，其中高级职称 2 人、中级职称 49 人。专任教师 70 人，包括北京市骨干教师 2 人，本科以上学历 67 人。开设教学班 25 个。毕业 127 人、招生 166 人、在校生 701 人。

单位名称：北京市顺义区天竺第一小学

地址：北京市顺义区天竺镇府右街 7 号

电话：80467236

邮政编码：101312

（霍仲英）

【开展冬季安全教育进校园活动】1 月 12 日，顺义区治安支队民警、天竺镇政府安全科及天竺派出所管片民警一行 6 人来到天竺一小，开展主题为“小手拉大手，安全教育进校园”冬季安全教育活动。孙副队长深入浅出地讲解如何正确使用家电开关、防滑冰溺水、防火防盗、防煤气中毒、防交通事故等方面知识，并对孩子们提出小手拉大手，向家长进行宣传的倡议。全校师生 780 余人参与本次活动。

（杜青松）

【开展弘扬雷锋精神主题教育活动】3 月 5 日，天竺一小开展“践行社会主义核心价值观做新时代的雷锋”主题教育活动。大队部郑重向全体同学发出倡议：号召全体同学伸出自己温暖的手，撒出一片赤诚，用爱心唤醒孤独，用真诚帮助他人走出困境，用热情让三月的空气温暖起来。学校少先队大队部还组织高年级同学利用课外活动时间，学雷锋，做好事。他们为学校义务打扫卫生，清理死角。他们不怕脏，不说苦，齐动手，同参与，把雷锋精神落实在行动中。

（段春宝）

【开展网上祭英烈活动】4 月 1 至 7 日，学校组织学生积极参与主题为“缅怀革命先烈，争当文明少年”网上祭英烈活动。同学们纷纷登录首都文明网，祭奠英烈，网上献花，寄语留言，表达心声。孩子们不但自己热情响应，而且和爸爸妈妈一起参与，共同缅怀先辈，牢记历史。

（段春宝）

【区教科室来校进行科研视导】4 月 14 日，区教科室来校进行科研视导《小学字源识字教学实践研究》。区教科室副主任朱元兆等一行 6 人听取学校课题组成员阶段性研究汇报。视导组针对学校课题研究如何深入提出具体建议：一是积累并分析字源识字课堂教学课例，进行字源识字教学实施原则专题研究，打造课题认识层面成果；二是开展集中识字、随文识字等课型和字源校本课的案例研究，探索出具有可操作性的字源识字课堂教学策略。区科研视导组及学校干部教师共计 20 人参与活动。

（李冬青）

【开展家长进课堂活动】5 月 18 至 22 日，天竺一小开展家长进课堂活动。家长开放周活动的主题是“关注课堂，携手育人”。本次活动满足家长深入课堂，全面了解孩子在校的学习及教师教学

4 月 14 日，区教科室到天竺一小进行科研视导

情况的愿望，加强家校合作，形成教育合力。学校通过意见反馈问卷，广泛地调研家长对学校教学及管理工作的意见、建议，为学校今后工作的有效开展提供宝贵的资料。天竺一小师生和学生家长共计1436人参加活动。

（孙俊娟）

【开展“六一”节庆祝活动】6月1日，天竺一小开展“红领巾相约中国梦——放飞梦想快乐成长”“六一”庆祝表彰活动。校长为在各项活动中脱颖而出的优秀学子和优秀班级颁发证书和奖品，共同观看师生们自编自演的文艺节目，全校师生又一起参与游园活动，有“吹乒乓球”“贴鼻子”“掌上明珠”“易拉罐积木”等活动。此次活动，增进了学生对“中国梦”的理解和认同，增长了知识，锤炼了意志。

（段春宝）

【天竺中小翠竹校区独立成为天竺第二小学】6月24日，天竺中小翠竹校区独立成为顺义区天竺第二小学，天竺中小正式更名为天竺第一小学。天竺二小于2009年11月破土动工，2010年10月竣工，2012年9月，正式投入使用，位于翠竹新村小区东侧（翠竹新村是原天竺镇薛大人庄村和花梨坎村拆迁安置居民小区），学校占地面积22480平方米，建筑面积13751平方米，体育场（馆）面积8500平方米，班级规模27个教学班。现有教职工20人，12人为中级职称。专任教师17人，包括顺义区园丁新星1人，顺义区骨干教师3人，其中本科以上学历17人。开设教学班7个，学生355人。

（李银霞）

【开展鲜花送祝福活动】9月1日，天竺一小举行以“感恩老师”为主题的教师节庆祝活动。10日清晨，校领导、少先队员代表手捧鲜花，站在教学楼门口，为早早踏入校园的教师们献花。学校小蜜蜂广播站为教师们献上特别栏目“教师节系列广播”。教师节庆祝活动，拉近了校领导与教师、教师与学生之间的距离，增强了领导与教师，学生与教师之间的感情。

（段春宝）

【开展“迎新年展风采”主题庆祝活动】12月31日，天竺一小开展“迎新年展风采”主题庆祝活动。上午，学校开展国学诵读环节，学生通过集体朗诵、诵读接龙、讲故事等形式，传承文化，感悟经典。下午，分年级组进行艺术展演，学生们吹奏葫芦丝、跳民族舞、表演课本剧，纷纷展示才艺。

（张朝红）

·北京市顺义区小店中心小学·

【概况】2015年，北京市顺义区小店中心小学校占地面积40847平方米、建筑面积4087.55平方米，体育场（馆）面积12936.39平方米。图书馆藏书22986万册，订阅杂志、报刊8种。固定资产总值817.52万元。全年教育经费投入671.09余万元，均为国家拨款。全年学校信息化经费投入51730万元，拥有计算机106台，多媒体教室座位40个，校园网出口总带宽100Mbps，数字资源量800GB，“信息技术”课程1课时/周。有普通教室10个、专用教室8个。教职工31人，其中中级职称20人。专任教师30人，包括北京市骨干教师1人，本科以上学历29人。开设教学班10个。毕业26人、招生61人、在校生299人。

单位名称：北京市顺义区小店中心小学校

地址：北京市顺义小店村辛庄子路4号

电话：61412824

邮政编码：101309

网址：xiaodianzhongxiao@126.com

（段亚会）

【代表顺义区迎接北京市督导检查】4月28日，国家义务教育均衡发展评估认定小组，在区教委领导的陪同下到学校进行义务

4月28日，小店中小迎接国家义务教育均衡发展督导检查

教育均衡发展达标工作的验收评估。检查组一行采取实地察看的方式，参观学校校容校貌。校长徐秋生向检查组领导汇报该校优质均衡发展工作。高标准的学校建设、优美的校园环境、齐备的教学设施、高素质的师资队伍、昂扬的精神风貌给检查组留下深刻印象，得到检查组的充分肯定。

（段亚会）

【参加北京市中小学啦啦操比赛获奖】 5月31日，小店中小16名同学在贾玮、段亚会两位老师的带领下，赴北京市地坛体育馆参加北京市中小学啦啦操比赛并获得四等奖。

（段亚会）

【举办庆“六一”艺术节文艺汇演】 6月1日，小店中小举行庆“六一”艺术节文艺汇演活动。校长徐秋生热情洋溢的开幕词后，庆六一活动正式开始，舞蹈展示着孩子们轻灵的舞步和智慧的完美结合，合唱、课本剧、T台秀等把汇演推向高潮，整个会场成了欢乐的海洋。

（段亚会）

【召开退休教师座谈会】 9月9日，小店中小召开退休教师座谈会。座谈会上，老教师们济济一堂，校长徐秋生细心询问、了解他们的身体和生活状况，并将学校近年来的办学思想、功能定位、三年发展目标、学校工程建设、各项教育教学活动及在教育教学中取得的丰硕成绩，向与会退休老教师作汇报与展示。老教师们三五成群，兴趣盎然地走遍新校园的各个角落；这些精神矍铄、笑容灿烂的离退休老教师谈笑风生间回忆着学校的过去。

（段亚会）

【组织学生走进博物馆】 10月16日，小店中小组织四至六年级学生参观著名文学家鲁迅和老舍先生纪念馆。学生们活动前积极搜集相关资料，活动中认真聆听讲解并观看丰富的历史图片和实物展览，活动后结合自己读过的作品或学习过的课文交流心得体会。

（段亚会）

【市规划办立项课题开题】 10月21日，小店中小市规划办立项课题《农村小学师友互助式小班化课堂教学的研究》顺利开题。北京教育研究院张理智等8位专家认为，这个课题充分发挥学生的主体性，是落实市区义务教育课程方案和部分学科教学改进意见的有力抓手，对课程改革的推进，教学模式的转变都具有重要意义。这是小店中小建校以来由市规划办批准立项的第一个课题，在学校的发展史上具有里程碑的意义。专家们对课题研究内容和研究计划做了精细指导。

（段亚会）

【成立家长读书俱乐部】 10月28日，小店中小成立家长读书俱乐部。活动由语文教师韩笑主持，她组织家长们讨论并通过该俱乐部会员的权利、义务以及活动的内容和形式，家长们表示一定认真履行自己的职责，充分发挥自身在家长中的辐射作用，号召更多的家长成为热爱读书的人，为孩子营造更好的家庭读书氛围。

（段亚会）

【走进乔波滑雪场喜迎冬奥】 11月24日，小店中小组织学生参加冰雪运动。很多学生都是第一次接触滑雪，他们跌倒了，爬起来，拍拍雪，继续滑，一次次跌倒，又一次次爬起来。经过两个多小时教练的指导，很多同学已经能从初级道上滑下来。通过教练耐心细致讲解，教师在学校内进行冰雪文化宣传，真正做到使冰雪运动走进校园。

（段亚会）

【举办《农村小学师友互助式小班化课堂教学的研究》课题教学研讨活动】 11月26日，小店中小举办《农村小学师友互助式小

10月28日，小店中小成立家长读书俱乐部

班化课堂教学的研究》课题教学研讨活动。学校简要介绍活动的目的和安排，领导分成两组进班听课，课后分组进行教学交流研讨。专家们从不同的角度对几位教师的课堂教学情况进行精彩点评，研讨气氛热烈，与会领导、教师均感收获颇丰。北京师范大学教育管理学院副院长教授朱志勇及顺义部分学校的校长参加此次活动。

（段亚会）

【组织“刘红融合教育名师工作室”专题讲座】12月1日，顺义区“刘红融合教育名师工作室”在小店小学组织研讨活动，活动聘请中央教科所研究院杨杰希博士就《论文和案例的写作》进行专题讲座。工作室全体教师参加。通过学习，对撰写融合教育案例及论文的格式、内容及写作技巧有了更深入的理解。

（段亚会）

【参加顺义区中小学生运动会开幕式表演】12月29日，小店中小四十余位同学参加顺义区中小学生运动会开幕式啦啦操表演。队员们精神饱满，踏步有力，口号响亮，作舒展优美，整齐划一。他们的精彩表演，展现出小店中小学生健康、智慧、向上的精神面貌。

（段亚会）

·北京市顺义区裕达隆小学·

【概况】2015年，北京市顺义区裕达隆小学占地面积11864平方米、建筑面积4003平方米、体育场、体育馆面积6712平方米。图书室藏书2.1863万册订阅杂志、报刊33种。固定资产总值1018万元。全年教育经费投入962万元，均为国家拨款。学校信息化经费投入49万元，拥有计算机144台，多媒体教室座位710个，校园网出口总带宽1000Mbps，“信息技术”课程1课时/周。普通教室12个、专用教室8个。教职工39人，其中中级职称17人。专任教师38人，本科以上学历36人。开设教学班12个。毕业46人、招生75人、在校生424人。

单位名称：北京市顺义区裕达隆小学

地址：北京市顺义区天竺空港工业A区天柱西路28号

电话：010—80489121

邮政编码：101300

网址：http://ydlxx.shyedu.cn/

（王　艳　郝　磊）

【召开首届教师年会】1月30日，裕达隆小学召开首届教师年会。校领导不约而同使用“为教师点赞”“为精彩点赞”等词汇总结一年来教师们的辛勤耕耘。以教研组为单位，全校干部和教师表演节目。

（郝　磊）

【举行春季开学典礼】3月1日，裕达隆小学举行春季开学典礼。教学和德育主任在开学典礼表彰上个学期成绩优异的学生和取得各项荣誉的教师，校长致辞对师生提出更新、更高的期望，典礼结束之后，全校师生欣赏了寒假优秀主题作业。

（郝　磊）

【举办骨干教师展示课活动】4月10日，裕达隆小学举办骨干教师展示课活动。学校的两位骨干教师分别展示一节数学课和一节英语课，全校班主任和科任老师分组听课并研讨。骨干教师在活动中起到示范引领作用。

（郝　磊）

【区人大主任胡尚云来校进行“六一”慰问】5月27日，顺义区人大主任胡尚云一行3人来到裕达隆小学进行“六一”儿童节慰问。胡尚云等人与学校领导和教师代表进行座谈，并为孩子们送来图书和学习用品等慰问品。

（郝　磊）

【迎接学生综合素质评价工作指导】7月8日，裕达隆小学迎接

1月30日，裕达隆小学举行首届教师年会

学生综合素质评价工作组来校指导。顺义区教研中心教科室主任朱元兆和许冬梅老师来校做具体指导，对学校开展的“三方互评”子课题研究及学生综合素质评价实践给予充分认可。

（茹 娜 郝 磊）

【举办法制知识讲座】9月18日，裕达隆小学举办法制知识讲座。空港派出所民警走近学生身边，刘警官从小学生如何远离侵害、面临危险的处理方式等方面进行专题知识讲座。

（郝 磊）

【接受区全学科视导】10月12日，区委教工委副书记张海东、小教科科长王桂英及考研中心5人到校视导。裕达隆小学教学主任王艳以《提升学习力，为更好的自己奠基》为主题，从教研改变教师的课堂、教研主题与课程建设融合、从学的角度关注教学管理细节三方面对学校校本教研及课堂教学改革情况进行总体介绍。随后，领导和教研员分别走进课堂听课，并在课后与授课教师进行面对面交流。

（王 艳 郝 磊）

【区运动会夺冠】10月16日，裕达隆小学参加顺义区中小学生秋季运动会，取得总分104分，并荣获普通校第一名的好成绩。运动员分别在男子60米、100米和跳远项目中夺得第一名，女子200米取得第二名、铅球第三名。

（王福军 郝 磊）

【开展唱响国歌合唱比赛】10月19日，裕达隆小学开展“唱响国歌红领巾心系中国梦”合唱比赛。全校12个班级经过一个多月的准备和练习，歌声嘹亮，唱响国歌。

（郝 磊）

【举办区级立项课题结题论证会】11月11日，裕达隆小学召开“十二五”区级立项课题“依托‘教育叙事’，提升新建校教师素质的实践研究”结题论证会。裕达隆小学王艳主任对课题研究情况进行介绍。课题组的三位核心成员分别从课题研究推进策略、研究促教师成长和教育叙事展示三个角度进行补充发言。课题负责人杨宏伟做总结发言之后，六位与会专家进行点评结题论证。北师大基础教育内在质量提升项目组曹慧博士等人参加。

（王 艳 郝 磊）

【参加区英语文艺汇演】11月13日，裕达隆小学参加2015年顺义区小学生“金太阳·优学酷杯”英语剧展演活动。在此次展演中，来自四年级和六年级的四位小学生与指导教师通力合作，表演环保主题剧“Turning, turning, small windmill”获得故事类二等奖。

（郝 磊）

【参加全国青少年冬季智力运动会并获佳绩】12月19至20日，裕达隆小学参加全国青少年冬季智力运动会。三名学生荣获三等奖，学校荣获2015年度全国青少年“智力运动示范学校”称号。

（王福军 郝 磊）

·北京市顺义区杨镇中心小学校·

【概况】2015年，北京市顺义区杨镇中心小学占地面积28000平方米、建筑面积15307平方米，体育场或体育馆面积13337平方米。图书馆（室）藏书4.1万册，电子图书2700册，订阅杂志、报刊55种。固定资产总值1761万元。全年教育经费投入3083万元，均为国家拨款。全年学校信息化经费投入16万元，拥有计算机353台，多媒体教室座位1650个，校园网出口总带宽1000Mbps，数字资源量1300GB，“信息技术”课程1课时/周。普通教室42个、专用教室15个。教职工117人，其中中级职称44人。专任教师96人，北京市学科教学带头人2人，本科以上学历85人。开设教学班42个。毕业231人、招生261人、在校生1449人。

单位校名：北京市顺义区杨镇中心小学校

地址：北京市顺义区杨镇环镇东路12号

电话：61451244

邮政编码：101309

网址：yzzx.shyedu.cn

（王海燕）

【北京市市委常委、市教工委苟仲文书记到杨镇中小调研】1月14日，北京市市委常委、市委教工委书记苟仲文等七人到杨镇中心小学调研。苟书记听取孙超老师三年级数学《解决实际问题》和刘佳老师一年级言语识字课《我会吹泡泡》两节课，对课堂上教师和学生真实、个性化的表现给予充分肯定，并对学校课堂教学进行指导。

（张伟光）

【开展“在活动中体验　在快乐中习作”活动】3月26日，三年级组情景作文工作坊在陈倩老师带领下，开展第一次情景作文写作活动。首先各班分两批在学校体育馆进行“托球接力”比赛活动，活动中，孩子们积极踊跃的参加，由班主任带队，组织学生进行班级之间的比赛。活动结束后，师生们同写一篇作文，有了真实的活动体验后，孩子们书写认真，一气呵成。

（刘占红）

【参加“言语识字读写萌发”研讨会】5 月 15 日，杨镇中小参加第五届小学语文“言语识字读写萌发”课程改革教学展示研讨会。在来自 10 个省市的 20 节课中，杨镇中小两位老师展示的《吃水果》和《妈妈的眼泪》两节课脱颖而出，均被评为一等奖。

（张宝静）

【召开校本研修工作坊交流汇报活动】7 月 6 日，杨镇中小开展“分享好经验共绘好蓝图”为主题的校本研修工作坊交流汇报活动。坊主分别就“学习方式探索”“数学学科教学方法变革”“语文学科课改项目推进”“积极健康快乐的工作学习”“班主任工作”五组内容进行汇报。刘占红站长等分别对老师的汇报和工作坊的成果给予充分的肯定和表扬，并提出建议。

（雷云峰）

【考研中心进行教学指导】9 月 11 日，顺义考研中心小语组闫兴河老师来到杨镇中小进行教学指导。闫老师听取两位新教师的授课，对每位教师的教学设计进行点评。从课时重点的分工到单元内容的整合，从方法的适恰利用到学生的成长关注。针对单元整合教学向教师进行具体可操的教学指导。

（刘占红　徐　虹）

10 月 20 日，杨镇中小迎接北京市小学教学视导

【全国第十届机器人奥林匹克大赛喜获佳绩】7 月 24 至 26 日，杨镇中小高铭熙、李泽宇、蒋家辉、赵谦益在米红胜校长和董广清老师带领下，赴辽宁省沈阳市沈阳大学参加全国第十届机器人奥林匹克大赛，收获佳绩。蒋家辉和赵谦益两名同学分别获得机器人寻轨迹项目一等奖，高铭熙、李泽宇同学同时获得双足机器人舞蹈金牌，董广清老师获得优秀指导教师，杨镇中小获得此次大赛的优秀团体奖。

（董广清）

【召开“9·18”教代会】杨镇中小召开“9·18”教代会。第一项内容是教师代表们听取工会委员荣文松老师向全体教师代表做杨镇小学 2015 年上半年财务工作报告；第二项内容是工会委员高丽红老师通报合理化建议征集情况；第三项内容是校长对合理化建议进行答复；第四项内容是填写校务公开满意度调查表。

（王占秋）

【迎接北京市小学教学视导】10 月 20 日，北京市教科院基础教育教学研究中心对杨镇中小教学工作进行全面视导。吴正宪、张立军等 20 余位教学专家深入课堂听课，与备课组教师进行面对面的交流，充分肯定教师教学亮点，对教师如何将教学理念转化为教学行为进行高站位指导。区委教工委副书记张海东及全体小学教研员全程参与此次活动。

（刘占红）

【召开课题结题会】11 月 5 日，杨镇中小召开《基于移动终端的小学生个性化学习方式的实践研究》课题结题会。会上，负责学校教学和科研工作的主任刘占红将课题研究过程和成果做汇报，校长朱秋庭结合学校办学思想对课题研究情况作补充，课题组成员与专家进行现场答疑、案例分享。参加此次会议的有北京市教科院基础教育研究所蔡歆主任等 3 人。

【专家莅临杨镇中小“活力课堂”共议“生命课堂”】11 月 17 日，杨镇中小举办“让教育焕发生命的活力——顺义区“生命课堂”

12 月 29 日，吴正宪儿童数学教育思想顺义站研修活动在杨镇中小举行

论坛暨杨镇中小“活力课程”开放活动。会议由小学教研室主任杨树华主持。杨镇中小 10 位教师从不同年段、不同学科进行活力课堂教学展示，然后分为六个论坛围绕各个专题对生命课堂展开研讨。总论坛上，杨镇中小朱秋庭校长做《让教育焕发生命的活力》主题报告，六个分论坛代表分别从课程建设、课堂教学、实践活动、未来课堂、教师研训、学校特色不同主题阐述对“生命课堂”的理解与感悟。各级专家从办学目标的高度和信息技术的前瞻性对杨镇小学活力教育的实施进行指引。教育部教育发展研究中心研究员张家勇、中国教育技术协会秘书长刘雍潜、王欢及小学教研室、教科室、师训科全体教研人员、区各校教学领导和骨干教师代表共计 240 余人参加。

（徐　虹）

【杨镇中小上榜 2015 年京城百所特色校榜单】 12 月 26 日，由北京晨报教育新闻部、《北京晨报·教育周刊》主办，东城区教委、西城区教委、朝阳区教委、海淀区教委、丰台区教委、石景山区教委、顺义区教委及北京民办教育协会特别支持的“2015 京城百所特色校”推选活动揭榜，杨镇中小走上百所特色校榜单。

（徐　虹）

【举行吴正宪儿童数学教育思想顺义站研修活动】 12 月 29 日，杨镇中小举行吴正宪儿童数学教育思想顺义站研究活动。著名特级教师吴正宪走进杨镇中小，为师生们献上一堂精彩别致的儿童数学整合课。课后进行座谈交流。主任李广生对整个活动做总结。区教育研究考试中心魏金辉、张秋爽老师及顺义区多所学校教学领导和骨干教师参加活动。

（徐　虹）

办学条件

【概况】2015年，区政府、区委教工委、区教委始终秉承“努力改善办学条件，助推教育发展，服务学生成长”的理念，不断深化教育综合改革，推进教育科学发展观的贯彻执行。

一是财务管理更加规范。区教委计财科定期组织财务人员培训，召开全区中、小、幼资金使用情况通报会。全年教育总投入319002万元。中小学固定资产总值39.05亿元，中等职业学校固定资产总值1.00亿元。按时完成教育预算管理系统升级、学生资助中期评估报告、2016年区级基本预算等工作。做好预算资金监督管理及全系统三公经费的统计、报送工作。做好全区财务软件、账务处理等业务的咨询及指导工作。筹划、协调、组织现代学院、职教中心、顺义一职、汽车职高的清产核资工作。

二是教育管理资源进一步优化，资产管理服务更加完善。由区教育资产管理服务中心牵头制定《校舍安全长效机制》，为实现全区校（园）高水平达到北京市安全标准提供保障。以国家义务教育均衡发展验收工作为契机，开展全区义务教育学校拉网式排查，更换补充一批硬件设施设备，促进城乡中小学办学条件全面提升。基础建设工作合理规划、稳步推进，共实施改造工程26项，修缮项目362个，校（园）翻扩建并投入使用2所，接收配套幼儿园5所（香悦四季幼儿园、仁和花园一区幼儿园、金宝花园幼儿园、裕龙二区幼儿园、张镇第二幼儿园），建筑面积13543.12平方米，占地面积19471平方米，新增学位1440个。技术装备工作做到合法依规、科学实用，采购教育教学设备84.2万件（套），采购资金3.2亿元。合理简化流程，提高处置效率，优化资产配置，完成3.34万件（套）资产的核销、转移，完成300余人次资产管理员和专室管理员培训，14名校（园）长离任资产审计，3个教育单位搬迁易址。增强创新意识，首次向社会力量购买服务。对11个燃煤取暖单位的锅炉进行了清洁能源改造。完成建安费投资2051万元，建设其他费投资151万元，总计投资2202万元。

【完成义务教育均衡化验收工作】4月底，义务教育均衡发展国家级验收工作圆满结束。专家组对顺义区教育的办学条件给予高度评价：在硬件设施上坚持城乡统筹，城乡学校办学条件得到无差别化全面提升。迎检的四个月中，区教育资产管理服务中心教师们共进行11次设备数据统计与核对，走访学校180余次，检查供货厂家储备和安装情况11

4月底，顺义区完成义务教育均衡发展国家级验收工作

次，为44所中小学配备安装体育设备共计1208件；为26所学校安装161件水泥浇筑设备；为31所中小学配备卫生设备323件；为18所中小学配备物理、化学、生物等专用教室39个；为23所中小学补充物理、化学、生物、科学等教学仪器1万余件套；为6所中学化学实验室、9所小学科学实验室安装洗眼器28套，装备学生机房7个，多媒体9套，扫描仪54台，录音笔31支。累计投入设备资金近500万元。

（曹学民）

【签订供货协议】 6月，区教育资产管理服务中心组织85所学校与鹏程食品分公司等14家供应商签订供货协议，实现学生食堂粮、油、肉、蛋、果蔬、副食、调料配送的全覆盖，从源头上确保学生就餐的安全与健康。

（邓晟国）

【启动资产清查项目】 9月15日，教育资产管理服务中心启动全区教育资产清查项目。将资产清查的整个项目委托给会计师事务所进行操作，这是购买社会服务的一次有益尝试。资产清查分为五步进行，即：前期准备、学校自查、会计师事务所入校核查、上报清查结果、学校整改。通过资产清查工作，全面核准资产情况，规范账物管理，进一步完善资产管理制度。

（冯 辉）

【对四所职业院校进行清产核资】 9月30日，区教育资产管理服务中心对北京市顺义区职业教育中心学校、北京市顺义区第一职业学校、北京市顺义区汽车技术职业高中、北京现代职业技术学院等四所职业技术院校开展清产核资工作。此项工作聘请会计师事务所对各校资产进行核实并出具相关报告。

（冯 辉）

【对燃煤锅炉进行改造】 10月，区教委全面落实市委、市政府关于大气污染防治的决策部署，对全区教育系统内11家单位进行燃煤锅炉改造。总投入达2000余万元，燃煤总量减少2000余吨。从调研论证到设备采购，从安装调试到使用培训，每个环节均确保严格、规范。采购的新型清洁能源锅炉设备体积小、集成化高，设备运行过程全自动控制，无需专人值守，不仅锅炉房内干净整洁，而且节省了学校人力成本，得到基层单位的一致好评。

（张 蒙 孙圣鹏）

10月，区教委对11家单位进行燃煤锅炉改造

【完成教育督导检查设备配备工作】 年内，区教育资产管理服务中心配合全区工作部署，完成国家教育部对顺义区义务教育均衡化督导检查设备配备工作。完成裕龙小学现代校区、金宝幼儿园、相悦四季幼儿园、浅山香邑幼儿园、仁和花园幼儿园、西辛幼儿园分园、建北幼儿园等新建及暑期扩班学校设备装备工作；完成西辛小学电大校区、考试研究中心、退休教师服务中心（督导室）导迁及迎检单位的设备装备工作。以中小学办学条件标准为依据，均衡配置教学设备，采购录播教室、液晶触摸屏、电子白板、计算机、学校安防设备、幼儿园玩教具、厨房设备等各类教育教学设备，累计采购资金近1.16亿元，高标准、高配置提升全区中小学办学条件。

（王 伟）

【完成学生校服配备工作】 年内，区教育资产管理服务中心高质量完成校服配备工作。工作中，严格遵循“四提高”原则：一是提高配备标准，将近300元/生的配备标准提高到近600元/生，采购资金由近300万元提高到近1300万元；二是提高受众面，将配发年级由三个年级增加到五个年级，受益学生数增加近6000人；三是提高配发数量，将配发数量由每生两套秋装一套夏装，提高为每生两套秋装两套夏装；四是提高满意度，在校服面料和款式选定环节加入学校、家长和学生需求调研环节，提高校服配备工作的满意度。2015年共计为顺义籍小学生提供春秋装和夏装累计约2.4万套，为顺义籍初中学生提供春秋装和夏装累计约1.2万套，合计金额近500万元。

（刘永良）

【完成基础建设改扩建工作】年内，区教育系统全面改善办学条件。沿河中心小学校建设工程、李桥中心幼儿园翻扩建工程建设完成并投入使用。北小营第二幼儿园建设工程、高丽营第二中学校舍改扩建工程开工建设。工程的建设消除了校舍安全隐患，切实提高了校舍防震能力，确保广大师生生命安全。

（王　松）

【完成部分年级课桌椅更新工作】年内，区教育资产管理服务中心完成52所中小学部分年级课桌椅的款式更新工作。在项目立项调研阶段，广泛征求学校意见，对桌椅颜色及升降方式组织学校领导进行现场查看样品并投票，最终在颜色方面小学选择朝气蓬勃的草绿色，中学选择沉稳中庸的棕色，符合学生年龄特点及心理需要。新款课桌椅为ABS与PP材质的机械升降桌椅，设计符合人体工程学原理，外形美观且能够与现代化教育教学整体环境融为一体。新款课桌椅通过机械摇臂升降方式，操作简单，每班只需一把通用工具就能完成调节高低的工作，甚至学生自己就能完成，方便学校后勤管理工作，这也是本次课桌椅更新的一大亮点。全区更新小学二年级、初中二年级以及部分高中二年级学生的课桌椅，共计10000套。

（马　骏）

组织团体

【概况】2015年，顺义区教育系统党工团等各类团体紧密围绕教育的中心开展各项活动。

一、努力创建学习型党组织，进一步加强党风廉政建设。

一是党建工作进一步加强。深入开展“三严三实”专题教育活动，处级班子召开民主生活会，梳理出3个方面8项突出问题。深入贯彻落实党代表工作室制度，党代表驻室8次，接待校（园）长、机关科长、教师代表等百余人次。发展新党员55名，为党组织注入新鲜血液。开展在职党员回社区、庆祝建党94周年系列活动和党员献爱心活动，切实提升党组织的凝聚力和战斗力。

二是全面部署党风廉政建设工作。4月初，组织召开教育系统党风廉政建设工作会议，纪工委书记做《聚焦中心任务 强化执纪问责 深入推进我区教育系统党风廉政建设和反腐败工作》报告，要求各级党组织切实加强对党风廉政建设工作的领导，党政一把手当好“第一责任人”。11月份，召开全系统开展“从严从实 遵规守纪”主题纪律教育季活动动员大会，统一购买《中国共产党廉洁自律准则》《中国共产党纪律处分条例》和《习近平关于党风廉政建设和反腐败斗争论述摘编》共500余本，发至各基层单位，并对广泛开展学习活动提出具体要求。

三是加强教育，增强领导干部廉洁自律意识。3月初，教育纪工委编辑印制《顺义区教育系统领导干部廉政新规手册》，对公务外出、接待、用车等各项规章制度进行总结归纳，要求各单位党员领导干部以此为工具书，在实际工作中严格执行；为落实区纪委工作安排，纪检监察科下发了《关于在教育系统开展党员干部廉政法规知识学习的通知》和《关于党员干部参加廉政法规知识测试的通知》；5月至9月分八批组织教育系统2015年提任的25名科级干部，参加任职前廉政法规知识测试；10月12日，区教育纪工委组织全区中小学校（园）长，教委机关、考研中心和社区教育中心领导干部300余人，分六批次赴顺义区看守所参观，实地感受羁押人员生活环境，接受警示教育。10月13至16日对我区12所申报廉政文化示范校的学校进行评估验收，最后评选出六家单位为廉政文化建设示范点。

四是强化监督，促进各项工作规范运行。为落实中央八项规定，纪检监察科制定并下发《关于节日期间开展监督检查工作的通知》，“五一”和“十一”期间，组织人员对我区29所学校和幼儿园公车封存及学校节假日值班情况进行了抽查；5月下旬与审计、计财科一同抽查16家单位，与教师座谈公务用车、三公经费使用等问题；强化落实《严禁教师收受学生及家长礼品礼金的规定》和《严禁在职公办教师有偿家教和违规办班补课的意见》，严格治理中小学教师校外兼课、有偿家教、收受礼品礼金等违规违纪行为，进一步加强师德师风建设，切实解决社会反映强烈的突出问题。11月开展“从严从实、规范办学”自查自纠工作，要求各单位认真审核相关程序、资质、手续、票据、合同等是否符合现行法律法规和政府文件的规定，对存在问题的要及时整改，从严从实规范办学行为。

二、扎实推进各项常规工作，提升工会服务水平。

区教育工会认真落实党的群团工作会议和市总工会“1+15”文件精神，以激发基层工会活力为主线，以满足教职工需求为出发点和落脚点，以“管理规范、活动丰富、服务到位”为目标，全面推进各项工作。

一是提高民主管理水平。教育工会通过提高民主管理水平，构建和谐劳动关系。各基层单位规范开展“民主日”活动，认真研讨教职工所提出的问题，通过教代会、教职工大会反馈建议的采纳结果，责成职能部门予以落实。今年全区教职工共提合理化建议4578条，采纳2032条，实施1105条。凡是与教职工利益直接相关的福利、绩效分配方案以及聘任、考核、奖惩办法，都提交教代会审议并做出决议。统计表明，今年教职工对校务公开的满意率达93.37%。

二是多种渠道维护教职工权益。通过关注不同群体的切身利益，将温暖送到每个教职工心间。教育工会多方筹措资金，对患大病的教职工登门探望，给予1万元现金资助，以解燃眉之急。组织包片科室挨户拜访困难教职工，送钱送物送关怀。两级工会共慰问困难教职工458人，大病教职工5人，投入资金101万元。广泛宣传《女职工劳动保护特别规定》，为6385名女教职工上“六病保险”，入保率达到99%。组织8000多名教职工进行常规体检，组织500名50岁以上的教职工进行脑卒中检查。积极使用北京市总工会“健步121”客户端，深入开展“健康减重十万斤”活动，发放电子人体秤、体重指数计算尺260多个。组织130多名工作满30年的教职工，开展“漫步顺义鲜花港，享受绿色好生活”活动，践行健康生活理念。

三是开展活动增强教职工活力。教育工会着力拓展素质提升平台，依靠多种途径激发教职工的热情与活力，实现教职工全面发展。开展“聚焦学生发展，与时俱进育人”师德教育活动，基层工会开展“征集师德格言”“师德演讲”等活动。在全区庆祝教师节表彰大会上，教育工会对60个优秀师德群体、165名师德标兵进行表彰。开展“劳模进校园”活动，近万名师生参与其中并深受教育。基层工会普遍开展“师带徒”“一帮一”等活动，教职工自身发展意识进一步提高，全区参与岗位培训和基本功竞赛的教职工达40000多人次。基层工会还通过开展唱歌、摄影、登山、球赛、趣味运动会等文体活动，有效增强职工之家的活力。

四是自身建设成效日益显著。教育工会以打基础、强规范为重点，全面增强自身建设的内在动力，实现工会组织的有形覆盖和工作的有效覆盖。为加强干部队伍建设，教育工会举办基层工会主席培训班，120多名基层工会主席参加培训，在专家指导下，认真撰写案例并开展交流活动，收获丰厚。

三、坚持立德树人，稳步推进少先队、共青团工作。

一是以培养青少年对社会主义祖国的朴素感情为目标，以社会主义核心价值观为指导，以加强共产主义教育为主线，在队伍建设上走专业辅导员发展道路。少先队、团委一共开展25项主要活动，其中队伍建设方面7项，理想信念教育方面12项，阵地建设6项。本年度共评选出全国优秀少先队员1人，全国优秀少先队大队1个，北京市优秀辅导员4名，北京市星星火炬奖8个，北京市最美少年2人，少先队市级公开课二等奖2人，三等奖1人。

二是积极协助关工委的各项工作。在关工委主办的2015年“少年向上 真善美伴我行”主题教育读书活动演讲比赛中，牛一实验学校谢渤阳同学代表顺义区参加北京市比赛获得三等奖。在与区环保局联合举办的顺义区2015年中学生环保主题中英双语演讲比赛中，四中分校陈雪婷、仁和中学袁才久、顺义二中欧瀚文三位同学分别获一、二、三等奖，李桥中学黄心艺、顺义三中郭薪羽等15名学生获得优秀奖。

四、各级领导高度重视离退休教师工作，给予大力支持。

区委教工委、教委领导非常重视离退休教师工作，给予人力、物力、资金、场地的有力支持。2015年，教委投入资金30余万元对活动中心的活动室进行装修改造，改善退休教师的学习娱乐环境。组织科领导积极参与离退休教师工作和重大活动，重视创建敬老文明模范校工作，并把此项工作列为考核基层工作一项内容，促进敬老工作水平不断提高。

各基层单位领导也非常重视离退休教师工作，把离退休教师工作列入议事日程，每年召开专题研讨离退休教师工作会议不少于两次，对本单位离退休教师工作做出具体安排。如：投入资金建立老教师活动室、组建退休教师和青年教师传帮带小队等，加强与退休教师的联系。东风小学、光明小学、考研中心、特教学校等单位克服教师人员紧张、教学任务繁重等困难，派出专业水平高的教师到活动中心给退休教师授课，得到退休教师们的一致好评。

【广泛开展“3·18”民主日活

动】3月中旬，顺义区教育系统以教代会为主要形式，广泛开展“3·18”民主日活动。各基层单位向代表做校务公开工作报告和财务工作报告，对教职工提出的合理化建议当场进行答复，并以公开栏、电子屏、接待日等形式，拓宽校务公开渠道。区领导和教委领导在参加马坡二小的民主日活动时，充分肯定校务公开工作取得的成绩，并要求学校认真落实十八大、十八届三中四中全会精神，不断总结经验，紧紧依靠全体教职工，将基层民主政治建设推向新的发展阶段。

（黄　杰）

【部署教职工体检工作】4月9日，顺义区教育工会与保健所共同召开教职工体检动员会。会上，对2014年教职工体检结果进行分析，提出防治常见病的措施，并对基层单位提出“宣传到位、组织到位”的要求，高标准做好2015年体检工作，为提高教职工健康水平办实事。

（黄　杰）

【开展少先队大队辅导员实训活动】4月22日，顺义区少工委组织全区大队辅导员到平谷区大华山校区参加实训活动。与会人员听取大华山校区总队辅导员介绍少先队工作经验，并与大华山校区的辅导员围绕如何开展少先队活动课进行交流研讨，参观大华山校区的校园文化建设和少先队特色社团活动。全区40余名大队辅导员参加。

（赵　恺）

【团员代表参加市青年营拓展实践活动】5月4日，顺义区百余名学生团员代表参加北京国际青年营顺鑫营地开营拓展实践活动。团员代表被分成6组，轮换进行野外生存自我救护知识培训、中华传统文化体验、野外军事体验、野外扎帐篷体验、攀岩体验和综合拓展体验活动，锻炼野外生存能力，感受团队精神。共青团中央书记处书记徐晓，区委常委、组织部长车克欣出席活动。

（王　静）

【举办基层工会主席培训班】5月8日，为落实北京市总工会“1+15”文件中加强工会工作者队伍建设精神，顺义区教育工会举办基层工会主席培训班。开班仪式上，教育工会主席王玉英对全体学员提出四点要求：一是要端正学风，保持良好的精神状态；二是要理论联系实际，推动工会工作发展；三是要严格要求自己，遵守学习纪律；四是要树立终身学习的理念，将此次培训作为起点而不是终点。特邀专家以“怎样当好基层工会主席”为题，进行第一次培训。培训以专家授课、参观学习、经验交流为主要形式，注重提高工会主席理论水平和解决问题能力。教育系统120多名基层工会主席参加培训。

（黄　杰）

【举办教职工个人才艺决赛】5月9日，顺义区举办教职工个人才艺决赛。在初赛中脱颖而出的28名教职工，分器乐、舞蹈、声乐三个板块进行角逐，评委现场打分。基层工会主席及教职工代表共计300余人观赛。

（黄　杰）

【举办退休教职工趣味运动会】5月9日，顺义区第二届退休教职工趣味运动会在裕龙小学举行。退休教师腰鼓队进行开幕式表演，老教协会长樊尽义致开幕辞。比赛主题为“我参与、我快乐”，共设托乒乓球跑、定点投篮、击保龄球、沙包掷准、踢毽子、钓瓶六个项目。全区共有500余位退休教职工报名参赛，市老教协总会、顺义区教委、区老教协有关领导出席。

（逯天成）

【举行中小学教职工乒乓球团体赛】5月16至17日，顺义区教育工会在仁和中学举行“顺义区第九届全民健身体育节系列活动

5月16至17日，顺义区第九届全民健身体育节系列活动暨顺义区教育系统中小学教职工乒乓球团体赛在仁和中学举行

暨顺义区教育系统中小学教职工乒乓球团体赛”。基层单位的近400名教职工在赛场上激烈角逐，展现出强烈的团队精神和精湛的球技。现代学院、牛山三小等单位分获中小学组前八名。

（黄　杰）

【退休教师京剧国粹宣讲团举办专场演出】5月19日，顺义区退休教师京剧国粹宣讲团到赵全营中学举办专场演出。宣讲团团长张怀鹏为师生介绍京剧相关知识。他说京剧是国粹，至今已有200多年的历史，京剧表演唱念做打并重，分为生旦净丑几个行当。宣讲团为师生奉献《三娘教子》《霸王别姬》《钓金龟》《沙家浜》等经典剧目，演员的精湛演技赢得师生的称赞。

（史海英）

【迎接市党建示范点中期检查工作】5月26日，北京市教工委党建示范点检查专家团一行9人由市教工委办公室主任方怀率队，走进牛栏山第一中学和杨镇第一中学，对两家党委的党建示范点建设情况进行检查。专家团分别听取区委教工委和两家示范点的工作汇报，查阅相关档案资料并进行座谈，实地考察党员活动场所，并走进党员教师课堂听课，全面了解区委教工委的党建示范点建设和作用发挥情况。检查结束后，专家团对区委教工委及两家党建示范点的工作给予高度评价，专家团肯定区委教工委党建示范点建设工作取得的成效，在工作中各级领导重视、指导到位、要求明确、特色鲜明，通过市区两级的党建示范点建设，带动全区教育系统基层党组织党建水平的整体提高。

6月19日，顺义区教育工会组织基层工会主席开展拓展活动

（李雪彬）

【举办“五月的鲜花”文艺汇演】6月13日，“歌舞献真情，共圆教育梦”顺义区教育系统“五月的鲜花”文艺汇演在仁和中学礼堂举行。来自基层单位的教职工以声乐、舞蹈、器乐等形式，展现全体教育工作者聚焦发展、团结奋进的精神风貌。区文联副主席兼秘书长孟云会、区委教工委书记教委主任刘克祥、区人民政府教育督导室主任李卫国等领导，以及基层单位校园长、工会主席、教职工共计500余人观看文艺汇演。

（黄　杰）

【开展拓展活动】6月19日，顺义区教育工会以拓展的形式，对基层工会主席进行培训。120多名基层工会主席，通过参与“密码传递”“毛笔写字”“炮弹发射”等体验式活动，对顾全大局、合作共赢、甘于奉献等团队精神内涵有了更加深刻的理解。

（黄　杰）

【大力宣传劳模事迹】7月1日，顺义区教育系统召开建党94周年庆祝大会。大会以专题片的形式，展示顺义区考研中心孔凡艳、东风小学刘金广、仁和中学陈水连、石园小学陈春芳的先进事迹。四位劳模现场接受采访，并寄语全体教师为教育发展贡献力量。区委教工委、教委、教育督导室、教育工会领导，以及基层单位代表共计600余人参会，各单位教职工8000余人收看视频直播。

（黄　杰）

【召开庆祝建党94周年大会】7月1日，顺义区教育系统庆祝建党94周年大会在牛栏山一中召开。会议表彰优秀共产党员297人、优秀党务工作者173人和先进基层党组织76家；以专题片的形式展示优秀共产党员、党务工作者风采，传播先进基层党组织的工作经验；新党员代表承诺“十表率”；获评全国和北京市先进工作者代表寄语全系统党员干部。区政府教育督导室主任李卫国带领全体与会人员重温入党誓词。区委教工委书记、教委主任刘克祥发表讲话：希望全体党员及各基层组织要充分发挥先锋模范作用，不断提升自身素养，服务学生、服务群众，传递正能量、弘扬正风气，凝心聚力谋发展，努力创新，进一步办好人民满意的教育。区委教工委、教委、教育督导室、教育工会领导出席，中小幼职及其他教育单位一把手、专职书记、党员代表，教委机关全体党员共计600余人在主会场参会，各镇、街道办事处教育助理及各基层单位全体教职员工共8000余人在分会场收看视频直播。

（张琪悦）

【深入开展劳模进校园活动】9月9日，在顺义区教育系统2015年教师节庆祝大会上，北京市劳动模范陈水连以《甘于奉献勇担当，勤学善思谋发展》为题做报告，她以从教15年来潜心教育教学的生动事迹，诠释了讲奉献、重实干、求发展的劳模精神。顺义区教委领导、基层单位校园长以及先进教育工作者、师德标兵，共计900多人聆听报告。

（黄　杰）

【开展“健康减重十万斤”活动】9月18日，顺义区教育工会深入开展“全民总动员，健康减重十万斤”活动，对基层工会健康体重管理员进行系统培训，发放电子人体秤和体重指数计算尺260多个，3000多名教职工通过微信报名方式参加活动。

（黄　杰）

【参加烈士公祭活动】9月30日，区少工委组织少先队员代表参加在烈士陵园举行的第二个国家烈士公祭日活动。与会人员在奏唱《中华人民共和国国歌》后，向烈士默哀；随后，武警士兵代表向烈士敬献花篮，区领导整理扶正挽联；50名少先队员代表现场演唱《中国少年先锋队队歌》。少先队员代表表示：一定要弘扬中国人民不怕牺牲、前赴后继、英勇战斗的爱国主义精神，踏着先辈们的足迹，刻苦学习、磨练意志、学好本领，为实现中华民族伟大复兴的中国梦而努力奋斗。区领导、老战士、军烈属代表、驻军部队及机关单位代表等共260余人参加活动。

（赵　恺）

【开展少先队小干部技能展示活动】10月10日，顺义区少工委开展少先队小干部技能展示活动。展示活动分为基础知识测验、风采展示和活动策划三部分。基础知识测验环节，通过笔试查找自己对《队章》的了解程度。风采展示环节展现全面发展综合素质水平，参赛选手表演朗诵、舞蹈、乐器和魔术等。活动策划环节，考查活动组织能力。全区130名少先队小干部参加展示活动。

（赵　恺）

9月18日，顺义区教育工会为参加“健康减重十万斤”活动的单位发放器材

【千名教职工展示健身成果】10月24至25日，教育工会以教育联盟的形式，举办第六届教职工运动会，牛栏山一中、顺义一中、杨镇一中牵头承办。各联盟在广泛征求基层工会意见的基础上，制定以团体性和趣味性为主的竞赛项目，吸引近3000名教职工参与运动会，在团结、愉快的氛围中，以多种形式展示了健身成果，再次掀起“健康减重十万斤”活动高潮。

（黄　杰）

【“教育先锋”党代表工作室举行约谈活动】10月，区委教工委书记驻教育先锋党代表工作室约谈活动举行。约谈内容涉及学校改革亟待解决的热难点问题及今后举措、机关科室创新工作思路服务学校发展等。区四次党代会代表、教工委书记、教委主任刘克祥就学校和机关科室的发展方向及工作思路提出要求。他强调，要办好新时期教育，一定要充分挖掘和发挥校长的智慧，要着力解决好人才流动问题，不同科室要切实担负起引领教育改革的责任。顺义九中、顺义五中、光明小学、张镇中小、西辛幼儿园的校（园）长，以及教委人事科、组织科、信息室负责人参加。

（李雪彬）

【举办红领巾传媒大赛】10至11月，顺义区少工委举办红领巾传媒大赛。各少先队大队根据自身优

10 至 12 月，区教育纪工委开展主题纪律教育季活动

势申报红领巾广播站、红领巾电视台和红领巾队报队刊。各少先大队将传媒作品刻制成光盘参加评比。比赛活跃了校园红领巾宣传引导阵地，扎实推进全区红领巾传媒体系建设，提高了校园红领巾文化宣传阵地的整体质量和水平。最终 10 个单位分获一二等奖。

（赵　恺）

【开展主题纪律教育季活动】 10 至 12 月，顺义区教育纪工委开展“从严从实遵规守纪”主题纪律教育季系列活动。一是制定活动方案并召开动员大会。区委教工委、教委和教育督导室、教育工会领导，各中小学校、幼儿园和其它教育单位一把手及教委机关科长等共计 400 余人参加动员会。二是组织集中学习。统一购买《中国共产党廉洁自律准则》《中国共产党纪律处分条例》和《习近平关于党风廉政建设和反腐败斗争论述摘编》共 500 余本，发至各基层单位，组织全系统领导干部 400 余人集中学习，确保每名党员干部都受到严格的纪律教育。三是召开专题学习报告会。邀请区检察院预防职务犯罪处处长张霞同志以《永葆清廉本色》为题，从职务犯罪的危害，职务犯罪易发、多发类型，如何避免和预防职务犯罪三方面，为教委机关全体工作人员及五所高中校校长讲授预防职务犯罪有关知识，进一步强化党员干部廉洁从业的意识。四是开展自查自纠活动。以“从严从实规范办学”为主题，对学校财务、基建、后勤管理和师德师风四个方面 25 项内容进行自查自纠，对检查出的问题，做到不掩盖、不隐瞒、不漏项，彻底整改，以此达到促进学校规范、长效发展的目的。

（杨守丰　杨雪英）

【召开党风廉政教育工作会】 11 月 10 日，顺义区教育系统召开党风廉政教育工作会。区委教工委书记、教委主任刘克祥出席并讲话，指出，要以主人翁的意识落实主体责任，进一步强化自律意识，全面完善制度建设，确保党风廉政建设工作取得实效。教育纪工委书记隋美荣通报近期信访举报事项、“十一”节日期间“四风”治理情况和秋季教育收费检查情况，动员部署“从严从实遵规守纪”主题纪律教育季活动。同时，集中组织学习《中国共产党廉洁自律准则》和《中国共产党纪律处分条例》。区委教工委、教委、教育督导室、教育工会领导出席，各中小学校、幼儿园和其它教育单位一把手及教委机关科长共计 400 余人参加。

（杨守丰　杨雪英）

【为新增会员办理京卡】 11 月下旬，顺义区教育工会为基层工会新增的 359 多名会员办理京卡互助服务卡，继续维持“全覆盖”的良好态势。为方便基层工会，教育工会规范了京卡办理流程：1. 基层工会发展新增教职工入会；2. 基层工会采集新增会员信息；3. 基层工会将新增会员身份证复印件及会员信息电子版上交教育工会；4. 教育工会将信息导入会员库，再导出打印，统一到北京银行办理京卡；5. 教育工会通知基层工会领取新增会员京卡。在办卡过程中，教育工会服务细致、工作周到，保证新增会员能够及时享受京卡的优惠政策。

（黄　杰）

【区教委组织廉政法规知识测试】 12 月 14 日，顺义区教委组织机关全体党员干部进行廉政法规知识测试。测试题以《中国共产党廉洁自律准则》和《中国共产党纪律处分条例》为主要内容，结合之前组织观看的《自首》《全面失守》两部警示教育片，分为填空题、判断题、选择题和问答题四种题型。全体党员干部在集中学习和自学的基础上，通过测试，进一步加深对党纪条规的认识和掌握，有效促进教委机关反腐倡廉建设。机关全体党员干部 110 余人参加。

（杨守丰　杨雪英）

干部·教师

【概况】2015年，顺义区“以办人民满意教育为工作目标，以立德树人为根本任务，以促进学生健康、全面、个性化发展为出发点”，加强干部教师队伍建设，增强教育软实力。

一是深化师德师风建设。认真落实《严禁教师收受学生及家长礼品礼金的规定》和《严禁在职公办教师有偿家教和违规办班补课的意见》，治理教师校外兼课、有偿家教、收受礼品礼金等违规违纪行为。开展“聚焦学生发展，与时俱进育人”师德教育活动，基层单位紧紧围绕“师德高尚、业务精湛”的目标，强化师德教育。以“学生最喜爱的教师”“紫禁杯优秀班主任”等评选活动为契机，结合教师节庆祝活动、师德事迹交流会、“我的教育故事”征文、30年教龄联谊等活动，引导广大教育工作者做有理想信念、有道德情操、有扎实学识、有仁爱之心的“四有”教师。严格执行教师职业道德“一票否决制”，把师德表现作为教师工作业绩考核、职务评聘和评优评先的重要依据。

二是深化人事制度改革。建立城乡学校校长、教师工作任期制度和定期交流轮换制度，推动城乡学校之间校长、教师有序流动、科学流动、合理流动。

三是干部成长机制不断健全，推进干部队伍专业化建设进程。制定《顺义区教育系统事业单位领导干部选拔任用管理工作条例》，加强干部选拔、任用改革，形成干部培训、使用、管理一体化机制。组建干部培训班，进行分层、分岗培训，组织全区中小学校长及主管教学干部到北京十一学校参观学习，分批次跟岗培训。组织幼儿园园长赴东北师大进行深度研修、中小学德育干部赴南京师大进行专业培训。5位骨干校长结束新加坡南洋理工大学留学。参加培训的干部整体满意度达98%以上。开展小学教学干部听评课能力专项检测活动，促进领导干部业务能力的提升。创新干部聘用机制，公开招聘幼儿园副园长12名，组织合并校重新竞聘干部32名，城乡之间交流干部72名，其中“一把手”20名。积极开展后备干部专题和专项培训。

四是教师综合素养稳步提升。加大教师专业培训和校本培训，引领教师专业成长。继续做好名师培养工作，提高骨干教师整体素质。与北京师范大学、北京教育学院等高校合作，实施有效教学方式研究、班主任专业素养提升、幼儿园新教师专业成长等合作项目，为教育改革和学校发展助力。发挥名师引领作用，每位学科骨干教师每年至少开展一次大型讲座。开展区级青年教师说课、基本功大赛活动，为青年教师成长搭建平台。组建第四期名师工作室23个，覆盖15个学科，成员达300余人。组织“一师一优课、一课一名师”晒课活动，晒课2000余节，名列全市第三。全覆盖式视导全区26所中学，“协商式”视导20余所小学，听、评课2000余节，编辑完成两个学期的视导报告。开展幼儿教师音乐教学基本功展评、小学“临空杯”骨干教师示范课展示、首届心理教师基本功培训暨展示等活动23个，1800余人次参加。参加全国及北京市评优课、教学设计比赛，40人次获一等奖，60余人次获二等奖。特殊支持教育中心走进普通学校，进行教师专业培训，指导多动症、学习障碍、自闭症学生的康复训练，使教师的专业素养得到有效提升。

【区教研中心新增四名北京市特级教师】4月中旬，北京市特级教师评审工作结束。经顺义区评议推荐，北京市评选委员会评审通过，正式批准区教育研究考试中心穆双龙、茹春华、孔凡艳、张秋爽四位老师为北京市特级教师。

（孙东昊）

【孔凡艳荣获全国先进工作者称号】5月8日，顺义区考研中心教师孔凡艳荣获全国先进工作者（全国劳模）称号；东风小学刘金广、仁和中学陈水连、石园小学陈春芳荣获北京市先进工作者（北京市劳模）称号；杨镇一中新疆班被评为“北京市模范集体”。孔凡艳代表顺义区在人民大会堂出席全国劳动模范和先进工作者表彰大会。

全国先进工作者孔凡艳

（黄　杰）

【举行第四期名师工作室启动大会】5月16日，顺义区第四期名师工作室启动大会在牛栏山一中举行。会上为第四期23个名师工作室授牌。上半年共启动第三、第四期44个名师工作室，参训学员564人。北京教育学院副院长钟祖荣，北京市中小学教师培训中心主任汤丰林，区委教工委书记、教委主任刘克祥等领导出席。各中小学校长、幼儿园园长和新老名师工作室主持人及其成员、中小学教师代表约500人参加会议。

（方树东）

【开展小学教学干部结业检测】6月5日，顺义区小学教学干部培训班结业检测在顺义一中附小举行。测试过程分为全员综合检测、分组现场听课、学员评课与专家议课三个阶段。借助《小学教学干部专题培训结业综合检测试题》，完成对44名学员在常规管理、教学质量监控、校本教研、校本课程开发中实践问题的认识与理解的检测；以听评课的能力检测为重点，分四个小组开展干部现场听评课及答辩活动，每组10至12教学干部，分别听取《复习生字》《合理安排时间》《磁铁的性质》《百变团花》等1至4年级不同学段四节课，涉及语文、数学、科学和美术学科，并在第三阶段围绕各组所理解的好课标准及选择课堂观察点进行评课和答辩。这次检测邀请北师大苏君阳等高校专家、中关村一小教学主任穆倩等名校教学校长及本区教研员等12位专家从不同角度进行专业引领、实践点拨与教学指导。专家认为，学员们对学生的状态观察细致，使用的课堂观察工具较为合理，同时提出观察点与教学目标之间的联系不够明确，课堂教学观察的理论基础需要加强。

（刘艳茹）

【公开招聘教研员工作结束】7月25日，教育研究考试中心面向全区进行教研员公开招聘工作正式结束。通过资料审查、专家面试等环节，评议后最终确定鲁静华、李宝艳、李秀华、王红超四位教师进入考核试用期。

（孙东昊）

【通过北京市教师培训机构建设评估验收】12月8日，顺义区接受北京市“十二五”区县教师培训机构建设评估验收。专家组一行10人，听取顺义区作《加强基地建设，发挥培训功能，促进区域教师队伍发展》的基地自评和“十二五”培训工作总结。与会专家针对顺义区教师培训基地建设及培训特色进行深入详实的交流，实地查阅档案材料，与培训者和一线教师座谈。专家组经过综合评议，一致认为顺义区教师培训工作管理有据，组织有序，实施有效，保障有力，顺利结束验收工作。“十二五”期间，顺义区组建各类培训班850个，培训教师7010人，中小幼教师“十二五””继续教育达标率为99.43%，学员满意率91.3%。顺义区委教工委、教委及教育研究考试中心领导20余人参加。

（侯庆辉）

【与高校联合开展教师培训】年内，顺义区与高校联合开展教师培训。一是举办“绿色耕耘”培训项目，组织教师参加北京教育学院举办的“绿色耕耘”专项培训，采取单独在顺义组班培训的方式，先后举办高中物理、高中生物、高中政治、中学心理教师提高班，小学心理上岗班，中学新任班主任培训班和小学新任班主任培训班等7个“绿色耕耘”培训班，培训学员263人。二是举办新教师培训项目，与北京教育学院合作，对2015年新参加工作的中小幼教师进行为期一年的新教师培训，分学科、分学段对新教师进行学科知识、教育理念、教育管理等方面的培训，培训注重理论知识与教学实践的有机结合，培训学员319人。三是与首师大联合举办培训项目，举办小学信息技术教师专项培训班1个，启动中小学以校组班专题培训项目6个，培训学员625人。

（李树栋）

【采取措施加强高中教师队伍建设】年内，顺义区采取多项措施加强高中教师队伍建设。一是实施教师专业发展专家引领模式，请教材编委与学科专家走进课堂，对教师进行国家政策、教育法规、课程改革纲要、教学理念、课程标准的解读。二是探索教师专业发展多元化培训模式，重视消化市级培训，精雕细刻区级培训，开展形式多样的教研活动。三是开展教师专业发展交流合作模式，通过与专家直接对话、同行之间以教学论坛形式开展交流合作，构建课程改革专题网站，精编课例集，为教师们深层交流搭建平台。四是搭建教师专业发展分级教研模式，建立三级教研平台，坚持把不同层级的教研活动作为提出问题、探究问题和解决问题的学习组织。五是抓实教师专业发展常态训练模式，顺义区每年举办一次全区教师基本功大比拼，各校结合校本研修，扎实开展教师培训，提高教师教育教学技能。六是构建教师专业发展的标杆导航模式，注重“名师工程”建设，充分发挥校内外各级各类教育名家、优秀教师的榜样示范作用。

（张宝义）

干部教师培训机构

·北京市顺义区教育研究考试中心·

【概况】2015年，北京市顺义区教育研究考试中心有教职工总数132名，其中，专任教师118名（副高级职称67名，中级职称45名）。市级学科带头人9名，市级骨干教师35名，市级特级教师10名。开展各级各类培训班275个，培训各级各类人员25683人次。普通教室12个，专用教室12个。学校占地面积12870平方米，建筑面积10600平方米。体育场（或馆）面积620平方米。图书馆（或室）占地面积45平方米，藏书总数1.9万册，电子图书110万册，全年订阅杂志、报刊150种。固定资产总值3074万元。全年教育经费投入1850万元，全部为国家拨款。全年信息化经费投入10万元，拥有计算机500台，多媒体教室座位2000个（指学校所有配备多媒体教室座位总数），校园网出口总带宽850Mb，数字资源量920 GB。

（孙东昊）

单位全称：北京市顺义区教育研究考试中心

地址：顺义区裕龙花园三街

网址：http://www.shyedu.cn/

电话：010-69443837

邮编：101300

【开展“三严三实”专题教育活动】6月19日，区教育研究考试中心召开“三严三实”专题教育动员部署会。区教育研究考试中心党委副书记张海作教育动员部署并作专题党课报告。中心全体党员、中层以上领导干部参加。

（孙东昊）

【开展爱国主义教育活动】10月22日，教育研究考试中心党委组织党员到怀柔区爱国主义教育基地——铁军纪念馆开展纪念活动。此次活动使广大党员不仅接受了爱国主义的熏陶，同时也认识到要立足本职岗位，将革命先辈们的艰苦奋斗、甘于奉献的精神践行于工作生活之中。

（孙东昊）

【参加北京市小学劳技教师技能展示活动】11月7日，北京市小学劳技教师基本技能培训与展示活动在海淀区教育教学辅助中心举行。顺义区8名教师参加基本技能展示活动，5人次获市一等奖，获奖比例全市第一，高东梅老师在全市表彰会上作典型发言。

（孙东昊）

【孔凡艳名师工作室参加全国小学语文名师工作室联盟大会】11月20日，“第二次全国小学语文名师工作室联盟大会暨读写课程资源的有效开发高峰论坛”在江苏无锡召开，来自全国各地的50余个名师工作室参与了大会。顺义区小学语文名师工作室主持人、特级教师孔凡艳带领她的工

11 月 20 日，“孔凡艳名师工作室”参加全国小学语文名师工作室联盟大会

作室成员一行共 10 人参加此次活动。会上，孔凡艳老师作的《从“学案”走向个性化阅读》特色经验交流分享、工作室成员刘学红老师作的《找准读写迁移点 实施读写一体语文课程》的 TED 演讲，受到与会专家与名师的一致好评。此次活动中，还有六名工作室成员的论文分获国家级一、二等奖。

（高东梅）

【单位迁址工作顺利完成】 11 月下旬，经过多方协调，精心筹划，教育研究考试中心迁址工作顺利完成。新址位于裕龙花园三街，占地 19.8 亩，地上建筑面积 20000 平方米。建筑内部结构规划合理，着眼于时代发展，优化基础条件，能同时满足全区各类教师 2000 余人参加培训。

（孙东昊）

职业教育与成人教育

【概况】顺义区教育系统深入贯彻落实全国职业教育与成人教育工作精神，以服务为宗旨，就业为导向，着力提高服务对象的职业道德水平、职业技能水平和就业创业能力，各项工作稳步推进。

一是力促职业教育更加优化。进一步整合职业教育资源，充分发挥职教中心资源优势。深化校企合作，促进学校和企业资源共享，加大学生专业技能训练强度，强化生产性实训和顶岗实习，增强服务地方的能力。

二是力促成人教育更加惠民。深化与首都高校联合办学，加强专业开发和建设。继续加强教育品牌建设，面向全区农民、企业职工和文化创意产业人员开展培训。2015年，顺义区社区教育中心系统实际累计招生3428人，超额完成任务3.8%，中高等学历教育在校生13930人。“慧企讲堂”“兴农讲堂”“创意设计大讲堂”等非学历教育全年培训14700人次。圆满完成自考、全国英语等级考试、全国计算机等级考试等考试任务20次，86692科次。

三是力促学习型顺义建设更加深入。在创建北京市学习型城市工作示范区基础上，不断深化学习型组织建设。积极开展全民读书活动，新增12个市民体验教室，25个街镇共开展社区教育培训1058次，共计79102人次。截至12月底，顺义学习网拥有注册用户5万人，点击总量突破850万。

四是积极稳妥推进职教资源整合，完成区内职业技术学校划转北京城市学院工作。截至到8月底，完成北京现代职业技术学院、顺义区第一职业学校、顺义区汽车技术职业高中、顺义区职业教育中心学校4所职业学校划转北京城市学院的管理工作，学生全部并入城市学院，教职工分流安置圆满完成，并组织完成现代学院、职教中心、顺义一职、汽车职高的清产核资工作。

【开展社区教育培训活动】1至6月，社区教育中心开展社区教育培训活动。在巩固争创北京市建设学习城市工作示范区建设成果基础上，社区教育围绕社区居民的学习需求，大力开展社区教育培训活动，面向各镇、街道下发社区教育培训菜单，各街镇根据辖区内村民和居民不同教育需求，选择教育内容，聘请社区教育的教师开展教育活动。李遂镇文教办举办3期网络基础课程培训班，为居民讲解计算机基础知识和顺义学习网的使用方法。北务镇开展中老年保健知识讲座，为老年人讲解热门养生保健常识和注意事项。马坡镇举办职工素质提升大讲堂，为职工讲解个人礼仪知识。

（贾变变）

【顺义开大对南彩镇开展干部培训】3月23日，北京市开放大学顺义分校举办“南彩镇2015年干部集中培训”班。此次培训设置《领导科学与艺术》《古代交友之道与现代人际交往》《行政执行力建设》《创新思维与创新管理》等专题，培训时间为5个半天，通过培训全面加强了南彩镇政府干部团队建设，切实提升干部综合素质及管理能力。南彩镇处级领导干部、全体机关干部及各村委会干部共200余人参训。

（贾变变）

【开展全民读书活动】4月中下旬，区学习办三项措施开展“顺义书香”全民读书活动。一是实施四项全民读书行动计划。由区委宣传部、区总工会、区文明办和区教委牵头，实施“读书与创新行动计划”“读书与素质提升行动计划”“读书益智行动计划”和“彩虹读书行动计划”。二是组织各单位开展丰富多彩的活动。区文委举办“‘世界读书日'·'悦'读好书"倡议活动，倡导文化工作者立足顺义新发展，通过快乐阅读传承经典，将读书生活化。区民政局以第20个"世界读书日"为契机，组织员工学习《全面建成小康社会与"中国梦"》《坚持和发展中国特色社会主义》《加快转变经济发展方式》等13本书籍。三是利用网络平台营造氛围。利用顺义学习网大力宣传，通过给市民推荐经典电子书和电子期刊等形式，营造"人人争做书香个人"学习氛围。

（贾变变）

【延庆县到仁和镇参观社区教育活动】5月8日，延庆县教委20余人到仁和镇陶家坟村参观社区教育活动。延庆县教委一行人参观了陶家坟村的回迁社区、书画体验室、电子阅览室和文体活动室。参观后召开座谈会，仁和镇副镇长张春利以"大力开展社区教育，为城镇化发展增智助力"为主题，对仁和镇社区教育助推城镇化建设项目进行介绍。延庆县教委领导对顺义区社区教育建设成果给予充分肯定。社区中心主任陈成国等同志陪同。

（贾变变）

【开展"首都市民学习之星"评选活动】5月初，区学习办积极开展"首都市民学习之星"评选活动。区学习办在全区范围内征集典型人才，共推荐10名各行业候选人，包括区教研中心孔凡艳、区财政局邹然、顺鑫农业公司林金开和北京龙湾巧嫂果品产销专业合作社张亚利等。市学习办组成专家评审小组，按照"首都市民学习之星"的条件和个人事迹材料进行初审，确定候选人名单，并通过媒体进行公示，公示期满后上报北京市建设学习型城市工作领导小组审核，确定第六批"首都市民学习之星"名单。根据申报数量，在全市范围内评选出100名第六批首都市民学习之星。

（贾变变）

【顺义开大举办户外主题活动】5月下旬，顺义开放分校与东城开放分校联合举办的"奔跑吧，同学！"大型户外主题活动在顺义分校举办。主题为践行社会主义核心价值观，传递青春正能量。

5月8日，延庆县教委到仁和镇陶家坟村参观社区教育活动

启动仪式上，北京开放大学、东城开放分校、顺义开放分校三校领导出席。东城分校、顺义分校的12名选手们分别组成东城战队、顺义战队。活动分为六个篇章：爱国篇、和谐敬业篇、团结协作篇、自由平等篇、文明友善篇和圆梦校园篇，设置趣味闯关、校园寻宝、巧撕名牌等游戏环节，两队选手既互相合作又积极对抗比拼，气氛热烈。顺义分校与东城分校最终打成平手。

（张　静　秦　蓁）

【加强职业教育课程建设】上半年，北京现代职业技术学院多举措加强职业教育课程建设。一是深化"以工作过程为导向的职教课程改革"，拓展"教室即车间、课堂即岗位、老师即师傅"的教学理念，将技能传授与实训环节充分融合，加强技能训练力度。二是推行"理实一体化"教学改革，将课堂搬进实训车间，进行课程整合，发挥实训设备优势，直接引领授课和实训方式改革。三是加大基础课教师培训力度，扩充美育课程内涵，努力培养学生健康身心品质。四是以职业院校学生技能大赛和教师基本功竞赛为契机，组织教师参加创新创业教育培训、北京市高职院校教师培训、工商企业管理专业ERP应用与实施技能培训等活动，从思想上改变，从课程上寻求创新。

（单增安）

【完成公办职业学校划转城市学院工作】截止到8月底，顺义区教育部门公办的所有职业学校划转到北京城市学院。原来由顺义区教委管辖的顺义区第一职业学校、顺义区汽车技术职业高中、北京现代职业技术学院、顺义区职业教育中心学校四所公办职业学校全部划转为北京城市学院进行管理，学生全部并入城市学院，教职工分流安置圆满完成。教师共计346人，其中19人编制留转入城市学院；176人在北京城市学院工作，人员编制留在顺义区；7人自主创业；3人自谋其他职业；11人申请退养；130人区教委协调分流。现代学院位于杨镇，占地31万平方米，总建筑面积13.7万平方米，16个单体建筑，总投资6亿多元，全部资产由北京城市学院管理接收。将4所职业教育学校划转北京城市学院管理，助力城市学院中职教育、高职教育、本科教育以及研究生教育为主体的贯通式培养模式的实现。9月1日，城市学院首批5000名师生顺利入驻。

（单增安）

【顺义开放分校召开“班级管理专业化”研讨会】10月15日，北京开放大学顺义分校召开“班级管理专业化”研讨会。会上研究探讨班级管理专业化实施效果及管理过程中存在的问题。开放办主任崔旭红对项目实施效果进行总结分析，结果显示，按专业课程统计及格率，上学期学校194门课程中170科有所提升，24科提升幅度均超过40%，97科提升幅度超过20%；按专业统计班级毕业率，13个毕业班中10个班都有提升，物流和会计专业的毕业班提升幅度均超过40%。各专业负责人针对项目实施过程中存在的问题提出意见和建议。副校长李海英总结，对实施效果给予充分肯定，并对下一步工作提出希望。班级管理专业化即班级管理按照专业进行分块管理，助学按照课程进行分组实施，并重点围绕提高及格率和毕业率对各专业负责人及班主任制定12个相关考核指标，这是顺义开放大学在班级管理上的一个新突破。上半年项目大力推广，实践证明成效显著，学校在班级管理专业化管理中，摸索出一条教学管理新思路。

（张　静　崔旭红）

【顺义开放分校举办消防应急技能公益大讲堂】10月17日，开放大学顺义分校举办消防应急技能公益大讲堂。市防火中心宣传处副主任于连城从火灾事故现场逃生与自救、初级火警预防与扑救、灭火器种类和使用方法三方面进行讲解。列举8·12天津港大爆炸、10·10安徽芜湖餐馆液化气罐爆炸、10·12天津北辰化工仓库爆燃、1987年大兴安岭特大森林火灾等真实案例，分析火灾事故发生主要原因，结合单位、家庭特点讲述初级火灾的预防和补救措施，简明生动地讲解“三要三不要”的逃生措施及自救方法。北京开放大学顺义分校师生200余人参加培训。

（张　静　车利剑）

【大兴领导调研顺义学习网建设运营情况】11月上旬，大兴社区学院领导到顺义社区中心调研顺义学习网建设运营情况。大兴社区学院正在筹建区域市民学习网——兴学网。作为已经平稳运营3年多的网站，顺义学习网在整体架构设计、功能定位和宣传推广等方面已趋于成熟，成为兴学网的重要借鉴对象。会上，大兴区社区学院领导与顺义学习网运营团队就网站建设问题进行深入交流与研讨。中心主任李建军总结发言，强调指出建设运营市民学习网一定要充分考虑广大市民的多元化学习需求，满足市民多样化的学习愿望。

（贾变变）

【开展形式多样的社区教育培训活动】截至12月底，全区25个乡镇、街道共开展培训课程1058次，惠及79102人次，培训总时长约合2872小时。其中爱国、党政教育培训开展89次，文体培训115次，法制教育培训140次，幼儿、青少年教育培训113次，环境保护培训72次，健康教育培训282次，就业培训100次，其他教育培训（安全消防、兵役、理财、安全生产、和谐家庭、狂犬病预防等）147次。

（贾变变）

【顺义学习网总点击量全区第一】年内，顺义学习网点击量排名全区第一。顺义学习网作为基层远程教育平台，通过深入各乡镇、街道及各单位开展网站功能介绍和使用培训，发放宣传手册和学习卡，到公共场所张贴宣传海报等措施进行大力宣传。目前有近40家单位在学习网上建立子平台，各单位利用平台展示创建成果，实时查看本单位员工学习情况，共有20个不同类型学习圈子，共计7000余人加入。截至12月底，顺义学习网共拥有注册用户5万人，总点击量突破850万次。

（贾变变）

【石园幼儿园将早教带进社区】

年内，石园幼儿园发挥资源优势，利用多种措施将早教带进社区。1. 成立幼儿早期教育活动站，组织有经验教师，每月定期深入社区发放科学育儿资料，开展问卷调查，加强个别早期教育困难家庭的入户指导。2. 组织幼儿和家长共同参加各种集体户外游戏，锻炼幼儿肢体协调及群体交流能力，增进亲子情感。3. 开设小小课堂，请带班教师模仿幼儿园教学活动内容，为幼儿讲绘本故事、做益智手工等，提升幼儿对园所的期待感。

（杜文忠）

民办教育

【概况】2015年，顺义区民办教育认真贯彻执行《中华人民共和国民办教育促进法》等法规，不断创新工作方式，努力提高管理水平，有力促进民办教育健康、稳定、有序发展。加强民办教育网站建设，充分利用网站宣传民办教育法律法规及办学信息，展示民办校的办学成果。完成民办学校、教育机构办学许可的年检工作及综合考核评估工作；完成2所民办校聘请外教，2所民办学校招收外国学生资质审查等工作；组织5家单位14个项目申报社会组织公益行活动，3所学校参加“枢纽型”社会组织展示活动。在“2015年北京市优秀民办中小学评选表彰大会”上，顺义区有1所学校获得北京市优秀民办学校称号；1所学校获得北京市优秀社会组织荣誉称号；2人获得北京民办教育园丁奖。

2015年，顺义区共有各级各类民办学校和教育机构99所，民办幼儿园14所，民办小学4所，民办完全学校7所（其中九年一贯制学校1所，十二年一贯制学校3所，十五年一贯制学校3所），民办职业高中4所，培训机构70所，主要培训内容为文化补习、外语、计算机、文体、艺术、汽车驾驶等。固定资产532273万元，教学实习仪器设备资产值1765万元，教学用计算机2973台，多媒体教室座位数10629个，占地面积185万平方米，教学行政用房建筑面积256万平方米，体育场（馆）11.2万平方米，图书藏量30.4万册。

【完成民办幼儿园年度考核工作】11月18至25日，顺义区教委、区妇幼保健院、区民政局等部门组成考核小组，对全区17所民办幼儿园进行年度考核。考核内容涉及依法办园、财务管理、食堂及安全、教学管理、卫生保健和工会工作六个方面。检查组深入园所，通过“听”，听园长汇报；“看”，查看档案资料、财务账簿、食堂卫生、幼儿活动等；“问”，教师问卷、座谈；“评”，对照“考核评价标准及细则”认真评审、打分，对特色工作给予肯定，对存在问题逐一指出，并提出限期整改意见。考核结果表明，各民办园能够坚持依法办园、保障教职工合法权益，财务管理规范，办园条件逐年改善，教育教学质量有所提高，保教活动丰富多彩，卫生保健符合要求，安全保卫方案详实、设施齐备。对民办幼儿园的年度考核是促进民办教育走向正规化、科学化的重要举措，也是民办幼儿园评优、评先的重要依据。

（陈　静）

【调研属地民办高校】12月21日，区委书记王刚到中央美院城市设计学院调研。参观首饰设计和陶瓷设计工作室，并与师生代表座谈。王刚向与会人员介绍顺义区发展的“五个阶段性特征”和“五个转型升级”构想，肯定学院作为顺义发展的基础性、战略性资源的作用，赞扬城市设计学院师生们的创新精神。他指出，顺义区秉持“开放共享、合作共赢”的理念，深化校地合作，借助学院在城市文化发展、城市形象设计等方面的资源优势，增添顺义城市魅力，让设计更好地服务人民生活。区委教工委书记、教委主任刘克祥介绍顺义区教育发展情况和“十三五”教育规划。城市设计学院院长王中汇报城市设计学院办学成果，院党委书记高洪就校地对接、深化校地合作提出建议。师生代表纷纷就自己关心的问题与领导交流。区委常委、区委组织部部长车克欣，区委常委、区委办主任肖承继，区委常委、宣传部部长霍光峰出席，相关委办局领导和中央美院城市设计学院领导、师生代表共计40余人参加。

（徐振阳）

【支持民办教育发展】年内，顺义区采取措施进一步支持民办教育发展。一是根据相关政策，积极争取市区两级资金，为民办学校下拨随迁子女义务教育阶段专项金356.8万元，义务教育阶段学生杂费补贴160.1万元，课本费补贴140.48万元；二是投资15万元奖励考核优秀的民办园、民办校，用于购买玩教具、图书，改善教学环境；三是为民办校优秀班主任、骨干教师下拨1.8万元奖励津贴，用于鼓励民办校优秀教师；四是为引导民办学校做好卫生防疫工作，有效地避免食源性及其他传染病的发生，投资4千余元为各校配发“84”消毒液。

（陈　静）

民办教育学校

·北京市牛栏山一中实验学校·

【概况】2015年，北京市牛栏山一中实验学校占地面积245456平方米、建筑面积901000平方米，体育场（体育馆）面积共50000平方米。图书馆（室）藏书30894万册，订阅杂志、报刊270种。固定资产总值万元。全年教育经费投入7149万元，其中，国家拨款615万元、自筹经费6534万元。全年学校信息化经费投入800万元，拥有计算机450台，多媒体教室座位5100个，校园网出口总带宽100Mbps，数字资源量1500GB，“信息技术”课程1课时/周。普通教室90个、专用教室15个、实验室12个。教职工358人，其中，高级职称87人、中级职称85人。专任教师275人，北京市骨干教师4人、北京市学科教学带头人1人；本科以上学历353人。开设教学班95个，其中，小学班14个、初中班68个、高中班13个。毕业1369人，其中，小学119人、初中1044人、高中206人；招生1357人，其中，小学160人、初中1020人、高中177人；在校生4182人，其中，小学382人、初中3351人、高中449人，包括寄宿生4182人。高中录取分数线340分（本区），应届高考本科上线率68.55%。

（董立华）

单位名称：北京市牛栏山一中实验学校
地址：北京市顺义区顺安路99号
电话：010-81480932
邮编：101300
http://syxx.nlsyz.com.cn/

【举办“做党和人民满意的好老师”讲座】1月5日，牛一实验学校聘请广渠门中学高金英老师为全体教师作题为《静下心来教书，潜下心来育人——做党和人民满意的好老师》讲座。高老师首先例举当下教师工作的现状，然后畅谈自己对现实的认识：“把学生看做魔鬼，你就生活在地狱里；把学生看做天使，你就生活在天堂里。”高老师为大家讲述自己在几十年教书育人过程中真实的案例，高老师“用尊重赢得尊重，用生命影响生命”的教育艺术和“发自内心为学生着想的”爱，深深感动了在坐的每一位老师，让与会老师认识到做党和人民满意的好老师的标准。

（张立华）

【与老干部齐唱红歌】1月6日，红二代老干部“宝塔山”合唱团来到牛栏山一中实验学校进行指导、交流。牛栏山一中校长张华礼、牛栏山一中实验学校校长商夏青分别表达对老干部合唱团一行的欢迎之情。牛栏山一中

1月5日，牛栏山一中实验学校邀请广渠门中学教师高金英作《静下心来教书，潜下心来育人——做党和人民满意的好老师》讲座

实验学校合唱团演唱《山童》《瑶山夜歌》《村居》《咚咚喹》等曲目对老干部合唱团的来访表示欢迎。老干部合唱团演唱《南泥湾》《花儿与少年》歌剧《江姐》片段和《西北组曲》等脍炙人口歌曲，并与牛栏山一中实验学校合唱团合唱《歌声与微笑》。老干部用歌声传递出的对党、对祖国的热爱之情深深地感染了在场的师生。该校副主任田丽香、音乐组教师以及民乐团、合唱团、舞蹈团成员参加本次交流活动。

（张立华）

【召开党总支换届选举大会】牛栏山一中实验学校于1月7日召开党总支换届选举大会。大会由到会的112名党员通过公正投票、公开计票、宣布投票结果等环节成功选出新一届总支机构成员。商夏青同志当选为党总支书记，李连平同志当选为党总支副书记，郭振国同志、段建鹏同志、李海冰同志当选为党支部委员。大会还选出各支部书记、组织委员和宣传委员。

（张立华）

【汉字听写大赛牛一实验学校夺冠】由顺义区教委主办，牛栏山一中实验学校承办的“2015年中国汉字听写大赛顺义区总决赛”于3月26日在牛栏山一中实验学校举行。来自顺义区六所学校的36位选手参加本次比赛。比赛现场紧张激烈，牛栏山一中实验学校最后一名选手和杨镇二中最后一名选手争夺冠亚军的场面把比赛推向高潮。随着评委老师一句“牛一实验正确”，掌声雷动，一片欢呼，牛栏山一中实验学校取得顺义区总决赛的第一名。区教委副主任张军堂，中教科科长张旭东及胡伦权老师到现场观看整场比赛。

（张立华）

【邀请国旗护卫队的警官示范升旗】5月18日，牛栏山一中实验学校团委邀请天安门广场国旗护卫队的两位警官为牛栏山一中实验学校师生示范升旗并做国旗下讲话。在第二节课后举行的升旗仪式上，两位警官先为师生做升旗示范，接着尊警官在国旗下讲话中向大家系统地介绍国旗的知识。警官的示范和讲解加深了同学们对国旗的认识，也使全体师生感受到升旗仪式的庄严与旗手的风采。

（张立华）

5月18日，牛栏山一中实验学校邀请国旗护卫队警官示范升旗

【新西兰校长来访】5月26日，新西兰Pukekohe Intermediate School的校长Gary Sweeney先生一行6人访问牛栏山一中实验学校。双方校长介绍各自学校的基本情况，就如何开展教师、学生的交流进行友好会谈，签署两校合作交流备忘录，互赠学校纪念品并合影。最后，商校长陪同客人参观校园。学校相关领导教师参加会见。

（张立华）

【召开区家长教师协会推进会】6月17日，牛栏山一中实验学校召开顺义区“家长教师协会项目”专题推进会。此次会议由顺义区教委和考研中心德育研究室主办，牛栏山一中实验学校承办。会议内容分为四部分：一是由校领导介绍家长教师协会项目推进情况；二是由初一（21）班家长进行现场展示；三是由初一（3）班班主任做经验总结；四是举行初一年级家长教师协会成立仪式。会议最后，总负责人赵澜波老师充分肯定牛栏山一中实验学校家长教师协会取得的成绩。教委副主任张军堂对牛栏山一中实验学校提出了进一步的要求，

6月17日，顺义区家长教师协会项目专题推进会在牛栏山一中实验学校召开

希望牛栏山一中实验学校再接再厉。全区各中学德育干部和部分班主任参加会议。

（张立华）

【召开综合课改研讨会】8月11至13日，牛栏山一中实验学校教育教学综合改革第二次研讨会举行。会上大家对新学期将要开展的初一年级数学、英语分层走班教学，课堂教学改革及校本课程、学科实践活动课程、学科活动等项内容进行了深入细致研讨。副校长王培栋和北京中学任炜东书记分别介绍牛栏山一中和北京中学开展分层走班教学的情况和经验。初一年级张宝军主任和各教研组长分别汇报分层走班的实施方案和本组新学期将要开展的教改实验项目，任书记对汇报的内容进行精彩的点评，提出高水平的建议。最后张华礼校长、商夏青校长分别讲话，对大家的研讨结果给予肯定，提出对今后工作的更高要求。牛栏山一中部分领导、教研组长、骨干教师等近70人参加。

（张立华）

【商夏青校长举办专题讲座】9月23日，商夏青校长为牛栏山一中实验学校全体教师作题为《我们的课程》专题讲座。商校长用通俗的语言结合牛栏山一中实验学校目前的形势提出将牛栏山一中传统发扬下去，中西结合、内外结合、优势互补的课程理念。商校长的讲座让老师对课程有了进一步的认识，也为接下来要进行的深化改革指出方向。教委副主任张军堂从曾经一中人的角度对牛栏山一中实验学校教师在教育改革上的探索寄予厚望。科研部门领导老师、兄弟学校的校长、老师参加。

（张立华）

【召开高效课堂教学展示交流会】10月23日，牛栏山一中实验学校召开“全国不同风格与流派课改名家论坛暨第六届‘牛栏山杯’高效课堂教学展示交流会”。牛栏山一中实验学校牟明利、吴长宝、龚宝友、直红莲、郭璇、秦静六位老师分别与顺义区其它学校教师和外省市教师做同课异构。授课教师说课后，各学科的特级教师或专家对课程进行精彩点评。此次活动涉及语文、数学、英语、物理、化学五门学科。

（张立华）

【启动科技月活动】11月2日，牛山一中实验学校李士柱主任作主题为“快乐科技，梦想启航”的科技月启动讲话。科技月活动从11月2日开始到12月2日结束，历时一个月。为活动更好地开展，学校成立以商夏青校长为组长的科技月活动领导小组。活动分为两部分：一是以科技板报和科技主题班会的形式进行的科技宣传活动；二是对上交的科技小论文、科学幻想画、科技小制作、小发明等作品进行评比，对于表现突出的班级和个人进行表彰。

（张立华）

【举办校本课程讲座】11月18日，牛栏山一中实验学校初中、高中全体教师聆听首都师范大学基础教育研究院副院长王海燕的讲座。讲座的题目是《如何开设一门深受学生喜爱的校本课程——谈教师的课程理解与课程建设》。王教授深入浅出地讲了近十年课程改革的理论与实践一些情况，并深入讲解要真正开发一个课程学校从领导到教师要做好前期准备和调研工作。这次讲座让老师认识到什么是校本课程，也为牛栏山一中实验学校正在准备开设的校本课程提供了宝贵的指导。

（张立华）

· 北京市新英才学校 ·

【概况】2015年，北京市新英才学校占地面积12万平方米、建筑面积11.7万平方米，体育场或体育馆面积共4995平方米。图书馆（室）藏书8万册，电子图书11万册，订阅杂志、报刊180种。固定资产总值51850万元。全年教育经费投入15861万元，全部为自筹经费。全年学校信息化经费投入500万元，拥有计算机800台，多媒体教室座位3240个，校园网出口总带宽100Mbps，数字资源量2000GB，“信息技术”课程1课时/周。普通教室95个、专用教室15个。教职工709人，其中，高级职称27人、中级职称61人。专任教师360人，本科以上学历338人。开设教学班99个。毕业194人（初高中）、招生635人、在校生2214人，包括寄宿生1850人。

（朴玉梅）

单位名称：北京市新英才学校
地址：北京市顺义区天竺开发区安华街9号
电话：010-80467116；80467117
邮编：101300
网址：www.bjnewtalent.com

【举行社团特色课汇报演出】1月27日，新英才学校百余种社团特色课举行汇报演出。汇演主题为“栀子花开”，将学科文化、科技文化以及艺体文化与特色课紧密结合，为学生各式各类社团特色课内容搭建展示的舞台，向在场的每一位观众传递着新英才学子健康、向上的精神风貌，传递着学校“爱与创造”的教育主张。

（赫英贺）

【师生代表赴美交换学习项目】2月2日，新英才学校中小学优秀学生代表44名同学在六位教师的陪伴下，赴美国交换学习项目计划。此次赴美交换学习，是该校与美国兄弟学校达成的交换学习项目，为期九周。在这期间，该校中小学生将走进美国学校的课堂，走进美国家庭，开始他们意义非凡的美国学习与生活，体验东西文化的碰撞与交融，同时作为中华传统文化的小使者，以实际行动传播中国文化。

（赫英贺）

【卡特兰教师合唱团走进央视】4月14日，新英才学校卡特兰教师歌唱团走进央视，参与CCTV-15音乐频道《歌声与微笑——合唱先锋》栏目的录制工作。该校卡特兰教师合唱团成立于2014年10月10日，成员分布在学校的各个岗位中，利用工作之余，学习乐理常识，练习声乐技巧，丰富了业余生活，也让自己的生活像“卡特兰”的花语一样，热爱生活，积极阳光。

（赫英贺）

【举行第三届教师歌手大赛】5月5日，新英才学校第三届教师歌手大赛隆重举行。本届教师歌手大赛学校特别邀请中央民族大学音乐学院指挥陈昌宁老师、中央音乐学院杨哲老师等作为大赛评委。全校共计23位教职员工参加此次比赛，他们唱法多样，评委老师对每一位参赛选手进行专业的指导和精彩的点评。

（赫英贺）

【印度舞社团在天坛迎接中印总理】5月15日，百人瑜伽与太极表演在北京天坛震撼上演迎接印度总理莫迪访华。新英才学校小学部印度舞社团应印度大使馆的邀请有幸参加此次演出活动。舞蹈展示着太极与瑜伽的融合之美，也展示着东方两大文明古国的交融与和谐发展。演出结束后，印度舞社团的成员们与中印两位总理亲切交流并与他们合影留念。

（赫英贺）

【与陕西师范大学外国语学院签署合作协议】7月8日，陕西师范大学外国语学院马正平书记、

1月27日，新英才学校举办百余种社团特色课汇报演出

7月8日，陕西师范大学外国语学院与新英才学校签署合作协议

贺俊杰院长来访新英才学校，签署《关于陕西师范大学外国语学院本科生实习基地建设的合作协议》。这是继该校与东北师范大学签署优秀贫困生助学计划后，再一次与教育部直属师范院校的深度合作，意在为我国的基础教育领域共同培养更多、更优秀的教育人才。

（赫英贺）

【合唱团赴维也纳参加合唱节】 7月21日，新英才学校“风铃草”童声合唱团赴奥地利维也纳参加“第六届世界和平合唱节”活动。这是该校合唱团第四次登上世界和平合唱节的舞台，为世界和平祈愿放歌。在联合国成员国飘扬的旗帜下，在维也纳金色大厅里……无不留下属于新英才悦耳的歌声。参加世界和平合唱节期间，“风铃草”童声合唱团又前往意大利阿巴诺，参加“中意友好交流”活动。

（赫英贺）

【荣获“2015年北京市民办中小学优秀学校”奖】 10月10日，由北京民办教育协会与北京教科院民办教育研究所联合举办的“2015年北京市民办中小学评选”结果揭晓。新英才学校荣获“2015年北京市民办中小学优秀学校”奖；同时，小学部马恩伟老师和剑桥国际中心田春雷老师在此次评选活动中被授予“优秀教师”荣誉称号。

（赫英贺）

【国际奥尔夫中国实践基地落户新英才】 10月13日，国际奥尔夫中国实践基地落户新英才学校，双方领导在学校图书馆参加授牌仪式。新英才学校正式成为中国地区首家也是唯一一家国际奥尔夫教育实践基地，标志着该校在艺术教育上将更加专业地挖掘学生的音乐潜能，培养优秀的音乐人才。

（赫英贺）

【举办新书发布会】 11月20日，《走向世界的新英才（2014）》新书分享会在新英才学校报告厅隆重举行。《走向世界的新英才（2014）》记录了新英才学校剑桥国际中心2014届毕业生的成长之路、追梦之路，也说明该校擅于为学生规划职业生涯，制定人生目标的办学特色。主编蓝春校长与现场师生、家长互动交流，分享心得与教育智慧。

（赫英贺）

·北京市海嘉双语学校·

【概况】 2015年，北京市海嘉双语学校占地面积45800平方米、建筑面积33253平方米，体育场或体育馆面积共13474平方米。图书馆（室）藏书9万册。固定资产总值8040万元。全年教育经费投入356万元，全部为自筹经费。全年学校信息化经费投入17.5万元，拥有计算机401台，多媒体教室座位46个，校园网出口总带宽100Mbps，数字资源量150GB，“信息技术”课程2课时/周。普通教室57个、专用教室37个。教职工245人，其中，高级职称4人，专任教师155人，本科以上学历132人。开设教学班57个。毕业91人、招生264人、在校生1005人。

（杜　宇）

单位名称：北京市海嘉双语学校
地址：北京市顺义区后沙峪裕民大街5号
电话：80410390
邮编：101318
网址：www.bibachina.org

【举办中国年庆祝活动】 1月24日，海嘉学校举行中国年庆祝活动。学校正门的舞龙表演拉开当天活动的序幕。幼儿园部采用传统的“赶集”形式庆祝新年，每个小朋友都有自己的“小摊位”，并在里面贩卖“商品”，所得的收益可以用来玩游戏或换购零食。小学部的所有师生当天都装扮成自己最喜欢或最熟悉的历史人物或角色，每个班都将自己的班级装饰成一个特定的朝代，并向来参观的同学讲述这个朝代的人物或故事。最后，中学部同学和小学部一起，在新体育馆观看精彩的杂技表演。

（张　颜）

【举办年度运动会】 5 月 8 日，海嘉学校在残奥会运动管理中心体育场举办年度运动会。运动会采用分组形式展开竞赛，同学们分别穿着代表各自队伍颜色的服装，家长们也穿着与孩子所在队颜色一致的服装，参加各类竞赛项目。当天的竞赛项目形式多样，既包括传统的田赛、竞赛、拔河等，也包括新颖的背靠背、海绵接力、袋鼠跳等。此外，每支队伍还表演展示自己独具特色的 House 口号。当天的运动会是团队协作、全校参与、良性竞争的综合体现。将近一千名学生和二百多名家长参加运动会。

（张　颜）

【举办家庭日活动】 5 月 16 日，北京市海嘉双语学校举办家庭日活动。活动希望全社区居民都能喜爱并参与到家庭日中来，以自己开放的校园和精心打造的各项娱乐、游戏项目更好地溶入和服务社区。家庭日延续了去年“我们的节日我们的家”（One Family One Fair）的主题，并在全校老师的创意下，将整座校园打造成一个巨型乐园：时尚乐园、运动乐园、音乐乐园、购物乐园和探索乐园，让到场的孩子们应接不暇、乐此不疲。3000 余名学生及家长参加此次活动。

（张　颜）

【举办 2015 艺术展】 6 月 12 日，北京市海嘉双语学校举办 2015 年度艺术展。艺术教师和学生们通过多种形式向来宾展现出海嘉学校浓厚的学术气息和让人无法抗拒的艺术魅力——绘画、雕塑、摄影作品及多媒体艺术作品，配合学生们现场表演的才艺展示，令人流连忘返。

（张　颜）

【海嘉成为 IB 世界学校】 8 月，海嘉双语学校正式成为一所被 IBO 认证的 IB 世界学校，开办大学预科课程 IBDP。这是海嘉发展历史上一个重要里程碑，从 2015 年 9 月开始，11 年级的学生将进入大学预科课程的学习。作为一所 IB 学校，将继续为使学生受益尽我们最大的努力。在尊重、责任、努力和友情这四个海嘉核心价值观下，引导学生理解自己在全球共同体中所担当的角色和责任，通过学习和实践，成为更有国际心的双语使者。

（张　颜）

1 月 24 日，海嘉双语学校举办中国年庆祝活动

【组织中文部中秋节活动】 9 月 24 日，中秋佳节来临之际，海嘉学校中文部一年级组专门为学生组织了一场别开生面的“中秋月儿圆”教学游园活动。通过“中秋故事”“中秋灯笼制作”“中秋寻宝记”“中秋跳月亮”四个活动，让孩子们了解中秋文化，同时将全年级的语文与数学有机结合，实现跨学科的融合。在教室及操场上都捕捉到孩子们兴高采烈的身影。每个班级轮流参加四项活动，让孩子们在游戏中学习，在快乐中成长，这就是海嘉。高薇总校长、彭敬慈博士和小学中文部樊校长应邀参加本次活动。

（张　颜）

【举办专题摄影展闭幕式】 10 月 6 日，中文部老师们举办“你好，我的小动物”海嘉小学部三年级摄影展闭幕式活动。彭敬慈博士作为闭幕式的特邀演讲嘉宾为本次摄影展活动画上圆满的句号。彭博士主要从两个方面总结了本次活动成果，一方面摄影展让孩子自己发现和抓拍小动物的精彩瞬间，并结合在校学习的中文修辞方法去描述和表达自己的摄影作品，不仅有助于培养孩子的爱心，还提高了孩子们驾驭中文语言的能力；另一方面，老师们通过组织本次活动，也体验到创新

10 月 29 日，海嘉双语学校高中部学生走进 CCTV 大型公益节目《等着我》录制现场

教学的成果，从中获得一种满足感并受到鼓舞。由此可见，摄影展的效果已经超出了中文学习的标准。

（张　颜）

【高中部学生参加央视《等着我》节目录制】10 月 29 日，北京市海嘉双语学校高中部 9 年级的全体同学，走进央视《等着我》节目录制现场，共同见证寻人故事，体会社会各界共同支持打拐、寻亲案例过程中的正能量的传递。

（张　颜）

【校长获新浪教育盛典杰出人物奖】11 月 26 日，由新浪教育主办的“2015 年中国教育盛典”大型活动在北京隆重举行。北京市海嘉双语学校总校长高薇女士，继 2014 年获奖后，又一次获得 2015 中国杰出贡献教育人物和 2015 中国品牌影响力国际学校两项大奖。新浪教育盛典今年迎来第八届，全国超过 50 位教育专家学者、400 多家教育机构及 800 多位教育行业精英齐聚一堂，共同探讨中国教育“链”上互联网后的变革与未来。

（张　颜）

【举行冬季音乐盛典】12 月 11 日，北京市海嘉双语学校 2015 冬季音乐盛典在北京会议中心隆重举行。海嘉学校小学部到高中部全体学生、家长和教职工共同呈现一台海嘉大家庭音乐盛宴。这次音乐会在无论在节目质量、表演人数、观众数量等方面，都再创历史新纪录。本次学生和家长、教职工演员共达到约 900 人，观众将近 2000 人。盛大的场面，精彩的表演，悦耳华丽的音乐，令音乐盛典成为大家心中美轮美奂的审美体验。

（张　颜）

·北京市顺义区伊顿幼儿园·

【概况】2015 年，北京市顺义区伊顿幼儿园，为民办办园类别，为日托制。占地面积 2000 平方米、校舍建筑面积 2000 平方米。固定资产 44.4 万元。全年教育经费投入 160 万元，全部为自筹经费。全年幼儿园信息化经费投入 14.5 万元，拥有计算机 8 台。拥有音乐、美术和舞蹈等专用教室 3 个，普通教室 4 个。教室内设有计算机、图书资料和蒙氏教具等教学设施。教职工 25 人，其中，教师 16 人，专科以上 16 人，保健员 1 人，其中专科以上 1 人。开设 4 个教学班，其中，小班 1 个、大班 3 个。幼儿入园 35 人、离园 6 人、在园 72 人。

（孙立骅）

单位名称：北京市顺义区伊顿幼儿园

地址：北京市顺义区后沙峪罗马环岛北 1000 米阿凯笛亚庄园南门 43 号楼

邮编：101300

电话：010-80472983

网址：www.etonkids.com。

【选择蒙特梭利工作】1 月起，北京市顺义区伊顿幼儿园每天都会让孩子选择蒙特梭利工作进行操作。在课堂中，孩子可以根据自己的意愿选择自己喜欢的蒙特梭利工作。在孩子工作的过程中，老师们只可以在一旁观察孩子的工作情况并进行记录。孩子自己动手完成整个工作，老师不可以进行打扰。国际班的孩子选择了“拼图”的工作，在这个工作中，孩子需要通过用手拿取拼图，并按照图片将拼图碎片拼完整，孩子在工作过程中锻炼了注意力，同时也增长了其他方面的知识。

（孙立骅）

【组织英文 circle 活动】2 月起，伊顿幼儿园按照教学大纲的具体要求，在每日的教学活动中组织外教老师的英文 Circle 活动。外教 Richard 老师在国际大一班的课堂中和孩子们一起围成圈，坐在地毯上讲故事。在整个讲故事的过程中，Richard 老师使用英文和孩子们打招呼，做游戏，孩子们也能用简单的英文跟老师进行沟通。Richard 老师跟孩子们一起讨论了植物的根茎叶，并让孩子们根据实物进行解析，孩子们非常喜欢。

（孙立骅）

【参加星星班园外活动】3 月，伊顿幼儿园星星班的宝宝和家长们参加“mummy-baby”亲子游泳课。到达场馆后，孩子和家长们在教练的指导下首先进行热身活动。教练叔叔重点教给家长该如何保证幼儿游泳的安全性。

（孙立骅）

【举行春季运动会】4 月 17 日，伊顿幼儿园举行亲子运动会。老师提前布置好运动会场，并为小朋友们准备丰富多彩的亲子游戏活动。整个过程能够给孩子和家长双方都带来乐趣。孩子在游戏中体会到创造和成功的快乐，而家长则能够体会到亲子交流的幸福。家长学会更多的游戏，并将具有特定功能的亲子游戏同日常的育儿生活相互交融起来，这样就可以在丰富而快乐的育儿生活中，使宝宝的潜能不断地开发出来。活动最后，每个小朋友都得到小奖状和礼物。

（孙立骅）

【参观顺义消防中队】5 月，伊顿阿凯笛亚双语幼儿园太阳班和月亮班的小朋友来到后沙峪消防中队进行参观学习。消防员叔叔为小朋友们进行细致的讲解，包括消防员穿着的防火服、消防车内部设备等等。在消防员叔叔的指导下，小朋友们自己登上消防车，体验做消防员的感觉。消防员叔叔教给小朋友消防员的标准站姿。之后，消防员叔叔带小朋友们参观宿舍。

（孙立骅）

2 月起，伊顿幼儿园组织英文 circle 活动

【举行“六一”嘉年华活动】6 月，伊顿幼儿园在北京大隐剧院举行盛大的迎接“六一”国际儿童节的嘉年华活动。早晨 7 点钟，孩子们来到学校。家长们为孩子们换上了漂亮的衣服，老师们给孩子们进行了精心的装扮。8 点钟，孩子们准时出发，8 点半到达北京大隐剧院进行第一次彩排。阿凯笛亚幼儿园的孩子们此次表演的节目为舞蹈《动感宝贝足球操》，表演获得老师和家长的一致好评。孩子们度过了一个愉快的“六一”儿童节。

（孙立骅）

【举行夏季运动会】7 月，伊顿幼儿园在户外活动区举行全员春季运动会。孩子们首先排着整齐的队伍入场，和老师一起参加健身操、平衡木、短跑、跳远等项目。运动会的开展不仅锻炼了孩子们的身体，同时也丰富了孩子们的课堂生活。每个班的老师都为孩子讲解运动会的比赛规则，并在运动会后举行了颁奖仪式。

（孙立骅）

【召开家长会】9 月，伊顿幼儿园每个班级分别召开家长会。每个班的家长聚集在一起，和班级的主讲老师、中文老师和保育老师一起，对孩子即将到来的新学期进行展望。老师给家长们展示孩子们的学习成长计划，并总结上学期孩子在各个方面的表现，除学习方面，也涉及到孩子们性格，自理能力等方面的问题。针对家长提出的意见和建议，老师跟家长进行沟通，并记录在案。家长会后，园长召集每班老师开会，进行家长会的总结及经验分享。

（孙立骅）

【举办万圣节活动】10月，伊顿幼儿园举办万圣节活动。活动中，孩子们用不同的材料制作了蜘蛛、南瓜灯，还和爸爸妈妈们一起参加万圣节走秀活动。最后的“Trick or Treat”环节，每个小朋友都得到了很多的糖果。在这次活动中，孩子们在了解万圣节的文化的同时，感受到节日的快乐，度过了开心的万圣节。

（孙立骅）

【举办感恩节品餐会】11月，伊顿幼儿园举办感恩节品餐会。此次活动的目的是让家长了解孩子在校园中的两餐两点的食物是如何制作的，口味如何。厨师邹师傅为家长制作孩子在校园经常吃到的菜品，如百合芹菜、西红柿蛋花汤、红烧肉炖胡萝卜等。家长们参观厨房，分餐室，看到厨师烹饪的整个过程。同时，家长了解到幼儿园菜谱制定的规则，儿童的菜品要注意荤素搭配，全面营养，少油少盐。家长还品尝孩子每天加餐所吃的小点心。整个参观品尝过程结束后，家长对幼儿园的食物制作有了进一步的了解。

（孙立骅）

【举办圣诞节活动】12月，伊顿幼儿园在园内举办大型的圣诞节活动。每个班的孩子都做了精心的准备。本次圣诞活动已bingo闯关形式展开，家长和孩子一起参加圣诞节游戏。游戏环节有：《亲子时光》《我的圣诞帽》《水果串起来》和《手工装饰》等。在《奔跑吧孩子》环节中，小朋友们通过自己的努力，穿过层层障碍，最终将海洋球贴到指定的位置，顺利完成任务，还得到了小丑姐姐亲手制作的形态万千的气球。由家长扮演的圣诞老人将精心准备的礼物送给每一个来参加活动的孩子，整个校园洋溢着欢乐的圣诞节的气氛。

（孙立骅）

12月，伊顿幼儿园举办圣诞节活动

·北京市顺义区丽思嘉洛德双语幼儿园·

【概况】2015年，北京市顺义区丽思嘉洛德双语幼儿园为全日托制民办幼儿园。占地面积3500平方米、校舍建筑面积1600平方米。全年教育经费投入900万元，全部为自筹经费。固定资产26万元。图书室藏书6000册。拥有多功能厅、美术教室、会议室和图书馆等专用教室5个，普通教室7个。拥有计算机15台。教职工43人，其中教师24人，专科以上7人，保健员1人，其中专科以上1人。开设7个教学班，其中小班3个、中班2个、大班2个。幼儿入园69人、离园38人、在园136人。

（李　青）

学校名称：北京市顺义区丽思嘉洛德双语幼儿园

电话：010-58101708/58101258

地址：北京市顺义区天竺镇府前一街58号

邮政编码：101312

网址：lisijialuode@sina.com。

【签订蒙氏培训合作协议】3月30日，丽思嘉洛德双语幼儿园与MIA美国蒙特梭利研究学会正式签订合作协议，将该园作为蒙氏教学法培训与实习基地。自协议签订之日起，每年由MIA美国蒙特梭利研究学会安排国际蒙氏教育专家来园进行为期2个月左右的蒙氏教学法的培训，共分为生活区、感官区、数学区、语言区和艺术区五大教学部分。该园推选优秀教师参加培训，教师经过理论、实操的学习之后会在班级进行一年左右的实习期，经考核通过最终获得全国认证的蒙特梭利教师资格。

（李　青）

教育督导

【概况】2015年，教育督导室创新工作模式，努力实现区域教育督导现代化梦想，为促进顺义教育健康、协调、可持续发展发挥积极作用，高标准、高质量依法履行教育督导室职责。

一是创新督导工作模式，架构挂牌督导工作机制。完善中小学责任督学挂牌督导机制，形成专业督学引领、行政督学护航、“双轮驱动”优势互补格局，保证挂牌督导工作运行高时效，高质量。业务责任督学、行政责任督学构成挂牌督导的“双轮”。两类责任督学本着“同一目标，各有侧重，有机结合，团结协作”的原则，开展督导工作。“双轮”模式的建立，不仅促进了垂直管理与属地管理的有机结合，提高了责任督学对所发现问题的处理时效，更保证了每一所中小学既有业务督学对学校的办学质量和办学品位进行指导与监督，又有行政督学对学校办学环境和办学行为的监督与指导。

二是完善开放式督导，促进学前教育个性化发展。为健全和完善学前教育督导评价、监测制度和工作机制，落实《学前教育三年行动计划》，督导室结合全区实际，进行分层督导，即新建园开展综合督导，示范园（一级一类园）继续开放式督导，促进幼儿园办园目标的达成、个性特质的显现和自主发展机制的不断完善，使每一所幼儿园“办园有成效、发展有增量”。在已经试点的基础上，进一步总结经验和做法，聘请市里专家、其他区县专兼职督学以及大学教授等知名人士参与，实施督导“对象开放、人员开放、现场开放、标准开放和过程开放”策略，发挥督导的诊断性功能，为幼儿园特色发展把好脉，出实招。

三是健全责任区制度，促进义务教育均衡发展。为健全学校督导制度，根据国家《教育督导条例》有关规定和国务院教育督导委员会办公室关于印发《中小学校责任督学挂牌督导办法》的通知（国教督办[2013]2号）要求，按照“顺义区中小学校责任督学挂牌督导实施方案”，于2013年12月31日将责任督学公示牌覆盖全区所有中小学校。2015年，按照顺义区“双轮驱动”模式，重新设计督学公示牌，明示行政督学、业务督学姓名、照片、联系方式及八项经常性督导事项。进一步创新督导模式，健全督学责任区制度，完善中小学挂牌督导任务，发挥督导的即时性、动态性、针对性和连续性的优势，使督导工作常态化、制度化，提升督导促均衡、提内涵、创特色功能，形成高水平均衡发展、高质量内涵发展、高品位特色发展的格局。

四是实施诊断性督导，推进高中特色发展。为贯彻落实《教育部关于普通高中新课程实验工作指导意见》和《北京市普通高中课程改革实验工作方案（试行）》，推进顺义区普通高中课程改革实验工作，区政府教育督导室于11月26日对牛栏山一中、顺义二中课程改革与特色建设进行专项督导。督导组通过听取校长汇报、听课、召开干部教师座谈会等多种形式，分别对学校的课程改革和特色建设进行诊断性督导。督导组通过归纳、分析和整理多种信息，结合学校办学实际、特色建设，为学校多样化、特色发展规划的制定和实施提出建设性意见。诊断性督导的尝试不仅有力地促进了牛栏山一中、顺义二中的发展，也为进一步完善对普通高中开展诊断性督导模式奠定良好的实践基础。

五是实施借力式督导，推进特殊教育和校外教育优质发展。根据《北京市教育委员会 北京市人民政府教育督导室关于对区县特殊教育工作进行督导评价的意见（试行）》（京教督〔2012〕6号）精神，更好地落实《中华人民共和国残疾人教育条例》和市教委《关于落实第四次全国教育工作会议精神进一步加快首都特殊教育事业发展的意见》（京教基〔2009〕34号），进一步加强对特殊教育工作的督导，促进特殊教育事业发展，区政府教育督导室重新修订《特殊教育全面实施素质教育评价方案》并依据此方案指导学校自评，撰写自评报告，促进学校自我反思、自我提高，更好地促进特殊教育的发展。

【教育督导室进行机构调整】 3月，顺义区人民政府教育督导室进行机构调整。根据北京市教育"两委一室"机构职能调整情况、市政府教育督导室处室职责调整情况及《北京市顺义区机构编制委员会关于区政府教育督导室设立内设机构的批复》，顺义区政府教育督导室设立综合科、督政科、督学科。机构规格为正科级，核定正科级领导职数3名。周晓娟任综合科科长，侯盛林任督政科科长，范成海任督学科科长。综合科承担顺义区人民政府教育督导室办公室日常工作。负责区政府教育督导室政务工作，承担文电、会务、机要、档案、信息、信访、建议、提案等日常工作；承担教育督导的政策研究和重大问题的调查研究工作；发布教育督导评估、评价、监测报告；开展教育督导交流与合作；负责区教育机关科室联系中小学校（包镇）工作；负责拟订顺义区教育督导队伍建设规划；组织开展顺义区督学选拔、聘任、管理工作；组织对教育督导队伍的培训及督学培训教材的编写；负责教育督导信息化建设与管理工作；负责开展校外教育、特殊教育等专项督导检查工作；组织开展本区教育改革和发展中热点难点重点问题的专项督导；负责临时性专项督导工作。对应市教育督导室综合处、督学管理与信息化处及专项督导处（部分）。督政科负责对区政府有关部门和镇政府（街道办事处）执行教育法律、法规、规章，落实国家教育方针、政策，履行发展教育职责的督导工作；组织对镇（街道）教育发展水平的综合督导评价；组织对镇政府（街道办事处）推进义务教育均衡发展情况的督导检查；负责开展社区教育、成人教育和民办教育等专项督导检查工作；负责组织开展教育工作满意度调查工作。对应市教育督导室督政处及专项督导处（部分）。督学科负责对全区各级各类学校规范办学行为的督导检查工作；负责对学校教育教学工作进行督导；组织指导中小学校责任督学挂牌督导工作；负责开展特殊教育等专项督导检查工作；负责拟订各级各类学校办学状况、教育教学水平评估标准和规程；组织开展对各级各类学校办学状况、教育教学的评估评价；组织开展对各级各类教育发展状况和质量的监测；负责组织协调第三方机构和社会力量参与教育评估监测工作。对应市教育督导室学校督导处、评估与监测处。

（王跃文）

【达标评估验收工作】 4月27至30日，全市16区县义务教育均衡发展达标工作接受国家督导检查组评估验收，并全部通过国家级评估验收。教育部督导检查组随机抽查顺义区15所学校进行实地督导检查，其中小学8所，初中4所，一贯制学校2所，完全中学1所。检查中，核查相关文件资料和数据；召开人大代表及政协委员、校长、教师、家长座谈会共4个；发放满意度调查问卷641份，回收有效试卷641份；采取随机访谈等形式，征求公众意见。最终，顺义区以98分的成绩位列北京市第一名。6月30日

4月27至30日，顺义区接受国家义务教育均衡发展达标督导检查评估验收，通过并位列北京市第一名

顺义区教育督导室组织相关部门召开研讨布置会，针对国家教育督导检查组对全区提出的加强干部教师交流等问题和建议进行培训和部署，明确各自职责，提出整改思路，研讨整改措施，拟定《义务教育均衡发展整改报告》，继续加强入学机会、保障机制、教师队伍、质量与管理等方面工作力度，进一步提升素质教育水平，确保全区义务教育高位均衡持续发展。

（周晓娟　王跃文）

【接受义务教育均衡发展国家级验收】 4月28至30日，顺义区接受义务教育均衡发展国家级验收。国家督学尹后庆等一行六人来到顺义，进行义务教育国家级验收工作。区委书记王刚致辞；验收组听取区长卢映川作《区域统筹、城乡联动，全面推进义务教育优质均衡发展》工作汇报；观看顺义区义务教育均衡发展专题片《百花齐放春满园》；查阅相关档案资料；分四组进行人大代表政协委员、校长代表、教师代表、家长代表座谈会。分三组实地考察第十三中学、后沙峪中小等十五所学校，听取各校校长办学理念介绍、查看各校办学达标、特色建设情况，查阅部分相关档案资料，观看部分学校师生课外活动展示，对顺义区“校校有特色、生生有特长”的办学情况予以充分肯定，后沙峪中小具有民族情怀和国际视野的校园文化环境给专家留下深刻印象。验收组对学校教师不出校门、坐在专门教室里与北京市第二实验小学利用云平台开展互动英语教研活动，在分享优秀教育资源的同时，提高教师的教学水平，促进义务教育均衡城乡一体化进程的合作办学做法颇感兴趣。顺义区在硬件上坚持城乡统筹，城乡学校办学条件得到无差别化全面提升；在软件上通过联盟组团机制促进干部教师交流，促进资源共享；在入学机会上，来京务工人员随迁子女与本市户籍学生享受平等免试就近入学政策；通过科学优化教育资源布局，加大干部、教师培养力度，密切与高校交流合作等举措，不断扩充优质教育资源，满足人民群众对优质教育的需求等有效做法。区政协、政府办、发改委、财政局、人保局、编办、规划局、住建委、教委、教育督导室等相关部门领导参加评估验收工作。

（王跃文）

【完成幼儿园专项督导】 5月19日至7月2日，顺义区教育督导室协同区教委学前科、学前教研室完成幼儿园专项督导。通过听取园长汇报、观看半日活动、开展干部和教师访谈、查看园所环境等方式，对全区49所教育部门主办幼儿园进行级类年度考核和队伍建设、文化建设、小学化现象等专项调研式督导。督导结果显示，全区幼儿园园所管理规范，干部教师对防止小学化现象认识到位。在幼儿园大班教学中，把培养孩子的有意注意和自立能力作为重点，通过开展“走进身边小学”等系列活动，做好幼小衔接工作。加强队伍建设，制定两支队伍建设工作规划，以提升保教工作质量为核心，以促进幼儿健康、全面、和谐发展为目标，围绕提高教师专业技能实施多项举措，为推进幼儿园全面实施素质教育奠定基础。

（王跃文）

【开展成人教育专项督导检查】 6月16日，顺义区教育督导室开展成人教育专项督导检查。对北京开放大学顺义分校、北京市农业广播电视学校顺义分校、北京市广播电视中等专业学校顺义分校、顺义区成人教育学校等4所成人教育学校进行专项督导检查。督导检查组通过听取校长工作汇报、校际间研讨交流等方式，对各校一年来工作进行检查评比，尤其对各学校在加强宣传做好招生工作、开展合作办学、注重实习实践、推进就业分配等方面采取的措施、取得的成效、存在的问题及今后工作的设想等方面进行重点检查。督导检查组认为各校在改革中创新发展，管理规范，教学效果注重实效，社会影响广泛，学员满意度高，为顺义区经济发展做出的贡献给予肯定。

（王跃文）

【接待内蒙古自治区教育督导室考察】 6月19日，顺义区接待内蒙古自治区巴彦淖尔市人民政府教育督导室考察团考察。考察团观看《百花齐放春满园》专题片，听取全区关于推进义务教育均衡发展情况报告和迎接国家义务教育均衡验收工作情况的报告；深入木林中心小学和顺义区第十三中学，参观校园环境，观摩学校社团活动，了解学校校园文化建设特色。木林中心小学校长刘向东作《文化引领，彰显特色》报告。两地教育同仁围绕校园文化建设、干部教师队伍建设、学生管理与服务等内容进行深入交流和探讨，并在加强教育合作与资源共享方面达成共识。巴彦淖尔市人民政府教育督导室考察团对顺义区科学规划教育部局、优化干部教师管理机制、强化教育督导、注重内涵发展等方面给予高度评价。察团一行14人，市教育督导室、顺义区教育督导室相关领导陪同。

（周晓娟）

【开展全面实施素质教育自查】 9月15日，顺义区教育督导室要求全区所有中小学、幼儿园、校外教育机构、特殊教育学校对照“实施细则”指标体系，认真组织自评，撰写自评报告。通知明确自评工作程序，规范自评报告结构、格式，下发统一自评量表，确定每年九月份为自评工作月，为全面实施素质教育奠定基础。此次自查工作依据9月新修订的《北京市顺义区镇政府、学校（教育机构）全面实施素质教育评价方案实施细则》进行。

（王跃文）

【接受国务院教育督导委员会“护校安园”行动督导检查】 9月22日，顺义区接受国务院教育督导委员会2015年秋季开学暨“护校安园”行动督导检查组督导检查。检查内容包括开学条件保障、“护校安园”行动落实、学校安全管理、校车安全管理、中小学校舍安全管理、规范办学行为、教师队伍建设、营养改善计划落实、教育信息化开展、校园文化建设、中小学校素质教育开展、地方政府履职等情况。检查组首先听取区委教工委书记、教委主任刘克祥同志工作汇报，并深入到牛栏山第二幼儿园、后沙峪中心小学、顺义区第十三中学实地进行督导检查，辽宁省政府教育督导室主任王燕玲对顺义区高标准、高质量、高水平完成2015年秋季开学暨“护校安园”行动给予充分肯定，尤其对顺义区、镇两级政府依法履行教育职责、大力发展教育事业和各中小学、幼儿园加强校园文化建设、加快信息化建设步伐等举措大加赞赏。区委常委、副区长朱家亮，区政府教育督导室主任李卫国陪同检查。

9月22日，顺义区接受国务院教育督导委员会2015年秋季开学暨“护校安园”督导检查

（王跃文）

【顺义区被认定为北京市中小学校责任督学挂牌督导创新区县】 9月，顺义区被认定为北京市中小学校责任督学挂牌督导创新区县。根据国务院教育督导委员会和北京市教委、市政府教育督导室关于开展中小学校责任督学挂牌督导创新区县评估认定工作要求，市教委和市教育督导室组织专家对顺义区进行评估检查。通过审核申报材料、听取区县工作陈述、深入区县和学校实地检查等程序，专家组对全区责任督学挂牌督导情况进行量化评分。经专家组分析研究，一致认为顺义区高度重视中小学校责任督学挂牌督导工作，工作机制和制度健全，各项措施落实到位，责任督学工作成效显著，符合北京市中小学校责任督学挂牌督导创新区县评估标准，经市教委2015年第21次主任办公会议审定，授予顺义区“北京市中小学校责任督学挂牌督导创新区县”奖牌。

（周晓娟）

【接受北京市挂牌督导创新区评估验收】 10月22日，顺义区接受北京市挂牌督导创新区评估验收。北京市政府教育督导室主任唐立军带领市挂牌督导创新区评估专家组听取挂牌督导工作汇报，查阅相关档案资料，分组进行中小学校长、责任督学座谈，同时分两组分别深入到责任督学办公区及南彩学校、马坡中小进行实地检查。唐立军对顺义区挂牌督导工作领导重视、制度健全、队伍精干、工作规范、保障有力、挂牌督导网上办公平台建设等工作给予充分肯定；专家组对全区进一步规范档案管理、选拔专业结构合理督学、加大督学培训力度，争创全国挂牌督导创新区工作提出具体改进建议。区委教工委书记、教委主任刘克祥，区政府教育督导室主任李卫国陪同检查。

（王跃文）

【召开义务教育均衡发展验收总结表彰暨督学换届大会】 11 月 10 日，顺义区召开“义务教育均衡发展督导验收总结表彰暨督学换届大会”。会上，区委教工委委员、教委副主任张军堂宣读对顺义十三中、顺义八中、李桥中小、牛山二小等 16 所在督导验收工作中表现突出的中小学校表彰决定。顺义五中校长刘志文、杨镇中小校长朱秋庭就抓住迎检契机、提升办学水平的做法与收获作经验交流。教育督导室主任李卫国回顾全区教育人以优异成绩顺利圆满完成迎检任务的经历，对迎检工作进行细致深刻的总结。区委教工委书记、教委主任刘克祥强调：第一，要认真落实整改，巩固义务教育均衡成果，乘势而上；第二，抓住这次课程改革的契机，打破资源壁垒，真正达到高位均衡；第三，要以协同发展的高站位审视教育，精心谋划，构建联动的教育发展前景。大会宣布聘任张华礼、李长海、朱元兆、杨海君、张晓宪、谢爱君、李明伟等 66 人为顺义区政府第八届兼职督学；聘任高学通、刘峰、韩瑞军等 7 人为顺义区政府第八届特约教育督导员。新一届兼职督学、特约教育督导员任期三年（2015 年 11 月至 2018 年年 11 月），兼职督学和特约督导员参与教育督导工作，具有与专职督学同等职权。并向兼职督学、特约教育督导员颁发聘书。区教委机关各科科长、基层单位一把手、各乡镇街道教育助理、评价代表及全体新聘督学 400 余人参加会议。

11 月 10 日，顺义区召开义务教育均衡发展督导验收总结表彰暨督学换届大会

（王跃文）

【开展新课程改革实施与减负专项督导】 11 月 26 日、12 月 3 日，顺义区对 24 所学校开展义务教育阶段新课程改革实施与减负工作进行专项督导。督导内容包括三方面。一是新课程改革实施情况，重点查看学校落实课程改革的理念、课程管理、课程设置、实施和评价情况；二是学校落实区教委减轻学生过重课业负担的情况；三是实地查看，重点关注学生宿舍管理，校园周边环境、安全、卫生，学校音体美多功能室、实验室管理及使用、学校食堂管理及食品安全情况等。通过听取校长汇报、听课、访谈、查阅档案资料、实地查看等多种方式进行。行政督学与业务督学一起深入学校，携手对责任区学校的教育教学质量进行监督指导，彰显顺义区“双轮”驱动特色工作模式在督导中的重要作用。通过督导，帮助学校总结提炼亮点、特色。通过了解学校干部教师的困惑，针对问题和困惑给出合理解释与建议，把监督与指导作用落到实处。

（王跃文）

【开展学校评价代表专题培训会】 11 月 28 日，顺义区教育督导室开展学校评价代表专题培训。培训会从了解评价代表的含义及职责、学校如何开展自评工作、如何撰写督导整改方案以及面临的主要任务等几方面开展。此次培训会是针对近日下校督导反馈出的困惑及问题，由督导室根据学校需求及时召开针对性较强的培训会。通过培训让与会评价代表对自己的角色进行再认知，规范学校自评工作开展的程序以及整改方案撰写的内容、格式要求等，让每位评价代表更加深入了解全区“双轮”驱动这一特色督导模式，为评价代表能够与两类督学更好地开展沟通与合作奠定基础。区教育督导室主任李卫国出席并讲话。

（王洪军）

【开展督学培训】 11 月，顺义区人民政府教育督导室委托北京教育学院督学研修中心对第八届专兼职督学和特约教育督导员进行系统培训。培训历时 3 天半，通过专家讲座、撰写反思日志、实地督导、撰写工作案例穿插等形式，学习教育督导实操技术、督学促学校特色发展、教育督导相关法律问题以及课程改革相关内容。市督学研修中心对全区培训组织规范、学员积极参与、培训效果显著等方面给予高度评价。会议强调要学以致用，并要求督学做到：一要不断提升对责任督学挂牌督导工作的思想认识；二要准确把握工作程序，督学工作要规范化、常态化、专业化；三要不断提升业务水平，不断改进工作作风，切实发挥教育督导的服务功能。此次培训活动共有 85 人参加。

（王跃文）

【召开“减负”督导监测培训会】 12 月 30 日，顺义区教育督导室召开业务督学“减负”督导监测专题培训会。培训会对监测提出“三步走”工作思路，即：第一步责任督学下校了解减负情况，填写工作手册；第二步组织被监测学校师生进行网上问卷；第三步完成减负指标信息网上填报。通过视频观看、个别例举、讲问互动的形式让与会督学对如何开展“减负”网上监测有了更清晰的认识。会议还重点强调“减负”督导监测是挂牌督导工作的一项重要内容。教育督导室副主任李卫东对责任督学提出“做减负工作的五者”要求，即：学校依法办学的监督者、学校减负工作的指导者、学校减负经验的第一发现者、减负标本兼治的思考者与区域发展的建议者。

（张凤荣）

教育行政

概　述

2015年，顺义区教育系统深入贯彻党的十八大和十八届四中、五中全会精神，认真落实《北京市中长期教育改革和发展规划纲要》，严格执行《2015年教育工作意见》，各项工作稳步推进。

一是深入推进教育综合改革，教育活力进一步增强。全面谋划顺义教育综合改革，从制约教育事业科学发展的热点、难点问题出发，加快转变教育发展方式，转变政府职能，简政放权、开拓创新、攻坚克难。初步理顺管、办、评分离工作思路，推进全系统扁平化管理，为学校提供便捷、优质服务，创造良好的发展环境。相继与北师大、首师大等高校合作，开展优质学校建设、课程领导力提升和干部教师培训等项目，提升内涵发展水平。制定《顺义区第二期学前教育三年行动计划（2015—2017年）》，明确未来三年学前教育发展目标。制定《关于进一步落实向社会购买服务的工作意见》，创建购买服务评价机制，实行服务机构末位淘汰机制。

二是加强党风廉政建设，党建工作进一步加强。大力宣传和贯彻党的十八大、十八届四中全会、五中全会精神，切实加强党的思想建设、组织建设、作风建设。坚持、巩固和深化中央八项规定精神和市区实施意见，持之以恒纠正“四风”问题，建立健全改进作风常态化制度。深化廉政风险防控“三个体系”建设，加强对领导干部行使权力的制约和监督。坚持惩防并举，深化重点事项专项治理工作。组织开展反腐倡廉宣传教育活动，充分发挥廉政文化进校园示范校的辐射引领作用，深入推进廉政文化进校园活动，教育党员领导干部带头践行“三严三实”。在“三严三实”专题教育活动中，处级班子召开民主生活会，梳理出3个方面8项突出问题。深入贯彻落实党代表工作室制度，党代表共驻室8次，接待校（园）长、机关科长、教师代表等百余人次，了解基层现状解决实际问题。发展新党员55名，为党组织注入新鲜血液。开展在职党员回社区、庆祝建党94周年系列活动和党员献爱心活动，切实提升党组织的凝聚力和战斗力。

三是管理到位，教育行为得到规范。

（一）财务管理更加规范。组织财务人员培训，定期召开全区中、小、幼资金使用情况通报会。完成教育预算管理系统升级、学生资助中期评估报告、2016年区级基本预算等工作。做好预算资金监督管理及全系统三公经费的统计、报送工作。做好全区财务软件、账务处理等业务的咨询及指导工作。筹划、协调、组织现代学院、职教中心、顺义一职、汽车职高的清产核资工作。

（二）预算管理进一步加强。以财政国库改革为契机，继续研发“教育预算管理系统”，充分发挥其功能，加强预算管理，规范资金使用。严格执行财政批复预算，完成项目绩效目标。及时总结预算管理中出现的问题，落实新预算法要求；针对新的资金投入方向和投入方式，配套改革管理模式，研究制定新的管理规范，整体提高教育经费使用效益。利用“教育预算管理系统”及《顺义区教育系统财务工作使用手册》，加大对校（园）长和财会人员的培训力度。

（三）招生考试工作更加精细。采取多种方式，应对中高考改革，寻求妥善解决方案。强化考务管理，提升考试组织水平，高质量完成中高考、初高中会考及成人高考、自考、社会化考试工作。利用网站、电视台等媒体宣传招生政策，指导考生科学填报志愿，为家长答疑解惑。准确把握招生政策，深入调查研究，完善中小学入学工作。严格规范招生程序、确保招生工作公平、公正、公开。深入开展入园入学调研，依据采集信息、区域发展规划和教育承载能力，制定入园入学工作意见和各项具体规定。开发和使用微信公众平台，及时发布招考政策，为家长答疑解惑。规范入学资格审核，义务教育阶段外来务工人员子女入学，采用电脑随机派位方式，最大限度地满足非京籍儿童就近入学需求。稳步贯彻落实考试招生制度改革。组织中考、高考、会考、自考、成考和社考等共30多项，考生达到60000多人次。中高考成绩喜人，中考560分以上137人，全市排名第三；高考650分以上人数124人，比2014年翻了一番。本科录取率为88.2%，比2014年提高11.3个百分点。

四是监督有效，依法治教行为得到促进。

（一）党风廉政监督责任落实到位。全面落实党风廉政建设责任制，形成“一把手”负总责、一级抓一级、层层抓落实的良好工作格局。开展“从严从实，遵规守纪”主题教育季活动，编印《廉政新规手册》，集中学习《准则》和《条例》。开展警示教育，廉政文化进机关、进校园活动。组织开展教育收费检查，节假日“四风”问题督查，开展“为官不为、为官乱为”专项治理。严肃查处违纪行为，处理信访举报8件，查处1名领导干部廉洁自律问题、3所学校收费问题、1名教师校外兼课问题，及时制止一些苗头性问题。

（二）加大审计监督力度促进依法治教。开展领导干部经济责任审计。加强后续审计，对审计发现问题的整改落实情况进行跟踪检查。积极探索内部审计信息化，创新内部审计方法。不断完善合同审核备案管理工作，提高风险防范意识。强化源头治理，制定《教育系统内部审计人员工作职责》。规范委托审计管理，聘请会计师事务所参与审计工作，拓展审计工作的广度和深度。制定《委托审计工作质量评价方案》，对聘请会计师事务所建立择优使用机制。落实集中经济责任审计18家，提出审计建议57条。对基层17家单位开展部门联合后续审计，杜绝“屡审屡犯”现象发生。对10所幼儿园、18所中小学，开展秋季教育收费抽查。接收各单位、部门送审合同1900份，备案合同1857份。

招生·考试

【召开自主招生视频会】 3月11日，高招办通过视频方式召开2015年高校、高职自主招生工作会。会议解读新颁《教育部关于进一步完善和规范高校自主招生》文件，结合高校自主招生工作改革后的特点，重点介绍基本流程，强调重点工作时间节点，分析报考、审核、录取方式与往年的不同点，在传达市考试院精神的基础上，提出顺义区实施报考工作的建议与要求。各报名单位主管领导、年级主任、考务工作人员和部分班主任参加会议。

（鲍　文）

【多渠道公开小学入学政策】 3至6月，顺义区多渠道公开小学入学政策。一是2015年义务教育阶段入学继续使用公众服务门户，该门户上有市、区县的相关政策咨询服务信息以及各区县辖区内的中小学信息，可供参考。门户通过电脑和手机都可以访问。门户网站上有统一技术服务电话和各区县政策咨询电话。二是登录“顺义教育网——招生考试专栏”或关注“顺义区教育招生考试中心”微信公众号，顺义区小学入学相关政策及具体操作均有说明。三是小学、幼儿园门口张贴《致家长的一封信》，家长可以按信中要求进行操作，未上幼儿园的适龄儿童家长也可以到邻近小学门口查看。

（李东山）

【启动幼儿园入园信息采集工作】 6月15日，顺义区启动幼儿园入园信息采集工作。该方式为顺义区首创，适龄幼儿信息全部入库，入园工作逐步规范化。信息采集工作继续使用顺义区幼儿园入园网上信息采集系统，采集时间为6月15日至30日，招生对象为2011年9月1日至2012年8月31日期间出生的适龄幼儿。各幼儿园在服务片内所属小区（自然村）、居委会、幼儿园门口等显著位置张贴招生公告，公布招生咨询电话，安排专人负责接听。同时，安排专人、专时协助不具备信息采集的家庭完成信息采集，做好服务工作。

（徐振阳）

【剩余学位现场“电脑派位”】 6月27日，顺义区对城区和新城地区剩余学位采取现场“电脑派位”形式确定。区教委委托北京市龙诚公证机关进行活动公证，区人大代表和政协委员具体操作，区电视台、电台、报社及纪检等部门人员现场监督，实施“阳光招生”。将城区和新城地区3所学校剩余的51个学位，通过电脑派位招录租住在城区符合条件的非京籍学生；未获得派位学生由镇11所有剩余学位的学校安排接收，并将派位结果在区教委官网发布。

（李东山）

【完成小学招生工作】6月30日，顺义区2015年小学新生入学招生工作结束。全区公办小学一年级共招生6676人，其中京籍学生4760人，符合条件的非京籍学生1916人。7月3日起，各小学发放纸质入学通知书。

（李东山）

综合管理

【市委教工委书记到顺义调研】1月14日，市委常委、教育工委书记苟仲文到顺义调研。他先后听取杨镇中小三年级数学课《解决实际问题》和一年级言语识字课《我会吹泡泡》。课后，苟书记对课堂上教师和学生真实、个性化的表现给予充分肯定，并对学校课堂教学作方向性指导。他指出，两节课都突出学生自主学习的特点，活而有序，体现学校“活力教育”办学理念。他赞赏教师能够采用多种多样的教学方法，调动孩子们参与学习的积极性；学生活跃的思维、丰富的想象力、独特的内心世界得到展现，大方的发言和积极的自我表现，使整节课都在愉快的气氛中进行。他鼓励教师要积极思考，认真总结，培养学生良好的学习习惯，激发学生的学习兴趣。他希望领导干部多下基层，感受基层学校的文化和变化，走进课堂、走近师生，切实从基层单位实际出发，创造良好的教学环境。市教委委员李奕，区委常委、副区长于庆丰参加。区委教育工委书记冯义国，区委教育工委副书记、教委主任刘克祥等领导陪同。

（朱志敏　张伟光）

【举办小学科学实验教师账务管理培训】3月24日，顺义区教育资产管理服务中心对全区小学科学实验教师进行系统的账务管理培训。内容包括实验室账务管理和实验仪器的摆放。培训采取集中讲座、交流两种培训方式，做到讲解与操作相结合。全区小学近百名教师参加。

（冯　辉　刘铁英）

【召开教育系统党风廉政建设工作会】4月10日，顺义区教育系统党风廉政建设工作会在顺义开放大学报告厅召开。区委教工委书记、教委主任刘克祥出席会议并讲话。他强调：教育系统党风廉政建设工作要思想到位，形成反腐倡廉新常态；要责任到位，实施高压反腐无死角；要制度到位，形成反腐倡廉新文化。区教育纪工委书记隋美荣作题为《聚焦中心任务强化执纪问责深入推进我区教育系统党风廉政建设和反腐败工作》的报告，总结2014年度党风廉政建设工作，部署2015年度主要任务。会议下发区教育纪工委编制的《顺义区教育系统领导干部廉政新规手册》，为基层领导干部提供工作参考。会议表彰被区纪委评为“廉政文化进学校联系示范点”的9家单位；50名师生创作的廉政文化作品分别获得一、二、三等奖。会上，区内所有学校与教委签订党风廉政建设责任书，牛栏山一中、顺义五中、杨镇中小和建南幼儿园等单位作为代表上台签字。区委教工委、教委、教育督导室、教育工会有关领导，教委机关各科科长，各基层单位主要负责人、专职书记、副书记、工会主席、纪检委员和信访干部，各镇（街道）教育助理，以及在教委机关挂职的三期后备干部共300余人参加。

（杨守丰　王新颖）

【发放《顺义区教育系统领导干部廉政新规手册》】4月10日，顺义区发放《顺义区教育系统领导干部廉政新规手册》。《手册》包括公务外出、公务接待、公务用车、会议活动、办公用房、个人自律、文件规定七个章节，对党的十八大以来，中央和市区出台关于党员领导干部廉洁自律的各项规定进行梳理、归纳和提炼，力求简洁明了。教育系统100多家基层单位领导一手一册。

（杨守丰）

【邀公众参与“十三五”教育事业规划编制】5月起，顺义区教委邀请公众参与“十三五”教育事业规划编制。一是在官网发布“十三五”教育事业发展规划编制公众参与活动公告，广开言路、问计于民。二是活动于9月底截止，历时5个月。三是公众可以实名或不记名方式，通过电话、传真、邮箱、信件等方式提出意见或建议。其间活动共收到建议

40余条。

（徐振阳）

【召开教育系统“三严三实”专题教育会议】6月17日，顺义区教育系统“三严三实”专题教育会议在牛栏山一中召开。区委教工委书记、教委主任刘克祥以《深入学习践行“三严三实”，推动顺义教育事业优质均衡发展》为题，为全区教育系统领导干部讲专题党课。党课从切实增强深入学习践行“三严三实”的思想自觉，切实增强深入学习践行“三严三实”的行动自觉，切实担当起改革创新的责任和使命三个方面分析当前“不严不实”的表现及危害，就教育系统领导干部贯彻落实“三严三实”精神，开展好专题教育提出明确要求。他指出，教育系统广大领导干部要足够坦诚，敞开心扉面对自己，鼓起勇气直面现实，切实承担起顺义教育改革创新的责任和使命。会议由区政府教育督导室主任李卫国主持，区委教工委、教委、教育督导室、教育工会领导出席，各中小学、幼儿园及其它教育单位一把手、教委机关科长近150人参加。

（李雪彬）

【举办财务人员培训班】10月12至16日，顺义区教育系统举办财务人员培训班。内容包括：当前形势下的财务管理、行政事业单位内控制度、财政支出绩效评价、会计职业道德和教育资金预算管理等。区委教工委书记、教委主任刘克祥出席并讲话。他指出，财务工作人员要认清教育事业发展形势，将责任意识内化，自觉增强做好财务工作的责任感；严格自律，遵守各项财经规定，切实规范学校经费管理，确保学校财务工作高效运行。期间，与会人员还研讨如何加快预算执行进度等问题。市教委财务处处长李艳春、区教育督导室主任李卫国等领导出席，教育系统150家预算单位财务人员参加。

（辛松林）

【举办新入职资产管理员培训】11月26日，顺义区教育资产管理服务中心组织开展新入职资产管理员业务培训。培训内容包括：市设备中心区李岩对固定资产管理相关的政策法规进行解读；《北京市中小学校办学条件管理系统》《北京市行政事业单位资产管理信息系统》操作方法讲解和实际演示操作；讲解固定资产处置流程及手续办理的相关事宜。培训会上要求各单位从实际出发建立健全固定资产使用管理制度，规范固定资产使用行为，充分发挥固定资产的使用效益。全区53名新入职人员参加。

（马　骏）

【开展“四风”问题监督检查工作】年内，顺义区教育系统全面开展“四风”问题监督检查工作。一是5月1日、10月2日和4日节假日期间，顺义区教育系统开展“四风”问题监督检查工作，共抽查28所学校，分别是马坡、天竺、李桥、仁和四个镇共8所学校和幼儿园；高丽营、北石槽、赵全营、李遂、北务、大孙各庄、杨镇、仁和八个镇共20所学校和幼儿园。抓住重要节日这个时间节点，开展检查工作。抽查不提前通知、不影响正常工作，通过到各单位看、听、问、拍照等方式，检查“四风”问题、治理乱收费工作、单位值班和节假日期间公车封存等情况。二是开展联合检查。5月19至22日，教育纪工委组织审计和财务基建科人员，分两组对16家基层单位进行抽查。重点检查学校账簿，特别是对公款餐费、公务外出、教师津补贴等重点项目进行检查和问询；同时，每单位抽调3至5名干部教师，就公车使用、大操大办婚丧嫁娶、发放奖金实物、教育乱收费、教师有偿家教等进行座谈。

（杨守丰）

【加强内部审计工作】年内，区教育系统进一步完善工作流程，加强业务管理，提高内审能力。一是加强内部控制制度建设，审计科从教育系统审计工作制度化、规范化、精细化和程序化的角度出发，制定标准化工作流程并绘制流程图。二是修订审计工作方案、审计通知、审计工作底稿等内部审计工作文书。

（王秋鸿）

【加强教育系统合同审核和备案管理】年内，顺义教育系统加强合同审核和备案管理。一是重新梳理教育系统合同审核备案工作流程，制定《关于进一步加强合同审核备案管理的补充意见》，并附《合同审核备案工作问答（20问）》《合同审核备案工作流程图（机关版和基层单位版）》。二是截至6月，收到所属基层单位送审合同611份，律师出具法律意见书579份，修改后进行备案的金额在50万以下的一般合同423份，重大合同112份。重大合同均已在区法制办办理备案手续。

（杜鹏程）

【概况】2015年，顺义区教育系统按照顺义区委四届九次全会部署，不断深化教育综合改革，语言文字、安全等工作持续、健康、和谐发展。

一是语言文字工作进一步规范，以常态化继续推进。

（一）发挥学校主阵地作用，以开展中国汉字听写大会为契机，在全区中小学推广语言文字工作。组织顺义区初二年级5000余名学生以集体听写的方式参加校级听写预赛，经联盟内复赛选拔，牛栏山一中实验学校初二年级5名学生代表顺义区参加北京市决赛，最终1名选手获得北京市冠军并代表北京市参加全国汉字听写大赛，牛栏山一中被评为北京市语言文字规范化示范校。

（二）举行顺义区第十八届推广普通话宣传周展示活动。活动主题为“依法推广普通话，提升国家软实力”，区语委办主任张海东致辞，他希望各单位要大力宣传国家语言文字法律法规和规范标准，弘扬爱国主义精神，利用推普周这一平台，进一步拓展活动载体和途径，拓宽覆盖面，扩大影响力，增强宣传实效。

（三）积极推动全区骨干教师开展吟诵培训活动。邀请著名吟诵专家、首都师范大学教授徐健顺为全区近300名骨干教师做培训，教师领会到国学经典的博大精深，引导教师把吟诵与平时的教学活动有机结合，让吟诵这一传统文化得以传承。

（四）迎接市语委示范校创建调研工作。市语委对双兴小学、杨镇一中进行第九批市级语言文字规范化示范校创建调研，区语委借此契机，让语言文字工作在促进学校办学规范化、提升师生综合素养方面发挥更大作用。

二是夯实安全工作基础，全力维护学校正常教育教学秩序。

（一）继续深入推进“平安校园”创建工作，切实做好重大活动、重点时段、重点领域的安保维稳工作。加强学校安全工作预警机制建设，完善各项预案，提高防范水平。重点抓好车辆、食堂、消防、校园周边安全工作，开展防踩踏、防火灾、防地震、防溺水等安全教育，组织应急逃生演练。加强学校内部安全管理，加强师生安全教育，提升师生安全意识和自我保护能力。与公安、工商、卫生、城管等职能部门及属地政府加强沟通合作，开展综合治理，确保校园及周边安全稳定。

（二）结合主题教育开展活动，校园安全确保稳定。结合全国中小学生安全教育日、防灾减灾日、安全生产月、法治宣传月、消防月等开展主题教育活动，增强师生的安全意识、法治意识及自护自救能力。

（三）加大对基层单位安全管理人员的培训力度。5月13至15日，区教委与北京学校后勤事务中心联合举办“顺义区校园安全管理工作培训班”。此项培训增强了基层单位安全工作负责人的安全知识，提高了校园管理水平及应对突发事件的能力。

（四）强化对保安员的管理。进一步完善保安员管理制度，强化管理措施，明确其职责及规范要求，使保安员确实起到维护师生及校园安全、安防巡逻等任务。完成对主管安全领导及食堂管理人员160余人专项培训。完成保安公司招标工作，四家公司中标，700余名保安员上岗，提升校园安保质量。通过突击检查、实地抽查、满意度调查，约谈等措施，强化保安公司的责任意识，真正实现保安公司、用人单位、教委三方统管，校园保安较前有很大改观。

【召开年综治工作暨食品安全培训会】3月11日，顺义区教育系统2015年综治工作暨食品安全培训会在顺义八中报告厅召开。会议总结2014年工作，部署2015年综治工作重点，表彰综治工作先进集体54个，先进个人64人，部分学校做经验交流。区食品药品监督管理局领导，对教育系统寄宿制学校和幼儿园食堂食品卫生安全工作主管领导进行专项知识培训。结合近期发生的食品卫生案例、“明厨亮灶”工程阐述校园食堂食品卫生安全管理工作中易存在的问题和应采取的解决措施。全区150余名主管综治工作的领导参会。

（闫志杰）

【举办中国汉字听写大赛】3月26日，顺义区举办中国汉字听写大赛决赛。全区26所初中校初二年级5000余名学生以集体听写的方式参加预赛，经联盟内复赛选拔，牛栏山一中实验学校初二年级5名学生代表顺义区参加北京市决赛，最终有1名选手获得北京市冠军并代表北京市参加全国汉字听写大赛。经过区级推荐牛栏山一中被评为北京市语言文字规范化示范校。

（高　凤）

【举办综治干部培训会】5月13至15日，顺义区教育系统举办综治干部培训会。会议采取全封闭培训形式，内容涉及校园保卫、交通、消防、食品、突发事件处置、法律事务、校方责任保险等内容。全系统综治工作主管领导160余人参加。

（单继荣）

【举办第十八届推普周展示活动】9月17日，顺义区第十八届推普周展示活动在南彩第二小学举行。活动主题为“依法推广普通话，提升国家软实力”。区语委办主任张海东致辞。南彩二小师生用诗朗诵、相声、演讲等形式展示学校开展推普工作的成效。区语委办、教委、各委办局、各镇街道领导出席，各中小学幼儿园主管干部、学生和家长代表共计1500余人参加。

（高　凤）

【多举措打造平安校园】9月，顺义区教委多举措打造平安校园。一是开学前各学校园所自检，范围包括宿舍、食堂、图书馆等场所以及体育器械、车辆等物品，做到全面、细致、不遗漏。二是做好学期初常规安全检查。按照领导包片、科室包镇原则，对系统内所有中小学、幼儿园开展安全工作检查。每校一张检查记录表，内容包括“假期师生安全情况”“校园周边安全情况”“维稳工作情况”等。针对个别问题，及时发现、及时处理，不留隐患。三是上好开学第一课。特别是针对新入学的各年段新生，通过班会、电子屏提示等方式，使之熟悉校园环境，尽快适应新场所，强化安全意识与规则意识。

（徐振阳）

【召开教育系统食品安全培训会】10月27日，区教委联合食药局召开教育系统食品安全培训会。会议解读《学校开展食品安全自查的12项内容》，要求各单位严格查验餐饮服务许可证、健康证和承包人营业执照，严格履行承包合同签订和预备案程序，落实教委大宗食品原材料集中采购工作规定和校（园）长、主管领导、食堂管理员三级职责，进一步加强食堂环境卫生、食堂从业人员培训、进货台账和索证索票以及小饭桌安全管理等常规工作。牛栏山一中就大型活动食品安全保障工作做经验介绍，区食药局、区烹饪办会相关领导对新《食品安全法》和食堂操作规范进行讲解、培训。80余家寄宿制学校、开办小饭桌的学校和幼儿园主管领导、食堂管理员及承包经理百余人参加。

（单继荣）

【迎接市语委示范校创建调研】11月17日，北京市语委对双兴小学和杨镇第一中学第九批市级语言文字规范化示范校创建工作开展调研。通过区级汇报、学校座谈、现场观摩活动等方式，全面呈现出语言文字工作与深化素质教育紧密结合，与学校中心工作、重点工作紧密结合。

（高　凤）

【参加市中小学生演讲活动获佳绩】12月12日，顺义区组织学生参加北京市语委举办的京津冀中小学生诵读演讲比赛获佳绩。顺义区牛栏山一中实验学校学生刘恩彤代表区语委参加比赛，以题为《中国梦与民族精神》的精彩演讲，获得北京市一等奖。

（高　凤）

2015年顺教工发

序号	文号	文件名称	出文科室	时间	备注
1	顺教工发〔2015〕1号	中共顺义区委教育工作委员会、北京市顺义区教育委员会 、北京市顺义区人民政府教育督导室关于印发《2015年教育工作意见》	办公室	2015.1.29	三头联合
2	顺教工发〔2015〕2号	中共顺义区委教育工作委员会关于《预备党员转正的批示》	组织科	2015.3.23	
3	顺教工发〔2015〕3号	中共顺义区委教育工作委员会关于《2015年党建和思想政治工作意见》	组织科	2015.3.27	
4	顺教工发〔2015〕4号	中共顺义区委教育工作委员会关于《庆祝建党94周年系列活动实施方案》	组织科	2015.5.15	
5	顺教工发〔2015〕5号	中共顺义区委教育工作委员会关于《同意顺义区澜西园小学支部委员会更名的批复》	组织科		
6	顺教工发〔2015〕6号	中共顺义区委教育工作委员会关于《开展“为官不为”“为官乱为”问题专项治理的工作方案》	纪检	2015.5.19	
7	顺教工发〔2015〕7号	中共顺义区委教育工作委员会关于《2015年顺义区教育系统党风廉政建设和反腐败工作主要任务分工的意见》	纪检	2015.5.20	
8	顺教工发〔2015〕8号	中共顺义区委教育工作委员会关于《预备党员转正的批示》	组织科	2015.8.6	
9	顺教工发〔2015〕9号	中共顺义区委教育工作委员会关于《接收预备党员的批示》	组织科	2015.8.6	
10	顺教工发〔2015〕10号	中共顺义区委教育工作委员会关于《张炎等同志试用期满任职的通知》	组织科	2015.8.10	
11	顺教工发〔2015〕11号	中共顺义区委教育工作委员会关于《聂迎秋同志试用期满任职的通知》	组织科	2015.8.10	
12	顺教工发〔2015〕12号	中共顺义区委教育工作委员会关于《张伟等同志试用期满任职的通知》	组织科	2015.8.10	

序号	文号	文件名称	出文科室	时间	备注
13	顺教工发〔2015〕13 号	中共顺义区委教育工作委员会关于《吴丽鸿同志试用期满任职的通知》	组织科	2015. 8. 10	
14	顺教工发〔2015〕16 号	中共顺义区委教育工作委员会关于《同意成立顺义区裕龙二区幼儿园党支部的批示》	组织科	2015. 10. 27	
15	顺教工发〔2015〕17 号	中共顺义区委教育工作委员会关于《同意成立顺义区相悦四季幼儿园党支部的批示》	组织科	2015. 11. 9	
16	顺教工发〔2015〕18 号	中共顺义区委教育工作委员会关于《同意成立顺义区东兴幼儿园党支部的批示》	组织科	2015. 11. 9	
17	顺教工发〔2015〕19 号	中共顺义区委教育工作委员会关于《同意成立顺义区天竺第二小学党支部的批示》	组织科	2015. 11. 9	
18	顺教工发〔2015〕20 号	中共顺义区委教育工作委员会关于《同意成立顺义区北小营第二幼儿园党支部的批示》	组织科	2015. 11. 9	
19	顺教工发〔2015〕21 号	中共顺义区委教育工作委员会关于《成立反腐倡廉建设领导小组的通知》	纪检	2015. 11. 17	
20	顺教工发〔2015〕22 号	中共顺义区委教育工作委员会关于《成立反腐败协调小组的通知》	纪检	2015. 11. 17	
21	顺教工发〔2015〕23 号	中共顺义区委教育工作委员会关于《同意撤销中共北京市顺义区汽车技术职业高中党支部的批示》	组织科	2015. 11. 19	

2015 年顺教发

序号	文号	文件名称	出文科室	时间	备注
1	顺教发〔2015〕2 号	北京市顺义区教育委员会关于印发《2015 年非本市户籍适龄儿童在顺义区接受义务教育证明证件材料审核实施细则的通知》	招办	2015. 4. 15	
2	顺教发〔2015〕3 号	北京市顺义区教育委员会关于印发《2015 年义务教育阶段入学工作意见》	招办	2015. 4. 20	
3	顺教发〔2015〕4 号	北京市顺义区教育委员会关于印发《进一步加强合同审核备案管理工作的意见》	审计科	2015. 4. 24	
4	顺教发〔2015〕5 号	北京市顺义区教育委员会、北京市顺义区卫生和计划生育委员会关于印发《开展 2015 年顺义区爱眼宣传周活动的通知》	体卫艺科	2015. 5. 21	联合发文
5	顺教发〔2015〕6 号	北京市顺义区教育委员会关于印发《北京市顺义区教育委员会空气重污染应急预案》	办公室	2015. 5. 26	

序号	文号	文件名称	出文科室	时间	备注
6	顺教发〔2015〕7号	北京市顺义区教育委员会关于印发《2015年顺义区教育招生考试工作实施方案的通知》	招办	2015.5.26	
7	顺教发〔2015〕8号	北京市顺义区教育委员会关于印发《2015年顺义区普通高校招生考试工作有关规定的通知》	招办	2015.5.26	
8	顺教发〔2015〕9号	北京市顺义区教育委员会关于印发《2015年顺义区规范教育收费治理教育乱收费工作的实施意见》	纪检科	2015.8.26	
9	顺教发〔2015〕11号	北京市顺义区教育委员会关于印发《2016年顺义区高中会考考试工作实施方案的通知》	招办	2015.12.3	
10	顺教发〔2015〕13号	北京市顺义区教育委员会关于印发《进一步加强顺义区教育系统区级及以上骨干教师绩效考核工作办法（试行）的通知》	人事科	2015.12.30	

2015年顺教民发

序号	文号	文件名称	出文科室	时间
1	顺教民发〔2015〕1号	北京市顺义区教育委员会关于《北京市顺义区新京华实验学校变更举办者和法定代表人的批复》	民办科	2015.1.19
2	顺教民发〔2015〕2号	北京市顺义区教育委员会关于《北京市顺义区心语语言培训学校变更举办者和法定代表人的批复》	民办科	2015.2.4
3	顺教民发〔2015〕3号	北京市顺义区教育委员会关于《北京市顺义区心语语言培训学校变更校长和办学地址的批复》	民办科	2015.2.4
4	顺教民发〔2015〕4号	北京市顺义区教育委员会关于《北京市顺义区丽思嘉洛德双语幼儿园变更园长的批复》	民办科	2015.2.4
5	顺教民发〔2015〕5号	北京市顺义区教育委员会关于《北京市顺义区精灵花雨文化艺术培训中心变更举办者和法人的批复》	民办科	2015.3.31
6	顺教民发〔2015〕6号	北京市顺义区教育委员会关于《成立北京市顺义区青苗学校的批复》	民办科	2015.3.31
7	顺教民发〔2015〕7号	北京市顺义区教育委员会关于《北京市顺义区伊顿幼儿园变更园长的批复》	民办科	2015.3.31
8	顺教民发〔2015〕8号	北京市顺义区教育委员会关于《北京市顺义区新大方职业学校变更举办者和法人的批复》	民办科	2015.6.3

序号	文号	文件名称	出文科室	时间
9	顺教民发〔2015〕9号	北京市顺义区教育委员会关于《北京市顺义区启智文化艺术中心变更办学地址的批复》	民办科	2015.6.3
10	顺教民发〔2015〕10号	北京市顺义区教育委员会关于《北京市顺义区顺图计算机培训学校变更举办者、法人和学校名称的批复》	民办科	2015.6.15
11	顺教民发〔2015〕11号	北京市顺义区教育委员会关于《北京市顺义区英美外语培训中心变更举办者、法人和学校名称的批复》	民办科	2015.6.15
12	顺教民发〔2015〕12号	北京市顺义区教育委员会关于《北京市顺义区优帮培训学校变更办学地址的批复》	民办科	2015.7.9
13	顺教民发〔2015〕13号	北京市顺义区教育委员会关于《北京市顺义区金翼德懿双语幼儿园变更举办者的批复》	民办科	2015.7.9
14	顺教民发〔2015〕14号	北京市顺义区教育委员会关于《北京市顺义区交通培训学校变更办学地址的批复》	民办科	2015.7.9
15	顺教民发〔2015〕15号	北京市顺义区教育委员会关于《北京市顺义区长颈鹿幼儿园变更办学地址的批复》	民办科	2015.11.9
16	顺教民发〔2015〕16号	北京市顺义区教育委员会关于《北京市顺义区益民培训学校增设办学点的批复》	民办科	2015.11.9
17	顺教民发〔2015〕17号	北京市顺义区教育委员会关于《北京市顺义区汇佳东方幼儿园变更法定代表人和园长的批复》	民办科	2015.11.9

特载与纪实

区域统筹　城乡联动
全面推进义务教育优质均衡发展

顺义区人民政府区长　卢映川

（2015 年 4 月）

尊敬的各位领导、各位专家：

上午好！首先，我代表顺义区委、区政府，对各位领导、专家莅临指导表示欢迎！下面，我就顺义区推进义务教育均衡发展向各位领导、专家做一简要汇报，不妥之处，请指正。

顺义区位于北京市东北部，总面积 1021 平方公里，常住人口 100.4 万，下辖 19 个镇、6 个街道办事处。顺义区是北京东北部发展带的重要节点、重点发展新城之一，是首都国际航空中心的核心区，是服务全国、面向世界的临空产业中心和现代制造业基地。先后成功举办了 2008 年奥运会水上项目和 2009 年中国第七届花博会。2014 年，全区实现地区生产总值 1339.7 亿元，公共财政预算收入 110.6 亿元，经济总量居全市第 5 位。

多年来，顺义历届党委、政府高度重视教育发展，把教育尤其是义务教育优质均衡发展作为各项工作的重中之重来抓。坚持以教育体制综合改革实验为抓手，以硬件建设为基础，以软件建设为关键，坚持区域统筹，城乡联动，创新机制，造峰扬谷，积极推进义务教育优质均衡发展。可以说，顺义区追求的均衡发展是优质、高端的均衡发展，是软件与硬件全方位的均衡发展。

目前，全区现有义务教育公办学校 62 所（其中小学 42 所、初中 16 所、九年一贯制学校 2 所、完中 2 所），学生 5.08 万人（其中小学生 3.81 万人、初中生 1.27 万人），义务教育阶段来京务工人员随迁子女 2.06 万人，占学生总数的 40.5%。专任教师 3789 人（其中小学专任教师 2438 人、初中专任教师 1351 人），99.1% 的小学专任教师学历在大专以上，98.74% 的初中专任教师学历在本科以上。顺义区先后荣获“全国‘两基’工作先进地区”、“全国教育督导先进集体”、“北京市教育工作先进区”等 100 余项市级以上荣誉称号。我们推进义务教育均衡发展的主要做法：

一、依法治教，构建义务教育均衡发展保障机制

始终坚持教育优先发展，全面贯彻党的教育方针，坚持教育为社会主义现代化建设服务的根本宗旨。积极依法促进义务教育均衡发展，全面履行政府办人民满意教育的重要职责。

加强顶层设计。坚持经济社会发展规划优先安排教育发展，财政资金优先保障教育投入，公共资源优先满足教育需要。先后颁布了《顺义区“十二五”时期教育事业发展规划》、《顺义区城乡联动教育改革实验方案》等文件，全面部署教育事业改革发展，树立大教育观，优化教育资源布局①，扩充优质教育资源，实现了教育结构更为优化、教育质量不断提升的良好局面。

①第一次布局调整，中小学校实现楼房化，消除了校舍安全隐患；第二次布局调整，将高中和职业教育外迁，腾退资源为城区义务教育扩容增量；第三次布局调整，扩充优质教育资源总量，促进教育均衡发展，保证适龄少年儿童免试就近入学。

加强机制建设。区委、区政府将教育事业发展纳入全面建成小康社会总体目标，纳入部门目标责任制考核，确保各项教育工作落实到位。完善区级领导联系学校制度、定期研究教育工作制度和教育改革发展通报制度。制定实施《顺义区义务教育法职责分解》和《义务教育均衡发展问责办法》，明确了各委办局、镇政府与街道办、中小学校的职责，并对职责落实情况进行评价。制定了《顺义区基础教育专项规划》，要求规划、建设、土地等部门严格落实规划，要求各镇、街道要严格履行属地管理职责，要求计生部门摸清适龄儿童数量及分布情况，为科学规划、合理布局提供参考，形成了全区齐心协力办教育的良好机制。

落实经费保障。坚持财政预算教育优先，将教育全面纳入财政保障体系，尤其注重将来京务工人员随迁子女就学纳入财政保障体系，将教师培训经费纳入预算，依法做到“三个增长”①。新增教育经费和教育费附加主要用于义务教育②。在经费投入上，坚持向农村学校倾斜，向特殊教育学校倾斜。在经费管理上，研发“教育资金管理系统”、“教委预算管理系统”，采用信息化管理手段，从内控管理着手，规范经费管理，实施绩效评估，提高使用效益。

加强教育督导。制定《顺义区全面实施素质教育评价方案》，对各镇政府、街道办履行教育职责情况进行督导。制定《顺义区中小学校责任督学挂牌督导实施方案》，加强对中小学校的监督指导，将责任督学公示牌覆盖到全区所有中小学，组织专兼职督学对全区所有义务教育学校开展专项督导。2014年11月，承办北京市责任督学挂牌督导现场会，我区作了“双轮驱动、三级落实、多措保障”经验介绍。

二、多措并举，推进城乡义务教育学校均衡发展

义务教育是起点公平、过程公平、结果公平的教育，我们在提升义务教育品质的过程中，坚持城乡统筹，促进城乡均衡发展，让城乡人民共享教育和经济社会发展成果。

改善办学条件。高水平完成学校标准化建设，落实北京市初中建设工程、小学规范化建设工程、中小学校舍安全工程和城乡中小学建设三年行动计划。按照“科学配备，适度超前”原则，城乡学校办学条件无差别化全面提升。全区中小学在专用教室、信息技术设备、图书资料等方面均高质量达到了《北京市中小学校办学条件标准》。在边远镇域，最好的建筑是学校，最美的环境是校园。

组团协同发展。2011年全区成立以三所高中示范校为龙头的3个城乡教育联盟，每个教育联盟内分别成立1个初中组团和1个小学组团。以高中示范校带动义务教育学校、以城区学校带动农村地区学校发展。初步构建了城乡学校设备、师资、教育教学、管理等各个层面的共建机制。大力推行集团化办学，2004年成立东风小学教育集团，近几年又先后成立西辛小学教育集团和石园小学教育集团，全面促进教育优质均衡发展，消除了择校现象。

信息化共享发展。打造教育管理信息平台、教育资源共享平台、远程教育平台、教育教学应用平台、教学改革实验平台等“五大平台”，满足教师获取教学资源、实行远程教学和网络教研、召开视频会议等需求。实施北京市中小学数字化教育资源共享工程，为义务教育阶段学生提供数字化优质同步课程资源。推进教师网络研修社区建设，目前有协作组47个，注册教师3600人，日均流量6800余次。

高校助力发展。引进北师大、首师大、北京教育学院、北京教科院等高校资源。建立了北师大、首师大教研基地，探索农村学校管理改革、课程改革和评价改革的有效途径，19所义务教育学校参加由北师大支持的顺义教育综合改革项目③，12所学

---

①2010年—2014年义务教育预算内经费拨款增长比例分别为：15.98%、13.93%、13.61%、5.09%、12.1%；地方财政经常性收入增长比例分别为：9%、9.42%、13%、5.02%、12%；小学生均教育事业费增长比例分别为：12.15%、9.39%、24.7%、0.07%、11.29%；初中生均教育事业费增长比例分别为：22.4%、14.69%、27.79%、1.36%、20.22%；小学生均预算内公用经费增长比例分别为：2.03%、8.11%、0.02%、30.19%、0.81%；初中生均预算内公用经费增长比例分别为：0.18%、2.12%、0.47%、30.91%、0.68%；教师年均工资分别为：6.92万元、7.96万元、8.74万元、8.86万元、8.88万元。

②新增教育经费用于义务教育的比例分别为：57.6%、61.96%、63.56%、58.05%、56.24%；教育费附加用于义务教育的比例分别为：84.66%、73.62%、95.04%、51.68%、54.99%。

③具体包括特色学校建设与学校领导力提升、德育课程一体化建设与干部教师能力提升、有效教学与干部教师能力提升三个子项目。

校参与首师大 UDS 项目，2 所农村校与高校合作办学，进行了岗位聘任改革试点，提高农村学校教师队伍的整体素质水平，破解城市化进程中教育发展的关键问题，极大促进了农村学校办学水平的提升。

三、提升素养，确保义务教育阶段师资均衡配置

队伍建设是实施素质教育、减轻学生负担的重要保障，是促进教育优质均衡发展的前提。我区通过加强培训、加强管理、引进人才等方式，提升干部教师队伍素质，通过师资的均衡配置来提升义务教育优质均衡发展水平。

完善培训机制。加大干部教师培训投入，足额满足培训需求。坚持“面向全员、突出骨干、倾斜农村、促进均衡”的培训理念，形成了分类、分层、分岗的全员干部教师培训机制。完善了国际交流、高校浸润、名校挂职为内容的干部培训方式，实施了师德培养铸魂计划、新任教师伴飞计划、学科教师专业成长计划、骨干教师培养计划、名师教育家成长计划等。所有培训项目均向农村学校倾斜。组织了教师全员参与顺义区“临空杯”教师基本功培训与展示活动，教师在各级各类比赛评比中表现突出、成绩优异①。

优化管理机制。建立区级优秀教师干部奖励机制，每 3 年评选表彰一次优秀校（园）长、学科带头人、骨干教师、园丁新星。在教师评优、评先、晋级等方面，向农村学校倾斜。教师年度考核优秀名额分配比例，边远农村学校高出城区学校 8 个百分点。目前，不论中心城区还是农村地区，每所学校都有区级以上骨干教师。

建立交流机制。建立常态化干部教师交流机制，积极探索岗位轮换、下乡支教等形式多样、富有成效的教师交流方式和管理模式。2010 年以来，城乡学校间校长交流 55 人次，城区学校教师到农村学校支教 60 人次，城乡教师交流 400 余人次。干部教师交流切实解决了城乡师资力量不均衡、结构性矛盾等问题，缩小了城区学校与农村学校之间的差距，加快了城乡教育一体化进程，取得显著成效。

建立人才引进机制。建立优秀教育人才引进绿色通道，提高干部教师待遇，干部教师收入水平逐年增长，平均工资高于公务员。区政府出资购置 400 余套公租房，配置一批教师公寓，解决新任教师住房困难问题，确保教育人才进得来、留得住。2010 年至今，共引进硕士以上学历教师 213 人。

四、注重内涵，促进义务教育品质得到全面提升

着力提高教育质量，促进教育内涵发展，确保学生健康全面而有个性的发展，是我区教育发展的重要目标。

以立德树人为根本任务，开展培育和践行社会主义核心价值观教育。出台了《培育和践行社会主义核心价值观实施意见》，开展“唱响新童谣——弘扬和践行社会主义核心价值观”活动，确定 2 所学校为社会主义核心价值观行动研究实验校，召开“培育和践行社会主义核心价值观”专题推进会。各中小学结合实际，将培育和践行社会主义核心价值观融入教育教学中，精心设计、组织开展内容丰富、形式多样、吸引力强、学生参与度高的活动②，实现了社会主义核心价值观内化于心、外化于行的良好效果。

减轻学生过重课业负担。坚持以“轻负高效”为导向，深化教学改革，坚定不移实施素质教育。规范办学行为，开齐课程，开足课时，严格执行各项“减负”规定。出台《顺义区落实〈市教委切实减轻中小学生过重课业负担〉实施方案》，各学校严格落实，帮助学生快乐学习，健康成长。2013 年，3 所学校代表我区在全市减负现场会上作经验介绍。为减轻学生负担，促进均衡发展，我区义务教育阶段坚持免试就近入学，并将区内优质高中统招名额分配到所有初中，2014 年名额分配比例达 30%，今

① 2014 年教师获得的部分奖项：参加“第七届全国中小学交互式电子白板学科教学大赛”，4 件作品获全国一等奖；在第二届北京市班主任培训与展示活动中，6 人获一等奖，1 人获二等奖，3 人获三等奖，获奖率 100%，一等奖获奖率全市第一；在北京市初中教师基本功培训与展示比赛中，34 人获一等奖，24 人获二等奖，我区获得市基本功比赛“团体一等奖”，并作典型发言；在北京市科学教师实验技能培训与展示活动中，4 人获实验操作一等奖，3 人获创新实验展示一等奖，一等奖获奖率全市第一，我区在总结大会上做经验介绍。

②开展“唱响新童谣——弘扬和践行社会主义核心价值观”活动，征集作品 1500 余篇，评选优秀童谣 100 篇，19 篇入选北京市新童谣宣传册；开展“三爱”“三节”“红领巾相约中国梦”主题队日、“北京少年孝心榜样”评选和“社区文明小使者”志愿服务等活动。

年将进一步提高到40%。

大力开展社会实践活动。大力推进“综合素质提升工程”，我区先后开发建立23家市级资源单位、200多个活动场所，在乡镇建立20个校外活动站、2个首都乡村少年宫。邀请名家进校园，带领学生走进博物馆、走进社区、走进大自然。

优化社会教育环境。推出“彩虹读书”行动，启动全民读书活动，开通顺义学习网，在顺义电视台开办《师说日》、《国学动漫城》等节目，有效培育了校园文化气息和社会文化氛围。2014年，我区被评为“北京市建设学习型城市工作示范区”。

促进学生健康发展。全面实施《顺义区推进中小学校体育卫生工作三年行动计划（2014～2016年）》和《顺义区义务教育阶段推行中小学课外活动计划实施细则（试行）》，确保学生每天1小时体育锻炼时间，2014年小学生、初中生体质健康测试达标率分别为93.3%、93.8%。各中小学校组织开展类型多样的社团活动①，特色学校不断涌现，学生素质不断提升②。

各位领导、专家，虽然我区在义务教育均衡发展方面取得了一些成绩，但与人民群众的期盼相比，仍有一些差距：一是随着区域城镇化进程的推进，单独二孩政策的实施，城区人口不断增加，城区学位供给面临着较大压力。二是随着城区人口的增长和农村人口的缩减，城区教育资源紧张与农村教育资源闲置的矛盾需要调整解决。三是随着人民群众对教育质量的要求提高，我区优质教育资源仍相对不足。

今后，我区将继续加深认识，进一步落实《义务教育法》等相关法律法规，持之以恒做好教育工作，重点从以下几个方面做起：一是进一步调整教育布局，加快学校建设，高标准建设一批具有主题特色的素质教育基地。二是进一步与高校、名校加强合作，扩充优质教育资源。三是进一步研究“区管校用”的人事制度改革，促进教育系统“单位人”变“系统人”，激发教师队伍活力。四是进一步探索管、办、评分离的教育管理机制。五是进一步坚持立德树人的教育理念，开展好素质教育工作。在党中央和市委市政府的领导下，我区将主动担当，主动作为，不断满足人民群众对教育事业发展的新期待、新要求，办好让学生成才、让教师幸福、让人民满意的教育。

谢谢大家！

①马坡二小“水娃”舞龙队获第十届中国民间文艺山花奖；沙岭学校的曾庄大鼓成为闻名遐迩的品牌活动；大孙各庄中小学生连续跳跃110根绳112次，创造了网绳吉尼斯世界纪录；仅2014年有20所小学4680名学生参加“彩虹假日炫”展示活动，26所中学（含初中、高中、完中、九年一贯制学校）的35个优秀社团参加第三届“魅力社团，缤纷梦想”社团展示活动。

② 2014年学生取得的部分成绩：参加全国中学生运动会、全国中学生田径锦标赛，获得10枚金牌、5枚银牌、10枚铜牌，1名同学打破全国女子甲组100米赛会纪录；在第五十二届北京市中学生田径运动会上，获得奖牌总数、团体总分、初中组、高中组四个全市第一；在北京市第十四届全运会田径比赛中，共获得27枚金牌、25枚银牌、19枚铜牌；7名学生获得北京市中小学生银帆奖；在第十五届全国青少年建筑模型教育竞赛总决赛中，20人获奖，其中3人夺得金牌；在第66届IENA德国纽伦堡国际发明展中，1人获银奖，1人获铜奖，1人获中国赛区创意金奖；5人入选北京青少年科技创新学院翱翔计划。

解放思想二次创业　脚踏实地大有作为

中共顺义区委教育工作委员会书记　顺义区教育委员会主任　刘克祥

（2015 年 8 月 31 日）

老师们、同志们：

今天利用这个培训的机会，我跟大家分享一个主题——“解放思想二次创业，脚踏实地大有作为”。

经过我们全体教育人的共同努力，顺义教育取得了很多成绩：我们的公立幼儿园数量约占全市八分之一，公立幼儿园数量和比例均远超其他区县，解决了入园难问题；义务教育优质均衡发展，城乡学校办学条件得到极大改善，在 2015 年 4 月国家义务教育均衡发展验收工作中，我区以优异成绩赢得了领导和专家的高度赞扬。但是，我们应该看到人民群众对教育的需求发生了新变化，不仅要求有学上，还要求上好学。与此同时，其他省市和兄弟区县对教育的投入力度不断加大，发展势头迅猛。今年 7 月，北京市教委印发《实施教育部〈义务教育课程设置实验方案〉的课程计划（修订）》（以下简称《课程计划》），各区县积极行动，争相抢占制高点。面对区内外教育发展新形势，不发展就是倒退，发展慢了也是倒退，顺义教育正处于进行二次创业的关键时期，我们必须走出顺义看教育，走出学校办教育，立足岗位想教育。

一、二次创业要有忧患意识

前有标兵，标兵跑得快；后有追兵，追兵追得紧。

虽然高分人数较去年有了较大增长，一本上线率和本科上线率都提高了 10 个百分点，但是我们的尖子生没有充分发挥出应有的水平。

高考所反映的不仅仅是高中的问题，反映的是我们整个教育系统的问题，反映的是从小学到高中十二年教育的问题，我们要分析问题背后的问题。

一是转变思想观念还不够彻底。面对外部变革，面对标兵的前进和追兵的追赶，部分人还存在等一等、看一看、不想变、不愿变、不敢变的观念，没有意识到机不可失，没有意识到时间紧迫。

二是学校自主办学的水平不够高。有的学校过于平凡、平常、平淡，不主动想办法，主动求突破，对教委布置的工作不催不干，不推不动。

三是学生培养模式偏旧。存在不敢放手，没有给学生足够的选择，没有搭建足够的活动平台和施展空间的情况。教育应该是一种启蒙、一种发现、一种打开、一种唤醒、一种点燃、一种培育。

四是课程改革进度偏慢。在上次课程改革过程中，没有广泛凝聚共识，没有积极开展行动，在等待与观望中错失良机。这次新的课程改革应该说是一次新的机遇，也是新的挑战。抓好了，我们有机会提速增效，有机会继续领先，否则就要后退，就要落伍。

五是教学方式变革的问题。教工委书记苟仲文同志说，要以考试评价改革为抓手，倒逼学校进行课堂教学改革。我认为，好的课堂应该是生命的课堂、生活的课堂、生成的课堂。我们部分学校进行了很多有益的尝试，比如一些学校开展生本教育，注重学生的体验，注重激励学生，注重学生的自我教育，取得了部分成效。但总体上课堂教学的底色改变得还不够彻底。师讲生听、师讲生记、机械训练，满堂灌、满堂问、部分学生厌学、部分教师厌教的现象依然存在。生本教育还需要大力倡导。

二、二次创业要有大局意识

“不谋全局者不能谋一域，不谋万世者不能谋一时。”全区教育是一盘棋，我们干工作要有大局意识，能站在促进全区教育发展的高度来看待问题，能站在促进学校长远发展的高度来办事。

1. 各学校间、各学段间通力协作。

三大联盟、九大组团要进一步深化合作，充分发挥联盟和组团的功能。组团内部要加强交流，在教师培养、课堂教学、课程建设方面加强合作，扎实开展各项活动。利用联盟组织内有各学段学校的优点，促进各学段间的衔接。联盟和组团不能成为松散的、形式上的组织结构，而应该成为相互学习的对象，产生 1+1>2 的效果，产生集群效应。

在联盟和组团的交流合作中，我们要有发现美的眼睛，善于发现别的学校的长处，善于学习别的学校的优点。

2. 全力推进课程改革。

市教委发布的《课程计划》是为深化教育领域综合改革，切实解决基础教育中存在的深层次问题，进一步扩大各区县和学校课程建设自主权。此次《课程计划》特别突出课程“整体育人”的基本理念，即统筹各学段、各学科、各育人环节、各方参与人员和育人环境，以实现全科育人、全程育人、全员育人和实践育人。和原课程计划相比，核心变化体现在强调课程整体育人的功能和价值，更加关注学生学习体验、动手实践及创新意识的培养。

三、二次创业要有责任意识

落实新的《课程计划》需要我们转变思想观念，增强办学活力，改变人才培养模式，增加学科实践活动。各部门、各人员要立足岗位，各司其职，各负其责。

1. 教委和教研中心的职责

第一，决策引领。教委进行决策，教研中心制定方案，并促进方案的实施。下半年我们将制定包括“十三五”发展规划、推进改革、加强教师队伍建设、购买社会服务、实施新课程等一系列政策措施。为了更好的决策，需要加强调研，接地气，察实情。调研要准确把握重点，紧紧围绕中心工作开展，要有针对性和实效性，所撰写的调研报告既要有理论高度，又要有实际操作性，能够为决策服务。

第二，培训服务。教委要做好服务工作，在硬件配置上以保安全、保运转为底线，根据学校发展的需要，适度超前，科学装配。对有些学校需要教委支持的工作，教委提供大力支持，必要时上门服务，服务到家。对于不能直接服务的，可以购买社会机构的服务。机关管理追求规范化和程序化，理清科室工作职责和工作流程等，提升服务水平。教研中心要开展好教师培训工作，帮助教师理解新的课程理念，提升教学水平。

第三，监督评价。教委和教研中心对各学校课程情况进行监督评价，对做得不好的督促整改，对做得好的进行表彰。监督评价是导向，要充分发挥监督评价的导向功能。

2. 校（园）长的职责

一要“三思”：思学校的优点、缺点和增长点，思学校的过去、现在和将来，思学校发展的方向、方式和方法。

二要成为三面旗帜：校长应是一面教育思想的旗帜，看清教育的大形势，用自己的教育理想指引学校发展方向；校长应是身体力行的旗帜，多走进课堂、走进师生，了解师生现状；校长应是知人善用的旗帜，调动教师的积极性，让合适的人到合适的岗位。

三要脚踏实地抓课程，让课程落到实处。校长要提升课程领导力，使自己在课程价值定位、课程规划设计、课程开发、课程实施、课程评价导向、课程管理决策、课程整体推进、课程特色创新等方面的能力得到全面提升。这次实施新的课程计划，校长要亲自抓，带头研究，带头实施。在假期很多学校已经开展了一些工作，一些学校已经开展了游学课程，在落实10%学时学科实践活动课程方面进行了探索。

我们要明白这次课程改革是一次新的机遇，今年的中高考改革已经体现得比较明显，靠大量的题海战术，靠大量补课，靠挑灯夜战延长学习时间，已经难以取得良好成绩。市教委明确提出新的教育观念：学前教育要“玩”起来、小学教育要“慢”下来、初中教育要“宽”起来、高中教育要“活”起来、职业教育要“高”起来。小学一年级要坚持零起点教育，要慢慢培养孩子的习惯，不能过度拔高而打击了孩子的自信心。初中教育要“宽”，高中教育要“活”，就是不应该把中学教育的内容窄化为考卷内容，而是要通过丰富多彩的课程和活动，为学生奠定宽广坚实的知识基础，培养学生良好的习惯和解决问题的能力，要充分利用一切可用的教育资源，让学生的眼珠子都转起来、亮起来、动起来，活起来。“宽”和“活”还应该体现在把时间还给学生，把选择权还给学生，让学生在学习和活动中有体验，有收获，有成长。

我们要鼓励教师开展教学试验，允许走弯路，允许有波折，但是必须要行动起来。

当兵有当兵的苦处，当官有当官的难处，做校长不容易。校长还要有信仰、有信念、有信心；有能力、有动力、有定力；有想法、有说法、有办法；提得起，放得下，算得到，做得完，看得破，撇得开。

有一本书叫《这个社会会好吗》，我想以书中的两段文字结尾：

从改造自身开始以促进社会进步，乃真精英；若只见批贬社会而不见自身行动者，则为一愤青而已。

如果我们不能改变大环境，那就改变小环境，如果小环境也改变不了，至少可以改变自己。你不能决定太阳几点升起，但是能决定自己几点起床。你不能决定中国有没有华盛顿，但你能决定自己是否成为那个为华盛顿鼓掌的人。

这个世界唯一不变的是变化，唯有主动适应变化、跟上变化、主动变化才能进步。为此，我们要仰望星空，也要脚踏实地，我们要解放思想，也要真抓实干，只要我们有一颗勇敢的、追求卓越的心，誓做精英，不做愤青，从自己做起，从点滴做起，这个社会会更好吗？顺义教育会更好吗？我们的未来会更好吗？Yes，I'm sure!

在2015年教师节庆祝大会上的讲话

中共顺义区委教育工作委员会书记　顺义区教育委员会主任　刘克祥

（2015年9月9日）

各位领导、老师们、同志们：

在这秋高气爽、硕果飘香的日子里，我们欢聚一堂，共同庆祝第31个教师节。在此，我代表区委教工委、教委、教育督导室、区教育工会向全体教职工表示最诚挚的问候，向受到表彰的先进集体、先进个人表示最热烈的祝贺，向长期关心支持教育发展的各级领导表示最衷心的感谢！

在区委区政府的正确领导下，在顺义人民的大力支持下，我们全体教育工作者辛勤工作，奋力拼搏，用智慧和汗水加速我区教育事业的蓬勃发展。教育现代化水平显著提高，办学条件不断改善，优质教育资源不断增多，办学质量不断提升，涌现出了一批优秀学生、优秀教师、优秀校（园）长和优秀学校（幼儿园），赢得了北京教育界的一席之地，赢得了上级领导的充分肯定和社会各界的广泛赞誉。

抚今追昔，令人心潮澎湃；展望未来，我们信心百倍。新的学年，蕴涵着新的挑战，更昭示着新的希望。借此机会，我对同志们提三点期望：

一、有责任感和使命感，敬重自己的事业

一个有着高度责任感和使命感的教师，他会把教育作为一种理想去追寻，一种目标去超越，一种方向去把握，一种动力去前进。今天受到表彰的老师们思想突出、业绩突出，但是我们要再接再厉，百尺竿头，更进一步，努力成为广大教师的榜样，成为顺义教育形象的代言人，成为教育专家、教师中的“神品”。我们要以强烈的责任感和使命感，以促进学生成长为己任，以造福顺义人民为使命，把教育事业当成自己毕生的追求。要有一种不甘落后、不肯服输的豪气，一种耐得住寂寞、忍得住平凡的志气，一种敢为人先、勇争一流的锐气，一种超越自我、自强不息的勇气，一种奋发有为、拼搏向上的朝气，从师德上不断完善自己，从学术上不断提升自己，从教学上不断优化自己，勇敢担负起塑造学生灵魂，传承人类文明的伟大使命。要把使命记在心头，把责任担在肩上，为明天思考，为将来设计，为学生的终身发展奠基。大力弘扬老兵精神，不负国家厚望，不负人民重托，做一个无愧于党和人民、无愧于这个伟大的时代、无愧于历史、无愧于“人民教师”这个光荣称号的优秀教育工作者。

二、有紧迫感和危机感，尽到自身的职责

新的学年既是“十二五”的收官之年，也是“十三五”的开局之年，有很多经验和不足需要我们总结提炼，有很多计划和方案需要我们思考实施，新学年任务比较繁重。同时，我们还要看到现在教育改革力度很大，涉及课程、中高考、招生考试、教育教学、职称评聘等方方面面，给我们带来了新的机遇和挑战，需要我们紧跟改革步伐。还有，兄弟区县不断发力，竞争越来越激烈，我们是前有标兵，后有追兵，标兵跑得快　追兵追得紧，要想继续保持领先位置，要想继续取得辉煌成果，我们必须付出更多的努力。我们要以时不我待的紧迫感、机不可失的危机感，加强学习，加强研究。要一心一意地履行教育职责，一丝一毫地吸收先进理念，把工作时间一分一秒地抓牢，把教育教学一点一滴地做好，把课程改革一步一步地推进。在教育中，坚持做人与成人并重，智商与情商并重，知识与能力并重，全面培养学生的综合素养。要让“边干边学、终身学习”成为一种习惯，并通过我们的“好好学习”熏陶学生“天天向上”。我们要通过学习，不断更新教育观念，创新教育方法，革新教育手段，做一名与时俱进、常学常新、活学活用的新时代教师。

三、有荣誉感和幸福感，热爱自己的岗位

教师最大的价值和最高的成就是育人，桃李满天下是教师一生的荣誉、无上的荣光。教师也应该是幸福的，教师的幸福来自于有高峰体验、有快乐感受能享受工作，有学生爱戴、有同行敬佩能赢得尊严，有和谐氛围、有物质保障能幸福美满。荣誉感和幸福感都建立在对教育执着的爱、对学生无私的爱的基础

之上。我们要时刻为学生着想，用爱心去浇灌、用真情去感化、用智慧去启迪、用人格去熏陶、用理想去塑造一个个充满希望与梦想的生命。把自己的温暖和情感倾注到每一位学生身上，用欣赏增强学生自信，用信任树立学生自尊，用热情激发学生自强，用仁爱培养学生自爱。要坚持以学生为本、以言传道、以行垂范，用真理、真言、真行教化学生，用真情、真心、真诚感化学生。做到关爱学生诚心，了解学生细心，教育学生耐心，服务学生热心。

今后一段时期，我们的重点工作，一是根据本校学生特点对课程进行设计整合，二是进一步以生为本，开展好生本教育。广大教师要立足岗位，积极行动，争取在这两个方面有所作为，取得成效。

同志们，有梦想才会有希望，有希望才会有激情，有激情才会有事业，有事业才会有未来。让我们静下心来教书，潜下心来育人，敬业，专业，乐业，不断地修师德、铸师魂，树师表、扬师风，提师能、强师智，不断追寻真、传播善、创造美、践行爱，成为有名、知名、著名的教师，成为学生爱戴、家长满意、社会尊重、自己幸福的教师。

最后，再次祝各位领导工作顺利，万事如意！祝广大教师节日快乐，工作再上新台阶，再迎新发展！祝顺义教育事业蒸蒸日上，再谱新篇章，再创新辉煌！

2015年秋季开学暨“护校安园”行动落实情况督导检查汇报材料

中共顺义区委教育工作委员会书记　顺义区教育委员会主任　刘克祥

（2015年9月22日）

尊敬的各位领导、各位专家：

上午好！

顺义区位于北京市东北部，总面积1021平方公里，常住人口100.4万。顺义区是首都国际航空中心核心区，是服务全国、面向世界的临空产业中心和现代制造业基地。顺义区委区政府始终高度重视教育发展，财政资金优先保障教育投入①，公共资源优先满足教育需求，把教育发展纳入区镇两级政府及委办局主要领导政绩考核，各部门通力合作，形成了齐心协力办教育的良好机制。我区先后荣获“全国‘两基’工作先进地区”、“全国教育督导先进集体”、“北京市教育工作先进区”等100余项市级以上荣誉称号，2015年4月高标准通过国家义务教育均衡发展验收。

目前，全区有中小学、幼儿园121所②，学生9.3万人，教职工9558人。

在教育发展过程中，我们以素质教育为主线，深化课程改革，视安全稳定为第一生产力，高度重视开学、“护校安园”工作的落实。下面我向各位领导、专家作简要汇报。

一、开学工作平稳有序

师生全部按时返校。开学前对干部教师进行全员培训，统一思想。开学初采取“主任包片、科室包镇”的检查制度，教委领导深入每所学校了解情况，解决实际问题。今年秋季开学，我区师生100%按时返校。

资助政策全部落实。严格执行国家及北京市各项资助政策，2015年度上半学年共发放助学金20.2万元，资助学生281人。我区不存在学生因家庭经济困难、生活困难而失学的情况。

教材配备符合规定。严格落实教育部《关于加强中小学教辅材料使用管理工作的通知》要求，按照市教委《普通中小学教学用书目录》为学生配备教材和资料。教材全部由新华书店征订，已全部发放到学生手中，没有组织学生统一征订或向学生推荐教辅资料。

后勤保障全部到位。7、8月份对各学校校舍、教学设备、消防设施、安全用电、食堂燃气等重点部位进行检查，后勤保障情况良好。

“三爱”、“三节”教育扎实开展。各校组织收看9月3日阅兵和央视《开学第一课》，把“三爱”、“三节”教育融入开学典礼活动③，取得了良好效果。在“三节”主题教育活动中，56人次在区发改委举办的校园节能作品大赛中获奖。

二、“护校安园”行动有效落实

隐患排查无死角。实施网格化管理，采取中心组互查、包镇科室督查、综治科抽查等举措，做到校园安全隐患排查无死角。公安、城管、卫生等部门联合执法，排查整治校园及周边环境。不存在校园暴力、校园欺凌情况。

校园管理三防一体。人防到位，各学校成立教职工护校队；每年投入2700万元为学校配备700名专职保安员；健全幼儿园“手递手”接送制度。物防充足，各学校在重点部位加装防盗门、防护栏等设施。技防高效，所有学校均配备了一键式报警设施，在重点部位安装了视频监控系统。今年投入370余万元为中、高考考点校门前安装防撞升降路桩、阻车破胎器等设施。

---

① 2014年公共财政预算教育经费24.35亿元，较2013年增加3.11亿元；教育事业费16.05亿元，增长20.03%。

②幼儿园54所、小学43所、初中16所、九年一贯制学校2所、完中2所、高中4所。

③后沙峪中小举行以“勿忘国耻立志向，尚德博学为中华”为主题的开学典礼，聘请参加9•3阅兵的教导员及战士们参加开学典礼。东风小学举行以“弘扬民族精神，践行价值追求”为主题的开学典礼。杨镇中小举行以“铭记历史，筑梦中华”为主题对学生进行开学第一课教育。

安全教育常抓不懈。各校抓住开学、“5•12 防灾减灾日”“12•4 法宣日”等教育契机，利用校园橱窗、家长会等途径宣传安全法制常识，做到宣传教育普及化。各校制定安全预案，定期组织主题演练，做到应急避险教育常态化。法制副校长定期对师生开展法制安全教育培训。

警校联动确保安全。建立警校联动机制，学生上下学高峰时段校门口有民警执勤，民警经常深入校园了解治安状况，指导校园安全工作。公安机关深入了解校园周边特殊人群情况，管控重点人群。

危化品严格管理。2008 年奥运会前，我区所有学校的剧毒和废旧化学品已经上交，并进行了统一处理。每年对实验教师进行培训。建立专用教室定期巡检制度，发现问题，立即提出改进意见。

消防安全重演练。严格落实消防安全责任制，与各学校《消防安全责任书》签订率达 100%。消防设施设备齐全，有效可用，应急疏散通道畅通。开展“消防日”“消防夏令营”等宣传教育活动，强化师生消防安全意识，开展应急疏散演练活动，提高师生自救互救能力。重点岗位工作人员及义务消防员“四懂四会”[②]率达 100%。

食品安全重采购。我区共有学生就餐校园 81 所，所有就餐单位均进行营养配餐。食堂公示责任人、菜单、价格。出台《学生食堂食品原材料集中采购工作方案》，明确适用范围、采购项目、操作流程。教委与学校签订《食堂管理责任书》，大宗原材料 100% 统一招标采购。建立进货台账，严格执行“黑名单”制。

特种设备重维护。绝大多数学校为市政集中供暖，极个别农村学校自主供暖，自主供暖司炉工为专业人员，持证上岗。学校电梯定期维护，有年检报告。

学校公务用车重管理。目前，我区无接送学生上下学的校车。公务用车管理机制健全。制定《顺义区教育系统公务用车管理办法》，与各学校签订《交通安全责任书》。学校与机动车驾驶员签订《安全行车保证书》，强化驾驶员的交通安全责任意识。积极协调市政市容、交通管理部门在校门口安装交通标识、减速带等设施。目前，教委计划与交通局及客运公司合作，采用购买服务的方式，建设农村小学客运村村通系统，提升学生安全出行水平。

校舍安全高标准。落实中小学校舍安全工程、中小学建设三年行动计划、学前教育三年行动计划等，高水平完成学校标准化建设，校舍得到全面加固或迁建，并 100% 经过安全检测。平时注重对围墙、栏杆、附属标识牌等建筑构件进行安全检查。校舍安全管理做到落实责任人、落实制度、落实培训。

三、办学行为依法依规

从严治理乱收费行为。制定《顺义区教育乱收费责任追究办法》、《关于 2015 年顺义区规范教育收费工作的实施意见》。学校严格贯彻执行相关规定，对收费项目、收费标准进行公示。校服公开招标采购，要求厂家对面料、成衣进行检测，提供检测报告。落实联席会议制度，组织联席会议成员单位开展教育收费大检查，抽查率达 84%；委托会计师事务所对学校收费和财务管理工作进行审计调查。我区不存在择校收费和补课乱收费问题。

规范化办学。落实《北京市中小学校办学条件标准》等文件，没有超大班额现象。国家课程开齐开足，地方课程开出特色。出台《关于进一步提高教学质量，切实减轻学生课业负担的工作意见》，严格执行各项减负规定，中小学生每天 1 小时体育锻炼时间均已落实。不存在学生节假日集体补课的现象。严格控制义务教育学段考试方式、难度和次数。我区已落实责任督学挂牌督导制度，并召开市级现场会。

四、教师队伍和谐稳定

师资配备很齐全。通过公开招聘、内部调配等方式，确保各中小学、幼儿园师资配备齐全，音体美等各科教师均能满足教学需求。借助高校力量，强化教师培训，提升师资水平。

教师待遇有提高。教师收入水平逐年增长，平均工资高于本地区公务员。区政府出资购置 427 套公租房，配置一批教师公寓，解决新任教师住房问题。改善农村教师工作、生活条件，按照距离远近给予农村教师专项津贴。全区教师增加基本工资及扣缴养老保险已于 7 月底落实到位。

师德教育有抓手。制定《严禁在职公办教师有

①四懂四会：懂本岗位的火灾危险性，会报火警；懂预防火灾的措施，会使用消防器材；懂灭火方法，会扑灭初起火灾；懂逃生方法，会组织人员疏散逃生。

偿家教和违规办班补课的意见》、《严禁教师收受学生及家长礼品礼金的规定》和《顺义区教育系统领导干部廉政新规手册》。成立师德报告团，走进学校开展师德宣讲活动。对教师进行师德考评，实行有偿家教一票否决制。

五、信息化水平稳步提升

加强基础设施建设。全区中小学、幼儿园已全部建成校园网，在全市率先实现“校校通”。更新服务器，全面升级学校网络出口设备，优化网络结构，实现学校接入达到千兆，全区互联网出口带宽提升到 1.7G。学校教室全部配备多媒体设备，实现互联网全覆盖，其中 60% 的学校无线覆盖到教学区域。

促进信息化服务水平的提升。完成教育城域网数据中心虚拟化建设，建成顺义区云计算存储中心。将全区中、小学安防摄像头、班级录课摄像头接入到教育视频综合服务系统中，为全区安全管理、视频服务、教学评估等提供信息化手段①。

六、素质教育蓬勃发展

树立德育为先，全面发展的教育理念。遵循教育教学规律，全面推进素质教育，认真落实《教育部关于全面深化课程改革，落实立德树人根本任务的意见》。根据《北京市义务教育课程实施方案》制定课程计划。生本教育理念深入人心，42 所学校积极开展生本教育教学实践。

制定学校发展规划。各学校依据《顺义区全面实施素质教育评价方案》制定发展规划，并广泛征求教师意见。各校建立自我评价领导小组，进行诊断性自评，形成自评报告。

努力建设“四园”式学校②。我区重视校园绿化、美化和人文环境建设，促进环境育人。区教委每年拿出专项资金加强学校文化建设，2015 年补助资金达 2800 万元。13 所中小学被评为北京市学校文化建设示范校，占中小学总数的 1/5。在边远镇域，最好的建筑是学校，最美的环境是校园。

德育活动扎实有效。与北师大开展合作，构建十二年一体化德育体系。区教委和学校根据学生年龄特点制定了德育计划。出台《顺义区教育系统培育和践行社会主义核心价值观实施意见》，开展“唱响新童谣——弘扬和践行社会主义核心价值观”活动，确定 2 所学校为社会主义核心价值观行动研究实验校，召开专题推进会。组织专家进学校，开展德育常态化视导。

校园活动丰富多彩。区教委在重大节日组织全区性的国际鲜花港六·一游园、“缤纷梦想、魅力社团”展演等活动。开展“彩虹诵读”、“我为妈妈献才艺”等活动，为学生、幼儿提供展示个性的舞台。坚持学校体育工作专项督导机制，将督导结果纳入校长考核和学校整体工作量化③。

各位领导、各位专家，经过多年的发展，顺义 100% 满足辖区内符合条件随迁子女入学需求，城乡学校办学条件 100% 得到无差别化高标准全面提升，通过“联盟组团”协同发展、高校合作助力发展等举措，优质资源不断扩充，学生素质不断提升④，家长、社会对教育的满意度稳居高位。

但是，我们也面临着一些挑战：一是随着国家综合改革的全面展开，我区教育综合改革需要进一步解放思想，锐意创新；二是突发事件具有不可预测性，要求我们时刻保持高度警惕。

各位领导、同志们，我们即将结束“十二五”工作，迈向“十三五”，我们将以此次督导检查为契机，总结经验方法，梳理发展路径，全面规划“十三五”工作，深化教育综合改革，大胆实践，推出典型经验，树立典型学校，保安全稳定，促教育和谐，让家长放心，让人民满意，实现顺义教育现代化。

汇报完毕，请领导、专家批评指正。

---

① 2011 年，启动教育视频综合服务系统建设，并在全区积极推广应用。四年来，应用该系统共开展各种教研、培训直播活动 61 次，培训人次达到 60000 人次。

②我区 2012 年提出要努力把学校建设成为探索求知的学园、生动活泼的乐园、充满亲情的家园、美丽多姿的花园。

③对学生体质健康水平持续三年下降的学校，在教育工作评估和评优评先中实行“一票否决”。

④马坡二小“水娃”舞龙队获第十届中国民间文艺山花奖；沙岭学校的曾庄大鼓成为闻名遐迩的品牌活动；大孙各庄中小学生连续跳跃 110 根绳 112 次，创造了网绳吉尼斯世界纪录；在第五十二届北京市中学生田径运动会上，我区获奖牌总数、团体、初中组、高中组总分四个全市第一。

顺义教育 回顾“十二五” 展望“十三五”
深化教育改革 推进转型升级 实现优质教育协同发展

教育改革办公室

（2015 年）

一、城乡教育一体化发展

“十三五”时期是国家和北京市中长期教育改革和发展规划目标推进落实的攻坚期，也是顺义区实施“科教兴区，人才强区”战略、实现“四个转型升级”的关键期。

在优化教育资源配置的过程中，顺义区盘活区内优质教育资源、引进区外优质教育资源的举措：

一是优化教育资源，实现城乡学校办学条件基本均衡。积极实施“初中校建设工程”和“小学规范化建设工程”，结合“校安工程”“中小学建设三年行动计划”，积极稳步推进学校布局调整，扩充教育资源总量，满足社会需求。

二是坚持按需装备、适度超前，努力升级设施设备。积极完善校园网络平台，提升学校信息化装备水平，逐步构建和完善教育管理信息平台、教育资源共享平台等公共平台。全区所有中小学的专用教室、信息技术设备、音体美器材等方面均达到《北京市中小学校办学条件标准》。

三是坚持城乡一体、统筹发展。率先在全市开展教师视频全员培训。积极开展说课评课、交流研讨、远程互动等视频教研活动。实施北京市“中小学数字化教育资源共享工程”，为义务教育阶段学生提供数字化优质同步课程资源。

四是广泛寻求高校合作。从 2009 年开始，顺义区先后与首都师范大学联合实施“UDS 合作初中优质学校建设计划”和“小学优质学校计划”，5 所初中和 6 所小学成为项目实验学校。2012 年，同北京师范大学全面开展教育改革试验的合作，全区 22 所学校成为实验校。2016 年 7 月，与北京外国语大学签约，引进高校资源，助力杨镇一中新发展。2016 年 9 月，与首都师范大学合作，建立首都师范大学附属顺义实验小学。

五是深化城乡联动教育改革。实施“以高中校带动义务教育学校，以城区学校带动农村地区学校”的城乡联动策略。2010 年，顺义区被确定为“国家级教育体制综合改革试验区”。为此，我们提出了联盟组团发展策略，通过构建“城乡联动、共同发展”的学校协同联盟体系，建立“以城带乡、以乡促城，城乡教育资源有机共享、教师科学合理流动”的城乡教育一体化发展新机制，形成以市级名校和区内示范校为辐射带动的城乡教育一体化发展新格局。

以牛栏山一中、顺义一中、杨镇一中三所高中示范校为龙头的三大教育联盟，在各自联盟内，广泛开展各学段间相互衔接、相互支撑、各有侧重的学校德育工作体系、课程体系和教育资源共享体系研究实践，进一步提高了人才培养的效益；在组团学校之间，开展人力资源开发与共享研究，实现了干部教师合理流动，突破干部教师聘任和使用中的瓶颈问题，推动了顺义教育一体化优质发展。教育联盟作为一项区域教育的发展战略，要在今后一个时期内长期坚持。

为发挥优质教育资源的辐射带动作用，新成立双兴小学教育集团，整合双兴小学、小店中小，实行一个法人、一个校长执掌两校的模式。成立 2 个幼教集团，建南幼教集团、幸福幼教集团，建南幼教集团由建南幼儿园（北京市示范园）与鲁能幼儿园（新建小区配套幼儿园）组成，幸福幼教集团由幸福幼儿园（北京市示范园）与中晟馨苑幼儿园（新建小区配套幼儿园）组成。

二、加强干部教师队伍建设，推进教育的改革与创新

教育的改革和创新需要一支高素质的干部和教师队伍，这点至关重要。

在干部培训方面，5 年来，顺义不断增加培训投入。课程建设是干部培训工作的核心任务。围绕

不同领域的问题，我们整体构建了分类、分层、综合相结合的课程体系。如提升干部综合素质，构建横向融合的模块化课程，包括思想修养、理论提升、实践改进和素质拓展四个模块。围绕学校整体改进，建设综合性课程，把顺义区与高校合作的三个重点项目作为综合课程。“十二五”期间，顺义把实践改进作为培训的价值取向与核心任务，全区 39 所学校 140 余名干部教师参加了基于实践改进的专题研修，项目专家团队深入 22 所项目学校进行实践跟踪和现场指导。

在骨干校长培训中，选派 17 名骨干校长赴新加坡南洋理工大学攻读工商管理硕士，选派 19 名中小学校长参加以人大附中为基地的“卓越校长”培训。在后备干部培训项目中，通过基层推荐、笔试、面试、民意测验及组织考察等选拔环节，从全区中小学幼儿园的青年干部、优秀教师中共选拔 177 人，组建了 4 个后备干部培训班，目前已有 65 人走上了校级干部管理岗位。

在教师培训方面，“十二五”期间，我区先后组建各类培训班 850 个，培训教师 7010 人次，中小幼教师“十二五”继续教育达标率为 99.43%，学员满意率达到 91.3%。

“十二五”期间，我们组织开展了具有本区特色的培训项目。一是“以校组班”专题培训。由区教育研究考试中心与首都师范大学联合举办，以学校发展主题为专题培训内容，以一所学校的全体教师或几所学校的某一学科教师为培训对象，在中小学校内开办，是融集中培训与校本培训为一体的培训方式。二是“名师工作室”骨干教师培训项目。名师、学员、新生骨干教师组成学习共同体，学员在名师的引领下聚焦课改，聚焦课堂，实验并总结推进课堂教学改革的新策略。三是教学基本功培训项目。该项目是我区持续实施多年，并与骨干教师评定挂钩的一项制度化、常态化培训项目。每三年一期，由教委中小教科和教育研究考试中心联合制定培训方案，培训对象覆盖所有学科45岁以下教师，每年按学段确定培训主题。

三、终身教育体系日益完善，助力区域经济社会发展

首先要进一步发挥成人教育对区域经济社会转型的支持作用。为区域农村人口在区域经济社会转型升级中的就业、创业奠定基础。提高成人教育服务水平，不断扩大网络自主学习范畴，鼓励开展“慕课”等新型学习方式，实现便捷学习。

其次要推进社区教育分层分类发展。建设社区学院及区级市民学习体验服务中心，建设好区、镇（街道）、村三级“市民学习体验点”。继续加强“学习品牌”和“顺义学习网”建设，丰富教育内容和教育形式。

此外，创建学习型组织是建设学习型城市的重要工程，社区教育是终身教育体系中的重要环节，互联网 + 学习型城市是推动学习型城市建设的重要措施。基于此，顺义区确定以下三个展示项目。

（一）顺义区学习型组织深入推进项目

顺义区委区政府高度重视学习型城市建设，把创建学习型城市作为推动区域经济社会转型升级的重要支撑。“十三五”伊始，区委区政府拟定的《关于加强“十三五时期”学习型城市建设的意见》，学习型组织建设将作为“七大工程”之一，服务于顺义区的“四个转型升级”，促进区域科学繁荣与可持续发展。近年来，顺义区学习型组织在创建广度、深度和亮度上都有新的突破。截至目前，顺义区共评选了 98 个创建学习型组织先进单位和示范单位，先进单位创建占全区处级单位的 74%，涌现出燕京啤酒集团、顺鑫控股集团等 10 个北京市创建学习型组织先进单位。

（二）社区教育助推新型城镇化项目

顺义作为北京东北部发展带的重要节点，是重点发展的新城之一，立足“建设绿色国际港、打造航空中心核心区、共筑和谐宜居新家园”的功能定位，大力实施城乡一体化发展战略，顺义新城建设速度进一步加快，人的学习需求趋向多元化、个性化。社区教育围绕满足居民多样学习需求这一目标精准对位，以学习的方式、教育的方式、文化的方式，引领城市发展理念转变，带动城市发展方式的转变和城市发展效益的提升。近年来，先后开展了基础素质提升、职业技能教育、老年教育等培训项目，开展了家长教育工程、儿童绘本领读等活动，培育和开发了一批市民终身学习服务基地，提升了市民终身学习的能力，创新终身学习服务机制，将学习型城市建设与经济社会发展、新型城镇化建设、

社会文明进步紧密结合。

（三）“互联网＋学习型城市”背景下数字化学习的实践与创新项目

“十二五”时期，顺义区数字化学习管理服务平台作为顺义区学习型社会建设的重点推进项目，功能设计不断完善，学习资源持续更新，宣传推广逐步展开，学习服务更加全面，满足了市民多样化、个性化的学习需求，推动了学习型顺义建设，提升了城市持续发展能力。目前，顺义学习网点击量突破 1026 万，注册人数近 6 万人，上线以来连续居区内各网站点击量之首。2013 年，我区被评为“全国数字化学习社区先行区”，2014 年以来，多次在《社区教育》杂志统计的全国市民学习类网站课程资源量排名前三，点击量排行名列前六。“十三五”时期，顺义区适应“互联网＋”的发展趋势，把“顺义学习网的升级推广工程”作为示范性重点工程，以“互联网＋学习型城市”的跨界整合思维推动数字化学习服务管理体系建设，加速提升顺义区学习型城市建设的综合服务能力。顺义区进一步完善网站功能，开发了移动客户端，提供了微课程、有声读物、电子书和电子期刊等学习资源。探索资源共享路径，参加了国家数字化学习资源联盟，与京学网实现了数据连通，实现了市区两级学网的资源共享、数据互通、联动运行。

四、顺义区教委“十三五”发展总体目标

1. 保持各级各类教育高普及率。学前教育阶段，常住人口适龄幼儿毛入园率达到 99% 以上，义务教育阶段达 100%，高中阶段达 99% 以上。区域人口高等职业教育需求满足率、就业率均达到 100%。社区教育常住人口参与率达到 50% 以上。2. 推进体制改革实现教育资源优化。积极探索“管办评”分离的教育发展道路，开展“区聘校用”等人事制度改革。继续推进“三名工程”建设，国内知名校长达到 5 人以上，国内知名学校或教育集团达到 5 个以上。各学段教育教学质量高位均衡、教育布局合理，社区教育实现“三级网络”遍布城乡。3. 提升教育的社会贡献度。提高区域人口受教育程度，新增劳动力平均受教育年限达到 15.5 年。提高区域人口文化修养，保持教育事业投入对区域经济发展的高贡献度。开办家长学院，提升家庭教育水平。对外输送优质教育资源，在推进“京津冀”教育一体化发展方面发挥积极作用。

调研与报告

“构建校外教育督导机制 促进青少年健康成长的研究”成果报告

顺义区人民政府教育督导室课题组 李卫东

（2015年1月）

内容提要：伴随着教育督导职能、范围的拓展，教育督导与之相对应的机制也发生着变化，校外教育督导的局限性凸现出来。依据督导评价的基本原则，制定出台了校外教育督导评价考核办法，为校外教育发展指明方向；开展校外教育调研式督导，开发出操作性强的督导工具；构建校外教育督导的“五个”机制（引领机制、服务机制、合作机制、激励机制、协作机制），促进青少年健康成长；出版全区校外教育成果汇编，总结推广活动经验，有力地促进青少年健康成长。

关键词：校外教育 督导机制 青少年健康成长

一、课题提出的背景

（一）加强青少年校外教育是我国法律的要求

《教育法》第五十一条：国家、社会建立和发展对青少年进行校外教育的设施。学校及其教育机构应当同群众性组织、企事业单位、社会团体相互配合，加强青少年的校外教育工作。

《未成年人保护法》中指出：全社会应当……开展多种形式的有利于青少年健康成长的社会活动……

（二）加强青少年校外教育是两个《纲要》和相关文件的要求

国家和北京市《中长期教育改革和发展规划纲要》都指出：进一步加强对区县校外教育工作的督导评价，推进本市校外教育事业的健康、可持续发展。中共中央办公厅、国务院办公厅《关于进一步加强和改进未成年人校外活动场所建设和管理工作的意见》（中办发〔2006〕4号）和中共北京市委办公厅、北京市政府办公厅《关于进一步加强和改进未成年人校外教育工作的意见的通知》（京办发〔2006〕21号），市教委、市政府教育督导室研究制定的《北京市区县校外教育工作督导评价方案（试行）》（以下简称《评价方案》），都对校外教育工作提出了相关要求。

（三）加强青少年校外教育是推进素质教育的要求

校外教育是与学校教育相互联系、相互补充、促进青少年全面发展的实践课堂，是服务、凝聚、教育广大未成年人的活动平台，是加强思想道德建设、推进素质教育、建设社会主义精神文明的重要阵地，在教育引导未成年人树立理想信念、锤炼道德品质、养成行为习惯、提高科学素质、发展兴趣爱好、增强创新精神和实践能力等方面具有重要作用。现代社会需要人们具有创新意识和实践能力，校外教育的内容和形式在提高青少年适应环境的技能和本领方面，具有不能替代的作用。

然而我区现阶段优质教育资源紧缺的矛盾还很突出，丰富多彩的校外教育资源还很短缺，全面实施素质教育还存在一定困难。因此，努力增加我区校内、外教育公共资源并实现公共资源的合理配置，构建一套有效的校外教育督导机制，促进校内、外教育协调发展，是我区推进素质教育的要求，同时，也是我区督导工作面临的一项重大而迫切的任务。

二、研究的目的、意义

（一）研究的目的

1. 以加强督政工作为抓手，将青少年校外教育工作纳入镇政府、街道考核细则，纳入有关委办局、企事业单位自评工作项目；以加强督学工作为抓手，将学校开展校外教育工作纳入考核细则，推动校内、外教育有机结合，实现青少年学生寒暑假、周末离校不离教。

2. 构建一套有效的校外教育督导机制，形成一套校外教育督导考核方案，拿出一套全区校外教育成果汇编，汇总一套加强校外教育督导工作经验，为开展校外教育督导奠定理论基础和实践经验。

（二）研究的意义

1. 理论意义：本课题研究有利于探索校外教育督导的模式和方法；通过构建校外教育督导机制有助于探索促进青少年健康成长的有效做法和基本规律，形成符合我区实际、具有我区特色的推进校外教育的督导评价相关理论和成功经验。

2. 实践意义：本课题研究可以为进一步完善校外教育督导实效体系，为教育行政部门发展校外教育决策提供依据，为校外教育机构提供切实可行的指导和帮助，从而促进青少年健康成长，全面推进素质教育。

三、同类课题研究现状简述

教育督导承担着督政、督学两重任务，在保障全面贯彻党的教育方针、全面推进素质教育、全面提升教育教学水平方面起着至关重要的作用。督导工作要发展，构建科学的教育督导机制是关键。在工作实践中，各地致力于教育督导机制的构建和创新，促进了教育工作的和谐健康发展。但是，国内督导机制构建主要停留在完善“两基”年审制度、建立乡镇人民政府教育工作督导评估制度、建立教育经费专项督导检查制度、建立学校督导评估制度、建立教育热点难点督导制度、建立督学任期制度和规范教育检查制度等基本督导制度的建立健全上，构建校外教育督导机制，促进青少年健康成长方面的研究目前还多停留在实践探索的层面上。

四、核心概念界定

1. 校外教育：泛指由各镇、街道、有关委办局、企事业单位开办的少年宫、青少年活动中心、青少年科技馆、少年之家等校外教育单位在寒暑假、周末时间，针对青少年学生开展的文化、体育、艺术等学习、参观、娱乐活动。

2. 机制：机体的构造功能和相互关系，泛指一个工作系统的组织或部分之间相互作用的过程和方式，这里指校外教育督导的方法和手段之间相互作用的过程和重组方式。

3. 健康成长：指青少年发育良好，机理正常，有健全的心理和社会适应能力，不沉迷网吧，无违法犯罪现象发生。

五、研究的主要内容

1. 制定校外教育考核评估方案，开展对校外教育机构、学校等部门的专项督导活动，摸索校外教育督导经验。

2. 以加强督政工作为抓手，开展镇政府、街道办事处校外教育工作督导，开展有关委办局、企事业单位自评、督评与表彰活动，推进青少年校内外教育结合。

3. 重点为校外教育督导五个机制的构建研究

（1）校外教育督导引领机制的构建研究

（2）校外教育督导培训机制的构建研究

（3）校外教育督导协调机制的构建研究

（4）校外教育督导激励机制的构建研究

（5）校外教育督导协作机制的构建研究

六、研究对象与方法

（一）研究对象

全区各镇、街道，有关委办局、企事业单位及校内、外教育机构。

（二）研究方法

1. 问卷调查法：将全区校外教育建设的基本情况摸清，写出调研报告，掌握校外教育发展的原始数据，为推进顺义区校外教育发展提供依据。

2. 行动研究法：在工作中进行研究，在研究中推进工作。

七、课题研究过程

（一）课题研究的准备阶段

通过阅读专著、期刊杂志、搜索网络资源等途径，我们完成了《构建校外教育督导机制，促进青少年健康成长的研究文献综述》。为了摸清全区校外教育在人、财、物等方面的基本情况，我们制定了校外教育调研方案，成立了调研小组，开展调研活动，形成了《顺义区校外教育情况调研报告》；为了充分了解全市各区县校外教育开展情况，我们进一步开展调研活动，在法规制度、师资队伍、场所建设等方面横向比较了各区县校外教育建设、发展情况，写出了《加强校外教育领导，拓宽校外教育途径》调研报告，提出了顺义区校外教育工作存在的问题和开展校外教育的建议。在文献综述的基础上，结合调研的问题，设计课题研究方案，顺利通过开题论证。

（二）课题研究阶段

2012 年 3 月—2013 年 12 月，我们利用近两年时间，有计划、有步骤地开展课题研究工作，前期开展校外教育督导实践，验证并不断完善《顺义区校外教育督导评估方案》；2012 年 10 月 31 日，我们召开了科研课题中期成果研讨会，对前期工作进行了认真梳理。后期依托校外教育督导实践活动，摸索构建校外教育督导机制的途径和方法，提炼出符合我区实际、具有我区特色、能够有效推进校外教育、促进青少年健康成长的有效做法和成功经验。

（三）总结及拓展阶段

2014 年是收获之年，我们将前期研究纵向比较和分析统计，总结实验效果，撰写研究报告，出版研究成果集。2014 年 12 月 30 日，我们召开了科研成果交流评审工作会，进一步梳理了过去的工作，反思采取的主要措施包括：构建校外教育督导引领机制，挖掘典型、宣传示范；构建校外教育督导服务机制，开展培训，指明方向；构建校外教育督导协调机制，延伸课堂，提升素质；构建校外教育督导激励机制，纳入考核，加大权重；构建校外教育督导协作机制，各司其职，分工协作。

八、课题研究的主要措施及成效

（一）构建校外教育督导引领机制，挖掘典型、宣传示范

引领机制：在对校外教育情况进行深入透彻的基础分析之后，通过挖掘典型、宣传示范等途径，引领校外教育发展。

“十二五”期间，我们将校外教育工作纳入督导范畴，针对部分镇、街道通过多种途径，组织开展的丰富多彩的校外教育活动，大力进行宣传，引领全区各镇、街道开展针对青少年的校外教育活动，丰富学生的课外生活。如北务镇政府出资，聘请校外辅导员，在北务中小、幼儿园组织彩虹假日社团活动，开办了舞蹈、绘画、象棋、少儿电子琴等兴趣培训班。马坡镇政府开展了“暑”你最精彩——假期安全训练营志愿服务活动，庙卷村开展了青少年学习网培训活动，开设了未成年人暑期英语培训班。光明街道滨河一区居委会温馨家园组织了“绿色低碳　变废为宝”DIY 作品展、“安全在身边　快乐过假期”、集体跳绳比赛、“做一个健康快乐的追梦少年”演讲比赛、“好书伴暑假”等多彩的活动，丰富了学生的假期生活。胜利街道各居委会根据区关工委部署的主题开展暑期夏令营活动，有专题报告、文体活动、读书活动、公益活动等，活动有计划、过程有记录、总结有表彰……这些活动我们都通过顺义区人民政府教育督导网、督政报告等途径大力进行宣传，引领全区各镇、街道校外教育活动的开展。

（二）构建校外教育督导服务机制，开展培训，指明方向

服务机制：培训，是最好的福利。我们通过加强培训，使各镇、街道，有关委办局、企事业单位制定出符合实际、切实可行的校外教育发展规划，并予以落实。

2014 年 10 月 17 日，我们组织召开了深入推进素质教育培训会，各相关委办局、镇政府、街道办事处主管教育工作领导，各中小学、幼儿园、职业学校校园长，各镇（街道）教育助理，教委机关各科室（部门）科长（负责人）以及全体专兼职督学等近 300 人参加培训。培训会邀请专家对《北京市区县政府、教委、学校（教育机构）全面实施素质

教育评价方案》的修订历史、重要意义和主要内容等进行了解读，对《北京市区县政府全面实施素质教育评价指标体系任务分解》和《北京市顺义区校外教育机构全面实施素质教育评价指标实施细则》进行了重点讲解，使各有关部门进一步明确在校外教育方面各自应该承担的职责，为全面深入推进素质教育指明了方向。会上还下发了《北京市顺义区镇政府、学校（教育机构）全面实施素质教育评价方案实施细则》，成为今后一段时期各有关部门落实素质教育要求的工作指南，切实改变了相关部门面对校外教育想支持、愿支持却无从下手的尴尬局面。

（三）构建校外教育督导协调机制，延伸课堂，提升素质

协调机制：以服务为宗旨，以促发展为目的，坦诚对待问题，并献计献策，帮助解决问题，使全区校外教育发展工作实现预期目标。

2012 年市教委出台了《中小学综合素质提升工程实施方案》，我区抓住契机，制定了《顺义区中小学生综合素质提升工程项目实施方案》，采取了区级统筹管理、学校自主运作的组织形式，成立以教委主任为组长的领导小组，下设综合素质提升工程管理中心（地点设在少年宫）。我们坚持以服务为宗旨，以促进学生素质提高为目的，协调教委相关科室及教研中心分工合作，确保工程顺利实施。如中小教科统筹安排各项工作，督促落实相关责任，在充分调研的基础上确定必去和选去资源单位，及时搭建各校交流展示的平台；社会大课堂管理中心设专门人员负责服务及管理等日常工作（协调资源单位、运营公司、编排日程表、管理大课堂网站等）；教研中心负责资源单位的课程开发；综治科负责交通车辆监督与管理；计财科负责经费使用管理；审计科负责经费的审计监督；装备部负责运营车辆的招标；各中小学成立以校长为组长的领导小组，做好活动方案、安全预案、组织及评价等相关工作，学校作为活动主体，直接与运营公司、资源单位联系、结算。课程开发是社会大课堂取得实效的保证。为充分利用区域教育资源，生成课程内容，依托地方课程、校本课程，积极构建社会大课堂课程体系，我们协调龙湾屯镇政府，依托焦庄户地道战遗址，开发了“红色讲解员”课程；协调区经信委，依托燕京啤酒厂、牛栏山酒厂开发了劳动服务型课程。

社会大课堂每年安排完成一年级至高三年级每生两次共 10 万多人次外出实践活动，使学生开阔了视野，增长了知识，增强了动手实践能力和创新能力，提升了学生综合素质，受到教师、家长、学生的普遍欢迎。

（四）构建校外教育督导激励机制，纳入考核，加大权重

激励机制：即采取激励的评价策略，在督政过程中，以发展目标为动力，激励各镇、街道不断进取，不断完善，不断发展。

为加快我区依法推进素质教育进程，进一步强化各镇政府、街道办事处依法履行教育职责，全面实施素质教育，近三年来教育督导室按照区考核领导小组办公室《关于对各镇和街道进行集中考核的通知》要求，依照《镇（街道）绩效管理集中考核工作方案》和《北京市顺义区镇政府全面实施素质教育评价方案》，每年年底对全区 19 个镇、6 个街道办事处集中进行绩效考核工作。督导的主要内容是各镇、街道综合治理辖区学校、幼儿园周边环境和维护校（园）安全稳定情况，满足适龄儿童入园情况，社区教育基地建设及社区教育（重点青少年校外教育）开展情况等。其中，青少年校外教育开展情况占分值的一半，纳入区政府对镇、街道绩效考核范围，以激励各镇、街道加强社区教育基地建设，开展丰富多彩的校外教育活动。

经过连续三年的持续督导激励，我们看到各镇政府、街道办事处加强社区教育网络建设，充分发挥劳动、民政、农业、妇联等部门职能作用，开展了内容丰富、形式多样的社区教育活动。尤其为加强学生动手和实践能力，多数镇成立了青少年校外教育领导小组，各职能部门领导、各村宣传委员及中小学、幼儿园校、园长组成工作组，制定青少年校外教育活动方案，通过举办形式多样、内容丰富的教育活动，促进了青少年学生健康成长。各镇、街道配合学校每学期对学生进行一至两次的法制教育，各村设法治宣传员或青少年广播站，普及法律知识，强化对青少年的校外教育。部分镇对镇域内烈士陵园、企事业单位进行正式授牌，确立为本镇中小学生的革命传统教育基地、社会实践基地、劳动基地、学习基地，通过校企联合、校校联合等多

种形式，让学生走出校园，接触社会；各村文化活动室、图书室、文体设施全部对中小学生开放，并组织中小学生参加本村组织的各类文化体育活动，探索使学生“离校不离教”的路径。

（五）构建校外教育督导协作机制，各司其职，分工协作

协作机制：即采取合作共赢的策略，加大督政力度、范围，激励各有关委办局不断进取，谋求发展。

近两年来，我们把加强和改进未成年人校外教育工作当做关系到造福亿万青少年、教育培养下一代的重要任务，加大了督政工作力度和范围，激励各相关委办局充分认识到校外教育不是教育一家的事，需要全区上下齐心协力，共同打造顺义教育事业的美好蓝图。各相关委办局各司其职，分工协作，大力开展校外教育活动，促进了青少年的健康成长。

区司法局联合区委政法委、区法院、区教委、区检察院、团区委探索推行学生旁听庭审活动的常态机制，2013 年 6 月 17 日七家单位联合会签活动方案。通过法庭走进校园开庭和中小学生走进法庭旁听庭审的形式，以案说法、以法育人，提高学生法律意识和行为规范意识。活动覆盖全区 33 所中学和 36 所小学，并对学生旁听率、年度活动场次等任务目标进行量化，“流动法庭”进校园法治实践活动效果显著。司法局还设立未成年人刑事法律援助“绿色通道”，多渠道畅通未成年人维权通道，提高未成年人法治意识，推进预防青少年违法犯罪宣传工作。2014 年在河北村建设“顺义区青少年专项法制宣传教育基地”：基地整体占地面积 100 余亩，并建有青少年法制教育长廊、现代法庭、古代衙门等，将法治元素与自然景观、人文景观相融合，寓教于乐、寓教于景，成为全市第一家集参观、教育、拓展、实践于一体的青少年法治实践活动基地。

区图书馆作为全区唯一的一座综合性公共图书馆，承担着服务全区读者的职责，其中青少年读者的服务工作更是工作的重心。作为未成年人校外教育基地，图书馆始终贯彻落实《关于进一步加强和改进未成年人校外教育工作的意见》和《关于进一步加强和改进未成年人校外教育工作的意见》精神，以满足广大青少年校外学习、教育需要为目标，凭借图书馆自身的优势、特色，全年免费开放，节假日照常为读者提供服务，对内服务小读者，对外开展活动，积极探索、精心组织，努力为青少年打造一片校外学习、娱乐、休闲的空间。仅 2014 年，图书馆结合北京市红领巾读书活动，开展“亲子阅读·阅读体验”为主题的亲子阅读节、“百姓读书大讲堂”读书活动、“弘扬传统文化 争做美德少年”红领巾讲故事比赛、青少年科普剧比赛、“我的藏书票”设计比赛、“中国梦 北京情”摄影比赛、第十五届“读书小状元”评比活动和北京市红领巾读书活动推荐书目等活动。

区文化馆全年对未成年人开展辅导、培训、非物质文化遗产项目传承等活动，参加人数近 5000 人次，辅导主要集中在学校、社区、文化馆进行，也有走进社区、学校等辅导培训工作。在文化馆内的培训主要有美术、笛子、音乐、舞蹈，顺义区凤秧歌非遗项目在港馨小学传承，曾庄大鼓在杨镇小学传承，马卷五虎棍在马坡二小传承，活动效果良好，丰富了未成年人文化活动。在赵全营中小、牛栏山文化广场、区文化馆展厅、大胡营文化广场，针对未成年人开展了花会表演、清明节展演、“六一”儿童画展、大胡营高跷表演等活动，参加人数 2000 人，广大中小学生参与到传统文化的传承中来，丰富了课外生活，同时又对中国传统文化加深了了解。文化馆全年对未成年人免费开放，今年文化馆进行了房屋修缮，进一步改善了服务环境，正在向社会征集文化志愿者，以提高师资力量，开展针对未成年人的免费培训辅导工作。

区水务局调水中心于 2008 年 10 月 17 日被顺义区授牌为中小学生社会大课堂资源单位，2010 年 10 月被区教委评为顺义区社会大课堂建设优秀资源单位。中心依托资源单位这个平台，向更多的中小学生们宣传珍惜水资源、保护水资源的理念。特别培训了 2 名职工，为前来参观的学生讲解保护水资源的重要性及水处理过程工艺。授牌以来，为 1000 余名中小学生提供了参观学习服务。参观高峰时每天接待中小学生 200 余人。中心针对未成年人的身心特点，组织策划和广泛开展经常性、大众化、参与面广、实践性强的校外活动。结合学校课程设置和改革，通过通俗易懂的解说词向广大未成年人介绍中心情况，培养广大未成年人节水的意识。

区卫生局积极配合教委开展大型青少年校外教

育活动，较好完成了活动现场疾病预防控制和医疗急救保障工作。

九、研究取得的成果

（一）理论成果

我们通过实践，探索了校外教育督导评价考核办法，开发出操作性强的督导工具，构建了校外教育督导的“五个”机制，探索促进青少年健康成长的有效做法和基本规律，形成了符合我区实际、具有我区特色的推进校外教育的督导评价相关理论和成功经验。

1. 制定出台了校外教育督导评价考核办法，为校外教育发展指明方向

为全面贯彻党的教育方针和“十八大”、十八届三中、四中全会精神，落实国家和北京市教育发展规划纲要的要求，坚持立德树人，全面实施素质教育，培养德智体美全面发展的社会主义建设者和接班人，努力办好人民满意的教育，我们依据国家、北京市有关教育法律法规、方针政策和《北京市区县政府、教委、中小学校、幼儿园全面实施素质教育评价方案（试行）》，结合本区教育改革发展的新情况和教育督导工作的新要求，在认真总结实践经验的基础上，制定了《顺义区镇政府、学校（教育机构）全面实施素质教育评价方案实施细则》，其中之一就是《北京市顺义区校外教育机构全面实施素质教育督导评价实施办法》和《北京市顺义区校外教育机构全面实施素质教育督导评价指标实施细则》，第一次以区教委和区政府教育督导室两家红头文件形式下发，明确了自评与督评办法、结果运用等大家关心的问题，为校外教育发展指明了方向。

2. 开展校外教育调研式督导，开发出操作性强的督导工具

有了《实施细则和督评办法》，教育督导室牵头，会同区教委体美科等有关部门组成督导评估工作组，研究制定了督导评价的具体工作方案。2013年7月，对我区校外教育机构——少年宫进行了一次调研式督导，经过大家群策群力、集思广益，拿出了一套针对性、可操作性强的督导程序和工具，方便了督学们开展督导活动。

3. 构建了校外教育督导的“五个”机制，促进了青少年健康成长

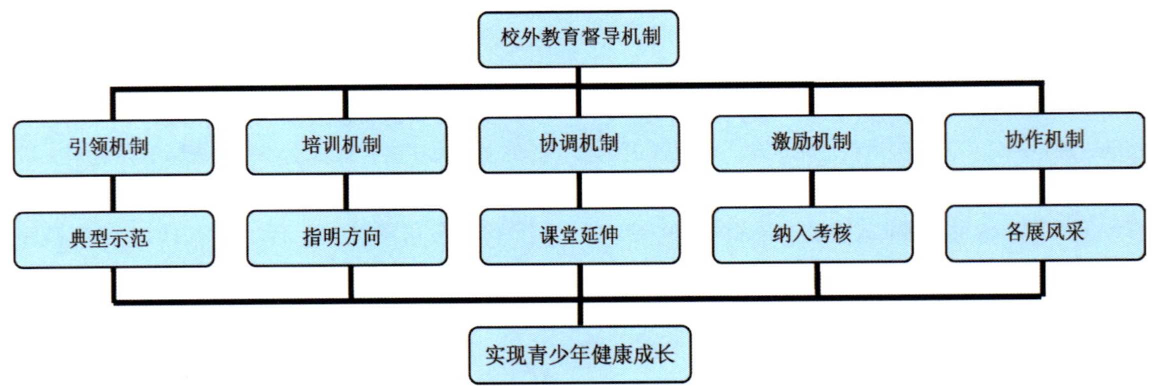

（二）实践成果

近几年来，我们进一步完善了校外教育督导体系，鼓励各镇、街道建立校外基地，出版校外教育成果汇编，总结推广活动经验，为校外教育机构提供切实可行的指导和帮助，从而促进青少年健康成长，全面推进素质教育。

1. 建立校外教育基地，明确工作要求

“十二五”期间，顺义区建立了尹家府抗战大捷纪念馆、七彩蝶园、焦庄户地道战遗址纪念馆、潮白烈士陵园、北京国际鲜花港、汉石桥湿地等10个区级以上挂牌的青少年校外教育基地；建立了庙卷青少年俱乐部、北郎中校外教育活动站、葛代子中小学影视基地等34个校外教育活动站。各镇、街道在榜样引领下，积极行动，争取市区资金支持，校外教育活动站进一步做大做强。大家明确加强和改进未成年人校外教育工作的重要性和总体要求，把未成年人校外教育看做是实施素质教育的重要手段，是加强和改进未成年人思想道德建设的

有效途径。

2. 出版校外教育成果汇编，总结推广活动经验

为了充分展示各校外基地、活动站开展的丰富多彩的校外教育活动，鼓励全区上下充分认识此项工作的重要性，认真总结推广活动经验，我们编辑出版《顺义区校外教育成果汇编》，为校外教育机构提供切实可行的示范引领，从而促进青少年健康成长，全面推进素质教育。（目前该汇编仍在编印整理中）。

十、问题与展望

切实加强和改进未成年人校外活动场所建设和管理工作，是关系到造福亿万青少年、教育培养下一代的重要任务。我区目前还存在重视不够、基地短缺、投入不足、队伍缺编等现实问题。我们要从落实科学发展观、构建社会主义和谐社会，确保广大未成年人健康成长、全面发展，确保党和国家事业后继有人、兴旺发达的高度，充分认识这项工作的重要性，认真总结经验教训，调整发展思路，在巩固已有成果的基础上，采取切实措施，加强薄弱环节，解决存在问题，努力开创未成年人校外活动场所建设和管理工作的新局面。

十一、主要参考文献

1. 杨伟明《创新教育督导机制　促进教育科学发展》（建水教育资源网 2010.8.24）；

2. 于海波《构建德育工作模式　创新校外活动载体》（龙潭区教育信息网 2010.10.18）；

3. 陶传敏《构建教学督导机制　发挥教学督导作用》（成都理工大学工程技术学院教学督查督导组 2010.4.19）；

4. 白解红《创新教学督导工作　服务学校科学发展》（湖南师范大学 2009.4.2）

5. 赵连根《以新的理念构建教育督导机制》（上海市浦东新区教育督导室 2005.11.23）

顺义区小学中华传统文化教育现状调研报告

顺义区教育委员会小学教育科

（2015年10月）

一、调研背景

中华优秀传统文化是习近平总书记十八大以来治国理念的重要来源。他特别强调优秀传统文化是中华民族的“根”和“魂”。2014年3月，教育部印发《完善中华优秀传统文化教育指导纲要》中指出：加强中华优秀传统文化教育，是深化中国特色社会主义教育和中国梦宣传教育的重要组成部分。加强中华优秀传统文化教育，是培育和践行社会主义核心价值观，落实立德树人根本任务的重要基础。《北京市中小学培育和践行社会主义核心价值观实施意见》中也要求要教育引导中小学生弘扬民族精神，传承民族文化，发扬传统美德，增强民族文化自信和价值观自信。《2014年北京市中小学语文学科改进意见》中指出“小学重点培养学生热爱中华优秀传统文化的感情，弘扬民族精神，传承民族文化，发扬传统美德”。2015年《北京市实施教育部〈义务教育课程设置实验方案〉的课程计划（修订）》，强调了课程的综合性，实践性，传统文化教育是重要的课程内容之一。

由此可见，加强中华传统文化教育是时代发展的需要，是实现中华民族伟大复兴中国梦的需要，是培育和践行社会主义核心价值观的需要，尤其是小学阶段，学生发育成长的黄金阶段，接受传统文化教育对提高学生的人文素养和语文素养更具至关重要的作用。

二、调研目的和意义

（一）调研目的

1．调查学校开展中华传统文化教育活动的情况，了解学生、教师、家长对传统文化的认识与关注情况。

2．掌握学校领导、教师、学生、家长对中华传统文化教育的需求与期望，梳理出学校在传统文化教育中的成功案例与困惑，为学校制定中华传统文化教育实施方案提供依据。

（二）调研意义

1．通过调研进一步加强落实习近平总书记重要讲话精神，从而促进师生学习和践行中华优秀传统文化，树立正确的世界观、人生观、价值观。

2．通过推进中华优秀传统文化教育开展，感受中华优秀传统文化的丰富多彩，激发师生热爱中华优秀传统文化的感情。

3．通过调研了解传统文化教育在学校、家庭、社会中的积极作用与存在问题，为推进、完善、丰富学校课程设置和活动开展提供依据，为提升学校的育人品质提供有利支撑。

三、调研内容

（一）调查对象的基本情况

（二）学生、教师、家长对传统文化的认识水平

（三）学校开展中华传统文化教育活动的情况

（四）学校把中华传统文化与学科教学整合的情况

（五）学校在中华传统文化教育中的成功案例与困惑

（六）学校领导、教师、学生、家长对传统文化教育的需求与期望

四、调研对象与方法

调研对象：全区小学二、四、六年级学生、部分家长、教师

调研方法：问卷调查法、访谈法

五、调研过程

（一）拟定、研讨调研实施方案

（二）召开各校德育干部会，布置调研任务，提出要求。

（三）收集各校调研报告。

（四）总结汇总区级层面报告。

六、调研结果与分析

（一）基本情况调查统计

1. 学生基本情况：

参与调研的学生有4654人，二、四、六年级所占比例为36.8%、34.3%和28.9%。男女生比例相当，各占50.8%和48.2%。几个农村大校，杨镇、后沙峪、李桥中小74%在农村居住，69%为外来务工随迁子女，租住在学校周边。其中34%的学生家长是工人，18%的学生家长从事其他工作。城区学校有28%的学生生活在城区附近。课余时间，61.3%的学生选择“读书、自学”，31%的学生业余时间上补习班为主，其余学生以看电视为主。由此可以看出大部分学生还是喜欢读书的，对另一部分学生我们要给予适当地指导，提供适当地的书籍。

2. 家长基本情况：

参与调研的家长有4623人，其中31—50岁的占88.2%，30岁以下的占11.8%；服务行业的占71.6%，机关干部及其他28.4%；除4.5%为中共党员外，其余均为群众；中专及以下学历占69.4%，大专和本科分别占15.2%和15.4%。家长相对年轻，但整体学历比较低，职业的稳定性不高。

3. 教师基本情况：

本次调研中，共有1702名教师参加了问卷调查，其中班主任占45.7%，任课教师占48.6%，领导干部占5.7%；从政治面貌看，群众为65.7%，中共党员占22.9%，共青团员11.4%；教师年龄分布31—50岁的占71.4%，30岁以下和51—60岁的各占14.3%，青壮年教师占绝大多数；教师学历中，本科以上学历占88.2%，大专占8.9%，中师占2.9%。

以上调查数据显示，班主任和科任教师占绝大多数，从年龄段看中青年教师占绝大多数，这些教师认为中华传统文化很重要，需要和学生一起学习，45.7%的教师认为适当补充，对学生有帮助。可以看出教师对传统文化教育很认可，愿意和学生一起学习传统文化。

（二）主体问卷数据统计

1. 学生问卷统计

学生喜欢的电视节目，动漫乐翻天44.26%，科技探索31.97%，体育18.85%，新闻16.3%，其他15.57%，国学经典诵读15%，排到第六位。约有58.8%的学生对传统文化有些了解。平时接触和感受中华传统文化的途径是父母长辈的占45.9%，课堂43.18%，电视电影书刊27.05%。77.2%的学生没听过、不知道有“四书五经”。每天自己阅读的时间0—20分钟的有40.8%，20—40分钟38%，40分钟以上的只有21.2%。最喜欢的是书，侦探类占35.89%，科普32.15%。校园里你最喜欢的场所是操场及运动器械区28.85%，图书馆仅为18.11%。教室里有20—40本书的占41%，60本以上的仅为8%。30.32%的学生背诵过《弟子规》，50%的学生听说过。平时会选择一些中华传统文化的书籍阅读的只有25.41%。

2. 家长问卷统计

67.21%接触过中华传统文化教育，对中华传统文化教育感兴趣有38.98%，认为可以接受的有50%。32.62%的家长听过有关中华传统文化教育的讲座，87.85%愿意和孩子一起学习中华传统文化，70.9%的孩子读过《弟子规》，57.3%的孩子读过《三字经》，55%的学生读过唐诗。85.07%觉得孩子在小学阶段应该学会“感恩”。71.48%的家长对中华传统文化更有兴趣和了解。对于中国传统节日的由来和意义，全部了解的25.04%，对于个别节日熟知的有74.13%。

3. 教师问卷统计

58.5%的教师为中华传统文化的流失而感到担忧，75%的教师对我国中华传统文化的态度热爱，教师平时接触和感受我国传统文化的途径顺序依次是电视电影书刊65.5%，课堂62.5%，网络55%。45%的教师对当前以中华传统文化为题材的影视剧的评价较好。教师认为与熟悉喜爱中华传统文化有关的因素按顺序依次为：受教育程度高低71.5%，家庭影响70%，从事职业52.5%，兴趣爱好47.5%。67.5%的教师认为最有必要开展中华传统文化教育的人群是中小学生，其次是大学生。对中华传统文化的未来80%以上的教师认为比较乐观和很乐观。82%的教师认为中华传统文化对于当下的中国社会很重要。47.3%认为目前较多保持中华传统文化因素的国家和地区是中国大陆，36.5%的人认为是中国台湾。如今孔子的儒家思想已经冲出国门，在国外引起了一场“儒家热”，教师们认为这反映出中国人对中华传统文化传承力度不够的占 70.5%，26% 的教师认为这是一种正常的文化现象。如果说当前中华传统文化教育缺失，您认为有哪些原因？整个社会没有形成学习中华传统文化的氛围的占 62%，学校忽视，过度重视考试升学占 45%，学生对中华传统文化缺乏占 41%，位列前三。对学校落实开展中华传统文化教育的有效方式，70% 的教师认为构建书香校园，60% 的教师认为挖掘社会教育资源，30% 的教师认为开展专题展示活动。

（三）调研结果分析

1. 对传统文化教育的认识

教师、学生、家长对调研态度表现积极，都认为中华传统文化教育很重要。学校应该开设中华传统文化教育，中小学生是最有必要开展中华传统文化教育的人群，家长希望孩子从中华传统文化教育中受到文化熏陶，对孩子的成长很有益。在访谈中所有教师均表示支持暑期国学夏令营活动，认为大陆更应多搞此方面活动；100% 的家长表示支持学校开设中华传统文化教育活动，87.85% 的家长认为愿意和学生一起学习中华传统文化。75% 的教师、38.98% 的家长热爱或喜欢中华传统文化。访谈的教师均表示喜欢“书香校园、书香教师、书香学生的评选活动”；他们认为国学经典可以学到知识、受到教育、陶冶情操，能够学会与人相处、了解传统文化、积累文化底蕴、提高教育教学能力。家长们认为孩子在学习和生活上能学会做人、有文化、知书达理。但学生中喜欢国学经典诵读的仅为 15%，排在动漫节目、科技探索、体育等后面。访谈中学生表示传统文化可以帮助自己提升文学素养、明白做人道理、了解诗人的才华、提高学习成绩；但只有 20% 学生喜欢语文学科，语文学科是传承中华优秀文化的重要途径之一，要激发学生的语文学习积极性很重要。

2. 对中华传统文化知识的认知

约有 58.8% 的学生对传统文化有所了解，但仅限于了解，70.9% 的孩子读过《弟子规》，57.3% 的孩子读过《三字经》，55% 的学生读过唐诗，77.2% 的学生没听过、不知道有“四书五经”。85.07% 的家长觉得孩子在小学阶段应该学会“感恩”。在对教师进行的问答题“您曾读过的中华传统文化经典作品有哪些”的调查中，共有 27 部中华传统文化经典著作或古代名著被提及，如《老子》《孟子》《资治通鉴》《封神榜》《唐诗宋词》《中华上下五千年》《中国画技巧》等，其中阅读最多的是“四大名著”，占 28.6%，其次读得较多的为《弟子规》、《三字经》，占 22.9%，其余如传统文化经典著作《论语》《千字文》和相关书籍《中华传统美德故事》《聊斋》等，占 5.7%；其中读过《弟子规》《三字经》的最多，各占 10.6%，其次读过《唐诗》《中华传统优秀文化》的各占 3.5%，读过《百家姓》《千字文》等相关书籍的各占 1.2%。而在“你喜欢那类书”的调查中有高达 63.5% 的学生喜欢侦探或科普类书籍，只有 23.5% 的学生喜欢文学类书籍。

3. 获取传统文化教育的途径

通过调查统计发现，学生平时接触和感受中华传统文化的途径主要有课堂 43.18%，父母长辈 45.9%，电视电影书刊 27.05%。教师平时接触和感受我国传统文化的途径顺序依次是电视电影书刊 65.5%，课堂 62.5%，网络 55%。而和教师访谈中却发现教师真正能够抽时间读一些传统文化书籍的并不多。有些学生、教师、家长是通过学校活动，学校文化获取。个别城区学生报过国学培训的补习班。

4. 学校开展中华传统文化教育现状

在三类对象调研中，我们针对学校开展中华传统文化教育的现状和问题进行了整理。

优势方面：

1）整体设计，分层推进

在传统文化教育方面，各校都整体设计了规划，从校园文化到课程开发和活动设计等方面有自己学校的特色。将传统文化教育与学校文化建设结合，将传统文化教育与课程改革结合，将传统文化教育与德育活动结合，将传统文化教育与彩虹读书结合等等，各有各的特点，各有各的特色，百花齐放，百家争鸣。

2）环境熏陶，积淀底蕴

在校园文化建设中，各校都能凸显国学文化。如李桥中小在楼内创设国学走廊、国学画展，在楼前广场设有“诗韵合璧”古诗墙，在操场设有“明哲园”文化长廊。双兴小学以《弟子规》《三字经》

《千字文》《论语》为载体的“一厅一园四廊”的传统文化格局，使学生每天浸润在传统文化的氛围里，在耳濡目染中学生的内心便烙下了传统文化的深深印记。班级文化由学生自己动手设计，装点国学文化墙已是每个学期班级的一道靓丽风景。后沙峪中小的传统节日文化、国学教室建设、24孝长廊等，每个班级配备了“小书架”，发放了多本国学经典书籍。河南村中小在楼道内设了两个学生书吧，五个学生书架，各种图书分类摆放，学生随手就可翻阅各类图书。李遂中小建立了传统文化名人文化长廊。牛山三小的传统文化长廊特色明显。仇店中小在校园内，合理、充分利用校园的围墙、教学楼的外墙、走廊、课室墙壁和课室后面的黑板等作为《弟子规》《国学经典》等传统文化的宣传阵地。南彩二小设置“和”文化广场、构建文化墙、设班级图书角。

3）学科整合，传统文化进课程

双兴小学将《中华优秀传统文化》教材与语文教材整合，语文老师在认真研读的基础上，与语文课或者学科实践活动课整合上。北石槽中小每节课前诵读经典，每天早晨10分钟经典诵读。马坡中小在课程设置方面，选以识字为主的《三字经》《弟子规》《百家姓》《千字文》《千家诗》《唐诗三百首》。后沙峪中小开设了民族传统节日校本课程，并逐步进行学科整合的综合实践研究，晨读课程，有内容，成系列，有评价。

4）活动多样，评价跟进。

各校都开展了丰富多彩的教育活动，促进学生学习传统文化的传承。南彩二小以“感恩、励志、修德”为主题，每天利用早晨、中午、课前5分钟时间，广泛开展中华经典诵读活动，帮助学生了解中华传统文化内涵，养成良好行为习惯，塑造高尚的道德情操，同时开展多种形式的中华传统文化经典竞赛活动。牛山一小将传统文化活动与彩虹读书活动有机结合。李桥中小开展诵读《弟子规》活动，社会热心人士捐助《弟子规》1000余本；开展国学经典分层次阅读，一年级《弟子规》诵读，二年级诵读《增广贤文》，三年级《笠翁对韵》，四年级必背古诗75首，五年级《三字经》，六年级《论语》；每周一早上20分钟短课开展国学诵读，周一至周四的下午10分钟诵读，每周评选优秀班集体；设立传统美德奖学金，奖励在传统美德上表现突出的孩子。

问题方面：

1．教师认识到位但行动跟不上

从问卷中看教师都认识到中华传统文化教育很重要，如果说当前中华传统文化教育缺失，您认为有哪些原因？62%的教师选择了整个社会没有形成学习中华传统文化的氛围，把问题归结到社会，选择了学生对中华传统文化缺乏，而对于教师自己的问题看不到，更不要谈自己在行动上的改进。

2．学生对经典诵读关注不够

上面的学生数据调研中我们不难看出，学生喜欢的电视节目，多数学生选择了是动漫乐翻天、科技探索等，选择国学经典诵读栏目的很少，也就是说学生从内心中喜欢经典的不多，在学校的学习中只是完成教师布置的任务而已。这一点在你平时接触和感受中华传统文化的途径问卷中也可以得知，校园里学生最喜欢的场所是计算机房，而图书馆只有4人。

3．在传统文化教育中家庭教育薄弱

在家长调查中只有32%的家长听过传统文化教育的讲座，但他们支持学校开展中华传统文化教育，孩子读过哪些中国古代经典，70%的家长选择的就是学校晨读课中带领学生学习的内容，其他没有拓展。

七、改进措施

（一）家庭、学校、社会共同营造学习传统文化环境。

进一步营造有利于传统文化教育的文化氛围，加强家校合作，提升家长对中华传统文化的认识，通过亲子阅读，评选读书家庭等方法激励家长多和孩子一起读书，提高阅读量。积极争取社会支持，在社区营造支持学生学习中华传统文化的氛围。努力加强学校文化建设，营造具有传统文化元素的校园环境，具有传统文化意蕴的校园精神文化氛围，让传统文化“润物无声”。

（二）加强师资队伍建设，提高教师的传统文化素养。

好的师资是提高传统文化教育的重要保障之一，因此要加强师资队伍的建设，通过开展传统文化讲座、培训等提高教师的中华传统文化素养。

（三）开发系列传统文化课程，加强传统文化教育

各校结合学校特点，进一步开发传统文化课程开发与实施。通过典型引路等方法，带动学校的深入研究。如双兴小学的国学经典课程，后沙峪中小的民族传统节日校本课程等。

（四）与学科实践活动有机结合，推进传统文化教育

把握课程改革的机遇，将传统文化教育与学科综合实践活动进行有机结合，搭建各种平台，寓教于乐，让学生在耳濡目染中体会、感受那些潜伏在思想深处的民族文化底蕴，培养学生的崇敬之情。让学生参与民族活动，亲身去感受民族文艺的优美和民族的智慧，增强对民族艺术的热爱。

（五）以专项活动推进中华优秀传统文化教育

彩虹读书活动、成语龙门阵等活动有效地促进了中华优秀传统文化教育，在社会实践中提升中华优秀传统文化教育，引导学生在实际生活中加深了解传统文化丰富内涵。诵读千古流传的文化经典，是中华文明的精粹，引导学生从《三字经》、《弟子规》、《笠翁对韵》、《论语》等国学经典里的名段佳句入手，引导学生由背诵到对诵、接诵，再到改写、配画，激励学生的诵读热情；指导学生探究与之相关的更为丰富的文学知识。完善修改好《彩虹读书手册》，以手册引领诵读等。

总之，传统文化教育是一个长期的浸润的过程，传统文化的元素应在我们日常生活的方方面面，是我们教育工作者取之不尽用之不竭的活的源泉。我们应当努力创造条件，从学生的接受角度选择教学内容，丰富教学手段，让中华优秀传统文化在学生心中生根发芽。

关于教育助理工作情况的调研报告

顺义区人民政府教育督导室

（2015 年 1 月 16 日）

一、调研范围及内容

全区 25 个镇、街道中的 22 位教育助理近一年来工作量、工作范畴及工作完成情况（因教育助理临时调换和身体原因，未调研南彩镇、北小营镇和空港街道）。

二、调研方法

1. 问卷调查法

2. 实地访谈、考察法

三、教育助理工作情况现状

随着教育事业的改革和发展，我区各镇（街道）都配备了一名教育助理，主要协助主管镇长、主任，协调处理辖区内政府相关部门及中小幼等教育单位的有关工作。除此之外，部分教育助理还承担着公共卫生、群众体育、包村等其他任务，具体情况调研如下：

（一）管理、支持教育工作

1. 安全防范。配合综治科、民办科等相关科室，根据不同季节的安全防范重点，联合安监科、食药所、卫生院等相关部门，做好各类公立校、民办校及私办园的安全监管工作，构建学校安全网络体系，确保安全制度落实到位。对私办园联合执法，至少每月一次进行拉网式安全排查，签订安全责任书和整改通知书，做到安全隐患底数清，情况明。加强防控春季禽流感、手足口病等传染性疾病、防恐防暴等工作宣传教育培训，聘请专业人士进行消防、防盗、与坏人做斗争等方面常识讲座，开展安全逃生模拟演练，使防控工作落实到位、各项工作有序进行。高考、中考、会考期间，组织社区工作人员巡逻检查，及时制止装修、婚庆放鞭炮等影响考生的行为，确保考试顺畅进行。对辖区内所有社会私办小饭桌进行规范检查，组织小饭桌经营者协调会，对所有民办机构进行消防安全检查治理，为确保辖区学校师生人身和财产安全普遍尽到了责任。

2. 招生工作。配合中教科、小教科、学前科、招办，协调综治办、社保所、招商办、派出所等部门密切协作，全力做好中、小、幼九一开学前各项招生工作，破解入学难、入园难问题。招生期间，有的教育助理接听电话千余次，接待来访百余次，但他们坚持耐心倾听、热心解答，积极宣传招生政策，确保招生工作顺利、平安、公平、公正。在大家全力支持配合下，我区招生工作平安顺利完成，教育助理的付出功不可没。

3. 社区教育。2014 年，顺义区启动“社区教育助推城镇化建设”项目，各镇教育助理积极配合社教中心，根据实施方案，积极开展各项调研、培训、学习活动，确保高质量地完成各项建设任务。并积极与社保所、民政科等有关科室联系，加大成人教育培训力度。从年初开始，参与、组织了系列培训讲座，开展全民学习活动周和读书月特色活动，组织学习之星、学习型家庭等评选表彰活动。各街道以成人学校为平台，坚持每月一次举办市民大讲堂，以区情教育、角色转换教育、法制教育、健康教育、环境保护教育、就业教育、理财教育、文明礼仪教育等为培训内容，创新学习形式，完善运行机制，营造文化氛围，在居民中树立“人人学习、处处学习、时时学习、终身学习”的学习意识，全面推进了学习型社会构建工作。

4. 成人教育。为加快农民由一产向二三产业转移，全面提升群众生活质量，各镇配合职成科按照就业服务“培训到位，组织到位、责任到位”的工作思路，依托成教学校，通过开展各种形式的技能培训，促进农民再就业，提高居民就业能力；还多次组织招聘会，进一步促进劳动力转移就业。各镇普遍通过成教学校加强文化体育设施和文艺组织建设，围绕共同愿景，开展“平安村镇创建”“十星级文明户”“全民动员、整洁家园”等活动，培育居民的文明素质，积极引导群众健康向上的文化思想，建立终身学习的意识。

5. 校外教育。各街道、部分镇树立实践体验、共建共享和安全第一的工作理念，配合中小教科在丰富辖区内少年儿童的暑期生活，实现“离校不离教”，并引导其过一个“安全、健康、快乐、有益”的寒暑假等方面做出了积极的努力和有效的实践。每到寒暑假，以社区为单位，制定详实的活动计划，将青少年组织起来，多举措开展体验教育活动，提升青少年各方面素养。开展了诸如“老少共筑中国梦”主题思想道德教育、“汇聚青春正能量 同心共筑中国梦”演讲比赛、“美丽中国梦 文明我先行”知识竞赛、“倡导垃圾分类 共建美好社区”活动、“星光自护”青少年暑期讲座、“平安与你相伴”安全教育讲座、“未成年人权益保护法”讲座、“远离肥胖 健康生活”专题讲座、“青春飞扬 活力无限”青少年运动会等丰富多彩、富有实效的活动，成为各街道一道靓丽的风景线。

6. 挂牌督导。我区根据国家、市、区关于挂牌责任督学相关政策和规定，出台了《责任督学挂牌督导工作实施办法》等文件，于2014年元旦前完成了所有中小学校责任督学挂牌工作。教育助理受聘为责任督学，并挂牌公示，负责辖区内中小学校挂牌督导工作。2014年元旦挂牌公示以来，他们共接听来电8000余个，电子邮件100余封，接待来访253人次，每天登录公共邮箱及时处理、回馈提出的问题，其中既有帮助家长解释政策的问题，也有帮助老师解决教法的困惑；既有帮助学校梳理办学的思路，也有帮助学生疏导情绪或心里的困惑，受到了家长、学校、社会的好评和赞扬。

7. 法制教育

为加强未成年人法制教育工作，进一步提高未成年人遵纪守法意识，各镇配合综治科开展了系列青少年法制教育：教育助理积极协调学校和镇司法所组织学生到顺义法院旁听案件审判，开展“流动法庭进校园”法治实践活动，协助开庭审理青少年寻衅滋事的案件，为辖区学校送去法律宣传教育和各类安全教育，组织学生参加宪法宣传日活动，使学生从小懂得尊重法律，敬畏法律。

8. 争取投入。各镇教育助理均能协调书记、镇长加大教育投入，努力改善学校办学条件，打造教育特色，美化校园环境，支持教师培训。此项工作各镇做法不一、投入不等，但在六一儿童节和教师节期间为师生送去慰问、表彰镇先进师生等是每个镇都能做到的，从而营造了良好的教育环境。为加快新农村建设发展步伐，多数镇还调整了高考奖励政策，对升入大专以上的农村户口应届高中毕业生给予奖励，对低保家庭学生提供生活补助。

（二）协助镇长处理其他事务

1. 卫生防控工作

李遂、牛栏山、木林、高丽营、后沙峪、北石槽、赵全营、张镇等8个镇教育助理协助主管镇长开展公共卫生工作，包括举办健康大讲堂，完成手足口病、麻疹、流脑等疾病的监测、预防、免疫工作，进行慢病防控工作档案归档整理；根据区卫生局工作安排，认真准备相关资料，配合顺义区完成了市级慢病示范区的验收工作；根据卫生局部署，协调组织镇机关干部、职工和各村群众参加义务献血活动；配合区疾控中心进行水样调查等实地考察工作；根据爱卫会要求为各村发放鼠药、蟑螂药，及时灭蟑灭鼠；配合红十字会捐款的发放及少儿大病统计和慰问金的发放工作。

2. 群众体育工作

马坡、龙湾屯、牛栏山、木林、李遂、高丽营、后沙峪等7个镇教育助理协助主管镇长完成了部分村健身器材的更新配备，灯光球场建设；先后组织参加了区体育局主办的第十二届“后沙峪杯”春季长跑活动、第四届“北务杯”风筝比赛、第四届“牛栏山杯”龙舟比赛、“高丽营杯”拔河比赛及三对三篮球比赛、“国际长走大会”“顺义区第二届舞彩浅山国际登山大会”以及镇域内乒乓球、羽毛球比赛等工作。

3. 包村维稳工作

高丽营、天竺、大孙各庄、南法信、李桥等5个镇教育助理作为包村干部，一方面下村与村党支部及村委会班子成员研究村内现状，结合实际制定相关的制度，设立相关工作人员对外来人口进行有效管理，另一方面利用自身有利条件积极与机关相关科室进行联系、探讨与咨询，充分利用有关政策为村内居民谋福利。积极做好上访人员的疏导、解释工作，尽可能地帮助他们解决实际困难。

其他工作：李遂、赵全营、马坡、北务、双丰、胜利等6个镇、街道的教育助理还积极承办了领导交办的其他工作，如杨镇吴宝军助理，6月27日下午6点多，接区招办电话称有一名学生家长因入学问题在招办无理取闹，立即找车前往，通过反复劝导做通了思想工作后把家长劝走；光明街道刘君助理去现代学院协商南墙外绿化问题、去燕京医学院协商解决老旧平房拆除问题、去顺义三中协商解决建筑外立面粉刷问题等等。

四、一点思考

教育助理承担着学校安全、招生、社区教育、成人教育、校外教育、挂牌督导、法制教育、争取投入等多项工作，是联系镇、街各相关职能部门和学校、幼儿园的纽带，接受着综治科、招办、社教中心、中教科、小教科、学前科、民办科、职成科、办公室、督导室等多个部门的领导，为全区教育事业发展做出较大贡献。但是他们生活在镇、街，还要受镇、街主管副职的双重领导，为属地政府在公共卫生、群众体育、包村维稳等方面完成一些“非本职”的工作，确是不得已而为之的无奈之举。建议协调区政府办发文，进一步明确教育助理职责，理顺教育助理工作关系，减轻他们的工作压力，能全身心投入到教育事业中来。

附件

各镇、街道教育助理工作范围一览表

序号	单位	教育	卫生	文体	其他
1	牛山	√	√	√	
2	木林	√	√	√	
3	李遂	√	√	√	镇临时任务
4	高丽营	√	√	√	包村
5	后沙峪	√	√	√	
6	北石槽	√	√		
7	张镇	√	√		
8	赵全营	√	√		镇临时任务
9	马坡	√		√	镇临时任务
10	龙湾屯	√		√	
11	北务	√			镇临时任务
12	南法信	√			包村
13	李桥	√			包村
14	天竺	√			包村
15	仁和	√			
16	大孙各庄	√			包村
17	杨镇	√			
18	光明	√			
19	双丰	√			街道临时任务
20	胜利	√			街道临时任务
21	石园	√			
22	旺泉	√			街道临时任务

备注：1. 缺空港、南彩、北小营；2. 临时任务指：拆违、选举、安检、低保、一助一等。

顺义区教育系统廉政文化进校园情况调研报告

顺义区教育委员会纪检监察科

一、调研背景

根据区纪委四届五次全会的工作部署，深入贯彻《顺义区纪律检查委员会2015年反腐倡廉宣传教育工作任务分解》工作要求，顺义区教委纪检监察科为落实廉政文化“七进”之“廉政文化进校园”工作而进行此次“廉政文化进校园情况调研”。

二、调研目的和意义

全面推进校园廉政文化建设，对于培养师生敬廉崇洁的思想品质，弘扬整个社会的廉政文化，促进社会和谐发展具有重要的意义。

根据教委调研工作安排，纪检监察科结合科室工作，将“廉政文化进校园情况”作为调研课题。依据调研结果认真分析研究，找到“廉政文化进校园”推进工作中存在的困惑、盲区问题，从而加以完善、改进，以期不断增强学校党员干部和广大教师爱岗敬业、廉洁从教的意识，在学生中培育树立正确的世界观、人生观、价值观和高尚的道德情操，进一步营造“崇尚廉洁”“以廉为荣、以贪为耻”的社会风尚和廉政文化氛围，建设和谐校园。

三、相关研究述评

（一）名词解释

“廉”字含义十分丰富。《周礼》记载，“廉”的含义为：“一曰廉善，二曰廉能，三曰廉敬，四曰廉正，五曰廉法，六曰廉辨。”“廉善”，指能行于事，能获得出众的好评；“廉能”，指能行政令，较好地贯彻各项法令；“廉敬”，指不懈于位，尽职守责；“廉正”，指不倾斜，品行方正；“廉法”，指守法不失，权法不移；“廉辨”，指临事是非分明，头脑清醒。

廉，其义为：侧边、侧隅曰廉；事物的棱角曰廉。

引申义有：

1. 德行高洁之人曰廉。如《汉书·武帝纪》：“兴廉举孝”。

2. 直曰廉，即方正。如《庄子·让王》：“人犯其难，我享其利，非廉也”。

3. 节俭曰廉。如《淮南子·原道》：“不以奢为美，不以廉为悲”。

4. 收敛曰廉，引申为拘束。如《上宰相书》（唐韩愈）：“可进而进焉，不必廉于自进也”。

5. 清洁曰廉。如《汉书·申屠嘉传》：“嘉为人廉直，门不受私谒”。

廉政文化，是人们关于廉洁从政的思想、信仰、知识、行为规范和与之相适应的生活方式和社会评价。廉政文化有四个基本范畴：一是指廉洁从政的思想道德要求，作用于执政者的内心世界，形成廉洁从政的文化动力；二是指在全社会营造良好的廉洁从政的文化氛围，形成以廉为荣、以贪为耻的社会风尚，用健康向上、追求清廉的文化充实人们的精神世界；三是指各职业阶层的从业人员恪守职业道德、爱岗敬业、廉洁自律、奉公守法的职业文化；四是广大人民群众追求公平正义、安定有序、诚信友爱的社会境界在心理上的一种文化反映。

（二）相关文献

廉政文化，在我国有着非常悠久的历史传统，是中华民族优秀传统文化的重要组成部分。据我国现存最早的一部历史文献《尚书》记载，帝尧的治国思想中已有了为政者要勤政、节用、爱民、尚贤等多层次含义，由此得知，廉政意识诞生于文明之初。随着国家形态的日渐成熟，廉政思想逐渐形成，到春秋战国时期，廉政思想开始了多元化发展。先秦诸子百家对“廉政”众说纷纭，见解各异，而最具代表性的要数儒、墨、道、法四家，他们的廉政思想对后世的廉政文化建设具有深远的影响。

四、调研对象

为从不同角度获取信息，此次调研对象分别为中小学生（五年级　八年级　高中二年级）、教师（每单位在岗教师人数的30%）、廉政文化宣教负责人及校园长。

五、调研方法

问卷、访谈、实地考察

六、调研任务及具体调研工作安排

时间安排	具体工作	负责人员
5月5日-8日	研制问卷	杨守丰 杨雪英 刘　强
5月12日-18日 （与审计科、基建计财科联合下校调研，实地考察。）	下校调研 学生问卷：五年级学生一个班 八年级学生一个班 教师：在岗教师人数的30% 校园长 各单位廉政宣教负责人	杨守丰 杨雪英 王新颖
6月1日-8日	调研数据整理与录入	杨雪英 王新颖
6月15日-30日	数据分析	杨守丰 刘　强 王新颖
7月1日-10日	形成调研报告	杨守丰

七、调研内容

此次调研内容分四个维度：学校廉政文化的组织建设；调研对象对廉政文化的认识与理解；廉政文化的落实与践行；对廉政文化进校园工作的意见与建议等。

前期调研共收取有效问卷660份，其中学生卷360份，教师卷196份，廉政文化宣教负责人卷90份，校园长卷14份。

以下是纪检监察科对数据的整理与分析。

（一）学校廉政文化组织建设

学校有廉政文化的组织领导		
	有	无
教　　师	99%	1%
宣教负责人	96.7%	3.3%
校　园　长	100%	

以上数据可以看出，学校的组织建设基本健全。廉政宣教负责人反馈的数据和校园长反馈的数据不一致，可能是某些学校的廉政文化组织机构形同虚设，也可能宣教负责人是新人，不十分了解学校的情况。

（二）对廉政文化的认识与理解

廉政主要针对领导干部，教师不牵扯这个问题		
	是	否
教　　师	10%	90%
宣教负责人	1.1%	98.9%
校　园　长		100%

座谈中，有一小部分教师认为“廉政”和自己没有什么关系，甚至有一些校长也认为廉政文化进校园没有什么必要，和问卷采集的数据有差别。还有一部分干部教师认为廉政就是不贪腐，自己根本就没有贪腐的机会。由此可以看出，这些干部教师对廉政文化的认识不到位，理解过于狭隘、片面，不利于廉政文化在校园中的深入推进。

在学科教学中是否有必要进行廉政文化的渗透		
	有必要	无所谓
教　　师	96.4%	3.6%
宣教负责人	95.6%	4.4%
校　园　长	100%	

我能从学科课里了解到廉政文化知识		
	是	否
中学生	92.7%	6.3%
小学生	94.7%	5.3%

学科渗透是廉政文化进校园的重要途径，从师生的调研数据中看出，大部分教师都能够在学科教学中渗透廉政文化教育，学生也能从学科课中了解到相关的廉政文化。

我认为廉政文化应该包括				
	热爱祖国 热心公益	节约资源 勤俭朴素	诚信友善 遵规守纪	心有榜样 接受帮助
中学生	83.3%	91.7%	83%	45.8%
小学生	86.7%	83.3%	86%	47%

学生结合现行的社会主义核心价值观教育，对廉政文化的认识宽泛，但不够具体。大部分学生不理解心有榜样、接受帮助的真正含义，认为和廉政文化没有关系。心有榜样是指学生对廉政文化外在的主观评价，知道何为榜样，以榜样的标准严格要求自己，同时努力按要求去做。当行为出现偏差时接受别人的批评与帮助并加以改正。由此也可以看出，如何界定廉政文化的概念并使之为广大师生易于接受，是我们需要加以深入研究的问题。

（三）廉政文化的落实与践行

学校的宣传栏、楼道文化里有廉政文化知识		
	是	否
中学生	86.5%	11.5%
小学生	96.2%	2.3%
教　师	98%	2%

学校的宣传栏、楼道文化能够渗透廉政文化知识，学生和教师调研的数据有差别，中学生的评价数据明显低于小学。为巩固小学阶段的教育成果并使之与中学衔接，还要加大中学生廉政文化宣传教育力度，避免廉政文化教育断档。

获取廉政文化宣传的主要渠道				
	报纸 网络 新闻 宣传栏	书籍 宣传册 上级文件	与他人交流	其他
校园长	100%	100%	78.6%	35.7%
宣教负责人	97.8%	87.8%	58.9%	11.1%

报纸、新闻、网络、书籍、上级文件、宣传册等是各校园长与廉政宣教负责人获取廉政文化信息的主渠道。

教师节（新年）给老师送礼物是因为				
	喜欢老师	跟风	得到过老师暗示	家长让送的
教　师	80.1%	0.5%		5.1%
中学生	89.6%	4.2%	2.1%	2%
小学生	88.5%	4.5%		7%

老师学生大部分认为，在教师节（新年）给老师送礼物是出于对老师的喜爱，但是也不排除一部分家长为了让孩子得到老师更多的照顾和关注给老师送节礼。老师如何处理好这些关系，除了必须遵守职业道德规范和相关法律法规的明确规定，更考验老师的智慧：在不伤害学生、家长感情的前提下，拒收节礼。在问卷中还有极个别中学生得到过给老师送礼的暗示，纪检监察科会对此学校的师德师风建设加以追踪监督检查，发现违规行为严厉查处。

同学生日举办生日会、互赠礼物		
	是	否
中学生	65.6%	33%
小学生	48.5%	51.5%

上学只能穿校服，所以大家都非常在意脚上穿的是什么牌子的鞋		
	是	否
中学生	8.3%	89.6%
小学生	4.5%	95.5%

父母管得很严，不怎么给零花钱		
	是	否
中学生	16.7%	81.3%
小学生	49.6%	50.4%

党的十八大以来狠抓四风建设，一些不良社会风气得到遏制。但是某些社会不良风气积聚已久，学校不可避免地被传染上。从以上数据中可以看出，攀比之风、浪费之风已经在学生中产生了不良影响。如何引导学生个人生活不浪费，与同学相处不攀比，除了学校要做正面的宣传和引导之外，还需要家长的大力配合。

（四）廉政文化宣传的意见与建议

您认为廉政文化进校园如何开展才能有实效				
	有针对性地设置活动	与学校文化建设紧密结合	明确责任单位	加强检查指导
校园长	100%	100%	57.1%	64.3%
宣教负责人	84.4%	97.8%	73.3%	72.2%

廉政文化建设一定要与学校文化建设紧密结合。其次要有针对性地设置活动，让师生从活动中得到教育。

您认为如果学校进行廉洁教育，哪些形式比较有效				
	廉洁教育作为思品课独立章节进行授课	校刊校报校园网等大力宣传	邀请纪委司法机关来校讲座	举办廉政征文、读书交流活动
校园长	57.1%	100%	85.7%	85.7%
宣教负责人	67.8%	93.3%	82.2%	77.8%

学校的校刊校报校园网是廉政文化的主要宣传阵地，这些形式得到了校园长和廉政文化负责人的认可，邀请司法机关来校宣传讲座、模拟小法庭等也可以为师生提供亲身体验的机会，从书籍中寻找廉政文化教育素材、榜样人物也是一个被大家看好的活动形式。

您认为廉政文化的关键是				
	道德宣传	法纪教育	舆论宣传	廉政文化创新
校园长	85.7%	100%	78.6%	92.9%
宣教负责人	85.6%	95.6%	56.7%	77.8%

在校园长看来，法纪教育和廉政文化创新是廉政文化进校园工作的关键，而各校的廉政宣教负责人则更看重对师生的法纪教育和道德宣传。

八、主要问题

综合实地考察、访谈记录和调研数据分析，我们发现了以下问题：

（一）部分干部教师对“廉政文化”的理解或模糊不清、或过于狭隘；

（二）学校文化建设与廉政文化建设脱节；干部教师对廉政文化建设的认识与行动脱节；学校日常工作与廉政文化宣教工作脱节；

（三）廉政文化进校园活动设计缺乏普适性和针对性。

九、改进措施

“廉政文化进校园情况调研”在2014廉政文化进学校工作的基础上，进一步了解了干部、教师、学生对廉政文化的认识以及各基层单位落实廉政文化进校园的具体情况。为使今后的宣教工作能够区分层次、整体衔接、讲求实效、防止形式主义，增强教育的针对性、主动性和吸引力，教委纪检监察科将从以下方面改进今后工作：

（一）界定廉政概念　达成思想共识

廉政文化，是人们关于廉洁从政的思想、信仰、知识、行为规范和与之相适应的生活方式、社会评价。于广大干部教师来说是指恪守职业道德、爱岗敬业、廉洁自律、奉公守法的职业文化；于社会公民来说是指追求公平正义、安定有序、诚信友爱的社会境界在心理上的文化反映。学校要结合社会主义核心价值观教育引导和影响师生树立尊廉崇洁、积极向上的高尚思想道德情操，自觉养成自律、诚信和富有社会责任感的良好行为习惯。

（二）注意五个结合　深入贯彻落实

1. 廉政文化与学校文化建设相结合

廉政文化进校园活动是学校文化建设的一个重要组成部分，应把两者有机融合，充分挖掘、利用现有学校文化建设的平台，加载精神境界、价值观念、道德修养、敬业精神、人格品德、尊廉崇洁等教育内容，进一步扩大学校文化内涵，提升学校文化的品位。

2. 廉政文化与学校日常工作相结合

廉政文化教育不是一个人或者一个部门的事情，需要每一个教育者亲力亲为、以身示范。作为学校的管理者，必须在全体干部教师中达成“全员育人”的思想共识，弘扬社会主义核心价值观，部门分管领导在学校开展的各种德育、教学、体育、美育、劳动教育等活动中要学会适时捕捉、挖掘廉政文化教育契机，把廉政文化教育与学校的日常工作紧密结合，使廉政文化教育成为常态。

3. 廉政文化与学科教育相结合

在对廉政文化达成思想认识共识之后，学校应鼓励教师结合不同学科特点，自觉把廉政教育渗透到各科课堂教学之中。充分运用现有的教材，挖掘文本中可融入的教学资源，不刻意、不牵强、不生搬硬套，在学科教学中进行潜移默化的“敬廉崇洁”思想教育。

4. 廉政文化与分层指导相结合

根据学生品德发展规律和认知水平，在今后廉洁教育工作中应充分体现渐进性和层次性，在教育的深度、广度等方面可以按照不同年龄段学生的实际情况，逐步开展与各个学段相适应的活动，以收到教育的实效性。

5. 廉政文化与社区、家庭教育相结合

充分发挥学校教育主阵地作用的同时，广泛开展廉政教育进社区实践活动。结合未成年人假期回社区（居委会、村委会）报到考评表、社区文明小使者推荐表，让学生学以致用，主动宣传廉政知识，把廉政文化建设与廉政文化进家庭、廉政文化进社区等结合起来。利用教育的双向性，达到学生与家长、教师、社区相关范围内人员的互动，进一步扩大廉政文化进校园的社会效应，将廉政文化进校园与整个社会的“敬廉崇洁”活动融为一体。

（三）开辟五个渠道　加强活动实效

1. 开展读书影视活动学习廉政文化

以《北京市中小学培育和践行社会主义核心价值观实施意见》为指导，将廉政文化建设与学校社会主义核心价值观教育工作相结合，开展影视观赏连环画阅读系列活动，如评选“我最喜爱的十大影片”，引导学生树立榜样，从小做起。

组织教师共读廉政书籍，以“廉洁颂——我身边的好规矩”为题撰写读书征文。

2. 举办竞赛活动理解廉政文化

在小学、中学举办手抄报、漫画加警句、讲故事、小品、课本剧等一系列竞赛活动，将廉政教育与思想品德教育、学生全面素质培养有机整合。教师在指导学生的过程中将廉政文化内化于心，外化于行，达到共同受教的目的。

3. 组织主题教育活动内化廉政文化

根据学生的年龄、学段特点，组织学生易于接受的演讲、报告会、模拟小法庭等主题教育活动。

为进一步加强师德师风建设，规范教师廉洁从教行为，组织开展“职业道德、敬廉崇洁、诚实守信”等师德论坛，形成倡廉、知廉、守廉、助廉、促廉风气，让廉洁文化成为校园一道亮丽的风景。

4. 进行社会实践体验廉政文化

对于学生来说，以社会大课堂为载体的体验教育是真实的、主动的、别人无法替代的教育。社会大课堂是廉政文化教育的良好平台，有效地开展好各项教育活动，能使学生在实践中掌握社会交往技能，感悟体会内涵。结合我区开展的“北京市中小学生综合素质提升工程——社会大课堂实践活动”，抓住廉政文化教育契机，例如：理财、互助、诚信、谦让、节俭、守纪、遵规等，深化学生对自然、社会、自我的认识。启发教师引导学生关注社会、学会学习，从而帮助学生形成良好的思想道德品质，让敬廉崇洁思想深深扎根于学生脑海。

5. 组织经验交流打造品牌文化

为推动全系统廉政文化建设，促进更多的学校成为“廉政文化进学校联系示范点”，区教育纪工委组织全区中小学、幼儿园党风廉政建设宣教工作负责人参观“廉政文化进学校联系示范点”活动，以参观交流的形式推进廉政文化进校园建设工作。

学校根据自身发展需要，做好学校廉政文化进校园工作的宣传与经验分享，查找不足、反思改进，结合学校特色发展，打造本校的廉政文化建设品牌，从而形成教育系统廉政文化建设的特色。

十、初步成效

顺义区教委纪检监察科根据调研结果多措并举，以“崇廉尚廉”为主题，深入落实改进措施，并取得初步成效。

（一）寻找榜样浸润心灵

根据北京市教委下发的《2015年北京市中小学优秀少儿影片及连环画进校园系列活动实施方案》的要求，纪检监察科将廉政文化宣传与社会主义核心价值观教育有机结合，以《北京市中小学培育和践行社会主义核心价值观实施意见》为指导，在各基层学校开展了观看影片、连环画阅读系列活动。通过观看影片、阅读连环画，学生普遍理解了什么是社会主义核心价值观、什么是廉政文化。从中寻

找出岳飞、杨家将、小兵张嘎、焦裕禄等学习榜样，将自己理解到的社会主义核心价值观、廉政文化同身边的人和事相结合，将其内化于心，外化于行。

多所学校、幼儿园开设廉政读书角，鼓励教师共读廉政书籍，并通过自主图书借阅践行廉政文化。纪检监察科以“廉洁颂——我身边的好规矩”为主题组织读书征文评选活动，具化廉政行为，让廉政文化的落实有的放矢。

（二）宣传竞赛蓬勃开展

很多学校注意在学校文化建设中挖掘和渗透廉政文化，同时与学校的各项工作相结合。开辟宣传新阵地，通过国旗下讲话、广播站、板报、廉政格言、橱窗展示、电脑屏保、警示牌等形式营造了学习宣传氛围。通过手抄报、漫画警句、讲故事、小品、课本剧等一系列竞赛活动，将廉政教育与思想品德教育、学生全面素质培养有机整合。每一项专题活动都有活动方案和评比结果，不搞形式，真正意义上提高学生活动能力以及学生对廉政文化的理解，逐步培养学生诚实、文明、守法、感恩、奋斗的优良品德。教师也在指导学生的过程中将廉政文化内化于心，达到共同受教的目的。

（三）主题教育百花齐放

根据学生的年龄、学段特点，多个学校组织了学生中普遍易于接受的模拟小法庭等主题教育活动。活动中普遍注重理性思考和辨析，通过说理、讨论、实践等丰富多彩的活动形式，使学生了解什么是人之常情，什么是腐败，什么是廉政，从而使他们对廉政的认知从感性认识提高到理性认识。

教师是否能热爱学生、严谨治学、尊重家长、廉政从教，既是教师职业道德标准的要求，又直接影响着教师形象和威信的建立，更影响着教师与学生的和谐关系和对学生的感召力与教育力，进而影

响到教育效果。在规范教师廉洁从教行为的系列工作中，部分幼儿园组织开展师德论坛，明晰职业道德规范，外塑形象、内强气质、模范带头、引领正气，在校园内形成潜移默化的廉洁文化环境，不断扩大廉洁教育和廉政文化的影响面与受益面。

（四）实践体验外化于行

实践育人是廉政文化进校园工作的优势。各校的廉政文化宣教工作与德育工作整合，精心设计和组织开展主题鲜明、内容鲜活、吸引力强的教育活动，不断提高师生的实践能力。各中小学在大课堂资源单位提供的安全的活动环境中，组织学生亲身经历和真实感受社会生活，引导学生学习知识、自我管理、同伴交往，使学生们在实践活动中满载而归，明白了做人做事的道理，养成了良好的行为习惯，形成了内化的道德品行。

（五）经验交流注重分享

2014 年有 9 家单位被评为顺义区“廉政文化进学校联系示范点”。为进一步推进顺义区教育系统党风廉政宣传教育工作，增强廉政教育的有效性，丰富廉政教育的多样性，引导广大干部教师积极参与廉政文化建设活动，区教育纪工委组织全区中小学、幼儿园党风廉政建设宣教工作负责人，分期分批参观了 4 所“廉政文化进学校联系示范点”，以参观交流的形式推进廉政文化进校园建设工作。

参观过程中，廉政宣教负责人认真学习，积极汲取各示范单位的工作经验，于细节中寻找示范单位的工作亮点，例如：文化宣传、档案管理、师德论坛、学习平台等等。同时查找反思自身不足，梳理今后改进措施，争取结合学校特色发展，打造本校的廉政文化建设品牌，从而形成教育系统廉政文化建设的特色。

“廉政文化进校园”是一个新的理论课题和实践问题，在今后的“廉政文化进校园”工作推进中，纪检监察科会将后期跟踪调研，结合 PDCA 工作闭环的方式，探索出适宜的操作策略，使廉政文化教育的内容、方式、方法等更符合广大师生的现实生活和思想实际。不断总结经验，创新教育方法和形式，确保学校廉政文化教育的连续性，抓出成效。

十一、附件（问卷）

廉政文化进校园调查问卷（学生卷）

亲爱的同学们，我们正在做一个关于“廉政文化进校园”情况的调查问卷，此次调查问卷答案没有对错、好坏之分，仅为推进廉政文化工作之用。你的真实回答，对我们的工作具有重要意义，希望大家认真作答，选中打√。谢谢合作！

一、基本信息：

1. 性　　别：A 男　　B 女

2. 所在年级：A 五年级　　B 八年级

二、关于廉政文化（以下调研均为单选）：

3. 我认为廉政文化应该包括：（可多选）

A 热爱祖国　热心公益

B 节约资源　勤俭朴素

C 诚信友善　遵规守纪

D 心有榜样　接受帮助

4. 学校的宣传栏、楼道文化里有“廉政文化”内容：

A 是　　B 否

5. 我能从学科课里了解到廉政文化知识：

A 能　　B 否

6. 我们的班干部是同学推荐、选举产生的：

A 是　　B 否

7. 同学生日的时候，经常会相互赠送礼物、举办生日会：

A 是　　B 否

8. 上学只能穿校服，所以大家都非常在意脚上穿的是什么牌子的鞋：

A 是　　B 否

9. 爸爸妈妈对我管得很严，不经常给我零用钱：

A 是　　B 否

10. 我会在教师节（新年）的时候给老师送礼物，是因为：

A 我很喜欢这位老师

B 大家都送，我不送会让人觉得不好

C 我得到过给老师送礼物的暗示

D 家长让送的

11. 我知道一些廉政文化小故事或格言，例如：

顺义区教委纪检监察科
2015 年 5 月

廉政文化进校园调查问卷（高中卷）

亲爱的同学们，我们正在做一个关于“廉政文化进校园”情况的调查问卷，此次调查问卷答案没有对错、好坏之分，仅为推进廉政文化工作之用。你的真实回答，对我们的工作具有重要意义，希望大家认真作答，选中打√。谢谢合作！

一、基本信息：

1. 性　　别：A 男　　B 女

2. 所在年级：A 高中一年级　　B 高中二年级

二、关于廉政文化（以下调研均为单选）：

3. 我理解的廉政文化包括：（可多选）

A 热爱祖国　热心公益

B 节约资源　勤俭朴素

C 诚信友善　遵规守纪

D 心有榜样　接受帮助

4. 廉政是大人的事儿，跟我们没有什么关系：

A 是　　B 否

5. 学校曾经做过廉政文化进校园的宣传活动：

A 是　　B 否

6. 我能从很多学科课里了解到廉政文化知识：

A 是　　B 否

7. 我们的班干部是同学推荐、选举产生的：

A 是　　B 否

8. 同学生日的时候，经常会相互赠送礼物、举办生日会：

A 是　　B 否

9. 父母给的零花钱能够满足我的日常开销：

A 是　　B 否

10. 上学只能穿校服，所以大家都非常在意脚上穿的是什么牌子的鞋：

A 是　　B 否

11. 我曾经在教师节（新年）的时候给老师送礼物，是因为：

A 我很喜欢这位老师

B 大家都送，我不送会让人觉得不好

C 我得到过给老师送礼物的暗示

D 家长让送的

12. 我们学校文化整体设计中能够融入廉政文

化并加以体现，例如（结合校园景观、雕塑、楼道文化、宣传栏等举两个例子说明）：

顺义区教委纪检监察科
2015 年 5 月

廉政文化进校园调查问卷（教师卷）

尊敬的各位老师，您好！

我们正在做一个关于“廉政文化进校园”情况的调查问卷，此次调查问卷答案没有对错、好坏之分，仅为推进廉政文化工作之用。您的真实回答，对我们的工作具有重要意义，希望大家认真作答，选中打√。谢谢合作！

一、基本信息：

1. 您的性别： A 男 B 女

2. 您的职务是：

A 班主任（保教员）B 科任（保育员）

C 中层干部 （请注明所教学科__________）

二、关于廉政文化（以下调研均为单选）：

3. 学校有廉政文化建设的组织领导：

A 有 B 无

4. 廉政主要针对领导干部，教师不牵扯这个问题：

A 是 B 否

5. 廉政文化和教学的关系不大，应该由德育部门主抓：

A 是 B 否

6. 在学科教学中，您认为是否有必要对学生进行廉政文化渗透：

A 有必要 B 无所谓 C 没必要

7. 学生在教师节（新年）给老师送礼物是因为：

A 学生喜欢老师 B 家长的意思

C 受其他同学影响 D 其他

8. 教育法律法规的学习时间有保障：

A 是 B 否

9. 学校开展过廉政文化宣传：

A 是 B 否

10. 为进一步推进廉政文化进校园活动还可以怎样做？请写出两点建议：

顺义区教委纪检监察科
2015 年 5 月

廉政文化进校园调查问卷（校园长卷）

尊敬的各位校（园）长，您好！

我们正在做一个关于“廉政文化进校园”情况的调查问卷，此次调查问卷答案没有对错、好坏之分，仅为推进廉政文化工作之用。您的真实回答，对我们的工作具有重要意义，希望您认真作答，选中打√。谢谢合作！

一、基本信息：

1. 您的性别：A. 男 B. 女

2. 您任校（园）长的时间：

A. 5 年以下 B. 5-10 年 C. 10 年以上

二、关于廉政文化：

3. 学校里有廉政文化建设的组织领导

A 是 B 否

4. 您获取廉政文化宣传的渠道主要有（可多选）：

A 报纸 网络 新闻 宣传栏

B 书籍宣传册上级文件

C 与他人交流

D 其他

5. 您认为学校廉政文化的关键是（可多选）：

A 道德宣传 B 法纪教育

C 舆论宣传 D 廉政文化创新

6. 廉政主要针对领导干部，教师不牵扯这个问题：

A 是 B 否

7. 您认为在学科教学中，是否有必要对学生进行廉政文化渗透：

A 有必要 B 无所谓 C 没必要

8. 您认为廉政文化进校园如何开展才能有实效（可多选）：

A 有针对性的设置活动

B 与学校文化建设紧密结合

C 明确责任单位

D 加强检查指导

9. 如果学校进行廉洁教育，您认为哪些形式比较有效（可多选）：

A. 将廉洁教育作为思想道德课程中的独立章节授课

B. 利用校刊校报、校园网等宣传阵地大力宣传

C. 邀请纪委、司法机关来校宣传讲座

D. 举办廉政征文、读书交流活动

10. 您理解的廉政文化都包括哪些？为进一步推进廉政文化进校园活动，还可以怎样做？请写出两点建议：

顺义区教委纪检监察科

2015 年 5 月

廉政文化进校园调查问卷（宣教负责人）

尊敬的各位廉政宣教负责人，您好！

我们正在做一个关于“廉政文化进校园”情况的调查问卷，此次调查问卷答案没有对错、好坏之分，仅为推进廉政文化工作之用。您的真实回答，对我们的工作具有重要意义，希望您认真作答，选中打√。谢谢合作！

一、基本信息：

1. 您的性别：　A. 男　　B. 女

2. 您还负责学校哪些工作：

A. 教学（业务）　　B. 德育少先队

C. 科技艺术　　D. 党务工会

E. 后勤　　F. 科研

二、关于廉政文化：

3. 学校里有廉政文化建设的组织领导

A 是　　B 否

4. 您获取廉政文化宣传的渠道主要有（可多选）：

A 报纸 网络 新闻　宣传栏

B 书籍宣传册上级文件

C 与他人交流

D 其他

5. 您认为学校廉政文化的关键是（可多选）：

A 道德宣传　　B 法纪教育

C 舆论宣传　　D 廉政文化创新

6. 廉政主要针对领导干部，教师不牵扯这个问题：

A 是　　B 否

7. 您认为在学科教学中，是否有必要对学生进行廉政文化渗透：

A 有必要　　B 无所谓　　C 没必要

8. 您认为廉政文化进校园如何开展才能有实效（可多选）：

A 有针对性的设置活动

B 与学校文化建设紧密结合

C 明确责任单位

D 加强检查指导

9. 如果学校进行廉洁教育，您认为哪些形式比较有效（可多选）：

A. 将廉洁教育作为思想道德课程中的独立章节授课

B. 利用校刊校报、校园网等宣传阵地大力宣传

C. 邀请纪委、司法机关来校宣传讲座

D. 举办廉政征文、读书交流活动

10. 您理解的廉政文化都包括哪些？为进一步推进廉政文化进校园活动，还可以怎样做？请写出两点建议：

顺义区教委纪检监察科

2015 年 5 月

参考文献：

1.《中国古代廉政思想对当今廉政文化建设的启示》 作者：李阳

2.《江西教育——廉政文化进校园工作方法与途径》 作者：邢晓玲　熊 艳　张工志

3.《开展“廉政文化进校园”活动要突出“四性”》作者：安溪龙门中心学校　李小平

顺义区“十二五”中小学教师继续教育效果与“十三五”培训需求调研报告

顺义区教委人事科 研修学院师训科

为认真落实《北京市“十二五”时期中小学教师继续教育规划》《顺义区“十二五”期间教育事业发展规划》《顺义区“十二五”期间中小学教师继续教育规划》精神，全面了解我区中小学教师“十二五”继续教育培训的整体开展情况，全面了解我区中小学教师的“十三五”继续教育培训需求，进而为制定我区中小学教师“十三五”继续教育培训规划提供支持，我们特开展了此次调查活动。

调研时间：2015年6月3日至11日

调研对象：本次调研范围覆盖全区中小学的各个层面，涵盖了城区学校、城乡结合地区学校和边远地区学校；考虑到学校地理位置、教学设备、现有教学质量的差异，选择了牛栏山一中、顺义一中、杨镇一中、顺义二中、顺义三中、杨镇二中、顺义十一中、顺义十三中、顺义八中、顺义十五中、李遂中小、木林中小、天竺中小、东风小学、石园小学、马坡中小等30所中小学校为调研对象。

调研方法：1. 听取汇报：由学校校长、副校长或主管继续教育工作的主任对学校继续教育的组织管理、校本培训、培训效果、问题需求、经验特色等做20-30分钟的汇报。

2. 组织座谈：与学校的8-5名不同学科的任课教师就培训效果、培训需求、校本培训等进行座谈。

3. 查阅档案：包括文字档案和电子档案。内容主要有：

（1）继续教育文件：①国家、市、区“十二五”继续教育文件；②学校“十二五”继续教育工作文件，包括整体规划、组织机构、制度建设（实施方案、学习制度）、保障措施、实施方案等工作文件。

（2）校本培训档案。包括总体规划、学年计划、学年总结、课程实施方案、培训讲义、考勤表、结业名册、培训作业、校本培训手册。

（3）培训资料与成果。①各种奖励、获奖证书、出版书籍等。②培训资料，包括音像资料（专家讲座、教学课件、优秀课例）、活动记录（听课评课、研究交流）、问卷调查、课题研究、网站建设等。

（4）个人培训档案。包括学员获奖材料（各种奖励、获奖论文、文章发表）、课题研究（参与课题）、校本培训材料（作业、总结）等。

4. 问卷调查：针对培训效果、培训需求、校本培训等主要内容，我们设计了《顺义区教师培训“十二五”总结与“十三五”培训需求教师调查问卷》。在每个学校发放问卷30-35份；共发放“教师”问卷1000份，收回975份。

从调查结果上看，我区组织的各类培训成绩突出、效果显著，但还存在一些薄弱环节，有必要根据实际情况进一步改进。现将调查情况分析如下：

一、调研情况与分析

（一）教师基本情况

在被调研的教师中，男女教师的比例分别为25.6%和74.4%；教师年龄在45岁以下的占82%；教龄在3年到20年之间的占58%；最高学历在本科以上的占90%；入职前所学的专业师范类的占85.5%；任教班级数在5个班以下的占80%；任教现学科的年限在3年到20年之间的占61%；接受调研的小学中，职称为小学高级和一级的分别占60%、39%；中学中，职称为中学高级和一级的分别占28%、37%；获得区级骨干和校级骨干的分别占14.2%、3.2%。通过座谈调查显示：大部分学校教师年龄结构基本合理，学历水平较高，具有一定的教育教学经验。但大多数教师反映教学任务繁重，教师配备存在不均衡现象，某些学科缺少专业教师。可见，在新课改中通过继续教育转变教师教育理念，为课堂教学改革的实施提供理论依据和具体指导显得尤为重要。

二、培训效果分析

（一）培训目标明确，培训内容丰富，项目管理有序

对教师调查的数据显示，学校教师对我区“十二五”期间开展的培训项目的培训目标“非常明确”的占71.5%，“比较明确”的占45.1%，“不够明确”的占5.5%，说明绝大部分教师对于师训的基本目标非常清楚。在调查当中，我们也发现有大约42.1%的教师通过参加培训，能够分析自己与培训目标的差距，进而制定自己的学习目标(详见图1)。

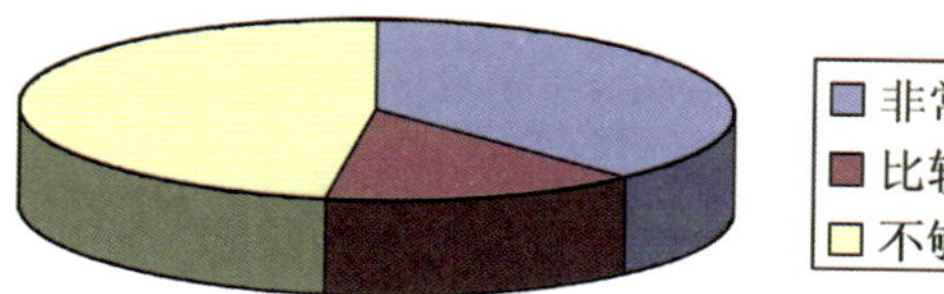

图1 参训教师对师训目标的了解程度

在实际的培训当中，继续教育部门根据“十二五”期间教师年龄结构特点、教学水平层次、新课改需要、以及学历情况，有针对性地开设学历提高班、骨干研修班、面授选修班、信息技术和脱产带薪培训等多种层次、适合教师个性化培训需求的培训。据统计，教师对参加过的培训印象最深、收获最大的是“教学基本功培训”“骨干教师培训”、教研中心开展的面授课、“绿耕培训”“教材培训”“暑假外教口语培训”占75%。大部分学员认为这些培训授课内容丰富，学习、实践、外出考察相结合，学习收获较大；专家讲座理论指导得很好；课堂内容贴近实际，学习时间灵活，内容与课本挂钩，对教材有拓展，还提高了专业水平；培训项目管理有序，制度能够有效实施（详参表1）。

表1 教师对实训内容的认可度

培训内容、方式及管理	比例
培训内容适合自己教育教学的需要	56.9%
绝大多数（80%）培训内容对自己有启发和指导意义	71.1%
培训的方式使学习内容和自己的工作经验建立了联系	52.7%
在培训中，方便地获得了学习资源（书籍、光盘、网站等）	41.7%
获得的学习资源来源多样，内容丰富	41.1%
培训项目管理有序，制度能够有效实施	34.6%

（二）培训实效性明显突出

“十二五”以来我区开展的培训针对性强，有效提高了学员教育教学和教科研水平，加深了学员对新课改、新理念的理解，提升了学员的整体职业素养，学员普遍对培训效果表示满意，并表示在认知层面、能力层面、实践层面收获很大，（详见表2）。

表2 教师培训效果的分析

	内容	比例
认知层面	更加热爱和尊重学生，更加热爱教育教学工作，更加爱岗敬业	70.9%
	补充、更新和深化了学科专业知识	77.3%
	在课程、教育、教学等方面的知识得到了提升	63.5%
	学习掌握了研究学生及促进学生发展的评价方法	51.2%
	更加了解教学反思的意义和方法	50.7%
	培养了研究意识，了解了研究方法	44.1%
能力层面	内容	比例
	提升了课堂观察与分析能力	67.1%
	提升了教材分析及教学设计能力	65.1%
	学习了更多的教学方法，提升了教学实践能力	71.9%
	促进了主动学习的愿望并能选择适合自己的学习方式	57.9%
实践层面	内容	比例
	能够以学生为中心开展教学活动	71.8%
	能够尝试运用在培训中学到的知识技能，教育教学行动发生了改变，教育教学质量得到了提高	71.9%
	能有意识地通过不同方式与同事探讨，分享培训中学到的内容	63.7%
	能与同事协作进行新尝试、应用培训所学的策略并改进教育教学行为	52%
	应用培训所学新知识和技能，使学生的心理与其他行为表现得到改善	45.9%
	应用培训所学新知识和技能，学生的认知水平和学业成就得到了提升	46.9%
	应用培训所学使学生的情感、态度、习惯、方法等方面得到改善	51.2%

三、培训需求分析

（一）教师需要更有效的培训方式和课堂学习方法

长期以来，多数教师培训仍然是专家讲，教师听的传统模式，方式方法陈旧单一，教师只能被动地接受。由于多数的培训不能很好地解决教育教学中迫切需要解决的问题，使得表象上红红火火的培训往往流于形式，走走过场。久而久之，没有起到促进教师专业的目的，反而挫伤了广大教师参与培训的积极性，直接影响到新课改向纵深方向的深入。所以，在我区的培训中，增加了多种培训形式，致力于解决教师课堂上遇到的实际问题，收到了良好的效果。

通过问卷和座谈调研显示，教师对培训方式的青睐程度占前三位的是“课堂观摩”（占38.8%）、“导师带学”（占23.6%）、“自主学习”（占16.8%）。这几种培训方式在“绿色耕耘”“首师大研修班”和“脱产培训”等优秀项目中皆有较大体现，并深受学员欢迎。另外，网络学习、研讨会、校本研修也占一定比例，（详见表3）。单一的“集中讲座”式培训逐渐被多元化的培训方式所取代，这是培训方式质的变化。

对培训课堂学习方法而言，占前三位的是：案例分析、交流研讨和实践体验，所占比例分别为35.8%、26.5%、30.6%。另外聆听教授、游戏活动也占相当比例。（详见表3）。

表3　教师有效培训方式的分析

培训学习方式	第一有效	第二有效	第三有效
集中讲座	19.6%	5.4%	9.7%
课堂观摩	38.8%	21.1%	6.9%
导师带教	15.1%	23.6%	9.4%
研讨会	2.3%	9.6%	12.4%
网络学习	12%	12.1%	9.9%
音像学习	0.9%	6.8%	9%
校本研修	4.5%	6.6%	11.2%
自主学习	5.4%	4.8%	16.8%
课堂学习方法	第一有效	第二有效	第三有效
聆听教授	31.7%	7.7%	7.6%
案例分析	35.8%	25.5%	8%
角色扮演	4.6%	7.4%	5.3%
游戏活动	4.7%	13.8%	6.6%
交流研讨	7.6%	26.5%	21.7%
实践体验	13.5%	12.4%	30.6%

（二）教师需要精细培训内容

大多数教师希望继续学习所教学科的知识和理解，教学方法与技能，跨学科领域的综合技能。另外学生行为与课堂管理、学生学习方式也占相当比例。（详见表4）。

表4　教师有效培训内容的分析

培训内容	第一需要	第二需要	第三需要
所教学科的知识与理解	30.9%	6.1%	4.9%
教学方法与技能	31.6%	27.2%	6.7%
课程开发	4.8%	8%	8.2%
教学中的信息技术应用能力	6.6%	9.6%	7.6%
学生行为与课堂管理	9.3%	18.1%	12.1%
学生学习方式	3.2%	9.6%	13.5%
学生生涯发展指导与咨询	3.5%	5.2%	5.2%
学生评价	1.7	4.9%	9.2%
班级管理	2.3	4.9%	9%
跨学科领域的综合技能（如综合实践活动课设计、问题解决、学会学习等）	4.3%	4.3%	14.2%

（三）优化培训教师队伍，增加培训实效性

在培训师资方面，最受学员欢迎的是“一线优秀教师”，占60.5%，其次是“知名学者”和“专职培训教师”，分别占35.5%、26.4%，这说明，在以后的培训中，“优秀的一线教师”应是师资的首选。

在培训教师讲课风格或特色方面，最受学员欢迎的是“实践性强”，占68.1%，这也正好符合了学员在培训师资方面的要求。（详见表5）。

针对“影响教师培训实效性的原因”，我们对座谈内容和问卷调查进行了认真、深入分析，其中“教师参与学习的主动性”是最主要的原因，这个

表5　教师培训师资倾向的分析

培训师资	比例	教师讲课风格或特点	比例
一线优秀教师	60.5%	理论性强	16.7%
知名学者	35.5%	实践性强	68.1%
高校教师	14.3%	知识渊博	49.3%
教研员	13.9%	授课形式多样	59.9%
专职培训教师	26.4%	语言风趣幽默	54.1%
		有感染力	40.6%

在问卷调查中占41.1%。另外“培训内容的实用性”和“培训教师的讲课水平”也影响了培训的实效。

对上述培训需求方面的分析，在设置课程与内容、配备师资、优化培训方式等方面为以后的教师继续教育工作提供了一定依据。

四、形成的培训特色

（一）以改革促进专职培训队伍建设是做好培训工作的基础

改革，是培训机构能力建设的内在动力和必然途径，所以，我们努力从改革中寻求突破。改革的指向是整合。这种整合有两个关注点：一是部门工作整合，一是队伍构成整合。

在部门整合的实践中，逐步形成了“满足教研要求，落实研训一体；协助教研工作，促进研训一体；解除教研困惑，实现研训一体；针对课堂问题，体现研训一体；搭建发展平台，助推研训一体”等成功经验。

培训资源整合的基本思路是：“内聚，外联，上挂”，目标是建立一支“以专职教师为核心，以专任教师为骨干，以兼职教师为主体”的专兼结合的培训教师队伍。以培训项目为节点，聘请教研、科研、信息等部门教研员以及区内、外一线名师加入培训师资队伍，从前期调研、方案设计、培训实施、过程管理、效果评价等多方面全程参与培训活动。培训教学任务主要由高校专家承担，专家成为培训师资队伍的主体。

不管是部门工作整合还是培训师资队伍整合，核心要素均是专职培训队伍。区县培训机构能力建设的关键是专职培训队伍建设。专职培训队伍向什么方向发展，怎样才能实现这一特定指向的发展，成为我们必须思考的问题。

（二）更新培训观念是提升培训工作实效的前提

培训实效性的提高表现为：

增强培训的针对性。这就要求培训阵地须前移至学校，使培训活动聚焦课堂。

保证培训的前瞻性。这就要求引入培训专家，丰富培训资源；聚焦课堂现存问题，满足教师发展的现实需求；挖掘现存问题的根源，唤醒教师发展的潜在需求。

凸显培训的体验性。这就要求积极营造教师改进教学行为的适宜氛围，强化“讲”与“做”结合的过程特征。

强化培训的导向性。力求培训导向与学校既定的发展方向一致，实现教师群体发展与个体发展的统一。

提升培训工作实效性，在培训理念层面须发生以下变革：

第一，培训教师角色理念更新。

第二，培训教师策略理念更新。

（三）实践研究是提升专职培训队伍能力的途径

培训者的能力与培训工作实际效果密不可分。将实践研究作为培训队伍能力建设的途径，需要注意以下几点：

首先，研究要有鲜明的导向性。我们将研究指向提升为培训工作的实效性，由此派生出培训创新系列主题（如培训模式创新、培训方式创新、培训组织形式创新、培训评价创新等）、培训针对性系列主题（如培训需求调查研究）、培训管理系列主题（如项目负责制管理方式研究、项目过程管理与质量监控等）。在研究方向框架内，具体研究课题由教师依据本人工作实际和兴趣点自主申报立项。从而既保证了课题研究与培训机构能力建设方向一致，又突出了教师开展课题研究的自主性，进而营造出适宜的研究氛围。

其次，研究要有持续性。作为行动研究，研究的主体是实践者，研究的对象是研究者自己的实践，研究的目的是实践中的行为改进和实践效果提升，研究的成果体现为培训效果的提升。不管是培训者的行为改进还是培训效果的提升都是无止境的渐进过程，因为围绕一个特定大方向的持续性研究，才会使研究与培训工作改革创新同向、同步。也只有这样的研究才能成为提升培训者能力的实现途径。

第三，坚持在工作中研究，在研究中工作。培训者个体能力是构成培训机构能力的基本要素，培训者个体能力突出表现为，在确定自己要做什么的时候，能够清楚地认识为什么要做这件事；在确定自己怎样做的时候能够清晰地论证自己做法的必要性、可能性；在梳理自己做出了什么的时候，能够清楚地认识这件事的意义和不足，能够找出在做同类事情时的修正节点和改进策略。实际上。这既是培训工作在不同环节上的工作要求，又是行动研究的基本特征。

在实践中，我们于“十五”后期承担了国家级规划课题《中小学教师“协作——探究”培训模式研究》，在培训资源聚合、培训内容整合、培训方式融合等方面形成了自己的认识。基于“十五”研究成果，“十一五”期间，我们又着眼于培训发展趋势，从“协作——探究”视角，以校本培训、学科教师全员培训、骨干教师培训为研究对象开展了“中小学教师‘协作——探究’培训模式的深化研究”，形成了“教研训三位一体校本培训”“基于网络的区域协同式校本培训”“高校联合式学科教师全员培训”“双导师制骨干教师培训”等一系列研究成果，使我区的培训工作踏上一个新的台阶。“十二五”培训启动之后，我们沿着“十五”确定的研究方向，以区校两级培训现状，变革策略、未来发展趋势为研究对象，继续开展“‘协作——探究’培训模式”的深化研究，并立项了《区校两级培训融合模式研究》和《区校两级培训融合模式的深化研究》课题，逐步理清了区校两级培训融合的相关概念，建构了区校两级培训融合模式，论证了该模式的实施流程和具体策略，而且对区级培训者在融合式培训中的地位和作用，区级培训者介入融合式培训的时机、方式、程度，以及融合式培训的评价方式等提出了独特的见解，使我们在对培训工作发展趋势的认识上站在了前沿。

对培训工作的前瞻性认识、创新性做法、可借鉴性经验无不基于培训者素养与能力的变化，综合这些变化及其衍生出的成果，便可反馈出区县培训机构能力建设的成效。可见，具有导向性、持续性且常态化的研究是提升培训者能力的有效途径。

（四）课程建设是提高培训者能力的抓手

就培训机构而言，不管是研训一体的改革、观念更新的效果还是课题研究的成果最终都要通过课程平台才能体现出来。从一定意义上讲，课程建设水平所折射的正是区县培训机构能力建设水平。

我们按以下序列逐步推进培训课程建设。

学校管理系列：包括干群关系构建，发展规划（含学校整体规划，年级、教研组工作计划，教师个人职业发展规划等）的制定，变革学校会议文化的探索等。

教师发展系列：包括骨干教师培养方式的探索，教研组特色建设研究，教师论坛的设计、组织、实施等。

课程改革系列：包括课程、课程本质与课程改革，课堂教学新模式探索，备课、听课、评课工具的开发与使用，校本课程的特色开发等。

学生活动系列：包括学生会的组建与活动指导，学生社团的组建、管理与活动指导等。

学校文化建设系列：包括办学思想的凝练与校园物质文化建设，班级文化建设中凸显学生自主性的实施策略，师生间建立基于互信的有效沟通渠道与课堂教学文化的变革等。

五、存在的问题与努力的方向

调研发现，在“十二五”期间，我区各类培训虽然成绩突出、效果显著，在促进教师专业发展和教育教学能力提升上起到了不可替代的重要作用，但随着教育改革的不断深化，培训工作尚存在一些薄弱环节，主要表现在：培训方式有待进一步创新，培训内容有待进一步优化，培训时间需要进一步科学化，校本培训有待进一步系统深入。这就需要教育行政部门和各级培训部门，进一步完善相关培训制度并采取相关措施，妥善解决继续教育培训中存在的问题，以进一步加大培训力度，增强培训实效。

（一）骨干教师培训方式有待进一步创新

“十二五”期间骨干教师培训形式不断丰富，并收到了较为显著的培训效果，但从总体上讲，骨干教师培训的体验性特征依然不足。名师工作室培训逐步凸显出“任务驱动”和“实践体验”特征，但培训的覆盖面较小，因此应进一步强化任务驱动式骨干教师培训方式的设计创新，并将骨干教师培训与区域教育改革成果的梳理和推广有机结合，借助培训，提升骨干教师的方向引领、辐射带动作用。

“最好的教育莫过于自我教育”，教师工作培训形式也要力图激发他们的主动性和内驱力，体现主体参与，突出实效性。

1. 师傅带徒弟

年长有经验的教师一对一地带领、指导新上岗的教师，即“师徒帮带”。学校挑选资深教师与新上岗教师结成帮带关系，这种方式对指导教师素质要求很高。一般情况下，我们所选择的“师”至少要有10年以上的教师工作经历，责任心强，工作卓有成效。考虑到相同年级学生有更多的共性，所选拔的资深教师最好能与新上岗的教师处于同一年级，至少在年级跨度上不能相差太大。

2. 互相观摩、相互讨论、评议

组织新上岗教师观摩优秀教师的示范教育活动（班会课），发挥“样本效应”。参加观摩的教师各抒己见，用教育理论进行研讨与分析，从而将认识提高到更深的层面，还可借鉴其他教师别出心裁的活动策划创意，调动学生积极参与活动的方法和掌控活动中突发情况的机智。

3. 相互研讨代表性的问题、个案

这种培训方式主要是针对教师教育工作中遇到的实际问题，筛选出的问题或个案，在实际工作中要有典型性、代表性，组织新上岗教师（最好能邀请有关专家和资深教师参加）结合自己工作体会，运用现代教育理论展开研究，剖析原因，交流措施，共同寻求对策，以提高今后工作的效益，同时对新上岗教师发现问题、分析问题、解决问题能力的提高有所帮助。

4. 组织专题讲座

专题讲座系统性理论性较强、信息量大，是提高新上岗教师理性认识的好方法。专题内容包括与新上岗教师工作紧密相关的师德修养、优秀教师经验报告、德育科研、教育改革、国内国际教育动态、教师心理自我调适等。

5. 组织各项调研分析

目前，我国教育事业蒸蒸日上，这对教师提出了更高的要求，尤其是新上岗的教师，更应当加强对他们的教育培训，在平时教学过程中应当尽可能地组织公开课、观摩课，课后相关学科小组进行评课分析，分析每堂课的优点、缺点，积极学习其他教师组织课堂教学的技巧，认清自己教学中的不足，不断提高自己的教学能力。以任教学科小组为单位，积极组织学科间的教研活动，对于教学过程中遇到的专业知识疑点、难点，以及班级管理过程中出现的问题、困惑，众多教师坐在一起，各自提出自己的疑虑和困惑，观点和意见，互相取经，达到良好的教育学生的效果。经常性地组织各项调研活动，能及时发现、解决问题，从而取得良好的教学效果。

6. 自我反思

反思性教育是新上岗教师发现自身教育中存在问题的一条捷径，也是重要方法之一。随着新上岗教师理论素养提高，反思性教育培训成为可能，组织新上岗教师反思教育行为，做到宏观问题微观看，微观问题宏观看，即理性的教育理论落实到教育实际问题上，教育中的实际问题提高到理论层面认识，这样才能发现教育中存在的真正问题，找到今后工作的突破口，促进教育理论与教育实践的结合。

（二）线上线下混合式培训的实践研究有待深化

网络培训势必成为未来教师培训的主体方式，但现有网络培训方式不足以担此重任。如何借助网络工具，使教育理念传播、教改方法指导、个体实践体验、群体交流互助有机结合，实现网络培训、面授指导、校本研修的相互融合，有待通过深入研究，探索出具有可操作性的实施方式。

新世纪，教师专业快速发展得益于丰富多彩的网络资源，所以我们应该从基础着手，从网络资源建设开始把关，优化教育资源，提高教育资源质量。

1. 完善网络资源建设机制

在网络中要树立教育资源的存在标准，规范教育资源的开发程序，净化教育资源共享环境，在这个过程中，网络资源的管理者是其中的关键。只有不断地去整合各种网络资源，才能大规模高质量地去开发教育资源，以满足多样化的资源需求。

2. 完善教育评价机制

只有建立完善的教育资源评价体系，才能较快地发现教育资源的不足之处和可取之处。现实中，存在着纷繁复杂的教育资源，积极地整合完善资源内容、资源形式等方面的有效评价标准，将为教师在使用资源的过程中，提供具有科学性和有效性的依据，从而进一步提高教师使用资源的积极性。

3. 完善资源审核机制

就目前来说，网络教育资源是分散、无序和混乱的，教师在选择资源的过程中存在多种困难和障碍。如何完善教育资源的审核机制，选出符合教学活动的优质资源，并能将这些资源有效地分类，使之条理化、系统化，以提高资源的利用率，成为教师专业化进程中重要步骤。

（三）校本课程开发培训有待强化

校本培训大多围绕学校特色活动展开，指导学校将特色校本活动转化为校本课程，既可彰显特色活动所蕴含的教育意义，又与学校的特色发展愿望相一致，因而可以成为校本培训指导方式变革的切入点和探索校本培训新指导方式的载体。

总之，“十二五”中小学继续教育培训，更新了学员的教育教学理念，提高了学员的教育教学水平和整体素质；并形成了一定的特色，积累了一定的经验。今后，进一步加强服务意识、责任意识、创新意识；以价值实现为目标，以素质教育为取向，以教学质量为动力，以课程改革为契机，通过听课评课、展示交流、观摩学习、实践磨砺、自我反思等多种方式，进一步提高学员的教育教学能力、科研教研能力、课程开发能力、实践指导能力、活动组织能力，将是大力推进我区中小学继续教育建设坚定不移的方向。

顺义区教育机构名录

一、顺义区幼儿园

名　称	地　址	电话
（一）教育部门办园		
北京市顺义区北石槽中心幼儿园	北京市顺义区北石槽镇府前西街 2 号	60422127
北京市顺义区北务中心幼儿园	北京市顺义区北务镇政府街 4 号	61421717
北京市顺义区北小营中心幼儿园	北京市顺义区北小营镇永利小区路北	60483603
北京市顺义区北小营第二幼儿园	北京市顺义区北小营镇仇家店村环村西路 2 号	60482724
北京市顺义区尹家府中心幼儿园	北京市顺义区大孙各庄镇四福通大街 82 号	61472812
北京市顺义区高丽营第一幼儿园	北京市顺义区高丽营镇张喜庄村拓新区 14 号	69492195
北京市顺义区高丽营第二幼儿园	北京市顺义区高丽营镇高泗路 13 号	69455943
北京市顺义区高丽营第三幼儿园	北京市顺义区新于庄园 17 号楼	69451968
北京市顺义区裕龙幼儿园	北京市顺义区裕龙花园四区 13 号楼	89406136
北京市顺义区金汉绿港幼儿园	北京市顺义区金汉绿港三区	60417288
北京市顺义区滨河幼儿园	北京市顺义区滨河小区 14 号楼前	69426048
北京市顺义区裕龙二区幼儿园	北京市顺义区裕龙花园二区 4 号楼	61490046
北京市顺义区东兴幼儿园	北京市顺义区光明北街东侧	69466806
北京市顺义区后沙峪第一幼儿园	北京市顺义区后沙峪镇政府东侧双裕街 31 号	61438058
北京市顺义区后沙峪第二幼儿园	北京市顺义区后沙峪镇清岚花园西区	80496148
北京市顺义区吉祥幼儿园	北京市顺义区空港吉祥花园小区 13 号楼	60401940
北京市顺义区空港第一幼儿园	北京市顺义区三山新新家园一区 15 号楼	61468902
北京市顺义区馨港幼儿园	北京市顺义区李桥镇馨港庄园二区 2 号	81477269
北京市顺义区李桥中心幼儿园	北京市顺义区李桥镇沿河村任李路沿河段 17 号	69485882
北京市顺义区李遂中心幼儿园	北京市顺义区李遂镇政府街南孙路李遂段 5 号	89481707
北京市顺义区龙湾屯中心幼儿园	北京市顺义区龙湾屯镇政府前街路南东侧 4 号	60461747

名　　称	地　　址	电话
北京市顺义区马坡第二幼儿园	北京市顺义区马坡镇马卷村西侧	69407480
北京市顺义区木林中心幼儿园	北京市顺义区木林镇顺焦路木林段 83 号	60459100
北京市顺义区南彩第二幼儿园	北京市顺义区南彩镇政府东侧	89477876
北京市顺义区南彩第一幼儿园	北京市顺义区南彩镇南彩中大街 9 号	89469256
北京市顺义区南法信中心幼儿园	北京市顺义区南法信政府北顺余西路 3 号	69473313
北京市顺义区牛栏山第一幼儿园	北京市顺义区牛栏山镇相各庄村	69414003-8016
北京市顺义区牛栏山第二幼儿园	北京市顺义区牛栏山镇下坡屯家园三区甲 6 号	61427684
北京市顺义区顺和花园幼儿园	北京市顺义区仁和镇顺和花园一区 7 号楼	89419951
北京市顺义区双兴幼儿园	北京市顺义区双兴南区 26 号楼东侧	81491161
北京市顺义区建南幼儿园	北京市顺义区建新南区 36 号楼	52945217
北京市顺义区义宾幼儿园	北京市顺义区义宾南区甲 10 号楼	69422956
北京市顺义区怡馨幼儿园	北京市顺义区怡馨家园 27 号楼	69421015
北京市顺义区幸福幼儿园	北京市顺义区幸福西街 6 号	69423143
北京市顺义区建北幼儿园	北京市顺义区建新北区 37 号	69442746
北京市顺义区港馨东区幼儿园	北京市顺义区港馨东区 17 号楼	89457897
北京市顺义区仁和中心幼儿园	北京市顺义区仁和地区石园南区 4 号楼北	89446064
北京市顺义区港馨幼儿园	北京市顺义区港馨家园西区	89448913
北京市顺义区石园幼儿园	北京市顺义区石园西区 20 号楼	89444844-807
北京市顺义区石园北区幼儿园	北京市顺义区石园北区 20 号楼前	69443353
北京市顺义区仁和花园一区幼儿园	北京市顺义区仁和花园一区 22 号楼	15910383818
北京市顺义区马坡第一幼儿园	北京市顺义区马坡镇政府西侧	69401653
北京市顺义区马坡第三幼儿园	北京市顺义区马坡镇佳和宜园 29 号楼	57620103
北京市顺义区金宝城幼儿园	北京市顺义区马坡镇金宝花园 29 号	69405726
北京市顺义区香悦四季幼儿园	北京市顺义区马坡地区乾安路 3 号院（二区）17 号	69405726
北京市顺义区天竺中心幼儿园	北京市顺义区天竺地区府前一街 20 号	64568509
北京市顺义区澜西园四区幼儿园	北京市顺义区澜西园四区 4 号楼	60496218
北京市顺义区西辛幼儿园	北京市顺义区西辛南区	61408620
北京市顺义区宏城幼儿园	北京市顺义区前进花园石门苑 22 号	89423320
北京市顺义区澜西园二区幼儿园	北京市顺义区仁和镇澜西园二区	60496355
北京市顺义区旺泉幼儿园	北京市顺义区贯通东路西侧	81493699-8001
北京市顺义区杨镇中心幼儿园	北京市顺义区杨镇政府街 4 号	61451973-8003
北京市顺义区杨镇第三幼儿园	北京市顺义区杨镇双阳东区 13 号楼	61419380
北京市顺义区张镇中心幼儿园	北京市顺义区张镇张各庄村建新二路	61483868
北京市顺义区赵全营中心幼儿园	北京市顺义区赵全营镇牛板路乙 123 号	60431157

名　称	地　址	电话
（二）集体办园		
北京市顺义区北小营镇大胡营村幼儿园	北京市顺义区北小营镇大胡营村	60428761
北京市顺义区高丽营镇张喜庄村幼儿园	北京市顺义区高丽营镇张喜庄村北环村路南侧	69422195
北京市顺义区后沙峪镇董各庄村幼儿园	北京市顺义区后沙峪镇董各庄村中街 13 号	80478590
北京市顺义区李桥镇王家场村幼儿园	北京市顺义区李桥镇王家场村	15601052676
北京市顺义区李桥镇后桥村幼儿园	北京市顺义区李桥镇后桥村	15010397151
北京市顺义区李桥镇北河村幼儿园	北京市顺义区李桥镇北河村	13366785488
北京市顺义区李桥镇头二营村幼儿园	北京市顺义区李桥镇头二营村市场西侧	61497468
北京市顺义区李桥镇李桥村幼儿园	北京市顺义区李桥镇李家桥村中三街机务队	89410289
北京市顺义区龙湾屯镇丁甲庄村幼儿园	北京市顺义区龙湾屯镇丁甲庄村	60463227
北京市顺义区龙湾屯镇山里辛庄村幼儿园	北京市顺义区龙湾屯镇山里辛庄村	60463227
北京市顺义区木林镇大韩庄幼儿园	北京市顺义区木林镇大韩庄中路 29 号	60467830
北京市顺义区木林镇王泮庄幼儿园	北京市顺义区木林镇王泮庄中街 53 号	60456013
北京市顺义区木林镇贾山村幼儿园	北京市顺义区木林镇贾山村	60456139
北京市顺义区木林镇马坊村幼儿园	北京市顺义区木林镇马坊村	60448401
北京市顺义区河北村幼儿园	北京市顺义区南彩镇河北村	81460246
北京市顺义区南彩镇后俸伯幼儿园	北京市顺义区南彩镇后俸伯村	60400296
北京市顺义区南彩镇小营村幼儿园	北京市顺义区南彩镇小营村	61478151
北京市顺义区南彩镇前俸伯村幼儿园	北京市顺义区南彩镇前俸伯村南彩镇政府路南 500 米西	13641033868
北京市顺义区牛栏山镇龙王头村幼儿园	北京市顺义区牛栏山镇龙王头村	69414003-8016
北京市顺义区牛栏山镇芦正卷村幼儿园	北京市顺义区牛栏山镇芦正卷村	69414003-8016
北京市顺义区杨镇三街村幼儿园	北京市顺义区杨镇三街村	61459722
北京市顺义区赵全营镇去碑营村幼儿园	北京市顺义区赵全营镇去碑营村	60438029
北京市顺义区赵全营镇西小营村幼儿园	北京市顺义区赵全营镇西小营村	60409885
北京市顺义区赵全营镇解放村幼儿园	北京市顺义区赵全营镇解放村	60432871
北京市顺义区赵全营镇燕华营村幼儿园	北京市顺义区赵全营镇燕华营村	13683362852
（三）其他部门办园		
中国人民解放军 66055 部队幼儿园	北京市顺义区拥军路 5 号	81492550
艾德双语幼儿园	北京市顺义区空港工业 A 区天纬五街蓝庭苑 6 号楼	80427631

二、顺义区小学

名　称	地　址	电话
北京市顺义区牛栏山第二小学	北京市顺义区牛栏山镇下坡屯家园三区甲 10 号	61427791
北京市顺义区裕达隆小学	北京市顺义区天竺空港工业 A 区天柱西路 28 号	80489121
北京市顺义区第一中学附属小学	北京市顺义区澜西园二区	60496230
北京市顺义区沙岭学校	北京市顺义区杨镇沙岭青年路 5 号	61443818
北京市顺义区天竺第二小学	北京市顺义区天竺镇翠竹新村 31 号楼	84166224
北京市顺义区建新小学	北京市顺义区建新南区 38 号	69433973
北京市顺义区北小营中心小学校	北京市顺义区北小营镇北小营村平安路 47 号	60483734
北京市顺义区龙湾屯中心小学校	北京市顺义区龙湾屯镇府南路 8 号	60461289
北京市顺义区仁和中心小学	北京市顺义区望泉家园北	69447725
北京市顺义区沿河中心小学校	北京市顺义区李桥镇任李路 115 号	69486021
北京市顺义区南法信中心小学校	北京市顺义区南法信地区办事处顺三路 3 号	69473552
北京市顺义区张镇中心小学校	北京市顺义区张镇张孙路张镇段 2 号	61480604
北京市顺义区板桥中心小学校	北京市顺义区赵全营镇板桥村牛板路板桥段 1 号	60442174
北京市顺义区石园小学	北京市顺义区石园北区	69425729
北京市顺义区李各庄学校	北京市顺义区木林镇李各庄育才路 1 号	60492697
北京市顺义区赵全营中心小学校	北京市顺义区赵全营镇牛板路赵全营段 92 号	60434624
北京市顺义区马坡中心小学校	北京市顺义区马坡镇政府西侧	69402868
北京市顺义区木林中心小学校	北京市顺义区木林镇木林村东	60456039-8004
北京市顺义区仇家店中心小学校	北京市顺义区北小营镇仇家店村环村北路 25 号	60483729
北京市顺义区明德小学	北京市顺义区木林镇马坊村中心街 5 号	60448505-8005
北京市顺义区大孙各庄中心小学校	北京市顺义区大孙各庄镇府前东街 6 号	61432073

名　称	地　址	电话
北京市顺义区东风小学	北京市顺义区光明南街拥军路 9 号	69445326
北京市顺义区牛栏山第一小学	北京市顺义区牛栏山镇牛富路 2 号	69411083
北京市顺义区河南村中心小学校	北京市顺义区仁和镇河南村幸福路 3 号	89492187-8015
北京市顺义区李桥中心小学校	北京市顺义区李桥镇馨港庄园 38 号	81478405
北京市顺义区港馨小学	北京市顺义区港馨家园东区	89449872
北京市顺义区双兴小学	北京市顺义区光明北街 22 号	81493907
北京市顺义区空港小学	北京市顺义区空港 B 区三山新新家园南侧	80477515
北京市顺义区裕龙小学	北京市顺义区拥军路 1 号	69468268
北京市顺义区高丽营第二小学	北京市顺义区高丽营镇张喜庄村拓新区 13 号	69491856
北京市顺义区南彩第二小学	北京市顺义区顺平路俸伯段 4 号	89477267
北京市顺义区马坡第二小学	北京市顺义区马坡镇马卷村	69409805
北京市顺义区西辛小学	北京市顺义区顺西路 12 号	69461147
北京市顺义区仓上小学	北京市顺义区石园街道仓上小区内	69441134
北京市顺义区光明小学	北京市顺义区东安路北	69422329
北京市顺义区北石槽中心小学校	北京市顺义区北石槽镇府前街 11 号	60422512
北京市顺义区杨镇中心小学校	北京市顺义区杨镇环镇东路 12 号	61451244
北京市顺义区小店中心小学校	北京市顺义区杨镇地区辛庄子村小学路 4 号	61412824
北京市顺义区后沙峪中心小学校	北京市顺义区后沙峪玉马教练场内	80416785
北京市顺义区北务中心小学校	北京市顺义区北务镇商业街 17 号	61424311
北京市顺义区天竺第一小学	北京市顺义区天竺地区府右街 7 号	64584338
北京市顺义区李遂中心小学校	北京市顺义区李遂镇南孙路李遂段 17 号	89484220
北京市顺义区牛栏山第三小学	北京市顺义区龙湖香醍漫步庄园 3 区 16 号楼	60428973

三、顺义区中学

名　称	地　址	电话
（一）完中		
北京市第四中学顺义分校	北京市顺义区后沙峪镇双裕街 45 号	80416138
北京市顺义区第二中学	北京市顺义区西二环北路前进花园南侧	69421643
（二）高级中学		
北京市顺义区第一中学	北京市顺义区双河大街 15 号	69444448
北京市顺义区杨镇第一中学	北京市顺义区杨镇地区三街村仿古商业街 43 号	61451055
北京市顺义牛栏山第一中学	北京市顺义区牛栏山镇育才大街 1 号	69411142
北京市顺义区第九中学	北京市顺义区仁和镇河南村北	89498802
（三）初级中学		
北京市顺义区仁和中学	北京市顺义区站前东街 6 号	89493698
北京市顺义区第三中学	北京市顺义区府前东街 27 号	69422509
北京市顺义区第八中学	北京市顺义区光明北街 18 号	69429480
北京市顺义区天竺中学	北京市顺义区天竺镇府前一街 29 号	80497213
北京市顺义区杨镇第二中学	北京市顺义区杨镇三街西	61451155
北京市顺义区牛山第二中学	北京市顺义区牛山镇京密路牛山段 3 号	69412537
北京市顺义区南法信中学	北京市顺义区南法信镇西海洪村	69476574
北京市顺义区第五中学	北京市顺义区石园西区	89441490
北京市顺义区第十五中学	北京市顺义区双丰街道秦武姚村	57056628
北京市顺义区李桥中学	北京市顺义区李桥镇李家桥村	81473876
北京市顺义区沿河中学	北京市顺义区李桥镇平沿北河路 137 号	69480315
北京市顺义区第十一中学	北京市顺义区顺平路俸伯段 2 号	89477257
北京市顺义区北务中学	北京市顺义区北务镇商业街 15 号	61421946
北京市顺义区张镇中学	北京市顺义区张孙路张镇段 5 号	61480765
北京市顺义区第十三中学	北京市顺义区北小营镇府西路 1 号	60483730
北京市顺义区赵全营中学	北京市顺义区牛板路赵全营段 129	60431128
北京市顺义区第四中学（体育运动学校）	北京市顺义区光明南街 2 号	61409188

名　称	地　址	电话
（四）九年一贯制学校		
北京市顺义区高丽营学校	北京市顺义区高丽营镇四村南	69455654
北京市顺义区南彩学校	北京市顺义区南彩镇南彩村中大街 7 号	89469285
（五）有机构建制但无学生单位		
北京市顺义区板桥中学	北京市顺义区赵全营镇板桥村中学街 39 号	60442108
北京市顺义区尹家府中学	北京市顺义区大孙各庄镇四福通大街 88 号	61472870
北京市顺义区牛山第三中学	北京市顺义区牛栏山牛富路 2 号	69412537
北京市顺义区小店中学	北京市顺义区小店村	61412881
北京市顺义区木林中学	北京市顺义区木林镇顺焦路木林段 1 号	60457445
北京市顺义区龙湾屯中学	北京市顺义区龙湾屯镇府南路 5 号	60461319
北京市顺义区李遂中学	北京市顺义区李遂镇南孙路沟北段 38 号	89481601
北京市顺义区高丽营第二中学	北京市顺义区高丽营镇张喜庄村拓新区 12 号	69493610
北京市顺义区北石槽中学	北京市顺义区北石槽镇府前西街 4 号	60422123
北京市顺义区大孙各庄中学	北京市顺义区大孙各庄镇府前东街 8 号	61432045
北京市顺义区赵各庄学校	北京市顺义区张镇赵各庄村	61493151

四、顺义区职业学校

名　称	地　址	电话
北京市顺义区汽车技术职业高中	北京市顺义区仁和地区河南村西路北	89451090
北京市顺义区第一职业学校	北京市顺义区裕龙花园三街	69444559
现代职业技术学院	顺义区裕龙花园三街	81497745

五、顺义区成人学校

名　称	地　址	电话
北京开放大学顺义分校	北京市顺义区贯通西路府前西街	81484548
北京农业广播电视学校顺义分校	顺义区贯通中路西侧	81493471
北京市顺义区广播电视中等专业学校顺义区分校	顺义区贯通中路西侧	69422156

六、顺义区教育单位

单位名称	地　址	电话
顺义区少年宫	顺义区府前东街	69436835
顺义区退休教师服务中心	顺义区光明南街	69443059
顺义区中小学卫生保健所	顺义区幸福西街	81493237
顺义区教育资产管理服务中心	顺义区仁和镇庄头村南	69433295
顺义区教育研究考试中心	顺义区石幢西	69443837
顺义区社区教育中心	顺义区贯通路	69443449
北京市顺义区特殊教育学校	顺义区仁和镇河南村西	69423095

七、县级其他部门

单位名称	地　址	电话
北京市第二儿童福利院自强学校	北京市顺义区高丽营镇张喜庄村拓新区 15 号	69491330

八、民办学校及民办培训机构

学校名称	学校地址	电话
北京市牛栏山一中实验学校	顺义区顺安路 99 号	81480932
北京市新英才学校	顺义区后沙峪镇安华街 9 号	80467115
北京市顺义区君诚学校	顺义区后沙峪镇火沙路古城段 15 号	80490307
北京市海嘉双语学校	顺义区后沙峪峪民大街 5 号	80410390
北京市鼎石学校	北京市顺义区后沙峪镇安富街 10 号	80496008
北京市顺义区青苗学校	北京市顺义区天竺镇丽苑街 15 号	64560618
北京市顺义区新京华实验学校	北京市顺义区后沙峪镇安富街 9 号	61460176
北京市顺义区李桥半壁店学校	北京市顺义区李桥镇半壁店村东一街 65 号	81466388
北京市顺义区博华外国语学校	北京市顺义区马坡镇白各庄村	69403302
北京市顺义区民办大方职业学校	顺义区大孙各庄镇杜石路西尹段 3 号	61471503
北京市顺义区水木年华艺术学校	北京市顺义区大孙各庄镇杜石路西尹段 3 号	61473036
北京国际标准舞研修学院	北京市顺义区后沙峪裕民大街甲 4 号	69453012
北京市音乐舞蹈学校	北京市顺义区枯柳树环岛 1 号	51679555
北京市顺义区南彩实验学校	北京市顺义区南彩镇柳桁村	60418001

幼儿园名称	学校地址	电话
北京市顺义区温莎双语幼儿园	北京市顺义区首都机场路 89 号	64560020
北京市顺义区采风幼儿园	北京市顺义区南彩镇前俸伯村附 4 路 9 号	89477510
北京市顺义区泛美幼儿园	北京市顺义区顺通路 29 号	89497758
北京市顺义区长颈鹿幼儿园	北京市顺义区裕龙花园二区 4 号楼	69443333
北京市顺义区万科城市花园幼儿园	北京市顺义区空港工业区 B 区万科城市花园	80482833
北京市顺义区伊顿幼儿园	北京市顺义区后沙峪镇阿凯笛亚庄园 43 号楼	80472983
北京市顺义区裕龙双语艺术幼儿园	北京市顺义区裕龙三区甲 19 号	61400648
北京市顺义区培德书院幼儿园	北京市顺义区后沙峪镇罗各庄村罗中路甲 1 号	80476088
北京市顺义区睿德双语幼儿园	北京市顺义区后沙峪名都园 8208	80474372
北京市顺义区嘉德蒙台梭利双语幼儿园	北京市顺义区仁和镇顺福路 2 号御墅南区 253 栋	010-89452591
北京市顺义区汇佳东方幼儿园	北京市顺义区东方太阳城万晴园 54 号	89431740
北京市顺义区丽思嘉洛德双语幼儿园	北京市顺义区天竺府前一街 58 号	58101708
北京市顺义区金翼德懿双语幼儿园	北京市顺义区天竺丽苑路 6 号美林别墅会所	64509712
北京市顺义区启明香醍漫步双语幼儿园	北京市顺义区牛栏山镇龙湖香醍漫步庄园三区 6 号楼	60428197
培训机构名称	**地　址**	**联系电话**
顺义区求实外语培训学校	顺义区站前东街商业楼 2 栋 409 室	69433605
顺义区益民培训学校	顺义区建新南区 1 号楼	69421055
顺义区育圣源培训学校	顺义区怡馨家园 32 楼第三层	69429628
顺义区本先教育培训学校	顺义区站前东街 2 号商业楼 123 甲	13911580039
顺义区惠邦外国语培训学校	顺义区高丽营镇高泗路 20 号	69451810
顺义区顺发实用技术培训学校	顺义区新顺大街电影院院内	69425003
顺义区绿港培训学校	顺义区站前东街商业 2 号楼 318 室	69468518
顺义区维拉文化教育培训学校	顺义区绿港家园一区 9 号楼 2 层 218 室	61446195
顺义区巨人金色湖畔培训学校	顺义区双裕街甲 7 号楼嘉瑞天橙大楼三层	18611899259
顺义区博雅书院培训学校	顺义区后沙峪镇西白辛庄榆阳路 5 号（2 区）A2105 幢	13552233765
顺义区精灵花雨文化艺术培训中心	顺义区幸福西街甲 1-2 号	69463345
顺义区启明星文化培训学校	顺义区石园北区 22 号楼甲 2、甲 3 号	13716709668

培训机构名称	地　　址	联系电话
顺义区博文鸿智文化艺术培训学校	顺义区西辛南区 16 楼 4 号	69460687
顺义区爱嘉励儿童双语培训学校	顺义区裕龙花园三区 7 号楼 6、7 号楼	80466026
顺义区启智文化艺术中心	顺义区怡园公园管理处南楼	13911737182
顺义区科华培训学校	顺义区南法信大街 118 号院天博中心 C 座 301 室	13801072063
顺义区博识培训中心	顺义区府前东街 6 号	69433320
顺义区优帮培训学校	顺义区大龙城东供热办公楼 2 层	81487622
顺义区海澄文化培训学校	顺义区幸福东区丁 19 号 202 室	69426723
顺义区九方教育培训学校	顺义区府前东街金汉绿港二区 12 号楼 301 室	69476852
顺义区育林外语培训学校	顺义区石园北区 68 号楼四门 202 室	69446117
顺义区朝阳英语培训学校	顺义区石园北区 68 楼 4 门 402 号	69463856
顺义区春蕾文化艺术培训学校	顺义区绿港家园二区 12 号楼 302 室	89498802
顺义区伟宁文化艺术培训中心	顺义区怡馨家园 32 号楼 2 层。	69467266
顺义区东方太阳城文体培训学校	顺义区东方太阳城中心会所	88096688
顺义区英才培训学校	北京首都机场京林大厦 5 层	13311398451
顺义区百华文化培训学校	顺义区杨镇双阳南区办公楼	61457304
顺义区明星文化艺术培训学校	顺义区绿家园一区 9 号楼 2 层 215	89484999
顺义区启航信息化培训学校	顺义区北小营镇永利小区商业楼	60488111
顺义区育人成才培训学校	顺义区木林镇木林村	60455587
顺义区东方英才培训学校	顺义区北小营镇前礼务村建业路 37 号	60488078
顺义区兴华职业技术培训学校	顺义区南彩后俸伯村北	13801017792
顺义区方村培训学校	顺义区杨镇双阳南区	13521958518
顺义区燕雄建筑职工教育培训学校	顺平路北侧杨镇三街段大厦	61455890
顺义区中建教育培训学校	顺义区顺通路 38 号	89407065
顺义区金诚立信培训学校	顺义区新顺南大街 39 号	13910848680
顺义区数圣财会培训学校	顺义区仁和地区太平村北（北环路 90 号）	69433669
顺义区智慧城市建设培训学校	顺义区李桥镇半壁店村北京住总产业化基地院内	67129883
顺义区君诚领科培训学校	顺义区后沙峪镇火沙路古城段 19 号	13691299961
顺义区杨名教育培训部	顺义区杨镇三街	61451055
顺义区酬勤文化培训中心	顺义区杨镇燕雄大厦	13371685988
顺义区蓝天空港职业文化培训学校	顺义区高丽营鎮拓新小区 12 号。	13911040992
顺义区津桥培训中心	顺义区赵全营镇河庄村北	60441289
顺义区九日外国语培训学校	北京市音乐舞蹈学校院内	13331186831
顺义区群星乒乓球培训学校	顺义区后沙峪镇铁匠营村铁杨路 1 号	13910786576

培训机构名称	地　址	联系电话
顺义区旺泉培训学校	顺义区府前西街成人学校院内	60416659
顺义区现代培训中心	顺义区新顺北大街 2 号	13611061063
顺义区育才文化培训学校	顺义区光明街路西	69444448
顺义区东方金子塔儿童潜能培训学校	顺义区农机公司院内	13911005857
顺义区阳光外语培训学校	顺义区 66055 部队医院东侧楼房二层	13511033575
顺义区童馨诚文化培训学校	顺义区后沙峪段 17 号	64574015
顺义区勤力富昌外语培训学校	顺义区北务镇	13701028762
顺义区捷创网苑计算机培训学校	顺义区仁和镇沙坨工业区西街 31 号	13911623976
顺义区世纪桥外国语培训学校	顺义区府前中街 6 号	69462255
北京五环汽车摩托车驾驶员培训学校	顺义区后沙峪泗上村	84913806
顺义平安驾驶学校	顺义区顺平路南侧	80416757
顺义区交通培训学校	顺义区南法信京顺检测场院内	69478911
北京顺交通达汽车驾驶员培训中心	顺义区南法信镇顺畅大道 1 号 R—309 号	80416761
顺义区农机汽车驾校	顺义区南彩镇后俸伯村	80416125
顺义区恒通汽车驾驶培训学校	顺义区后沙峪镇京顺汽车教练场内	84317307
顺义时星宇汽车驾驶学校	顺义区后沙峪泗上村裕民大街 10 号	80416126
北京市安立汽车驾驶学校	顺义区后沙峪镇西泗上村	69454482
北京市京顺汽车驾驶学校	顺义区后沙峪镇裕民大街 19 号	69453428
北京市京城汽车驾驶技工学校	顺义区后沙峪镇政府北侧玉马教练场	80416759
北京顺一汽车驾驶员培训学校	顺义区府前街 5 号	69444415
北京市飞天驾驶学校	顺义区天竺镇府前一街四号	64565640

九、驻顺高校

高校名称	学校地址	联系电话
北京国际标准舞研修学院	顺义区后沙峪裕民大街甲 4 号	69453012
北京美国英语语言学院	顺义区京顺路 99 号	69409588
北京工业大学耿丹学院	顺义区牛栏山镇牛富路牛山段 3 号	60411788
北京城市学院	北京市顺义区杨镇木燕路	69449311
中央美术学院城市设计学院	顺义区后沙峪裕民大街 1 号	80410801
首都医科大学燕京医学院	顺义大东路 4 号	69443147
北京现代职业技术学院	顺义区杨镇	81497745
北京国家会计学院	顺义天竺开发区	64570088

顺义区教委获得市级集体奖项统计

序号	奖　项	颁发机关	获奖时间	责任科室
1	国学诵读区县组织奖	北京市教育委员号	2015 年 3 月	顺义区教委
2	北京市特色工作奖	北京市教育工会	2015 年 3 月	顺义区教育工会
3	北京家庭教育儿童剧推选展演活动优秀组织奖	北京市教育委员会	2015 年 5 月	顺义区教委
4	“工会在身边”职工读书活动先进组织单位	北京市职工素质办	2015 年 6 月	顺义区教育工会
5	北京市系统“职工互助保障杯”教职工羽毛球团体赛第五名及优秀组织奖	北京市总工会	2015 年 12 月	顺义区教育工会
6	北京市交通安全工作先进单位	北京市交管局	2015 年 12 月	综治科
7	普通高校招生考试区县工作目标管理奖	北京教育考试院	2015 年 12 月	高招办
8	北京高等教育学会招生考试研究会先进集体	北京高等教育学会研究会	2015 年 12 月	高招办
9	高级中等学校招生工作目标管理	北京教育考试院	2015 年 12 月	中招办
10	高中会考工作目标管理	北京教育考试院	2015 年 12 月	高招办

全国先进工作者

北京市顺义区教育研究考试中心：孔凡艳

北京市模范集体

顺义区杨镇一中新疆班

北京市特色工作奖

顺义区教育工会

北京市先进工作者

顺义区东风小学：刘金广

顺义区仁和中学：陈水连

顺义区石园小学：陈春芳

北京市优秀工会工作者

杨镇一中：郭淑英

顺义区教育系统先进集体名单

北京市顺义牛栏山第一中学
北京市顺义区第一中学
北京市顺义区杨镇第一中学
北京市顺义区第二中学
北京市顺义区第九中学
北京市第四中学顺义分校
北京市顺义区仁和中学
北京市顺义区杨镇第二中学
北京市顺义区第三中学
北京市顺义区第五中学
北京市顺义区第八中学
北京市顺义区第十三中学
北京市顺义区张镇中学
北京市顺义区南彩学校
北京市顺义区高丽营学校
北京市顺义区东风小学教育集团
北京市顺义区石园小学教育集团
北京市顺义区双兴小学
北京市顺义区光明小学
北京市顺义区西辛小学教育集团
北京市顺义区李桥中心小学校
北京市顺义区杨镇中心小学校
北京市顺义区马坡中心小学校
北京市顺义区南法信中心小学校
北京市顺义区牛栏山第三小学
北京市顺义区后沙峪中心小学校
北京市顺义区张镇中心小学校
北京市顺义区北务中心小学校
北京市顺义区北小营中心小学校
北京市顺义区木林中心小学校
北京市顺义区牛栏山第二小学
北京市顺义区李各庄学校
北京市顺义区小店中心小学校
北京市顺义区马坡第二小学
北京市顺义区宏城幼儿园
北京市顺义区怡馨幼儿园
北京市顺义区杨镇中心幼儿园
北京市顺义区幸福幼儿园
北京市顺义区马坡第一幼儿园
北京市顺义区南彩第一幼儿园
北京市顺义区金汉绿港幼儿园
北京市顺义区仁和中心幼儿园
北京市顺义区西辛幼儿园
北京市顺义区馨港幼儿园
北京市顺义区港馨东区幼儿园
北京市顺义区顺和花园幼儿园
北京市顺义区港馨幼儿园
北京市顺义区石园北区幼儿园
北京市顺义区建南幼儿园
北京市顺义区张镇中心幼儿园
北京市顺义区旺泉幼儿园
北京市顺义区高丽营第一幼儿园
北京市顺义区汽车技术职业高中
北京市顺义区第一职业学校
北京广播电视大学顺义分校
北京市农业广播电视学校顺义分校
北京市顺义区马坡镇成人教育学校
北京市顺义区仁和镇成人教育学校
北京市顺义区牛山镇成人教育学校
北京市顺义区南法信镇成人教育学校
北京市顺义区光明街道成人教育学校
北京市顺义区北务镇成人教育学校
北京现代职业技术学院
北京市顺义区特殊教育学校
北京市顺义区教育研究考试中心
北京市顺义区教育资产管理服务中心

北京市顺义区社区教育中心
北京市顺义区劳动技术教育学校
北京市顺义区少年宫
北京市牛栏山一中实验学校
北京市新英才学校
北京市海嘉双语学校
北京市顺义区裕龙双语幼儿园
北京市顺义区益民培训学校
北京市顺义区南彩镇河北村幼儿园
中国人民解放军 66055 部队幼儿园
北京市顺义区李桥镇后桥村幼儿园

顺义区优秀教育工作者名单

北京市顺义牛栏山第一中学

张华礼　李　雷　牟加峪　高锡花　初吉祥
周　峰　迟凤云　任剑明　杨西更　荣　贺
段家强　罗　佳　孟庆龙　汤明顺　黄建秋
丁晴峰　王恩朋　唐文清　丁春雷　陈建霜
陶　卉　倪宝玉　李跃华　马云岭　王景凤
李连平　张敬芳　杜立云　张宝军　韩丽娜
郝晓军　邵飞宇

顺义区第一中学

李　冬　刘艳梅　吴娇朋　西会霞　曹绍红
李耀华　陈莉莉　黄金淑　孟庆春　田玉红
朱恒星　马勃峰　高秀娟　王文震　李晓娅

顺义区杨镇第一中学

孙孟远　田　伟　张桂华　田宝芹　于文徐
刘　利　薛占武　孙晓玉　胡顺理　韩淑清
何秀菊　孙铁军　荣　松　邓文生　吴东清
李超萍　贾殿嘉　王立春　王　艳　郭光江
王凤英　郑连茂　王明贵　马万辉　王立先
孙学苹　王金龙　孔翠翠　陶淑莲　王坤圣
黄立新　任金山　蔡跃颖　金　娜

顺义区第二中学

陈坤清　高凤华　王海宏　任　使　蒋世军
司凤云　张菁华　庞伯乐　张笑寒　于　静
沈玉伶　苏礼民

顺义区第三中学

张春德　吴月红　裴　岩　张凯烈　乔金玲
魏少华　王　颖　彭全荣

顺义区第四中学

刘廷怀

顺义区第五中学

刘志文　杨金辉　王海燕　郭品兰　魏金凤
高荣霞　马俊英　陈杰红　张果伶

顺义区第八中学

何广林　李桂红　高淑元　汪小玉　吴广娟
刘晓葵

顺义区第九中学

王长存　杨　波　张万鑫　徐　明　乔龙云
张彬彬　王海燕　马　峥　吴晓伟　刘春孝
蔺　颖　李江华　吕雄伟

北京市第四中学顺义分校

张福利　黄先照　何水莲　屈　鹏　赵冬云
王新平　白　瑛　茹雪梅　张　晶　赵晶晶
宋　红　庞　龙　赵立平　张　波　巩晓燕

顺义区第十一中学

刘卫红　张志宇　孟庆荣　杨松华

顺义区第十三中学

李成文　董节英　胡海英　李建军　李新华
王雪光　杨国平　张　娜　张红艳

顺义区第十五中学

张亚军　张丽平

顺义区牛山第二中学

姚青山　周建英

顺义区赵全营中学

韩艳芝　王春伶　李　颖

顺义区北石槽中学

闫得方

顺义区高丽营学校

于长明　贾凤兰　闫　龙　王桂清　刘春燕
王砚村　周红雨　陈　红

顺义区高丽营第二中学

刘　军

顺义区南法信中学

刘晓明 刘金颖

顺义区天竺中学

陈国清 李继东

顺义区李桥中学

曹 玮 窦国志

顺义区李遂中学

姚保兴

顺义区沿河中学

田桂红 吴建民 尤雪东

顺义区仁和中学

孟朝晖 蒋吉姝 王海红 孙桂荣 马卓斌
刘 新 曾 艳 朱玉琴

顺义区南彩学校

李 琦 刘书文 张莉莉 杨宏梅 李明丽

顺义区杨镇第二中学

王玉辉 王福来 周立红 姚 广 徐保国
王翠芹 乔东青 刘荣敏 李 丽 杨红雁
黄 海 付黎青 史迎春 侯长柏 郭海燕
张洪涛

顺义区沙岭学校

孙丽梅 孙秀伶

顺义区张镇中学

刘再勇 高海霞 高 攀 杨殿平 门 竹

顺义区龙湾屯中学

焦金发

顺义区赵各庄学校

史杰立

顺义区木林中学

王保国

顺义区北务中学

赵秀萍 刁春清 王海英

顺义区小店中学

田静延

顺义区特殊教育学校

吴 靖 瓮 立 刘禹含 段 争 邢福新
肖承强

顺义区教育委员会机关

郭 亮 侯亚军 刘之海 单小红 聂树英
孙志忠 李冬山 朱志敏

顺义区教育研究考试中心

张 海 张立红 陈 曦 高东梅 于 海
高晓颖 高仕蓉 尹 杰 赵连顺 方树东

顺义区少年宫

吴 瑕 亢青松

顺义区少年之家

杨 京

顺义区教育资产管理服务中心

高 云 李 根 张福平

顺义区退休教师服务中心

张剑双

顺义区中小学卫生保健所

吴龙梅

顺义区李各庄学校

张 忠 古立新

顺义区仁和中心小学校

董淑伶 许雪峰 杨立梅

顺义区马坡中心小学校

张春菊 王瑛玮 李 霞 李朝霞 李海荣
赵 可 高秀文

顺义区马坡第二小学

王晓翠 龚春兰 裴月苹 段姗姗

顺义区牛栏山第一小学

窦焕安 雒艳华 徐 辉 赵 倩 周 辉

顺义区牛栏山第二小学

张振毅 刘庆利 吕亚蕊 张春艳

顺义区牛栏山第三小学

刘春波 张冬丽 王洪梅 刘佳兴 刘颖婷

顺义区赵全营中心小学校

田 军 杨国栋 曹 阳

顺义区板桥中心小学校

赵国臣 孙祖亮 陈素菊

顺义区北石槽中心小学校

赵秀丽 高龙文 赵秋生

顺义区高丽营第二小学

巩秀梅 魏 蒙 王翠玉 杨德松 李龙植

顺义区南法信中心小学校

张建柏 张 华 高华颖 刘东辉

顺义区后沙峪中心小学校

薛福连 曲丽华 朱海霞 胡秀丽 刘 浩
张桂琴 丁 兴

顺义区天竺中心小学校

刘春梅 李 愿 李银霞 赵晨辉 张 颖

门月海

顺义区李桥中心小学校

胡翠荣　史宝国　梁月婷　董雪莲　田秀娟　王丽丽

顺义区沿河中心小学校

朱氏祺　高彩云　贾雪敬　刘春红　张玉凤　王占宝

顺义区河南村中心小学校

王佳明　杨小侠　屈建民

顺义区南彩第二小学

韩　利　刘凤云　唐丽萍　王晋龙　孔军红　杨　雪

顺义区杨镇中心小学校

朱秋庭　米红胜　张伟光　肖晓明　田燕平　徐文玲　孙　超　刘希杰　魏桂香

顺义区小店中心小学校

徐秋生　李雄伟　林秋颖

顺义区大孙各庄中心小学校

赵红霞　张立芳　曹春红

顺义区张镇中心小学校

孟海芹　王春红　杨海宝　张海平　张敬宇　刘惠芬

顺义区尹家府中心小学校

李建祥

顺义区北务中心小学校

孙海霞　孙　帅　刘秀梅

顺义区李遂中心小学校

曾英杰　杨　波　王静波

顺义区北小营中心小学校

裴艳玲　杨金钢　宛宏军　李冬青　盛晶蕊

顺义区仇家店中心小学校

徐艳丽　王艳平　汤玉梅

顺义区木林中心小学校

刘向东　许庆森　王敬琴　刘凤茹　黄润峰

顺义区龙湾屯中心小学校

郑玉玲　宋　杰　孔祥春　宋进刚

顺义区东风小学

范玉霞　张晓丽　李爱华　赵洪梅　胡政艳　龚文凤　陈　雪　王金艳　王翠翠　高　双　李　征　张红芸　刘　影　郭凯涛　张　瑞　于新颖　杨桂芸　马　辉　金志华　陈　静

吕　婷　郑新颖　佟红新

顺义区光明小学

李　莉　李雪飞　陈颖秋　姚　娟　李　妍　杨艺军

顺义区石园小学

李冬红　张艳宾　李万平　刘　莉　张振生　张艳霞　刘丽杰　郑丽萍

顺义区双兴小学

姚佩文　田　维　吴菊秋　吴凤荣

顺义区西辛小学

毛建军　胡立利　高松梅　李雪梅　马爱莲　申　静　孙　萌　赵晓梅

顺义区空港小学

牛英丽　汤友良　程田华　唐　璐

顺义区港馨小学

张青松　邵　静

顺义区明德小学

王国强　李艳楠

顺义区裕达隆小学

郝　磊　徐晶辉　张金炜

顺义区第一中学附属小学

古桂伶　程来顺　李江龙

顺义区建南幼儿园

张宝兰　陈娅杰　刘爱华　张　颖

顺义区幸福幼儿园

张　玲　刘秀红　王红林　张红玉

顺义区石园幼儿园

李姝逸　王立蓓

顺义区双兴幼儿园

贾欣颖　张　晶

顺义区建北幼儿园

邢连荣　吴金华

顺义区石园北区幼儿园

范卓颖　倪　喆　张剑苹　王红梅

顺义区宏城幼儿园

郭立娜　陈　莹　董蜜蜜　张武威

顺义区西辛幼儿园

杨丽群　华春燕　崔红梅

顺义区怡馨幼儿园

李桂芹　陈盈溢　高伟楠　李　莹

顺义区义宾幼儿园

王　苹

顺义区滨河幼儿园

周雅芹　焦文叶

顺义区裕龙幼儿园

杜淑红　魏　冉　赵雪梅

顺义区港馨幼儿园

靳立平　刘樾嘉　孟庆华

顺义区港馨东区幼儿园

于红伟　王　冰

顺义区澜西园二区幼儿园

尤春梅

顺义区澜西园四区幼儿园

刘　欢

顺义区金汉绿港幼儿园

吴冬梅　杨　朔　高海华　李丽娜　王益楠

顺义区尹家府中心幼儿园

周迎春　刘学会　孙海兰　孙雨红

顺义区北小营中心幼儿园

王永梅　徐建飞　刘　琳

顺义区赵全营中心幼儿园

郭立春　石艳伶　李京文　董　盈

顺义区南法信中心幼儿园

李　鹏　张艳芳

顺义区李桥中心幼儿园

王　红　吴春宜　张　莹

顺义区馨港幼儿园

耿　兵　王　溪　王立娟　曹　蓓

顺义区李遂中心幼儿园

陈淑梅　陈　丽　张　璟

顺义区张镇中心幼儿园

王利凤　张长虹　张爱心　陈　丹

顺义区天竺中心幼儿园

张雪姣　刘　赛　李　婷

顺义区北务中心幼儿园

杨会芹　赵　楠　张春洁

顺义区杨镇中心幼儿园

王红岩　韩淑芳　张爱荣　张　倩　赵斯杰

顺义区杨镇第三幼儿园

梁　涛　王靖一

顺义区龙湾屯中心幼儿园

郭琬君　孟　力

顺义区后沙峪第一幼儿园

李秀杰　韩红岩

顺义区后沙峪第二幼儿园

张金香

顺义区吉祥幼儿园

张婷婷　王　爽

顺义区南彩第一幼儿园

叶春清　张　然　仇　红

顺义区南彩第二幼儿园

纪　宇　张国一

顺义区木林中心幼儿园

纪　华　李晨霞　杨　乔　高红月

顺义区马坡第一幼儿园

李　然　高　芳　石　艳　高　菲

顺义区马坡第二幼儿园

王新荔　张博飞

顺义区马坡第三幼儿园

孙文静　田明璇　孙　斌

顺义区牛栏山第一幼儿园

范立英　陈红波　李海玲　张　玥

顺义区牛栏山第二幼儿园

蔺　颖　秦鑫然　张春萌

顺义区仁和中心幼儿园

康伶华　张立彬　魏立影　耿爱英

顺义区高丽营第一幼儿园

高艳春　王春梅　董媛媛

顺义区高丽营第二幼儿园

王长红　高丽丽

顺义区高丽营第三幼儿园

田　巍

顺义区北石槽中心幼儿园

高　月　王迎杰

顺义区旺泉幼儿园

陈　英　王新辉　王　丹

顺义区顺和幼儿园

陈桂华　单秋英

顺义区空港第一幼儿园

李　丽

中国人民解放军 66055 部队幼儿园

万　超

顺义区南彩镇河北村幼儿园

李红燕

顺义区杨镇飞翔双语幼儿园

徐啟龙

顺义区后沙峪镇董各庄村幼儿园

杨春梅

顺义区南彩镇后俸伯村幼儿园

孟小红

顺义区李桥镇后桥村幼儿园

张文鹏

北京现代职业技术学院

秦士友　康英杰　付　静　聂建永　郭云霞
赵卫东　姬慧萍　张　芳　孟庆轩　张守武
吴　静　宋晓黎　庞　颖　王　硕

顺义区汽车技术职业高中

张德顺　朱　彤　吴利宾　李金显

顺义区第一职业学校

申淑芝　叶建平　马　琳　李锋杰　吴春霞

顺义区人力资源和社会保障局技工学校

赵　伟　郭海杰　张海霞

顺义区马坡镇成人教育学校

李海山

顺义区北务镇成人教育学校

王振香

顺义区牛栏山镇成人教育学校

王志军

顺义区光明街道成人教育学校

刘　君

顺义区南法信镇成人教育学校

苏远方

顺义区仁和镇成人教育学校

张晓桐

顺义区南彩镇成人教育学校

谢爱军

顺义区杨镇成人教育学校

张连芳

顺义区李遂镇成人教育学校

张　林

顺义区张镇成人教育学校

杨　启

顺义区龙湾屯镇成人教育学校

李明月

顺义区石园街道成人教育学校

刘　颖

顺义区胜利街道成人教育学校

辛海艳

顺义区社区教育中心

单艳红　王振宇　李　银

北京广播电视大学顺义分校

李建军　秦　蓁　王　云

北京市农业广播电视学校顺义分校

邓应强　王雪梅

北京市广播电视中等专业学校顺义分校

张志明

顺义区成人教育学校

顾军英

顺义区老干部局

姚　颖

顺义区食品药品监督管理局

王宏剑

顺义区农村工作委员会

王华雄

顺义区顺鑫控股集团公司

王首政

北京市电力公司顺义供电公司

韩敏华

顺义区牛山镇政府

皮艳平

顺义区马坡镇政府

于海英

顺义区李遂镇政府

周　革

顺义区南法信镇政府

王文杰

顺义区仁和镇政府

张春利　王艳芳

顺义区马坡镇政府

李桂茹

顺义区旺泉街道办事处

邹文悦

顺义区木林镇政府

李海东

北京市牛栏山一中实验学校

商夏青 韩立玲 白 琳 李 黎 王晓丹
那立宏 单红兵 杨海芸 钟爱雪

北京市新英才学校

杨 妮 尚荣珍 刘 果

北京市音乐舞蹈学校

赵 军

北京市海嘉双语学校

张燕琳 刘 望

顺义区君诚学校

王 双

顺义区益民培训学校

赵化清

顺义区求实外语培训学校

丁海瑞 牛晓丽

顺义区新京华实验学校

王瑞学

顺义区伟宁文化艺术培训中心

胡翠红

顺义区裕龙双语艺术幼儿园

李 畅 陈丽洁

顺义区万科城市花园幼儿园

陈 维

顺义区泛美幼儿园

张婷婷

顺义区长颈鹿幼儿园

杨新梅

顺义区汇佳东方幼儿园

李芳芳

顺义区丽思嘉洛德双语幼儿园

高 爽

顺义区启明香醍漫步双语幼儿园

韩 巍

顺义区嘉德蒙台梭利双语幼儿园

刘 琳

顺义区温莎双语幼儿园

张琬婷

顺义区伊顿幼儿园

白 宁

顺义区金翼德懿双语幼儿园

张 昉

顺义区优秀师德群体名单

顺义一中	高三年级组
顺义二中	高三年级
顺义三中	初三年级组
顺义五中	初三年级工会小组
顺义八中	初三语文备课组
顺义九中	高三年级组
牛栏山一中	高三年级工会小组
仁和中学	初三年级
牛山二中	初三年级组
第十一中学	初三年级组
北京四中顺义分校	高三年组
赵全营中学	初一年级组
李桥中学	初一年级组
沿河中学	初三年级组
高丽营学校	三年级教研组
杨镇一中	高三年级组
南彩学校	初三年级组
张镇中学	初三年级组
第十三中学	初三年级组
教育研究考试中心	学前教育研究室
东风小学教育集团	裕龙校区三年级组
石园小学教育集团	河南村校区高年级教研组
西辛小学教育集团	五年级组
光明小学	体育教研组
双兴小学	五年级教研组
顺义一中附属小学	体育组
南法信中小	音美组
马坡二小	语文教研组
牛山三小	六年级组
赵全营中小	低年级组
沿河中小	五年级教研组
天竺中小	三年级组
高丽营二小	三年级教研组
北石槽中小	一年级组
杨镇中小	三年级教研组
仇店中小	英语组

木林中小	低年级组	赵全营中心幼儿园	班组长教研组
张镇中小	四年级组	高丽营第一幼儿园	大班教研组
龙湾屯中小	五年级组	高丽营第二幼儿园	大班组
教育资产管理服务中心	设备技术部	李桥中心幼儿园	大班组
石园幼儿园	中一班	后沙峪第一幼儿园	大二班
西辛幼儿园	小一班	后沙峪第二幼儿园	小一班
港馨幼儿园	后勤组	吉祥幼儿园	中二班
旺泉幼儿园	大班组	李遂中心幼儿园	中班组
宏城幼儿园	大一班	杨镇中心幼儿园	小班教研组
澜西园二区幼儿园	中一班	尹家府中心幼儿园	生态体验教育教研组
澜西园四区幼儿园	小三班	北务中心幼儿园	小班教研组
马坡第一幼儿园	大班教研组	龙湾屯幼儿园	大一班

顺义区师德标兵名单

顺义区第一中学	来雅婷　要春娟　侯颖娜
顺义区第二中学	郑淑霞　刘海霞　申　河
顺义区第三中学	陈　煦　王淑媛
顺义区第四中学	刘爱琴
顺义区第五中学	邵艳华　乔冬花
顺义区第八中学	汪小玉　王东梅
顺义区第九中学	陆　洁　胡鹏飞　梁　娃
北京四中顺义分校	程艳武　田正敏　车福建
顺义区第十一中学	康　娜
顺义区第十三中学	周秀娟　周国顺
顺义区第十五中学	赵建怡
牛栏山第一中学	宋百兴　陈　振　王　安
牛栏山一中实验学校	李桂馥　丁春雷　赵春芳　王景凤
牛山第二中学	周素杰
仁和中学	马东梅　胡小刚
赵全营中学	何新利
南法信中学	孟京明
李桥中学	刘近宝
天竺中学	张春杰
沿河中学	刘云水
高丽营学校	唐建新　张艳红
南彩学校	李彩霞　古明芳
北务中学	王小刚
杨镇第一中学	李　振　张卫苹　冉　英
杨镇二中	张玉玲　张海霞
张镇中学	张晓娟
东风小学教育集团	任晓芳　高立英　马会娟　芮　丽
石园小学教育集团	华春芳　曹林娜　周月秋　杨　妮
西辛小学教育集团	张　威　李　力　张丽杰
光明小学	陈颖秋　付佐华
双兴小学	蔡海霞
澜西园小学	张新艳
马坡中心小学校	李艳华
马坡第二小学	耿　静
牛栏山第一小学校	贾秋玉
牛栏山第二小学	王　芳
牛栏山第三小学	孙晓芳
赵全营中心小学	王淑芹
板桥中心小学校	王　微
高丽营第二小学	王　涛
李桥中心小学校	刘京利
沿河中心小学校	张玉凤
后沙峪中心小学	刘　浩　王　芬
天竺中心小学校	赵晨辉
天竺二小	王　瑛
空港小学	李艳红
裕达隆小学	胡志美

南法信中心小学校	孙秀伟
北石槽中心小学校	施林通
南彩第二小学	王　倩
杨镇中心小学校	赵艳辉　王海燕
李遂中心小学校	吴宝菊
仇家店中心小学校	赵清明
北小营中心小学校	魏秀超
木林中心小学校	安瑞武
李各庄学校	安春华
明德小学	张建利
小店中心小学校	林秋颖
北务中心小学校	李金泽
张镇中心小学校	李玉平
大孙各庄中心小学校	高秀云
龙湾屯中心小学校	张淑利
沙岭学校	孙希杰
新京华实验学校	宋　虹
退休教师服务中心	王振林
建南幼儿园	郝慧莲
建北幼儿园	赵国平
石园幼儿园	赵英文
石园北区幼儿园	王红梅
幸福幼儿园	肖亚利
双兴幼儿园	董艳青
义宾幼儿园	齐　佳
西辛幼儿园	王冬梅
滨河幼儿园	张　燕
裕龙幼儿园	李　贺
怡馨幼儿园	李　莹
宏城幼儿园	张武威
金汉绿港幼儿园	许　赛
港馨幼儿园	申佳丽
港馨东区幼儿园	刘海霞
澜西园二区幼儿园	周庆华
澜西园四区幼儿园	李　薇
旺泉幼儿园	王海青
顺和花园幼儿园	姜　楠
仁和中心幼儿园	童立新
马坡第一幼儿园	邓小丽
马坡第二幼儿园	王　杰
马坡第三幼儿园	邵京茜
牛栏山第一幼儿园	郭　盼
牛栏山第二幼儿园	刘　新
赵全营中心幼儿园	周　姿
南法信中心幼儿园	田兮云
李桥中心幼儿园	孙　娜
馨港幼儿园	秦　淼
后沙峪第一幼儿园	白　茹
后沙峪第二幼儿园	张　红
吉祥幼儿园	白　雨
天竺中心幼儿园	石　佳
高丽营第一幼儿园	韩　露
高丽营第二幼儿园	陈爱平
高丽营第三幼儿园	王　蕊
北石槽中心幼儿园	陈　晴
南彩第一幼儿园	刘岩芳
南彩第二幼儿园	宋　萌
北小营中心幼儿园	王永梅
杨镇中心幼儿园	顾　宇
杨镇第三幼儿园	高　盼
李遂中心幼儿园	张　楠
木林中心幼儿园	郭红艳
张镇中心幼儿园	陈　丹
北务中心幼儿园	梁　艳
尹家府中心幼儿园	李　娜
龙湾屯中心幼儿园	蔺　永
空港第一幼儿园	王艳军
裕龙双语幼儿园	李鸣殊
教育研究考试中心	刘艳辉　王晓鸿
少年宫	王毅新
特殊教育学校	张彦松
教育资产管理服务中心	杨宝刚
中小学卫生保健所	赵自双
广播电视中等专业学校顺义分校	范晓东
社区教育中心	张连慧
顺义电大	张淑兰
第一职业学校	徐锡政
现代职业技术学院	王爱青　刘继红　张爱清
汽车技术职业高中	梁海娟
北京市农业广播电视学校顺义区分校	武　强

教育事业统计资料

2015 年顺义区公办幼儿园综合统计报表

年份	园数	班数	入园人数（人）	在园幼儿数（人）	教职工数（人）		办学条件		
					合计	专任教师	占地面积（m^2）	建筑面积（m^2）	图书藏量（册）
2015	55	473	6959	17780	1880	1084	327048.55	183865	397719

2015 年顺义区公办小学综合统计报表

年份	校数	班数（个）							教职工数（人）		办学条件		
		合计	一年级	二年级	三年级	四年级	五年级	六年级	合计	专任教师	占地面积（m^2）	建筑面积（m^2）	固定资产总值（万元）
2015	43	1065	185	182	182	177	177	162	3377	2627	1210629.85	403136.23	69130.86499

2015 年顺义区公办普通中学综合统计报表

年份	校数	班数（个）							学生数（人）							教职工数（人）		办学条件		
		合计	初中			高中			合计	初中			高中			合计	专任教师	占地面积（m^2）	建筑面积（m^2）	固定资产总值（万元）
			一年级	二年级	三年级	一年级	二年级	三年级		一年级	二年级	三年级	一年级	二年级	三年级					
2015	25	615	115	120	114	90	87	89	11795	3806	4052	3937	3561	3282	3157	3709	2756	1545981	619135	90116.97862